Religion kehrt wieder

Regina Polak

Religion kehrt wieder

Handlungsoptionen in Kirche und Gesellschaft

Schwabenverlag

Gedruckt mit Förderung des Bundesministeriums für Bildung, Wissenschaft und Kultur in Wien

DAS ZUKUNFTSMINISTERIUM bm:bwk

www.schwabenverlag.de

Umschlaggestaltung: Finken & Bumiller, Stuttgart
Umschlagmotiv: Francesco Clemente, LXXII
Satz: Schwabenverlag Media der Schwabenverlag AG, Ostfildern
Druck: Druckhaus Thomas Müntzer, Bad Langensalza
Printed in Germany

ISBN-10: 3-7966-1057-9
ISBN-13: 978-3-7966-1057-8

Inhalt

Vorwort

Die Religion kehrt zurück: Sie bekommt im öffentlichen Raum und im persönlichen Leben vieler Menschen wieder und neue Bedeutung. Dabei wandelt sie sich – ihre Gestalt, ihre Funktionen und ihren Sinn. Neue Konfliktzonen ergeben sich dabei genauso wie neue Chancen und Herausforderungen. Dies ist die zentrale Diagnose meiner Studie angesichts der komplexen Transformationen innerhalb des »religiösen Feldes« (Pierre Bourdieu) der Moderne. Seit den 60/70er-Jahren findet in der religiösen Szenerie Europas ein steter und heute unübersehbarer Wandel statt (Stichwort: Jugendreligionen, neue religiöse Bewegungen). Mit Beginn der 80er-Jahre lässt sich auch weltweit beobachten, dass die traditionellen Religionen im öffentlichen Raum wieder Bedeutung erlangen: die schiitische Revolution im Iran, die stark religiös verwurzelte Befreiungsbewegung der »Solidarność?« in Polen oder die politischen Auseinandersetzungen in Lateinamerika, bei denen die Befreiungstheologie eine wichtige Rolle spielte.

In der wissenschaftlichen Diskussion, die ebenfalls mit den 80er-Jahren intensiv eingesetzt hat, spricht man von »Wiederkehr« und »Renaissance« der Religion, von »Respiritualisierung«, einem »Megatrend Spiritualität«, »the return of the sacred« (Daniel Bell), »neuer religiöser Szenerie« (Christoph Bochinger) und »neuen religiösen Kulturformen« (Maria Widl) und meint damit vor allem das neu erwachte Interesse vieler Menschen an religiösen und vor allem spirituellen Themen.

Innerhalb der wissenschaftlichen Debatte polarisieren sich die Deutungen des Phänomens: Da gibt es das (größere) Lager der entschiedenen Gegner und Kritiker dieser Entwicklung. Sie können in der veränderten religiösen Szenerie nur Niedergang, Verfall oder ein neues »Opium für das Volk« sehen und reihen sich damit ein in eine Deutungstradition, die seit den späten 70er-Jahren des 17. Jahrhunderts den Untergang von Christentum und Kirche prophezeit[1] – je nach Position triumphierend oder jammernd und den religiösen Wandel in Bausch und Bogen verurteilend. Die Wiederkehr der Religion sei eine Wiederkehr des Dämonischen, Magischen, Archaischen und diene letztlich nur zur ideologischen Legitimierung und Verbrämung einer galoppierenden Säkularisierung und eines wahnsinnig gewordenen Fortschrittes. Die neue Religion sei eine Religion ohne Gott. Religion und Spiritualität verbrämen und verdoppeln das ökonomisch-ästhetische Selbstverständnis des modernen Menschen (Hans-Joachim Höhn). Ohne Zweifel trifft diese Interpretation nicht wenige der neuspirituellen, neureligiösen Phänomene der Moderne. Religion, ihre Symbolwelten und Funktionen, werden in der Tat von Werbung und Wirtschaft

1 Vgl. dazu die religions- und begriffsgeschichtlichen Studien von Friedrich Wilhelm Graf: *Die Wiederkehr der Götter*. Religion in der modernen Kultur, München 2004, 69ff.

verzweckt[2] und von der Politik missbraucht. Esoterik wird von fortschrittsgläubigen Menschen zur persönlichen Optimierung instrumentalisiert, und neuspirituelle Bewegungen haben politisch nicht selten eine bedenkliche Nähe zu rechtsradikalem und faschistischem Gedankengut.[3] Dennoch ist dies nur eine Seite des Phänomens. Den religiös-spirituellen Wandel nur so zu betrachten, erweist sich bei näherem Beobachten der Szene als empirisch wenig rückgebunden, konzentriert sich vor allem auf die kognitiven und viel zu wenig auf die lebenspraktischen Dimensionen von Spiritualität; das spirituelle Handeln und konkrete Leben kommt bei den meisten systematisch-theologischen Analysen so gut wie gar nicht zur Sprache. Genau dort aber lässt sich heute neben allen Schlagseiten und Ambivalenzen durchaus auch Gottes Geist finden. Schließlich ist eine einseitige Deutung des Phänomens auch theologisch nicht zulässig: Selbst in den entstelltesten religiösen und spirituellen Weltanschauungen kann ein Mensch mit Gott in Kontakt sein, wenn er es denn ernst meint mit der Liebe. Zudem dürfen wir hoffen, dass in jeder Praxis, auch wenn sie theologisch nicht perfekt ist, Gott sein Erbheil wirken will.

So gibt es neben den Gegnern neuer Religiositäten und Spiritualitäten auch eine Minderheit von Wissenschaftlerinnen, die in diesem Phänomen ein gesellschaftliches Hoffnungszeichen sehen kann. Bei aller nötigen Kritik bedeutet die Wiederkehr der Religion *auch* etwas kulturell Avantgardistisches, human Heilsames und deshalb theologisch Relevantes, das für eine gute Zukunft der Menschheit unverzichtbar ist. Theologisch kann man davon ausgehen, dass in der »Sehnsuchtsreligion« (Maria Widl) vieler moderner Zeitgenossen und -genossinnen die Gottesfrage neu wiederkehrt, nicht selten im sprachlosen Gewand des spirituellen Pragmatismus und Funktionalismus, aber doch getrieben von einer unruhigen Seele, die nicht eher ruhen kann, als sie bei Gott ist (vgl. Augustinus). Wer einen mystagogischen Ansatz in der Theologie teilt, wird davon ausgehen, dass in vielen dieser Such-, Irr- und Wanderwege Gott selbst zugegen ist, der diese Sehnsucht nach ihm in die Herzen der Menschen gelegt hat.[4]

Das Wiener Institut für Pastoraltheologie, dem ich zugehöre, verortet sich mit Überzeugung in dieser minderheitlichen Position. Wir sind bemüht, im wissenschaftlichen Diskurs diesem Thema mit höchster Wertschätzung[5] zu begegnen: auch, weil sich hinter diesem Trend viele Menschen – und vor allem sehr viele Frauen – verbergen, die sich auf die Suche nach mehr und neuem Sinn in einem Leben machen, das durch komplexe und unüberschaubare Entwicklungen in Politik, Ökonomie, Wissenschaft und Technik heute massiv bedroht ist. In einer »neuen Spiritualität« finden viele Menschen neue Wege und Antworten. Diese wollen gewürdigt sein und nicht vorschnell im allwissenden Gestus wissenschaftlicher Expertisen vom Tisch gefegt werden.

Nach einer mehrjährigen Phase der Analyse ist es nun an der Zeit, den Versuch zu riskieren, konkrete Handlungsoptionen zu formulieren: Wie können sich Kir-

2 Vgl. Norbert Bolz: *Kult-Marketing*. Die neuen Götter des Marktes, Düsseldorf 1995.

3 Vgl. Eduard Gugenberger (Hg.): *Missbrauchte Sehnsüchte?* Esoterische Wege zum Heil, Kritik und Alternativen, Wien 1992; Ders./Roman Schweidlenka: *Mutter Erde, Magie und Politik*. Zwischen Faschismus und neuer Gesellschaft, Wien 1987.

4 Zu dieser Theologie: Karl Rahner: *Grundkurs des Glaubens*. Einführung in den Begriff des Christentums, Freiburg im Breisgau 1976.

5 Wie das aussehen kann: Regina Polak/Paul M. Zulehner: *Theologisch verantwortete Respiritualisierung*: Zur spirituellen Erneuerung der christlichen Kirchen, in: Paul M. Zulehner (Hg.): *Spiritualität – mehr als ein Megatrend*, Ostfildern 2004, 204–227.

chen, Religionen und die Gesellschaft in dieser veränderten religiösen Situation verhalten? Die laute Rückkehr der religiösen Frage im globalen öffentlichen Raum sowie die Deprivatisierung der Religion in Europa bekräftigen die Aktualität, Relevanz und Notwendigkeit des Themas von einem anderen, dem religionspolitischen Ort, her.

Die vorliegende Studie ist ein erstes Wagnis dieser Art und setzt damit die Studien am Wiener Institut für Pastoraltheologie fort. Die vorliegende Dissertation bildet zugleich den zweiten Band zur religionssoziologischen Untersuchung »Kehrt die Religion wieder? Religion im Leben der Menschen 1970–2000«, die 2001 im Schwabenverlag erschienen ist. Nach einer Rückschau auf die empirischen Daten und deren theologischer Analyse sollen praktische Konsequenzen für eine moderne Religionspolitik, Ideen für eine spirituelle Lebenskultur des Einzelnen und für eine zukunftsfähige Kirchengestaltung formuliert werden.

Möge die Arbeit ein erster wichtiger Impuls sein, auf die wachsende Bedeutung von Religion, deren Bedeutungswandel und Transformation angemessen zu reagieren. Ich hoffe, viele gute und zukunftsträchtige Anregungen und Hilfestellungen sowie eine gute theoretische Grundlage zu liefern für all jene, denen die Zukunft von Religion und Kirche in Europa ein Anliegen ist. Zwei formale Anmerkungen:

1. In bezug auf die weiblichen und männlichen Formen verwende ich aus Gründen angenehmerer Lesbarkeit beide Formen abwechselnd.
2. Die konkreten Handlungsvorschläge formuliere ich bewusst im Indikativ. Zum einen, weil ich die vielen »Die-Kirche-muss« nicht mehr gut aushalte; zum anderen, weil ich hoffe, dass der Indikativ die Diskrepanz zum Ist-Zustand auf eine Weise sichtbar machen kann, die nicht moralisiert, sondern die Vision wahrnehmbar macht. Es handelt sich um eine Art von »visionärem Indikativ«.

Dank

Danken möchte ich abschließend allen, die geholfen haben, dass diese Studie entstehen konnte:

Hier wäre in erster Linie meine Familie: mein Ehemann Oliver, mein Sohn Elias und meine Mutter Ernestine zu nennen, die mich in den letzten Jahren unterstützt haben, indem sie mir Zeit, Geduld und Verständnis geschenkt haben. Meine Schwester Claudia hat die Arbeit korrigiert, auch dafür danke ich. Auch jenen Freunden und Freundinnen, die Verständnis für meinen Rückzug hatten und mir trotzdem gewogen blieben, sei Dank.

Sodann möchte ich den Teilnehmerinnen am Symposium »Zukunft der Religion – Rolle der Kirchen« danken, durch deren Kritik und Beiträge ich meinen Überlegungen mehr Profil und Tiefe geben konnte. Auch all jenen, die mir bei zahlreichen Vorträgen, in vielen Gesprächen durch ihre Einwände Ideen und Anregungen geschenkt haben, sei Dank.

Eigens erwähnt sei in diesem Zusammenhang der evangelische Theologe und Religionssoziologe Klaus-Peter Jörns, der in ausgewählten deutschen Gebieten eine groß angelegte empirische Studie zur religiösen Lage der Deutschen durchgeführt hat. Seine Studien[6] waren bereits für unser erstes Forschungsprojekt sehr anregend und inspirierend. Fragen, die wir im ersten Band »Kehrt die Religion wieder?« Religion im Leben der Menschen 1970–2000« übernommen haben, eröffneten uns neue Perspektiven.[7]

Zu danken ist in besonderer Weise der Office-Managerin am Institut für Pastoraltheologie, Frau Monika Mannsbarth, ohne die ich mit der Studie niemals zeitgerecht fertig geworden wäre. Auch Frau Dr. Barbara Prainsack, Assistentin am Institut für Politikwissenschaft in Wien, danke ich für Ihre wertvollen Anregungen.

Schlussendlich ist auch noch die ausgezeichnete Betreuung durch den Schwabenverlag zu erwähnen. Gertrud Widmann und Vera Rösch sind perfekte Lektorinnen und Begleiterinnen.

An letzter und herausgehobener Stelle sei in besonderer Weise mein Lehrer und Mentor Paul M. Zulehner genannt. Er hat mir zu diesem Thema nicht nur wesentliche Ideen und Impulse gegeben, sondern mich auch in größter Freiheit und Selbstständigkeit arbeiten lassen. Weil das nicht selbstverständlich ist, sage ich hier ausdrücklichen Dank.

Wien, im Dezember 2005 — Regina Polak

6 Klaus-Peter Jörns: *Die neuen Gesichter Gottes.* Was die Menschen heute wirklich glauben, München 1997; Klaus-Peter Jörns/Carsten Großeholz (Hg.): *Was die Menschen wirklich glauben.* Die soziale Gestalt des Glaubens – Analysen einer Umfrage, Gütersloh 1998.

7 Paul M. Zulehner/Isa Hager/Regina Polak: *Kehrt die Religion wieder?* Religion im Leben der Menschen 1970–2000, Ostfildern 2001 (= KRW) übernahmen aus: Jörns, Die neuen Gesichter Gottes (= DNG), folgende Fragen bzw. Abbildungen: Frage F86 in DNG, 260f., und DNG, 110–117 mit Graphik 35–37 (= Tab. 4 in KRW, 39; Abb. 42 in KRW, 233); Frage F86a in DNG, 261 und DNG, 117 (= Tab. 4 in KRW, 39 und Tab. 128 in KRW, 234); Frage F4 in DNG, 235f. sowie DNG, 69–74 (= Tab. 9 in KRW, 47; Abb. 8 in KRW, 48 bzw. KRW, 46–48); Frage F9 in DNG, 237 sowie DNG, 87–95 (= Tab. 13 in KRW, 57 sowie Abb. 10 in KRW, 58); Frage F9a in DNG, 238 und Graphik 25 in DNG, 92 (= Tab. 16 in KRW, 59 sowie Abb. 11 in KRW, 60); Frage F23 in DNG, 196f. (= Tab. 65 in KRW, 141 sowie Tab. 66 in KRW, 142); Frage F23a in DNG, 242 und DNG, 198 (= Tab. 67 in KRW, 144; 148).

Hinführung: Signale der Wiederkehr der Religion

»Kehrt die Religion wieder?« haben Paul M. Zulehner und ich 2001 gefragt, als wir die Studienergebnisse der vierten Untersuchungswelle des religionssoziologischen Langzeitprojektes »Religion im Leben der Österreicher/innen 1970–2000« publizierten.[8] Die Daten der Befragung hatten ein unerwartetes Ergebnis gebracht. Alle religiösen Parameter waren von den Österreicherinnen verstärkt bejaht worden: Signifikant mehr Befragte als 1990 definierten sich als religiös, nämlich zwei Drittel der Österreicher, das sind um 6% mehr als noch 1990.[9] 83% glaubten an Gott (1990: 77%) und maßen ihm verstärkte Bedeutung im Leben zu (46%). Auch die soziologisch immer wieder geäußerte Vermutung von der Pluralisierung der Religiositäten konnte empirisch bestätigt werden: Österreich ist ein religiös vielgestaltiges Land. Die Europäische Wertestudie 2000 bestätigte wenig später dieselben Entwicklungen für weite Teile Europas.[10] Insbesondere in Westeuropa kann man eine signifikante Bedeutungszunahme von Religiosität beobachten, vor allem in den europäischen Großstädten (mit Ausnahme von Paris). Je moderner eine Kultur wird, umso religiositätsgenerativer wird sie, lautete unsere Schlussfolgerung.

Mehr als drei Jahre sind seither vergangen. In zahlreichen Publikationen wurde und wird das Thema in der religionssoziologischen und theologischen Fachwelt diskutiert.[11] Die Kontinuität des Interesses, mit dem diesem Phänomen wissenschaft-

8 Zulehner/Hager/Polak, Kehrt die Religion wieder?

9 67% lt. der österreichischen Wertestudie: Christian Friesl/Reinhard Zuba: *Die Österreicher/innen und die Religion*, in: Hermann Denz/Christian Friesl/Regina Polak/Reinhard Zuba/Paul M. Zulehner: *Die Konfliktgesellschaft*; Wertewandel in Österreich 1990–2000, Wien 2001, 99–167, 99.102.168; sowie in der Studie: Zulehner/Hager/Polak, Kehrt die Religion wieder?, bei der die Befragten zwischen »sehr religiös«, »religiös«, »gleichgültig«, »nicht religiös« wählen konnten; 78% waren es in der Europäischen Wertestudie: Paul M. Zulehner: *Wiederkehr der Religion?*, in: Hermann Denz (Hg.): *Die europäische Seele.* Leben und Glauben in Europa, Wien 2002, 23–41, wo nur die Alternativen »religiös« oder »nicht religiös« zur Verfügung standen.

10 Vgl. Zulehner, Wiederkehr der Religion?, 25–27; vgl. auch in dieser Studie S. 33

11 Exemplarisch seien hier angeführt: Eileen Barker: *Neue Religiöse Bewegungen.* Religiöser Pluralismus in der westlichen Welt, in: Jörg Bergmann u. a. (Hg.): Religion und Kultur (Sonderheft 33/1993 der Kölner Zeitschrift für Soziologie und Sozialpsychologie), Opladen 1993, 231–248; Peter L. Berger: *Sehnsucht nach Sinn.* Glauben in einer Zeit der Leichtgläubigkeit, Gütersloh 1998; Ders. (Hg.): *The Desecularization of the World.* Resurgent Religion and World Politics, Grand Rapids, Michigan 1999; Daniel Bell: *The Return of The Sacred?* The Argument on the Future of Religion, in: Ders.: The winding passage, Essays and Sociological Journeys 1960–1980, New York 1980 (1977), 324–354; Christoph Bochinger: *»New Age« und moderne Religion.* Religionswissenschaftliche Analysen, Gütersloh ²1995; Michael Ebertz: *Kirche im Gegenwind.* Zum Umbruch der religiösen Landschaft, Freiburg im Breisgau 1997; Michael A. Fuß (Hg.): *Rethinking New Religious Movements.* (Ein interdisziplinäres Forschungsprojekt der F. I. U. C.), Rom 1998; Graf, *Die Wiederkehr der Götter;* Reinhard Hempelmann u. a. (Hg.): *Panorama der neuen Religiosität.* Sinnsuche und Heilsversprechen zu Beginn des 21. Jahrhunderts, Gütersloh 2001; Hans-Joachim Höhn: *Zerstreuungen.* Religion zwischen Sinnsuche und Erlebnismarkt, Düsseldorf 1998; Gottfried Küenzlen: *Die Wiederkehr der Religion.* Lage und Schicksal in der säkularen Moderne, München 2003; Johann Baptist Metz: *Versuch zur »geistigen Situation der Zeit«*, in: ders.: Diagnosen zur Zeit. Mit Beiträgen von J. B. Metz, Günther Bernd Ginzel, Peter Glotz, Jürgen Habermas, Dorothee Sölle, Düsseldorf 1994, 76–92; Willi Oelmüller (Hg.): *Wiederkehr von Religion?* Perspektiven, Argumente, Fragen (Colloquium Religion und Philosophie Bd. 1), Paderborn 1984; Regina Polak (Hg.): *Megatrend Religion?* Neue Religiositäten in Europa, Ostfildern 2002; Maria Widl: *Sehnsuchtsreligion.* Neue religiöse Kulturformen als Herausforderungen für die Praxis der Kirchen, Frankfurt am Main. 1994; Hans-Georg Ziebertz: *Religion,*

lich, aber auch kirchlich, gesellschaftlich und medial begegnet wird, bestätigt die hohe Aktualität des Themas. Insbesondere der Streitwert des Themas zeigt seine Brisanz: Ob es sich bei der empirisch beobachteten Wiederkehr der Religion denn überhaupt um eine solche handle? Ob wir in diesem Trend der »Respiritualisierung« wirklich einem »Megatrend« oder nicht vielmehr einem »Megaflop« aufsitzen? Wie ein solcher Trend kirchlich und gesellschaftlich zu bewerten sei? – Religion, Religiosität und Spiritualität ziehen jedenfalls wieder Aufmerksamkeit auf sich. Dieses Phänomen verstärkten öffentlichen Interesses an Religion (im weitesten Sinn) und ihrem symbolisch-kulturell-gesellschaftlich-politischen Umfeld sei im Folgenden auch gemeint, wenn ich von der Wiederkehr der Religion spreche.

Wiederkehr der Religion im öffentlichen Raum

Das Doppelgesicht der Säkularisierung

Mit dem Rückzug und der Verbannung des Religiösen in den privaten Bereich war Religion in Europa langweilig, harmlos und brav geworden. Dieser Prozess war um des Friedens willen notwendig gewesen und hat daher auch heute noch seinen unhintergehbaren Sinn: Die Privatisierung der Religion dient der Konfliktvermeidung und der Bannung der religionsimmanenten Gewalt. Diese Erfahrung der Neuzeit ist als religionspolitisches Vorzeichen unbedingt in die Zukunft der Religion mitzunehmen, ehe man darüber nachzudenken beginnt, ob und wie Religion in modernen Gesellschaften eine relevante und gesellschaftsgestaltende, also politische Rolle spielen kann, darf und soll. Diskussionen um das religionsähnliche Großunternehmen Scientology zeigen deutlich, wie unverzichtbar für eine demokratische Gesellschaft die Diskussion darüber bleibt, ob und wie Religion und religionsähnliche Gemeinschaften gesellschaftspolitisch und öffentlich aktiv werden dürfen.

Die Privatisierung der Religion entsprach aber auch durchaus dem Geist der europäischen Moderne. Ihrem emanzipatorischen Pathos und unbedingten Freiheitswillen gilt (mitunter bis heute) Religion als der Inbegriff des Reaktionären und der Unfreiheit. Die vier Großmächte der Moderne: Politik – Wirtschaft – Wissenschaft – Technik (die »heilige Quaternität«) forderten und fordern heute mehr denn je größtmöglichen Freiraum für die Durchsetzung ihrer Interessen. Religion galt und gilt als Bremserin und Verhüterin des Fortschritts: Ihr Widerstand würde die Modernisierung stets nur verlangsamen und blockieren. Welchen innovativen und aktiven Beitrag beispielsweise die christlichen Kirchen – keinesfalls nur passive Opfer der Modernisierung, sondern selbst aktive Mitgestalterinnen – für die Entwicklung der europäischen Moderne leisteten, wurde und wird bis heute von den Gegnern der Religion gern ausgeblendet.[12]

Christentum und Moderne. Veränderte Religionspräsenz als Herausforderung, Stuttgart/Berlin/Köln 1999; Harmut Zinser: *Der Markt der Religionen*, München 1997; Zulehner (Hg.), Spiritualität – mehr als ein Megatrend, u. v. a.

12 So ist z. B. die Entstehung der europäischen Wissensgesellschaft oder die Entwicklung der Wissenschaften (auch der Naturwissenschaften!) ohne die wesentlichen Impulse der Kirchen überhaupt nicht denkbar: Vgl. z. B. Richard van Dülmen/Sina Rauschenbach (Hg.): *Die Entstehung der modernen Wissensgesellschaft*, Wien 2004.

Die Erklärung der Religion zur Privatsache ermöglichte jedenfalls der genannten »heiligen Quaternität« gesellschaftliche Hegemonialmacht zu erlangen; der Widerstand der Religion gegen inhumane Modernisierungsprozesse wurde und wird gebrochen und ihre moralische Zuständigkeit auf individualethische Fragen verlagert und reduziert. Religion – vor allem die christliche – ließ es zu, dass sie im öffentlichen Leben primär die Rolle der moralischen Kontrolleurin über »anständige Bürgerinnen« und die privaten Leben der Einzelnen spielte. Sie gab dem bürgerlichen Leben zudem seinen ästhetisch-rituellen Rahmen. In dieser vermeintlich privaten Sphäre durfte sie Macht haben. Spätestens seit den 60er-Jahren findet aber in Europa auch in dieser Sphäre ein gewaltiger Exodus statt: Immer mehr Menschen entziehen sich dem individualethischen Zugriff der Kirchen, d. h. vor allem den Macht- und Kontrollansprüchen in sexualethischen und anderen Fragen persönlicher Lebensführung. Die Kirchen haben nach dem schrittweisen politischen Machtverlust nun auch ihre Herrschaft und ihren Einfluss über die »privaten Seelen« verloren.

Die Säkularisierung der Gesellschaft im Sinne der Verdrängung der Religion aus allen öffentlich relevanten Bereichen schwächte in Europa die gewaltproduktive Seite der Religion, raubte ihr aber auch viel an vitaler Kraft und Lebensrelevanz, an sozialethischer Kompetenz und gesellschaftlicher Gestaltungsmacht. Auch der Mangel an Spiritualität in den Kirchen hängt wahrscheinlich eng mit diesen Entwicklungen zusammen, konnten sie sich (zu) lange auf irdische Macht stützen und haben so ihre tiefe Verwurzelung in Gott und seinem lebensspendenden Geist verloren. Der historische Machtverlust der Kirchen im politischen wie im privaten Bereich ruft nach spiritueller Neubesinnung.

Säkularisierung bedeutet aber auch den neuzeitlichen Lernprozess der Unterscheidung von Politik und Religion sowie den Vorgang der Verweltlichung der Welt. Damit kann sie als Prozess wahrgenommen werden, der in der Spur der biblisch-christlichen Tradition erfolgt. Von den ersten Seiten der Heiligen Schrift an offenbart sich ein Gott, der seine Differenz, seine Transzendenz der Welt gegenüber betont und so die Welt freigibt, Welt zu sein. Gegen die Sakralisierung der Welt, wie sie für ein archaisches Religionsverständnis charakteristisch ist, besteht die Heiligkeit der Welt darin, dass sie *als Welt* – also endlich, begrenzt und sündhaft – von Gott bejaht und geliebt ist. Ganz in dieser Tradition steht auch Jesus Christus: Seine Botschaft vom Reich Gottes, das schon mitten unter uns, aber noch nicht vollkommen da ist, lässt die Grenzen zwischen Gott und Mensch, zwischen dem Heiligen und dem Profanen verschwimmen. Dies führt aber nun gerade *nicht* zu einer Neusakralisierung der Welt, sondern zum Glauben, dass die Welt Welt sein darf. Weil Welt und Mensch in Jesus Christus unwiderruflich und ohne Einschränkung von Gott geliebt sind, muss der Unterschied zwischen Gott und Mensch nicht mehr durch Sakralisierung und Vergötzung des Irdischen verwischt und geleugnet werden. Die unüberbrückbare seinsmäßige Differenz zwischen Immanenz und Transzendenz wird aushaltbar, weil sie durch Beziehung – durch und in Liebe – aufgehoben wird. Der endliche Mensch und der ewige Gott können eins werden, indem sie einander in Liebe begegnen. Der Mensch muss sich nicht mehr narzisstisch mit Gott identifizieren oder mit ihm verschmelzen.[13]

13 Vgl. Horst-Eberhard Richter: *Der Gotteskomplex*. Die Geburt und die Krise des Glaubens an die Allmacht des Menschen, Reinbeck bei Hamburg 1979.

Die Säkularisierung mit ihrem Doppelgesicht konnte nun den Eindruck erwecken, ein Vorgang im Interesse sowohl der Moderne als auch des Christentums zu sein – und damit schien für viele, Gläubige wie Ungläubige, das Verschwinden der Religion nahezu unvermeidlich. Alle Modernisierungstheorien, die auf die Optimierung von Mensch und Gesellschaft durch Sozialtechnologien setzten, gingen davon aus, dass gesellschaftliche Modernisierung zugleich das Verschwinden der Religion bedeuten würde und müsse.

Doch erweist sich diese Sicht als unzureichend und mit Blick auf die Welt außerhalb Europas schlichtweg als falsch. Modernisierung und Religion können durchaus koexistieren, wie das z. B. in den USA der Fall ist. Dort prägt »eine teils demokratisch universalistische, teils nationalistische Zivilreligion den politischen Diskurs bis in seine kleinsten Morpheme«[14]. Ein »In God we trust-Glaube in allen politischen Lagern« gilt »als unverzichtbare sozialmoralische Grundlage einer multiethnischen Einwanderungsgesellschaft«[15].

Aber auch die Entwicklungen in Europa zeigen, dass das Verhältnis zwischen Religion und Moderne noch lange nicht zu Ende diskutiert ist. Religion kehrt heute mit all ihren Fragen und Antworten, ihren Licht- und Schattenseiten, in neuer Vitalität wieder – und zwar dort, wo man dachte, sie längst vertrieben zu haben: im öffentlichen Bewusstsein, im politischen und gesellschaftlichen Diskurs. Auf der privaten Ebene der so genannten »Leute-Religion«, einer vorreflexiven Volksfrömmigkeit und allgemeinmenschlichen Alltagsspiritualität, war sie ohnedies nie verschwunden, wie uns Religionshistoriker[16] und auch empirische Langzeitstudien[17] zeigen. Die »Deprivatisierung der Religion« (Friedrich-Wilhelm Graf, José Casanova), die wir seit den 70er-Jahren beobachten können, zwingt uns, sowohl das Privatisierungs- als auch das Säkularisierungstheorem der Neuzeit weiterzuentwickeln.

Als bleibendes Erbe der Neuzeit gilt: Religion ist immer etwas höchst Persönliches und bedarf daher sowohl der positiven Freiheit zur Religion als auch eines spezifischen Schutzes. Ihrer impliziten Neigung zur Gewalttätigkeit – die in der menschlichen Konstitution gründet und durch die Transzendenzerfahrung des Absoluten, Unbedingten verstärkt wird – muss umgekehrt mit negativer Religionsfreiheit vor religiösem Zwang und Religionsgesetzen ein politischer und rechtlicher Riegel vorgeschoben werden. Nicht der Verzicht auf religiöse Überzeugungen charakterisiert also den modernen Rechtsstaat, sondern der Verzicht, religiöse Interessen mit staatlichen Mitteln oder Gewalt durchzusetzen. Die persönliche Religion ist aber niemals privat, also abgetrennt vom öffentlichen Raum. Sie ist immer *auch* öffentlich relevant, ob sie das will oder nicht. Denn der Mensch ist als *Person immer* und *zugleich* unteilbares Individuum *und* vergemeinschaftetes Beziehungswesen. *Allen* Weltanschauungen und Handlungen, die sich ja immer nur im Beziehungsraum ereignen und diesen voraussetzen, eignet daher ein öffentlicher Charakter. Das Spannungsfeld, das sich zwischen Individuum und Gesellschaft auftut und das in

14 Graf, Die Wiederkehr der Götter, 55.
15 Ebd., 55–56.
16 Z. B. Graf, Die Wiederkehr der Götter, 69–225 (mit vielen Literaturhinweisen); Hans Gerald Hödl: *Alternative Formen des Religiösen*, in: Johann Figl (Hg.): *Handbuch Religionswissenschaft*. Religionen und ihre zentralen Themen, Innsbruck 2003, 485–524; Hartmut Lehmann (Hg.): *Säkularisierung, Dechristianisierung, Rechristianisierung im neuzeitlichen Europa*. Bilanz und Perspektiven der Forschung, Göttingen 1997.
17 Z. B. Paul M. Zulehner/Hermann Denz: *Wie Europa lebt und glaubt*, Europäische Wertestudie, Düsseldorf 1993.

der Religion als institutionalisierter Religiosität symbolisch verdichtet konkret wird, muss jede Gesellschaft und jede Generation immer wieder neu aushandeln.

Orte der Wiederkehr: Politik und Biographie

Es sind vor allem zwei Bereiche, in denen uns das neue Interesse an Religion begegnet:[18] Zum einen wird Religion dort wieder interessant, wo es um das Individuum, seine Seele, seinen Körper und seine Suche nach Sinn inmitten einer hochkomplexen, unübersichtlichen, gefährlich-riskanten Welt geht, d. h. auf der Ebene der Person. Religion wird in ihrer biographischen Bedeutung wieder attraktiv. Menschen suchen in einer Welt, deren Fragilität auch im reichen Europa wieder spürbar wird, nach Wegen der Lebensbewältigung und nach Heilung. Die Wurzel dieser sog. »Respiritualisierung« liegt in den Bedingungen der säkularen Kulturen der Moderne selbst. »Respiritualisierung« beschreibt hier den Versuch moderner Zeitgenossinnen, die geistige (spirituelle) Dimension des Lebens wiederzugewinnen und neu ins Leben zu integrieren – in einer Kultur der »Diesseitsreligion«[19], die das »Leben als letzte Gelegenheit«[20] seit Jahrhunderten empiristisch und materialistisch verkürzt hat.

Zum zweiten ist Religion spätestens seit dem 11. September 2001 auch wieder Thema der politischen Diskussion. Hier meldet sie sich auf den ersten Blick vor allem mit der dunkelsten ihrer Seiten, mit der Gewalt, wieder zu Wort. Im pluralen, polytheistischen Götterfeld moderner Kulturen, das sich als Pantheon konkurrierender Monotheismen darstellt und in dem liberale Konsensgötter eine Minderheit werden, drohen neue Religionskonflikte und ein aggressiver Kampf um Anerkennung und Vormachtstellung.[21]

Am augenscheinlichsten wird diese Auseinandersetzung mit Religion im öffentlichen Raum in den vielfältigen Reaktionen auf die Konfrontation mit dem fundamentalistischen Islam. Diese Konfrontation führt in der wissenschaftlichen Diskussion zu polemisch-verkürzenden Thesen von einem fast schon naturgesetzmäßig drohenden Kulturkampf zwischen Ost und West (»Clash of Civilizations«[22]), aber auch zu differenzierten Analysen des Fundamentalismusproblems als Bedrohung *aller* Religionen; eine gefährliche Bruchlinie, die quer durch alle Kulturen verläuft.[23]

Beide Orte – die Politik und die Biographie – sind »Urorte« (Rainer Bucher) der Religion, gerade deshalb aber höchst ambivalent. Denn die Religion kann und soll Einzelnen helfen, das persönliche Leben gut und sinnvoll zu meistern – und sie tut das auch in den vielen unsichtbaren Menschenleben, die der medialen Öffentlichkeit und auch der wissenschaftlichen Erforschung in aller Regel vergleichsweise wenig

18 Dazu Rainer Bucher: *Biographie und Gewalt.* Die gefährlichen Orte der Religion, in: Die Furche 52–53 vom 23. Dezember 2004, 26–27.
19 Vgl. dazu: Anne Honer/Ronald Kurt/Jo Reichertz (Hg.): *Diesseitsreligion.* Zur Deutung der Bedeutung moderner Kultur, Konstanz 1999.
20 Marianne Gronemeyer: *Das Leben als letzte Gelegenheit.* Sicherheitsbedürfnisse und Zeitknappheit, Darmstadt 1996.
21 Vgl. Graf, Die Wiederkehr der Götter, 66–67.
22 Samuel Huntington: *Der Kampf der Kulturen.* Die Neugestaltung der Weltpolitik im 21. Jahrhundert, Rheda-Wiedenbrück 1996.
23 Vgl. Martin Riesebrodt: *Die Rückkehr der Religionen.* Fundamentalismus und der Kampf der Kulturen, München 2000.

wert sind.[24] Sie hat aber auch die Macht, für das Übel und das Böse im Leben verlogene und illusionäre Rechtfertigungsstrategien bereitzustellen. So steht sie in der steten Versuchung, mittels »Rechtfertigung von oben« schlechtes Leben zu stabilisieren, wie eine Droge die Suche nach Sinn und Wahrheit zu betäuben und Menschen zur Lüge zu verführen.

Im politischen Bereich erleben wir die Ambivalenz der Religion dort, wo Religion Menschen bei einer verantwortungsbewussten Weltgestaltung unterstützen kann und soll. Auch dies geschieht in einem öffentlich wie wissenschaftlich kaum reflektierten Ausmaß: Allein in Österreich gibt es dreizehn gesetzlich anerkannte Kirchen und Religionsgesellschaften und zehn staatlich eingetragene religiöse Bekenntnisgemeinschaften – und niemand hat sich noch die Mühe gemacht, systematisch darzustellen, wie viel an sozial-solidarischem, spirituellem, politischem und kulturellem Beitrag von diesen Menschen für das Gemeinwohl erbracht wird. Religionen tragen weltweit wesentlich bei zu Friede, Gerechtigkeit und Bewahrung der Schöpfung. Sie leisten Aufklärungsarbeit darüber, wer der Mensch ist und reflektieren Sinn, Ziel und Aufgabe menschlichen Lebens. So ermöglichen sie vielen Menschen Hoffnung auf und Visionen für ein gutes und gerechtes Leben.[25] Wenn im Rahmen des fünften Weltsozialforums 2005 von Porto Alegre und seinen 120.000 TeilnehmerInnen aus aller Welt dem Thema »Ethik und Spiritualität« erstmals ein eigener Arbeitskreis gewidmet wurde, ist dies als Zeichen eines erwachenden Bewusstseins zu werten, welche positive Rolle Religionen bei der Gestaltung einer »anderen Welt« übernehmen können.

Kraft der aller Religion innewohnenden Geltungsansprüche auf Wahrheit und ihrer besonderen Erfahrungsnähe zu den absoluten, unbedingten Dimensionen der numinosen Wirklichkeit, kranken Religionen aber immer auch an einem mehr oder weniger ausgeprägten Hang zum Fundamentalismus im Sinn einer rigiden Geisteshaltung, die nichts anderes neben sich gelten lässt, als die selbst erfahrenen Dimensionen der Wahrheit. Religion hat so ein Doppelgesicht: Sie kann das Leben fördern, aber ebenso Gewalt und Tod.

In diesen Ambivalenzen meldet sich Religion heute wieder retour. Ihre Wiederkehr, oder besser, ihre neue öffentliche Relevanz hat viele und widersprüchliche Bedeutungsdimensionen, die es auszuloten und auszuhalten gilt. Jede Kritik dieses Phänomens ist von daher angehalten, die Ambiguitäten und Paradoxien der Religion wahrzunehmen und offen zu halten, um die ganze Spannweite der Wiederkehr von Relevanz, von Bedeutung und Sinn der Religion, um den Umfang ihrer »Resignifikation«, d. h. ihres Bedeutungswandels, in den Blick nehmen zu können.

Der Begriff »Resignifikation«, den ich im Folgenden verwende, um diesen Bedeutungswandel zu beschreiben, stammt aus der feministischen Theorie Judith Butlers und meint dort den Prozess der »Umdeutung von Begriffen«, vor allem von Seiten der Betroffenen. Dieser Vorgang ist für Begriffe lebenswichtig, denn diese bleiben nur dann am Leben, wenn sie von den Einzelnen durch immer neue Reinterpretationen mit Inhalten gefüllt werden. Dabei bleibt immer ein Bedeutungsrest offen, in

24 In der Theologie wird die Biographieforschung allerdings wichtiger: z. B. Stephanie Klein: *Theologie und empirische Biographieforschung.* Methodische Zugänge zur Lebens- und Glaubensgeschichte und ihre Bedeutung für eine erfahrungsbezogene Theologie, Stuttgart u. a. 1994.

25 Dazu: Karl Prenner/Theresia Heimerl: *Macht Religion Kultur.* Können die Weltreligionen einen Beitrag zur Bildung einer Weltkultur leisten? Theologie im kulturellen Dialog, Band 12, Wien-Innsbruck 2004.

dem die Chance auf Weiterentwicklung und Gestaltung liegt, insbesondere auch für jene, die der Begriff betrifft. Auch Religion ist ein solcher Begriff.

Resignifikation der Religion in der Politik

Peter Berger hat schon 1999 mit seiner These von der »Desäkularisierung« dargelegt, dass Religionen höchst aktive »global player« der Politik sind.[26] Europas öffentlicher Säkularismus der Institutionen war bis vor kurzem der religionspolitische Ausnahmefall. So ist z. B. das Christentum mit ca. zwei Milliarden Menschen die weltweit am stärksten wachsende Religion. Insbesondere in Lateinamerika mobilisiert der Pentecostalismus die marginalisierten armen Massen in den Großstädten. Die Zugehörigkeit zu diesen pfingstlerischen Gruppen ermöglicht den Verliererinnen der Globalisierung zumindest die Hoffnung, durch ein gutes religiöses Leben ihre Lage verbessern zu können. Religion soll zu sozialem Aufstieg, Kultur, Wohlstand, einer klaren Identität und einem eindeutigen Weltbild verhelfen.[27] Ihre Wiederkehr macht hier auch das Versagen der Regierungen und christlichen Altkirchen deutlich, denen es bis jetzt nicht ausreichend gelungen ist, eine gerechte Politik zu fördern bzw. durchzusetzen.

Bekannt ist auch die hohe Bedeutung der Religion für die USA: 70% der Amerikaner fordern in Umfragen »mehr Religion in der Politik«[28]. Die »moral majority«-Bewegung, die sich dabei in den USA gebildet hat, hat maßgeblichen Einfluss auf die amerikanische Politik. Viele Christen in den USA gehören Freikirchen an und fordern für die Politik mehr Moral. Diese Konzentration auf die Individualethik und das Erstarken fundamentalismusnaher und fundamentalistischer Christinnen in den USA waren nicht unwesentlich am Wahlsieg des Methodisten George W. Bush beteiligt. Charakteristisch für dieses fundamentalismusnahe Christentum ist die Ablehnung von Staat und Institutionen (auch der Großkirchen) im Namen eines naiven, weil negativen und inhaltsleeren Freiheitsbegriffes. Statt auf Politik setzt man auf Moral – und verstärkt so eine Politik, die den Reichen und Mächtigen nützt.

Dass die Wiederkehr der Religion auf die politische Agenda vor allem durch die fundamentalistischen Gruppierungen der Religionen ausgelöst wird, sieht man auch an der Art der öffentlichen Präsenz des Islam, der vor allem durch die Herrschaft der Taliban in Afghanistan oder den Terror der Al-Qaida medial ins Gespräch gekommen ist. Diese Diskreditierung der Religion und insbesondere des Islam durch den Fundamentalismus – ob selbst erzeugt oder medial aufgeputscht – ist Wasser auf die Mühlen der radikalen Religionsgegner.

So meldet sich neben der Religion daher auch wieder der kämpferische Säkularismus zu Wort: Auch wenn die Religionen noch so viel Gutes tun – letztlich gefährden sie doch das Wohl der Demokratie. Daher habe die institutionalisierte Religion »endlich von der Bildfläche zu verschwinden«, so sprach der US-amerikanische Philosoph Richard Rorty 1998 bei der Verleihung des »Meister-Eckhart-Preises«.

26 Vgl. Berger (Hg.), The Desecularization of the World.
27 Vgl. Graf, Wiederkehr der Götter, 62–64 (mit Literaturhinweisen).
28 Zitiert nach Moritz Leuenberger: *Die Wiederkehr des Religiösen in die Politik*, Referat am 5. Internationalen Kongress der Europäischen Gesellschaft für Katholische Theologie: http://www.eurotheo.net/leuenber.pdf vom 3. 4. 2005.

Auch der kämpferische Atheismus könnte sich wieder in das religiöse Konfliktfeld einmischen, der wie die Religion in Europa gegen Ende des letzten Jahrhunderts sanft entschlafen schien. Im Verein mit einer einseitig verstandenen Identitäts- und Differenzpolitik der Religionsgemeinschaften und Kirchen – einer Politik reaktionärer wie progressiver Kräfte, die unter Identität vor allem Abgrenzung und Distanzierung verstehen – wäre dies die Munition für eine gesellschaftliche Polarisierung, die im Interesse gesellschaftlichen und globalen Friedens alles andere als wünschenswert ist. Wer also beginnt, die Diskussion um die Rolle der Religion in der Gesellschaft neu zu diskutieren, muss sich bewusst sein, dass er damit die »Büchse der Pandora« (Peter L. Berger) öffnen kann und mit der Wiederkehr der Religion auch neue und böse Konflikte und Zwieträchtigkeiten entstehen können. Fingerspitzengefühl und Verantwortung sind also gefragt bei diesem notwendigen Diskurs.

Aber nicht nur außerhalb, auch *in* Europa setzt die Wiederkehr der Religion ein. Hier beobachten wir die neue Signifikanz der Religion zunächst vor allem im religionsrechtlichen Bereich. Man denke an die bundesdeutschen Debatten um das Kreuz in bayrischen Klassenzimmern, die durch das Kruzifix-Urteil des Bundesverfassungsgerichtes vom 16. Mai 1995 ausgelöst wurden. Das Urteil lautete: »Der Einzelne hat in einer Gesellschaft, die unterschiedlichen Glaubensüberzeugungen Raum gibt, kein Recht darauf, von fremden Glaubensüberzeugungen, kultischen Handlungen und religiösen Symbolen verschont zu bleiben. Davon zu unterscheiden ist aber eine vom Staat geschaffene Lage, in der der einzelne ohne Ausweichmöglichkeiten dem Einfluss eines bestimmten Glaubens, den Handlungen, in denen sich dieser manifestiert und den Symbolen, in denen er sich darstellt, ausgesetzt ist.«[29]

Auch andere Ereignisse im religionsrechtlichen Raum verweisen auf die Resignifikation der Religion im Raum der Politik: Das bekenntnisfreie Unterrichtsfach »Lebenskunde – Ethik – Religion«, das am 24. Oktober 1995 per Gesetz in Potsdam institutionalisiert wurde; der Muezzinstreit in Duisburg, wo evangelische Presbyterien darauf beharrten, dass das kirchliche Glockenläuten dem Muezzinruf nicht gleichzustellen sei; das Verbot der Kommission des Schweizerischen Ständerates, dass in Radio und Fernsehen keine religiösen Werbungen gesendet werden dürfen; schließlich der Streit um den arbeitsfreien Sonntag, vornehmlich geführt zwischen Wirtschaftslobbyisten und christlichen Kirchen und Gewerkschaften; das Herabstufen des bis 1995 gesetzlich anerkannten Feiertags Buß- und Bettag zu einem rein kirchlichen Feiertag in Deutschland. Bemerkenswert, wenn auch bis jetzt kaum öffentlich diskutiert, ist auch der Zulauf, den auch in den deutschsprachigen Ländern charismatische und pfingstlerische Freikirchen haben, die stark auf die unmittelbare Evidenz ihrer religiösen Erfahrung pochen und großteils massiv antiinstitutionell eingestellt sind. Zu erinnern ist auch an den Balkankrieg in Europa, auch er war ein Religionskrieg, denn die Konflikte verliefen an jahrhundertealten Bruchlinien zwischen Katholiken, Orthodoxen und Muslimen. Schließlich sind die jüngsten Streitigkeiten rund um das muslimische Kopftuch zu erwähnen, wie sie in Frankreich seit Ende der 80er-Jahre stattfinden und das daraus resultierende Verbot »ostentativer religiöser Symbole« im öffentlichen Raum seit 2003; des Weiteren die Kopftuch-

29 Deutsches Bundesverfassungsgesetz Beschl. v. 16. 05. 1995 – 1BvR 108/91.

debatte 1998 im deutschen Baden-Württemberg um die muslimische Lehramtsanwärterin Fereshta Ludin.[30] Der Anspruch des Islam auf öffentliche Präsenz bringt die traditionellen religionsrechtlichen Modelle, wie sie in der Auseinandersetzung mit dem Christentum in Frankreich mit der Laizität und in Deutschland mit dem Kooperationsmodell gegeben sind, an ihre Grenzen. Die klassischen Verhältnisbestimmungen zwischen Staat, Politik, Gesellschaft und Religion bedürfen angesichts des veränderten religiösen Feldes einer Weiterentwicklung.[31] Die damit verbundenen religionspolitischen Probleme sind brisant: Wer bestimmt überhaupt, was in einem Staat Religion heißen darf und was nicht? Wer entscheidet, ob und wie Menschen ihre Religionsfreiheit wahrnehmen dürfen? Wie weit darf und muss diese gehen, damit die humanen und demokratischen Grundlagen des Staates gewahrt bleiben? Kann und darf ein Staat, der sich den Menschenrechten als normativer Grundlage verpflichtet weiß, in religiösen Fragen neutral sein?[32] Die Deprivatisierung der Religion wirft viele alte Fragen auf, die neu beantwortet werden wollen. Komplex wird diese neue Situation auch deshalb, weil der öffentliche Raum, in dem Religion wiederkehrt, mehrere Dimensionen hat.[33] Im Staat geht es um die Frage, wieweit sich Religion in politische Ordnungsdiskurse einmischen und dort Berücksichtigung oder gar Durchsetzungsmacht ihres jeweils spezifischen Ethos fordern darf. Im politischen Diskurs muss geklärt werden, ob und inwieweit Religion selbst politische Akteurin sein darf und muss. Schließlich stellt sich die Frage, ob und wie Religion im Bereich der Zivilgesellschaft aktiv werden darf, kann und soll, um so ihre Positionen in den Diskurs einzubringen und Allianzen zu bilden.[34]

Die Wiederkehr der Religion betrifft aber nicht nur religionsrechtliche und politische Probleme, sondern auch die Frage rund um die europäische Identität im Kontext der Globalisierung.[35] Angesichts der Diskussion rund um den möglichen Beitritt der Türkei zur Europäischen Union ist das mittlerweile quer durch alle Bevölkerungsschichten ein heißes Thema geworden. Hier stoßen nicht nur divergente politische, ökonomische, soziale und kulturelle Traditionen zusammen; auch (mindes-

30 Der deutschen Staatsbürgerin afghanischer Herkunft und muslimischen Glaubens war 1998 in Baden-Württemberg die Aufnahme in den staatlichen Schuldienst verweigert worden, da sie nicht ohne Kopftuch unterrichten wollte. Die Verfassungsrichter des deutschen Bundesverfassungsgerichtes urteilten im September 2003, dass es sich bei der Frage eines Kopftuchverbotes im öffentlichen Dienst um eine politische, nicht um eine juristische Frage handle. Dass durch Frau Ludins Verschleierung die religiöse Orientierung der Kinder beeinflusst werden könne, sei eine Annahme ohne empirische Grundlage. Wer an Stelle einer solchen Einzelfallprüfung aber ein generelles Kopftuchverbot einführen wolle, müsse das auf entsprechende neue gesetzliche Grundlagen stellen. Strafbar sei im deutschen Recht das konkrete Verhalten, nicht das Auftreten einer Person.

31 Vgl. dazu das noch laufende Habilitationsprojekt von Astrid Reuter: Die Entzauberung der säkularen Gesellschaft. Der ›Kopftuchstreit‹ als Brennpunkt einer neuen Debatte um das Verhältnis von Religion, Staat, Politik und Gesellschaft in Frankreich und Deutschland, http://www.uni-erfurt.de/forschung/forschungsdatenbank/bericht0102/berichtzeigen.php?ID=424 vom 24. 4. 2005.

32 Zu diesem Thema schreiben seit Jahren: Ernst-Wolfgang Böckenförde: *Schriften zu Staat – Gesellschaft – Kirche*, 3 Bände, Freiburg im Breisgau 1988–1990. Aktuell: Ders.: *Kirche und christlicher Glaube in den Herausforderungen der Zeit.* Beiträge zur politisch-theologischen Verfassungsgeschichte 1957–2002, Münster 2004; Richard Potz/Brigitte Schinkele: *Religionsrecht im Überblick*, Wien 2004; Ders./Reinhard Kohlhofer (Hg.): *Die »Anerkennung« von Religionsgemeinschaften*, Wien 2002; Ders.: *Islam and the European Union*, Leuven 2004.

33 Vgl. Graf, Die Wiederkehr der Götter, 53.

34 Das diskutieren für die christlichen Kirchen z. B. Markus Glatz-Schmallegger: *Kirchliche Präsenz in der Zivilgesellschaft*, empirisch untersucht und sozialethisch reflektiert anhand des Feldes der politischen Armutsbekämpfung in Österreich, Univ. Diss., Wien 2004; Ulrich H. J. Körtner (Hg): *Kirche – Demokratie – Öffentlichkeit* Ort und Auftrag der Kirchen in der demokratischen Gesellschaft, Innsbruck und Wien 2002.

35 Z. B. Peter Brown: *Die Entstehung des christlichen Europa*, München 1999; Jacques le Goff: *Das alte Europa und die Welt der Moderne*, München 1996; Kurt Koch: *Christsein in einem neuen Europa*: Provokationen und Perspektiven, Freiburg im Breisgau 1992; Michael Mitterauer: *Warum Europa?* Mittelalterliche Grundlagen eines Sonderweges, München 2004.

tens) zwei nicht unmittelbar versöhnte religionspolitische Entwicklungslinien treffen hier aufeinander. Auch wenn die Türkei ein säkularer Staat ist: Mit der islamischen und der jüdisch-christlichen Tradition als geistigem Boden stehen einander auch politische Theologien gegenüber, die trotz des gemeinsam geteilten Monotheismus und vieler anderer theologischer Gemeinsamkeiten doch sehr divergent sind, was das Verhältnis der Religion zu Moderne und Säkularität und insbesondere zum fundamentalen Konzept der Trennung zwischen Staat und Kirchen- bzw. Religionsgemeinschaften betrifft.[36]

Auch die brennenden Moscheen und Kirchen in den Niederlanden nach der Ermordung des Filmemachers Theo van Gogh zeigen deutlich, dass Europa mit der Religion ein ungelöstes Problem hat,[37] das mit Aufforderungen elitärer Intellektueller zu Multikulturalität und Toleranz allein nicht gelöst werden kann. Auch eine atheistisch-agnostische Ignoranz des Themas oder ein aggressiver Säkularismus, die die Religion wieder ins private Hinterzimmer verbannen wollen, lösen die Probleme nicht, sondern verstärken sie sogar. 3,3% der Bevölkerung der Europäischen Union, das sind 15 Millionen Menschen, sind Muslime[38] – manche darunter fundamentalismusnahe, die Mehrheit unter ihnen aber interessiert an einem friedlichen Zusammenleben in einer säkularen Gesellschaft und der Entwicklung eines demokratieverträglichen, gemäßigten Islam.[39]

Während die europäische Öffentlichkeit mit dieser neuen religiösen Situation noch nicht so recht umgehen kann (wie diverse islamophobe Berichterstattungen in Medien wie z. B. dem deutschen Magazin »Der Spiegel« oder dem österreichischen Boulevardmagazin »News« zeigen), bilden sich im religiösen Feld selbst bereits Allianzen zwischen den Religionen. So ergriff z. B. der Pariser Erzbischof angesichts des Kopftuchverbotes Partei für die Muslimas, und junge muslimische Frauen machen die Erfahrung, dass sie in katholischen Privatschulen in ihrem religiösen Selbstverständnis ernst genommen werden und ihr Kopftuch tragen dürfen.

Länder wie Österreich, mit ihrer relativ toleranten und freiheitsförderlichen Religionsgesetzgebung und einem aktiven Dialog der Religionen untereinander, bekommen Modellcharakter, wie Religionen auch im öffentlichen Raum miteinander auskommen können. Die Medienreferentin der Islamischen Religionsgemeinschaft in Österreich, Carla Amina Baghajati, schreibt: »Österreich ist (…) speziell in Hinblick auf den Islam beispielgebend innerhalb Europas. Das Islamgesetz von 1912 mit der Garantie von freier und öffentlicher Religionsausübung und der inneren Autonomie, die Regelung der religiösen Angelegenheiten betreffend, bilden zusammen mit der seit 1979 bestehenden islamischen Glaubensgemeinschaft, die als Körperschaft öffentlichen Rechts ein Bindeglied zwischen Muslimen und staatlichen und anderen Institutionen darstellt, eine gute Grundlage für die Integration als gleichberechtigte Partner. So wird das Wort der Muslime auch bei solch staatstragenden

36 Zu dieser Diskussion bietet hervorragende Beiträge Severin Lederhilger (Hg.): *Gottesstaat oder Staat ohne Gott?* Politische Theologie in Judentum, Christentum und Islam, 4. Ökumenische Sommerakademie Kremsmünster 2002, Frankfurt am Main und Wien 2002.

37 Dazu: Otto Friedrich: *Quälende Erkenntnis.* Die europäische Gesellschaft hat mit der Religion ein massives Problem, in: Die Furche 47 vom 18. November 2004, 1.

38 Lt. APA-Meldung 0518 5 AA 0317 vom 15. November 2004.

39 Genaue Zahlenverhältnisse sind diesbezüglich unbekannt; eine Erklärung, die sich für ein produktives Zusammenleben einsetzt: die Grazer Erklärung der europäischen »Imamekonferenz« vom Juni 2003: http://www.derislam.at/islam.php?name=Themen&pa=showpage&pid=66 vom 1. 6. 2005.

Ereignissen wie der Anhörungen der Religionsgemeinschaften zum Österreichischen Verfassungskonvent eingeholt.«[40] Dies soll die österreichische Situation nicht idealisieren, aber tatsächlich verlief der »Kopftuchstreit« hierzulande, mit Ausnahme einiger Stellungnahmen freiheitlicher Politikerinnen, bis jetzt weitgehend friedlich. Tagespolitische Aussagen wie die der derzeitigen Innenministerin Liese Prokop, sie würde ein gesetzlich verordnetes Kopftuchverbot für Lehrerinnen an öffentlichen Schulen in Betracht ziehen, weil »das nicht mit den Werten unserer Gesellschaft zusammenpasst«[41], gefährden diesen Frieden. Auch gibt es in Österreich islamischen Religionsunterricht an öffentlichen Schulen und symbolhafte Zeichen eines friedlichen Verhältnisses zwischen Staat und Islam. So laden z. B. der Bundespräsident und der Wiener Bürgermeister Muslime zu Fastenbrech-Essen im Ramadan ein. Die Islamophobie und die Ignoranz der Österreicherinnen gegenüber den Muslimen und deren Kultur sind dennoch groß und der Dialog zwischen den Religionen auf allen Ebenen ausbaufähig.[42] »Trotzdem können wir als Muslime nicht umhin, uns immer wieder vor Augen halten zu müssen, dass der Status rechtlicher Anerkennung bei weitem nicht breite gesellschaftliche Akzeptanz bedeutet«, schreibt Baghajati.

Die neu erwachte religionspolitische Diskussion betrifft auch die Bedeutung des Christentums in Europa: (Wie weit) muss man die christlichen Wurzeln Europas in Politik und Gesellschaft berücksichtigen und weiterpflegen? Darf, ja kann man eine jahrhundertealte Prägung durch das Christentum überhaupt ignorieren? Was sind die Folgen solchen Vergessens? Ist Europa überhaupt noch christlich? Wie weit ist die Rede vom religiös pluralen Europa stimmig, und was bedeutet das konkret? So wird heftig gestritten. Der Pluralismus ist eben nicht die Lösung, sondern zunächst nur eine Situationsanalyse und beschreibt das Problem, das es zu gestalten gilt.

Ein exemplarischer Brennpunkt dieses Konfliktes ist die hoch emotionalisierte Auseinandersetzung um die Frage, ob Gott einen Platz in der Europäischen Verfassung bekommen soll. Europa ist in dieser Frage mehr als ambivalent. So wurde im Vertrag über die Europäische Union vom 7. Februar 1993 der wirtschaftlichen Einigung als Ziel der EU die kulturelle und soziale Dimension explizit hinzugefügt, aber Fragen der Religion gelten dennoch primär als »Angelegenheit für Schöngeister und Idealisten«[43].

»Stationen der religiösen Legasthenie« finden sich quer durch das Rechtssystem der EU. In der EU-Grundrechtscharta aus dem Jahr 2000 fehlt die Religion ebenso, wie den Kirchen und Religionsgemeinschaften ein angemessener Platz im institutionellen System der Europäischen Gemeinschaften nicht zugedacht ist, und ihre Interessen und Bedürfnisse so nicht angemessen repräsentiert werden können. Die

40 Carla Amina Baghajati: *Muslime in Österreich*. Welche gesellschaftspolitische Rolle spielen sie?, in: Katholische Sozialakademie Österreichs (Hg.): *Religionen: öffentlich präsent?*, dossier 03/2004, 24–27.

41 Liese Prokop in der österreichischen Wochenzeitschrift »Falter« vom 8. März 2005; österreichische Religionsrechtsexpertinnen wie Richard Potz und Brigitte Schinkele haben sich hierzu bereits sehr kritisch geäußert und sehen diesen Vorstoß der – noch dazu ressortmäßig gar nicht zuständigen – Innenministerin rechtlich nicht gedeckt. Das zuständige Bildungsministerium hat ebenfalls klargestellt, dass ein solches Gesetz im Widerspruch zum österreichischen Prinzip der Religionsfreiheit stehe.

42 Vgl. Otto Friedrich: *Arglos und klug*. Österreich ist anders – auch was den Umgang mit Muslimen im Land betrifft, in: Die Furche 50 vom 9. Dezember 2004, 1.

43 Dominik Orieschnig: *Europa der Religionen?*, in: KSÖ (Hg.), Religionen: öffentlich präsent?, dossier 03/2004, 15–18, 15.

EU gründet ihre Verfassung laut Grundrechtscharta zwar auf ihr »geistig-religiöses« und »sittliches Erbe«, bleibt dabei aber recht nebelhaft und unkonkret.[44]

Auch der Streit um den italienischen Politiker Rocco Buttiglione, der als EU-Kommissar vom Europäischen Parlament abgelehnt wurde, zeigt, wie rasch sich die öffentliche Stimmung polarisiert, wenn es um die Rolle des Christentums im politischen Raum geht. Sogar liberale protestantische Theologen wie Ulrich Körtner meldeten sich in diesem Streit mit eindeutiger Kritik an den Kritikern Buttigliones zu Wort: Die weltanschauliche Neutralität des Staates dürfe nicht mit einer Ideologie verwechselt werden, die den Säkularismus zur neuen Zivilreligion ausrufe. Die »Hohepriester einer säkularistischen Orthodoxie«, seien für offene Gesellschaften eine ebensolche Gefahr wie religiöse Fanatiker. Auch für Politiker bestehe Religionsfreiheit, solange sie sich zu den menschenrechtlichen und demokratischen Prinzipien des Rechtsstaates bekennen.[45]

Neben dem ideologischen Säkularismus gibt es in Europa – zeitgleich aber auch innerhalb der Kirchen und Religionsgemeinschaften – aggressive Gruppen, die die funktionale Trennung von Politik und Religion infrage stellen. So gibt es innerhalb der christlichen Kirchen Gruppierungen, die von der Politik erwarten, staatliche Gesetze an einem – freilich rigide und fundamentalistisch ausgelegten – christlichen Ethos zu orientieren. Radikale Agitationen dieser Art kristallisieren sich oft rund um die Frage der Abtreibung, was es gemäßigten kirchlichen Kräften dann schwer macht, sich öffentlich und differenziert zu diesem moralisch schwer wiegenden Problem zu äußern und mit konstruktiven Vorschlägen zur Lösung des Problems beizutragen.

Als politisch herausfordernd wird sich in den nächsten Jahren im Rahmen der Europäischen Integration auch die Annäherung des lateinischen Westens an den orthodoxen Osten erweisen. Religion spielt im Osten Europas im öffentlichen Leben eine gewichtige Rolle – oft ambivalent, weil sehr national ausgerichtet. Dieses religionspolitische Problem wird in seiner Brisanz noch viel zu wenig wahrgenommen und diskutiert. Die christliche Ökumene kann eine wesentliche Unterstützung sein auch für die politischen europäischen Einigungsbemühungen, fühlen sich einflussreiche orthodoxe Kreise in Osteuropa doch eingesperrt zwischen islamischer Aggression und libertinistischem Westen.[46] Die Krise der ökumenischen Einigungsbemühungen kann aber genauso gut die politischen Polarisierungen zwischen West- und Osteuropa verstärken. Der Zentralausschuss des Ökumenischen Weltkirchenrates hat daher auf seiner Jahrestagung in Genf vom 26. August bis 2. September 2003 Leitlinien zur Europäischen Integration formuliert. Angesichts der Gefahr neuer Trennlinien im wachsenden Europa, entlang historischer, ethnischer, ökonomischer und auch religiöser Barrieren, befürchtet man Konflikte zwischen dem orthodox-östlichen und römisch-katholischen Europa einerseits und dem protestantischen Westeuropa andererseits.[47]

44 Eine Analyse zur religionsrechtlichen Situation in der EU vgl. Dominik Orieschnig: *Europa der Religionen?*; Barbara Prainsack: *Politik und Religion*, in: Herbert Dachs u. a. (Hg): Handbuch des politischen Systems Österreichs, Wien [4]2005.

45 Vgl. http://religion.orf.at/projekt02/news/0411/ne041102_koertner.htm vom 2. 11. 2004.

46 Vgl. Dominik Blum: *Nicht Öl, nicht Sand – aber Salz.* Was wird im europäischen Integrationsprozess von Christentum und Kirchen erwartet? Interview mit Prof. Ludger Kühnhardt, Direktor am Zentrum für Europäische Integrationsforschung, in: irritatio 1/2002: Von der Provokation des Miteinanders, 20–22.

47 Vgl. Protokoll des Zentralausschusses des Ökumenischen Rates der Kirchen, http://www2.wcc-coe.org/ccdocuments2003.nsf vom 11. 3. 2004.

Resignifikation der Religion in der Wissenschaft

Nachdem jahrzehntelang ein ignoranter Indifferentismus gegenüber religiösen Fragen die Atmosphäre innerhalb der Wissenschaften prägte, wird Religion auch in den heiligen Wissensproduktionsstätten moderner Gesellschaften wieder en vogue.

Maßgebliche Intellektuelle in der philosophischen Szene publizieren zum Thema Religion und fordern bzw. versuchen selbst eine philosophische Relektüre der jüdisch-christlichen Tradition. So widmet sich Jacques Derrida in seinem Essay »Glaube und Wissen« den beiden Quellen der »Religion« an den Grenzen der bloßen Vernunft: der Erfahrung des Vertrauens und der Treue, sowie der Erfahrung des Heilen, Heiligen und Unversehrten, der Heiligkeit. Er fragt danach, was es bedeuten kann, wenn heute wieder von der »Renaissance der Religion« die Rede ist.[48] Gianni Vattimo[49] erkennt in der Säkularisierung eine »Episode der Heilsgeschichte«, die einen übermächtigen Gott entthront und an seine Stelle die christliche Nächstenliebe gesetzt hat. Das ist für ihn der harte und nicht rationalisierbare Kern des Christentums. Zu erwähnen ist schließlich noch die Aufsehen erregende Rede des deutschen Philosophen Jürgen Habermas[50] anlässlich der Verleihung des Friedenspreises des deutschen Buchhandels über das Verhältnis Glaube und Wissen. Habermas rehabilitiert darin den Glauben. Der deutsche Philosoph Rüdiger Safranski widmet ein Essay der These: Gott ist doch nicht tot.[51] Die Wiederkehr des Religiösen wurzelt seiner Meinung nach in der Erfahrung, dass inmitten des Überflusses moderner Wohlstandsgesellschaften dennoch ein Mangel erfahrbar bleibt. Zudem führe das Gefühl vieler Europäer, politisch durch den Islam bedroht zu sein, zum Bestreben, sich der eigenen religiösen Wurzeln wieder vergewissern zu müssen. Begleitet wird diese Wiederentdeckung der Religion in der Philosophie von einer intensiven Debatte um den Monotheismus, dem Gewaltbereitschaft und Intoleranz vorgeworfen werden.

Aber nicht nur in der Philosophie, auch in anderen Wissenschaften wird Religion neu spannend: Psychoanalytiker und Psychotherapeuten engagieren sich für eine verstärkte Einbeziehung von »Spiritualität«[52] (wobei nicht immer ganz klar ist, was damit gemeint ist).[53] Mediziner erforschen die Auswirkungen spiritueller und mystischer Erfahrungen auf die Seele und auf Gesundheit und Krankheit.[54] Genforscher wollen ein Gen entdeckt haben, das darüber entscheidet, ob jemand religiös ist oder

48 Vgl. Jacques Derrida: *Glaube und Wissen*, in: Ders./Gianni Vattimo: *Die Religion*. Frankfurt am Main 2001, 9–107; in diesem Sammelband schreiben mehrere Autoren zum »durch historische Zwänge auferlegten« Thema der Rückkehr des Religiösen, u. a. Hans-Georg Gadamer, Eugenio Trias, Aldo Giorgio Gargani u. a.

49 Gianni Vattimo: *Jenseits des Christentums*. Gibt es eine Welt ohne Gott? München 2004.

50 Jürgen Habermas: *Glauben und Wissen*, Friedenspreis des deutschen Buchhandels 2001, Frankfurt am Main 2002.

51 Rüdiger Safranski: *Gott ist doch nicht tot*, in: Cicero – Magazin für politische Kultur 5 (2004), 46–49.

52 Z. B. Eckard Frick: *Enttabuisierung des Glaubens*. Steht die Psychoanalyse vor einem »religious turn«?, in: Herder Korrespondenz 57 (12/2003), 619–623; Felix Helg: *Psychotherapie und Spiritualität*. Östliche und westliche Wege zum Selbst, Düsseldorf 2000; Ingo Jahrsetz: *Holotropes Atmen, Psychotherapie und Spiritualität*, Stuttgart 1999.

53 Vgl. Regina Polak: *Lebensweltliche Versöhnungen?* Zum Verhältnis von Religiosität und Wissenschaft, in: Dies. (Hg.): Megatrend Religion?, 266–297.

54 Z. B. die umfassende dänische Studie des Forschungsteams: Niels Christian Hvidt/Christoffer Johansen (Red.): *Kan tro flytte bjerge?* Om religion og helbred, (Kann Glaube Berge versetzen?), Gyldendal 2004; vgl. dazu http://www.merkur.de/aktuell/cw/gg_050504.htm vom 6. 5. 2005; Dale A. Matthews: *Glaube macht gesund*. Erfahrungen aus der medizinischen Praxis, Freiburg 2000.

55 Vgl. Dean H. Hamer: *The God-Gene*. How Faith is Hardwired in our Genes, New York 2004.

nicht.[55] Anthropologen erforschen die Macht der Rituale und entdecken die sozialen Bindungskräfte der Religion.[56]

Moderne Wissenschaft ist aber nicht nur Wieder-Entdeckerin der Religion – sie löst religiöse Fragen auch aus: Mit ihren gewaltigen Fortschritten vor allem im Bereich der Naturwissenschaften provoziert sie zwischenzeitlich eine Unmenge moralischer Konflikte und produziert neuartige, nie gekannte Menschheitsrisken, auf die traditionelle Ethiken vielfach keine Antworten haben. Viele der Probleme der Gegenwart lassen sich offenbar nur in religiöser Sprache zum Ausdruck bringen. Themen wie Endlichkeit, Begrenztheit, Kontingenz oder Verantwortung und Schuld haben eine hohe Affinität zur Religion. In einer Welt natur- und technikinduzierter Umweltkrisen (Erdbeben, Tsunamis, Hochwasserkatastrophen, Ozonloch, Klimaverschiebung), neuartiger medizinethischer Fragestellungen (Apparatemedizin, Präimplantationsdiagnostik, Euthanasie), selbst produzierter Seuchen (BSE) und Angst vor pandemischen Krankheiten (Vogelgrippe bei Menschen) wird eine zerbrechliche Welt sichtbar, die weltweit Menschen in Furcht versetzt und bei vielen die Frage nach dem Woher, Wohin und Wozu des Lebens ins Bewusstsein ruft. Dies sind genuin religiöse Fragen.

Resignifikation der Religion in säkularen Gesellschaftsbereichen: implizite Religion

Religionswissenschaftler, Religionssoziologinnen und Theologen wiesen in den vergangenen Jahren nach, dass Religion auch in jenen Gesellschaftsbereichen auftaucht, die traditionell als säkular und religionsfrei galten. Studien zur Religion des Kapitalismus[57], des Konsumismus[58], der Arbeit[59], des Sports[60] und der Medien[61] liefern eine Fülle von Indizien dieser Wiederkehr. Wenn es sich hier vielfach auch »nur« um funktionale Religion bzw. eine Verzweckung von Religion und ihren Symbolwelten handelt, ist die Frequenz doch ebenso bemerkenswert wie die Wirksamkeit des Religiösen. Man kann von Religion und Religiosität im analogen Sinn und im Modus der Potentialität sprechen: Auch wenn Religion zunächst nur zu Eigeninteressen benutzt wird, schließt die Eigenkraft religiöser Symbolwelten nicht aus, dass im Einzelfall Möglichkeiten zu substantiellerer religiöser Erfahrung grundgelegt werden.[62] Gerade *weil* aber dabei tatsächlich religiöse Kräfte freigesetzt werden, ist die

56 Z. B. Richard Sosis: *Teure Rituale*, in: Gehirn und Geist – Magazin für Psychologie und Hirnforschung, 1–2 (2005): Wozu Religion?, 44–51.

57 Z. B. Dirk Baecker (Hg.): *Kapitalismus als Religion*, Berlin 2003; Christoph Deutschmann: *Die Verheißung des absoluten Reichtums.* Zur religiösen Natur des Kapitalismus, Frankfurt am Main 1999; Willibald Jacob/Jakob Moneta/Franz Segbert (Hg.): *Die Religion des Kapitalismus.* Die gesellschaftlichen Auswirkungen des totalen Marktes, FS Franz J. Hinkelammert, Luzern 1996; Robert H. Nelson: *Reaching for Heaven on earth:* The Theological Meaning of Economics, Lanham 1991.

58 Bolz, Kult-Marketing; Wolfgang Isenberg (Hg.): *Konsum als Religion.* Über die Wiederverzauberung der Welt, Mönchengladbach 2000; Jörg Herrmann: *Sinnmaschine Kino.* Sinndeutung und Religion im populären Film, Gütersloh 2001.

59 Rainer Hank: *Arbeit – die Religion des 20. Jahrhunderts.* Auf dem Weg in die Gesellschaft der Selbstständigen, Frankfurt am Main 1995.

60 Paul Jakobi/Heinz-Egon Rösch (Hg.): *Sport und Religion*, Mainz 1986; Shirl Hoffman (Hg.): *Sport and Religion*, Champaign 1992.

61 Wilhelm Gräb: *Sinn fürs Unendliche.* Religion in der Mediengesellschaft, Gütersloh 2002; Günter Thomas: *Medien – Ritual – Religion.* Zur religiösen Funktion des Fernsehens, Frankfurt am Main 1998; Ders. (Hg.): *Religiöse Funktionen des Fernsehens.* Medien-, kultur- und religionswissenschaftliche Perspektiven, Wiesbaden 2000; Arno Schilson: *Medienreligion.* Zur religiösen Signatur der Gegenwart, Tübingen 1997.

62 Dazu: Polak (Hg.), Megatrend Religion?

Funktionalisierung von Religion in der Wirtschaft bzw. die Befriedigung religiöser Sehnsüchte durch irdische Wirklichkeiten wie Geld, Konsum, Arbeit, Sport oder Medien doppelt gefährlich. Wer mit seinen religiösen Sehnsüchten irdische Mächte verehrt und sie an Gottes Stelle setzt, lebt gefährlich, weil ihn diese Mächte letztlich versklaven werden. Die Übel, die durch den Missbrauch des Besten erzeugt werden, übertreffen alle anderen Übel an Bosheit.

Resignifikation im religiösen Feld

Massiven Bedeutungswandel erfährt die Religion auch in ihren Binnenräumen. Die Untergangsrhetorik, der wir bei entsprechenden Analysen insbesondere zur Lage des Christentums begegnen, ist differenziert zu betrachten. Diese Interpretation des Wandels ist alt und begleitet von jeher alle Modernisierungsschübe des Christentums. Doch gehen nicht *das* Christentum oder *die* Kirchen unter, sondern bestimmte konkrete Sozialformen verändern ebenso ihre Gestalt wie sich ihre gesellschaftlichen Bedeutungen und Aufgaben wandeln. Immer wieder hat sich das Christentum solchen Wandlungsprozessen stellen müssen, sie mitgestaltet und mitunter nicht unwesentlich ausgelöst. Nachdem die Staatskirche durch die mühsam errungene gesetzliche Trennung von Kirche und Staat auf eine Volkskirche reduziert wurde, geht auch diese heute zu Ende. Jene Kirchenzugehörigkeit, die jahrhundertelang soziokulturell selbstverständlich war, löst sich auf. »Man« musste als Bürger zur Kirche gehören, weil man gar keine andere Wahl hatte und mit gesellschaftlichen Benachteiligungen, sogar Strafen rechnen musste, wenn »man« nicht dazugehörte. Religion ist heute kein soziokulturelles Schicksal mehr, sondern wird zur Wahl. Die alten christlichen Kirchen haben dabei die Möglichkeit, sich zur elitären Sekte oder zur gesellschaftsrelevanten Großkirche weiterzuentwickeln: einer Kirche, die mitten im religiösen Feld für Menschen pluraler religiöser Orientierung und unterschiedlicher Distanz eine Begleiterin ist und Raum bietet, die persönliche Berufung zum Heil zu finden, zu leben und zu verwirklichen.

Die Chancen stehen dabei nicht schlecht, erweist sich die Bedeutung der Kirchen trotz aller selbstverschuldeten Katastrophen und Krisen und trotz ihrer medialen Diffamierung als Hort der Reaktion (noch) als relativ stabil: Kirchen verfügen nach wie vor über das kulturelle Ritenmonopol; die Erwartungen an die Kirche und ihr gesellschaftspolitisches Engagement sind hoch.[63] Die kirchliche Ordnung der Feste und vor allem die Zeitordnung prägen unser Leben – wenngleich sie mittlerweile umfunktioniert werden, und die Menschen um ihren religiösen Sinn vielfach nicht mehr wissen. Die sinkenden Mitgliedszahlen der Kirchen in Österreich sind ein Alarmzeichen, was deren *Motivation* angeht. Die Tatsache, *dass* Österreichersein nicht mehr gleichbedeutend ist mit Christsein, ist jedoch ein Ausdruck soziokultureller Normalisierung in einer pluralistischen Gesellschaft. Auch theologisch müssen nicht alle Menschen einer Region zur römisch-katholischen Kirche gehören, um das Heil zu erlangen. Seit dem Zweiten Vatikanischen Konzil wird klar unterschie-

63 Daten zur pluriformen Kirchlichkeit der ÖsterreicherInnen: Zulehner/Hager/Polak, Kehrt die Religion wieder?, 89–133.

den zwischen einer Berufung zur Kirche, die dem auserwählten Volk Gottes gilt, und einer Berufung zum Heil, die allen Menschen gilt (z. B. LG 13–17).

Pluralisierung und Binnendifferenzierung lassen die Religionsgemeinschaften und Kirchen nicht unverändert. Die Pluralisierung betrifft die Religionsgemeinschaften in ihrer Gesamtgestalt: Sie werden pluriformer. *Das* Christentum, *das* Judentum, *den* Islam, *den* Buddhismus, *den* Hinduismus gibt es nicht, eine Vielfalt von Traditionen und Strömungen differenziert sich heraus – im Übrigen keine neue Entwicklung, sie wird nur heute erst richtig bewusst. Aber auch das religiöse Bewusstsein des einzelnen Gläubigen wandelt sich. Plurale religiöse Identitäten, wie wir sie heute in Japan finden können, wo sich eine Person durchaus mehreren Traditionen verbunden wissen kann, werden zukünftig wahrscheinlich auch in Europa öfter anzutreffen sein. Das will theologisch verdaut werden (und geschieht auch bereits in den verschiedenen Ansätzen zu einer Theologie des Pluralismus der Religionen). Das Ausmaß der damit verbundenen Transformation der Religionen, die Bedeutung dieses Wandels von Religiosität und Spiritualität, ist noch nicht voll ins Bewusstsein der Menschen geraten. Viele der innerreligiösen Konflikte und Probleme lassen sich jedoch auf diese noch unbewältigten Wandlungsprozesse zurückführen, deren Ergebnisse heute noch offen und unabsehbar sind. Vermutlich werden wir in den nächsten Jahrzehnten unsere Begriffe von dem, was Religion, Religiosität und Spiritualität meinen, weiterentwickeln müssen. Die damit verbundenen Widerstände und Konflikte, Such- und Irrwege wollen intellektuell reflektiert und politisch gestaltet werden. Dazu werden unsere Gesellschaften ideelle und materielle Ressourcen (Zeit, Raum, Geld, Personen) bereitstellen müssen, wollen wir nicht in ein neues Zeitalter religiösen Unfriedens eintreten.

Dass in diesem religiösen Wandel nicht nur substantielle Religion wieder relevant wird und ihre Bedeutung weiterentwickelt, sondern auch moderne Götzen und Ungeister ihr Unwesen treiben, ist eine weitere Facette der Renaissance des Religiösen. Max Weber hat diese Entwicklungen bereits 1917 als Begleiterscheinungen des Fortschritts begriffen. Die Attraktivität von Religion liegt in ihrem (vermeintlichen) Irrationalismus, der als die andere Seite des eindimensionalen Rationalismus des modernen Fortschritts den Menschen im »stählernen Haus der Moderne« Linderung ihrer Modernisierungsschmerzen verheißt. »Die alten vielen Götter, entzaubert und daher in Gestalt unpersönlicher Mächte, entsteigen ihren Gräbern, streben nach Gewalt über unser Leben und beginnen untereinander wieder ihren ewigen Kampf.«[64] Die Rückkehr der Religion ist in dieser Perspektive bloß Symptom des destruktiven Fortschritts der Moderne, der auch alle Religionen erfasst und Kulturen aufeinanderprallen lässt. Ähnlich pessimistisch sieht das Max Horkheimer, wenn er schreibt: »Anstatt die Aufklärung, in welche die Religion übergegangen war, mit vollem Bewusstsein durchzuführen, die trügerische Freiheit der Revolution zur Gerechtigkeit voranzutreiben, hat die westliche Gesellschaft resigniert. Die Rückkehr zur Religion meint nicht, dass sie wieder an den Himmel glaubt, sondern dass es ihr zur besseren Einrichtung der Erde an Glauben gebricht, dass sie nichts mehr will, als sich selbst."[65] Das klingt prophetisch, mangelt aber vielleicht doch einer breiten

64 Max Weber: *Wissenschaft als Beruf*, Vortrag erschienen 1919, zitiert nach: http://www.textlog.de/weber_wissen_beruf.html vom 21.4.2005.

65 Max Horkheimer: *Notizen* 1950–1969 und Dämmerung. Notizen in Deutschland, hg. von Werner Brede, Frankfurt am Main 1974, 131.

empirischen Wahrnehmung, die heute durch die Human- und Sozialwissenschaften möglich ist.

In der Lesart am Institut für Pastoraltheologie in Wien kann die Rückkehr der Religion daher *auch* das Symptom hoffnungsvoller Weiterentwicklung der Menschheit sein – wenn es gelingt, die Dimensionen des Glaubens, der Hoffnung und der Liebe im erwachten religiösen Hunger freizulegen, zu kultivieren, zu zivilisieren und zu fördern. Die Wiederkehr der Religion kann auch der erste Schritt sein hin zu einer Zeit, in der eine humanisierte Moderne und eine humanisierte Religion voneinander lernen und weltweit dazu beitragen können, miteinander versöhnter zu leben. Der Weg dorthin wird aber nur gangbar, wenn die öffentliche Resignifikation der Religion religionspolitisch wahr- und ernst genommen und verantwortlich von den Religionen wie den Gesellschaften und Kulturen gestaltet wird. Dazu aber müssen sich alle Betroffenen und Beteiligten, vor allem die religiösen und politischen Verantwortungsträger den alten normativen Fragen danach stellen, wie man eine humane Religion von barbarischer Magie, archaischem Kult und Menschen verachtenden, lebensfeindlichen Glaubensmächten unterscheiden kann.

Resignifikation auf der Ebene des individuellen Seelenheils

Scheinbar als Gegenstück zu der oft problematischen und neuen gesellschaftlichen und politischen Relevanz der Religion wird diese von vielen Menschen für ihre individuellen Bedürfnisse nach Sinn und Heilung wieder entdeckt. In diesem sehr persönlichen Kontext grenzt man sich in der Regel aber vom Begriff der Religion ab – der institutionalisierten und politiknahen Form von Religiosität begegnen viele mit Skepsis.[66] Man spricht bevorzugterweise von »Spiritualität«. Der Begriff wird meistens sehr diffus und inhaltsarm verwendet und dient oft der Abgrenzung gegenüber jeder Art von Instrumentalisierung durch Religionsgemeinschaften, Kirchen und Politik. Er bezeichnet für die Menschen das an der Religion, was als lebensmäßig relevant betrachtet wird, die gelebte Religiosität, die Sehnsucht und Suche nach konkretem, lebensnahem Sinn.

Mittels Spiritualität will man sich vor den politischen und gesellschaftlichen Gefahren und Bedrohungen schützen und in der beschleunigten Moderne Oasen der Ruhe finden. Spiritualität wird wichtig für das persönliche Seelenheil, für ganzheitliche Gesundheit, Selbstverwirklichung und umfassende Heilung. Unter den Labels »Esoterik« und »Spiritualität« suchen Menschen seit den 70er-Jahren nach Unterstützung und Orientierung für ihr Leben in neuen, aber auch alten religiösen Traditionen der Menschheit. Was sich als für eine kohärente Lebensgestaltung hilfreich und nützlich erweist, wird gern angenommen. Die Frage nach der Wahrheit oder nach den politischen Konsequenzen von Lehren und Praktiken gerät dem unmittelbar erlebten Sinn gegenüber ins Hintertreffen. Der esoterische Büchermarkt floriert, manche Verlage machen mit spiritueller Literatur Milliarden Umsätze. Auch eine unübersichtliche spirituelle Szene mit Seminaren und Heilungsprodukten aller Art, mit käuflichem spirituellen »Mehrwert« in Sport, Freizeit, Psychotherapie und Alternativmedizin

66 Vgl. Regina Polak: *Bedeutungswandel der Religion*. Qualitative Begleitstudie zum Projekt »Religion im Leben der Österreicher/innen 1970–2000«, unveröff. MS, Wien 2000.

lässt die Euros rollen. Doch mitten im fragwürdigen und umsatzreichen Geschäft der neuen Spiritualitäten finden viele suchende und wandernde Europäerinnen auch wieder Sinn, Frieden, Gelassenheit und machen neue, heilsame Lebenserfahrungen.

Not und Hoffnung finden sich hier unmittelbar nebeneinander. Die Abwehr des Politischen auf dem persönlichen spirituellen Weg kann sich als politische Naivität genauso erweisen wie sie ein erster Schritt auf dem Weg zu einem erneuerten politischen Bewusstsein werden kann. Der sich selbst entfremdete Mensch kann (und muss wohl) durch Spiritualität zuerst das eigene Selbst wieder entdecken, um zu neuem gesellschaftlichen Engagement aufbrechen zu können. Die Chance der Konzentration auf die individuelle und persönliche Dimension der Religion liegt in der Entwicklung substantieller Personalität, die es braucht, um sich anderen und der Gesellschaft zuwenden zu können. Individuell ausgerichtete Spiritualität kann ein Zeichen der Suche nach Trost und Flucht vor der Welt sein. Sie kann aber auch ein Zeichen kulturellen Protests und Neuaufbruchs in eine veränderte Zukunft werden.

Religion wird wieder bedeutsam und wandelt ihre Bedeutung

Diese vielen Hinweise zeigen eindrücklich, dass die Niedergangsrhetorik rund um die Religion, die in manchen wissenschaftlichen und gesellschaftlichen Kreisen gepflegt wird, die tatsächliche Situation verfehlt. Natürlich gibt es nach wie vor missionarische Ignoranten, die den Untergang der Religion herbeireden und -schreiben wollen[67], aber in solchen Fällen ist wohl der Wunsch der Vater des Gedankens und nicht so sehr die nüchterne Wahrnehmung. Auch Theologen sind mitunter vom Virus dieser Niedergangsrhethorik befallen. Das kann Ausdruck jenes prophetischen Gestus sein, der sensibel die aktuellen Gefahren für den Glauben zu Ende denkt, aber auch Widerstand gegenüber den Veränderungen, die Gott selbst der Kirche immer wieder zumutet.

Der Bedeutungswandel der Religion regt jedenfalls auf und dazu an, differenziert darüber nachzudenken und endlich auch einen ersten Versuch zu wagen, aus pastoraltheologischer Perspektive praktische Konsequenzen für Kirche und Gesellschaft daraus zu ziehen. Dies soll mit dieser Studie riskiert werden, in der Hoffnung, eine rege Diskussion auszulösen.

»Zukunft der Religion – Rolle der Kirchen«

Eine wesentliche Grundlage der hier vorgelegten Überlegungen sind die Arbeitspapiere und Diskussionen, die im Rahmen eines Symposiums von 5. bis 6. Dezember 2001 entwickelt und geführt wurden. »Zukunft der Religion – Rolle der Kirchen« war

67 Z. B. Robert Treichler: *Das Grüß-Gott-Komplott*, in: profil 52a (2004), 36–41, wo vom »gottlosen Westeuropa« berichtet wird, obwohl sich der von Treichler zitieren Studie 68% (sic!) der Westeuropäer mit einer Religion identifizieren und 75% (sic!) an Gott glauben. Vielleicht gründet diese befremdende Dateninterpretation darin, dass sich Herr Treichler ein »religiös neutrales – vormals christliches – Europa« wünscht. Mit der Realität hat das freilich wenig zu tun, mit seriösem Journalismus, der einer realitätsnahen Berichterstattung verpflichtet ist, auch nicht.

der Titel der Veranstaltung, zu der hochkarätige Wissenschaftlerinnen und Experten aus dem deutschsprachigen In- und Ausland an die Wiener Katholisch-Theologische Fakultät eingeladen waren, die sich in der soziologischen bzw. theologischen Auseinandersetzung mit dem Thema »Wiederkehr der Religion« einen einschlägigen Namen gemacht haben. Auch Multiplikatorinnen, die in der Praxis mit diesen Entwicklungen konfrontiert sind, waren zu Gast. Unter den Teilnehmern waren:

Univ.-Prof. Dr. Heiner Barz, Leiter der Abteilung für Bildungsforschung und Bildungsmanagement an der Heinrich-Heine-Universität Düsseldorf

Dr. Markus Beranek, Jugendseelsorger für Weinviertel und Marchfeld, bis 2003 Assistent am Institut für Pastoraltheologie der Katholisch-Theologischen Fakultät der Universität Wien

Dr. Thomas H. Böhm, Assistent am Institut für Praktische Theologie der Katholisch-Theologischen Fakultät der Universität Innsbruck

Mag. Albert Brandstätter, Generalsekretär der Eurodiaconia – Europäischer Verband für Diakonie in Brüssel

Trautl Brandstaller, Journalistin in Wien

Dr. Michael Bünker, Oberkirchenrat der evangelischen Kirche A. B. in Österreich

Prof. Roland J. Campiche, Honorarprofessor an der Universität Lausanne, Direktor am Observatorie des Réligions en Suisse

Prof. Dr. Hermann Denz, Professor an der FH-Vorarlberg

Dr. Alfred Dubach, Leiter des Schweizerischen Pastoralsoziologischen Instituts in St. Gallen

Univ. Prof. DDr. Johann Figl, Vorstand am Institut für Religionswissenschaft der Katholisch-Theologischen Fakultät der Universität Wien

Dr. Anna Findl-Ludescher, Assistentin am Institut für Praktische Theologie der Katholisch-Theologischen Fakultät der Universität Innsbruck

Univ. Prof. Dr. Max H. Friedrich, Vorstand der Universitätsklinik für Neuropsychiatrie des Kindes- und Jugendalters an der Medizinischen Universität Wien

a. o. Univ. Prof. Dr. Christian Friesl, Bereichsleiter Gesellschaftspolitik – Industriellenvereinigung, Universitätsdozent am Institut für Pastoraltheologie der Katholisch-Theologische Fakultät der Universität Wien

Dr. Ursula Hamachers-Zuba, Assistentin am Institut für Pastoraltheologie der Katholisch-Theologischen Fakultät der Universität Wien

Univ. Prof. Dr. Susanne Heine, Vorstand am Institut für Praktische Theologie und Religionspsychologie der Evangelisch-Theologischen Fakultät der Universität Wien

Dr. Klaus-Peter Jörns, emerit. Univ.-Prof. für Praktische Theologie und Leiter des Instituts für Religionssoziologie und Gemeindeaufbau der Evangelisch-Theologischen Fakultät der Humboldt-Universität zu Berlin.

Dr. Wojciech Kalinowski, Kaplan in Elk (Polen), Lehraufträge am Institut für Pastoraltheologie an der Fakultät der Universität Olsztyn (Allenstein)

Dr. Manfred Körber, Leiter der Abteilung Grundfragen und -aufgaben der Pastoral in der Hauptabteilung Pastoral/Schule/Bildung des bischöflichen Generalvikariates Aachen

Dr. Walter Krieger, Generalsekretär des Österreichischen Pastoralinstituts

Mag. Dr. Thomas Krobath MAS, Vertragslehrer für Theologie an der Evangelischen Religionspädagogischen Akademie Wien (Kirchliche Pädagogische Hochschule), Supervisor und Berater für Organisationsentwicklung im Dienstleistungsbereich, Lehrbeauftragter für Schulentwicklung und Religion am Institut für Religionspädagogik und Katechetik der Katholisch-Theologischen Fakultät der Universität Wien

Ass. Prof. Dr. Karl Heinz Ladenhauf, Leiter des Arbeitsbereiches Pastoralpsychologie am Institut für Pastoraltheologie und Pastoralpsychologie der Katholisch-Theologischen Fakultät der Universität Graz

Dr. Christine Mann, Leiterin des Erzbischöflichen Amtes für Unterricht und Erziehung der Erzdiözese Wien

Prof. Dr. András Máté-Tóth, Lehrstuhl für Religionswissenschaft an der Universität Szeged

Dr. Krzysztof Matysek, Schulamtsleiter in Opole (Polen)

Dr. habil. Pavel Mikluscak, Professor an der Religionspädagogischen Akademie der Erzdiözese Wien

Mag. Maria Katharina Moser, 2002–2004 DOC-Stipendiatin der Österreichischen Akademie der Wissenschaften, 2005 interimistische Chefredakteurin der Zeitschrift Diakonia
Mag. Dr. Sigrid Mühlberger, Germanistin, kath. Theologin; wissenschaftliche Mitarbeiterin der Katholischen Aktion Wien; ehrenamtliche Leitung und Koordination der »Studiengruppe zu Fragen des Unglaubens«
Mag. Dr. Johannes Panhofer, Assistent am Institut für Praktische Theologie der Katholisch-Theologischen Fakultät der Universität Innsbruck
Heide Pils, Autorin und Regisseurin (Wien)
Pfarrer Markus Sahli, Leiter Innenbeziehungen des Schweizerischen Evangelischen Kirchenbundes
Dr. Petr Slouk, Assistent am Institut für Pastoraltheologie der Katholisch-Theologischen Fakultät der Universität Wien
Prof. P. Dr. Norbert Stigler OCist, Professor für Pastoraltheologie an der Hochschule Heiligenkreuz, Pfarrer in Sulz im Wienerwald
Adam Mickiewicz, Universität Poznan (PL), Redakteur der Zeitschrift »Katecheta« (PL)
Mag. Herwig Sturm, Bischof der Evangelischen Kirche A. B. in Österreich
Univ. Prof. Dr. Franz Weber, Vorstand am Institut für Praktische Theologie der Katholisch-Theologischen Fakultät der Universität Innsbruck
Univ. Doz. DDr. Paul Weß, Universitätsdozent für Pastoraltheologie in Innsbruck
Univ.-Prof. Dr. habil. Maria Widl, Professorin für Pastoraltheologie, Homiletik und Religionspädagogik an der Katholisch-Theologischen Fakultät der Universität Erfurt
Univ. Prof. Dr. Karl Augustinus Wucherer-Huldenfeld, emer. Prof. für Christliche Philosophie und Mystik, ehem. Vorstand des Instituts für Christliche Philosophie
Univ. Prof. DDr. Paul M. Zulehner, Dekan und Professor am Institut für Pastoraltheologie der Katholisch-Theologischen Fakultät der Universität Wien

Zwei Tage lang haben die Teilnehmerinnen zu folgenden Themen diskutiert: Was bedeuten die Ergebnisse für eine zeitgemäße Religions- und Kirchenpolitik? Was bedeuten die Ergebnisse der Religionsstudien 1970–2000 für die Entwicklungen der so genannten »Leutereligion« und »Leutekirche« sowie für die Volksreligiosität? Wie kann die Kirche mit den »fragmentierten Religiositäten« umgehen? Was bedeuten die Ergebnisse für die Zukunft der empirischen Religionsforschung?[68]

Im Vorfeld war dazu eine Textsammlung entstanden, die als Basis der Diskussion diente. Thomas Krobath und Maria Widl hatten »Thesen zur Leute-Kirche und Volksreligiosität« verfasst. Albert Brandstätter und ich formulierten »Thesen zu einem kirchlichen Umgang mit fragmentierten Weltanschauungen«. Maria Widl verfasste »Thesen zu praktisch-theologischen Konsequenzen des Religionsbegriffes«. Ich entwickelte mit Paul M. Zulehner erste Impulse für eine »Religions- und Kirchenpolitik der Zukunft«.

Auf Basis dieser Textbausteine und der Symposiumsergebnisse wurde das Thema seither in vielen Diskussionen und Arbeitsgruppen weiterreflektiert. Meine persönliche Forschungs- und Vortragstätigkeit hat im Lauf der Zeit zudem reiches Material an Interpretationen der Situation und viele Ideen für konkrete Handlungsoptionen entstehen lassen, die hier publiziert werden.

68 Die Ergebnisse dieser Fragestellung werden hier nicht publiziert.

Zur Methodologie der Studie

Methodisch folgt die Arbeit der pastoraltheologischen Arbeitsweise, wie sie am Wiener Institut für Pastoraltheologie praktiziert wird. Dieses Konzept[69], das sich am Begriff von Pastoraltheologie bei Karl Rahner orientiert, geht von einem heilsgeschichtlichen Verständnis von Theologie aus.[70] Wenn sich die Heilsgeschichte Gottes mit den Menschen in konkreter Geschichte und näherhin im Raum der Kirche ereignet, kann Pastoraltheologie nicht »Rezeptologie, Anwendungswissenschaft oder Umsetzungspragmatik« jener Ergebnisse sein, zu denen Dogmatik und Fundamentaltheologie kommen.[71] Sie ist dann vielmehr eine Theologie des Selbstvollzuges der Kirche, wie sie ist, und wie sie sein soll.[72] Sie ist selbst ein Moment an der ausreifenden Heilsgeschichte und für diese von essentieller Bedeutung. Sie dient – wie jede Theologie – dem Glaubensgeschehen und der Verkündigung, auch und gerade dann, weil sie wissenschaftlich ist. Als Wissenschaft, d. h. vernünftig systematisch-geordnete Reflexion, interpretiert sie aus theologischer Perspektive die Gegenwart in ihrer Bedeutung für die je aktuelle Gestalt des Glaubens und der Kirche und entwirft auf der Basis dieser Interpretationen mögliche Kirchenzukünfte, auf dass diese ihren Heilsdienst optimal wahrnehmen kann.

In diesem Sinn wird hier auch das Phänomen der Wiederkehr der Religion gedeutet, das als Vorgang von heilsgeschichtlicher Bedeutung interpretiert wird: Gottes Geist findet sich in den religionsgeschichtlichen Ereignissen der Gegenwart ebenso wie der dämonische Ungeist und der zu Gutem wie Bösem fähige menschliche Geist, der sich selbst mittels Religion zum Maßstab der Welt machen und in religiöser Praxis sündig werden kann. Dieses theologischen Doppelgesichtes der Renaissance des Religiösen, gilt es sich bewusst zu sein. Nach einer theologischen Unterscheidung der Geister sind dann praktische Konsequenzen zu ziehen, wie für die heilsgeschichtlich relevanten Ereignisse und Erfahrungen in Kirche und Gesellschaft Raum und Zeit freigestellt werden können.

Für die Methodologie dieser Studie wird der Schwerpunkt daher auf zwei elementare Arbeitsschritte gesetzt, die die Grundstruktur der drei folgenden großen Hauptkapitel bilden.

1. *Basis ist die theologische Situationsanalyse der religiösen Situation.* Die religionssoziologischen Daten werden theologisch reflektiert. Aus heilsgeschichtlicher Sicht müssen sich in jeder Gegenwart Spuren der Präsenz Gottes finden lassen. Wie es aufgrund der Erbsünde nicht möglich ist, die Gegenwart per se unkritisch heilig zu sprechen, ist es nicht legitim, dem Heute die erlösende Präsenz Gottes abzusprechen – aufgrund des Erbheiles. Wir können also davon ausgehen, dass sich im gegenwärtigen Bedeutungswandel der Religion Spuren des Heils ebenso finden lassen werden wie Spuren der Sünde.

69 Die folgenden methodologischen Überlegungen wurden erstmals veröffentlicht in: Ursula Hamachers-Zuba/Regina Polak/Paul M. Zulehner: *Respiritualisierung als heilsgeschichtliches Muss*, in: Doris Nauer u. a. (Hg.): Praktische Theologie. Bestandsaufnahmen und Zukunftsperspektiven. FS für Ottmar Fuchs, Stuttgart 2005.

70 Vgl. Walter Schmolly: *Pastoral verantworten: Praktische Theologie*, in: Andreas R. Batlogg/Paul Rulands/Walter Schmolly/Roman A. Siebenrock/Günther Wassilowsky/Arno Zahlauer: *Der Denkweg Karl Rahners.* Quellen – Entwicklungen – Perspektiven, Mainz 2003, 242–261; Anna Hennersperger/Hermann Stinglhammer: *Theologie treiben angesichts der Fragen der Zeit.* Die Arbeit Karl Rahners in Wien (1939–1944) als Anstiftung und Schule des Denkens, unveröff. MS, Wien 2004.

71 Vgl. Hennersperger/ Stinglhammer, *Theologie treiben angesichts der Fragen der Zeit*, 13.

72 Dazu ausführlich: Schmolly, *Pastoral verantworten: Praktische Theologie*, 242f.

2. *Sodann wird eine konkret-visionäre ekklesiologische Futurologie entwickelt,* um im Andenken an Karl Rahners ständige Mahnung, heute schon das Morgen einer Kirche zu planen, die auf den religiösen Wandel der Gegenwart so reagiert haben wird, dass sie wieder attraktiv für spirituell Suchende ist.

Zur Gliederung

Von den Anliegen her gliedert sich die Arbeit in folgende Kapitel: Das erste Kapitel widmet sich der *Religionspolitik* und formuliert auf der Basis einer soliden religionssoziologischen Situationsanalyse zeitgemäße Wege, wie sich Religion und Politik in einem veränderten religiösen Feld zueinander verhalten und voneinander lernen können.

Das zweite Kapitel wendet sich dem Einzelnen zu und formuliert exemplarisch einige Möglichkeiten, eine *spirituelle Lebenskultur* verantwortungsbewusst zu gestalten und dabei mit dem christlichen Glauben ins Gespräch zu kommen.

Schließlich widmet sich das dritte Kapitel den zukünftigen Möglichkeiten einer offensiven *Kirchen- und Glaubensgestaltung,* wie sie den veränderten religiösen Befindlichkeiten moderner Zeitgenossinnen Rechnung zollt.

Die römisch-katholische Perspektive, die in dieser Studie leitend ist, versteht sich als ökumenisch offen, indem sie weniger die Differenzen als die Gemeinsamkeiten betonen will. Zudem verdanken sich viele der hier gesammelten Impulse den evangelischen Symposiumsteilnehmern. Ihre Kritik hat mir geholfen, das Eigene kritischer zu sehen oder aber präziser formulieren zu können. Die Betonung, dass es sich bei dieser Arbeit um eine römisch-katholische Sicht handelt, dient daher nicht dem Zweck der Abgrenzung im Sinn einer fragwürdigen Identitätspolitik, die das Eigene besonders betonen will. Die christliche Identität definiert sich ja gerade nicht durch Abgrenzung, sondern durch die Suche nach dem Gemeinsamen, das eint; sie charakterisiert sich durch Hingabe und Dienst. Dass dies mitunter konkret auch Widerstand, Kritik oder Positionierung bedeuten kann, ändert nichts an der christlichen Pro-Existenz. So soll die Erwähnung der römisch-katholischen Position, in der ich stehe, in erster Linie meinen Glaubens- und Denkort transparent machen sowie den Respekt gegenüber den anderen christlichen Konfessionen zum Ausdruck bringen. Die Schwesterkirchen sollen mit meinen Ideen und Vorschlägen weder vereinnahmt noch vor den Kopf gestoßen werden. In ökumenischer Gesinnung bin ich jedoch überzeugt, dass viele der hier vorgelegten Thesen und Optionen für Christinnen aller Konfessionen Relevanz haben können. Das gilt auch für den dritten Teil der Arbeit, in dem ich Handlungsoptionen explizit für die katholische Kirche formuliere, weil ich diese von innen kenne und es anmaßend fände, anderen Kirchen von außen gute Ratschläge zu geben. Ich glaube aber, dass viele der dort angeführten Ideen bei entsprechender Transformation übertragbar sind.

Religionspolitik[73]

Trendwende: Wiederkehr der Religion

Europa war und ist ein religiös vielfältiger Lebensraum

Bis in die 90er-Jahre des vergangenen Jahrhunderts schien es in der Religionssoziologie, als würde die Religion in Europa unausweichlich verschwinden. Seit zehn Jahren mehren sich jedoch empirische Studien, die eine unerwartete Trendumkehr beobachten – unerwartet zumindest für jene Religionssoziologen, die das traditionelle Säkularisierungsparadigma teilen. Demzufolge muss die Modernisierung der Zivilisation unweigerlich das Verschwinden der Religion zur Folge haben.

Von der neuen globalen, insbesondere politischen Relevanz war bereits in der Hinführung die Rede. Religion wird in Europa, aber auch nachweisbar auf der Ebene individueller Religiosität wieder wichtig. 67% der Europäerinnen hielten sich laut der Europäischen Wertestudie im Jahr 2000 für religiös. Der Anteil derer, die sich als »nicht religiös« bezeichnen, liegt unter 30%. Als überzeugte Atheisten haben sich magere 5% eingestuft. Zugleich ist der Anteil der »Religiösen« innerhalb von 20 Jahren in Westeuropa leicht angestiegen: Waren es 1982 noch 63% (Daten der Zwölfergemeinschaft), stieg der Anteil 1990 auf 65% und beträgt um die Jahrtausendwende 67%.[74]

Die Zukunft Europas liegt nicht in der Religionslosigkeit, sondern in einem komplexen, widersprüchlich-schillernden, bunten Bild vielfältigster Religionen und Religiositäten. Religionshistorische Studien zeigen, dass diese Zukunft nicht ganz so überraschend ist, wie es mitunter nahe gelegt wird.[75] Auch auf der Ebene der so genannten »Leute-Religion« (Paul M. Zulehner) war Europa niemals religionslos oder gar atheistisch. Dieser Wunschtraum eines einseitigen »Euro-Säkularismus« (Danièle Hervieu-Léger) wird bereits seit 25 Jahren durch die Europäische Wertestudie widerlegt.[76]

Europa ist bezüglich seiner Religiosität kein einheitlicher Kontinent. Analysen und Prognosen über »die« Religion in Europa sind daher immer schwierig[77], weil es

73 Der vorliegende Text verarbeitet inhaltliche Impulse der folgenden Teilnehmerinnen des Symposiums »Zukunft der Religion – Rolle der Kirchen«: Albert Brandstätter, Michael Bünker, Thomas Krobath, Christine Mann, Maria Moser, Markus Sahli und Paul Weß.

74 Vgl. Zulehner, Wiederkehr der Religion, 25–27.

75 Z. B. Graf, Die Wiederkehr der Götter; Lehmann (Hg.), Säkularisierung, Dechristianisierung, Rechristianisierung; in beiden Werken finden sich weitere zahlreiche Literaturhinweise zum Thema Religionsgeschichte in Europa.

76 Vgl. Zulehner/Denz, Wie Europa lebt und glaubt.

77 Einen umfassenden länderspezifischen Überblick über die Vielfalt der religiösen Zonen und Muster in Europa bieten Karl Gabriel (Hg.): Jahrbuch für Christliche Sozialwissenschaften. Band 44/2003: *Religionen im öffentlichen Raum*: Perspektiven in Europa, Münster 2003; Institut für die Wissenschaften vom Menschen Wien (Hg.): Transit 8 (1994): *Das Europa der Religionen*; David Martin: *Religionsmuster in Europa*, in: Institut für die Wissenschaften vom Menschen Wien (Hg.): Transit

kaum international vergleichbare empirische Studien gibt. Die historische Entwicklung hat in Europa einen schillernden, religiösen Pluralismus entstehen lassen, mit verschiedensten religiösen Zonen und Religionsmustern. Die plurale mittelalterliche *Christianitas* in Europa hat vor allem durch den fortschreitenden und konfliktreichen Prozess der Unterscheidung und Trennung von Religion und Politik immer wieder neue Formen religiösen Lebens aus sich heraus entlassen bzw. wurden diese zumeist gegen den Willen der Kirche erzwungen. Die vielfältigen Legierungen zwischen Religion und fortschreitender Säkularität im Laufe der Neuzeit haben in Europa eine große religiöse Vielfalt aus sich entstehen lassen.[78]

Die Unterschiede innerhalb Europas sind jedenfalls markant: In Polen leben über 90% römisch-katholische Christen, während Tschechien und Ostdeutschland nach jahrzehntelanger militanter atheistischer Politik als atheistische Länder zu bezeichnen sind.[79] In Frankreich prallen offene Laizität und deren neorepublikanische Kritik aufeinander; in Spanien gibt es unter der jungen sozialdemokratischen Regierung unter José Luis Zapatero wieder kulturkämpferische Töne in Europa und massive Konflikte zwischen Staat und Kirche. In Nordeuropa neigt sich die Ära der lutherischen Staatskirchen dem Ende zu. Diese sind nach wie vor öffentlich relevant, vor allem in ihrer Funktion als Zivilreligion bei nationalen Schicksalsschlägen oder Großereignissen. Aber die religiöse Indifferenz der Bevölkerung ihnen gegenüber ist trotz quantitativ hoher Zugehörigkeit groß: Man gehört dazu, ohne dass dies eine nennenswerte lebensweltliche Relevanz hätte (»belonging without believing«). In Griechenland gehört die Orthodoxie immer noch eng zum nationalen Bewusstsein.

Diese Pluralität finden wir auf der Ebene der alten christlichen Kirchen. Der Bereich der anderen Religionen und Religionsgemeinschaften sowie der neuen religiösen, spirituellen und esoterischen Bewegungen ist hier noch gar nicht erfasst – Bereiche, in denen sich Menschen mit religiösem Selbstverständnis tummeln, ohne einer Institution angehören oder angehören zu wollen (»believing without belonging«).

Die Pluralität betrifft aber nicht nur den Vergleich verschiedener Nationen untereinander, sondern auch innerhalb eines Landes ist die Vielfalt groß. Allein ein Blick nach Österreich, ein Land mit im europäischen Vergleich immer noch hoher Katholikenzahl, zeigt große Vielfalt: 5,917.274 Millionen KatholikInnen (inkl. der mit Rom unierten Kirchen) und 376.150 ProtestantInnen der Evangelischen Kirche A. B. und H. B. leben in Österreich; des Weiteren 338.998 MuslimInnen, 179.472 Orthodoxe, 69.227 Angehörige anderer christlicher Kirchen und Kirchengemeinschaften; 8.140 Menschen gehören zur Israelitischen Religionsgesellschaft, 19.750 weitere gehören nicht-christlichen Gemeinschaften an. 963.263 Menschen sind ohne offizielles religiöses Bekenntnis und 160.662 machen keine Angabe.[80] Auch dies sind aber nur die offiziellen Zahlen der Volkszählung 2001, die die Vielfalt innerhalb der Katholiken ebenso wenig widerspiegeln wie die vielen spirituell Suchenden sichtbar werden,

26 (2003/04): *Europäische Verbindlichkeiten/Osterweiterung als Herausforderung/Religionen und europäische Solidarität*, 120–143; für Osteuropa: das Projekt »Aufbruch – Zur Situation der Religion in den Ländern Ost- und Mitteleuropas: http://pastfo.rel.u-szeged.hu/aufbruch/ vom 1.5.2005.

78 Vgl. Renè Rémond: *Religion und Gesellschaft* in Europa. Von 1789 bis zur Gegenwart, München 2000.

79 Vgl. Zulehner, Wiederkehr der Religion?, 26.

80 Alle Angaben: Statistik Austria, Volkszählung 2001; zitiert nach: Bundespressedienst des Bundeskanzleramtes: *Religionen in Österreich*, Wien 2004.

die sich keiner Religion zugehörig fühlen und in dieser Statistik vielleicht »o. B.« (ohne Bekenntnis) angeben. Dieser komplexe Pluralismus, der ein höchst konfliktives, aber auch chancenreiches Phänomen ist, wird in Zukunft auch politisch bewusst zu gestalten sein. »Managing Diversity« wird zur (gesellschafts)politischen Zukunftsaufgabe europäischer Kulturen und wird beim Zusammenwachsen Europas eine wesentliche Rolle spielen.

Global war und ist von einem Verschwinden der Religion ohnedies nie die Rede. Die Welt ist »so glühend religiös wie eh und je, vielleicht noch glühender«, schreibt Peter Berger.[81] In Asien, Afrika und Lateinamerika haben die traditionellen Religionen »riesige Menschenmengen fest im Griff«, Nordamerika ist trotz aller Säkularität ein tief religiöses Land, mit der islamischen Bewegung und der evangelikal-protestantischen Bewegung kommt die Religion weltweit wieder ziemlich in Schwung, konstatiert auch Peter L. Berger. Das traditionelle Säkularisierungstheorem trifft genau besehen nur auf Europa zu: Europa ist, in den Augen vor allem US-amerikanischer Religionssoziologen wie Peter Berger, Steve Bruce, José Casanova und David Martin, der britischen Religionssoziologin Grace Davie oder der französischen Religionssoziologin Danièle Hervieu-Léger[82] »the exceptional case«, der religiöse »Sonderfall«, die religiöse Ausnahme. Der Prozess der Säkularisierung ist ihren Analysen gemäß weder ident mit dem Vorgang der Modernisierung noch gar ein evolutionsähnliches Naturgesetz, demzufolge die moderne Welt, insbesondere Politik und Religion unverträglich sind, und die Religion im Lauf der Zeit verschwinden muss. Im Gegenteil: Wird die Säkularisierung als Säkularismus zum ideologischen Programm[83] erhoben, mutiert sie ihrerseits zu einer Art »Ersatzreligion« und sichert gerade das nicht, was sie zu schützen vorgibt: Freiheit und Pluralität. Wie jeder ideologisch gebundene Staat tendiert auch der »gläubige Säkularismus« zur Normierung und Freiheitseinengung.[84]

Resignifikation durch Modernisierung

In Europa hat der Prozess der »Desecularization« (Peter L. Berger) begonnen: Die Religion taucht in öffentlichen Zusammenhängen vermehrt auf, im politischen, im zivilgesellschaftlichen, im medialen Diskurs. Man spricht von der Ent- und Deprivatisierung der Religion. Ich verwende ergänzend den Begriff der Resignifikation. Auch Religion ist ein solcher Begriff, der sich in ständigen Umdeutungsprozessen

81 Vgl. Berger, Sehnsucht nach Sinn.
82 Z. B.: Berger u. a. (Hg.), The Desecularization of the World; Steve Bruce: *Religion in the Modern World.* From Cathedral to Cults, Oxford 1996; Ders.: *Politics and Religion*, Oxford 2003; José Casanova: *Public Religions in the Modern World*, Chicago 1994; Grace Davie: *Religion in Modern Europe.* A Memory mutates, Oxford 2000; Dies.: *Europe: The Exceptional Case.* Parameters of Faith in the Modern World, London 2002; Danièle Hervieu-Léger: *Religion As a Chain of Memory*, Cambridge 2000; David Martin: *A General Theory of Secularization*, Aldershot 1993.
83 Der Begriff Ideologie wird hier und im Folgenden im Sinne von Karl Marx verwendet: Er meint das Absolutsetzen eines Teil-Interesses, wie z. B. hier, die Religion abzuschaffen und durch den Säkularismus zu ersetzen.
84 Zur Begriffsklärung: »Säkularisierung« meint hier einen wesentlichen Teilprozess der Modernisierung; »säkular« ist das dazu gehörige Eigenschaftswort; »Säkularität« meint den Zustand eines säkularen Staates, in dem Religion und Staat getrennt sind und auf politischer und gesellschaftlicher Ebene zwischen Politik und Religion so unterschieden werden kann, dass zwischen beiden humanitätsförderliche, freie und schöpferische Kooperationen und Kombinationen erfolgen können. »Säkularismus« meint die ideologische Absolutsetzung der Säkularisierung als Idee und Programm; ausführlich dazu in dieser Studie, S. 57ff.

immer wieder neu und weiterentwickelt. Seine Umdeutungen erfolgen von außen und von innen, von Seiten ihrer Gegnerinnen und Kritiker, von Seiten der Religiösen und Unreligiösen. Modernisierungsschübe fördern solche Umwandlungsprozesse, die von der Religion sowohl erlitten als auch aktiv initiiert werden. In einem solchen Resignifikationsprozess leben wir gegenwärtig.

Resignifikation bedeutet dann: Religion bekommt im öffentlichen Raum und im persönlichen Leben vieler Menschen wieder und neue, veränderte Bedeutung und erfährt dabei tief greifende Wandlungsprozesse: Sie ändert ihre soziale Gestalt, ihre Funktionen, ihren Sinn. Die Modernisierungsprozesse der Gegenwart als Auslöser haben mit der Religion und der Religiosität nun auch jenen letzten Bereich erreicht, in dem zum Teil noch vor- und antimoderne Verhältnisse herrschen und herrschten.[85]

Die gegenwärtige Resignifikation ist auch zu verstehen als Suchprozess (und *Versuchungsprozess*), bei dem Religion darum ringt, einen neuen und angemessenen Ort im privaten und öffentlichen Leben der Menschen einer fortschreitenden Moderne zu finden. Ja, Religion ist vielleicht sogar der Ort, an dem gegenwärtig der Konflikt darum abgehandelt wird, wie weit die Grenze zwischen privat und öffentlich reichen muss, kann und darf.

Zwei Modelle des Übergangs in die Moderne

Die Verortungsprozesse der Religion in der modernen Kultur können sehr verschieden aussehen. Es gibt hier keine »Leitkultur«, die die optimale und anzustrebende Lösung vorgeben könnte. Historisch lassen sich zwei große Modelle der Modernisierung von Religion beobachten – und beide haben ihre Vor- und Nachteile. Es lässt sich daher auch nicht sagen, welches Modell die »Regel« darstellt und welches die »Ausnahme«, »der Sonderfall« ist.

Das europäische Modell

Es setzt auf das Konzept der Säkularisierung im Sinne von Entflechtung zwischen Staat – Politik – Gesellschaft – Person – Religion – Religiosität. Dies führt zur Ausdifferenzierung von weltlicher und religiöser Sphäre und konstituiert innerhalb dieser Eckpfeiler immer wieder neue Modelle der Koexistenz und des Konflikts. Die Säkularisierung führt in Europa zur Reduktion traditioneller konfessioneller religiöser Praxis – aber keinesfalls der Religiosität an sich, wie die amerikanischen Religionssoziologen gegen alle empirischen Befunde immer wieder behaupten. Zudem wird Religion beim langwierigen Übergang von einer obrigkeitlich-christlichen in eine freiheitlich-pluralistische Gesellschaft privatisiert und auf die Ebene des Individuums verbannt. Den historisch gewachsenen Großkonfessionen werden durch ein spezifisches Religionsrecht gesellschaftliche Monopolstellungen auf der Ebene von Staat und Politik eingeräumt – aus einem Mangel an Vertrauen in die moralischen und politischen Fähigkeiten der Menschen, aus politischen Eigeninteressen sowie Kontroll-

85 Analog für die Kunst denkt das durch: Cornelia Klinger: *Flucht Trost Revolte*. Die Moderne und ihre ästhetischen Gegenwelten, München 1995. Ihren Ansatz kann man modifiziert auf die Religion übertragen.

und Machtansprüchen. Aber wohl auch, das wird gern vergessen, aus einem Wissen um die Notwendigkeit von Religion für das Gemeinwohl und die Politik.

Auf der Ebene des Bedeutungswandels können wir dabei immer wieder Sprachwandlungen beobachten. Der Religionsbegriff wird weiterentwickelt, die erfahrungsorientierte religiöse Sprache nimmt zu, eine intensivierte intellektuelle Auseinandersetzung zwischen Christentum und den jeweils zeitgenössischen Gegenwartskulturen findet statt. Die Rolle der Religion wird dem gesellschaftlichen Kontext, seinen Fragen und Nöten entsprechend, umgedeutet: Religion bietet dann Möglichkeit zu kosmischer Verortung (Antike); dient als Lebenshorizont und Trost in einem leidvollen Leben (Mittelalter); wird als Moralinstanz zur Produktion und Kontrolle anständiger Bürger eingesetzt (Neuzeit) oder fungiert als stabiler Ruhepol in einem unruhigen Leben (Postmoderne).[86]

Das amerikanische Modell

Dieses trennt die Religion ebenfalls vom Staat. Allerdings bleibt sie den Amerikanern dennoch die »erste ihrer politischen Einrichtungen«[87]. Jede Religion gilt in den USA als Handeln im Sinne Amerikas. Die Religion wird nicht ins Private verbannt, sondern bleibt auf der Ebene der Zivilgesellschaft politisch wirkkräftig. Wie in Europa ist die Religion auch in den USA nicht mehr selbstverständlicher Bestandteil der Kultur, sondern bedarf einer Wahl. Individualisierung und Pluralisierung sowie das Komponieren persönlicher Religionsbricolagen (Hervieu-Léger) sind auch in den USA an der Tagesordnung.

Aber: Der Staat verhält sich zu allen Religionen und Religionsgemeinschaften gleich neutral und verteilt keine Privilegien. Dieser Entzug der staatlichen Unterstützung hat die Kirchen zum Wettbewerb gezwungen, Wettbewerb aber sorgt – so die Deutung im ökonomischen Paradigma durch amerikanische Religionssoziologen – für lebensfähige Institutionen. Dass dies nicht wie in Frankreich zu einem radikalen Laizismus führte, erklärt Peter Berger[88] durch mehrere Faktoren: Die Chronologie und Intensität des religiösen Pluralismus in Amerika führten dazu, dass keine Religion bzw. Konfession so groß war, dass sie die anderen aus dem Feld schlagen konnte. Man musste einander das Existenzrecht gewähren. Zum zweiten begünstigt die ausgeprägte Fähigkeit und Gewohnheit der Amerikaner, sich freiwillig zu Gemeinschaften zusammenzuschließen, auch die Existenz religiöser Gruppen. Zum dritten spielen Intellektuelle in den USA bei weitem nicht dieselbe zentrale Rolle wie in Europa, was sich vor allem im Bildungswesen niederschlägt. Während europäische Lehrer vor allem säkular gesinnt sind, liegt die Erziehung der Kinder in den USA bis heute in den örtlichen Gemeinden.

Amerika ist außerdem auch in religiösen Fragen ein Einwanderungsland, dass ob seiner Religionsfreiheit die Assimilierung der Religionen mit der amerikanischen Kultur beförderte und dabei ist, eine global-religiöse Gesellschaft zu werden. Religion wird in Amerika in die Gesellschaft integriert. Amerika fürchtet sich nicht vor religiösen Kollektiven, hat keine Angst vor gefährlicher Manipulation durch Reli-

86 Graf zeigt das anhand des Modernisierungsschubes der Religion an der Wende vom 17. zum 18. Jahrhundert: Graf, Wiederkehr der Götter, 170ff.

87 Alexis de Tocqueville: *Über die Demokratie in Amerika*, München 1976, 338.

88 Zum Folgenden: Peter L. Berger: *Religion und europäische Integration*, in: Institut für die Wissenschaften vom Menschen Wien (Hg.): Transit 27 (2004): *Europäische Verbindlichkeiten II*, 107–117, 111.

gion und gestattet den vielen religiösen Gruppen, Bewegungen, Organisationen (»Denominations«) auch politische Relevanz, indem Toleranz und Religionsfreiheit nicht nur auf individueller, sondern auch auf struktureller Ebene praktiziert werden.[89] Die Religionsfreiheit wird dort nicht zur Bewahrung vor Religion genutzt, sondern wurde zum Rahmen aktiver Missionierung und Rekrutierung. Religions-Integration hat in den USA eine lange Praxis.

Vor- und Nachteile der beiden Modelle

Auch wenn US-Religionssoziologen aufgrund der religiös lebendigen Situation in Amerika dazu neigen, das eigene Modell für zukunftsfähiger, weil der Moderne angepasster, zu halten[90], lässt sich doch nicht so ohne weiteres sagen, dass das zivilreligiöse Modell, wie es in den USA praktiziert und propagiert wird, für Europa nachahmenswert ist. Wohl hat auch Europa eine Art von Zivilreligion, wo es beispielsweise um gemeinsame Glaubensüberzeugungen wie die Heiligkeit der Demokratie, die Übernahme religioider Rituale und Symbole bei Festen und Feierlichkeiten geht. Auch das Bekenntnis »Nie wieder Auschwitz« hat ob seiner moralischen Unbedingtheit religiösen Charakter. Aber dass Politikerinnen in der Öffentlichkeit ihre Politik religiös begründen oder aufladen, ist eher unüblich und wird auch mit Skepsis betrachtet. Das hindert allerdings nicht daran, dass auch die politische Sphäre vor allem funktional religiös aufgeladen wird, d. h. dass sie sich selbst so darstellt bzw. von ihr erwartet wird, mittels politischer Maßnahmen die Rahmenbedingungen für ein optimales, perfektes und sicheres Leben bereitzustellen.

Im Hintergrund der amerikanischen Präferenz für das zivilreligiöse Modell steht ein genereller und massiver Vorbehalt gegenüber der institutionalisierten Religion, die immer wieder attackiert wird. In diesem Theoriekonzept soll Religion mit Institution möglichst wenig zu tun haben, weil das die religiöse Wahlfreiheit einschränke. Dass auch religiöse Institutionen diese Freiheit erst ermöglichen, weil sie den Einzelnen nicht der ambivalenten und mehrdeutigen Unmittelbarkeit religiöser Erfahrung ausliefern, sondern ihm mithilfe bewährter Traditionen Distanz, Reflexion und Analyse ermöglichen können, wird in diesem Ansatz nicht zur Kenntnis genommen.

Das Modell der vielen Denominationen unter der »Obhut« eines nationalen Glaubensbekenntnisses: »In God we trust« bleibt Europäern letztlich wahrscheinlich doch sehr fremd. Die leidvolle Religionsgeschichte unseres Kontinents hat die Europäerinnen sensibel und wachsam gemacht gegenüber allzu lauten religiös-politischen Deklarationen und der Vermischung von Religion und Nation.

Nachteile des europäischen Modells: Die christentümlich-obrigkeitliche Religionsstruktur der europäischen Staaten, in denen die christlichen Konfessionen für politische und nationale Interessen benutzt wurden, hat den Kirchen und der institutionalisierten Religion massiv geschadet. Dies nicht zuletzt deshalb, weil sich die Kirchen bereitwillig einsetzen ließen für politische Interessen. Die religiöse Indifferenz in vielen protestantischen Ländern des Nordens und die antiklerikale Aggres-

89 Dazu Michael Walzer: *Politik der Differenz*, in: Institut für die Wissenschaften vom Menschen Wien (Hg.): Transit 8 (1994): Das Europa der Religionen, 5–20.

90 Ein Beispiel für diese Position: David Martin: *Säkularisierung in Europa – Glaubensvielfalt in Amerika. Zwei Ausnahmen und keine Regel?*, in: Institut für die Wissenschaften vom Menschen Wien (Hg.): Transit 8 (1994): Das Europa der Religionen, 42–52.

sion in traditionell katholischen Ländern wie Spanien ist eine Folge einer monopolistischen Religionspolitik. Dennoch ist die Übertragung marktwirtschaftlicher Kriterien, wie sie hinter diesem Konzept des »Monopols« stehen, fragwürdig. Der religionsökonomische Ansatz droht die historischen Dimensionen zu vernachlässigen und legt nahe, Religion sei auf einem Markt eine Ware, die man sich aussuchen kann. Sonderregelungen für Religionsgemeinschaften erscheinen so als Wettbewerbsverzerrung. Man spricht daher besser von »obrigkeitlicher« Religionspolitik (Paul M. Zulehner), weil sich in diesem Begriff die Verteilung jener Machtverhältnisse besser widerspiegelt, die der Gesellschaft und der Religion in Europa nachhaltig schadet.

Die hegemoniale Stellung der christlichen Kirchen innerhalb der europäischen Staaten wird in modernen religiös pluralen Gesellschaften zur Diskussion gestellt. Sie ist zugleich eine Mitursache, warum sich Europa schwer tut mit der Integration anderer religiöser Traditionen. Die Positionierung der Religion zum Staat bedarf der Weiterentwicklung – im Interesse der Kirchen, der Religionsgemeinschaften, aber auch im Interesse der Gesellschaft, die den kreativen Dialog und das aktive Engagement der Religionen braucht, um ihre geistige Wert-Orientierung weiterzuentwickeln.

Vorteile des europäischen Modells: Diese Weiterentwicklung kann an den Stärken der europäischen Religionspolitik und ihrer Traditionen ansetzen. Dazu gehören Sensibilität und Wachsamkeit genauso wie ein jahrhundertealtes, tiefgehend reflektiertes Erfahrungswissen um das Verhältnis zwischen Religion und Politik. Politologie, Theologie, die Geschichtswissenschaften und die Soziologie verfügen über einen Wissensvorrat um die Chancen und Gefahren verschiedener religionspolitischer Modelle. Dieses Erfahrungswissen privilegiert die alten christlichen Kirchen gleichsam von innen her und kann nicht einfach durch den Vergleich mit einem Marktmonopol weggefegt werden. Dies zu tun, hieße die Bedeutung von Geschichte und intellektueller Reflexion für Religion zu leugnen. In wessen Interesse ist diese Reduktion der Religion auf unmittelbare Gefühls- und Gemeinschaftserlebnisse, die nicht durch das Purgatorium der historischen, philosophischen und theologischen Kritik müssen?

Weiterentwicklung der Religionspolitik muss weder normative Gleichschaltung aller Religionen auf einem Markt der Religionen bedeuten noch die Verbannung in die zivilgesellschaftliche Sphäre der religiösen Vereine, Grüppchen und Gruppen. »Wenn die Religion entweder auf das Niveau freiwilliger religiöser Vereinigungen herabgedrückt oder auf das eines unanfechtbaren Ideals emporgehoben wird, so ist das ebenso etwas Besonderes wie der Ausschluss jeglicher Kirche von irgendeiner Art von historisch ›ererbtem Territorium‹«[91], charakterisiert David Martin die Vorteile der amerikanischen Religionspolitik. Doch diese religiöse Vereinsmeierei hat ihren Preis: Religion wird zur abstrakten und geschichtslosen Weltanschauung im Wettbewerb der religiösen Ideen; zum abstrakten geistigen Überbau davon unberührter politischer und staatlicher Strukturen. Konsumiert wird auf diesem Markt die Religion, die einem am besten gefällt und in der man sich am wohlsten fühlt.

Theologisch ist das höchst fragwürdig: Denn christlicher Glaube hat weniger mit Wohlfühlen als mit Heil zu tun; er ist kein Konsumprodukt und dient auch nicht

91 Martin, Säkularisierung in Europa – Glaubensvielfalt in Amerika, 45.

primär der Vereinsbildung. Er vollzieht sich konkret leibhaftig, und das bedeutet immer auch konkret in Geschichte und Gesellschaft. Er ist keine frei wählbare Idee noch eine Weltanschauung, sondern aus Gnade, d. i. die freiwillige und liebende Zuwendung Gottes, geschenkt. Glaube ist eine Lebenspraxis, die darauf zielt, alle gesellschaftlichen Bereiche so zu gestalten und zu befreien, dass Gottes Liebe für alle wahrnehmbar werden kann. Dies betrifft die Zivilgesellschaft und ihre Vereinigungen, es betrifft aber *auch* Staat und Politik. Auch sie sollen so frei gestaltet sein, dass Gottes Geist wehen kann. Auch in ihren Strukturen kann sich die Liebe Gottes inkarnieren und konkrete Gestalt annehmen.

Denkt man hier weiter, landet man gerade *nicht* beim Gottes- oder Kirchenstaat, sondern erkennt die theologische Dignität der Trennung von Staat und Religion. Sie erst macht jene Freiheit möglich, von der hier die Rede ist. Der Staat und die Politik müssen säkular sein, damit die Religion von artfremden Interessen frei bleibt und sich in den Dienst der Menschen stellen kann. Die Säkularität schützt die Religion vor der Vereinnahmung durch den Staat. Schließlich ermöglicht sie auch jene Verinnerlichung der Religion, auf die Religion selbst zielt. Auch wenn diese Verinnerlichung der Religion zu einem narzisstischen Individualismuskult degenerieren kann (nichts ist ohne Nachteil), so ist sie doch die Voraussetzung für alle authentische Religion und macht vorsichtig gegenüber öffentlichem religiösen Getöse. Solche Verinnerlichung kann also *auch* ein Mitgrund dafür sein, dass Religion in Europa unsichtbar geworden ist: Nicht wenige Menschen bemühen sich darum, die Gottes- und Nächstenliebe tief zu internalisieren, obwohl sie vielleicht gar nicht explizit Christen sein wollen oder aus intellektuellen oder biographischen Gründen nicht sein können.

Die Entwicklung europäischer Religionspolitik kann nicht die Kopie der amerikanischen sein, sondern muss die eigenen Stärken weiterentwickeln und die Schwächen wahrnehmen. Die Stärken der christlichen Kirchen – obwohl viel geschmäht und nicht unproblematisch – sind deren komplexe Verbindungen hinein in alle Sphären der Politik. Diese Vernetzungen und Kooperationen mit Staat, Parteien und Zivilgesellschaft ermöglichen es den Kirchen, ihre Anliegen, Positionen und Ideen auch in die entscheidungsbefugten Bereiche unseres Zusammenlebens zu bringen.[92]

Die Lösung der damit verbundenen Probleme (Konkurrenz zwischen den Konfessionen, »Freunderlwirtschaft«, Intrigen, Ausnutzen der privilegierten Position) besteht in einem säkularen und pluralen Staat aber nun nicht, wie vielfach gefordert wird, in der Abschaffung solcher Vernetzungen und Kooperationen. Dies propagieren vor allem jene, die von den sozialethischen und politischen Konzepten der Religion nicht gestört werden wollen. Viel entscheidender sind die Förderung transparenter und öffentlich zugänglicher Diskursprozesse sowie die Eröffnung des Zugangs zu solchen politischen Netzwerken und Dialogplattformen auch für andere Religionsgemeinschaften.

Dabei stellt sich freilich die drängende Frage, was überhaupt als Religion gelten darf, welche Gemeinschaften als Religion anerkannt, und welche Religionen hier einbezogen werden können und sollen.[93] Dieser Abstimmungsvorgang ist schwierig

92 Zu denken ist z. B. an die Einführung der Pflegekarenz in Österreich, die sich wesentlichen Impulsen des verstorbenen Kardinals Dr. Franz König verdankt; oder die Existenz einer Bioethikkommission in Österreich, in der auch katholische und protestantische Theologen Mitglieder sind.

93 Zu dieser Diskussion aus juristischer Sicht: Potz (Hg.), Die »Anerkennung« von Religionsgemeinschaften.

und nicht abschließbar, aber im Sinne des Gemeinwohls und der Ernstnahme der Religionsfreiheit nötig. Für Religion und Gesellschaft sind solche Offensiven jedenfalls ideenreicher als das bloß passive Ausgrenzen und Verbannen der Religion in den Zivil- oder Privatbereich, von wo aus Religion dann nicht selten dennoch weiteragiert, dies aber wesentlich unberechenbarer und intransparenter. Zudem bleibt der Religion nur mehr das individualethische und moralische Feld als Wirkstätte, was nicht im Sinn jener Religionen und Kirchen sein kann, die auch einen gesellschaftspolitischen Anspruch haben. Die alten christlichen Kirchen sowie die großen Religionsgemeinschaften verfügen außerdem über ein sozialethisches und politisches Erfahrungswissen, das der Gesellschaft dienen kann. Die europäischen Gesellschaften könnten das nützen. Mag sein, dass eine neoliberale Politik den Rückzug der Religion ins moralische Feld bevorzugt, weil sie ihr von dort nur schwer gefährlich werden kann und deshalb im Verein mit einer individualistischen Gesellschaft die institutionalisierten Religionsgemeinschaften und Kirchen zum Rückzug auffordert. Im Interesse der Religion muss es dennoch sein – auf der Basis der Säkularität des Staates und eingedenk der europäischen Religionsgeschichte – auf allen Ebenen von Gesellschaft, Politik und Staat am Diskurs teilnehmen zu können. Europa könnte am Modell einer »kooperativen Trennung« weiterdenken.

Vorteile des amerikanischen Modells: Das amerikanische Modell beeindruckt vor allem ob seiner religiösen Vielfalt und Lebendigkeit. Gottesdienstbesuch, Priesternachwuchs, materielle Unterstützung der Kirchen – alle diese objektiven Religionsindizes sind in den USA höher.[94] In den USA findet auch bereits ein wesentlich bewussterer Prozess der Pluralisierung statt; religionspolitische Lehrgänge, die sich mit der politischen Aufgabe des »managing diversity« beschäftigen, werden dort bereits universitär installiert.[95] Davon sind wir in Europa leider noch weit entfernt.

Die vitale Religiosität der Amerikaner drückt sich auch in einem hohen Solidaritätsbewusstsein mit entsprechender kommunitärer Praxis aus, die uns europäischen Individualistinnen mitunter fehlen. Bürgergesellschaftliches und soziales Engagement abseits staatlicher Institutionen sind in den USA weit selbstverständlicher als in Europa. Natürlich darf die Forderung nach solcher zivilgesellschaftlicher Solidarpraxis in Europa nicht dazu missbraucht werden, sich aus der politischen Verantwortung zu stehlen. Dennoch kann Europa hier von den USA lernen.

Nachteile des amerikanischen Modells: Das charakteristisch amerikanische Freiheitsverständnis begünstigt in den USA insbesondere das freikirchliche Christentum, also den evangelikalen Protestantismus, der mit dem institutionenskeptischen amerikanischen Religionsverständnis leichter kompatibler ist.

So gehören heute in den USA ca. 25% der Amerikaner zur römisch-katholischen Kirche, 54% bezeichnen sich als protestantisch, dazu gehören als größte Gruppe die Baptisten mit über ca. 13% der Amerikaner. 12,2% sind Methodisten, 11,4 Mio. gehören zu Pfingstgemeinden, 8,1 % sind Lutheraner, 4% Presbyterianer und dazu kommen noch viele andere kleine christliche Gemeinschaften, sodass sich insgesamt fast 80% der Bevölkerung als Christen verstehen.[96] Allein 40 Millionen Amerikane-

94 Vgl. Peter L. Berger: Religion und europäische Integration, 109.
95 So hat z. B. an der Universität von Kalifornien, Santa Barbara, im Sommer 2003 ein international ausgerichtetes, religionspolitisches Seminar des Fulbright Summer Institute stattgefunden: ›Religion in the US: Pluralism and Public Presence‹.
96 Nach dem World Almanac 2004 bzw. http://de.wikipedia.org vom 25. 2. 2005.

rinnen bezeichnen sich als »wiedergeborene Christen«.[97] Deren Christlichkeit ist stark erlebnis- und gemeinschaftsorientiert.

Daneben gibt es auch im amerikanischen Modell Privilegien in religiösen Fragen: Privilegiert werden zwar nicht einzelne Religionsgemeinschaften und Kirchen, wohl aber deren marktförmige Organisation, die religiöse Erfahrung gegenüber ihrer Reflexion und die Gegenwart gegenüber der Vergangenheit; historisch-kritisches Erfahrungswissen zählt wenig. Nur deshalb können lang bewährte religiöse Traditionen jungen Gruppen gleichberechtigt zur Seite gestellt und historisch-kritische Argumente leichter beiseite geschoben werden. Auch ist die religiöse Situation nicht so konfliktfrei, wie es amerikanische Religionssoziologen gern darstellen: So ist es möglich, dass im Bundesstaat Georgia das Lehren der Evolutionstheorie verboten ist, die Todesstrafe aber praktiziert wird. Ein individualisierend-moralisches Konzept von Religion macht es in den Staaten auch möglich, dass Christen in der Ära George W. Bush´s trotz internationaler und kirchlicher Warnungen - auch des Vatikan - einen völkerrechtlich nicht genehmigten Krieg akzeptierten und sogar befürworteten, während eine außereheliche Beziehung den amerikanischen Präsidenten Bill Clinton fast das Amt kostete.[98] Nicht zuletzt gibt es auch in USA einen Kulturkampf. »Die frühe Interpretation der Trennung von Kirche und Staat hat alle Kirchen und Bekenntnisse in Äquidistanz zum Staat gesetzt, ohne die Zivilreligion anzutasten, welche die amerikanische Geschichte im Lichte der Vorsehung verstand. Die spätere, ›säkular-liberale‹ Auslegung betrachtet jegliche Anerkennung des theistischen oder deistischen Providentialismus als Verletzung des Trennungsprinzips.«[99] So wird auch in Amerika gestritten, ob die Formel »under God« aus dem nationalen Treueeid zu streichen ist oder die Tafel mit den zehn Geboten entfernt werden soll, die im Gerichtsgebäude in Alabama aufgestellt ist.

Moderne Freiheitsliebhaberinnen wollen auch religiös individuell sein

Auch auf der Ebene des Individuums ist Religiosität sehr plural, der äußere Pluralismus spiegelt sich auch »im« Individuum wieder. Das religiöse Selbstverständnis ist komplex geworden. In Österreich z. B. bezeichnen sich insgesamt 67% als »religiös«: 8% halten sich für »sehr religiös«, 59% für »religiös«. 14% der Befragten sind »gleichgültig«, 10% »eher nicht religiös« und 7% halten sich für »nicht religiös«.[100] Der Begriff wird sehr differenziert ausgedeutet. Das bestätigen auch die qualitativen Untersuchungsteile unserer Studien. Sie zeigen, dass sich das Verständnis von »Religion«, »Religiosität« (oder »Spiritualität«, wie moderne Menschen bevorzugter Weise sagen) in einem massiven Wandel befindet.[101] Freiheitsgewohnte Individuen wollen auch in religiösen Belangen selbst definieren, wie und woran sie glauben. Sie wollen mitreden und mitgestalten, wenn es darum geht, den persönlichen religiö-

97 Nach Berger, Religion und europäische Integration, 109.

98 Vgl. Maria Mayer-Schwingenschlögl: *Wieviel Religion braucht Österreichs Politik?* Analyse und neue Modelle der politischen Arbeit der katholischen Kirche Österreichs, Diss., Wien 2004, 385.

99 Charles Taylor: *Religion, Identität und europäische Integration*, in: Institut für die Wissenschaften vom Menschen Wien (Hg.): Transit 26 (2003/04), 166–187, 183.

100 Vgl. Zulehner/Hager/Polak, Kehrt die Religion wieder?, 23.

101 Vgl. Polak, Bedeutungswandel der Religion.

sen Kosmos auszugestalten. Auf dem »religiösen Feld« tummeln sich heute viele, die intensiv diskutieren, was Religion, Religiosität, Spiritualität und Glaube bedeuten. Die alten christlichen Kirchen haben die Deutehegemonie verloren. Die Zukunft Europas gehört den Religionskomponisten. In Europa sind das 47% (Westen: 43%, Osten: 54%), die sich ihr Glaubenshaus individuell zusammenstellen.

Je moderner, desto religiositätsproduktiver

Beachtlich ist die Wiederkehr religiösen Selbstverständnisses in der Großstadt: Hatte man in den 70er-Jahren noch die »Stadt ohne Gott« (Harvey Cox) prognostiziert, kann man 1999 mit Ausnahme von Paris in den westeuropäischen Großstädten ein Erstarken der religiösen und sogar der kirchlichen Daten beobachten.

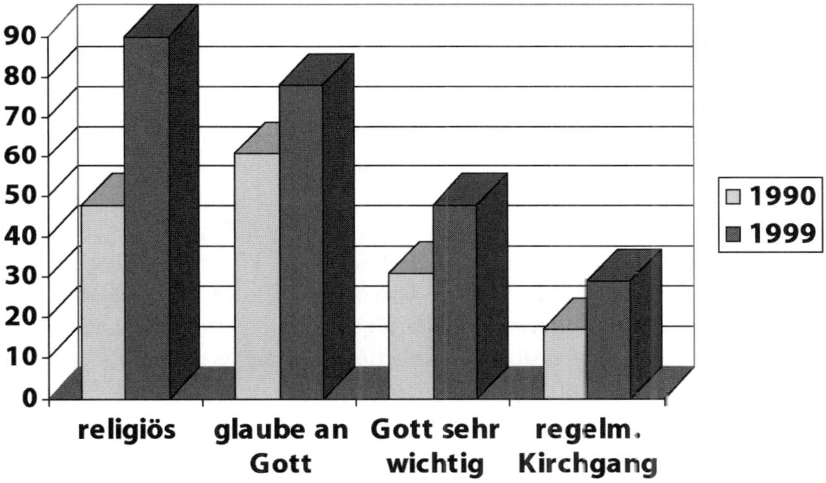

Brüssel: Beispiel für die Wiederkehr der Religion

Der Gottesglaube ist in Westeuropas Großstädten gewachsen, insbesondere der Glaube an einen persönlichen Gott. Für erheblich mehr Menschen ist Gott im Leben wichtig. Sogar der Sonntagskirchgang hat zugenommen. Von den Großstädten geht ein religiöses Erwachen aus.

Auch mit dieser Beobachtung wird das klassische Säkularisierungstheorem modifiziert. Modernisierung kann offenbar auch das Interesse an Religion begünstigen und Religiosität wecken, ohne ein säkulares Selbstverständnis auszulöschen. Je moderner eine Kultur ist, umso religiositätsproduktiver wird sie – so lautet die These am Wiener Pastoraltheologischen Institut. Die »neuen Religiositäten«, die dabei entstehen, mischen säkulare und religiöse Momente auf neue Weise.

Auch das Erstarken der islamischen und der evangelikal-protestantischen Bewegungen bestätigen die These. Was vormodern wirken mag, ist genau besehen, ein höchst modernes Phänomen: Beide Bewegungen reagieren auf die Modernisierung der Welt, nützen deren Techniken und Präferenzen. Der Islam reagiert modernekritisch bis antimodern, die Evangelikalen kombinieren konservative, antimoderne

Wertvorstellungen mit einer modernen Lebenspraxis (z. B. erlebnisorientierte Spiritualität).

In den »postsäkularen«[102] (Jürgen Habermas) Gesellschaften Europas findet man ein In-, Mit- und Nebeneinander pluraler Modernitäten, die unterschiedlich religionsproduktiv und -verträglich sind. In den säkularen Gesellschaften gibt es eine religiöse »Tiefenschicht«, die man nicht ohne weiteres ignorieren kann. Die großen Katastrophen der vergangenen Jahre: der Terroranschlag auf das World Trade Centre in New York am 11. September 2001 und die Tsunami-Katastrophe in Südasien am 26. Dezember 2004 treiben religiöse Fragen in Europa wieder verstärkt an die Oberfläche. Auch die gehetzte und ruhelose Lebensweise vieler Europäerinnen lässt Menschen wieder nach dem Sinn des Lebens fragen. In der politischen Diskussion rund um die Religion wird deutlich, dass die religiöse Frage zentral zur Weiterentwicklung unserer modernen Kulturen gehört und nicht ignoriert werden kann.

Christinnen – eine qualitativ relevante Größe in Europa

Auch das Christentum spielt im religiösen Feld Europas eine gewichtige Rolle. Ein knappes Drittel der europäischen Bevölkerung (26% in Westeuropa, 18% in Osteuropa) bejaht nach wie vor elementare Glaubensaussagen wie die Auferstehung, glaubt an das Reich Gottes und daran, dass Jesus Christus der Sohn Gottes ist. Ein noch größerer Anteil der Menschen fühlt sich den christlichen Kirchen zugehörig.[103] Damit sind Christen eine qualitativ relevante Größe – trotz kollektiver Gegenstimmungen in der Gesellschaft und kognitiver Dissonanzen zum gesellschaftlichen Wertesystem. So manchem Säkularismus-Gläubigen gefällt das nicht. Dies führt dann z. B. dazu, dass die jüdische und die christliche Tradition als maßgebliche Wurzeln der europäischen Kultur entgegen sachlicher historischer Analysen[104] einfach ignoriert, verschwiegen oder geleugnet werden. Ein gutes Beispiel dafür ist die Präambel zur europäischen Verfassung. Dort ist nur mehr allgemein und abstrakt von religiösem und kulturellem Erbe die Rede, die konkreten Traditionen werden nicht benannt, was zwar aus juristischer Sicht auch nicht notwendig ist, aber dennoch eine geistige Verarmung bekundet. Der Verzicht auf die Nennung des Christentums kann als religionspolitische Sensibilität der Präambelautoren gedeutet werden, die mit Blick auf die gewaltvollen Aspekte der europäischen Religionsgeschichte Vorsicht walten lassen wollen. Es kann aber auch als Ausdruck eines aggressiven Säkularismus gedeutet werden, wenn das Christentum (und auch das Judentum) nur mehr zur Religion abstrahiert und im Erbe angesprochen werden dürfen. Die Konflikte rund um die Europäische Verfassung legen eher die zweite Lesart nahe: Immerhin

102 »Postsäkular« bedeutet bei Habermas keinesfalls das Ende säkularer Prinzipien, wie z. B. die Trennung von Religion und Staat, wohl aber die kreative Weiterentwicklung wechselseitiger Übersetzungsvorgänge von der religiösen in die säkulare Sphäre und umgekehrt, sodass beide voneinander lernen können. Vgl. Habermas, Glauben und Wissen.

103 Leider gibt es dazu keine europaweiten Zahlen; aber in Österreich gibt es z. B. trotz der Kirchenkrise immer noch mehr als 5 Millionen Katholiken und 380.000 Protestanten, in Deutschland 27 Millionen Katholiken und 27 Millionen Protestanten, weltweit ca. 1 Mrd. Katholiken, davon rd. 27% in Europa; das sind 270 Millionen Menschen, also mehr als die Hälfte der EU-Einwohnerinnen; vgl. das Kirchliche Jahrbuch Segreteria de Stato (ed.): Annuario Pontifico, Vatican 2002.

104 Z. B. Brown, Die Entstehung des christlichen Europa; le Goff, Das alte Europa und die Welt der Moderne; Mitterauer, Warum Europa? Mittelalterliche Grundlagen eines Sonderweges; Hans Maier: *Welt ohne Christentum – was wäre anders?* Freiburg im Breisgau 1999; Rémond: Religion und Gesellschaft in Europa.

weigerte man sich zuerst explizit, das religiöse Erbe überhaupt anzusprechen; dann »vergaß« man auf Christentum und Judentum und erwähnte nur mehr das alte Griechenland, Rom und die Tradition der Aufklärung (deren geschichtliche Begleiterscheinungen auch nicht immer so friedlich waren), bis man schließlich als Kompromiss zumindest die Abstraktion duldete. Das Christentum gehört aber ebenso zur Geistesgeschichte Europas, wie die griechische, römische, germanische, jüdische und aufgeklärte Tradition.

Auch in den Glaubenshäusern europäischer Religionskomponistinnen und Humanistinnen findet sich des Weiteren durchaus explizite Zustimmung zu christlichen Aussagen. Auch unter diesen Menschen glauben manche an die Auferstehung oder an Jesus Christus. Europa ist nach wie vor ein »christentümlicher« Kontinent.[105] Ort und Begrifflichkeit der »Christentümlichkeit« haben sich allerdings von der strukturellen Ebene auf die Ebene der Person verlagert. War der christliche Glaube jahrhundertelang kulturell abgestützt, weil die Kirchen über das Monopol an Lebenswissen verfügten, eng mit Staat und Politik verflochten waren und infolge einer obrigkeitlichen Pastoral Kirchlichkeit prinzipiell zugewiesen war[106], so hat sich die Christentümlichkeit heute auf die Ebene individueller Wertesysteme, insbesondere auf den Bereich von Ethik und Symbolwelten verlagert. Die lange christliche Prägung europäischer Kultur und Gesellschaft hat christliche Werte tief und (noch) nachhaltig in das kollektive Gedächtnis Europas eingegraben. Das Christentum hat gründliche »Zivilisationsarbeit«[107] in Europa geleistet, die bis heute unser Zusammenleben trägt. So kann es geschehen, dass nicht wenige Menschen christliche Moralvorstellungen teilen, ohne dabei an Gott oder Jesus Christus zu glauben. Auch das Auftauchen christlicher Symbole in anderen als kirchlichen Zusammenhängen (von der Werbung bis zur modernen Kunst) lässt sich so erklären. Dies hat nichts mit theologischer Vereinnahmung zu tun, sondern erklärt sich religions- und geistesgeschichtlich durch die Tradierung geistiger Dimensionen durch die Zeiten. Es gibt in Europa kein Wertebewusstsein ohne christliche Prägung und Inhalte, keinen religiösen Diskurs ohne Rekurs auf theologische Inhalte.[108] Die Geschichte ihres Geistes prägt eine Region und lässt sich nicht einfach negieren.[109] Schließlich ist auch heute der gesamte Bereich sozialen und solidarischen Engagements in Europa ohne die Kirchen und die konkrete Praxis der Christinnen gar nicht vorstellbar. Solidaritätsstudien haben für Österreich gezeigt, dass sich die Landkarte karitativen Handelns weitgehend mit der sozialen Praxis christlich-kirchlich gebundener Personen deckt.[110]

Wenn die christliche Religion heute nicht mehr der wesentlichste Selbstausdruck europäischer Kultur ist, heißt das also noch lange nicht, dass Europa vollkommen entchristianisiert ist. Ebenso unsinnig ist es, daraus im Gestus des Säkularismus zu schließen, dass Religion überhaupt kein kulturgestaltender Faktor und nur mehr

105 Vgl. Zulehner, Wiederkehr der Religion?, 29.
106 Vgl. Paul M. Zulehner: Pastoraltheologie. Band 1: *Fundamentalpastoral.* Kirche zwischen Auftrag und Erwartung, Düsseldorf ²1991, 159–166.
107 Danièle Hervieu-Legér: *Religion und sozialer Zusammenhalt in Europa*, in: Institut für die Wissenschaften vom Menschen Wien (Hg.): Transit 26 (2003/04), 101–119, 105.
108 Dazu: Graf, Wiederkehr der Götter, 108.
109 Dies wird deutlich in: Hervieu-Léger, Religion as a Chain of Memory.
110 Vgl. Paul M. Zulehner/Hermann Denz/Anton Pelinka/Emmerich Talos: *Solidarität – Option für die Modernisierungsverlierer*, Innsbruck 1996; Paul M. Zulehner, (Hg.): *Wege zu einer solidarischen Politik*, Innsbruck 1999.

eine private Zone ist. Auch die unsichtbaren, säkularisiert-individualisierten Religiositäten oder die Verlagerung des Christentums in den Bereich moralischer Werte sind in ihrer Privatheit kultureller Selbstausdruck. Dass diese Individualisierung der Religion die kollektive Erinnerung einer Region gefährden kann[111] und damit kulturell ebenso verarmend wirkt, wie sie politisch gefährlich ist, ist ja gerade darin ersichtlich, dass man – bar geschichtlichen Erinnerungsvermögens – behaupten kann, Religion habe keine öffentliche, politische und kulturelle Relevanz mehr. Die kulturelle Amnesie der Religion gegenüber betrifft damit auch andere gesellschaftliche Bereiche, wo solche Selbstvergessenheit langfristig riskant wird.

Das Ende des Christentums als »kultureller Matrix« (Hervieu-Léger) wurde durch vielfältige Ursachen ausgelöst, die auch unseren kulturellen Sockel verändern. Je nach Standpunkt mag das beklagt oder bejubelt werden. Es stellt sich aber bei genauem Hinsehen differenzierter dar, als einseitige Jammer- und Freudenrufe zum Ausdruck bringen.

Zum einen erfolgt die Dechristianisierung eher als Verlagerung, Umbruch und Neuanfang des Christlichen denn als Total-Abbruch zwischen den Generationen. Bezüglich der Zuschreibungen der Gesellschaft ist die Situation extrem widersprüchlich. In Österreich z. B. hat die Kirche, insbes. die katholische, ein sehr schlechtes Image.[112] Im Zeitraum zwischen 1990 und 2000 hat die katholische Kirche in allen Kompetenzbereichen an Zustimmung verloren, vor allem im Bereich von Moral und Familie.[113] Trotzdem sind die Erwartungen an die Kirchen immer noch hoch, besonders in sozialen, rituellen und geistigen Fragen werden ihnen Wünsche nach gesellschaftlicher politischer Einmischung entgegengebracht. In Österreich erwarten sich 52% der Befragten gesellschaftspolitisches Engagement, 14% rituelle Unterstützung von der Kirche.[114] In Deutschland finden es 81% der Befragten »gut«, dass es die Kirche gibt, sogar 55% der Konfessionslosen stimmen dem zu.[115] Möglicherweise hängen die hohen, idealistischen und normativen Erwartungen, wie die Kirche sein soll, mit ihrer Ablehnung eng zusammen. Chance und Gefahr liegen hier eng beieinander. Die hohen Erwartungen sind – noch – ein Boden, auf dem neues Engagement der Kirchen fruchtbringend sein könnte. Zum anderen darf aber nicht übersehen werden, dass die Anerkennung, die der Kirche (noch) entgegenkommt, bereits jetzt zwischen Wertschätzung und Gleichgültigkeit changiert. Die Kirchen stehen in Gefahr, in die Rolle des »senilen Alten« zu geraten, »dessen Gebrabbel am Tisch niemanden erschreckt, aber auch nur selten amüsiert«[116].

Des Weiteren ist auch der Bedeutungswandel, dem Kirchlichkeit unterliegt, theologisch durchaus zu begrüßen – weil und wenn dabei die Freiheit der Menschen gemehrt wird, den eigenen Glaubensweg mit anderen zu Gott suchen und finden zu können. Der christliche Glaube kann auch nicht mehr ohne weiteres für politische oder moralische Zwecke instrumentalisiert werden. Es wird ihm zusehends schwerer gemacht, Quelle nationaler und ethnischer Identitäten zu sein (was noch zu gra-

111 Vgl. Hervieu-Léger, Religion as a Chain of Memory.
112 Vgl. Zulehner/Hager/Polak, Kehrt die Religion wieder?, 123; Friesl, Die Österreicher/innen und die Religion, 111–113.
113 Vgl. ebd., 111–113.
114 Vgl. Zulehner/Hager/Polak, Kehrt die Religion wieder?, 125–126.
115 Vgl. Ebertz, Kirche im Gegenwind, 59.
116 Christian Bommarius: *Kirche ohne Schatten.* Macht und Frömmigkeit in der Bundesrepublik, in: Kursbuch 149 (2002), 17–25, 18.

vierenden Auseinandersetzungen mit den katholischen und orthodoxen Nationalkirchen in Südost- und Osteuropa führen wird). Die Freiheit von einer kulturell und sozial abgestützten Religion ermöglicht erst jene Freiheit, die es Menschen möglich macht, ohne Druck, Zwang oder Gewohnheit Gott und seine Kirche zu bejahen. Der Glaube wird frei wählbar. Das bedeutet kein Plädoyer für ein individualisiertes Glaubenskonzept, demzufolge man den Glauben wählt wie ein Konsumgut. Aber es wird in einer kulturell angefochtenen Situation paradoxerweise einfacher, sich in Freiheit dafür zu entscheiden, die Gnade Gottes anzunehmen. Kollektive religiöse Identitäten oder Kirchlichkeit sind damit gerade nicht ausgeschlossen, braucht es doch soziale Plausibilitätsstrukturen, d.h. Gruppen und Institutionen, die den Einzelnen unterstützen, seine Freiheit zum Glauben zu finden, zu entwickeln und zu schützen. Zudem wird sich echter Glaube auch eigeninitiativ vergemeinschaften. Theologisch bekommt die Kirche so auch die Chance, daran zu arbeiten, viel eindeutiger und klarer jenes Zeichen und Werkzeug der Versöhnung Gottes mit den Menschen und untereinander zu sein und zu werden, von dem die dogmatische Kirchenkonstitution *Lumen Gentium* 1 spricht.

Auch die Sozialgestalten des Christentums unterliegen dem religiösen Wandel. Staats- und Volkskirchen gehen zu Ende. Niemand muss heute mehr zu einer christlichen Kirche gehören, um gesellschaftlich dazuzugehören. Im Gegenteil, wer sich zur Kirche bekennt, ist der Öffentlichkeit gegenüber nicht selten legitimationspflichtig. Sozial plausibler und einfacher, von daher weit verbreitet und breit akzeptiert ist es, sich von Kirche und Christentum zu distanzieren. Die Kirchen sind dabei, sich mit dieser neuen Situation religiöser Wahlfreiheit zu arrangieren. Sie lernen, ohne gesellschaftspolitische und kulturelle Unterstützung und Vormachtstellungen auszukommen und sich aus der eigenen Kraft und im Vertrauen auf Gottes Geist am Leben zu erhalten.

Warum jetzt? Soziologische, anthropologische und theologische Ursachenanalyse

Modernisierungsschübe und ihre komplexen Folgen – makrosoziologische Ursachen

Die Wiederkehr der Religion hat soziologische, anthropologische und theologische Ursachen. Ich stelle dieses Phänomen zunächst im Kontext des europäischen Modernisierungsprozesses aus einer makrosoziologischen Perspektive dar.

Funktionale Ausdifferenzierung – Produktive Trennungen

Mit der Neuzeit beginnt in Europa der Prozess der Modernisierung der christlichen Religion: ein komplexer und widersprüchlicher Vorgang. Hatten im Mittelalter noch weltliche und geistliche Macht gemeinsam den rechtlichen, politischen, sozialen und kulturellen Ordnungsrahmen vorgegeben, in dem sich die Menschen bewegten, entsteht mit der Neuzeit der europäische Nationalstaat. Nach den Religionskriegen wird die Religion politisch entmachtet und für politische Interessen eingesetzt (*cuius regio, eius religio*). Recht und Politik spannen nun den Lebensrahmen auf und lassen dabei jenen öffentlichen Raum entstehen, den wir heute »Gesellschaft« nennen. Die Unterscheidung zwischen öffentlicher und privater Sphäre wird erstmals möglich. In diesen Gesellschaften beginnen sich unterschiedliche funktionale Lebensbereiche auszudifferenzieren und zu spezialisieren, der Prozess der »produktiven Trennungen«[117] beginnt. Wirtschaft und Politik, Wissenschaft, Technik und Kultur kristallisieren sich als autonome Teilbereiche heraus, entwickeln ihre eigenen Rationalitäten. Sie werden zunehmend unabhängig von religiösen Begründungen und Einflussnahmen.[118] Die Gesellschaft differenziert sich funktional aus. Die gesellschaftlichen Subsysteme, die sich dabei entwickeln, orientieren sich an den Bedürfnissen der Gesellschaft. Sie sind die Bedingung der Möglichkeit eines gewaltigen Fortschritts in den letzten Jahrhunderten. Sie beschleunigen zudem den Prozess der Individualisierung, der zur hohen Wertschätzung der Würde des Einzelnen geführt hat. Produktiv ist diese Ausdifferenzierung insofern, als durch Differenzierung und Spezialisierung in wenigen Jahrhunderten immenses Wissen und zumindest in einem Teil der Welt großer Wohlstand und Sicherheit möglich wurden, damit aber auch der Freiheitsraum für die Einzelnen wuchs.

Religion wird dabei zu einem eigenständigen Gesellschaftsbereich mit spezifischen Regeln und Funktionen. Sie wandelt sich zu einem Teilbereich und bewirtschaftet dort vor allem den moralischen Sinnbereich. Die Religionspolitik Josephs II. in Österreich ist dafür ein ambivalentes, aber hervorragendes Beispiel: Ihm gelang es, die Kirche für nützliche gesellschaftliche Zwecke einzusetzen.

Diese Entkoppelung der Religion von anderen Gesellschaftsbereichen ist doppeldeutig. Sie ermöglicht auf der einen Seite langfristig sowohl die Religionsfreiheit als auch die Personalisierung und Verinnerlichung der Religion, begründet aber auch ihre Privatisierung und Individualisierung, die die Gestaltungsmacht der Religion schwächt und Glaube zur Geschmackssache macht. Die Entkoppelung eröffnet der Religion eine Art Schutzraum, in dem alte Traditionen überwintern können und bewahrt werden, führt aber auch zur Entstehung einer manchmal befremdenden, weltverneinenden Sonderwelt. Friedrich Wilhelm Graf arbeitet sieben Dimensionen des Wandels heraus, den Religion und Religiosität sowohl erleiden als auch aktiv initiieren:[119] Die Individualität wird erfunden, Religion wird familiarisiert und dient mit ihren Riten und Kulten der Selbstvergewisserung und Selbstinszenierung der Familie. Kirchlichkeit wird »entlastet«, d. h. andere Formen der Zugehörigkeit entwickeln sich (wie z. B. Kontakt über Zeitschriften, Mitgliedschaften in Wohltätigkeits- und anderen religiösen Vereinen). Die christliche Zeitordnung der Fest- und Feiertage ist zwar heiß umstritten, setzt sich aber (bis heute) durch. Es entstehen Konfessionskulturen in den verschiedenen Regionen Europas, und aus einer religiösen Gesellschaft werden religiöse Gemeinschaften. Religion wird zur Gemeinschaftserfahrung. Auch neue Frömmigkeitskonzepte entstehen.

117 Nach Jenö Szücs: *Die drei historischen Regionen Europas*, Frankfurt am Main 1994, 19ff.
118 Vgl. Arno Anzenbacher: *Christliche Sozialethik.* Einführung und Prinzipien, Wien und Paderborn 1998.
119 Vgl. Graf, Wiederkehr der Götter, 86–96.

Die neue und prekäre Rolle der Religion

Wie sich der nun neu entstandene Lebensbereich »Religion« zum Staat verhält, ist europaweit verschieden. Die Weichen für die religionspolitische Vielfalt in Europa werden jedenfalls in der Neuzeit gestellt und hängen eng mit dem jeweiligen regionalen Konzept von »Aufklärung« zusammen. So geht die französische Aufklärung ein enges Bündnis mit dem omnipotenten, säkularistischen Staat ein, während die Aufklärung in England, Schottland, Holland und Deutschland konstitutionelle und föderale Auffassungen vom Staat hat und so partielle Bündnisse zwischen Kirchen und Staat, Frömmigkeit und Vernunft ermöglicht.[120] Bedeutsam für die neue Rolle der Religion in dieser nunmehr funktional ausdifferenzierten Gesellschaft ist aber nicht nur die Bezugnahme der Aufklärung zu Vernunft und Staat, die verschiedenartig aussehen kann und deren Spektrum von der französischen bis zur amerikanischen Variante reicht.

Einflussreich sind auch das Selbstverständnis der Aufklärung und insbesondere deren verdrängte Aspekte. So lassen sich zwei Seiten der Aufklärung festmachen, die spiegelbildlich zusammenhängen. Immanuel Kant versteht die Aufklärung als Aufgang des selbstbewussten Individuums aus seiner selbstverschuldeten Unmündigkeit. Was als Befreiungsvorgang beginnt, setzt einen Prozess in Gang, dessen Ziel die ständige Perfektionierung, Optimierung, Beschleunigung und Funktionalisierung aller menschlichen Lebensverhältnisse ist. Alles soll immer vollkommener, besser, schneller und nützlicher werden. Das große Ziel: umfassende Sicherheit vor dem Tod.

Solche Aufklärung versteht den Menschen als selbst- und freiheitsbewusstes Individuum, das autonom und vernünftig den Weg in eine vom Menschen zu vollendende Zukunft antritt. Religion ist hier nicht per se ausgeschlossen oder bedeutungslos. So waren die großen französischen, englischen und deutschen Aufklärer keinesfalls religionsfeindlich. Immanuel Kant dachte über die Religion innerhalb der Grenzen der Vernunft nach und reduzierte Religion damit auf Moral. Jean-Jacques Rousseau betrachtete die »bürgerliche Religion« als unerlässlich für ein funktionierendes Staatswesen, weil sie mit ihrem Glauben an die Existenz eines allmächtigen göttlichen Wesens, an die Vorsehung, an ein Leben nach dem Tod und an die Belohnung der Gerechten und Bestrafung der Bösen staatserhaltend die Bürger dazu anhalten könne, den Bürgerpflichten verlässlich nachzukommen. Die englischen Aufklärer verstanden sich als Deisten. Viele der Aufklärer versuchten, eine Religion der Vernunft zu entwickeln. Sie bekämpften zwar die christlichen Kirchen, nicht aber die Religion an sich, sondern versuchten die »gute« Religion zu entwickeln. Abgelehnt wurde von der Aufklärung vor allem die kirchlich institutionalisierte Religion. Religion, die dem menschlichen Fortschritt in Freiheit diente, war aber durchaus akzeptiert. In diesem Prozess entstand streng genommen auch erst das Wort »Religion«: als Abstraktion des Christentums, dessen Vernunfthaftes die Aufklärung zu retten versuchte.[121] Religion wird ein Begriff, der eine bestimmte Art der Wirklichkeitswahrnehmung beschreibt, während er zuvor die konkrete Kultpraxis beschrieb, die als Band eine Gesellschaft zusammenhält. Noch im Mittelalter bedeutete »religionem intraverunt« ganz konkret: Sie traten ins Kloster ein.[122]

120 Vgl. Martin, Säkularisierung in Europa – Glaubensvielfalt in Amerika, 122.
121 Vgl. Franz Xaver Kaufmann: *Wie überlebt das Christentum?* Freiburg im Breisgau 2000, 85–87.
122 Vgl. Adolf Holl: *Der letzte Christ*, Stuttgart 2000, 85.

Die Aufklärung hat aber nicht nur diese selbstbewusste, emanzipatorische Seite. Die Sozialwissenschaftlerin Marianne Gronemeyer hat die verdrängten Dimensionen des Projekts der Moderne messerscharf herausgearbeitet.[123] Sie erkennt in der Aufklärung auch eine gewaltige Verdrängungs- und Fluchtbewegung jener verängstigten Kultur, die sich ein Jahrhundert lang mit dem Grauen der Pest auseinandersetzen musste. Die Religion erwies sich in dieser Zeit offenbar nicht als ausreichende Unterstützung. Aufklärung und Moderne versteht sie von daher auch als trotzige Antwortreaktion auf die Erfahrung des namen- und sinnlosen Todes. Hinter der Attitüde des selbstbewussten und autonomen aufgeklärten Modernisierers verbirgt sich der Mensch, der Angst hat vor der Endlichkeit und Leiden und Tod nicht ertragen kann. Der emanzipatorische Gestus stellt sich in diesem Licht als Verdrängung elementarer menschlicher Grenzerfahrungen dar. So kann er zu jenem »Empörungsglauben des Autarkismus« (Romano Guardini) pervertieren, der Freiheit missversteht als Kraft zur beziehungslosen, radikal unabhängigen Selbstbehauptung.

Religion wird in diesem Setting zum Problem. Zum einen lässt sie sich gut in den Dienst menschlicher Sicherheits- und Allmachtswünsche stellen, verfügt sie ja über Wissens- und Erfahrungsvorräte des Umgangs mit Unendlichkeit und Ewigkeit. Hier lauert das Gewaltpotential jener Religion, die sich ohne Anerkennung der Endlichkeit der Welt schon auf Erden nur mehr mit der Ewigkeit beschäftigen will. Zum anderen erinnert Religion die Menschen immer wieder an deren Endlichkeit, an Grenzen und an den Tod. Diese Dimension der Religion ruft in modernen Kulturen das Verdrängte immer unangenehm ins Bewusstsein und wird daher bekämpft werden. Vielleicht lässt sich so auch die säkularistische Aversion der europäischen Moderne auf Religion verstehen. Man spricht ihr die Kompetenz ab, das Problem der Endlichkeit und des Todes lösen zu können bzw. erhebt den (religiösen) Anspruch, dieses Thema durch Wirtschaft und Politik, Wissenschaft und Technik selbst in den Griff bekommen zu können. Die Aufklärungsarbeit der Religion, einen versöhnten und humanen Umgang mit Endlichkeit und Tod zu lernen, damit aber auch die unliebsamen geistigen Wurzeln der Aufklärung zu entlarven, ist unerwünscht.

Am deutlichsten sichtbar wird dieser unbewusste Konflikt in der politischen Sphäre. Im Zentrum des aufgeklärten politischen Projektes der Moderne steht die »politisch-moralische Autonomie des einzelnen Bürgers und die Vision einer kollektiven politischen Selbstregierungspraxis freier und gleicher Staatsbürger im Medium eines öffentlichen Vernunftgebrauchs«[124]. Religion und vor allem das Christentum stören hier zweifach. Zum einen droht das Christentum mit seinen Ansprüchen auf Wahrheit und Gerechtigkeit die politische Autonomie einzuengen, stammen diese Ansprüche ja nicht nur aus der Vernunft, sondern auch aus einer heteronomen Quelle, nämlich der Offenbarung. Religion steht dem Machtanspruch, der sich mit dem Wunsch nach politischer Autonomie verbindet, entgegen – und zwar auch dann, wenn sie selbst als Institution machtlos wäre. Zum anderen irritiert die Religion die Allmachtsvorstellungen dieses politischen Projektes, indem sie den Menschen immer wieder an seine Endlichkeit, Ohnmacht, Irrtumsanfälligkeit und Sünde erinnert. Selbst dann, wenn diese Mahnungen entmoralisiert wären, stellt das

123 Vgl. Gronemeyer, Das Leben als letzte Gelegenheit.
124 Hermann-Josef Große Kracht: *Selbstbewusste öffentliche Koexistenz.* Überlegungen zum Verhältnis von Religionen und Politik im Kontext moderner Gesellschaften, in: Gabriel (Hg.), Religionen im öffentlichen Raum, 225–272, 226.

für das europäische autonomiebewusste Politikkonzept eine dauernde Bedrohung dar.

Die Aufklärung und mit ihr die Moderne sind also ebenso doppelgesichtig wie die Religion. Ihr Freiheits- und Vernunftglaube ist ständig bedroht durch die Erfahrung von Endlichkeit und Tod.

Von daher gibt es im weiteren Geschichtsverlauf zwei Arten des Fortschritts, von denen sich faktisch bis jetzt aber jener stärker durchgesetzt hat, der die Schattenseiten der Moderne ignoriert. Dieser Fortschritt um des Fortschritts willen ist ständig auf der Flucht vor der Angst vor dem Tod. In dieser Angst wurzelt der Glaube, dass das Neue immer besser ist, und zwar einfach weil es neu ist. Dieser Fortschritt ist getrieben von Verdrängung – und wird so rast- und ruhelos. Indem er verweigert, was er fürchtet, fördert er es aber.

Es ist dieser Fortschritt, der uns heute in eine lebensbedrohliche Situation gebracht hat. Seine Gottheit ist die »apokalyptische Dreifaltigkeit« (Marianne Gronemeyer): Wirtschaft, Wissenschaft und Technik. Die globale Weltregelung wird von der Ökonomie übernommen, die Weltdeutung von der Wissenschaft gewährleistet und die Technik übernimmt die Weltgestaltung.[125] Unter der Hand leisten diese Institutionen religiöse Ersatzfunktionen, was nicht wundert, denn sie sollen ja letztlich auch religiöse Fragen, i. e. die Fragen nach Endlichkeit und Tod, beantworten. In dieser radikalen Diesseitsorientierung ist wenig Platz für das Humanum, denn der sterbliche Mensch ist das größte Hindernis solchen Fortschritts, der absolute und ewige Sicherheit vor dem Tod will. Zählt man zu diesen drei säkularen Gestaltungsmächten noch die Politik hinzu, die durch ihr Tun und Lassen den Machtraum maßgeblich prägt, kann man in der »heiligen Quaternität«, wie ich diese Kombination nenne, die Hauptprotagonistinnen des modernen Fortschrittsglaubens erkennen.

Daneben gibt es auch den Forschritt um des Humanen willen. Es ist in der Moderne nicht gelungen, diesen abzuschaffen; oft hat sie ihn sogar befördert. Zu denken ist an die beständigen und unermüdlichen Weiterentwicklungen im Bereich der Pädagogik, der Geistes- und Kulturwissenschaften, trotz aller dort vorfindlichen Widrigkeiten. In der Religion und in der Kunst ist zudem viel von diesem humanen Wissen erhalten geblieben, das unsere Kulturen heute dringend brauchen. Es besteht Aufholbedarf.

Der erste Modernisierungsschub: Entstehung und Konfessionalisierung von »Religion«

Die funktionale Ausdifferenzierung der Gesellschaft bewirkt einen ersten Modernisierungsschub der Religion und ist eines der wichtigsten Merkmale der Moderne. Sie sichert die Freiheit: die Freiheit der Politik vor der Religion, die Freiheit des Rechts vor der Politik, die Freiheit der Privatsphäre. Gesellschaften, die diese »Kunst der Trennung«[126] beherrschen, tragen zur Freiheitssicherung ihrer Individuen und Institutionen bei. Keine Sozialordnung kommt ohne Differenzierung aus. Auch im Mittelalter können wir diese Spezialisierung bereits beobachten: So war damals die

125 Vgl. Marianne Gronemeyer: *Lernen mit beschränkter Haftung*. Über das Scheitern der Schule, Berlin 1996.
126 Otto Kallscheuer: *Die Kunst der Trennung*, in: Institut für die Wissenschaften vom Menschen Wien (Hg.): Transit 8 (1994), 97–115.

Sorge um die Seele eine politisch-öffentliche Angelegenheit, während die Sorge um den gesunden Körper vom Einzelnen in seinem Familienverband selbst zu sichern war.[127]

Das Ausmaß der Trennung zwischen den Subsystemen, die Grenzen und die Art der Grenzziehung, aber auch der Kooperationen zwischen den Systemen sind immer wieder neu auszuverhandeln, damit die funktionale Ausdifferenzierung ihre Aufgabe erfüllen kann.

Die Trennung von Kirche und Staat stellt historisch die erste der funktionalen Ausdifferenzierungen dar. Hintergrund dieser Entmachtung der christlichen Kirchen sind die Religionskriege im Europa des 15. und 16. Jahrhunderts. Diese Erfahrungen führen dazu, dass die europäische Modernisierung massiv kirchen- und religionskritisch ist. Das Verhältnis zwischen Religion, Ethnos und Staat wird um des Friedens willen neu geregelt, indem die Religion entpolitisiert wird. Die Symbole der religiösen Zugehörigkeit werden in der politischen Sphäre neutralisiert und in die Sphäre des Privaten und Intimen verbannt. Solche Zugehörigkeiten sollen öffentlich fortan keine Rolle mehr spielen, sondern in die Psyche des Einzelnen internalisiert werden. Religion wird geduldet, soll aber im politisch-öffentlichen Raum überflüssig werden.[128]

Als Reaktion können wir von kirchlicher Seite eine überaus vitale Konfessionalisierung beobachten; die christlichen Kirchen reagieren auf diese neue Rolle in der Gesellschaft mit Widerstand und Abgrenzung gegen die neue moderne Welt einerseits, mit Anpassung und Auflösung in die Moderne andererseits.[129] Entscheidend ist, dass eine allgemeine *Christianitas* nun nicht mehr das selbstverständliche geistige Bindeglied der Gesellschaft ist. Stattdessen kooperieren die christlichen Kirchen auf vielfältigste, oft problematische Weise, mit den Nationalstaaten. Religion wird dort wieder auf neue Weise politisch wirkmächtig und unterfüttert den entstehenden Nationalismus mit religiösen Grundlagen.

Der x-te Modernisierungsschub: Zersplitterung und Fortschrittsskepsis

Die funktionale Ausdifferenzierung der modernen Gesellschaften hat heute ihren Höhepunkt überschritten und zeigt auch ihre Schattenseiten. So unverzichtbar sie einerseits für Freiheit und Fortschritt ist, so sehr bedroht das Ausmaß der Differenzierungen zwischenzeitlich die Freiheit. Die Rationalitäten der Teilsysteme haben sich verselbstständigt und folgen mitunter ohne Rücksicht auf Spannungen zu anderen Rationalitäten der je eigenen Logik.

Für die Religion ist diese Situation besonders problematisch: Religion wird zu einem privaten Sinn- und Regenerationssystem. Heute wird diese Tendenz dort spürbar, wo man religiös ist in Familie und Freizeit, im Wirtschafts- und Arbeitsleben aber ratlos und ohnmächtig ist, wie religiöse Werte dort eine Rolle spielen können. Weil die Verwurzelung der Religion im Leben der Menschen zunehmend funktional definiert wird (als Angst- und Kontingenzbewältigung, zur Sinnstiftung, als moralische Instanz), wird sie zudem störanfällig durch Dynamiken und Ereignisse in anderen Lebensbereichen. Wenn die Dissonanzen zwischen den Teillogiken vom Indi-

127 Ebd., 102.
128 Vgl. dazu ausführlich Ulrich H. J. Körtner: *Kirche, Demokratie und Zivilgesellschaft.* Zur politischen Ethik im modernen Pluralismus, in: Ders. (Hg.), *Kirche – Demokratie – Öffentlichkeit,* 79–103.
129 Vgl. Kaufmann, Wie überlebt das Christentum?, 80.

viduum nicht mehr ausgehalten werden können, orientiert es sich an jenem System, das ihm weniger Spannungen und mehr Zugehörigkeitsoptionen ermöglicht. Das sind in Europa zurzeit nicht die Kirchen, sondern frei flottierende »Spiritualitäten«, die als Oase im Modernisierungsgetriebe attraktiv werden. Die Privatisierung der Religion wurzelt zunächst nicht im Unglauben als vielmehr in der Unfähigkeit, der Religion im Gesellschaftsganzen einen angemessenen Ort geben zu können. In einer funktional ausdifferenzierten Gesellschaft wird Religion von überall her störanfällig: von Seiten des Individuums, das die Dissonanzen nicht mehr aushält; von Seiten anderer Gesellschaftsbereiche, die machtvoll solche Ansprüche an den Einzelnen stellen, die religiösen Werten gegenüber divergent sind; von Seiten der Kirchen, wenn es diesen nicht gelingt, die Brüche und Nöte des Lebens so auszudeuten und zu begleiten, dass das Leben lebbarer wird.

Auch die Moralisierung der Religion ist ein Produkt der funktionalen Ausdifferenzierung: Indem nach den Religionskriegen die Wahrheitsfrage der Religion weggenommen und diese im Lauf der Geistesgeschichte schrittweise suspendiert wird, bleibt von der Religion in der Gesellschaft erlaubterweise nur mehr Moral übrig. Die viel bemühte Toleranz gegenüber verschiedenen Wahrheitsansprüchen kann sich dann auch als Gleichgültigkeit gegenüber der Wahrheit zeigen. Die Moralisierung der Religion wiederum hat langfristig die Abwehr und Indifferenz ihr gegenüber verstärkt, zumal die Moralvorstellungen und deren Begründungen immer weiter von der konkreten Lebenswelt abzudriften schienen. Diese Situation fortschreitender Relativierung macht die europäischen Kulturen heute hilflos gegenüber dem Fundamentalismus aller Spielarten, denn dieser stellt die Wahrheitsfrage neu – wenn auch gewalttätig.

Insbesondere der Sozialismus und die Frauenbewegung machen auf die Schlagseiten der funktionalen Ausdifferenzierung aufmerksam und entlarven die destruktiven Folgen solch unbezogener Spezialisierung. Die negativen Folgen sind zwischenzeitlich weltweit wahrzunehmen. Der Begriff »Risikogesellschaft«, wie ihn der deutsche Soziologe Ulrich Beck Ende der 80er-Jahre prägte[130], markiert den Wendepunkt, seit dem spätestens die bedrohlichen Folgen von Aufklärung, Moderne und Ausdifferenzierung bewusst werden. Seit den 90er-Jahren des vergangenen Jahrhunderts wächst das Bewusstsein, dass sich der Fortschritt gegen die Menschen selbst kehren könnte. Die gesellschaftlichen Teilsysteme versagen immer öfter bei den Aufgaben, zu denen sie den Menschen gegenüber verpflichtet sind. Sie verursachen sogar Probleme und Risken, die sich gegen die Menschen selbst wenden.

Am auffälligsten ist dies heute im Bereich der Ökonomie. Durch den bis jetzt ungebremsten Siegeszug einer bestimmten wirtschaftlichen Organisationsform nach 1989 – des Kapitalismus in seiner neoliberalen Auslegung – entkoppelt sich eine durch den Nationalstaat kontrollierte Ökonomie von den Nationalstaaten. Ökonomie agiert nun transnational und bringt die Nationalstaaten massiv unter Druck.[131] Die ökonomische Rationalität dominiert alle anderen Lebensbereiche, die territorial agierenden Staaten können ihre Aufgabe, die Freiheit und Sicherheit der Menschen zu gewährleisten, zunehmend schlechter gewährleisten. Unter dem Diktat des Wirt-

130 Ulrich Beck: *Risikogesellschaft.* Auf dem Weg in eine andere Moderne, Frankfurt am Main 1987.
131 Vgl. Jürgen Habermas: *Der europäische Nationalstaat unter dem Druck der Globalisierung*, auf: http://www.uni-konstanz.de/FuF/Verwiss/Schneider/BW-Kolloquium/habermas.pdf vom 3. 12. 2003.

schaftswachstums und der Kapitalvermehrung werden Menschen im Arbeitsprozess überflüssig, die Biosphäre steht vor der Gefahr eines ökologischen Kollapses, die Kluft zwischen den reichen Industriestaaten und den armen so genannten »Dritteweltstaaten« verschärft sich.[132] Aber auch die Logiken anderer Teilsysteme haben sich bedrohlich verselbstständigt: Der technologische Fortschritt produziert Gefahren, die wir de facto nicht mehr kontrollieren können (z. B. im Bereich der Rüstungsindustrie). Die Wissenschaft arbeitet vielfach in einem oft selbstreferentiellen Konkurrenzdiskurs am konkreten Leben der Menschen vorbei oder aber leistet einer fragwürdigen »Expertokratie« (Ivan Illich) Vorschub. Auch die Politik wird von »Sachzwängen« vorangetrieben – ein Begriff, bei dem bei jedem Theologen die Alarmglocken läuten müssen. »Sachzwänge«, die die Freiheit bedrohen, sind theologisch in aller Regel von Menschen geschaffene Götzen.

Die Isolierung der Teilsysteme voneinander beschleunigt die Eigendynamik von Teillogiken, und so kehrt sich das Verhältnis um: Wirtschaft, Wissenschaft, Politik und Technik stehen nicht mehr im Dienst der Menschen, sondern Menschen müssen ihrer Aufrechterhaltung dienen. Die funktionale Differenzierung hat zu einer Zersplitterung gesellschaftlicher Teilbereiche geführt, die flexible, »multiple« Persönlichkeiten braucht, die sich diesen Systemen anpassen können. Menschen werden aus ihren Bezügen herausgelöst, »frei«gesetzt. Individualisierung verkehrt sich zur Atomisierung der Gesellschaft. Die »privaten« Welten, Familie und Beziehung, auch Religion und Kunst sollen die Schäden wieder kompensieren, die die Modernisierung mit sich gebracht hat. Aber auch sie kommen zunehmend unter Druck oder wollen sich nicht mehr benutzen lassen, um die harte Welt ein bisschen schöner zu machen.

Vernetzung, Umkehr und Neuorientierung

Um inmitten der funktionalen Ausdifferenzierung, die zu einer gefährlichen Zersplitterung tendiert, Lösungen für die anstehenden Probleme zu finden und deren freiheitssicherndes Potential wieder zu stärken, muss man sich bewusst machen, dass dieser Prozess nicht Personen, sondern Aufgaben und Dienste an Mensch und Gesellschaft voneinander scheidet und so zielsicherer erfüllen kann. Menschen müssen sich vergegenwärtigen, dass sie auch innerhalb komplexer und schwieriger Funktionszusammenhänge und Strukturen Gestaltungsmacht und Handlungsspielräume haben; insbesondere dann, wenn sie kooperieren.

Dazu ist es wichtig, dass Menschen die Rolle, die sie in einem System übernommen haben, vom eigenen Selbst, der Person, unterscheiden können und nicht mit ihrer Rolle und Aufgabe komplett identifiziert sind. Dies ist eine spirituelle Herausforderung, denn diesen Personkern, das eigene Selbst-Sein, muss man erfahren haben, um es vom eigenen Denken, Wollen und Tun und seinen Aufgaben unterscheiden zu können.

Solche spirituellen Vorgänge ereignen sich primär auf der Personebene, finden heute aber auch auf der strukturellen Ebene ihren Widerhall: »*Vernetzung*« kann ein solcher geistvoller Prozess sein, denn er setzt voraus, dass Menschen initiativ werden und die ihnen zugeordneten Rollen innerhalb des Systems aus freien Stücken

132 Vgl. Jean Ziegler: *Die neuen Herrscher der Welt und ihre globalen Widersacher*, München [2]2003.

reflektieren und ein Stück weit verlassen, um mit anderen Systemen Kontakt aufzunehmen, weil sie wahrnehmen, dass ihnen »etwas« fehlt. Wenn z. B. Wirtschaftstreibende in Sinnkrisen geraten und beginnen, spirituelle Orte wie Klöster aufzusuchen, wenn sich Politikerinnen mit Kirchen und Religionsgemeinschaften absprechen, können dies auch spirituelle Vorgänge sein, wenn sich beide Sphären auf wechselseitige Lernprozesse einlassen, und die Vernetzung geistige und strukturelle Änderungen in Wirtschaft und Politik nach sich zieht.

»Vernetzung« ist ein wichtiges Symbol- und Hoffnungswort. Im Bewusstsein einer zersplitterten Gesellschaft beginnen Menschen seit einigen Jahren, sich zwischen den gesellschaftlichen Sphären zu vernetzen: Erfahrungen und Wissen auszutauschen, gemeinsame Interessen zu suchen und zusammenzuarbeiten. Die Systeme haben begonnen, sich über kooperative Menschen untereinander zu verbinden, ein für das Überleben der Menschen lebenswichtiger Vorgang. Ein Umkehrprozess hat begonnen: Die Suche nach Ethik und Werten, wie wir sie in Politik, Wirtschaft und Wissenschaft beobachten können, ist dafür ebenso Signal, wie die Sehnsucht vieler Menschen nach Ganzheitlichkeit, weil sie spüren, wie zerrissen sie sind. Die gesellschaftliche Zerrissenheit, der Zwang, in den verschiedenen Subsystemen divergenteste Rollen spielen zu müssen und nirgendwo ganz sein zu können, führt zur Sehnsucht nach Ganzheitlichkeit. Sie wird meistens am Körper-Seele-Geist-Problem festgemacht, weil man am eigenen Leib die Spannungen innerhalb der Gesellschaft am deutlichsten spürt. Das strukturelle Problem wird also individualisiert. Im Wunsch nach Ganzheitlichkeit spiegelt sich die Not einer zerrissenen Gesellschaft wieder. Die Gefahr, die dabei besteht: Auch diese Sehnsucht wird individualisiert und ihr wird ein Ort im Ganzen zugeordnet; die Entstehung der Psycho- und der Wellness-Szene ist dafür ein Indiz. Die Chance: Die persönliche Suche nach Ganzheit kann durch Vernetzung in gesellschaftspolitisches Engagement einmünden.

Die Entwicklung einer »planetarischen Zivilgesellschaft« (Jean Ziegler), wie sie sich in den zahlreichen neuen NGOs oder in der Friedensbewegung kundtut, die religiösen Wanderbewegungen: Sie alle formulieren die Sehnsucht, ein besseres Leben in einer gemeinsamen Welt zu führen, in der man sich nicht über Rollen und Funktionen definiert, sondern in allen Lebensbereichen authentisch und menschlich leben kann.

Die Folgen für die Religion: Gestaltwandel und »Verlebensweltlichung«

Auch die Religion ist von den zahlreichen Modernisierungsschüben und ihren Folgen betroffen und vollzieht sich zwischen den beiden Extremen der Zersplitterung und der Vernetzung. Dies zeigt sich zunächst in einem massiven Gestaltwandel des Religiösen, wie ihn der deutsche Theologe Hans-Joachim Höhn mit Begriffen wie »Dispersion, Liquidation, Dekonstruktion, Deformatierung, Inversion, Diffusion« beschreibt.[133] Ich versuche im Folgenden, die Doppeldeutigkeit dieser Kategorien, die bei ihm vor allen Dingen die Entwicklungen problematisierend verwendet wer-

133 Diese Kategorien hat der deutsche Theologe Hans-Joachim Höhn im Rahmen seines Festvortrages am Dies Facultatis der Katholisch-Theologischen Fakultät der Universität Wien am 15. 10. 2003 entwickelt. Sie sind publiziert in Hans-Joachim Höhn: *Auf dem Weg in eine postsäkulare Kultur?* Herausforderungen einer kritischen Phänomenologie der Religion, in: Zulehner (Hg.), Spiritualität – mehr als ein Megatrend, 16–28.

den, herauszuarbeiten und anhand der Kategorien »Zersplitterung« und »Vernetzung« auch die hoffnungsvollen Dimensionen des Gestaltwandels zu zeigen:

»Dispersion«: Religiöses wird in alle Lebensbereiche zerstreut, lässt sich wie Farbspritzer quer durch die Gesellschaften finden: In Werbung und Sport, in den Medien und in der Wirtschaft, in politischen Inszenierungen und auch im wissenschaftlichen Bereich wird Religion wieder Thema.[134] Diese »Farbspritzer« können ästhetisch-funktionaler Aufputz, »Dubletten einer ökonomistischen Lebensweise«[135] sein (Zersplitterung der Religion). Sie können aber auch die Entwicklung substantieller Spiritualitäten inmitten des konkreten Alltags anzeigen, das Entstehen lebensrelevanter Religiosität (Vernetzung).

»Liquidation«: Religiöses versickert, verdunstet, rekondensiert in und aus traditionellen (institutionellen) Zusammenhängen in neue Kontexte (Zersplitterung). Das kann zur Auslöschung und Zerstörung des genuin Religiösen genauso führen wie zur Verflüssigung erstarrter religiöser Formen, die so wieder neuen Sinn bekommen können (Vernetzung).

»Dekonstruktion«: Religiöses wird zerlegt, rekombiniert, solcherart weiter-, neu- und umgedeutet (Zersplitterung). Das kann eine Weiterführung religiöser Traditionen durch kreative Neuinterpretationen ebenso anzeigen wie eine Zerstörung religiöser Deutungstraditionen durch falsche und Fehlinterpretationen. Dekonstruktion kann dann zur Verlebendigung ebenso führen wie zur Zerstörung oder Neuerfindung (Vernetzung).

»Deformatierung«: Religiöses zeigt sich in neuen Formen, Kontexten, »Rahmen«: als Thema in Manager-Seminaren, als Abteilung im Buchhandel, als architektonisches Formprinzip (Konsumtempel). Die Substanz von Religion kann so missbraucht, verzerrt und zerstört ebenso werden (Zersplitterung) wie der neue Kontext genuinen Sinn überhaupt erst wieder sichtbar macht und Religion lebendig werden kann (Vernetzung).

»Inversion transzendenzorientierter Weltbezüge«: Die religiösen Sehnsüchte und Fragen, das irdische Leben richten sich nicht mehr auf eine Transzendenz außerhalb der Welt, sondern die Transzendenz verweist auf irdische Zusammenhänge. Das kann zu horizontloser Diesseitsorientierung führen (Zersplitterung). Die Inversion kann aber auch lehren, Gottes Spuren hier und heute, im konkreten Leben zu suchen (Vernetzung).

»Diffusion«: Die Konturen des Religiösen werden unscharf, verschwimmen, Grenzen zwischen Religiösem und Nicht-Religiösem lösen sich auf. Das Religiöse wird unkenntlich. Man vertritt weltanschauliche oder ethische Standpunkte aus der christlichen Tradition, ohne sich dessen explizit bewusst zu sein (Zersplitterung). Durch die Diffusion können aber auch andere Lebensbereiche wieder mit Leben erfüllt werden: Der Geist überspringt die Grenzen und verändert alte Ordnungen (Vernetzung).

134 Z. B. Ferdinand Cap: *Ein Ende der Religionen?* Religiöse und naturwissenschaftliche Weltbilder, Innsbruck, Wien 2003, (Physik).

135 So hat das der Theologe Hans-Joachim Höhn im Rahmen des Symposiums »Megatrend Spiritualität: Eine kritische, interdisziplinäre Reflexion« formuliert, das am 12. September 2003 in Wien stattfand: http://www.ktf.univie.ac.at/megatrend vom September 2003.

Säkularisierung[136] als ein wesentlicher Grundvorgang der Moderne

Als am 25. Februar 1803 der Reichsdeputationshauptausschuss umfassende Säkularisationsprogramme kirchlichen Guts per Gesetz festlegte, begann mit dieser Enteignung nicht nur ein neues Verhältnis zwischen Staat und Kirche, sondern auch eine Begriffskonstruktion, die bis heute die wissenschaftliche Diskussion darüber prägt, worin das Schicksal der Religion in modernen Gesellschaften besteht. Die Begriffsgeschichte zeigt ein weites Bedeutungsspektrum dieser Kategorie: Es reicht von kultur- und ideenpolitischen Kampfbegriffen, die der Religion eine bestimmte Bedeutung in der Geschichte zuweisen wollen, über eine theologisch begrüßte Dimension des eschatologischen Heilsgeschehens bis hin zu einer zentralen Kategorie der Sozialwissenschaften. Säkularisierung kann den Kampf gegen die Religion genauso bezeichnen wie die Verwirklichung des Reiches Gottes auf Erden.

Etymologisch hängt das Wort mit dem lateinischen *saeculum* zusammen und meint »Zeitalter«.[137] Im biblisch-christlichen Kontext bekommt das Wort eine wertende Bedeutung und bezeichnet bei Paulus die diesseitige, von der Sünde beherrschte Welt. Patristik und Mittelalter verwenden den Begriff in diesem abwertenden Sinn. Dies ist der Hintergrund für die Verwendung des Begriffes *saecularizatio*, der als kirchenrechtliche Kategorie die Überleitung eines Mönches in den Stand der Weltkleriker meint. Im Rahmen der Verhandlungen um den Westfälischen Frieden 1648 wird damit die Überführung von Kirchengut in weltliches Eigentum bezeichnet. Die zentrale Wendung nimmt der Begriff dann im Rahmen der oben erwähnten staatlich verordneten Enteignung der Kirchen, der man Besitztümer entzog und sie für profane Zwecke verwendete. Diese (mehrfachen und europaweiten) Konfiszierungen führten zu einer Rezeption des Säkularisierungsbegriffes als Unrechtskategorie bei den betroffenen Kirchen. So kann der Begriff der Säkularisierung zwei zentrale Bedeutungsdimensionen haben: Nach Johann Figl bezeichnet er zum einen jenen Prozess der Trennung, Herauslösung und Emanzipation nahezu aller Bereiche der menschlichen Lebenswelt aus dem Sinnkontext des christlichen Glaubens, der bereits im Hochmittelalter punktuell begann, in der Neuzeit eindeutig offenbar wurde und zur Entzauberung der Welt führte. Die oben erwähnte funktionale Ausdifferenzierung und Autonomisierung gesellschaftlicher Teilbereiche sind die Folge. Zum anderen kann Säkularisierung aber auch Ausdruck für die Übernahme und das Weiterwirken ursprünglich religiöser und christlicher Verhaltensweisen, Denk- und Sprachformen bezeichnen, die nach einem weiteren Ablösungsprozess volle Eigengesetzlichkeit erhalten haben.

136 Die Literatur zu diesem Thema ist unübersehbar: Ulrich Barth: Art. *Säkularisierung*, in: Theologische Realenzyklopädie, hg. von Gerhard Müller, Band 29, Berlin – New York 1998, 603–634 (darin umfassende Literaturangaben); Hans-Otto Binder: Art. *Säkularisation*, in: Theologische Realenzyklopädie, Band 29, hg. von Gerhard Müller, Berlin – New York 1998, 597–602; Hermann Lübbe: *Säkularisierung*. Geschichte eines ideenpolitischen Begriffes, München – Freiburg 1965; Lehmann: *Säkularisierung, Dechristianisierung, Rechristianisierung;* Johann Figl: *Fragen und Chancen der Säkularisierung im Hinblick auf die Gottesfrage*, in: Heribert Bettschneider (Hg.): Zugang zur Wirklichkeit Gottes: Die Gottesfrage in der modernen Welt, Nettetal 1999, 45–56; Ders.: *Kultur und Religion*. Ein dynamisches Verhältnis, in: Prenner/Heimerl: Macht Religion Kultur, 19–26, 21–23; Ders.: Art. *Säkularisierung*, in: Neues Handbuch theologischer Grundbegriffe, hg. von Peter Eicher, Band 4, München 1985, 84–94; Karl Gabriel: *Säkularisierung und öffentliche Religion*. Religionssoziologische Anmerkungen mit Blick auf den europäischen Kontext, in: Ders (Hg.): Jahrbuch für Christliche Sozialwissenschaften, 13–36 (umfassende Literaturangaben); Detlef Pollack: *Säkularisierung – ein moderner Mythos?* Studien zum religiösen Wandel in Deutschland, Tübingen 2003.

137 Vgl. zum Folgenden ausführlich Figl, Kultur und Religion, 21–22.

Auch Franz X. Kaufmann beschreibt mehrere Dimensionen des Säkularisierungsbegriffes:[138]

Religion verliert zunehmend an Bedeutung. Dieser »fortschreitende Relevanzverlust« kann kulturkritisch oder emanzipatorisch gedeutet werden. Religion wird ersetzt durch »vernünftige« Äquivalente: Philosophie und Wissenschaft. Getragen wird dieser Vorgang von der Vorstellung einer Frontstellung zwischen Vernunft und Glauben.

Die kirchliche Autorität wird aus den Bereichen weltlicher Herrschaft verdrängt. Die Kirchen verlieren die Kontrolle über die Gesellschaft und damit ihre Macht. Für viele religiöse Menschen ist diese Art der Säkularisierung eine Verfallsgeschichte der Religion. Paradoxerweise aber war es die Kirche selbst, die diesen Prozess eingeleitet hat: Indem im Wormser Konkordat 1122 die weltliche von der geistlichen Macht getrennt wurde, wird die funktionale Ausdifferenzierung der Moderne strukturell überhaupt erst möglicht.

Säkulare Gesellschaft und säkularer Staat enteignen und bewahren christliche Errungenschaften zugleich. Zu denken ist dabei an die Menschenrechte, an europäische Grundwerte wie Freiheit, Gleichheit, Solidarität oder Gerechtigkeit oder die Sorge um die Armen durch den Sozialstaat.

Der Glaube wird entmythologisiert und die Welt vergeistlicht. Die Säkularisierung ist ein dialektischer Vorgang, bei dem Heiliges und Welt ineinander zu »wachsen« beginnen, zugleich aber auch eine massive Spannung entsteht zwischen der prophetischen Dimension der jüdisch-christlichen Tradition und der Welt.

In der Bevölkerung schwindet die kirchliche Beteiligung und verschwinden spezifisch christliche Orientierungen im Denken und Handeln. Säkularisierung bedeutet hier *Entchristlichung* und *Entkirchlichung.*

Je nach weltanschaulicher Position werden diese Dimensionen dann positiv oder negativ bewertet. So gibt es zunächst vor allem im Bereich der evangelischen Kirche, wo der Säkularisierungsbegriff erstmals rezipiert wird[139], Theologen, die in der Säkularisierung eine Unrechtskategorie erkennen. Der Begriff tritt an die Stelle dessen, was man bis dahin »Verweltlichung« genannt hat. Gemeint ist damit jener Vorgang der »Selbstermächtigung des Menschen als Souverän der Weltgeschichte«, in dem der Mensch zum Ganzen der Welt und der Geschichte auf neue Art in Beziehung tritt und die Religion so als Vermittlung überflüssig wird.[140] Im 20. Jahrhundert gibt es aber auch Stimmen, so den Protestanten Friedrich Gogarten und den katholischen Theologen Johann B. Metz, die der Säkularisierung Positives abgewinnen können. In Friedrich Gogartens Werk »Verhängnis und Hoffnung der Neuzeit« (1953) wird Säkularisierung in gewissem Sinn denkbar als eine – sogar notwendige – Folge des christlichen Glaubens. Diese legitime Säkularisierung begründet er mit dem Weltverhältnis, das der christliche Glaube ermöglicht. Der Sohn gewährt dem glaubenden Menschen die Freiheit gegenüber der Welt und den Mächten, die sie beherrschen, einschließlich aller mythisch verstandenen göttlichen Gewalten. Gogarten ist sich dabei der Ambivalenz des Säkularisierungsvorganges durchaus bewusst: Es gibt auch einen illegitimen Säkularismus, dieser sei aber eine Entartung der Säkula-

138 Nach Kaufmann, Wie überlebt das Christentum?, 85ff.
139 Vgl. Kaufmann, Wie überlebt das Christentum?, 82.
140 Vgl. ebd., 82–83.

risierung. Weil er aber grundsätzlich den neuzeitlichen Transformationsprozess des Christentums bejaht, schließt er mit Blick auf die konkreten historischen Vorgänge seiner Zeit eine einfache Alternative von Zustimmung oder Ablehnung aus.

Ähnliche Theorieansätze finden sich auch im Werk des frühen Johann B. Metz: Er hat die Säkularisierungsthese als positive Denkmöglichkeit für die theologische Bestimmung des Verhältnisses zwischen christlichem Glauben und neuzeitlicher Anthropozentrik erschlossen. Der Glaube an die Menschwerdung Gottes habe indirekt zur Heraufführung einer bloß weltlichen Welt beigetragen; die Menschwerdung hat es ermöglicht, die Welt als weltlich, Gott als ganz göttlich wahrzunehmen.[141] Erst in seinem späteren Werk »Glaube in Geschichte und Gesellschaft« (1977) hat Metz auch die Gefahren eines solchen Ansatzes herausgearbeitet.

Der deutsche Philosoph Hans Blumenberg[142] wiederum verteidigt gegen jene Theologien, die die Aufklärung kritisieren, die »Legitimität der Neuzeit« und spricht der Theologisierung des Säkularisierungsbegriffes jegliche Legitimität ab. Die Säkularisierungskategorie selbst wird als historische Unrechtskategorie definiert. Die Neuzeit habe ihre eigenständige Legitimität, das bedeutet: ihre autonome, nicht durch den christlichen Glauben vermittelte Struktur. Im Laufe der Säkularisierung seien keinesfalls theologische Inhalte in ihre säkulare Selbstentfremdung gebracht worden.

Wieder anders nähern sich US-Religionssoziologen der umstrittenen Kategorie. Sie weigern sich, in Nordamerika den Ausnahmefall zu diesem Theorem zu sehen, analysieren verschiedene Dimensionen der Säkularisierung und zeigen, dass nicht jede dieser Dimensionen notwendig mit der Modernisierung verbunden sein muss. So unterscheidet z. B. José Casanova[143] drei Teilaspekte der Säkularisierung: Die Ausdifferenzierung zwischen weltlicher und religiöser Sphäre, die mit ihrer Trennung von Religion und Staat untrennbar mit der Moderne verbunden ist. Jede Staatskirche verstößt gegen das Prinzip der Religionsfreiheit und der modernen Staatsbürgerschaft. Der zweite Aspekt, der Niedergang religiöser Überzeugungen und Verhaltensweisen, ist keinesfalls notwendig mit der Modernisierung verbunden. Für diesen Vorgang ist nach Casanova vor allem die »cäsaro-papistische Vereinigung zwischen Thron und Altar im Absolutismus« verantwortlich. Auch die dritte Dimension, die Privatisierung der Religion, ist keine zwangsläufige Folge. Sie wurzelt in der liberalen Entgegensetzung von privat und öffentlich. Konzipiert man alternative Öffentlichkeiten und differenziert den Bereich der Öffentlichkeit in Staat, Politik und Zivilgesellschaft, lassen sich hier durchaus öffentlich relevante Formen von Religion denken und vor allem auch praktizieren. David Martin wiederum sieht die Wurzeln der Entchristlichung in mangelndem religiösen Wettbewerb und kirchlicher Monopolstellung, die in der Verbindung der Kirchen mit den herrschenden Schichten zur Entfremdung der Kirchen von weiten Teilen der europäischen Bevölkerung führte. Für ihn ist Europas Bevorzugung zentralistischer Institutionen eine der Hauptgründe für die heutige Situation.[144]

141 Dazu: Johann B. Metz: *Zur Theologie der Welt*, Mainz/München 1969; Johann Figl: *Atheismus als theologisches Problem*. Modelle der Auseinandersetzung in der Theologie der Gegenwart, Mainz 1977.
142 Vgl. Hans Blumenberg: *Die Legitimität der Neuzeit*, Frankfurt am Main 1996 (1966).
143 Vgl. Casanova, Public Religions in The Modern World.
144 Vgl. Martin, Säkularisierung in Europa – Glaubensvielfalt in Amerika, 48–49.

Problematisch – für Religion und Gesellschaft – wird die Kategorie der Säkularisierung erst dann, wenn sie zum Programm erklärt und als naturhaft ablaufende Prozesskategorie gedacht wird. Dies geschah bei der Verengung des Säkularisierungsbegriffes hin zum Säkularismus. In der Art einer »self-fulfilling prophecy« wurde hier eine Theorie der Zukunft Europas geschaffen, die dazu beigetragen hat, sie Wirklichkeit werden zu lassen.[145] Erst durch den Säkularismus wird Religion zum Problem. Es ist auch der Säkularismus, der jene individualisierte Spiritualität befördert, die so schnell geschichtsvergessen wird und die Mutation des religiösen Feldes in eine Arena religiösen Wettstreites zwischen den Konfessionen und Gemeinschaften verwandelt. In diesem Sinn sind auch die freikirchlichen Gemeinschaften ein Produkt der Säkularisierung.

Friedrich Wilhelm Graf nennt die Position des Säkularismus einen »modernisierungstheoretischen Dogmatismus mit hoher Empirieresistenz«[146], und als solcher weist er alle Kennzeichen einer Ideologie auf. Behauptet wird dann z. B., Demokratie sei nur möglich, wenn die Religion überhaupt nichts mehr zu reden habe.[147] Dieses ideologische Erbe führt dazu, dass sich Europa nach wie vor schwer tut mit religiösen Gruppen, Organisationen und Institutionen, die sich kollektiv in der Öffentlichkeit zu Wort melden, die sich einmischen oder gar gesellschaftspolitisch handeln wollen. Der gläubige Säkularismus erkennt hier das »Andere seiner selbst«, das er ablehnt. Die Toleranz bezieht sich so zwar durchaus auf das einzelne religiöse Individuum, aber nur solange es auf öffentlicher Ebene die säkularistischen Normen befolgt. Religiösen Gruppen, Organisationen und Institutionen gegenüber, die gesellschaftspolitisch aktiv werden, herrscht noch große Verunsicherung und Rigidität; auf öffentlicher Ebene möglicher Kooperationen auch strukturelle Phantasielosigkeit, mitunter sogar direkte Aggression.

Die umstrittene Komplexität und Vieldimensionalität des Begriffes Säkularisierung zeigt, dass dieser allein nicht mehr taugt, um den religiösen Entwicklungen der vergangenen Jahrzehnte gerecht zu werden. Es ist weder sinnvoll, Europa zu einem säkularen Kontinent zu stilisieren, noch durch undifferenziert verwendete Begriffe der Respiritualisierung, Rückkehr oder Renaissance der Religion den Eindruck zu erwecken, die Säkularisierung sei zu Ende, und Europa erblühe zu einer neuen religiösen Oase. Säkularisierung ist kein »Mythos der Moderne«[148], sondern konstitutiv für sie und zum Schutz der Freiheit auch unverzichtbar. Sie wird auch durch eine verstärkte Präsenz der Religion im öffentlichen Raum nicht gefährdet. Säkularität und Religion entwickeln sich gleichermaßen weiter, ergänzen einander und lernen voneinander, streiten und bekämpfen einander und bringen so immer wieder neue Kombinationen von Säkularität, Religiosität und Religion hervor. So wie es keine reine Säkularität gibt ohne religiöse Spuren, gibt es in der Moderne keine Religiosität und Religion mehr ohne säkulare Elemente. Das gilt selbst und gerade dort, wo Religion und Säkularismus einander ablehnen und bekriegen: Der einseitige Säkularismus wird zur Religion, die säkularfeindliche Religion fördert den Säkularismus und sakralisiert sich selbst. In der Antisäkularität bleibt sie gegenabhängig vom

145 Vgl. ebd., 46.
146 Graf, Die Wiederkehr der Götter, 96.
147 Vgl. Prainsack, Politik und Religion.
148 Mit dieser Frage differenziert auseinandergesetzt hat sich Pollack, Säkularisierung – ein moderner Mythos?

»Feind«. Historisch können wir diese komplexen Verläufe von Rekombinationen und Resignifikationen, Gestalt- und Bedeutungswandel von jeher beobachten.

Theologisch sind diese Vorgänge sogar notwendig, denn sie beschreiben das Ringen des endlichen Menschen in einer weltlichen Welt mit einem Gott, der anders ist als alle Welt. Im Konflikt zwischen Säkularität und Religion wird theologisch die Frage verhandelt, wie Gott und Welt zueinander stehen können und sollen. Dieses Verhältnis ist in jeder Generation neu zu durchdenken. Säkularität im Sinne der Ausdifferenzierung sichert unsere Freiheit. Theologisch hat sie ihre Wurzeln in der Bejahung der Welt in ihrer Weltlichkeit, die auch die relative Autonomie der gesellschaftlichen Bereiche umfasst. Ohne Spiritualität wird umgekehrt alle Säkularität hohl und geistlos, weil sie zum Selbstzweck zu werden droht und das zerstört, was sie zu schützen vorgibt. Insofern Säkularität, wenn sie sich selbst nicht zur Ersatzreligion macht, vor allem ein abgrenzender und daher negativer Begriff ist (d. h. er sagt, was getrennt werden soll und nicht sein darf), kann er geistige Werte nur schwer aus sich selbst hervorbringen. Geistvolle Säkularität ist daher angewiesen auf eine kreative Zusammenarbeit der verschiedenen Gesellschaftsbereiche, auch der Religion. Auf Trennung und Unterscheidung zu achten, ist für freie Gesellschaften unverzichtbar, aber allein zu wenig. Respiritualisierung der Gesellschaft bedeutet also nicht, einer verweltlichten Welt einen geistig-religiösen Überbau zu Legitimations-, Trost- oder sonstigen Zwecken zu geben, sondern bedeutet die stetige Sorge einer Gesellschaft um die geistigen Wurzeln ihrer Freiheit, die schöpferisch werden will, und den unverzichtbaren Versuch, die eigenen Strukturen mit Sinn und Geist zu erfüllen.

Die Säkularisierung geht weiter

Der Prozess der Säkularisierung ist nicht automatisch anti-religiös. Im Mittelpunkt steht vielmehr der Glaube an die menschliche Vernunft. Die Vernunft soll die Menschen zur Autonomie ermächtigen und befreien. Säkularisierung bedeutet auch Aufklärung, Rationalisierung und Entzauberung der Welt. Das schließt Religion nicht per se aus, sofern diese als vernünftig angesehen wird. So setzt sich im Lauf des Säkularisierungsvorgangs eine »natürliche«, d. h. aus der Vernunft des Menschen entspringende Religion gegenüber der christlichen Offenbarungsreligion durch.

Der Prozess der Säkularisierung geht in allen beschriebenen Dimensionen gegenwärtig weiter, insbesondere auf der strukturellen Ebene der Gesellschaft. Wiederkehr der Religion im Sinne einer Ablösung der Säkularen durch Religion wäre also eine naive, unzureichende Deutung. Solche zyklisch-linearen Konzepte, wie sie z. B. Daniel Bell[149] vertritt, greifen zu kurz. Säkularisierung im Sinne von gesellschaftlicher Ausdifferenzierung, Wandel und Umbruch traditioneller religiöser Glaubenspraxen und -verständnisse geht weiter. Der Prozess wird aber zugleich ergänzt, irritiert und konterkariert durch einen »gegenläufigen« Vorgang: die Resignifikation von Religion. Jeder Modernisierungsschub in der Gesellschaft führt dazu, dass auch die Religion ihren Platz, ihr Selbstverständnis, ihre Praxis ändern muss – und dies durch die Geschichte hindurch auch immer wieder getan hat. Säkularisierung und Resignifikation der Religion gehen Hand in Hand und spannen quer durch die Historie und die gesellschaftliche Landschaft eine Landkarte komplexer Grenz-

149 Vgl. Bell, The Return of The Sacred?

ziehungen, Vernetzungen, Kombinationen. Die große Herausforderung Europas besteht in diesem Vorgang daher darin, nicht die Religionsgeschichte Amerikas zu kopieren oder den Säkularismus konsequent durchzusetzen, sondern die eigene Geschichte weiterzuschreiben.

Mindestens drei Aufgaben stehen dabei ins Haus:[150]

Europa muss die Pluralität und Komplexität der eigenen Religionsgeschichte wahrnehmen, ernst nehmen und weiterdeuten. Es muss anerkennen, wie sehr in der Geschichte Europas Säkulares und Religiöses miteinander verschränkt waren und sind.[151] Es muss erkennen, wie untrennbar die vielfältigen Weisen europäischer Aufklärung mit den pluralen Erscheinungsformen des Christentums und der Kirchen zusammenhängen, und wie sehr auch die religiösen Wurzeln säkulare Verhaltensschemata bis heute prägen.

Europa muss Aufklärung, Säkularisierung und Religion in sich versöhnen, um sich frei und schöpferisch in Richtung interne und globale Integration weiterentwickeln zu können.

Schließlich muss Europa auf struktureller Ebene nachchristentümlich und nachsäkular werden, um neuen Kooperationen unter dem Primat der »Kunst der Trennung« Räume zu ermöglichen. Hier liegen wesentliche alte und neue Wurzeln der geistigen Erneuerung Europas.

Die Spiritualisierung hat schon lange angefangen

Gegner der Säkularisierungsthese bringen neuerdings den Begriff der Spiritualisierung ins Spiel.[152] »Im Mittelalter bezeichneten die Adjektive *saecularis* und *spiritualis* die abgegrenzten Bereiche vor und hinter der Klostermauer. Diese ›Mauer‹ ist unter modernen Bedingungen allmählich verschwunden. In diesem Prozess hat sich nicht nur das Säkulare der spirituellen Güter bemächtigt, sondern gleichzeitig ist das Spirituelle jenseits der ehemaligen Klostermauer in die säkularen Provinzen der Gesellschaft diffundiert. Man kann den Prozess der Modernisierung daher gleichermaßen als Verlust wie als Befruchtung oder Neubeginn deuten.«[153] Ähnlich wie der Vorgang der Säkularisierung hat auch der Vorgang der Spiritualisierung vielfältige Dimensionen. Religion übernimmt auch in diesem Vorgang ambivalente Rollen und neue Bedeutungen.

Religion unterstützt die Optimierung des Fortschritts. Dies kann auf konträre Art geschehen. Wenn der deutsche Trendforscher Matthias Horx einen »Megatrend Religion« ortet, erkennt er darin einen neuen Markt mit ökonomischen Erfolgschancen. Religion dient dann dem Wirtschaftswachstum. Religion kann in diesem Kontext auch dazu benützt werden, die Schäden des Fortschritts auszubügeln, Menschen für den Fortschritt »fit« zu machen oder die eigene Praxis religiös zu überhöhen und zu legitimieren. Es ist aber genauso möglich, dass durch das Einwandern der Religion in ökonomische, politische, gesellschaftliche Sphären,

150 Diese Aufgaben orientieren sich an: José Casanova: *Der Ort der Religion im säkularen Europa*, in: Institut für die Wissenschaften vom Menschen Wien (Hg.): Transit 27 (2004), 86–107, 104–105.

151 Das haben David Martin und Danièle Hervieu-Léger gezeigt.

152 Dieses Konzept geht zurück auf eine interdisziplinäre Arbeitsgruppe an der Universität Bayreuth: »Spiritualisierung – zur Revision des Säkularisierungstheorems«. Dazu ausführlicher: Christoph Bochingers Thesen im Rahmen des Symposiums »Megatrend Spiritualität: Eine kritische, interdisziplinäre Reflexion«, Wien, 12. September 2003, http://www.ktf.univie.ac.at/megatrend vom September 2003.

153 Christoph Bochinger: Thesen zum Symposium »Megatrend Spiritualität: Eine kritische, interdisziplinäre Reflexion«, http://www.ktf.univie.ac.at/megatrend vom September 2003.

durch die Eigenkraft des Religiösen der Fortschritt des Humanen eingeläutet wird, den die Moderne dringend braucht.

Religion kehrt wieder an Orten, wo sie – tatsächlich oder vermeintlich – lange verschwunden, unwesentlich oder unsichtbar war. Man kann dann von »Re-Spiritualisierung« sprechen. Substantielle religiöse Traditionen, Wahrheiten und Werte können dabei genauso wiederkehren wie ewiggestrige magische Gespenster, von denen die Moderne geglaubt hatte, sie längst besiegt zu haben.

Religion hilft dabei, das Diesseits zu sakralisieren. Schon Nietzsche hat vorausgesagt, dass die Menschen den »Tod Gottes« nicht ertragen würden können. Sie würden sich neue Götter, neue Mysterienspiele erfinden, um ihren unstillbaren Sehnsüchten und Fragen Raum und Ausdruck zu verleihen. Sakralisierung des Diesseits hieße dann, dem irdischen Dasein einen neuen Heiligenschein verleihen – indem der Erde neue »überirdische« Götter erfunden werden oder das Irdische heilig gesprochen wird. Solche Religion kann ohne Gott auskommen. Theologen wie Johann B. Metz erkennen daher in der Spiritualisierung vor allem eine »Religion ohne Gott«, einen »religionsfreundlichen Atheismus«, ein postmodernes »Opium des Volks«. Doch selbst die Sakralisierung hat eine zweite Seite: Hat nicht der Gott der Bibel selbst zugesagt, die Welt und insbesondere sein Volk zu heiligen, indem er eine neuen Himmel und eine neue Erde schafft? (z. B. Jes 65,17; Jes 66,22; Ez 11,17–20 ; Röm 8,22) Und darf das nicht schon jetzt ein Stück weit geschehen – dass Menschen die Heiligkeit der Welt entdecken, die darin besteht, dass sie von Gott geliebt ist?

Religion wird wesentlich. Der Geist Gottes als geschichtlich wirkmächtige Kraft wird wieder entdeckt. Aus dieser pneumatologischen Sicht heraus kann die Pastoraltheologin Maria Widl den »Neuen religiösen Kulturformen« durchaus viele positive Seiten abgewinnen. In der neuen »Sehnsuchtsreligion«[154] erkennt sie geistdurchwirkte Antworten auf die globale Fortschrittskrise. Die Besinnung auf die geistige Dimension inmitten einer Welt, die zur Zeit primär empirisch, positivistisch und funktional denkt und handelt, verleiht der vielerorts erstarrten Religion neues Leben und führt sie zu ihren Ursprüngen zurück. Damit sind wir bei der Theologie: Die Wiederkehr der Religion hat auch theologische Ursachen.

Gott selbst meldet sich zu Wort. Möglicherweise folgt einer langen Zeit der Gottesfinsternis und des Gottesschweigens wieder eine Phase der Lichtung. Die vielen religiösen Such- und Wanderbewegungen lassen doch auch die Vermutung und Hoffnung zu, dass Menschen wieder beginnen, Gott gegenüber sensibel und sehnsüchtig zu werden. Diese Sehnsucht ist der wohl stärkste Ausdruck des Wirkens Gottes im Menschen. Mit ihr fängt alles an (Nelly Sachs). Wiederkehr der Religion – das bedeutet auch, dass der treue Gott sich wieder laut und deutlich äußern will.

Modernisierung theologisch

Säkularität und Religion sind im Prozess der Modernisierung komplex miteinander verwoben. Die Modernisierung erlaubt unterschiedliche Umgangsweisen mit Religion. Religion kann sich mit der oder gegen die Moderne entwickeln. Sie kann sich

154 Vgl. Widl, Sehnsuchtreligion.

an die lebensförderlichen Dimensionen der Moderne ebenso anpassen wie ihnen Widerstand leisten. Sie kann auch selbst initiativ Modernisierungsvorgänge auslösen.

Die Theologie steht der Modernisierung der Religion in der Regel eher skeptisch gegenüber. Sie kritisiert vor allem die Anpassung der Religion an die negativen Seiten der Moderne, die dabei immer wieder erfolgt ist. Diese Sicht ist zu ergänzen. Der Modernisierungsprozess hat in Europa überhaupt erst jene Bedingungen geschaffen, dass viele Menschen von sich aus und freiwillig beginnen können, auf spirituelle Suche zu gehen. Wohlstand, soziale Gerechtigkeit und Freiheit, Individualisierung und das Weltlichwerden der Welt, veränderte Beziehungsformen in Familie und Ehe, wo die Liebe und nicht nur Pragmatik im Mittelpunkt stehen, nicht zuletzt auch die Emanzipation der Frauen, durch die weibliche Spiritualitäten verstärkt Eingang finden in den religiösen Diskurs: All das hat dazu geführt, dass der Geist mitten in der Welt plötzlich »wieder«entdeckt werden kann und nicht von oben heruntergepredigt werden muss.

Auch so kann man den Modernisierungsprozess sehen: Menschen müssen erst irdisch werden, auf der Erde ankommen, ehe sie beginnen können, den Himmel zu erkunden. Die Modernisierung der Welt hat wesentlich dazu beigetragen, dass die Welt als Welt in ihrem Eigenwert offenbar geworden ist. Wenn wir heute erneut das Gleichgewicht zu verlieren drohen und das Diesseits absolut zu schreiben beginnen, wenn wir Freiheit und soziale Gerechtigkeit in Europa schrittweise demontieren im Namen eines fragwürdigen technischen, wissenschaftlichen und ökonomischen Fortschritts, spricht das nicht gegen die Moderne, sondern weist uns darauf hin, dass diese die Balance zwischen weltlich und geistig, irdisch und transzendent, Diesseits und Jenseits verloren hat und wieder neu erringen muss.

Was bedeutet die Modernisierung theologisch? An drei elementaren Wertdimensionen, die wir am Wiener Pastoraltheologischen Institut für die Moderne sowohl elementar als auch zukunftsträchtig erachten, werde ich das durchdenken. Freiheit, Solidarität und Spiritualität sind Schlüsselwörter, in denen sich die wesentlichen Nöte und Hoffnungen der Gegenwart ebenso verdichten wie sie zugleich zentrale Dimensionen des christlichen Glaubens sind.

Freiheit

Die Menschen wachsen aus dem Herrschaftsbereich religiöser Institutionen heraus. So werden sie frei, sich für oder gegen eine religiöse Deutung ihres Lebens zu entscheiden. Theologisch zugespitzt: Religions-Freiheit. Freiheit ist generell der einzige Ort, von dem aus Menschen zu Gott finden können.

Freiheit ist spirituell die Erfahrung des Nichts, für sich selbst genommen bleibt sie in sich selbst verschlossen und tödlich leer. Aber in dieser Leere kann uns Gott entgegenkommen als der einzige Grund des Daseins. Nichts muss so sein wie es ist. Und doch ist alles so, wie es ist – und dass überhaupt etwas ist, verdanken wir Gott. Er allein ist der Einzige, der ist. Er schenkt allem, was ist, sein Sein – aus freien Stücken, unverdient und ungeschuldet. Diese Erfahrung, die man im Raum der Freiheit machen kann, geht durch das Nichts hindurch. Wenn man das Nichts nicht erfahren hat, kann man die Fülle Gottes nicht erahnen. Unsere Gottesvorstellungen sind dann bloße Projektionen unseres eigenen Seins in den Himmel. In der Erfahrung des Nichts aber steckt die Möglichkeit, sich für oder gegen Gott zu entscheiden. Diese

Erfahrung macht Angst. Daher ist auch die Versuchung so groß, die Freiheit entweder zu fliehen und sich weltliche Sicherheiten zu suchen – oder aber die Freiheit absolut zu setzen und mit dem eigenen Willen, eigenen Bedürfnissen oder willkürlichen Entscheidungen zu identifizieren und zu verwechseln.

Wer sich aber auf die Erfahrung der Freiheit einlässt, dem können daraus neue Möglichkeiten zuwachsen. Die spirituelle Freiheitserfahrung zielt auf das Schöpferisch-Werden der Freiheit. Freiheit wird dadurch konkret erfahrbar, indem man aus der Erfahrung der Leere und Fülle, inspiriert und getragen von Gottes Geist, in den Frei-Raum hinein, neues Leben zu stiften beginnt: durch Liebe, durch soziales und politisches Engagement, durch Arbeit oder künstlerische Tätigkeit. Daher lässt sich Freiheit niemals allein durch Verbote und Abgrenzung herstellen oder erfahren, sondern nur durch das Einlassen auf das Nichts und das Vertrauen, darin von Gott begleitet zu sein sowie durch schöpferisches, geistvolles Sein und Tun als Antwort auf Gottes Ermächtigung zur Freiheit. »Der Herr aber ist der Geist, und wo der Geist des Herrn wirkt, da ist Freiheit«. (2 Kor 3,17)

Freiheit ist der einzige Ort, an dem Liebe und Wahrheit möglich werden können. Sie ist die Bedingung für Wahrheit und Liebe, und zugleich ist ihr Wachstum einziger Indikator, dass wir in der Wahrheit leben. Wo schöpferische Freiheit wächst, »herrschen« Wahrheit und Liebe. Diese wiederum sind die Sinnerfüllung von Freiheit. Dabei ist die Liebe nicht höher als die Wahrheit, sondern der Modus, in dem Wahrheit erkannt und getan werden kann. Auch die Wahrheit ist nicht höher als die Liebe, weil die Wahrheit ohne Liebe zur Gewalt wird. Die Wurzeln der Freiheit sind umgekehrt Liebe und Wahrheit. Jede Liebe aber lebt von Gott, weil sie per se auf Ewigkeit zielt – und dies zu garantieren, ist Menschen nicht möglich. Wer an die Liebe glaubt und entsprechend handelt, glaubt implizit immer auch an Gott. Auch die Wahrheit kommt ohne Gott nicht aus: Denn für uns Menschen ist sie in ihrer Fülle nur fragmentarisch, perspektivisch erkennbar. Was wir erkennen, verweist auf ein Größeres, Umfassendes und lässt uns Wahrheit immer nur erahnen. Gott ist in diesem Sinn der Garant der Wahrheit. Die Freiheit der Christen ist also die zur Liebe und Wahrheit berufene und befreite Freiheit. Ihr ethischer Kern ist die Ermöglichung der Einsicht in den unersetzlichen Wert und die unverfügbare Würde der menschlichen Person.

Doch diese Freiheit ist ständig bedroht: Durch individualistische und abstrakte Freiheitsvorstellungen, die Freiheit mit den eigenen Bedürfnissen, dem eigenen Willen, der schrankenlosen Selbstbehauptung verwechseln. Bedroht ist sie durch Freiheitsflucht in politische und religiöse Autoritarismen; durch versteckte totalitäre Zugriffe in Wirtschaft, Arbeit und Konsum, Verwaltung und Biopolitik; am allerwenigsten heute durch religiöse Machtansprüche. Bedroht wird die Freiheit auch durch ein Übermaß an Institutionalisierung des Lebens, das Gewissensentscheidungen überflüssig zu machen scheint und die Versuchung stärkt, sich der institutionellen Logik zu ergeben. Die Vorwürfe an die Machtansprüche der Religion und Kirchen sind in Europa willkommene Stellvertreterkriege, die hervorragend von jenen Mächten ablenken, die unsere Freiheit wirklich bedrohen. In Europa haben wir nicht zu viel, wir haben noch immer und schon wieder zu wenig Freiheit und merken es nicht. Freiheit bedeutet ja nicht, aus 25 verschiedenen Joghurts eines auszuwählen, das einem am besten schmeckt. Freiheit beschreibt einen politisch-gesellschaftlichen Raum, in dem Menschen gut und gerecht miteinander leben können; beschreibt eine gerechte Wirtschaftsordnung, die Wohlstand für alle ermöglicht und so Zeit lässt für Wahrheitssuche und Liebe.

Die Wiederkehr der Religion zeigt an, dass die Umkehr zur Freiheit begonnen hat. Viele suchen wieder Lebens-Räume, in denen sie ihre Freiheit einbringen und entfalten können. Kirchen sind hier als Freiheits-Raum angefragt. Sie werden sich stark machen für die Förderung substantieller Freiheit, indem sie selbst nach innen und nach außen darstellen und leben, was Freiheit meint. Sie werden mithelfen, die Freiheit der Einzelnen und der Gesellschaft zu mehren.

Solidarität

Die Menschen entwickeln im Lauf der Modernisierung zahlreiche Institutionen, die das Leben erleichtern sollen: Wissenschaft, Technik, Wirtschaft, Kunst, Recht und Politik. So schaffen sie in Europa jene gesellschaftlichen Rahmenbedingungen und den Wohlstand, die Freiheit für den Einzelnen überhaupt erst möglich machen. Theologisch zugespitzt: Freiheit für den Einzelnen gibt es nur in einer humanen, solidarischen, friedvollen und gerechten Gesellschaft. Doch Gerechtigkeit und Frieden, Humanität und Solidarität sind ständig bedroht. Sie müssen immer wieder neu errungen werden. Man muss der Freiheit immer wieder Gerechtigkeit abringen, sagt der liberale französische Katholik Henri Lacordaire (1802–1861). »Si vis pacem, para iustitiam«, wenn du Frieden willst, schaffe Gerechtigkeit, sagt Paul M. Zulehner in Abwandlung eines alten martialischen Sprichwortes.

Gerechtigkeit ist einer der ältesten biblischen Begriffe und auch Zentralbegriff der jüdischen und der christlichen Tradition. Weil Gott gerecht ist, können und sollen auch wir gerecht sein. In der Tradition der katholischen Soziallehre bedeutet Gerechtigkeit u. a. Möglichkeit zur Teilhabe aller an den gemeinsamen materiellen und ideellen Ressourcen der Welt, Teilhabe an Besitz, Einkommen, Gesellschaftsgestaltung, Bildung. Gerechtigkeit bedeutet, dass jedem so viel von diesen Gütern zukommen soll, dass er in Freiheit und Würde mit anderen leben kann. Gerechtigkeit meint, den Reichtum, den eine Gemeinschaft erarbeitet bzw. zur Verfügung hat, und die Lasten, die sie zu tragen hat, so aufzuteilen, dass die Chancengleichheit verstärkt wird. Die Reichen werden daher mehr belastet und bekommen anteilsmäßig weniger vom gemeinsam Erwirtschafteten, die Armen werden stärker unterstützt und müssen weniger Lasten tragen. Die christliche Gerechtigkeit ist nicht blind wie die griechische *iustitia*, sie ist sehend und berücksichtigt die Differenzen zwischen den Menschen. Von einem solchen biblischen Gerechtigkeitskonzept sind wir politisch und gesellschaftlich noch weit entfernt.

Solidarität ist ein jüngerer Begriff, ist aber eng mit der Gerechtigkeit verbunden. Der Begriff beschreibt nicht bloß das einander Helfen und Teilen – denn dies kann immer noch auf die eigene Familie, die eigene Nation, den eigenen Kontinent beschränkt werden. Gegen solche Partikularismen aller Art wendet sich Solidarität und impliziert eine universale Perspektive: Ursprünglich aus dem juristischen Bereich stammend meint »in solidum obligari« für das Ganze haften. Solidarität bedeutet also, das gemeinsame Einstehen und Verantwortlich sein für die ganze Menschheit; die Bereitschaft, sich für das Gemeinwohl aller und jedes Einzelnen einzusetzen; die konstitutive Verbundenheit und Angewiesenheit aller Menschen unter- und miteinander in Glück und Unglück, das wechselseitige Einstehen füreinander und in Situationen, wo das aufgrund von Ungleichheit nicht möglich ist; den oft mit persönlichen Opfern und Verzicht verbundenen Einsatz für die Schwachen; die Bereitschaft der Mächtigeren, die weniger Mächtigen teilhaben zu lassen und deren Verpflichtung, sich für gerechtere Rahmenbedingungen und Verteilung von Lebenschancen einzusetzen. Solidarität geht also bei weitem über wechselseitige Toleranz und Nichtverletzung hinaus und zielt auf Gemeinschaftsbindungen und gemeinsame Aktivität.[155] Um dabei nicht zu einem ziellosen Pragmatismus zu werden, setzt Solidarität voraus, dass es ein gemeinsames Verständnis hinsichtlich des Zieles der Gemeinschaft gibt. Solidarität verlangt also danach, dass sich moderne Gesellschaften fragen: Wer sind wir? Wie sollen wir gemeinsam leben? Wohin wollen wir uns entwickeln? Welche Gesellschaft wollen wir werden? Fragen, die heute im politischen Diskurs kaum gestellt werden.

Solidarität ist heute mehrfach bedroht – und das trotz hoher Solidarbereitschaften. Die Bedrohungen gehen von einer grassierenden Individualisierung aus, die sich auch als Gruppenegoismus und -lobbyismus zeigen kann; von der Einschränkung der Reichweite der Solidarbereitschaft auf Familie, Freunde und die eigenen Staatsbürgerinnen; durch eine Betroffenheitsideologie, die für Solidarität auch unbedingte emotionale Beteiligung einfordert; durch den Rückbau des Staates in Europa und den aggressiven Ausbau des Marktes; durch die Tabuisierung der Verteilungsfrage von Vermögen, Einkommen und Besitz; durch die weit verbreitete Angst davor, zu kurz zu kommen.

Die Eigendynamik vieler Institutionen, die den Menschen dienen sollen, produziert neue Gefahren und Abhängigkeiten. Zudem wird immer klarer, dass Wohlstand und Fortschritt in Europa auf Kosten der so genannten Entwicklungsländer gehen. Modernisierung bedeutet bis heute auch Zerstörung von Solidarität und Gerechtigkeit, insbesondere auf struktureller Ebene.

Die Wiederkehr der Religion zeigt an, dass die Umkehr begonnen hat. Menschen beginnen danach zu fragen: Wie können wir miteinander leben? Sie suchen Lebens-Räume der Gemeinschaft und humane, gerechte Institutionen. Sie wollen ihre Solidarität konkret werden lassen, wissen oft aber nicht, wo und wie. Kirche ist hier als Solidar-Raum angefragt: nach innen als Lebens-Raum, nach außen als gesellschaftsverändernde Kraft. Kirchen werden sich für einen forcierten Gerechtigkeitsdiskurs einsetzen und Lernorte belastbarer Solidarität sein.

Spiritualität

Die Menschen suchen im Lauf der Modernisierung die »gute« Religion. So entsteht in Europa die unverzichtbare Tradition der Religionskritik, durch die auch das Christentum immer wieder von innen her erneuert und belebt wurde und wird. Ein wesentlicher »Knackpunkt« des religiösen Problems scheint die Frage zu sein, wie Welt, Mensch und Gott zueinander stehen; wie sich das Heilige und das Profane zueinander verhalten. Theologisch ist diese Frage »gelöst« Gott und Welt sind nach Christus weder identisch noch radikal getrennt, sondern in ihrer Unterschiedenheit in Liebe verbunden. Sie sind vermittelt in und durch die Liebe Gottes zu den Menschen, wie sie in Christus konkret offenbar wurde. Durch den Geist Gottes wird es möglich, die Kluft zum »Ganz Anderen«, der Gott immer auch bleibt, zu überbrücken. Durch

155 Vgl. Ernst-Wolfgang Böckenförde: *Die Bedingungen der europäischen Solidarität*, in: Institut für die Wissenschaften vom Menschen Wien (Hg.): Transit 26 (2003/04), 16–28.

diesen Geist wird die Welt auch geheiligt: Indem die Menschen Gott lieben lernen, wird die radikale Differenz zwischen Gott und Welt schrittweise und unter gewaltigen Rückschlägen aufgehoben. Endlichkeit, Leiden und Tod bleiben dabei ständige Begleiter, die auch die Nähe zu Gott nicht einfach wegwischen kann. In Jesus Christus sehen wir, wie sich solche Liebe zwischen unmittelbarster Gottnähe und radikaler Gottferne am Kreuz ereignet – wobei nicht Christus Gott fern ist, sondern jene, die ihn ans Kreuz bringen.

Die Sakralisierung der Welt an sich ist angesichts dieser Gotteserfahrung genauso wenig möglich wie ihre Identifikation mit Gott. Die Welt bleibt »die sündige Welt, als solche doch noch die von Gott geliebte, der Erlösung bedürftige, aber auch fähige, schon durch die Gnade Gottes trotz und in ihrer Schuld umfasste, deren Geschichte im Reich Gottes enden wird.«[156] Die Erfahrung der »Göttlichkeit des Menschen«, von der manche Mystikerinnen ebenso erzählen wie moderne spirituell suchende Menschen, ist in diesem Kontext zu verstehen: Sie meint nicht, dass der Mensch mit Gott dem Wesen nach nur irgendwie identifizierbar wäre. Doch in dem Maß, in dem der Mensch lieben lernt und liebt, kann er in das Wesen Gottes eintauchen und an dessen Göttlichkeit (also der Liebe) teilhaben. Die Fähigkeit zu dieser Liebe, die nicht aus uns selbst kommen kann, weil sie auf Erden unstillbar ist und auf Ewigkeit zielt, sondern von Gott in unser Herz gelegt ist, können wir als die Erfahrung des Göttlichen in uns bezeichnen.

Spiritualität ist daher aus christlicher Sicht jene Existenzweise, in der sich Mensch und Gott in der Nachfolge Jesu durch den und im Geist einander nähern. Doch solche Spiritualität ist ständig bedroht. Die menschliche Sünde, Eigenmächtigkeit und Misstrauen im Denken und Handeln, verhindern die Liebe zwischen Gott und Mensch. Die Sünde drückt sich im Leben des Einzelnen ebenso aus wie auf gesellschaftlicher Ebene, in Strukturen der Sünde. Spiritualität kann daher zur Lückenbüßerin und zum Notnagel ebenso degradiert werden, wie sie zur Legitimation der eigenen Sünde herhalten muss. Solche Spiritualität aber schadet Menschen und entfremdet von Gott. Modernisierung bedeutet bis heute immer auch Zerstörung von Spiritualität.

Die Wiederkehr der Religion ist in diesem Kontext janusköpfig. Säkularisierung und Spiritualisierung können beide Aspekte des Heils- wie des Unheilsgeschehens sein. Sie können von Gott ebenso wegführen wie zu ihm hinführen. Eine verweltlichte Welt kann gottlos sein, sie kann aber auch Gottes Präsenz überhaupt erst wahrnehmbar machen. Eine vergeistigte Welt kann gotterfüllt sein, sie kann aber auch nicht mehr als ein bloßer ideologischer Überbau sein. Sie ist vielfach bedroht: durch einseitige Funktionalisierung, Verzweckung und Instrumentalisierung für andere Interessen, durch infantile Wünsche nach Weltflucht und Vertröstung. Spiritualität ist ein kulturelles Krisen-, Hoffnungs- und Widerstandszeichen gegen einen einseitigen Säkularismus.

Umkehr hat auch hier begonnen. Viele Menschen beginnen wieder ernsthaft nach Gott zu fragen. Kirche ist hier als Gottes-Raum angefragt: Enthüllt oder verbirgt sie sein Antlitz? Können Menschen hier »Gotteserfahrungen aus erster Hand« (Paul M. Zulehner) machen? Kirchen werden sich nach innen und außen dafür

156 Karl Rahner: *Kirche und Welt*, in: Sacramentum Mundi. Theologisches Lexikon für die Praxis, Band 2, 1333 –1357, Freiburg 1967–1969, 1337.

einsetzen, dass Spiritualität sich entwickeln kann. Sie können und sollen die Sehnsucht wecken, werden sich aber auch für die Humanisierung der Spiritualitäten engagieren.

Leben in einer zwiespältigen Welt – anthropologische Ursachen

Die Wiederkehr hat auch anthropologische Ursachen. Religion, Religiosität und Spiritualität sind nicht nur soziologische Kategorien. Religion, Religiosität und Spiritualität sind auch Grunddaten menschlichen Daseins, anthropologische Grundbegriffe. Sie lassen sich nicht nur durch gesellschaftliche Notwendigkeiten oder historische Entwicklungen erklären, sondern sind eigenständige, ursprüngliche menschliche Daseinsweisen und Lebensbereiche, die sich nicht auf anderes reduzieren lassen – auch wenn sie sich konkret natürlich immer in spezifischen sozialen und historischen Konstellationen zeigen. Religion ist kein Epiphänomen, Religiosität keine psychische oder geistige Sublimation anderer Bedürfnisse oder Fähigkeiten. Beides sind Lebensdimensionen, die einen eigenständigen Einfluss ausüben auf alle anderen Lebens- und Gesellschaftsbereiche.[157]

Exkurs: Begriffsklärung Religion

Es ist hier nicht der Ort, eine umfassende Begriffsgeschichte und -klärung zu liefern.[158] Da es aber in Sachen Religion keine neutrale Position und keine »richtigen« und »falschen« Religionsbegriffe gibt, sondern nur je nach Standpunkt der Analyse mehr oder weniger zutreffende Modelle, sei hier die eigene Verwendung der Begriffe offen gelegt.

Religiosität und Religion sind in meinem Verständnis zunächst von Menschen gemachte Vorstellungen, von Menschen empfundene Erfahrungen und menschlich initiierte Aktivitäten. Religiosität ist die menschliche Fähigkeit und die damit verbundene Denk- und Handlungspraxis, sich auf eine letzte Wirklichkeit zu beziehen, die gesucht, ersehnt, erstrebt oder gefunden wird. Daraus folgt, dass Religiosität mit den Worten Johann Figls menschlicher »Existenzvollzug als Transzendenzbezug« ist, also das menschliche Denken, Fühlen und Handeln meint, insofern es sich auf eine transzendente Wirklichkeit bezieht oder beziehen kann.

Die Position dieser letzten Transzendenz kann nun von verschiedenen Wirklichkeiten eingenommen werden. Die leere Stelle der Transzendenz kann von einem Gott »besetzt« sein (substantieller Religionsbegriff), aber auch eine irdische Wirklichkeit kann hier eingesetzt werden (Arbeit, Konsum, Sport). Nur dann macht es Sinn, von der »Religion« des Sports, des Konsums, der Arbeit zu sprechen. Religionswissenschaftlich handelt es sich dabei um ein funktionales Religionskonzept.

157 Dazu Graf, Die Wiederkehr der Götter, 179–181.
158 Dazu umfassend Johann Figl: *Religionswissenschaft – Historische Aspekte, heutiges Fachverständnis und Religionsbegriff*, in: Ders. (Hg.): Handbuch Religionswissenschaft, 18–81 (umfassende Literaturliste zum Religionsbegriff).

Theologisch kann man entweder von Götzendienst sprechen oder mithilfe dieses Konzepts wahrnehmen, dass jede Religion immer auch gesellschaftliche Aufgaben übernimmt, was schöpfungs- und inkarnationstheologisch auch erwünscht ist.

Solche Funktionen können nach Franz X. Kaufmann sein: Identitätsstiftung durch Affektbindung und Angstbewältigung; Handlungsführung durch Moral, Ritus und Magie; Kontingenzbewältigung durch Beantwortung oder Kompensation der Theodizeefrage; Sozialintegration durch Legitimierung der und Einbindung in die Gemeinschaft; Kosmisierung durch Eröffnung eines Deutehorizonts, der Sinnlosigkeit und Chaos ausschließt und Weltdistanzierung durch Widerstandskraft gegen ungerechte und unmoralische Verhältnisse.[159]

Theologisch sind die Funktionen der Religion zum einen als Gefährdung des Gottesglaubens zu betrachten, wenn nämlich die Funktionen als sekundäre Leistungen der Religion wichtiger werden als die Hinwendung zu Gott. Zugleich bestätigen sie aber auch die christliche Überzeugung, dass der Glaube eine konkrete Auswirkung im persönlichen wie im gesellschaftlichen Leben haben kann und muss.

Dennoch bleibt der funktionale Religionsbegriff nur an der äußeren Oberfläche der Religion und verfehlt vor allem das spezifische religiöse Selbstverständnis, mithilfe der Religion in Kontakt zur transzendenten Sphäre treten zu können. Und selbst das ist zu funktional: Niemand, der wirklich religiös ist, glaubt wegen des sozialen Nutzens, der Angstbewältigung oder weil die Religion Transzendenzerfahrungen ermöglicht. Die religiöse Erfahrung lässt den funktionalen Zugang in den Hintergrund treten und ermöglicht ursprüngliche Erfahrung von Sinn, Sein und dem Göttlichen.

Religiosität, die sich verdichtet und institutionalisiert – und anders wird sie nicht sichtbar – braucht Symbole, Riten, Sprache, um sich ausdrücken zu können. Religiosität verdichtet sich so in drei großen Bereichen: aus dem Denken entstehen religiöse Lehren, aus der religiösen Praxis werden Kult und Ritus, aber auch religiös gespeiste Moral und Ethik. Religiöse Erfahrungen (im Sinne theologisch reflektierter Widerfahrnisse, Ereignisse und Erlebnisse) verdichten sich zu dem, was man gemeinhin Mystik und Spiritualität nennt. Diese Bereiche machen Religion aus. Religion ist verdichtete institutionalisierte Religiosität. Zwischen beiden gibt es ein unentwirrbares Wechselspiel: Ohne Religion kann Religiosität gar nicht entstehen bzw. verdichtet sich die Religiosität dann vermutlich in andere Lebensbereiche. Die Fähigkeit zur Religiosität verlagert ihre Energien dann z. B. in die Arbeit, in den Konsum, in den Fortschritt, die dann mit religiösen Symbolen und Strukturen aufgeladen werden. Umgekehrt wird Religion ohne Religiosität steril, leer und tot; erstarrt zu geistlosem Traditionalismus und Konventionalismus. Die konkreten Formen von Religion und Religiosität entwickeln sich jeweils als Resultat dieses dialektischen Spannungsverhältnisses.

Religion ist demzufolge in meinem Begriffsverständnis auch der umfassende Begriff, in dem sich alle diese vielfältigen Verdichtungen finden lassen. Ich benütze ihn auch, um das Ganze des religiösen Phänomens zu beschreiben. Ich verwende ihn als Genus-Begriff des Weiteren auch dann im Singular, wenn klar ist, dass die Religionen sowohl untereinander als auch nach innen vielgestaltig sind und nicht vor-

159 Vgl. Franz-Xaver Kaufmann: *Religion und Modernität.* Sozialwissenschaftliche Perspektiven, Tübingen 1989, 84ff.; er spricht dort von »lebensdienlichen Kulturleistungen«.

schnell auf einen Nenner verallgemeinert werden können. Ich gehe davon aus, dass die Vielfalt der Religionen nicht bloß äußerlich und auch nicht nur ein Mangel ist. Daher sind die Formen nicht gleich-gültig. Die Religionen meinen auch nicht alle dasselbe und sind auch nicht im Kern ident – zumindest wissen wir das nicht genau. Die Differenz der Religionen untereinander ist aus Respekt vor der Fremdheit und Andersheit jeder einzelnen Tradition zu wahren. Trotzdem eint sie alle dieses dialektische Wechselspiel zwischen Religiosität als menschlicher Fähigkeit und Aktivität und ihrer Verdichtung zu Mystik, Lehre, Kult und moralischen bzw. politischen Konzepten. Die Hinwendung zum und die Frage nach dem Heiligen ist ihnen gemeinsam. Daher spreche ich von der Religion im Singular.

Spiritualität aus anthropologischer Sicht meint zunächst die leibhaftige Geistigkeit des Menschen; seine Fähigkeit, sich leibhaftig auf das Ganze seines Daseins und dessen letzten Grund zu beziehen, ganz und unmittelbar »da sein« und offen für die Welt und Gott sein zu können.[160]

Christlicher Glaube ist nun jene Form der Religiosität, die den Gott der Offenbarung, wie er uns in der Heiligen Schrift begegnet, bekennt. Der Christ erkennt in der Religiosität jene von Gott geschenkte Fähigkeit, die ihm anvertraut ist, damit er zu ihm, dem Sinn und Ziel aller Religiosität, finden kann. Damit geht die Initiative aber nicht mehr nur vom Menschen aus, sondern besteht die menschliche Aktivität »nur« mehr in der Antwort auf Gottes sich in Geschichte und Gegenwart enthüllende Gnade. Zum christlichen Glauben entscheidet man sich streng genommen nicht; zum Christen wird man von Gott »gemacht«, d. h. berufen. Der Entscheidungsfreiraum ist dort, wo man eine ergangene Berufung bejahen oder ablehnen kann. Die Entscheidung folgt erst der Annahme dessen, was Gott uns schenkt. Der Glaube kommt vom Hören, ist Antwort auf ergangenes Wort Gottes, das uns in Schrift-, Mensch- und Naturwort begegnet. Religiosität ist aus christlicher Sicht eine – manchmal gelungene, manchmal missglückte und sogar gefährliche – Antwort auf Gottes vorauseilende Gnade.

Christliche Spiritualität ist Leben aus diesem Glauben, der das gesamte Denken, Handeln und Fühlen aus dem Vertrauen in die sich zuwendende Liebe Gottes durchdringt. Christliche Spiritualität ist die Teilhabemöglichkeit des Menschen am inneren Leben Gottes, das dadurch möglich wird, dass jemand mithilfe des Geistes Gottes Jesus Christus nachfolgt.

Der christliche Glaube hat von daher eine ambivalente Einstellung zu Religiosität und Religion, wie man z. B. an den Theologien von Karl Barth oder Dietrich Bonhoeffer sehen kann, die für ein religionsloses Christentum eintraten. Als menschliche Aktivität sind Religiosität und Religion immer von Sünde und vom Glauben zugleich geprägt. Beides durchzieht die konkreten Erscheinungsweisen von Religiosität und Religion. Religion als gläubige Antwort auf Gottes Offenbarung in Wort und Tat, Geschichte und Gesellschaft kann daher gutgeheißen werden, weil und wenn sie »ordinatio ad Deum« (Thomas von Aquin), Ausrichtung, Hinordnung auf Gott ist. Als Ausdruck menschlicher Selbstbehauptung, die versucht, sich mithilfe der Religion Gottes zu bemächtigen, ist sie gottlos und der Sünde erlegen. Der christliche Offenbarungsglaube eröffnet von sich aus ein theologisch-normatives Instrumentarium, innerhalb von Religion und Religiosität Geist von Ungeist zu scheiden.

160 Ich orientiere mich hier an Karl Baier: *Zur Phänomenologie des stillen Sitzens*, unveröff. MS, Wien 2002, der darin zeigt, dass Spiritualität zuerst eine anthropologische Dimension ist, sowie an meinem Philosophieprofessor Karl-Augustinus Wucherer-Huldenfeld OPraem.

indem er in Schrift und Tradition eine inhaltliche Kriteriologie zur Verfügung stellt. Zum christlichen Glauben gehört deshalb immer auch und unverzichtbar die Religionskritik. Sie ist nichts, was der christlichen Religion von außen hinzugefügt werden müsste, sondern ist von den biblischen Wurzeln her im Innersten grundgelegt.

Ursprünglich spirituell und religiös

Eine der anthropologischen Ursachen für die hohe Widerstandsfähigkeit von Religiosität und Religion ist die konstitutive Geistigkeit des Menschen. Diese gründet anthropologisch in seiner Fähigkeit, sich auf anderes seiner selbst beziehen zu können und zu müssen. Der menschliche Geist zielt auf Beziehung. Dabei kann er sich auch auf sich selbst beziehen. In dieser Fähigkeit wurzelt die fundamentale Polarität des Menschen. Er ist polar, weil er kraft seines Geistes zugleich in sich selbst und außerhalb seiner selbst sein kann. Das kann er, weil er ein leibliches Wesen ist. Der Mensch ist nicht ein von Instinkten bewegter Körper mit einer davon unterscheidbaren Seele, sondern er »ist« sein Körper, besser gesagt, sein Leib, also das, was der Unterscheidung von Körper und Seele vorausgeht. Er »leibt«, das heißt, nur mittels seines Leibes kann sich der Mensch auf sich selbst und andere(s) beziehen. Seine Geistigkeit vollzieht sich leiblich.[161] Vom Leib aus kann er seinen Körper verlassen und zugleich bei sich bleiben. Der Leib eröffnet die Möglichkeit, sich der Welt zu öffnen und sich in ihr zu verankern. An dem »Ort«, wo der Mensch zugleich in sich selbst ist (sein Leib »ist«) und außerhalb seiner selbst ist (also weiß, dass er einen Körper »hat«) und sich nun auf sich selbst oder andere(s) beziehend existiert, bricht der Geist ein und auf. Der Mensch muss zeitlebens darum ringen, zwischen diesen beiden Polen eine Balance zu finden. Niemand kann sich dem entziehen, der Mensch muss sich reflexiv verhalten: zu sich selbst und zu anderen Menschen, zur Welt und zum Leben im Konkreten und im Ganzen, aber auch zum eigenen Nicht-Sein und Tod sowie zum letzten Grund seines Seins, den Christen Gott nennen. Und weil dieser Vorgang scheitern kann – wenn der Einzelne z. B. sich selbst oder das, worauf er sich bezieht, vergegenständlicht und zum bloßen Objekt macht – kann hier auch der Ungeist ausbrechen, die Polarität zur Einseitigkeit oder Zerrissenheit werden und der Mensch sein Wesen verfehlen.

Spiritualität bezeichnet zunächst anthropologisch diese »Geistigkeit« des Menschen, der sich niemand entziehen kann. In diesem Sinn ist der Mensch ursprünglich spirituell. Spiritualität hängt dann genuin mit der Leiblichkeit des Menschen zusammen und verweist ihn in ein Offenes, das sich zeigt. Diese Spiritualität ist konstitutiv für das menschliche Leben (wie wir bei der Entwicklung jedes Menschenkindes immer wieder sehen können), sie ist aber nicht unzerstörbar.[162]

Insofern sich die Geistigkeit des Menschen nun auf ein Letztes überschreitet und danach ausrichtet, ist auch die Religiosität konstitutiv für das Menschsein. Die Erfahrung zeigt, dass der menschliche Geist nicht ablassen kann, immer wieder Grenzen zu überschreiten. Diese Sehnsucht nach ständiger Grenzüberschreitung und die Erfahrungen mit dem »Letzten« begründen Religiosität und lassen Religion

161 Eine Theorie der Spiritualität, die beim »Leiben« des Menschen ansetzt, entwickelt Baier: Zur Phänomenologie des stillen Sitzens, Einleitung.
162 Ausführlich zum Spiritualitätsbegriff vgl. in dieser Studie S. 195ff.

entstehen. Die Religionen wiederum erinnern immer wieder daran, dass es so etwas wie letzte Grenzen gibt und wecken die Sehnsucht nach dem Letzten. Sie sind die verdichteten Trägerinnen des Geistes, die durch all ihre Ambivalenzen und Mängel hindurch den Menschen Gottes Ruf zukommen lassen.

Ursprünglich gottunmittelbar – theologische Ursachen

Auch theologisch gehören Spiritualität und Religiosität genuin zum Mensch-Sein. Das bedeutet nun gerade nicht, dass Menschen »unheilbar religiös« sind, denn dies wäre eine Krankheit. Eine Krankheit, an der die Menschen vielleicht sogar wirklich leiden, insofern sie sich selbst immer wieder Religionen erfinden, um ihr eigenes Tun rechtfertigen und sich einen Gott zurechtlegen zu können, der ins eigene Lebenskonzept passt. Umso mehr ist der Mensch auf den wirklichen Gott angewiesen. Gemeint ist hier vielmehr: Wie immer sich der spirituelle und religiöse Mensch verhält – Gott ist vor aller Reflexion, vor allem Gebet, vor allem Tun mit den Menschen und tut sich in ihrem Leben kund – durch den Geist. Des Menschen Fähigkeit zu Spiritualität und Religiosität ist von Gott selbst im Menschen grundgelegt, damit dieser sich auf die Suche nach ihm machen kann. Nicht nur der Mensch sucht seinen letzten Grund, auch »Gott sucht den Menschen und lässt nicht ab von seinen Bemühungen um ihn, ehe er am Herzen des Menschen ruhen darf« (Paul M. Zulehner). Der Mensch ist gottunmittelbar. Seine Aufgabe ist es, mithilfe anderer Menschen und dem Schatz der Religion die Präsenz Gottes in seiner konkreten Gegenwart wahrnehmen zu lernen. Gott drängt sich dabei nicht auf. Er enthüllt sich den Menschen indirekt und will auch gedanklich erschlossen werden: am unmittelbarsten in der Liebe. Religion ist ein zentrales Medium, durch das Menschen auf Gott treffen können, Spiritualität ist die geistgewirkte Lebensweise mit ihm.

Signale der Transformation –heilsgeschichtliche Ursachen

Wenn es wahr ist, dass uns mit Christus die Endzeit schon erreicht hat (1 Kor 10,11) und Gott dabei ist, mitten unter uns sein Reich aufzurichten, ist damit zu rechnen, dass Menschen und Strukturen für andere sichtbar vom Geist durchformt werden. Denn das Reich Gottes ist nicht irgendeine abstrakte, ausschließlich jenseitige Größe, sondern ereignet sich heute schon konkret im Leben von Menschen und daher auch in der je aktuellen Geschichte der Menschheit. Von daher können wir die Wiederkehr der Religion als »Zeichen der Zeit« (GS 4) lesen, das aber heißt: als locus theologicus, als Ort, an dem Gottes Geist wahrnehmbar werden kann. Heilsgeschichtlich betrachtet, stellt sich die Wiederkehr der Religion dann – zunächst ungeachtet aller Dämonien, die ihr auch innewohnen – als eschatologisches Muss dar. Die Gottesfrage und mit ihr die Religion müssen wieder virulent werden, damit Menschen überhaupt die Möglichkeit haben, sich für oder gegen Gott zu entscheiden. Der Vorgang der Rückkehr der Religion ist also ein heilsgeschichtliches Muss, auch wenn er sich, wie aus anthropologischen Gründen gar nicht anders zu erwarten, mit dämonischem und menschlichem Ungeist vermischt. Wir dürfen darauf vetrauen, dass wir auch inmitten der zeitgenössischen religiösen Signale auf Gottes Advent hoffen dürfen, dass sein Geist wirken möchte und es auch tut. Mehrere Signale der Transformation geben Grund zu dieser Hoffnung.

Protest, Widerstand, Trost und Hoffnung: Viele Menschen spüren heute massives Unbehagen an den inhumanen Dimensionen moderner Kultur. Der Fortschrittsglaube ist bei vielen brüchig geworden. Wohlstand und ein erlebnisreiches Freizeitleben allein machen auf Dauer auch nicht glücklich. Zwischenmenschliche Beziehungen sind fragiler geworden. In den Nachrichtensendungen des Fernsehens sieht man Krieg, Armut, Elend an vielen Orten der Welt. Seit dem 11. September 2001 und den mittlerweile zahllosen Nachfolgeattentaten ist uns bewusst, dass wir in ständiger Bedrohung durch den Terrorismus leben. Wir leben in einer Welt voller Probleme. Viele suchen daher wieder nach Sinn, protestieren gegen unmenschliche Verhältnisse. Religiosität und Spiritualität werden dabei zu einer Quelle für Kraft zum Widerstand, für Trost und Hoffnung auf eine bessere Welt. Theologisch kann es sich hier durchaus um das Offenbarwerden Gottes im menschlichen Leben handeln, das ihnen Kraft gibt, für ein lebenswertes Leben einzutreten und zu kämpfen.

Resignation, Ergebung, Flucht und Verzweiflung: Wo Gottes Geist weht, ist meist der menschliche Widerstand nicht weit entfernt. Statt angesichts der Probleme der Welt leidenschaftlich zu protestieren, resignieren Menschen und ergeben sich den Zuständen. Religiosität und Spiritualität verkehren sich dann in ihr Gegenteil: Sie werden zum Ausdruck dafür, dass Menschen aufgehört haben, daran zu glauben, dass man die Welt noch verbessern kann, und zur Praxis, in die man flüchtet, um einem ernüchterten Leben wenigstens ein paar schöne Stunden abzuringen. Religiosität und Spiritualität werden zum Versteck menschlicher Verzweiflung. Theologisch ist dies Sünde. Ursachen moderner Religiositäten und Spiritualitäten sind aber nicht nur in anthropologischen Defiziten zu suchen.

Freude, Liebe, Lebenslust an *dieser* konkreten Welt, wie sie hier und jetzt *ist* – Aspekte, die in den Analysen oft viel zu kurz kommen – sind wesentliche anthropologische und auch theologische Ursachen der Wiederkehr der Religion. Das konkrete menschliche Leben wird selbst zum Ursprung von Religiosität und Spiritualität. Wenn Liebe gelingt; wenn eine schwere Krankheit vergeht; wenn ein Kind geboren wird; wenn man die Schönheit der Natur genießt: Überall dort rührt Gott an unser Herz. Spiritualität, die dort wächst, ist dann keine Behebung eines Mangels, sondern Ausdruck der Lebensfülle, die wir auch in schwierigen Zeiten entdecken können, und in der uns Gott nahe kommt.

Religions-Renaissance als Hinweis auf gesellschaftspolitisches Heil und Unheil

Die Renaissance der Religion erzählt uns viel über das Befinden der Menschen und der Gesellschaft. Eine Tiefenanalyse der religiösen Situation zeigt, wie es um die Geistigkeit, die geistige Verfassung einer Kultur bestellt ist. Diese (im weitesten

Sinn) spirituelle Atmosphäre gibt auch Aufschluss über die gesellschaftliche und kulturelle Lage der Zeit, denn der »Geist« (oder Ungeist) als Lebensatmosphäre wird für Menschen immer nur innerhalb konkreter, sozialer, politischer, ökonomischer und kultureller Verhältnisse wahrnehmbar. So zeigen empirische Studien einen nachweislichen Zusammenhang zwischen der Art religiösen Selbstverständnisses und dem ökonomischen und politischen Verhalten.[163] Für Österreich gibt es Studien, die einen Zusammenhang zwischen Werteinstellungen und religiösem Selbstverständnis bzw. dem sozioreligiösen Typus nachweisen.[164] So sind z. B. die Autoritarismuswerte bei kirchlichen und kulturkirchlichen Österreichern[165] höher als bei kulturreligiösen und unreligiösen Menschen. Werte der Lebensmoral (z. B. ungeborenes Leben schützen, Ehen schützen) sind bei Kirchlichen und Kulturkirchlichen signifikant stärker ausgeprägt, auch deren Mikrosolidarität ist höher. »Kirchliche« und »Kulturkirchliche« haben niedrigere Materialismuswerte und sind auch dem technischen Fortschritt gegenüber skeptischer. Sie sind eher bereit, Kinder zu bekommen und ihnen zuliebe auf etwas zu verzichten. Auffallend sind die signifikant höhere Bereitschaft und das stärkere konkrete Engagement für soziale Belange, vor allem in religiösen und kulturellen Gemeinschaften sowie sozialen Hilfsdiensten. Bei den »Kulturreligiösen« wiederum finden wir die niedrigsten Werte bei der Fremdenfeindlichkeit und die höchste Bereitschaft zur Makrosolidarität. Ihr Wohlstandsstreben und ihre Selbstbezogenheit sind auffallend stärker ausgeprägt.[166] Auch auf die parteipolitische Zugehörigkeit wirkt sich der sozioreligiöse Typus aus: Kulturreligiöse und Unreligiöse findet man überdurchschnittlich stark bei der SPÖ, den Grünen und der FPÖ; die Kirchlichen und Kulturkirchlichen ordnen sich vor allem der ÖVP zu.[167] Schließlich ist es bemerkenswert, dass Jugendliche, die sich als religiös verstehen, sowohl die christlichen als auch die esoterisch orientierten, signifikant solidarischer in ihren Einstellungen sind als die nicht-religiösen.[168]

Diese wenigen Daten zeigen, wie stark religiöses Selbstverständnis und Lebenspraxis zusammenhängen. Von daher folgen nun einige empirische Daten zu Entwicklungen im Wertebereich, die Gründe zur Sorge, aber auch Gründe zur Hoffnung liefern.

163 Z. B. Graf, Die Wiederkehr der Götter; Mayer-Schwingenschlögl, Wieviel Religion braucht Österreichs Politik?; innerhalb der Religionsforschung gibt es zwischenzeitlich auch einen eigenen Bereich der Religionsökonomie, der solche Zusammenhänge reflektiert.

164 Vgl. Friesl, Die Österreicher/innen und die Religion, 99–167; Zulehner/Hager/Polak, Kehrt die Religion wieder?, 309–331.

165 Zur Terminologie: »Kirchlich« sind in unseren Werte- und Religiositätsstudien Menschen, die an einen persönlichen Gott glauben und regelmäßig den Gottesdienst besuchen (in Ö 1999 14%). »Kulturkirchliche« Menschen (8%) tun das auch, glauben aber an ein höheres Wesen. Die »Religiösen« (17%) glauben an einen persönlichen Gott, sind aber keine regelmäßigen Gottesdienstbesucherinnen. Die größte Gruppe, die »Kulturreligiösen« (44%), glauben an ein höheres Wesen, über ihre religiöse Praxis wissen wir empirisch noch wenig. Hier finden sich viele der Religionskomponistinnen und spirituell Suchenden. Vgl. Zulehner/Hager/Polak, Kehrt die Religion wieder?, 130–133.

166 Vgl. Friesl, Die Österreicher/innen und die Religion, 148–167.

167 Vgl. Ebd., 161.

168 Vgl. Christian Troy/Kathrin Scholz/Franz Höllinger/Reinhard Zuba: Die Vielfalt religiöser Einstellungen Jugendlicher, in: Christian Friesl (Hg.): *Experiment Jung-Sein*. Die Wertewelt österreichischer Jugendlicher, Wien 2001, 177–221, 213–214.

Politische Krisensymptome

Mangelnde Wertschätzung von Religion und Politik Religion und Politik nehmen in den Wertekanons der europäischen Bevölkerung regelmäßig die beiden letzten Plätze ein: Weit abgeschlagen rangieren sie bei den Jugendlichen und bei den Erwachsenen nach der Familie, nach Freundschaft, Arbeit und Freizeit.[169] Beide Begriffe werden mit zwei Institutionen gleichgesetzt, denen viele Menschen misstrauen: mit der katholischen Kirche und der Parteipolitik. Beide haben ein schlechtes öffentliches Image. Bei näherem Nachfragen zeigt sich in Tiefeninterviews jedoch ein durchaus vitales Interesse an religiösen und politischen Fragen. Diese Diskrepanz macht noch deutlicher, wie schlimm es um Religion und Politik im öffentlichen Raum in den Augen vieler Menschen bestellt ist.

Diese Situation ist Besorgnis erregend. Religion und Politik als Institutionen im öffentlichen Raum waren und sind wesentliche Garanten für Demokratie und Freiheit. Wenn Menschen aufhören, sich in diesen Bereichen zu engagieren, bedrohen sie ihre eigene Freiheit. Freiheit gibt es nicht trotz oder gegen, sondern nur *durch* diese öffentlichen Institutionen. Wer glaubt, ohne sie seine Freiheit garantieren zu können, ist naiv und lebt gefährlich. Hannah Arendt hat in ihren Analysen zum Totalitarismus gezeigt, dass in gesellschaftlich nicht organisierten Massengesellschaften, in denen »das Menschenleben am Modell des Erfolgs oder Scheiterns in rücksichtsloser Konkurrenz, im Wirtschaftskampf, erfahren wird« und sich die Individuen daher ausschließlich »auf die Notwendigkeit des privat-persönlichen Erfolgs« konzentrieren, bürgerliche Pflichten und Verantwortungen zu einer solchen Belastung werden, dass dies alle Formen von Diktatur begünstigt.[170] Ohne gemeinsame Interessen, die sich in Gruppen organisieren, atomisiert sich die Gesellschaft und wird totalitarismusanfällig: »Nur wo die gemeinsame Welt völlig zerstört und eine völlig unzusammenhängende Gesellschaftsmasse entstanden ist, deren heterogene Gleichförmigkeit aus nicht nur isolierten, sondern auch auf sich selbst und nichts sonst zurückgeworfenen Individuen besteht, kann die totale Herrschaft ihre volle Macht ausüben, sich ungehindert durchsetzen.«[171]

»Ichlinge« Gesellschaften, die der Politik und der Religion wenig zutrauen, produzieren vielerorts »Ichlinge«: Menschen, die sich selbst und ihre eigenen Werte, Wünsche und Vorstellungen zum Ausgangspunkt ihres Handelns machen. Das »Ich« ist die Basis aller Wertekonzepte. In Österreich, wo wir diesen Index gemessen haben, lässt sich die Mehrheit der Menschen so charakterisieren: Über 90% stimmen folgenden Aussagen »stark« und »sehr stark« zu:[172]

Man muss sich das Leben so angenehm wie nur möglich machen.
Wichtig ist, dass der Mensch glücklich wird. Wie, das ist seine Sache.

169 Vgl. Bundesministerium für Soziale Sicherheit, Generationen und Konsumentenschutz: *4. Bericht zur Lage der Jugend in Österreich*, Wien 2003, 162–167; Friesl (Hg.), Experiment Jung-Sein; Denz u. a., Die Konfliktgesellschaft, 43.
170 Vgl. Hannah Arendt: *Elemente und Ursprünge totaler Herrschaft.* Antisemitismus, Imperialismus, totale Herrschaft, München ^{9}2003 (1951), 673.
171 Ebd., 695–696.
172 Vgl. Denz u. a., Die Konfliktgesellschaft, 29.

Jeder muss seine Probleme selbst lösen.
Der Sinn des Lebens ist, dass man versucht, dabei das Beste herauszuholen.

Nun sind diese österreichischen »Ichlinge« nicht alle automatisch unsolidarisch. Bei einer avantgardistischen Minderheit von ca. 15% der »Ichlinge« gehen starke Ich-Orientierung und hohe Solidarität Hand in Hand. Bei vielen »Ichlings-Typen« lassen sich aber auch politisch bedenkliche Korrelationen messen: So sind 32% der stark ich-orientierten Österreicherinnen zwar der Familie, Freunden und Bekannten gegenüber sehr hilfsbereit, ihr Autoritarismus und in seinem Gefolge ihre Fremdenfeindlichkeit sind aber überdurchschnittlich hoch. Auch religiöse Menschen sind in Österreich stark ich-orientiert; allerdings paart sich diese Ich-Orientierung insbesondere bei den Kirchlichen und Kulturkirchlichen mit höheren Solidarwerten.

Neoliberalismus, Rechtspopulismus, Autoritarismus und Co Neoliberalismus, Rechtspopulismus, Entsolidarisierung, Autoritarismus und Fremdenfeindlichkeit sind die Krisensymptome unserer Tage. Auch diese Erscheinungen hängen eng mit dem religiösen Selbstverständnis zusammen. So zeigt sich z. B. ein enger Zusammenhang zwischen Autoritarismus und reaktionärem Religionsverständnis, vor allem bei den kirchlichen Österreichern ist dieser Zusammenhang stark ausgeprägt. Die Entsolidarisierung finden wir wiederum stärker bei Menschen ohne konkrete religiöse Bindung.

Die starke Ich-Orientierung bringt die Freiheit in arge Bedrängnis. Was das »Ich« begrenzt, wird abgelehnt. Wer so viel Freiheit nicht sinnvoll gestalten kann, mutiert zum Hedonisten, der nur mehr am persönlichen Gewinn orientiert ist (ca. 10% in Österreich). Oder er wird zum Freiheitsflüchter, der seine Freiheit lieber an den Staat delegiert. Ein ängstlicher Stil krampfhafter Selbstbehauptung lässt sich beobachten, der die Lebenswelten eng macht, die Freiheit bedroht und damit auch die Solidarität in Gefahr bringt.

Dieser ängstliche Egoismus äußert sich auch politisch: Die autoritäre Versuchung ist groß und in vielen Teilen Europas mittlerweile eine politisch relevante Größe. Die autoritär Eingestellten organisieren sich und haben in Gestalt des Rechtspopulismus die europäischen Demokratien massiv unter Druck gesetzt – mittlerweile sind viele der traditionell konservativen Parteien der Versuchung erlegen und bedienen diese autoritären Sehnsüchte. Das zerstört zwar die rechtspopulistischen Parteien, nicht aber deren Gedankengut, das sich so noch subtiler ausbreiten kann. Die Fremdenfeindlichkeit ist in manchen Ländern erschreckend hoch, die Sehnsucht nach dem »starken Mann« geht um.

Diese politischen Einstellungen lassen sich anhand der österreichischen Studienergebnisse in Besorgnis erregende Zahlen fassen.

Der Ruf nach autoritären Alternativen In Österreich, wo die Entwicklung des Autoritarismus seit 30 Jahren wissenschaftlich erforscht wird, lässt sich nach den massiven Rückgängen seit den 70er-Jahren wieder ein Einpendeln auf relativ hohem Niveau (bei 52%) beobachten, insbesondere bei den heute 30–39-Jährigen.[173] Eine verdeckte Autoritarismusanfälligkeit zeigt sich im Expertenglauben: Das Konzept einer »*Expertokratie*«, einer »Expertenregierung« an Stelle einer demokratisch

173 Vgl. Zulehner/Hager/Polak, Kehrt die Religion wieder?, 263.

gewählten, findet in Österreich mit 60% hohe Zustimmung. Der Wunsch, Regierungsentscheidungen an Experten zu delegieren, macht einen fatalen Mangel an demokratischer Grundgesinnung offenbar.

Der Zusammenhang des Autoritarismus mit der Religiosität ist komplex. Wohl sind die Kirchlichen und die Kulturkirchlichen in Österreich beispielsweise autoritärer eingestellt als die anderen sozioreligiösen Typen. Im Zeitvergleich muss man allerdings sagen, dass in dieser Gruppe der Autoritarismus seit 30 Jahren kontinuierlich und noch immer sinkt. Zugleich steigt er in anderen Bevölkerungsgruppen und ändert dort auch seine Qualität: Der konservative Autoritarismus, demzufolge der »Recht hat, der oben ist«, denkt weniger in Ordnungs- als in Kraftschemata. Recht hat demzufolge, wer stark und erfolgreich ist. Der Autoritarismus individualisiert sich und richtet sich gegen die so genannten »Versager«, »Verliererinnen«, gegen die Schwachen und Ohnmächtigen. Diese Art von Autoritarismus ist bei den Kirchlichen weitaus weniger ausgeprägt.

Die Rückkehr der Führer In Europa geht eine neue Sehnsucht nach Führern um: Man wünscht sich »starke Männer« an der politischen Macht. Für Österreich ist der Zusammenhang mit dem Autoritarismus nachweisbar: 16–20% können sich mit der Idee, einen »starken Mann« regieren zu lassen, durchaus anfreunden.[174] Für Europa fehlt diese Variable, aber auch hier kann man die »Rückkehr der Führersehnsucht« beobachten:[175] In Belgien, Frankreich und Portugal sind 30% der Bevölkerung »starken Männern als Regierungsinstanz« gegenüber aufgeschlossen, in Luxemburg wird diese Frage sogar von über 40% positiv beantwortet.

Die Führersehnsucht kann sich auch im religiösen Bereich finden lassen und verführt dazu, die Verantwortung für das eigene Leben an religiöse Führungsgestalten abzugeben. Auch besteht die Gefahr, dass sich Menschen mithilfe der Religion in a- und antipolitische Sphären zurückziehen, was einer demokratischen Gesellschaft letztlich schadet.

Fremdenfeindlichkeit In Gesamt-Europa ist die Fremdenfeindlichkeit zurückgegangen. Dieses Ergebnis ist bei differenzierter Analyse nicht ganz so erfreulich wie es zunächst erscheint, denn die Unterschiede in Europa sind groß:[176] Gibt es in Portugal nur 7% der Bevölkerung, die als fremdenfeindlich zu bezeichnen sind, erreicht der Prozentsatz in Litauen 48%. Deutschland, Spanien, Dänemark, Luxemburg, Frankreich, Großbritannien, Österreich, Irland und Nordirland erreichen Werte bis zu 25%. In Italien, Belgien, Finnland, sowie Russland, Tschechien, Slowenien, Kroatien und der Ukraine sind an die 35% als fremdenfeindlich einzustufen. Und in den übrigen Staaten des ehemaligen Ostblocks wächst der Bevölkerungsanteil auf bis zu 45%. Konkret heißt das: Ca. ein Drittel der europäischen Bevölkerung gibt an, Menschen anderer Hautfarbe, Moslems, Ausländer, Juden, Homosexuelle und Zugehörige anderer Minderheiten nicht zum Nachbarn haben zu wollen. Zusammenhänge mit dem religiösen Selbstverständnis sind nachgewiesen, aber viel zu wenig tiefenscharf erforscht.

174 Vgl. Denz: *Staat und Zivilgesellschaft:* Widersprüche, Verwerfungen, Bruchlinien, in: Ders. u. a., Die Konfliktgesellschaft, 169–243, 191.

175 Dazu Hermann Denz: *Krise der Demokratie* – Wiederkehr der Führer?, in: Ders (Hg.), Die europäische Seele, 95–118, 105–109.

176 Ebd., 104–105.

Politische Instabilität und Inkompetenz Europas freiheitsliebende Demokratien sind in Bedrängnis. Expertinnen orten eine Entpolitisierung der Politik, eine Aushöhlung der Demokratien, die sich mit problematischen gesellschaftspolitischen Polarisierungen paaren. Diese Polarisierungen haben vielfältige Wurzeln. Es geht heute dabei weniger um die Frage nach »rechts« oder »links«. Die Geister scheiden sich:

An der Frage des Stils: Werden politische Lösungen und Entscheidungen autoritär oder konsensual getroffen?

An der Priorität von Werten: Wie wird z. B. das Verhältnis von Freiheit und Autonomie versus Sicherheit, Gleichheit, Gerechtigkeit und Ordnung bestimmt?

An der Frage, wie wir solidarisch miteinander leben sollen: auf der Basis freiwilliger Almosen oder rechtlich verankerter Sozialgesetze?

An der Frage, wie die Rolle des Staates in einer zusammenwachsenden Welt bestimmt wird: Beharren auf dem Konzept des ethisch homogenen, souveränen Nationalstaates – oder auf der Suche nach neuen Modellen der internationalen Kooperation in einer eins werdenden Welt?

Die politische Polarisierung lässt sich für Österreich in Zahlen fassen und hat ihren Brennpunkt in der Frage, wie wir in Zukunft zusammen leben sollen. Sie entsteht an der Bruchstelle zwischen Ich- und Wir-Orientierung sowie im Spannungsfeld von Solidarität und Freiheit. So gibt es z. B. in Österreich vier Gruppen:[177]

Die verunsicherten Kleinbürgerinnen: Stark ich-orientiert geben sie der Solidarität Vorrang gegenüber der Freiheit, die Reichweite ihrer zumeist unpolitischen Solidarität beschränkt sich aber freilich im Sinne des Eigeninteresses auf das unmittelbare Lebensumfeld von Freunden und Verwandten. Im privaten Lebensbereich hochsozial, ist diese Gruppe zugleich stark fremdenfeindlich.

Die formierten Traditionalistinnen: Überdurchschnittlich wir-orientiert wollen sie die Solidarität gegenüber der Freiheit mit mehr staatlicher Kontrolle, mehr Autorität und mehr Gesetzen stärken. Sie propagieren das Modell einer formierten Gesellschaft.

Die materialistischen Egoistinnen: Stark ich-orientiert geben sie der Freiheit Vorzug gegenüber der Solidarität: Jeder ist für sein Glück selbst verantwortlich, den Ärmsten soll geholfen werden, aber der Staat soll sich möglichst heraushalten. Hermann Denz spricht von der »Ego-Gesellschaft«.

Die Kommunitaristinnen: Stark wir-orientiert versuchen sie, auf der Basis von Freiheit neue gesellschaftspolitische Solidaritätsnetzwerke zu weben.

Unsere Studien zeugen von politischer Inkompetenz vieler Bürgerinnen und Bürger. Mit diesem Begriff wird ein Set krisenhafter politischer Einstellungen bezeichnet, die auf mangelndes rechtsstaatliches Bewusstsein verweisen: Ein formaler und funktionaler Demokratiebegriff, der in der Demokratie nur eine Abstimmungsmaschinerie erkennen kann, ohne sich der inhaltlichen normativen Grundlagen bewusst zu sein; der Glaube an den »starken Mann« oder eine Expertenregierung an Stelle eines Parlamentes und einer Regierung; mangelndes Wissen um die Notwendigkeit von Parteien für die europäischen Repräsentationsdemokratien; Defizite in der Gemeinwohlorientierung; Individualisierung und Moralisierung von politischen und ökonomischen Problemen. Solche politische Inkompetenz ist gefährlich.

177 Vgl. Denz, Staat und Zivilgesellschaft, 172–176; 230 entwickelt diese Theorie von den vier Gesellschaftskonzepten die österreichische Bürgerinnen vertreten.

Der politisch isolierte Mensch, der sich nur auf sich selbst und vielleicht noch seine Familie und Freunde konzentriert und im politischen Organismus der Gesellschaft nicht verankert ist, ist manipulierbar: gefährdet und gefährlich. Im politischen Notfall ist er einfach zu beseitigen. Politisch inkompetente Bürgerinnen fördern und unterstützen ungewollt inkompetente Politikerinnen, weil sie stärker auf Sympathie und Charisma achten als auf politische Kompetenz.

Angst Nährboden all dieser problematischen Entwicklungen ist die »Kultur der Angst«, in der wir leben. Angst vor der Globalisierung, Angst vor den Entwicklungen in Wissenschaft, Wirtschaft, Technik, Politik, Angst vor dem Terrorismus und dem Zusammenbruch der Finanzmärkte, Angst vor Migration, Umweltzerstörung, Klimakatastrophen, Angst vor Wassermangel, Angst vor Armut, Arbeitslosigkeit, Einsamkeit und unheilbaren Krankheiten, Angst vor dem Zu-kurz-Kommen, Angst, Kinder zu bekommen ... Die Liste der Ängste ist unendlich. Dazu kommt die hohe Panikbereitschaft moderner Gesellschaften angesichts immer neuer Horrormeldungen über Kriege, Gewalt und Katastrophen, Leid und Krankheiten in den Medien, sowie die Unfähigkeit, zwischen wirklichen, berechtigten Ängsten und fiktiven, selbst produzierten »Gespenstern der Angst«[178] zu unterscheiden. Und Ängste sind der Stoff, aus dem unser Umgang mit Religion und Politik erfolgt.[179]

Angst verstärkt Egoismus, Gruppenlobbyismus und Selbstbezogenheit. Angst speist die Fremdenfeindlichkeit und entsolidarisiert. Angst lässt entweder vor Reformen zurückscheuen und stärkt die reaktionären und fundamentalistischen Kräfte – oder forciert irrationales, vorpreschendes pseudo-innovatives politisches Handeln, um der Angst zu entfliehen. Mit Angst lässt sich gut Politik machen. Angst ist die emotionale Grundtönung unserer europäischen Kultur. Auch und gerade die ruhelose, umtriebige Spaß- und Erlebnisgesellschaft ist ein Hinweis auf die angestrengten Versuche, dieser Angst zu entkommen. Angst ist eine wesentliche Wurzel unserer Probleme.

Religiöse und ethische Krisensymptome

Ein geistiges Defizit lässt sich auch in Fragen der Ethik, der Werte und der Religion orten. Es waren »geistlose« Zustände, die den beiden großen, totalitären Gewaltregimen des 20. Jahrhunderts zur Macht verholfen haben. In einer Welt bürgerlicher »Spießer« (Hannah Arendt), deren höchster Wert die persönliche Sicherheit war, konnte sich der Nationalsozialismus leicht durchsetzen: »Der Massenmensch, den Himmlers Organisationskünste unschwer zum Funktionär und willigen Komplizen der größten Verbrechen, welche die Geschichte kennt, machten, trug deutlich die Züge des Spießers, nicht des Mobs; hier waren keine Leidenschaften, verbrecherische oder normale, im Spiel, sondern lediglich eine Gesinnung, die es selbstverständlich fand, bei der geringsten Gefährdung der Sekurität alles – Ehre, Würde, Glauben – preiszugeben. Nichts erwies sich als leichter zerstörbar als die Privatmoral von Leuten, die einzig an die ununterbrochene Normalität ihres privaten Lebens dachten, nichts konnte leichter gleichgeschaltet, öffentlich uniformiert werden als dieses Privatleben.«[180]

178 Vgl. Stefan Orth: *Quellen der Angst*. Der fünfte Kongress der Europäischen Gesellschaft für Katholische Theologie, in: Herder Korrespondenz 58, 10 (2004), 508–512.

179 Eine umfassende Auseinandersetzung mit der Angst in der Theologie: Adrian Loretan/Franco Luzatto (Hg.): *Gesellschaftliche Ängste als theologische Herausforderung*. Kontext Europa, Münster 2004.

180 Arendt, Elemente und Ursprünge totaler Herrschaft, 723.

Während der Nationalsozialismus versuchte, eine neue, moderne und perfekte Ordnung durchzusetzen, in der der Einzelne nur mehr ein gehorsames Teilchen einer großen Maschine sein sollte, verlangte der Kommunismus aktive Zustimmung und Teilnahme am groß angelegten Projekt der Perfektionierung der Welt. »Die nationalsozialistischen und kommunistischen Ideologien hatten ihre Wurzeln in einer Relativierung von Werten, in einem Glauben an den Primat einer materiellen geistlosen Welt und in einer Sicherheit bezüglich des unbegrenzten Potentials prometheischer menschlicher Kapazitäten.«[181]

Zu fürchten haben wir uns heute wahrscheinlich weniger vor einem neuen Hitler oder Stalin, wohl aber vor der geistigen Leere in Religion und Politik, die den anonymen und an keiner Person festzumachenden Totalitarismus eines Konsumismus und Ökonomismus begünstigt, dessen Werte individuelle und öffentliche Wertesysteme nachhaltig infiltrieren und zerstören.

Die beiden totalitären Regime des 20. Jahrhunderts haben als »politische Religionen« im Negativen sichtbar gemacht, wie eng Religion und Politik zusammenhängen. Die Totalitarismusgefahr ist mit dem Ende dieser Systeme aber nicht gebannt. Geistige Not steht immer in der Versuchung, irdische Wirklichkeiten an die letzte (oder erste) Stelle zu setzen und sich von deren Interessen dann knechten zu lassen.

Eigentum ist besser geschützt als Leben Die Daten im Bereich der Moralitäten zeigen, dass Einigkeit vor allem hinsichtlich des Privateigentums herrscht. Dieses ist nicht nur durch das Recht, sondern auch moralisch konsensual geschützt.[182] Im öffentlichen Diskurs, beispielsweise in Diskussionen rund um die Frage sozial gerechter Verteilung gesellschaftlichen Wohlstands, wird dies daran deutlich, dass sich Forderungen nach politischem Engagement zugunsten des Gemeinwohls oder nach sozialer Gerechtigkeit rechtfertigen müssen, wohingegen Privateigentum unter keinerlei Legitimationsverpflichtung steht. Steuern sind legitimationspflichtig; das Millioneneinkommen eines Topmanagers aus der IT-Branche oder im Finanzkapitalismus nicht.

Dieses Ungleichgewicht ist besonders auffällig, wenn man beispielsweise die moralischen Einstellungen hinsichtlich der Frage nach dem Lebensschutz damit vergleicht. In Fragen um Abtreibung und Euthanasie, wo es um den Schutz von und das Recht auf Leben geht, ist man sich gesellschaftlich weniger einig als in Fragen rund um das Recht auf Eigentum. Seit 1990 sind die Werteinstellungen, die das Eigentum schützen, konstant geblieben, während die so genannte »Lebensmoral« noch »liberaler« geworden ist, d. h. Ehescheidung, Abtreibung und Euthanasie noch stärker als Privatsache gelten. Auswirkungen einer privatisierten Lebensmoral auf das Gemeinwohl werden nicht bedacht.[183]

Auch öffentlich wird in Sachen Lebensschutz weit mehr diskutiert als in Sachen Eigentum. Kritikerinnen dieses Vergleichs zwischen Eigentumsmoral und Lebensmoral monieren hier immer wieder, dass man diese beiden Themen nicht miteinander vergleichen dürfe und schützen damit – oft ungewollt – das tabuisierte Eigentum. Sie meinen, dass die Liberalität in diesen Fragen ein gestiegenes Bewusstsein

181 Jolanta Babiuch: *Freiheit und Solidarität im nachkommunistischen Europa.* Einige soziologische Überlegungen, unveröff. MS, 3, Referat im Rahmen eines Symposiums der CCEE, des Rates der Europäischen Bischofskonferenzen vom 7.–12. September 1993 in Tschechien.
182 Vgl. z. B. Denz u. a., Die Konfliktgesellschaft, 195–196.
183 Vgl. Zulehner/Hager/Polak, Kehrt die Religion wieder?, 326–330.

hinsichtlich der Komplexität dieser moralischen Fragen anzeige, deuten sie also im Sinne gestiegener Moralität.

Die Fragen rund um Abtreibung und Euthanasie sind höchst komplex, und es soll hier keine Eindeutigkeit der Interpretation der Daten nahegelegt werden. Nicht jeder, der sich zu beiden Themen vorsichtig äußert und nicht sofort eine eindeutige moralische Position dazu einnimmt, ist Abtreibungs- und Euthanasiebefürworter. Behutsame moralische Urteile können auch eine moralische Sensibilität gegenüber der Situation von schwangeren Frauen und sterbenden Menschen bedeuten. In der Studie wird nicht sichtbar, welche Motivation sich hinter einem moralischen Urteil verbirgt. Bedenklich stimmt nur im Vergleich damit die Tatsache, dass sich rund um die Eigentumsfrage ein derartig komplexes und sensibles Problembewusstsein ganz offenbar nicht findet. Hier darf kritisch vermutet werden, dass sich hinter beiden Positionen weniger die moralische Empathie als vielmehr der Wert des Anspruchs auf Selbstbestimmung verbirgt. Wenn jeweils 59% Abtreibung und Euthanasie gutheißen[184], steht dahinter wohl die Überzeugung, dass die Selbstbestimmung Vorrang habe gegenüber der Solidarität mit dem beginnenden oder endenden Leben. Das mag kulturell bei einer Mehrheit ausgemacht sein, selbstverständlich und sittlich einwandfrei ist diese Prioritätensetzung aber keinesfalls. Der Anspruch auf Eigentum hingegen ist mit diesem Recht auf Selbstbestimmung ohne Konflikt vereinbar.

Wachsende Instabilität der Religiosität Die Religiosität wird instabil, d. h. die Weitergabe religiöser Erfahrungen, religiösen Wissens, die Tradierung religiöser Bildung und Praxis von Generation zu Generation ist zunehmend weniger gesichert. Dabei ist die Tradierungsbereitschaft in Österreich z. B. gar nicht gering: Sie nimmt zwar von den über 70-Jährigen (91%) zu den 30–39-Jährigen hin ab, aber immerhin 80% der 20–29-Jährigen, 79% der 30–39-Jährigen, 83% der 40–49%-Jährigen sind bereit, ihre Kinder religiös zu erziehen oder erziehen zu lassen.[185]

Jugendliche stoßen in ihren Lebenswelten zunehmend seltener auf Religion. Das erzeugt einen religiösen Analphabetismus, der in einer sich religiös neu aufladenden Gesellschaft gefährlich werden kann: (Nicht nur) junge Menschen, die lebensförderliche von lebensfeindlicher Religion und Spiritualität nicht unterscheiden gelernt und das dazu nötige Wissen erworben haben, sind dann leichter verführbar und den ambivalenten Gefahren der Religion viel stärker ausgeliefert. Dies wiederum macht Religion gefährlich für die Gesellschaft.

Diese Situation hängt mit den veränderten religiösen Sozialisationsbedingungen zusammen. 62% der österreichischen Jugendlichen zwischen 14 und 24 geben an, religiös erzogen worden zu sein; 1990 waren es 70%. Frauen, die traditionell für den Bereich der religiösen Erziehung zuständig waren, weigern sich zunehmend, hier allein verantwortlich zu sein. Zugleich sind die Männer im Vergleich zu den Frauen wesentlich weniger religiös. Und beiden Geschlechtern fehlen konkrete Vorstellungen und Modelle, wie sie ihre Kinder religiös erziehen sollen. Traditionelle Wege werden von vielen abgelehnt oder sind gar nicht mehr bekannt, Alternativmodelle (noch) nicht in Sicht.[186] So verstummt die religiöse Tradierung, die der Grundstock für religi-

184 Vgl. Michaela Watzinger: *Säulen der Ordnung* – Werte, Normen und Institutionen, in: Denz (Hg.), Die europäische Seele, 65–93, 76.

185 Vgl. Zulehner/Hager/Polak, Kehrt die Religion wieder?, 148. Für diese Items haben wir für unsere Studie einen Index von Klaus-Peter Jörns übernommen; vgl. in dieser Studie auch S. 10.

186 Vgl. Polak, Bedeutungswandel der Religion.

öse Entwicklung ist.[187] Religiöse Gespräche im Lebensumfeld finden ziemlich selten statt. Die Tradierung des Religiösen fällt immer mehr in den Verantwortungsbereich des Einzelnen. Religiöse Kompetenz zu entwickeln, bleibt dem Zufall überlassen.

Auch religiöse Inkompetenz ist politisch nicht ungefährlich. Religiöse Inkompetenz meint, dass jemand nicht in der Lage ist, religiöse und spirituelle Gefühle, Lehren und Praxen vernünftig zu reflektieren, über keine Kategorien und kein Wissen zu solcher Bewertung verfügt und die eigenen Erfahrungen nicht in den großen Kontext der Religionsgeschichte einordnen kann. In einer religiös pluralen Gesellschaft ist das problematisch. Ohne religiöse Kompetenz fehlt elementares Wissen um den Menschen. Geschichts- und erinnerungslose Religiosität und Spiritualität, die sich auf Erlebnisse im Hier und Jetzt beschränkt, kann von politischen Bedrängnissen ablenken oder politisch instrumentalisiert werden. Unkritische Religiosität kann zur Ideologie werden. Apolitische Religiosität wird zur Schmiere im Getriebe eines banalen Alltags und dient der Verschleierung einer inhumanen politischen Verfassung der Welt. Antipolitische Religiosität lässt die politischen Probleme ungelöst oder verstärkt sie sogar.

Religion ist Privatsache Religion ist Privatsache: Im mehrheitlich katholischen Österreich sind 86% dieser Meinung – auch dann, wenn sich 53% der Befragten religiösen Gemeinschaften zugehörig wissen. Gemeint ist damit, dass jeder nach seiner Façon glücklich werden soll, und niemand dem anderen in seine religiöse Weltanschauung hineinreden darf. Erneut erscheint Religion als abstrakte, überbauhafte Meinung, die keinerlei allgemeinen Wahrheitsanspruch haben darf und kann.

Der substantielle Kern dieser Sorge um die Privatheit der Religion ist die Personalität der Religiosität. Weil Religiosität auch eine zutiefst personhafte Fähigkeit und intime Angelegenheit ist, bedarf sie eines besonderen Schutzes, um frei sein und bleiben zu können. Das ist auch theologisch gut zu begründen, denn um die personhafte Beziehung zwischen Gott und dem Einzelnen und ihrer Qualität weiß und kann letztlich nur Gott urteilen.

Zugleich gehören zum Personsein immer die anderen – und auch Religiosität wird nur konkret in sozialen Bezügen. Selbst dort, wo jemand im stillen Kämmerlein mit Gott allein ist, ist z. B. sein Gottesbild immer auch von der Kultur, der Umwelt, der Geschichte mit anderen geprägt. Schon von daher kann Religion wohl personal, nicht aber privat sein. Sie ist nicht abgegrenzt von der Wirklichkeit der anderen. Welches Gottesbild jemand kennen lernt, wie jemand über Religion denkt, wie jemand seine Religiosität ausdrückt, welche Sprache, welche Symbole jemand wählt – all dies hängt zuinnerst mit den anderen und deren religiösen Welten zusammen. Von daher sind Religiosität und Religion immer auch politische Angelegenheit.

Theologisch lässt sich dies damit begründen, dass Gott nicht nur Einzelne beruft und mit diesen dann viele einzelne Liebesgeschichten pflegt, sondern dass er ein ganzes Volk beruft und das Heil der Welt möchte, also einen universalen Anspruch hat. Religion und Religiosität als Gottesbeziehung sind keine isolierten Zweierbe-

187 Zur religiösen Vererbung: Zulehner/Hager/Polak, Kehrt die Religion wieder?, 135ff

ziehungen, sondern diese persönlichen Liebesbeziehungen vollziehen sich im Kontext der Geschichte Gottes mit allen Menschen. So ist das Geschick der Gottesbeziehung des Einzelnen untrennbar verbunden mit dem Schicksal der kollektiven Geschichte Gottes mit den Menschen und untereinander – damit aber immer auch politisch. Religion ist immer auch Schicksal, das jemand erleidet. Religion ist *sowohl* persönlich *als auch* politisch.

Weil »privat« von den meisten Menschen aber nicht mit »persönlich« und schon gar nicht mit einem Begriff von Person identifiziert wird, der die menschliche Gemeinschaft mit umfasst, werden Privatheit und Politik zu einander ausschließenden Gegensätzen. »Privat« wird als Gegensatz zu »politisch« definiert. Die Menschen berauben sich solcherart der lebendigen Verbindung ihrer Religiosität mit anderen genauso, wie der Wahrnehmung der Geschichte Gottes mit den Menschen in Geschichte und Gesellschaft.

Wie kann die geistige Substanz der Religion unter diesen Voraussetzungen sinnvoll in den öffentlich-politischen Raum gelangen?

Kleine Lebenswelten Die Lebenswelten der Menschen sind klein: Familie, Freunde, Freizeit – sie bilden den Raum, in dem Sinn und Glück gesucht werden. Für Religion und Politik ist da wenig Platz und Zeit. Die so genannte »Transzendenzspannweite« ist bei vielen sehr gering: d. h., sich etwas vorzustellen, an etwas zu glauben, das über den irdischen Horizont des Diesseitigen hinausgeht, wird für viele zunehmend schwierig. Dass die Welt, so wie sie ist, nicht sein muss; dass sie auch ganz anders sein könnte; dass sie überhaupt ist: All das ist für viele kein Grund zum Staunen, Fragen oder Zweifeln. So wird auch »Gott« dem irdischen Horizont einverleibt und durch und durch diesseitig gedacht. Die »Säulen des Glücks« (Heiner Barz) sind rundum irdisch: Familie, Freunde, Wohlstand, Erfolg und Glück.[188] Das Glück muss zu Lebzeiten erreicht und perfektioniert werden. Der Zwang zum Glücklichsein ist groß.[189]

Gründe zur Hoffnung: Lebenszeichen in europäischen Kulturen

Neben den Besorgnis erregenden Entwicklungen gibt es auch Hoffnungszeichen in unseren Gesellschaften: Sie sind positive Anknüpfungspunkte für eine Trendumkehr und bergen Lösungspotential.

Politische Hoffnungssymptome

Sehnsucht nach dem Wir In Deutschland und Österreich ist der Höhepunkt der Individualisierungswelle überschritten. Man sucht nach neuen Formen der Vergemeinschaftung: Transfamiliale Netze entstehen, Selbsthilfe- und Interessensgruppen bilden sich, man legt mehr Wert auf gute Beziehungen zu den Arbeitskolleginnen und im Verwandtschafts- und Bekanntenkreis. Die Bereitschaft zur

188 Vgl. dazu ARGE der Evangelischen Jugend in der BRD (Hg.)/Ingo Holzapfel u. a.: *Jugend und Religion.* »Wer glaubt denn heute noch an die sieben Gebote?« aej-Studientexte 2/92, Reutlingen 1992.
189 Vgl. Pascal Bruckner: *Verdammt zum Glück.* Der Fluch der Moderne, Berlin 2001.

Mikrosolidarität – Freunden, Verwandten, Bekannten zu helfen – ist gestiegen.[190] Unter den Unter-40-Jährigen finden wir viele gebildete, wohlhabende Personen mit starkem demokratischen Selbstverständnis und hoher Makrosolidarität: 20% der »Ichlinge« sind »kooperative Individualistinnen«. Auch die Familie hat an Bedeutung gewonnen. Viele Menschen bemühen sich, ihre Kinder liebevoll und partnerschaftlich zu erziehen.

Wiederkehr der Institutionen Auf gesellschaftlicher Ebene zeigt sich die Sehnsucht nach dem Wir in einem unerwarteten europaweiten Vertrauenszuwachs in gesellschaftliche Institutionen. Das durchschnittliche Vertrauen in Institutionen stieg leicht an (von 47% auf 48%), besonders auffallend das Vertrauen in Bildungsinstitutionen.[191] Nach einer Zeit massiver Institutionenskepsis entdecken viele wieder die Vorteile der Institutionen. Sie können mit ihrem Erfahrungs- und Wissensschatz das Leben erleichtern und freiheitserschöpften Individuen Entspannungs-, Sicherheits- und Schonräume eröffnen. Der Trend zu den Institutionen verlangt nach kluger Reinstitutionalisierung.[192]Voraussetzung ist die Akzeptanz der Freiheit und Autonomie der Individuen. Eine solche Reinstitutionalisierung der Gesellschaft kann auch einen wesentlichen Beitrag zur Solidarisierung der Gesellschaft leisten. Dazu braucht es verstärkt Partizipationsstrukturen, die es ermöglichen, die eigene Freiheit sinnvoll einzubringen.

Gesellschaftspolitik wird wieder entdeckt Europaweit gewinnt gesellschaftspolitisches, vor allem zivilgesellschaftliches Engagement an Bedeutung. Kultur- und Freizeitbereiche sowie die traditionellen Sozialbereiche werden wichtiger und genießen bei den gebildeten Teilen der Bevölkerung zunehmend höheres Ansehen. Die persönliche Freiheit spielt auch hier eine große Rolle.

Die Entwicklung ist ambivalent: Das politische Bewusstsein verinnerlicht sich und verlagert sich vom staatlichen auf den zivilgesellschaftlichen Bereich. Die Erosion von Mitgliedschaft und Ehrenamtlichkeit in traditioneller Politik oder in den Gewerkschaften kann auch als Folge dieses Verinnerlichungsvorgangs gelesen werden. Politische Teilhabeformen, die Freiheit und Autonomie ermöglichen, haben Zuwachs.

Auch die Motive gesellschaftspolitischen Engagements haben sich verändert. Engagement muss heute auch erkennbaren persönlichen Gewinn bringen. Zivilgesellschaftliches Engagement ist dann hoch, wenn man ausreichend Zeit und Geld hat, um sich ehrenamtliches Tun leisten zu können. Wenn die politischen und staatlichen Rahmenbedingungen für zivilgesellschaftliches Engagement demokratisch legitimiert sind, und wenn die politische Aktivitätsbereitschaft und die Akzeptanz demokratischer Strukturen hoch sind, entsteht solches Engagement. So sind es vor allem die wohlhabenden, gebildeten Bürgerinnen, die zu solchem Einsatz bereit und in der Lage sind. Daher finden sich in Westeuropa (besonders in Nordeuropa) mehr zivilgesellschaftlich Engagierte als in Osteuropa. Österreich und Deutschland gehören zu den Ländern mit mittlerem zivilgesellschaftlichem Engagement, in Ostdeutschland ist dieses sogar noch gesunken und gering.[193]

190 Vgl. Denz u. a., Die Konfliktgesellschaft, 13–14.
191 Vgl. Watzinger, Säulen der Ordnung, 82–85.
192 Vgl. Paul M. Zulehner: *Wiederkehr der Institutionen*, in: Stimmen der Zeit, 123. Jg. 1/1998, Freiburg, 17–25.

Zivilgesellschaftliches Engagement ist politisches Engagement, kann aber Parteipolitik, Regierungspolitik, Staatspolitik, europäische und internationale Politik nicht ersetzen, sondern muss es ergänzen, korrigieren, orientieren. Das Zusammenspiel dieser verschiedenen politischen Ebenen ist europaweit, auch in Österreich und Deutschland, noch in den Anfängen. Doch die wachsende Relevanz zeigt, dass die bedrohliche Entpolitisierung der Gesellschaft von hier aus ihr Ende finden und eine neue Gestalt entwickeln kann. Dazu muss es der Zivilgesellschaft gelingen, sich stärker ins »Spiel« der staatlichen Politik und der gesellschaftstragenden Institutionen einzubringen – wie umgekehrt traditionelle Politik diesen politischen Akteurinnen Raum, Zeit und Ressourcen einräumen muss und Kritik und Widerstand solcher Gruppen nicht diffamieren darf.

Religiöse Hoffnungssymptome

Die Religion der Religiösen: Widerstand gegen die Abschaffung des Menschlichen Menschen begnügen sich nicht mehr mit einer entzauberten Welt und einer durchrationalisierten, verzweckten Wirklichkeit. So ist die Wiederkehr der Religion auch Ausdruck des Widerstands gegen die Reduktion des Menschen auf ein »Arbeitstier«, das hin und wieder Freizeit hat, um sich für den alltäglichen Überlebenskampf fit zu halten. Die ökonomischen und politischen »Sachzwänge« erwecken den Eindruck, das Menschliche solle abgeschafft werden. Paradoxerweise führt die Optimierung aller Lebensbereiche dazu, dass Menschen überflüssig oder hinderlich werden; sie selbst sind anscheinend das größte Hindernis am Projekt der totalen Perfektion. Rationalisierungsprozesse in der Wirtschaft machen menschliche Arbeit überflüssig, die »Reproduktionsmedizin« optimiert Zeugung, Schwangerschaft und Geburt und scheidet damit als Folge »wertes« (gesundes) von »unwertem« (behindertem) Leben. Anti-Aging-Programme stigmatisieren das Alter. »Sterbehilfe« dient dann zur schnellen, schmerzfreien und sauberen Erledigung des Unvermeidlichen. Verbrämt wird diese Abschaffung des Menschlichen mit dem Rechtsanspruch auf totale Autonomie. So werden wir jene »Übermenschen«, von denen Nietzsche geträumt hat: Wir bejahen heroisch ein hoffnungsloses Schicksal und formen uns um zu jenen Kreaturen, die wir gerne wären.

Religiosität kann hier zum Ausdruck dafür werden, dass Menschen intuitiv ahnen, es könnte jedem von uns »an den Kragen gehen«. Religiosität erinnert daran, dass Menschen instinktiv »wissen«, dass sie mehr sind als ein bloßer Zellhaufen, den man klonen oder genetisch optimieren kann; mehr als eine Maschine, die effizient optimalen Output zu erbringen hat. Religiosität erweckt die tiefe und unausrottbare Sehnsucht nach »Mehr«, nach »Anderem« als dem, was einem täglich begegnet. Sie steht für die Suche nach Geborgenheit, nach Vertrauen und Liebe, nach Zusammengehörigkeit und Sinn. Es ist ein Hoffnungszeichen, dass Menschen solche Wünsche noch nicht verloren haben.

Der Wunsch nach religiöser Erziehung Der Wunsch nach religiöser Erziehung ist sehr hoch. Ca. 45% der 20–40-Jährigen Österreicher wollen, dass ihr Kind noch im

193 Vgl. Joachim Gerich/Fritz Hemedinger: *Soziale Sicherheit zwischen Selbstverantwortung, Zivilgesellschaft und Staat*, in: Denz (Hg.), Die europäische Seele, 163–178.

Kindesalter einer Religionsgemeinschaft beitritt. 37% in dieser Altersgruppe wünschen sich einen Religionsunterricht, nur knappe 19% wollen, dass ihr Kind möglichst frei von jedem religiösen Einfluss bleibt.[194] Auch jene 32% der Österreicher, die einen Glaubensunterricht für Kinder ohne Kirchenmitgliedschaft wünschen, wollen einen Religionsunterricht, und zwar von Schule, Elternhaus und auch Religionsgemeinschaften.[195] Dabei geht es keinesfalls nur um Werterziehung, sondern auch um Glaubensfragen.

Nicht quantitativ erhoben wurde, ob sich Erwachsene auch für sich selbst religiöse Weiterbildung wünschen. Aus qualitativen Interviews weiß man, dass es auch bei Kirchenskeptischen, bei Ausgetreten, Esoterikerinnen und Neureligiösen Interesse an religiöser Bildung gibt, wenn dabei die individuelle Freiheit gewahrt bleibt.

Wiederkehr der Religion?

Die Komplexität der Situation zeigt, dass es angesichts der vielfältigen Hoffnungs- und Krisenzeichen naiv und gefährlich ist, sich über die Wiederkehr der Religion ausschließlich zu freuen. Kirchen, die sich unreflektiert auf das Trittbrett des Trends begeben, verkennen die Situation und ignorieren die Ambivalenz des Phänomens. Genauso einseitig und unzutreffend ist es aber, dieses Phänomen zu dämonisieren, darin nur Probleme zu sehen und auf Distanz zu bleiben. Der religiöse Wandel ist mehrdeutig, und viel wird davon abhängen, ob und wie er auf persönlicher und auf gesellschaftspolitischer Ebene bewusst gestaltet wird. Man wird nicht zu weit gehen, wenn man sagt, dass die Zukunft Europas auch mit dem Schicksal von Religion, Religiosität und Spiritualität und deren Gestaltung verknüpft ist.[196]

Grundhypothese der vorliegenden Studie ist daher die Annahme, dass die These einer linear fortschreitenden Säkularisierung zu kurz greift und so auch nie gestimmt hat. Desgleichen trifft die These von der »unsichtbaren Religion« (Thomas Luckmann) über den Gestaltwandel der Religion in der Moderne nicht das Gesamt des komplexen Wechselspiels und Wettstreits zwischen Säkularität und Religion. Wohl wird der »Sinnkosmos der Religion am Ort und im Fokus individueller Themenstellung und Lebensführungsprobleme aktiviert«[197], die religiösen Sozialformen entwickeln und verzweigen sich in kommunitäre Kleingruppen, und die Berührungszone zwischen religiösen Bedürfnissen und religiösem Angebot wird weniger durch Tradition als durch individuelle Auswahlentscheidungen gestaltet. Aber zeitgleich werden diese Sinnkosmoi wieder im öffentlich-politischen Raum wahrnehmbar. So streben auch kleinere religiöse Gemeinschaften nach religionsrechtlicher Anerkennung und öffentlicher Institutionalisierung bzw. mehr Relevanz im politischen Raum. Selbst die individualisiertesten Formen von Spiritualität stehen bei aller persönlichen Auswahl bereits in spezifischen, insbesondere säkularen

194 Mithilfe von Items von Klaus-Peter-Jörns: Die neuen Gesichter Gottes, haben wir diese Daten erhoben: Zulehner/ Hager/ Polak, Kehrt die Religion wieder?, 144 (Tabelle 66); vgl. dazu in dieser Studie S. 10.
195 Ebd., 144.
196 Dazu viele interessante Beiträge: Walter Fürst/Martin Honecker (Hg.): *Christenheit – Europa 2000.* Die Zukunft Europas als Aufgabe und Herausforderung für Theologie und Kirchen, Baden-Baden 2001.
197 Gabriel, Säkularisierung und öffentliche Religion, 38f.

Traditionen, mit Religion umzugehen. Vielleicht war Religion also auch nie verschwunden oder unsichtbar, sondern haben unzureichende Religionsbegriffe zur einseitigen These von der Erosion der Religion geführt. So hat z. B. die einseitige Konzentration der religionssoziologischen Forschung auf die kognitive Dimension der Religion und eine traditionelle Glaubenspraxis zur These von deren Verlust geführt.

Aber stimmt diese Verlustperspektive wirklich? Der Rückgang traditionell praktizierter Glaubensausübung oder der Zustimmung zu spezifischen Glaubensformeln, die nicht mehr verstanden werden oder auf veränderte Denkstrukturen treffen, bedeutet nicht zwangsläufig den Schwund von Religiosität und Glaube.

Die Umstrittenheit der Deutung dieser Vorgänge zeigt sich in der Vielzahl von Theorien zur Wiederkehr der Religion. Alle sind sich einig, dass im religiösen Feld ein Wandel stattfindet. Nicht mehr als dies bedeutet diese Formel daher auch in meiner Arbeit. Doch dann scheiden sich bereits die Geister.

Gottfried Küenzlen spricht von der »Wiederkehr der Religion« und meint damit den Vorgang der weltweiten Wiederkehr der Religion als Faktor kultureller Identität und religionspolitischer Gestaltungskraft.[198] *Hanna-Barbara Gerl-Falkovitz* spricht mit *Hans Joas* von der »Renaissance der Religion« in der Postmoderne und hält Religion für einen, wenn nicht *den* wichtigsten Faktor der Kulturen, keinesfalls für einen modernen Rückstand: »Religionen wurden zwar totgesagt, waren aber gar nicht gestorben.«[199] Nicht die Religion kehrt wieder, sondern das Bewusstsein jener, die sich berechtigt fühlten, Religionen als moribund zu betrachten, verändert sich und sie entdecken die Religion wieder.

Matthias Horx spricht in seinen Trendforschungsstudien[200] seit den 90er-Jahren von einem »Megatrend Respiritualisierung« und erkennt in der neuen Spiritualität eine Art »Glaube light«. Die Glaubensenergien verschwinden nicht, sondern transformieren sich und entwickeln neue Formen. Dabei werden Glaubenstraditionen, religiöse Weltanschauungen, Symbole, Riten, Moral zur allgemeinen Nutzung »freigegeben« – jedes Individuum konfiguriert damit seinen privaten Glauben. Das wichtigste Kriterium bei der Auswahl und Konfiguration ist dabei nicht die Wahrheit des Geglaubten, sondern dessen Nutzen. So entstehen private Ikonographien und persönliche Devotionalien. Dabei zeigt Horx, wie sehr diese Form von »Glaube light« von Macht- und Kontrollphantasien geprägt ist, und die Ablehnung des christlichen Gottes auch in den modernen narzisstischen Persönlichkeitsstrukturen wurzelt.

Neutral beobachtend, spricht die französische Soziologin *Danièle Hervieu-Léger*[201] zunächst von einem Vorgang der »Deregulierung« der institutionalisierten Religion, der mit dem Anwachsen religiöser Bewegungen seit den 60er-Jahren begonnen hat. Die Vitalität dieser neuen Bewegungen, die sich aus der »symbolischen Bevormundung« durch die kirchlichen Institutionen »emanzipiert« haben, begrüßt sie, erkennt aber auch, dass sie sich »den großen Erwartungen, Sehnsüchten und Verheißungen« verdanken, »die aus der typisch modernen Verheißung erwachsen, jeder Mensch

198 Vgl. Küenzlen, Die Wiederkehr der Religion.
199 Hanna-Barbara Gerl-Falkovitz: *Der Beitrag des Christentums zur Weltkultur*, in: Prenner/Heimerl, Macht Religion Kultur, 113–136, 113.
200 Z. B. Matthias Horx: *Trendbuch 2.* Megatrends für die späten neunziger Jahre, Düsseldorf ^{2}1996, 100–130.
201 Hervieu-Léger, Religion und sozialer Zusammenhalt in Europa, 103.

könne in der diesseitigen Welt Erfüllung finden«[202]. Die »Rückkehr der Religion« bedeutet für sie von daher auch einen gefährlichen Prozess »religiöser Aushöhlung«, der den kulturellen Sockel der jüdisch-christlichen Erinnerungen und Zivilisation bedroht. Die gegenwärtige Bedeutungszunahme liest sie als nostalgische Rückerinnerung einer säkularen Kultur an die zivilisatorische Kraft der jüdisch-christlichen Tradition. Die »Patrimonisation« der Religion zum Erbe ist der Kern der »Rückkehr« und erzählt weniger von einer neuen Vitalität als vielmehr von einer enormen Ohnmacht der Religion. Zwei »Gefahren« (sic!) begleiten ihrer Einschätzung nach die »Rückkehr«: Die christlichen Großkirchen könnten sie strategisch als Vehikel nützen, um sich als Sachwalter der Religion wieder öffentlichen Raum zurückzuerobern. Zum anderen könnte Religion wieder als Grenzziehungsmethode – gegenüber der Orthodoxie und gegenüber dem Islam – benutzt werden.[203] Die Rückkehr der Religion in den öffentlichen Raum wird von der französischen Soziologin mittels eines individualisierten Religionsbegriffs als spirituelle Schwäche ausgelegt, die den Einzelnen nicht bei sich bleiben lässt, sondern ihn antreibt, den öffentlichen Raum zu erobern. Entgegen dieser Deutung könnte es aber auch sein, dass gerade die personal gewordene Spiritualität nach ihrer Vereinigung in Gemeinschaft und Präsenz im religiösen Raum sucht, um diesen humaner zu gestalten. Individualisierte Spiritualität und Religion sind der Wunschtraum des Säkularismus.

Der Soziologe *Daniel Bell* will zyklische Abläufe zwischen den Prozessen der Säkularisierung und einem »Return of the Sacred« erkennen.[204] Gegen solche Konzepte spricht sich der amerikanische Religionssoziologe *José Casanova* aus, der die Rückkehr in den öffentlichen Raum der Zivilgesellschaft in Europa begrüßen würde als Beitrag zu einer lebendigen Demokratie. Diese Rückkehr in den öffentlichen Raum ortet auch *Klaus Eder*[205] für Europa, spricht aber weniger positiv von einer »Entfesselung des Religiösen«. Er beobachtet sorgenvoll die Mobilisierung religiöser Differenzen im weltweiten Religionspluralismus, das Einrücken der Neuen religiösen Bewegungen in die transnationalen Räume und die wachsende Präsenz der Religion in den Massenmedien.

Auch Theologen wie *Johann B. Metz, Ulrich Körtner* und *Józef Niewiadomski* begegnen der Wiederkehr der Religion mit massivem Vorbehalt und wollen darin nur »Religion ohne Gott«, »Neugnosis« und »Neuheidentum« erkennen. Die Wiederkehr der Religion bringe eine gottvergessene, eine »religionsfreundliche Gottlosigkeit«. Diese Religiosität setze auf Selbsterlösung, neu daran sei ihre Verwurzelung in den apokalyptischen Ängsten unserer Zeit.[206]

In seinem Aufsatz »Weltzivilisation« bezeichnet der Dogmatiker Józef Niewiadomski die »Neue Religiosität« als neopagan und neuheidnisch. Biologie ist dieser Religiosität wichtiger als Ethik, Ästhetik wichtiger als Theologie. Die Macht der Tatsachen ist wichtiger als Potential und Utopie. Eines der typischen Merkmale dieser Weltzivilisation ist deren mediale Struktur, die »den totalitären Anspruch erhebt«, der alleinige Lebens- und Sterbenshorizont des heutigen Menschen zu sein: »Extra media nulla salus! Obwohl von den Menschen gemacht, präsentiert sie sich ihnen als vorgegeben: ein mysterium tremendum et fascinosum: erschreckend und

202 Ebd., 103.
203 Ebd., 116–117.
204 Vgl. Bell, The Return of The Sacred?
205 Vgl. Klaus Eder: *Europäische Säkularisierung – ein Sonderweg in die postsäkulare Gesellschaft?*, in: Berliner Journal für Soziologie 3 (2002), 331–343.
206 Vgl. Metz, Versuch zur »geistigen Situation der Zeit«.

segensbringend zugleich.«[207] Der Gott dieser Religionen ist ein Gott, der Opfer fordert. Dies ist auch wesentliches Merkmal der neuen Religiosität einer medialen und ökonomischen Ordnung. Durch die Medien wissen die Menschen auch darum. Das ist das Neue an der neopaganen Religiosität. Weil die Menschen aber darum wissen, dass Opferproduktion moralische Schuld nach sich zieht, spricht Niewiadomsky vom »postchristlichen Zeitalter«.

Positives abgewinnen kann der Wiederkehr der Religion der Religionswissenschaftler *Christoph Bochinger*[208], der von einer »Neuen religiösen Szenerie« spricht, in der sich inner- und außerhalb der Kirchen Protagonisten, Medien und Tradierungs- bzw. Kommunikationsformen der Religiosität geändert haben. Auch die Pastoraltheologin *Maria Widl*[209] sieht in den »Neuen religiösen Kulturformen« Hoffnungspotential und in der damit verbundenen »Sehnsuchtsreligion« postmoderne religiöse Antworten auf die krisenhafte Situation der Zeit. Der Theologe *Christoph Lienkamp*[210] wiederum erkennt in der Rückkehr der Religion in den öffentlichen Raum nicht nur eine Entprivatisierung, sondern auch die Wiederentdeckung des Geheimnisses. Er schließt sich dabei eng an die Überlegungen Jacques Derridas über die Religion an, der in der Rückkehr der Religion eine Folge des Ausschlusses des Mystischen aus der Politik betrachtet.

Die vorliegende Studie geht von einem steten Wechselspiel und -konflikt zwischen wachsender und im Namen der Freiheit unverzichtbarer Säkularität und ebenso unverzichtbarer Religion im Namen des Geistes aus. Innerhalb dieses Prozesses gibt es immer wieder Resignifikationen: Bedeutungswandel, -umbrüche, -aufbrüche. Das Doppelgesicht der Religion ermöglicht dabei humanen Fortschritt der Kultur ebenso wie es Gewaltausbrüche auslösen und forcieren kann. Der christliche Glaube weiß um die Ambivalenz der Religion, der Tod Jesu Christi am Kreuz erfolgt genau an dieser Bruchstelle.

»Wiederkehr der Religion« meint also ein ambivalentes Phänomen. Es meint *nicht*, dass sich nach dem Sieg der Säkularität nun wieder die Spiritualität oder die Religion durchsetzt. Säkularität kann das Entstehen von religiösen und spirituellen Fragen begünstigen (als Opium, aber auch Potential zur Humanisierung), aber auch bekämpfen (im Namen der Gottlosigkeit, aber auch im Namen berechtigter Freiheit). »Wiederkehr« bedeutet, dass Religion wieder und neue Bedeutung bekommt und in eine neue historische Phase eintritt, ohne je wirklich irrelevant gewesen zu sein – mit allen Risken und Problemen, aber auch mit allen Hoffnungen und Chancen.

»Renaissance« beschreibt die Wiederkehr, insofern sie kein Neuanfang, sondern eine Fortschreibung der europäischen Religionsgeschichte ist, in der sich Religion und Spiritualität weiterentwickeln.

»Rückkehr der Religion« bezieht sich auf die Wiederkehr religiöser Themen in den öffentlichen Raum.

»Respiritualisierung« hat den religionssoziologischen Aspekt im Fokus, demzufolge der Vorgang unerwartet ist. Hier geht es darum, dass die geistige Dimension der Wirklichkeit wieder entdeckt wird.

207 Józef Niewiadomski: *Literatur und Religion – im Kontext einer Weltzivilisation.* In: Peter Tschuggnall (Hg.): Religion – Literatur – Künste. Aspekte eines Vergleichs, Anif/Salzburg 1998, 13–27, 19.

208 Bochinger, »New Age" und moderne Religion.

209 Widl, Sehnsuchtsreligion.

210 Christoph Lienkamp: *Wiederkehr der Religion als Zeichen eines epochalen Umbruchs* – Leistungen und Grenzen religionssoziologischer Deutungen in philosophischer und systematisch-theologischer Hinsicht, in: Gabriel (Hg.), Religionen im öffentlichen Raum, 273–301.

»Resignifikation« beschreibt die Kommunikationsprozesse, durch die und in denen sich die Wiederkehr ereignet, ausgelöst und vorangetrieben wird. Hier ist auch der Ort, an dem sich Kirche und Theologie einklinken und ihre Deutungen und ihr Erfahrungswissen einbringen können, um die Tradierung von Religion, Religiosität und Spiritualität lebendig zu bewahren und immer wieder neu mit dem Evangelium in Kontakt zu bringen und zu durchdringen.

Religion hat Zukunft und braucht Gestaltung

> Die Frage nach dem Verhältnis von Religion und Politik betrifft die Zukunft der Europäischen Union in mehrfacher Weise. Denn erstens besteht Europa schon seit langem nicht mehr aus mehr oder weniger monolithischen konfessionellen Blöcken, auch wenn die Spuren des Grundsatzes »cuius regio – eius religio« – wer herrscht, bestimmt die Religion der Untertanen – immer noch die Religionskarten bestimmen. Zweitens versteht sich die Europäische Union als eine säkulare Föderation von Staaten, in der zwar alle Religionen Platz haben, jedoch von einer direkten Beteiligung an der Macht ausgeschlossen sind. Drittens ist Europa religiös vielfältig geworden.
>
> *Ursula Baatz*, Die Furche, 20. 6. 2002

Religion hat Zukunft und ist politisch relevant

Wer sich in die Religionsgeschichte vertieft, wird vorsichtig gegenüber raschen Diagnosen und Prognosen. Wo Geist und Ungeist des Menschen mit dem Geist Gottes zusammentreffen und -wirken, geschehen immer wieder überraschende Ereignisse, unvorhersehbare Katastrophen, neue Wendungen. Die Religionsgeschichte verläuft weder linear noch zyklisch noch evolutionär. Sie ist – wie jede Geschichte – ein Ereignis der Freiheit, bedarf also trotz aller kontextbedingten Gebundenheiten ständiger bewusster und ethischer Gestaltung. Jene Männer und Frauen in Staat, Politik, Gesellschaft, Religionsgemeinschaften und Kirchen, die heute für die Gestaltung einer humanen Welt von morgen verantwortlich sind, haben die Pflicht, sich auch religionspolitischen Fragen zu stellen.

Diskurse um Rolle und Bedeutung der Religion in und für die Gesellschaft wurden immer wieder geführt. So ging es in den religionspolitischen Diskussionen um 1900 um die normativen Grundlagen der Kultur, während heute Religion im Diskurs rund um eine humane Zukunft auftaucht. Diskutiert werden im religiösen Feld Fragen, wie weit der Fortschritt gehen darf, worin der Sinn des Lebens besteht, und ob es eine Wahrheit gibt, die nicht von Menschen konstruiert, sondern uns vorgegeben ist. Gerungen wird darum, was der Mensch kann und darf, was bzw. wer der Mensch ist, und was das Menschliche ausmacht.

Religionsdiskurse begleiten die Diskussion um die Moderne und die mit ihr verbundene Säkularisierung. Gekämpft wird dabei auch um die Vormachtstellung, wer heute die entscheidenden Weichen für die Zukunft stellen darf bzw. wer überhaupt darüber bestimmen darf, worin die gute Zukunft der Menschen besteht. Etwas plakativ geht es um die Frage, ob Gott oder Geld die Welt regieren dürfen.

Religion und Religiosität der Menschen haben immer schon konkrete Auswirkungen auf die Gesellschaft gehabt. Im Westen Europas wurden diese aber durch die Säkularisierung und die Verinnerlichung der Religion zunehmend unsichtbar bzw. im öffentlichen Diskurs unsichtbar gemacht. In einem pluralen religiösen Europa ändert sich der Zusammenhang zwischen persönlicher Religiosität und sozialem bzw. politischem Engagement. Was das konkret für die Gesellschaften bedeutet, ist noch zu wenig erforscht. Feststeht, dass es signifikante Zusammenhänge zwischen religiöser Einstellung und sozialer und politischer Praxis gibt. Religiosität hat immer politische Auswirkungen.

Insbesondere im Bereich der »Neuen religiösen Kulturformen« findet man heute zahlreiche Strömungen, die sich mit den gesellschaftspolitischen Problemen der Gegenwart kritisch auseinander setzen und sich – spirituell motiviert – politisch engagieren.[211] Die »Neureligiösen« sind daher keinesfalls per se anti- oder apolitisch, anti- oder asozial. »Hardcore-Individualistinnen«, die sich nur für ihre eigenen Interessen interessieren und Spiritualität zur Selbstbefriedigung benützen, wie sinngemäß oft behauptet wird, sind nicht so häufig, wie gern und schnell unterstellt wird.

Gewandelt hat sich die Form des Zusammenhangs zwischen religiöser und politischer Praxis. Das religiöse Leben spielt sich vielfach an anderen Orten ab als das soziale oder gesellschaftspolitische Engagement, ganz entsprechend der funktionalen Ausdifferenzierung der Gesellschaft. So werden soziales Engagement und spirituelle Suche dann verschiedenen Lebenssphären zugeordnet, deren Verbindung wenig reflektiert wird und kaum bewusst ist.

Freilich gibt es auch unter den »Neureligiösen« und den »Kulturreligiösen« Spiritualitäten, die gesellschaftspolitisch zahnlos bleiben, weil sie die Individualität zu einseitig betonen. Aber die Ursache liegt dann weniger im Neureligiösen als in einem privatistisch verengten Verständnis von Religion, an dem auch kirchliche und v. a. kulturkirchliche Menschen leiden können. Ein spiritueller Mensch zu sein genügt weder für Christinnen noch für Kulturreligiöse, um politische und ökonomische Strukturen zu verändern. Wer Politik und Wirtschaft ändern will, muss deren Strukturen ändern; er muss auch explizit politisch und ökonomisch handeln.

Die Politik ist für die Zukunft (auch aus Eigeninteresse) gut beraten, mit den religiösen Entwicklungen in Europa ins Gespräch zu kommen, auf allen gesellschaftlichen Ebenen, im Westen wie im Osten. Dabei geht es nicht primär um Kontrolle und Einmischung, schon gar nicht um Verzweckung. Eine kritische Reflexion der Geschichte der christlichen Kirchen hilft, religionspolitische Irrgänge der Vergangenheit zu vermeiden ebenso, wie sie alternative Möglichkeiten andenken lässt. Die religionspolitischen Erfahrungen der christlichen Kirchen können dabei wertvolles Reflexionswissen einbringen.

Politik kann die religiösen Entwicklungen als Lesehilfe für gesellschaftliche Verhältnisse wahrnehmen. Zum anderen wird durch einen solchen Dialog der für demokratische und liberale Gesellschaften so unabdingbare Transfer zwischen der geistig-religiösen und der politischen Sphäre bewusst gestaltet und gesichert. Dies kann der wechselseitigen Kontrolle und der Zivilisierung inhumaner Auswüchse innerhalb und außerhalb von Religion und Politik ebenso dienen wie der geistvollen Bereicherung und dem humanen gesellschaftlichen Fortschritt moderner Gesellschaften.

211 Das zeigt ausführlich Widl, Sehnsuchtsreligion.

Die Pluralität der Religiositäten und Religionen ist der Ausgangspunkt aller Religionspolitik

Religionspolitik weiterzuentwickeln steht heute an, weil die traditionellen Konzepte, die in der Auseinandersetzung zwischen Aufklärung und den christlichen Kirchen entstanden sind, für die religiös plurale Situation nicht mehr ausreichend komplex und differenziert sind. Migration und ein verschärftes Bewusstsein für die Anerkennung von Minderheiten bringen auch in religiösen Fragen deutlich zu Bewusstsein, dass in unseren Nationen jeweils mehr als eine »religiöse Entität« lebt. Zudem sind die traditionellen liberaldemokratischen Rahmenbedingungen der religiösen Diversität der Gesellschaft immer weniger angepasst. Auch die philosophischen, metaphysischen und theologischen Prinzipien unserer Gesellschaften sind plural geworden. Diesen Herausforderungen müssen sich moderne Gesellschaften stellen.[212] Der religiöse Pluralismus ist unhintergehbarer Ausgangspunkt aller Religionspolitik.

Die religiöse Pluralität wirkt belebend und anregend, sie weckt den religiösen Eros, ohne den Religion starr ist: das Begehren nach Sinn, Wahrheit, Gott. Dieses Begehren belebt das religiöse Feld, ist aber auch gefährlich. Ohne Begleitung kann der Einzelne dabei in die Irre gehen. Die religiöse Pluralität ist politisch auch deshalb riskant, weil die meisten Menschen zu viel Vielfalt schlecht aushalten. Die religiöse Vielfalt kann dann bereichernd werden, wenn sie sich mit der Möglichkeit zum Erwerb religiöser Bildung und Kompetenz ebenso verbindet wie mit intensivem Dialog zwischen und mit den religiösen Protagonistinnen. Ohne solche Begleitmaßnahmen kann die religiöse Vielfalt nicht nur konfliktiv werden, sondern auch jenes dämonische Gewaltpotential freisetzen, das aller Religion innewohnt. Solche Konfliktzonen gibt es viele: Interpretationskonflikte wie z. B. um die Bedeutung des Kreuzes im Schulzimmer; Neutralitätskonflikte, die den Staat zwingen, die Balance zwischen positiver und negativer Religionsfreiheit zu wahren; Systemkonflikte zwischen Religion und den anderen Gesellschaftsbereichen, wie z. B. Wirtschaft, Politik, Kunst. Konflikte können um die Zeitordnung entstehen (Streit um den arbeitsfreien Sonntag), aus Konkurrenz zwischen etablierten und rechtlich anerkannten Religionsgemeinschaften und solchen, die das nicht sind. Konflikte entstehen auch um die Frage der Koexistenz bzw. darum, wie eine dechristianisierte Gesellschaft anders zu ihren ethischen Ressourcen kommen kann (Ethikunterricht in Österreich, »Lebenskunde-Ethik-Religion« in Deutschland).[213]

Weil Religion mit dem Absoluten, dem Unverfügbaren, mit dem Unbeliebigen, mit Ewigkeit und Wahrheit zu tun hat – mit Gott zu tun hat, kann sie in Menschen die besten, aber auch die schlechtesten Seiten wecken. Pluralität kann dann zum Krieg um die Wahrheit ebenso führen wie dazu, dass man der Wahrheitsfrage nihilistisch ausweicht. Aggression, Gewalt und Fundamentalismus – aber auch Permissivität, Beliebigkeit und Willkür sind die bedrohlichen Begleiter der Pluralität.

Von daher ist religiöse Pluralität auch politisch riskant. Je frühzeitiger und bewusster man religionspolitisch agiert, umso eher kann die religiöse Vielfalt zur kulturellen und politischen Chance werden. Die aktuellen politischen Konzepte, Pluralität zu

212 Vgl. Taylor, Religion, Identität und europäische Integration, 182.
213 Diese Unterscheidungen trifft Joachim von Soosten: *Öffentlichkeit und Evidenz* – Evangelische Kirchen im öffentlichen Wettbewerb. Ein Bericht zur Lage in Deutschland, in: Gabriel (Hg.), Religionen im öffentlichen Raum, 37–52, 43.

gestalten, sehen diese eher als Bedrohung und versuchen sie zu überwinden bzw. zu paralysieren. Im »Absonderungsmodell«[214] wird versucht, wieder eine Singularität herzustellen; im »Anpassungsmodell« wird das Eigene unkenntlich gemacht und geht in der Pluralität auf. Das »Ausdehnungsmodell« will eine Art übergeordneter Einheit erlangen, indem es die Pluralität okkupiert. Pluralitätsbejahend und damit zukunftsfähig sind aber nach Hans-Georg Ziebertz und Stefan Heil nur das Modell der »Sektoralität« und das des »kritischen Dialoges« mit den einzelnen Beteiligten im pluralen Feld. Die einzelnen Religionsgemeinschaften und Kirchen können sich hier gleichermaßen einbringen, wissen sich als einen Sektor innerhalb der religiösen Landschaft, ohne sich dabei in der Kommunikation sektoral verhalten zu müssen.

Auch theologisch ist Pluralität kein Übel. Wie jedes Symbol für die Komplexität des menschlichen Geistes ist sie theologisch doppeldeutig. Sie kann diabolische Zerrissenheit und Zerstrittenheit ebenso anzeigen wie sie die Wirklichkeit des einen, in sich trinitarischen Gottes wahrnehmbar machen kann. Die theologisch-kritische Unterscheidung der Geister ist hier gefragt. Sicher ist: Nur in der Vielfalt wird die Größe und Unbegreiflichkeit Gottes sichtbar. Die religiöse Pluralität ist nicht nur bedingt durch kulturelle, historische und soziale Prozesse. Sie wurzelt in der Fülle des Geistes Gottes. Erst wenn die Einheit in der Fülle negiert wird, wird Pluralität gefährlich. Wenngleich die Globalisierung die Pluralisierung auch des Religiösen vorantreibt, ist Pluralität kein spezielles Kennzeichen der Moderne, sondern konstitutiv für alle Lebensbereiche menschlicher Geschichte. Auch religiöse Pluralität ist daher historisch kein neues Phänomen, sondern von je her konstitutiv für alle Religion, die es mit Geist zu tun hat.

Pluralität der Religionen und Religiositäten als Ausgangspunkt religionspolitischer Überlegungen bedeutet für diese Studie das stete Hintergrund-Bewusstsein, dass über Rolle und Bedeutung des Christentums und der Kirchen nur mehr im Kontext religiöser Vielfalt nachgedacht werden kann. Die Beiträge der anderen Religionen und Religiositäten werden hier aber nicht explizit analysiert. Ebenso wenig wird der Dialog mit und zwischen den anderen Religionen zum Thema Religionspolitik ausdrücklich geführt. Dies wäre ein Thema, das es in einer Nachfolgestudie zu erforschen gilt. Der Schwerpunkt meiner Überlegungen liegt auf der theologischen Frage nach einer modernen Religionspolitik aus Sicht des Christentums und der Kirchen, insbesondere der katholischen Kirche.

Die christlichen Kirchen sind noch immer wichtige Trägerinnen politischer und religiöser Entwicklungen[215]

Der Glaube an den Gott Abrahams, Isaaks und Jakobs; an den Gott Sarahs, Rebekkas, Leas und Rahels; der Glaube, dass uns dieser Gott in Jesus Christus unwiderruflich nahe gekommen ist, uns erlöst hat und die Endzeit begonnen hat; der Glaube, dass Gott schon begonnen hat, sein Reich unter uns aufzurichten, die Hoffnung auf die Auferstehung: Solcher Glaube ist heute nicht mehr selbstverständlich. Er ist dem empirischen Befund nach sogar vom Aussterben bedroht. Auch eine Lebensweise,

214 Zum Folgenden: Stefan Heil/Hans-Georg Ziebertz: *Zwischen Normativität und Affirmation.* Auf dem Weg zu einer Verhältnisbestimmung von Pluralität und Religion, in: irritatio 1/2002, 2–6.
215 Vgl. dazu in dieser Studie auch S. 44ff.

die sich langfristig und eng an eine christliche Kirche bindet, wird zum Minderheitenphänomen. Die Wiederkehr der Religion ist demzufolge nicht kirchen-, sondern kulturgemacht.

Dennoch sind die christlichen Kirchen in Europa nach wie vor wichtige Trägerinnen und Tradentinnen von Religion. Sie verfügen über einen reichen Schatz jahrhundertealter Weisheitstraditionen, über Erfahrungen mit Segen und Fluch der Religion. Sie wissen um Strategien der Zivilisierung, Rationalisierung und Entdämonisierung von Religion. Sie wissen dank ihrer theologischen und historischen Reflexionen und Erfahrungen, wie man Vernunft und Glaube, Religion und Politik verbinden kann, und wie man sie nicht kombinieren darf. Auch als internationale Trägerinnen von Spiritualität und Gesellschaftspolitik sind sie unverzichtbar. Die Kirche ist bis heute spiritueller und politischer »global player«. Die christlichen Kirchen sind unverzichtbar im politischen Prozess einer geistvollen Europäisierung und Humanisierung Europas, wenn dieses Europa mehr sein will als eine Wirtschafts- und Militärgemeinschaft. Sie sind notwendige Begleiterinnen der Wiederkehr der Religion. Sie stellen nicht nur ein kulturelles Erbe bereit, sondern sind selbst lebendige Trägerinnen des Geistes Gottes, die Traditionen nicht nur konservieren, sondern immer wieder neu aktualisieren. In den europäischen Bevölkerungen wirkt nach wie vor ein lebendiger »christentümlicher« Geist, dessen gesellschaftspolitische Relevanz und ethisches Selbstbewusstsein man gar nicht unterschätzen kann. In einer überwältigenden Mehrheit der Weltanschauungen, Werthaltungen und Lebensentwürfe der Europäerinnen lassen sich immer noch viele christliche Überzeugungen und Spurenelemente finden.

Die Wiederkehr der Religion ist politisch zu gestalten

Eine weitsichtige und nachhaltige Politik beteiligt sich an der Gestaltung der öffentlichen Seite des Wiederkehrprozesses. Moderne Religionspolitik bewahrt selbstbewusst das Erbe der Aufklärung und deren Werte wie Freiheit, Gleichheit sowie Gerechtigkeit und fordert konsequent die vernunfthafte Reflexion der Religion. Sie ist mitverantwortlich, die inhumanen, dämonischen Dimensionen der Religion aufzudecken und zu bannen. Sie hat ein Interesse daran, dass Menschen ihre Religionsfreiheit bewusst und verantwortlich gestalten und dies auch kompetent können. Religionsfreiheit heißt dann, dass nichts und niemand einen daran hindert, *gegen* das eigene Gewissen, aber auch *gemäß* dem eigenen Gewissen zu handeln. Nichts und niemand darf einen Menschen daran hindern, nach Wahrheit zu suchen. Es ist inhuman, im Namen der Religion Menschen zu irgendetwas zu zwingen, was ihrer persönlichen Wahrheitserkenntnis und ihrem Gewissen widerspricht. Es ist aber ebenso inhuman, jemanden daran zu hindern, das, was er er in religiösen Dingen als wahr und richtig erkannt hat, zum Ausdruck zu bringen, solange dabei die Rechtsordnung und die Menschenrechte gewahrt bleiben.[216]

Eine entwickelte Religiosität ist dem öffentlich-politischen Gemeinwohl zuträglich. Religionsfreiheit wird von moderner Religionspolitik verstärkt als »Freiheit *zur*« Religion konkretisiert. Religion wird dabei weder politisch instrumentalisiert

216 Vgl. dazu das Dekret des Zweiten Vatikanischen Konzils über die Religionsfreiheit »Dignitatis Humanae«.

noch wird Politik religiös aufgeladen oder verzweckt. Es geht darum, eine ausgewogene Balance zwischen zwei elementaren Dimensionen menschlichen Lebens einzuüben. Dabei wird ein »osmotischer Prozess« möglich, von dem beide Seiten profitieren können: öffentliche und intersubjektive, politische und ethische Normen dringen in den Privatbereich ein und ermöglichen dort kritische und vernunfthafte Reflexion der »Privatsache Religion«. Dies kann dazu beitragen, dass die dämonischen Seiten der Religion zivilisiert werden. Umgekehrt kann religiöses und moralisches Gedankengut in die öffentlichen Sphären der Politik eindringen und wirkmächtig werden. Ein solcher Entprivatisierungsvorgang dient dem Fortschritt des Menschlichen.

Wenn Wiederkehr der Religion heute Entprivatisierung bedeutet, darf – ja muss – Politik aber auch zugleich darauf dringen, dass das Recht der Privatsphäre dabei ebenso gewahrt bleibt wie die Gewissensfreiheit. Entprivatisierung setzt eine intakte Privatsphäre voraus und ist nur legitim, wenn der Einzelne gegenüber Übergriffen der Religion geschützt ist. Zudem muss sorgsam darauf geachtet werden, dass eine bestimmte Religion nicht identifiziert wird mit Ethnizität oder Nationalität. Auch dann wäre Entprivatisierung gefährlich. Ohne solche Absicherungen wird Entprivatisierung riskant und die Furcht der Liberalen vor ihr verständlich. Deren Forderung nach Trennung von Religion und Politik hat hier ihren legitimen Ort. Die Freiheit von Glauben und Gewissen, d. h. auch die Religionsfreiheit, war immerhin und aus gutem Grund die erste der bürgerlichen Freiheiten.[217] Unterscheidung und Trennung muss aber keinesfalls Privatisierung religiöser Anliegen bedeuten.

Diese feine Differenzierung lässt sich z. B. in der Auseinandersetzung mit einer charakteristischen politischen Position der ehemaligen Berner Gemeinderätin und heutigen Europapolitikerin Gret Haller verdeutlichen.[218] Im Rahmen des Kongresses der Gesellschaft für europäische Theologie »Gespenster der Angst in Europa« forderte sie 2004 die Einordnung der Religion in eine übergeordnete Rechtsordnung. In der Säkularisierung der Religion sei nämlich das Grundmuster zur Überwindung aller Fundamentalismen gelegt. In der Durchführung, wie dieses friedenssichernde liberaldemokratische Programm denn nun konkret aussehen könne, verlangt die Politikerin dann aber Eingriffe in die intimsten Dimensionen religiösen Selbstverständnisses: Nach Haller muss Religion auf jeglichen Anspruch auf absolute Wahrheit verzichten, habe sie jegliches Auserwählungsbewusstsein zu vermeiden und muss zudem Erweckungserlebnisse jeder Art verhindern, weil es sich dabei um absolute Wahrheiten handle. Haller verlässt hier die liberale und auch religionsfreiheitliche Position, indem sie von politischer Seite aus die Trennung zwischen Religion und Politik unterläuft und aus der Position des Säkularismus inhaltliche Vorschreibungen macht, wie Religion (und insbesondere das Christentum) nicht denken darf.

Die Lösungsmodelle, die die christliche Theologie entwickelt hat – angespornt durch die Trennungserfahrung und die Rezeption der Säkularisierung – greifen hier weiter. Nicht auf Wahrheitsansprüche ist zu verzichten, wohl aber auf deren Durchsetzung, insbesondere mit politischen Mitteln. Auserwählung ist friedlich nur dort, wo sie Auserwählung zum Dienst an und für die anderen bedeutet. Und zur nöti-

217 Zur Geschichte: Eberhard Schockenhoff: *Das umstrittene Gewissen*. Eine theologische Grundlegung, Mainz 1990, 9–15.
218 Berichtet nach http://www.eurotheo.net/kipa30082004.pdf vom 24. 4. 2005.

gen Korrektur religiöser Erfahrungen ist der Einzelne angehalten, sich in den Traditionsfluss der Kirche und ihrer Theologien zu begeben, und verpflichtet, die eigenen, subjektive Erfahrungen in ein vernunfthaftes und reflektierendes Gespräch mit der Tradition zu bringen, um sich so der Kritik auszusetzen und weiterzuentwickeln. All die Umdeutungen, die das Christentum hier bietet, entschärfen die Schlagseiten der Religion und machen sie zudem zu einer öffentlichen Angelegenheit innerhalb einer liberalen Rechtsordnung. Die von Haller geforderte Einordnung ist hier keine Unterordnung mehr (wie das die Politikerin gerne hätte), sondern ein aktives Sich-Einbringen in die Rechtsordnung von jenem spezifischen öffentlichen Ort »Religion« aus, von dem aus das Heilige ins Spiel gebracht wird.

Religion und Politik: Ein kompliziertes Verhältnis

»Könnte eines Tages ein emanzipiertes Menschengeschlecht in den erweiterten Spielräumen diskursiver Willensbildung sich gegenübertreten und doch des Lichts beraubt sein, in dem es ein Leben als ein gutes zu interpretieren fähig ist?« zitiert Medard Kehl Walter Benjamin und meint dazu: »Denn eine ›herrschaftsfreie Kommunikation‹ nützt nichts, wenn zwar die ›Gewalt‹ der Repression weggenommen, aber auch der ›Gehalt‹ des Diskurses verloren gegangen, sinnlos und banal geworden ist.«[219] Etwas poetischer formuliert Friedrich Nietzsche dasselbe Problem, wenn er über die geistlose Existenz des »letzten Menschen« spottet:

Die Vision vom letzten Menschen

Seht! Ich zeige Euch den letzten Menschen. »Was ist Liebe? Was ist Schöpfung? Was ist Sehnsucht? Was ist Stern?« – so fragt der letzte Mensch und blinzelt. Die Erde ist dann klein geworden und auf ihr hüpft der letzte Mensch, der Alles klein macht. Sein Geschlecht ist unaustilgbar, wie der Erdenfloh; der letzte Mensch lebt am längsten.

»Wir haben das Glück erfunden« – sagen die letzten Menschen und blinzeln. Sie haben die Gegenden verlassen, wo es hart war zu leben: denn man braucht Wärme. Man liebt noch den Nachbar und reibt sich an ihm: denn man braucht Wärme. Krankwerden und Misstrauen-haben gilt ihnen sündhaft: man geht achtsam einher. Ein Thor, der noch über Steine oder Menschen stolpert! Ein wenig Gift ab und zu: das macht angenehme Träume. Und viel Gift zuletzt, zu einem angenehmen Sterben Man arbeitet noch, denn Arbeit ist eine Unterhaltung. Aber man sorgt, dass die Unterhaltung nicht angreife. Man wird nicht mehr arm und nicht mehr reich: Beides ist zu beschwerlich. Wer will noch regieren? Wer noch gehorchen? Beides ist zu beschwerlich. Kein Hirt und eine Herde! Jeder will das Gleiche, Jeder ist gleich: wer anders fühlt, geht freiwillig in´s Irrenhaus.

Man ist klug und weiß Alles, was geschehen ist; so hat man kein Ende zu spotten. Man zankt sich noch, aber man versöhnt sich bald – sonst verdirbt es den Magen. Man hat sein Lüstchen für den Tag und sein Lüstchen für die Nacht: aber man ehrt die Gesundheit.

»Wir haben das Glück erfunden« – sagen die letzten Menschen und blinzeln.

Friedrich Nietzsche, Also sprach Zarathustra

Friedrich Nietzsche: Also sprach Zarathustra I–IV, in: Ders.: Sämtliche Werke. Kritische Studienausgabe hg. von Giorgio Colli/Mazzino Montinari, Band 4, München Berlin New York 31993, 19–20.

Woher kommt die »geistige Substanz« einer Gesellschaft, einer Kultur? Woher nimmt eine Gesellschaft ihre Werte, ihre Sehnsüchte, ihre Träume? Woher nehmen wir die absurde Hoffnung und die nötige Kraft, in einer Welt der Katastrophen, der Rückschläge, trotzdem immer wieder mit politischen Veränderungen zum Besseren

219 Medard Kehl: *Eschatologie*, Würzburg 1986, 330.

zu beginnen? Was ermöglicht uns, von einer »besseren Welt« zu träumen und uns nicht mit der Faktizität des Tatsächlichen resigniert abzufinden?

Wie kommt eine Gesellschaft zu ihren Moralitäten für das persönliche und das öffentliche Leben? Welche Werte lassen wir zu politischen und wirtschaftlichen, gesellschaftlichen und kulturellen Strukturen gerinnen? Woher kommen die Werte, auf die sich eine Demokratie beruft? Wie kommen wir zu jenem Grundrechtsethos, ohne das keine Gesellschaft bestehen kann? Wie sichern wir unseren Rechtsstaat? Auf der Basis welcher Werte wollen wir weiterleben und Geschichte schreiben? Ohne geistige Substanz sind unsere modernen Gesellschaften von innerem Zerfall bedroht. Ohne zugrunde liegende Werte ist auch der Rechtsstaat gefährdet, denn Rechte sind nicht in erste Linie Ansprüche, sondern sichern nicht mehr und nicht weniger als die Rahmenbedingungen für jene Freiheit, die wir mit Sinn und Inhalt füllen können und sollen.

Aber: Was sind »geistige Phänomene«? Können unsere Gesellschaften sich unter »Geist« überhaupt etwas vorstellen? Etwas Eigenständiges, das sich nicht auf psychologische, biologische, chemische, soziologische oder historische »Bestandteile« reduzieren lässt? Können wir umgekehrt »Geist« denken, ohne ihn in metaphysische Höhen zu idealisieren oder zu ideologisieren? Die Wiederkehr von Religion und Spiritualität lässt ahnen, dass hier wieder eine Suchbewegung eingesetzt hat.

Viele spirituell Suchende machen heute die Erfahrung, dass geistige Werte im Inneren ihres persönlichen Erlebens zu finden sind. Diese innere Verankerung des Geistes ist unverzichtbar. Dennoch kommt der Geist nicht nur aus uns selbst, und was aus uns kommt, bedarf einer kritischen Läuterung. Wie kommt denn der Geist »in uns hinein«? In uns selbst finden wir letztlich immer nur das, was wir ohnedies schon kennen. Die Tiefe des eigenen Selbst entdeckt man gerade dadurch, dass einem »von außen« Geistvolles (oder Geistloses) entgegenkommt – durch andere Menschen, durch Lebensereignisse und Widerfahrnisse, durch die Kultur: Religion, Philosophie, Wissenschaft, Kunst. Das sind jene Bereiche, die die geistige Substanz einer Gesellschaft grundlegen. Gerne werden sie – voll des Neides jener, die in ihrem Leben wenig Zeit geschweige denn Muße haben – als »Luxus« apostrophiert, auf den man im Zweifelsfall verzichten könne. Was aber, wenn dieser Luxus das zum menschlichen Leben Unverzichtbarste wäre, weil nur dort die Erinnerungen aufbewahrt sind, was Menschsein bedeutet? Was, wenn das geheime Ziel aller Totalitarismen darin bestünde, diesen »Luxus« abzuschaffen, damit niemand mehr an das Humanum erinnert werden kann? Auch der Nationalsozialismus war darum bemüht, alle menschlichen Lebensäußerungen, die um ihrer selbst willen erfolgten, auszumerzen und zum Eigeninteresse zu verzwecken.[220] »Vom Standpunkt totaler Herrschaft gesehen, ist eine Gesellschaft verspielter Taugenichtse, die sich etwa nur für das Schachspielen um des Schachspiels willen interessiert, nur um einen Grad, aber nicht prinzipiell ungefährlicher und hinderlicher als eine Klasse von Bauern, die an nichts interessiert ist als an der Bestellung des Bodens. Den Boden um seiner selbst willen zu bestellen – gerade dies kann die totalitäre Diktatur nicht dulden«[221], schreibt Hannah Arendt. Sie erinnert auch an den von Himmler selbst formulierten

220 Zit. nach Arendt, Elemente und Ursprünge totaler Herrschaft, 695.
221 Ebd., 695–696.

Kernsatz der SS: »Es gibt keine Aufgabe um ihrer selbst willen.« Auch die internen Broschüren der SS betonten immer wieder das »absolute Begreifen von der Nichtigkeit allen Selbstzwecks«.[222]

Es ist politisch gefährlich, jene Bereiche, die die geistigen Ressourcen der Menschheit beheimaten, abzuschaffen. Eine lebendige Demokratie bedarf geistiger Grundlagen. Ohne solche wird sie zu einem formal-positivistischen Machtverwaltungs-Verfahren und ist gefährdet, zur Diktatur oder Oligarchie zu verkommen.[223] Eine substantielle Demokratie baut auf Werten und Wahrheiten auf. So beharrt sie zum einen auf spezifische Prozeduren, die die Freiheit und Mitsprachemöglichkeit aller sichern sollen, ebenso wie sie auf unbedingte Werte pocht: auf Toleranz, auf Pluralismus, auf Öffentlichkeit, Minderheitenschutz, auf die Möglichkeit zur Diskussion und das Recht auf Konflikt, Kritik und divergierende Meinungen.[224] Auch die Europäische Identität ist eng mit Werten verknüpft, die nicht zur Disposition stehen (sollten): Freiheit, Gleichheit, Vernunft und Gerechtigkeit sind solche Werte. Sie manifestieren sich in spezifischen politischen Stilen: In einer Politik des Dialogs, in einer Politik, die die Menschenrechte wahrt und einfordert, in Sozialpolitik.

In Europa sind der Staat und der Bereich von Kultur und Religion aus gutem Grund unterschiedene Sphären; auf institutioneller Ebene sind Politik und Religion (je nach Land mehr oder weniger streng) getrennt. Dem Staat ist es verboten, sich auf eine spezifische Weltanschauung oder Religion zu stützen. Er ist weltanschauungsneutral. Das bedeutet aber keinesfalls, dass er wertneutral oder gar »geistlos« sein darf: Seine Gesetze gründen auf dem normativen Ethos der Menschenrechte. Auch das gar nicht selbstverständliche Phänomen, dass Gesetze in der Regel eingehalten werden, setzt einen gewissen Wertekonsens in der Gesellschaft voraus, auf den sich der Staat verlassen können muss. Mit staatlichen Mitteln allein könnte er die Rechtsstaatlichkeit gar nicht absichern. So befinden sich Staat und Demokratie in einer paradoxen Situation: Sie leben von einer geistigen Substanz, deren Bestand sie selbst nicht garantieren können und dürfen (Böckenförde-Paradoxon).[225] Zugleich aber sind sie der maßgebliche Rahmen, der vorgibt und prägt, ob und wie sich Werte in der Gesellschaft entwickeln und konkretisieren können. Auch der Prozess der EU-Integration ist analog auf solche Werte angewiesen, die er selbst nicht schaffen kann. Wenn die geistigen Kohäsionskräfte, die es dazu braucht, erschöpft sind, wird es politisch brisant.

Wie kommt ein Staat zu einer Gesellschaft mit geistiger Substanz? Wie kann die Gesellschaft ihre geistige Substanz in den Staat einbringen? Wie kommt es zu einem vitalen Austausch von Werten und Geistigkeit zwischen dem Staat, der Gesellschaft und dem Individuum? Staat und Demokratie brauchen unbedingt Institutionen, die sich am Aufbau der geistigen Substanz beteiligen. Geist hat dabei aber eine paradoxe Entwicklungslogik: Er ist nur dann wahrzunehmen, wenn es um ihn selbst als Selbstzweck geht. Versucht man, Geist zu instrumentalisieren oder zu verzwecken, verflüchtigt er sich entweder oder verkehrt sich in das Gegenteil seiner selbst. We-

222 Zitiert nach Arendt, Elemente und Ursprünge totaler Herrschaft, 695.

223 Vgl. Emmanuel Todd: *Die neoliberale Illusion*. Über die Stagnation der entwickelten Gesellschaften, Zürich 1999; aber auch schon Aristoteles beschrieb im ersten Buch seiner »Politeia« diese Gefahren.

224 Vgl. Eberhard Schockenhoff: *Zur Lüge verdammt?* Politik, Medien, Medizin, Justiz, Wissenschaft und die Ethik der Wahrheit, Freiburg im Breisgau 2000, 286.

225 Zu diesem komplexen Verhältnis Böckenförde, Staat – Gesellschaft – Kirche.

eine geistvolle Gesellschaft möchte, braucht also Orte des Geistes, wo es um diesen selbst als ihn selbst geht. Die Institutionen, die Werte für die Gesellschaft aufbauen, sind daher nicht nur Dienste an der Gesellschaft und zum Benutzen da, sondern sind Einrichtungen eigenen Rechts und bedürfen besonderen Schutzes, damit sie lebendig und geistgenerativ, aus theologischer Sicht geistrezeptiv werden bzw. bleiben können. Zu denken ist hier an die Familie, an das Bildungssystem, an Kunst und Kultur, an den Bereich der Geisteswissenschaften. Sie alle werden geistlos, wenn man sie für andere Interessen funktionalisieren will.

Politik, die diese Zusammenhänge wahr- und ernst nimmt, wird daher fragen:

Welche konkreten politischen und kulturellen Rahmenbedingungen braucht es in pluralistischen Gesellschaften, um den wechselseitigen Transfer zwischen Staat, Demokratie und Politik einerseits, Gesellschaft, Kultur und Werten andererseits zu ermöglichen?

Welche Rollen können und sollen Religionen und Kirchen in und für die Gesellschaft in diesem Prozess spielen?

Wo ist der ihnen angemessene Ort? Welche Aufgaben kommen diesen Bereichen zu? Wo und wie sind sie zu unterstützen?

Wie kann man dem Tatbestand Rechnung zollen, dass zwei Drittel der Europäerinnen sich selbst als religiös definieren?

Wie kann das Wechselspiel zwischen den Sphären Politik – Religion aussehen und gestaltet werden?

Wie sind Religionsfreiheit und Religionspluralismus zu fördern und zu gestalten?

Wie weit können, sollen und dürfen religiöse Lebenskonzepte bzw. Menschenbilder politisch relevant werden?

Die traditionelle Rollenverteilung – die Kirchen sorgen für die Werte, die ein demokratischer Staat braucht – stimmt schon länger nicht mehr. Sie ist in einem säkularen und religiös pluralen Kontext auch in dieser Form nicht anzustreben.

Nur: Was ist an die Stelle dieses Austausches getreten? Woher stammen unsere geistigen Werte heute? Aus dem Konsum, den Medien, der Psychologie, der Freizeit- und Gesundheitsgesellschaft? Hängt die Krise der Demokratie in Europa nicht eng mit dieser nihilistischen Situation zusammen? Nihilismus bedeutet ja nicht, dass die Menschen an gar nichts glauben, sondern nach Friedrich Nietzsche »die ständige Umwertung aller Werte«. Weil mit der Verabschiedung Gottes aus dem öffentlichen Raum in die privaten Betkämmerlein ein öffentlich orientierender Bezugspunkt verloren gegangen ist, sind die Menschen gezwungen, sich ihre Wertesysteme immer neu zu erfinden. Werte werden so zur beliebig wählbaren Ware, die man aus allen Bereichen beziehen kann und immer neu rekombinieren muss. Die dabei entstehende Sinnkrise – weil die Willkür der Kombinationen nur mühsam die Leere dahinter verbirgt – nennt man Nihilismus. Daher besteht die geistige Krise unserer Zeit nicht in einem Wertemangel, sondern im Überschuss der Werte und in einem Fehlen orientierender Maßstäbe und Kriterien, wie sie zu ordnen seien. Zudem stehen die geistigen Einrichtungen der Gesellschaft unter starkem ökonomischen Druck. Die funktionale Ausdifferenzierung stört auch den lebenswichtigen Geist-Transfer zwischen den gesellschaftlichen Sphären.

Europa ist geistig ein zerrissenes Land. Es ist zurzeit nicht fähig, seine geistige Identität in Worte zu fassen. Eine Debatte um die geistigen und kulturellen Grundlagen Europas mag mühsam und konfliktiv werden; sie kann uns aber nicht erspart bleiben. Was hält Europa zusammen? Ein gemeinsamer geschichtlicher Boden, der vielfach differenziert ist? Die Geschichte der gemeinsamen Siege und Niederlagen? Die Geschichte der gemeinsam errungenen Leistungen? Die Anerkennung einer freiheitlichen, auf der Anerkennung der Menschenrechte beruhenden demokratischen und rechtsstaatlichen politischen Ordnung und Lebensform?[226] Der Wirtschaftsraum? Die Abgrenzung gegen die armen Länder Afrikas, Lateinamerikas und Teile Asiens?

Religion ist in dieser Debatte nur mehr eine Möglichkeit – aber sie wird in jedem Fall eine zentrale Rolle spielen. Andernfalls verläuft die Diskussion geschichts- und erinnerungslos und ignoriert die Lebensrealität von zwei Dritteln der europäischen Bevölkerung. Je mehr man die Sphäre der Religion bewusst ins zeitgenössische Gespräch holt, umso friedlicher wird dieser Selbstverständigungsprozess ablaufen können, und umso eher kann Religion das Ihre beitragen: Sie kann in den öffentlichen Raum die Frage nach Gott bringen. Und das nicht nur in der Verfassung.

Unterscheidung von Religion und Politik: Ein uraltes jüdisches und christliches Grundprinzip

Die Unterscheidung von Religion und Politik ist ein Erbe der jüdischen und der christlichen Tradition. Die biblische Tradition ist seit ihren Anfängen religions- und gesellschaftskritisch und wusste immer genau zu unterscheiden zwischen der Sphäre Gottes und dem diesseitigen politischen Treiben. So erzählt beispielsweise das Alte Testament davon, dass bestimmte Formen von Politik (Gesellschaftsordnungen, Rechtsordnungen, Sozialpolitik) mit dem Glauben an Jahwe nicht vereinbar sind. Es verdeutlicht, wie eng ungerechte Sozialstrukturen mit inhumaner Religiosität zusammenhängen (z. B. die Kritik an den kanaanitischen Religionen und den Baals-Kulten). Der biblische Monotheismus ist in seinen historischen Anfängen keine theoretische oder dogmatische Frage, sondern eine praktische und politische Frage: Wer nicht auf Jahwe setzt, wird eine ungerechte Politik betreiben. Wer eine ungerechte, unmenschliche Politik betreibt, verrät Jahwe. Auch die Entwicklung des Monotheismus wurzelt in politischen Erfahrungen. Gott ist der Herr der Geschichte – sonst niemand. Indem sich der Glaube an den einen Gott herauskristallisiert, werden alle weltlichen Machthaber entthront. Die göttliche Legitimation wird ihnen entzogen. Weil Gott der ganz Andere ist, darf niemand seine Macht für seine Interessen, auch nicht für politische Zwecke, einsetzen. Der Monotheismus schafft eine Leerstelle der Macht, in die keine irdische Größe eingesetzt werden darf. So befreit er Menschen von selbst gemachten Götzen und selbst ernannten Herrschern.[227] In seiner paradoxalen Logik entthront der Monotheismus alle Mächte mit monopolistischem Machtanspruch und mehrt so jene Art von Pluralismus, der eine Einheit in Freiheit und Liebe überhaupt erst ermöglicht. Indem der Monotheismus Geist von seinem Geist erkennen kann, kann er in den religiösen und politischen Systemen an-

226 Vgl. Böckenförde, Die Bedingungen der europäischen Solidarität, 23–24.
227 Dass auch der Monotheismus im Judentum und Christentum für politische Zwecke missbraucht wurde, ist schuldhaft und tragisch und der berechtigte Kern der sog. Monotheismusdebatte, die dem Monotheismus implizite Gewaltneigung vorwirft.

derer Völker, Nationen und Religionen gottvolle Erfahrungen übernehmen und das Ungöttliche – d. h. das, was den Einzelnen und religiöse bzw. politische Strukturen unfrei und lieblos macht – wegscheiden. So *verstärkt* der Monotheismus streng genommen religiöse und politische Vielfalt, solange sie im Sinne Gottes – und das heißt immer auch des Menschen Heils – sind.

Dieser Grund-Vorgang des Unterscheidens in der Geschichte ist von Anfang an politisch. Der biblische Gott ist politisch. Das beginnt mit dem Exodus aus dem ägyptischen Großreich und dessen perfekter Synthese zwischen Religion und Politik. Das Exodusereignis ist die fundamentale Kritik an jeder Politik, die sich religiös legitimiert; an jeder Religion, die politische Macht ausübt oder sich für politische Interessen einsetzen lässt; und an der freiheitsberaubenden Vermischung dieser beiden Tendenzen.[228] Insbesondere der Pentateuch weiß um den problematischen Zusammenhang von Politik und Religion und steht ihm kritisch gegenüber – und das in einer Zeit, in der Religion und Politik in den orientalischen Ländern eine untrennbare Einheit darstellten. Widerstand gegen die Religion war damals gleichbedeutend mit politischem Hochverrat. Gott spielt im Pentateuch eine politische Rolle, freilich keine legitimierende, sondern eine relativierende. Immer wieder befreit er Menschen aus gesellschaftlichen Zwängen. »Erlösung« ist von diesen Wurzeln her immer auch eine politische Angelegenheit und manifestiert sich in der Befreiung von Menschen aus unterdrückenden und ungerechten Verhältnissen.

Vor aller Politik stehen Glaube und Hingabe an Gott. Ehe die Hebräer Ägypten verlassen können und im Exodus zum Volk Gottes werden, feiern sie ein »Fest in der Wüste«: Moses bittet den Pharao, mit dem Volk in die Wüste ziehen zu dürfen, um mit Jahwe ein Fest zu feiern (Ex 5, 1–19). Bevor eine alternative, neue Gesellschaftsordnung möglich wird, ist es nötig, sich in Gott zu verwurzeln, sich in ihm festzumachen. Die Gesellschaft kann sich überhaupt nur verändern über diesen indirekten »Umweg« über Gott, das ist *die* zentrale Erfahrung des biblischen Glaubens. Die Verankerung aller Hoffnungen auf Erlösung und Freiheit in Gott sichert auch die politische Freiheit. Diese Erfahrung ist es, die das erste Mal wahrnehmbar macht, dass Religion und Politik unterscheidbare Sphären sind. Hier sind die ersten biblischen Wurzeln der Religionskritik und der Politikkritik. Es ist daher nicht erstaunlich, dass der Pharao auf die Anfrage Mose den Frondienst verschärft und den Gottesdienst verbietet. Er ahnt dessen politische Brisanz.

Dennoch führt die Kritik an Religion und Politik, die Altes und Neues Testament durchzieht, weder zur Ablehnung von politischem Engagement und religiöser Praxis noch zur Absonderung aus der politischen Sphäre. Jeremia fordert dazu auf, sich um das Wohl der Stadt zu sorgen (Jer 29,4), das ist auch eine politische Angelegenheit. Paulus ist der Meinung, dass die Gesetze des Staates einzuhalten sind, wenn sie nicht ungerecht sind (Röm 13).

Jesus führt die religions- und politikkritische Tradition der jüdischen Tradition weiter. Sein Leben, Sterben und die Folgen seiner Auferstehung lassen an ihm selbst den Zusammenhang von Religion und Politik deutlich werden. Jesus hält keine explizit politischen Reden und schließt sich auch keiner politischen Gruppe an – und gerät dennoch mit dem, was und wie er spricht und handelt, immer wieder ins Schussfeld der Politik. Gerade weil es ihm zuallererst um die Umkehr zu Gott geht,

228 Vgl. Georg Braulik/Andreas Ruthofer: Fundamentalexegese *Altes Testament 2 – Pentateuch 2 und die Geschichtsbücher*, unveröff. Skriptum, Wien 2000, 6–8; Georg Lohfink: *Braucht Gott die Kirche?*, Freiburg im Breisgau 1998.

irritiert er scheinbar selbstverständliche soziale und politische Abläufe, Gesetze und Strukturen. Seine religiöse Kritik am jüdischen Reinheitsgesetz (Mk 7,15) ist zugleich Gesellschafts- und Sozialkritik: Die ländliche Bevölkerung, die für kultische Reinheit weder Zeit noch Muße hatte, litt auch unter sozialer Ausgrenzung, weil sie religiös als unzureichend galt. Mit seiner harschen Kritik am Jerusalemer Tempelkult (Mk 11,15–19; Joh 2,13–22) trifft Jesus mitten ins wirtschaftliche und politische Zentrum des zeitgenössischen Judentums, was wesentliche Ursache für seine Verurteilung zum Tod sein wird. Auch von römischer Seite ist die Kreuzigung Jesus allem voran politisch motiviert: Sie dient der Aufrechterhaltung einer bestimmten gesellschaftlichen Ordnung, die »Frieden« genannt wird – eine Ordnung, die Jesus offenbar destabilisierte.

Trotz der impliziten politischen Brisanz dessen, was Jesus sagte und tat, hat er explizit politische Ansinnen dennoch immer zurückgewiesen: »So gebt dem Kaiser, was dem Kaiser gehört, und Gott was Gott gehört.« (Mk 12,17; Mt 22,21) Aber auch: »Ihr könnt nicht beiden dienen, Gott und dem Mammon.« (Mt 6,24; Lk 16,9) Jesus anerkennt die Eigenständigkeit der politischen Sphäre, aber der Glaube an Gott ist das einzige, worauf man sein Leben sicher gründen kann.[229] Die Unterscheidung der beiden Sphären wird bei Jesus genauso deutlich wie der unbedingte Vorrang der Gottesbeziehung. In der Auseinandersetzung mit Pilatus, wo es um Leben und Tod geht, wird dies deutlich. Das Königreich, von dem Jesus spricht, ist letztlich von anderer Art als jedes politische Reich (Joh 18,36). Jesus spricht Pilatus außerdem jegliche Macht über ihn ab: Pilatus hätte keine Macht über ihn, wenn sie ihm nicht von Gott gegeben wäre (Joh 19,11). Angesichts der Macht Gottes ist politische Macht nichtig, selbst angesichts des Todes.

Der Verlauf der Geschichte des Christentums zeigt immer wieder die Brisanz des Verhältnisses zwischen Religion und Politik. Generation für Generation wird um eine adäquate Verhältnisbestimmung dieser spannungsreichen Beziehung gerungen. So wurzeln die Christenverfolgungen der Frühzeit in der Kritik der Christinnen am religiösen Kaiserkult. Wer die Reichsreligion kritisierte, machte sich politisch verdächtig in einer Epoche, in der Religion und Politik untrennbar zusammengehören, und alles unter politischem Kalkül wahrgenommen wird.[230] Mit der Konstantinischen Wende 313, die das Christentum selbst zum politisch einheitsstiftenden Kult werden lässt, wird es zur Reichsreligion und zum politischen Machtfaktor. Es tut damit nun selbst, was es drei Jahrhunderte lang kritisiert hatte.

Dennoch: Mit der Verbreitung des Christentums, das ohne die römischen Kaiser nicht möglich gewesen wäre, wurde zugleich auch der politik-kritische Geist mitverbreitet. So sind es christliche Bischöfe, die die Idee von der Differenz von Religion und Politik theoretisch reflektieren, um die Kirche vor politischen Übergriffen zu schützen. Bereits Ambrosius spricht von der Unterscheidung von *imperium* und *sacerdotium* (weltlicher und geistlicher Herrschaft). Augustinus sieht im konkreten Staat ein weltliches und vergängliches Ding, während die »Bürgerschaft« Gottes ewig ist. Er differenziert höchst genau zwischen der *civitas terrena* und der *civitas Dei*,

229 »Mammon« bedeutet zurzeit Jesu bereits Geld, Besitz, Eigentum; von seiner ursprünglichen Bedeutung ist es das, worauf man sein Leben gründet. Dazu: Annette Merz: *Mammon als schärfster Konkurrent Gottes – Jesu Vision vom Reich Gottes und das Geld*, in: Severin Lederhilger (Hg.): *Gott oder Mammon*. Christliche Ethik und die Religion des Geldes, 2. Ökumenische Sommerakademie Kremsmünster 2000, Frankfurt am Main 2001, 34–90.
230 Vgl. Norbert Brox: *Kirchengeschichte des Altertums*, Düsseldorf [6]1998.

und weiß, dass diese Sphären »Geist-Räume« sind und nicht ident mit konkretem Staat und real existierender Kirche. Seine Geschichtstheologie ist eine religionspolitisch kritische Reaktion auf die Entwürfe von Eusebius und Prudentius und deren problematischer Gleichsetzung von Staat und Reich Christi. Geschichte und Politik sind keine Realsymbole für das Reich Gottes. Dennoch kann sich auch in diesen Bereichen die Liebe Gottes zur und in der gesellschaftlich-geschichtlichen Wirklichkeit zeigen – *totum, sed non totaliter*; immer nur im Fragment, und doch in Fülle dort, wo sich Gott zeigt.

Ohne die historische Entwicklung dieses Verhältnisses weiter detailliert darzustellen, lässt sich sagen, dass die Geschichte des europäischen Kontinents, von der Antike weg, maßgeblich von der Frage um eine rechte Verhältnisbestimmung von Religion und Politik geprägt ist. Für Westeuropa spielt der Investiturstreit des 12. Jahrhunderts eine maßgebliche Rolle. Wieder ist es paradoxerweise die Kirche selbst, die durch ihre Unterscheidung der Sphären Religion und Politik die Welt in ihre Weltlichkeit entlässt und die entscheidenden Weichen für die spätere Trennung legt. Der eigene Machtanspruch führt langfristig zur Entmachtung und zur Durchsetzung des Gedankens einer eigenständigen politischen Sphäre. Das Christentum spielt eine ambivalente Rolle: Politischer Opportunismus und Machtakkumulation sind in der Kirchengeschichte ebenso wirkmächtig wie der religions- und politikkritische Geist, der in der Bibel aufbewahrt und weitervererbt wird. Immer wieder meldet sich Gottes Geist zu Wort, der daran erinnert, dass weltliche und göttliche Sphäre verschieden sind, und Kirche und Staat, Religion und Politik, daher unterschiedene Bereiche sein müssen.

Aufklärung und Neuzeit lassen diese Unterscheidung zur Trennung und im weiteren zum Bruch werden. Nach Jahrhunderten einer Religionspolitik, in der Religion und Politik einander Macht und Einfluss garantierten, ausgelöst durch die Religionskriege, setzt nun im Interesse des Friedens der schrittweise Vorgang der Trennung von Religion und Politik ein. Der Prozess der Säkularisierung wird zum Auszug der Politik aus dem Einflussbereich der Religion und läutet das Ende einer jahrtausendealten Form von Religionspolitik bzw. politischer Theologie ein. Dieser Vorgang ist ohne seine geistigen Wurzeln im Judentum und im Christentum nicht zu verstehen. Säkularisierung und Trennung von Religion und Politik sind so gesehen auch genuin christliche Vorgänge, was nichts am Eigenwert dieser Prozesse mindert, wie Hans Blumenberg eingefordert hat. »Die Weltlichkeit der Welt, wie sie im neuzeitlichen Verweltlichungsprozess entstand und in global verschärfter Form uns heute anblickt, ist in ihrem Grunde, freilich nicht in ihren einzelnen geschichtlichen Ausprägungen, nicht gegen, sondern *durch* das Christentum entstanden; sie ist ursprünglich ein *christliches* Ereignis und bezeugt damit die innergeschichtlich waltende Macht der ›Stunde Christi‹ in unserer Weltsituation.«[231] Unterscheidung und Trennung zwischen Religion und Politik sind daher auch für Gläubige nicht nur unvermeidliche Übel, sondern freiheits- und daher glaubensermöglichende Errungenschaften. Ernst-Wolfgang Böckenförde fasst das komplexe Verhältnis des christlichen Glaubens zum politischen Engagement zusammen:

»Der Mensch, der sich in den göttlichen Heilszusammenhang hineinstellt, wird befreit aus der Verstrickung in die Welt und dem Aufgehen seines Daseins in der

231 Metz, Zur Theologie der Welt, 16.

Welt. Er ist, in seinem Selbstbewusstsein und Daseins-Sinn, über den Bereich weltimmanenter Zielsetzungen prinzipiell herausgehoben. Die Aussage der Offenbarung, dass der Mensch als Ebenbild Gottes geschaffen und in seiner konkreten (erlösten) Existenz ›Kind Gottes‹ ist, verleiht ihm nicht nur eine Würde in sich, sondern legt auch den existentiellen Ort seines Daseins aus der Welt heraus – der bleibende Unterschied zum antiken Mythos, der dessen Geschichtsmächtigkeit zerstört. Daraus ergibt sich einerseits eine gewisse Distanz zur Welt, andererseits aber auch gerade eine Freiheit *gegenüber* der Welt, eine Freiheit zu ihrer – weltimmanent und mythisch gesehen voraussetzungslosen – Gestaltung und Umgestaltung im Sinn der praktischen Umsetzung und Wirksamkeit der göttlichen Heilsbotschaft.

Der Mensch wird als Christ aufgerufen, sein neues (erlöstes), von der Weltverstrickung befreites Dasein im Handeln wirksam werden zu lassen. Auf diese Weise greift die göttliche Heilsbotschaft aus in das soziale und politische Verhalten des einzelnen Christen und der Christen insgesamt. Sie sollen das Salz der Erde sein, das Licht, das in der Finsternis leuchtet, der Sauerteig, der die Welt durchsäuert (und erneuert). Das in Jesus Christus gekommene und verkündete Heil ist insofern in der Tat nicht privat, keine nur den einzelnen Menschen in seiner Innerlichkeit und seinem individuell-persönlichen Bereich betreffende Angelegenheit. Der Auftrag zur Umgestaltung und Erneuerung der Welt im Geist des Evangeliums, die tätige Absage an die Herrschaft des Bösen, der Ungerechtigkeit und der Herzenshärte in der Welt ist der christlichen Botschaft von vornherein immanent;

(…) Diese Aussage bedarf freilich der Ergänzung durch die Feststellung dessen, was im Hinblick auf das politische Verhalten der Christen *nicht* Inhalt der Heilsbotschaft ist. Die christliche Offenbarung enthält nicht ein konkretes politisches Programm, das an sich unmittelbarer Realisierung fähig wäre, und sie enthält auch keinen unmittelbaren Aufruf zur politischen ›action directe‹. Jesus weist die Errichtung einer politischen Messiasherrschaft, von seinen Jüngern bis zuletzt erwartet, immer wieder von sich und entzieht sich dem Volk, das ihn zum König machen will. Er predigt auch nicht die Veränderung der damaligen konkreten Sozialverhältnisse auf revolutionärem Weg, obgleich sie sicher nicht ein Vorbild an Gerechtigkeit waren und hinter dem christlichen Liebesgebot erst recht zurückblieben. Vielmehr zeigt sich eine gewisse Distanz und Gelassenheit gegenüber den konkreten politischen und sozialen Verhältnissen; sie werden sub specie salutis in einen Stand der Relativität versetzt. (…) Die Veränderung der bestehenden Ordnungen und Verhältnisse ergibt sich als *Folge* aus dem gelebten Geist des Evangeliums, aus der Annahme der göttlichen Heilsbotschaft durch die Menschen und den dadurch bewirkten Wandel ihrer Gesinnung und ihres Verhaltens. Das unmittelbare Ziel ist diese Annahme der Heilsbotschaft und das neue Leben der einzelnen aus dieser Botschaft; die Veränderung der Welt ergibt sich daraus als Konsequenz.«[232]

Unterscheidung von Religion und Politik: um des Friedens willen

Unterscheidung und Trennung von Religion und Politik sind auch auf politischer Ebene kein Selbstzweck, sondern dienen einem »höheren« Ziel: dem gemeinsamen

232 Ernst-Wolfgang Böckenförde: *Kirchlicher Auftrag und politisches Handeln*. Analysen und Orientierungen, Freiburg im Breisgau 1989, 95–96 (Auslassungen von mir).

und gerechten Frieden. Zweierlei ist dafür sicherzustellen: Niemand darf zu einer bestimmten Religion gezwungen oder aus religiösen Gründen zu Handlungen gegen das eigene Gewissen genötigt werden. Zu gewährleisten ist aber auch, dass Religionen und religiöse Menschen ihrer Religion wegen nicht diskriminiert werden und ihren Beitrag zum gesellschaftlichen Frieden leisten können. Religion und Politik stehen im Dienst an Mensch und Gemeinwohl. Während die Politik im Idealfall versucht, die gesellschaftlichen Beziehungen mit weltlichen Mitteln zu gestalten, erinnert die Religion daran, dass sich der Mensch im irdischen Handeln nicht erschöpft, sondern sein Leben in Gott gründet. Religion kann »geistvolles« Handeln ermöglichen. Sie verhindert pragmatischen Aktionismus und macht bewusst, dass die Tat im Letzten nicht erlöst. Politische Ansprüche verhindern umgekehrt tatenlose Frömmelei, die den Status quo bestätigt und sich der Verantwortung der Weltgestaltung entzieht, indem sie in den Himmel flüchtet und mit Religion nicht tröstet, sondern vertröstet.

Die Legitimationskrise des Staates

Der moderne Rechtsstaat wurde entwickelt, um Freiheit und Frieden zu gewährleisten. Allein er hat das Recht Gewalt anzuwenden, um im Rahmen der durch die Verfassung und das Gesetz geregelten Bedingungen die Freiheit zu bewahren. Normative, ethische Grundlagen des Staates sind heute nicht mehr die Werte der Religion, sondern die Menschenrechte als Freiheitsrechte, die jeder Bürgerin ein Höchstmaß an formal-gleicher Freiheit einräumen und so ein Koordinatensystem miteinander lebender Freiheiten ermöglichen sollen. Bürgerinnen sind freie Personen, die mit- und untereinander freiwillig Beziehungen aufnehmen, sich zu Institutionen organisieren und so »Gesellschaft« entwickeln können. Staat und Gesellschaft trennen sich. Die politischen Gewalten wurden getrennt, komplexe Kontrollsysteme, in denen gesetzgebende, rechtsprechende und ausführende Gewalt einander kontrollieren, wurden entwickelt, die Gesetzgebung schrittweise demokratisiert. Was für uns heute eine Selbstverständlichkeit scheint, musste und muss mühsam der Realität abgerungen werden, ist ständig bedroht und wurde auch immer wieder zerstört. Die beiden totalitären Gewaltregime des vergangenen Jahrhunderts sind Mahnmale für die beständige Bedrohtheit und Fragilität des politischen Liberalismus. Sie erinnern daran, dass Freiheit kein selbstverständliches Gut ist und inhaltliche Konkretion braucht.

Der politische Liberalismus ist heute in einer Krise und wird von vielen Seiten angegriffen. Zu deutlich sind seine Defizite geworden. Man streitet wieder darum, wie weit der Spielraum, wie groß die Macht des Staates sein darf bzw. muss.

Die Neoliberalen: Die verschiedenen Schulen[233] teilen auf der Basis des klassischen Liberalismus und dessen individualistischen Freiheitsethos sowie der neoklassischen Theorie die Forderung, dass der Staat seinen Einfluss auf das Wirtschafts-

233 Die Österreichische Schule mit bekannten Vertretern wie Carl Menger, Eugen von Böhm-Bawerk, Ludwig von Mises und vor allem Friedrich Hayek; der Ordoliberalismus (= »Dritter Weg«, weil der Staat hier dazu dienen soll, den Wettbewerb mit marktkonformen Mitteln zu erhalten), der von der Freiburger Schule (Walter Eucken, Franz Böhm, Hans Großmann Doerth) und der Kölner Schule (Alfred Müller-Armack) vertreten wird; der Monetarismus, dessen bekanntester Vertreter Milton Friedmann ist und die Chicagoer Schule (Thorsten Bunde Veblen, Wesley C. Mitchell, Alvin Johnson, Walton Hamilton und Milton Friedman).

geschehen minimieren soll und für funktionierende Märkte optimale und unbürokratische Rahmenbedingungen zu schaffen habe. Zuviel Staat behindert Freiheit und Autonomie des Einzelnen, die Freiheit soll über die Freiheit der Märkte und des Individuums gesichert werden. Sozialistische und planwirtschaftliche Konzepte werden strikt abgelehnt, ebenso das politische Machtmonopol des Staates und der Gewerkschaften. Wachstum, Inflationsbekämpfung, Investitionsförderung sind die wirtschaftspolitischen Ziele. Steuern, Umweltauflagen, Subventionen, Arbeitnehmergesetze gelten als hinderlich.

Die Kommunitarismen (dazu werden so unterschiedliche Autoren wie Alasdair MacIntyre, Michael Walzer, Charles Taylor, Amitai Etzioni gezählt) kritisieren im kritischen Anschluss an John Rawls den Liberalismus und den Kapitalismus und betonen die Zusammengehörigkeit von Individuum und Gesellschaft. Die freie Entfaltung des Individuums muss sozial verträglich sein. Auf der Basis eines Konzepts prinzipieller Gleichheit, die Differenzen zulässt, dürfen Ungleichheiten weder zu Diskriminierung noch zu Privilegierung führen. Zudem orten sie ein bedenkliches Demokratiedefizit und kritisieren, dass die staatlichen Rechtsordnungen die ethische Substanz der Gesellschaft aushöhlen. Der liberale Staat fördert Individualisierung, Atomisierung und Entsolidarisierung. Solidarität und Gemeinsinn sollen von der Gemeinschaft der Bürger erbracht werden.

Die Postmoderne – als uneinheitliche philosophische Strömung, der man so unvergleichbare Denker wie Jean-François Lyotard, Michel Foucault, Jacques Derrida, Jean Baudrillard, Anthony Giddens, Ulrich Beck und Zygmunt Baumann zuordnet – eint die Kritik an der Moderne: Der Primat von Vernunft und Zweckrationalität wird ebenso abgelehnt wie jeglicher universaler Wahrheitsanspruch im Bereich von Philosophie und Religion, aber auch in politischen Systemen. Toleranz, Freiheit und Pluralismus und das damit verbundene immer wieder erforderliche Dekonstruieren sind die zentralen Werte der Postmoderne. Von daher gibt es nicht die »eine« Gesellschaft, sondern nur plurale Sektoren, eine Vielfalt von Gruppen und Individuen mit widersprüchlichen und je anderen Weltperspektiven. Im Staat sehen postmoderne Denker daher eine Gefahr für den Pluralismus, das Recht des »Andersseins« und die Individualität.

Grundaufgaben des Staates sind die Sicherung von Leben und Frieden durch das Gewaltmonopol sowie die Sicherung von Freiheit *und* Gerechtigkeit. Die global veränderten ökonomischen und politischen Bedingungen nach 1989 machen heute eine internationale Neuordnung nötig. Um diese wird gegenwärtig gerungen. Werte wie Frieden, Freiheit und Gerechtigkeit können nicht mehr nur national oder ausschließlich auf europäischer Ebene gedacht werden, sondern erfordern eine globale und universale Perspektive und müssen für alle möglich sein. Maßstab haben bei internationalen Maßnahmen in Politik und Ökonomie daher die Länder Afrikas, Lateinamerikas und Asiens zu sein, die von Fortschritt und Wohlstand bis jetzt ausgeschlossen sind, was Frieden, Freiheit und Gerechtigkeit in diesen Kontinenten massiv bedroht. Staatsreformen müssen auch aus dieser internationalen Perspektive erfolgen und dürfen nicht nur nationale Interessen verfolgen. Europa ist heute aufgefordert, seine Werterrungenschaften weiterzuentwickeln und ggf. auch zu exportieren. Dazu braucht es neue und alternative politische und ökonomische Konzepte, wie Freiheit und Gerechtigkeit, Friede und Wohlstand international gefördert werden können. Diese Neuorientierung wird und kann nicht allein aus den oftmals festgefahrenen politischen und ökonomischen Teillogiken erwachsen, sondern braucht die Zusammenarbeit mit jenen Gesellschaftsbereichen, die für die geistige Erneuerung der Gesellschaft unverzichtbar sind, insbesondere mit Philosophie, Kunst und Religion.

Der europäische Staat befindet sich heute in einer Legitimationskrise. So steht beispielsweise seine Aufgabe als Sozialstaat zur Disposition: Soll der Staat die »sozial Schwachen« unterstützen, oder soll er vorbeugend dafür sorgen, dass es gar nicht so weit kommt? Zurzeit rechtfertigen sich die europäischen Staaten dadurch, dass sie sich vor allem in den Dienst der Wirtschaft stellen und für das nationale Wirtschaftswachstum einsetzen. Politik und Ökonomie konstruieren so ein wechselseitiges Legitimationsverhältnis und sichern damit die je eigene Macht und die eigenen Interessen ab. Wissenschaft und Technik sind die Instrumente, derer sich diese Koalition bedient. Multinationale Konzerne ohne weltpolitische Rahmengestaltung ändern im rechtlich luftleeren Raum flexibel ihren Standort und setzen nationale Regierungen unter Druck, indem sie mit dem Abzug in billiger produzierende Länder drohen. Umgekehrt sind viele globale Unternehmen abhängig davon, dass der Staat in Forschung und Ausbildung investiert und kompetente Arbeitskräfte produziert. Die zukunftsentscheidende Frage besteht darin, ob es gelingen wird, auf supranationaler und globaler Ebene die soziale, kulturelle und ökologische Sprengkraft des global unkontrolliert agierenden Kapitalismus unter rechtliche und politische Kontrolle zu bringen.

Drängende Fragen an Politik und Wirtschaft

Politik und Wirtschaft, Wissenschaft und Technik müssen sich fragen lassen: Wie können sie eine friedliche und humane, freie und gerechte Gesellschaft gewährleisten? Können sie das aus eigener Kraft überhaupt, und sind die Erlösungshoffnungen auf die Perfektionierung des Menschlichen an diese Institutionen nicht grenzenlos überzogen? Wie weit dürfen Staat und Politik sich umgekehrt zurückziehen und Fragen nach Geist, Sinn und Wahrheit dem freien Spiel der Kräfte überlassen in einer Gesellschaft, die unter der Vorherrschaft ökonomistischer Logik lebt? Wie weit sind Politik und Wirtschaft auch für die Entwicklung des Humanum mitverantwortlich? Was hält die Gesellschaften, was hält die Welt zusammen?

Fragen wie diese sind heute auf möglichst breiter Ebene zu diskutieren – auf allen gesellschaftlichen und politischen Ebenen, in und zwischen allen Individuen, Gruppen und Gemeinschaften, Organisationen und Institutionen. Der Modernisierungsprozess hat Europa enormen Reichtum, umfassendes Wissen und immensen Fortschritt in Wirtschaft, Wissenschaft und Technik gebracht. Diese Erfolge »verdankt« Europa nicht zuletzt der Tatsache, auf die öffentliche Diskussion ethischer und religiöser Fragen verzichtet und sie in die Privatsphäre verbannt zu haben. Wenn sich das Projekt der Moderne nicht selbst ad absurdum führen und durch seine einseitige Fortschrittslogik abschaffen will, muss *jetzt* in den humanen Fortschritt investiert werden. Europa kann dabei auf einen reichen Schatz an Lebens- und Weisheitswissen in Kunst und Kultur, Philosophie und Religion zurückschauen. Die Leitfrage dabei wird sein: In welcher Gesellschaft, in welcher Welt wollen wir leben?

Kann Religion etwas beitragen?

Veränderungsmodelle und Neuordnungskonzepte politischer und ökonomischer Strukturen zu diskutieren ist nicht das Ziel meiner Studie. Dazu sind Sozialethikerinnen, Politologinnen, Volkswirtschaftlerinnen u. v. a. berufener. Hier wird die Frage fokussiert, ob und was Religion beitragen kann zu einem Prozess globaler und gesellschaftlicher Umkehr in Richtung humanen Fortschritts. Zudem ist es unbedingt notwendig, dass der Beitrag der Religion nicht nur innerhalb der Theologie und Religionswissenschaften diskutiert wird, sondern auch eine Vernetzung der Sphären stattfindet. Religion ist kein Sonderbereich, sondern möchte, soll und kann eine Stimme im Konzert jener werden, die alternative und humane Zukunftsszenarien für morgen entwickeln.

Auszugehen ist dabei von der Überzeugung, dass alle großen Religionen aus Ost und West hier einen Beitrag liefern und ihr Erfahrungswissen einbringen können und sollen. Auch die vielen neureligiösen Bewegungen und die spirituell Suchenden und Experimentierenden können und sollen teilhaben am Prozess der globalen Humanisierung in Politik, Wirtschaft, Wissenschaft und Technik. So werden die fernöstlichen Traditionen des Buddhismus und der hinduistischen Religionen beispielsweise ihre kosmologisch orientierten Spiritualitäten einbringen, die in der ökologischen Krise eine wichtige Rolle spielen werden; von den monotheistischen Traditionen und deren Gerechtigkeitskonzepten können sozialpolitische Diskussionen profitieren, um hier nur zwei kleine Beispiele zu nennen. Hier ist ein großer Forschungsbereich offen, der das Erfahrungswissen der Religionen auf seine politische und ökonomische Relevanz hin befragt. In dieser Studie liegt der Schwerpunkt auf den Beiträgen des Christentums und der Kirchen. Im interreligiösen Dialog der Zukunft wird es aufgrund gemeinsamer Weltverantwortung viel stärker um die Fragen gesellschaftspolitischen Engagements gehen müssen. Der große Vorteil, den Religion dabei hat, besteht in der Distanz zu weltlichen Fragestellungen, die aller Religion zu Eigen ist. Die spirituelle Erfahrung ermöglicht diese Distanz vom weltlichen Getriebe und führt zugleich näher an die Mitte der Wirklichkeit heran. Gerade weil in der Religion viel vormodernes Erfahrungswissen tradiert wurde, und Religion nicht mehr zu den Hauptprotagonistinnen des Modernisierungsprozesses gehört, ist sie fähig, aus der Außenperspektive Diagnosen zu erstellen, Ungesagtes, Tabuisiertes und Verschwiegenes zu benennen, Alternativvorschläge und Lösungsmodelle anzudenken.

Politische Grundoptionen im Christentum

Die christliche Tradition hat von der jüdischen Tradition die Fähigkeit zur Unterscheidung von Religion und Politik geerbt und weitertradiert. Sie hat dieses Wissen um die Unterscheidung der Sphären maßgeblich weiterentwickelt und geistesgeschichtlich weitergetragen, bis es sich gleichsam historisch gegen sie selbst gewandt hat. Zugleich weiß die christliche Tradition auch um den dialektischen Zusammenhang zwischen beiden Sphären, und dass es für Gläubige unabdingbar ist, sich in der Gesellschaft politisch zu engagieren.

Politik kann den Glauben nicht ersetzen, und der Glaube hat Vorrang. Aber ein Glaube ohne politische Konsequenzen ist kein Glaube. So erinnert diese Tradition unermüdlich daran, dass es gerechter gesellschaftlicher Verhältnisse bedarf, damit Menschen frei sein und Gott und einander lieben können. Das Heil des Einzelnen und die Realisierung einer alternativen Gesellschaftsordnung bedingen einander und gehören untrennbar zusammen. Gottes Heilszusage bezieht sich nicht nur auf individuelles, spirituelles Wohlergehen, sondern verheißt schon auf Erden handfestes, konkretes gutes Leben für alle: »Land« und »Nachkommen« in der Sprache des Alten Testaments, »Leben in Fülle«, eine Gütergemeinschaft, in der niemand Not leiden muss, in der Sprache des Neuen Testaments. Ein leidenschaftliches Engagement für Freiheit *und* Egalität, Barmherzigkeit *und* Gerechtigkeit prägt diese Tradition. Getragen wird dieses Ethos von der Zusammengehörigkeit von Gottes- *und* Nächstenliebe.

Eine differenzierte Sicht auf das gemeinwohlpflichtige Privateigentum, das Bestreben nach Reduktion von sozialen, kulturellen, nationalen Grenzziehungen zwischen Menschen zugunsten einer universal ausgerichteten Ethik sowie massive Skepsis gegenüber staatlichen Organisationsformen, insofern sie die Freiheit des Menschen beeinträchtigen, sind die inhaltlichen »Zündstoffe«. »Freiheit, Gleichheit und Brüderlichkeit«, die Leitwerte der französischen Revolution, finden sich bereits im Christentum.

Brüderlichkeit: Das Bruderethos, wie es schon das Alte Testament kennt, und das zu einem Herzstück des Christentums wird, prägt den Umgang der Menschen miteinander und steht an der Wiege der Entwicklung der reichen Tradition christlicher Sozialethik. Heute wird man von Geschwisterlichkeit sprechen.

Gleichheit: Die Unterschiede zwischen Menschen, die mit der begrenzten irdischen Existenz zusammenhängen, heben sich auf angesichts der gemeinsamen Herkunft und Verwurzelung in Gott. Da wir vor Gottes Angesicht alle gleicher Würde sind (vgl. Gal 3,28), sind Christinnen verpflichtet, Gleichheit auch zu einer Norm politischen Handelns zu machen.

Freiheit: Sie ist die elementare Bedingung der Möglichkeit, dass Menschen andere Menschen und Gott lieben können. Sie gewährleistet, dass Gleichheit nicht zur Gleichmacherei wird, und die persönliche Individualität gewahrt bleibt. Ihr Sinn ist die Eröffnung eines Raumes zum Schöpferisch-Werden. Sie ist kein Ziel, aber unabdingbarer Lebensraum für Liebe.

Die christliche Tradition ist von Anfang an spirituell *und* politisch orientiert. Normen politischen Handelns gründen im Glauben an den einen und einzigen Gott, der das Heil der Menschen will und sie durch ihre Geschichte begleitet. Kritisch allen konkreten Formen von Staat, Politik und Herrschaft gegenüber, die den Menschen von Gott trennen oder sich an dessen Stelle setzen, ist das Christentum durch und durch politisch. Nicht ohne Grund wurden und werden Christen bis heute von politischen und wirtschaftlichen Machthabern verfolgt.

Anknüpfungspunkte zwischen Christinnen und »Säkularen«

Anhand der Pastoralkonstitution »Gaudium et Spes« des Zweiten Vatikanischen Konzils über die Kirche in der Welt von heute lassen sich mehrere Dimensionen durchbuchstabieren, die das Christentum in die politische Diskussion einbringen kann. Die Dimensionen, die das katholische Lehrdokument formuliert, können wohl von den meisten Christinnen anderer Konfessionen angenommen werden.

Da ist zum ersten die *hohe Wertschätzung der menschlichen Person*: Christinnen geht es um das Heil des einzelnen Menschen. Er ist Ursprung, Ziel, Mitte und Maß allen menschlichen Tuns: in der Politik, in der Wirtschaft, in der Wissenschaft (GS 12).

Die *Freiheit* des Menschen ist eine elementar spirituelle Leitidee des Christentums. Sie ist Bedingung alles wesenhaft menschlichen Tuns auf der Erde. Diese Freiheit ist Grundvoraussetzung, um sich für Gott entscheiden und ihm vertrauen zu können: die Bestimmung des Menschen (GS 17).

Dann die *hohe Wertschätzung der Solidarität*: Die anderen Menschen sind nicht bloß auch oder zufällig da, sondern sie gehören wesentlich zum Menschsein dazu. »Der« Mensch ist nur mit anderen Menschen Mensch. Ob wir uns auf andere beziehen oder nicht, ist nicht bloß eine Frage des persönlichen Willens, sondern elementar und ursprünglich. Diese grundlegende Verbundenheit anzuerkennen drückt sich konkret als »Nächstenliebe« aus (GS 32).

Die *Autonomie der irdischen Wirklichkeit* anzuerkennen gehört zu den fundamentalen Voraussetzungen. Auch Christen glauben, dass die Gesamtheit der Welt eigene Gesetzmäßigkeiten hat, die der Mensch schrittweise erkennen und gestalten kann und muss. Es ist selbstverständlich, die Vernunft und Autonomie von Politik, Wirtschaft und Wissenschaft anzuerkennen (GS 36).

Basis allen gesellschaftspolitischen Handelns ist der Glaube an den Gott Jesu Christi. Dieser Glaube wird getragen von der Erinnerung an einen Gott, der aus Unterdrückung und Not befreit und lebendig machen kann, was tot ist. Jahwe hat Israel aus der Sklaverei in Ägypten befreit, die Auferstehung Christi hat die Menschen vor der ultimativen Bedrohung durch den Tod, den Stachel aller Sünde, erlöst. Sich erinnern an konkrete Geschichte gehört zu den Grundvollzügen christlichen Daseins. Nur ein geschichts- und erinnerungsloses Christentum wird unpolitisch. Erinnerungslosigkeit und Geschichtsvergessenheit bedrohen heute unsere moderne Kultur. Christen können ihre Glaubenserfahrungen beitragen. Sie erinnern daran, dass wir schon befreit worden sind; aber auch daran, dass wir einander immer wieder befreien müssen und im Letzten Gott der Ursprung unserer Freiheit ist. Der Vorrang der Gottesbeziehung vor allem (politischen) Handeln ermöglicht *Unabhängigkeit von und Distanz zu allen konkreten politischen Organisationsformen*. Es gibt nicht *die* einzig wahre Organisationsform politischen Handelns. Christen können alles unterstützen, was der Entfaltung des Humanum dient.

> Wenn ich mit Politikern spreche, kommt mir alles andere als ein positives Bild von Religion entgegen. Schweizer Politiker sagen tendenziell, Religion verengt den Horizont und spaltet die Gesellschaft. Sie führt zu verhärteten Positionen und entmündigt. Meine Frage wäre jetzt: Wie bringen wir es fertig, die positiven Kräfte in das Gespräch zu bringen? Wie beweisen wir, dass Religion entgrenzt? Wie können wir im Handeln der Kirchen deutlich machen, dass sich Religiosität heute gesellschaftserneuernd, -verändernd, –konstruktiv auswirkt?
>
> *Markus Sahli* auf dem Symposium »Zukunft der Religion – Rolle der Kirchen«

Was ist und wozu Religionspolitik?

Religion bezieht sich auf das Ganze der Wirklichkeit, thematisiert Erfahrungen mit diesem Ganzen und formuliert dementsprechend Lehren und Praktiken, wie man sich diesem Ganzen gegenüber verhalten kann und soll. Deshalb hat Religion eine fundamental politische Bedeutung. Auch der Politik geht es um Weltverhältnisse, allerdings sind für den modernen demokratischen Rechtsstaat transzendente Aussagen ebenso verboten wie weltanschauliche Aussagen zum Ganzen der Wirklichkeit. Staatsangelegenheiten sowie Mittel der Durchsetzung dürfen ausschließlich irdische sein. Der Bezug zum Ganzen und die daraus gefolgerten Ansprüche machen Religion also zugleich politisch und gefährlich. Dennoch ist nachzufragen, ob in einer Zeit, in der sich der Standort von Kirche und Religion in der Gesellschaft so rapide verändert hat wie im Europa der letzten Jahrhunderte, die berechtigte Sorge um die politischen Konsequenzen religiöser Ganzheitsansprüche von Religion dazu führen muss, Religion ins Private zu verbannen.

Der politisch-institutionelle Rahmen, in dem wir heute über Religionspolitik nachdenken können, ist der säkulare, religiös neutrale, daher pluralistische Staat. Dabei wird die traditionelle konfessionelle Aufteilung der Religion von einer religionenübergreifenden Vielfalt abgelöst.[234] Dieser Rahmen sollte die Freiheit vor religiösen Machtansprüchen ausreichend absichern. Auch der Religion ermöglicht er, frei zu werden, sich auf ihre wesentlichen Anliegen zu konzentrieren. Zugleich scheint die traditionelle Religionspolitik der interreligiösen Situation zunehmend weniger gerecht zu werden.

Religionsrecht – ein elementarer Ort der Religionspolitik

Ein wesentlicher Ort, an dem Religionspolitik konkret wird, ist das Religionsrecht. In einer Gesellschaft religiösen Pluralismus, die den Wert der Religionsfreiheit pflegt, operiert man über religiöse Fragen zunächst in rechtlicher Sprache. Allerdings beruht solches Religionsrecht auf säkularen Grundlagen, d. h. nicht auf einer religiösen Erfahrung oder Offenbarung, sondern auf einer konstitutionellen Moralität. Nicht die Offenbarung Gottes ist der Maßstab, sondern Freiheitsrechte und das Recht auf freie Gewissensurteile sind die wesentlichen Kriterien der Religionspolitik und des Religionsrechtes. Diese Verrechtlichung der Sprache führt einerseits zur Entmachtung der Kirchen, andererseits wird es für die Religionen einfacher, sich am öffentlichen Diskurs zu beteiligen. Auch die Kirchen können dabei eine wichtige Rolle spielen – und tun das auch. Das Recht soll ja nicht den Diskurs verhindern, sondern jene zurückdrängen, die sich weigern oder nicht in der Lage sind, ihre Perspektive so einzubringen, dass nicht alle dazu gezwungen werden sollen, eine bestimmte Position zu übernehmen.[235] Zur Wahrung der Religionsfreiheit muss das Religionsrecht von religiösen Gemeinschaften verlangen, dass sie sich dem Rechts-

234 Dazu Richard Potz: *Der säkulare Rechtsstaat und die Kirchen in Ost und West*, in: Lederhilger (Hg.), Gottesstaat oder Staat ohne Gott?, 39–57, 39ff.
235 Vgl. David M. Machacek: *Pluralismus als Herausforderung.* Das Beispiel USA, in: KSÖ (Hg.), Religionen: öffentlich präsent?, 7–10, 9.

staat einordnen und dessen Grundrechte anerkennen. Nicht mehr und nicht weniger als das bedeutet es für die Religion, sich zu »säkularisieren«. Säkularisieren muss aber keinesfalls profanisieren implizieren. Genauso wenig muss Religionsfreiheit automatisch zur Entkirchlichung führen; im Gegenteil ist es auffällig, dass insbesondere in jenen Ländern, wo Religion und Staat eindeutig getrennt sind und Religion eine kritische Funktion gegenüber dem Staat einnimmt, die Kirchen größeres Vertrauen haben als dort, wo ängstlich an einer Art Staatskirchentum festgehalten wird.

Die Angst der Kirchen vor der Religionsfreiheit hat indes nicht nur machterhaltende Gründe. Sie hat auch einen theologischen Grund: Der Glaube an Gott ist der biblischen Erfahrung nach nicht nur Sache freier Wahl, sondern zuerst eine Erfahrung von Gnade und Erwählung, für die man sich in einem zweiten Schritt frei entscheiden kann. Frei ist man nicht in der Auswahl einer »Ware« Religion, die einem am meisten zusagt, sondern in der existentiell-praktischen Bejahung der Beziehung zu Gott, die der Freiheit des Menschen vorgängig ist. Diese Glaubenserfahrung war ein wesentlicher Grund, warum die Religionsfreiheit von der Kirche so lange bekämpft worden ist. Heute weiß sie, dass Religionsfreiheit unverzichtbar ist – auch aus theologischen Gründen (vgl. DH). Weil Gott nur von freien, auch religiös freien Menschen wahrhaft angenommen und geliebt werden kann, wird sich die Kirche für eine Religionsfreiheit einsetzen, die den politischen, rechtlichen oder sozialen Zwang zu einer bestimmten Religion ebenso verhindert, wie sie Freiraum für religiöses Leben und Engagement schafft. Dann erst kann die Zuwendung Gottes zu den Menschen überhaupt wahrgenommen werden und wird nicht mehr so einfach mit Tradition und persönlichen Interessen verwechselt. Es gibt daher auch aus theologischer Perspektive keine Alternative zur Religionsfreiheit.

Im Interesse einer lebendigen und geistvollen Pluralität wird ein modernes Religionsrecht darauf achten, dass möglichst viele religiöse Menschen, Religionsgemeinschaften und Kirchen ihren Beitrag einbringen können. Diese Förderung der Pluralisierung muss keinesfalls bedeuten, dass sich verschiedene Religionen nicht auch einigen könnten, z. B. in sozialen Fragen. Das Recht hat jedenfalls die Macht, bestimmte Funktionen, die Religion für die Gesellschaft übernehmen kann, zu fördern oder zu behindern. Von daher muss es sich angesichts der veränderten religiösen Situation auch überlegen, was es in Zukunft mit Religion soll und will.

Ein Beispiel: Religionsrecht in Österreich und der Europäischen Union[236]

Österreich hat aufgrund seiner Geschichte als ehemaliger Vielvölkerstaat vieler Religionen ein differenziertes Religionsrecht. Die Religionsfreiheit ist gesetzlich verbürgt. Artikel 14 des Staatsgrundgesetzes von 1867 und das Interkonfessionellengesetz von 1867 sichern die Freiheit jedes in Österreich lebenden Menschen, seine Zugehörigkeit zu einer Kirche oder Religionsgemeinschaft frei zu wählen, aus dieser Religionsgemeinschaft für den staatlichen Bereich austreten zu können und schließlich auch keiner angehören zu müssen. Durch Artikel 63, Absatz 2 des Staatsvertrages von St. Germain 1919 und durch Artikel 9 der europäischen Menschen-

236 Die folgende Darstellung folgt: Bundespressedienst des Bundeskanzleramtes, *Religionen in Österreich*, 5–8; Prainsack, Politik und Religion. Eine ausführliche Darstellung des österreichischen Religionsrechts inklusive rechtsphilosophischer Grundlegungen findet sich in: Potz/Schinkele, Religionsrecht im Überblick.

rechtskonvention 1950 wurde das Grundrecht der Religionsfreiheit weiter ausgestaltet und präzisiert.

In Bezug auf die Korporationsrechte ist die österreichische Rechtsordnung religiös neutral bzw. versteht sich der Staat als »Schutzpatron« (Barbara Prainsack) für religiöse Gruppen. Das Prinzip der *Neutralität* sichert, dass der Staat nicht mit einer bestimmten Religion identifiziert werden kann. Auch das republikanische Staatsoberhaupt darf nicht sakral legitimiert sein. Das Prinzip der *Säkularität* gewährleistet, dass die Staatsaufgaben und -ziele ausschließlich weltlich-irdisch ausgerichtet sind. Gemäß Artikel 15 des Staatsgrundgesetzes ist für gesetzlich anerkannte Kirchen und Religionsgesellschaften (zur Zeit 13) gewährleistet, dass gemeinsame öffentliche Religionsausübung, selbstständige Verwaltung und Ordnung der inneren Angelegenheiten, Schutz ihrer Anstalten, Stiftungen und Fonds und darüber hinaus Errichtung konfessioneller Privatschulen sowie Erteilung des Religionsunterrichts an öffentlichen Schulen erlaubt sind. Diese Rechte sind alle an die allgemeinen Staatsgesetze gebunden.

Weiters gilt für die gesetzlich anerkannten Kirchen und Religionsgesellschaften das Prinzip der *Parität*, d. h. es gilt das Gleichbehandlungsgebot sowie das Diskriminierungsverbot. Religionsgesellschaften dürfen zwar gefördert werden, aber dies muss in interkonfessionell und interreligiös ausgewogener Weise geschehen. Staat und Kirche bzw. Religionsgesellschaften stehen einander als gleichrangige Partner gegenüber, die ihre jeweilige Autonomie und Eigenständigkeit anerkennen. Zwischen ihnen kann es zu vertraglichen Vereinbarungen kommen, durch die eine Kirche oder eine Religionsgesellschaft zu einer öffentlich-rechtlichen Rechtspersönlichkeit wird, wodurch ihr die Stellung einer Körperschaft öffentlichen Rechts zukommt. Dies impliziert auch die Förderung religiöser, sozialer, kulturpolitischer und gesellschaftlicher Aufgaben durch den Staat, weil diese Aufgaben von öffentlichem Interesse sind. Solche Verträge sind v. a. das Konkordat von 1933 zwischen dem Staat und der katholischen Kirche, das Protestantengesetz von 1967, das Israelitengesetz gegenüber der Israelitischen Religionsgesellschaft sowie das Islamgesetz von 1912. Seit 1874 gibt es in Österreich das Rechtsinstitut der gesetzlich anerkannten Kirchen und Religionsgesellschaften. Als eine solche wird eine Gemeinschaft anerkannt, wenn gesetzwidrige, sittlich anstößige Inhalte in religiösen Lehren und in der Ausübung fehlen, und eine »Kultusgemeinde« existiert, die die Religionsgemeinschaft nach außen vertritt und die Organisation nach innen regelt. An diesen Status sind Privilegien geknüpft, wie z. B. Abgaben-, Schul-, Rundfunk- und Personenstandsrecht. Seit 1998 kennt man auch die »staatlich eingetragenen religiösen Bekenntnisgemeinschaften«.[237] Ohne dieselben Rechtsvorteile bekommen so auch kleinere Gemeinschaften (wie z. B. die Zeugen Jehovas) den Status der Rechtspersönlichkeit. Das komplexe Religionsrecht in Österreich sichert, dass weder ein Kopftuchverbot erlassen noch ein Gottesstaat errichtet werden kann, und die Menschenrechte auch innerhalb der Religion zu beachten sind.

In der Europäischen Union ist Religionsrecht erst sehr spät thematisiert worden. Seit dem Unionsvertrag vom 7. Februar 1992 sind solche Fragen aus der politischen Diskussion aber nicht mehr wegzudenken. Der Amsterdamer Vertrag zur Schluss-

237 Referat für Weltanschauungsfragen (Hg.): *Religiöse Bekenntnisgemeinschaften in Österreich. Neun Beschreibungen*, Wien 2000, (Nr. 83 (2000) Teil der Werkmappe »Sekten, religiöse Sondergemeinschaften, Weltanschauungen«).

erklärung (»Amsterdamer Kirchenerklärung«) vom 2. Oktober 1997 enthielt eine Erklärung, dass die EU den Status von Kirchen und religiösen Vereinigungen in den Mitgliedsstaaten nach den jeweiligen Religionsvorschriften achte. Auch ein Bekenntnis zur Achtung von weltanschaulichen Gemeinschaften findet sich dort. Die Europäische Grundrechtscharta bekennt sich zur Religionsfreiheit und ist zur Neutralität in weltanschaulichen Fragen sowie zur Gleichbehandlung der verschiedenen Religionsgemeinschaften verpflichtet. Darüber hinaus gilt eine Zurückhaltung der EU gegenüber staatskirchlichen Fragestellungen.

Religionspolitik ist mehr als Religionsrecht

Beide Beispiele für Religionsrecht zeigen deutlich, dass das Religionsrecht vor allem einen Freiheitsraum schafft, der zum einen das Individuum schützen soll vor religiösen Übergriffen, zum anderen religiösen Gemeinschaften den Raum geben soll, im Rahmen säkularer Rechtsstaatlichkeit öffentlich zu handeln. In Bezug auf nähere Konkretionen bleibt v. a. das Europäische Religionsrecht mehr als zurückhaltend. Damit wird aber auch deutlich, dass Religionspolitik sich nicht in Religionsrecht erschöpfen kann. Die Trennung von Religion und Politik, wie sie sich im Recht präsentiert, kann viele Gestalten annehmen: Von wechselseitiger Ignoranz bis zu kreativen Grenzbeziehungen ist hier viel mehr möglich als gegenwärtig praktiziert wird. Grenze bedeutet nicht nur Trennung, sondern ermöglicht auch Kontakt und Berührung.

Der Freiraum, den das Recht eröffnet, will mit Leben gefüllt werden. Religionsfreiheit im Sinne des Schutzes vor religiösem Zwang war von Gesetzes wegen auch in der ehemaligen DDR zugesichert als ideologische Verbrämung des eigentlichen Zieles, Religion abzuschaffen. Moderne Religionsfreiheit bedeutet heute nicht nur die Absicherung des Einzelnen gegenüber religiösem Zwang, sondern auch die Freiheit innerhalb eines Staates und der EU, dass sich alle Religionen am Gemeinwesen beteiligen und teilhaben dürfen. Das ermöglicht eine substantielle, weil inhaltsvolle, lebendige religiöse Vielfalt und nicht bloß Management von Diversität. Im Übrigen kann die Religionsfreiheit weder vom Staat allein noch von den Religionsgemeinschaften und Kirchen garantiert werden. Der Staat ist – wie bei allen Gesetzen – darauf angewiesen, dass seine Bürger die Gesetze akzeptieren und könnte niemals die Mittel für Polizei und Justiz aufbringen, seine Gesetze durchzusetzen. Umgekehrt kann auch die Religion die Religionsfreiheit nicht garantieren. Sie braucht Kontrolle, aber auch staatlichen Schutz. So gibt es eine wesentliche Abhängigkeit von Staat und Religion auch in Fragen der Religionsfreiheit.

Die Religionsfreiheit ist heute nicht bedroht durch eine Übermacht der Kirchen, sondern wenn, dann durch die Verbannung des Religiösen in den Privatraum, wo es sich der öffentlichen Kontrolle entzieht und so indirekt politisch wirkt. Die Ausblendung der dysfunktionalen Anteile der Religion, die das Gesellschaftsgetriebe stören könnten, und ihre Reduktion auf eine Art private Sinn-, Erholungs- und Wellnessmöglichkeit mag im Interesse der Machthabenden sein, beraubt aber die Gesellschaft wesentlicher geistiger, kultureller, sozialer und politischer Möglichkeiten. Für eine schöperische Konkretisierung der Religionsfreiheit, braucht es im interreligiösen Feld der Gegenwart entsprechende politische Räume, Zeiten und Strukturen.

Zum anderen wird gerade am Beispiel des rechtlich religiös neutralen Österreich deutlich, dass religionsrechtliche Gleichstellung noch lange nicht praktizierte interreligiöse Religionspolitik geschweige denn gesellschaftliche Akzeptanz oder gar öffentliche Bekanntheit einer Religion bedeuten muss. Österreich ist im öffentlichen Raum immer noch stark katholisch definiert. Auch wenn mit über fünf Millionen die Katholikinnen die Mehrheit der Bevölkerung stellen, lässt sich damit nicht die öffentliche Unsichtbarkeit der anderen christlichen Konfessionen und Religionsgemeinschaften legitimieren. Die katholische Kirche wird sich daher nicht nur für ihre eigenen Interessen im öffentlichen Raum einsetzen, sondern auch Sorge tragen, dass die Vielfalt der Religion wahrnehmbar wird und alle Religionsgemeinschaften ihre Beiträge zum Gemeinwohl leisten können.

Das Europäische Religionsrecht wiederum zielt auf größtmögliche politische Abstinenz, Privatisierung und Zurückhaltung in religiösen Fragestellungen. Dies sichert sowohl die Freiheit der Religion als auch die Vielfalt der in Europa gewachsenen religionsrechtlichen Traditionen. Dabei lassen sich vier große Systeme erkennen, wie dieses Verhältnis zwischen Staat und Religion gestaltet werden kann. Schwerpunktmäßig sind diese Modelle alle laizistisch. Klassisch laizistische Staaten befürworten eine religiöse Neutralität und die Trennung von Religionsgemeinschaften und Staat wie z. B. in Frankreich. Dann gibt es laizistische Staaten mit konfessionellem Hintergrund wie Spanien, Italien, Portugal, Irland, Holland. Zum dritten gibt es laizistische Staaten mit einem mehrfach konfessionellen Hintergrund wie Deutschland, Österreich, Belgien und Luxemburg. Staatskirchen finden wir in Griechenland, England, Dänemark und den nordischen Ländern.[238]

Ob mit diesem laizistischen Konzept die Möglichkeiten einer produktiven, die Gesellschaft unterstützenden Religionspolitik ausgeschöpft werden, darf bezweifelt werden. Religionspolitik ist ein blinder Fleck der Politik und konzentriert sich bis in die Gegenwart vor allem nur auf jene politischen Prozesse und Entscheidungen, in denen individuelle und kollektive religiöse Praxis sowie der öffentliche Status von religiösen Symbolen, Praktiken und Religionsgemeinschaften vom politischen Gemeinwesen geregelt werden. Wie stark sich Religion auf kulturelle Identitäten und gesellschaftspolitische Praxis im weitesten Sinn auswirkt, kommt erst allmählich in den Blick.[239]

Soll sich der Staat nun neu in die Religion einmischen? In der Regel wirkten und wirken solche Einmischungen vor allem funktionalisierend, d. h. der Staat instrumentalisiert die Religion für Eigeninteressen. So fördern beispielsweise die USA lieber die evangelikalen Bewegungen als die befreiungstheologisch gefasste katholische Kirche. Umgekehrt: Auch wenn sich der Staat nicht bewusst einmischt – einen maßgeblichen Einfluss auf die Förderung oder Behinderung von Religion hat er in jedem Fall, weil er den gesellschaftlichen Rahmen für Religion öffnet oder blockiert. In diesem Fall ist es daher nahe liegender, diese implizite Einflussnahme bewusst zu reflektieren und zu gestalten.

Im europäischen, säkularen Rechtsstaat sind Religion und Politik unterschieden, auf institutioneller Ebene getrennt. Diese Konstruktion ist eine Art »Mittelding« zwi-

238 So dargestellt bei Oscar Celador Angón: *Religionsfreiheit in Europa*, in: KSÖ (Hg.), Religionen: öffentlich präsent?, 11–14, 11.
239 Vgl. Ulrich Willems/Michael Minkenberg nach Prainsack, Politik und Religion.

schen Gottesstaat und Staat ohne Gott, beides gewaltförmige und heillose Alternativen.[240] Der Rechtsstaat schützt auf der einen Seite die Freiheit, Religion und Weltanschauung wechseln zu können, ermöglicht aber auch, der Suche nach Wahrheit und Sinn treu bleiben zu können.[241] Das Verhältnis zwischen Religion und Politik ist nie stabil und muss immer wieder nachgebessert werden. Der Staat muss sich fragen lassen: Wie hältst du es mit der Religion? Umgekehrt ist auch die Religion zu fragen: Wie hältst du es mit dem Rechtsstaat und einer demokratischen Grundgesinnung?

Wir werden in den nächsten Jahrzehnten mit einer Zunahme religiös motivierter Konflikte zu rechnen haben: Der Kopftuchstreit ist nur die Spitze des Eisbergs. Verschiedene Religionsgemeinschaften und Kirchen mit unterschiedlichen politischen Konzepten werden sich verstärkt zu Wort melden und um Macht und Einfluss streiten. Auf individueller Ebene ist mit einer Zunahme religiös-pathologischer Phänomene zu rechnen, weil auf dem neuen religiösen Markt auch Scharlatane ihr Unwesen treiben, die zu erkennen der religiös wenig gebildete Europäer kaum befähigt ist. Auch das Interesse des Staates an zivilreligiösen Ritualen – z. B. nach Katastrophen aller Art – wird wachsen. Hauptansprechpartner werden dabei vorläufig die Kirchen bleiben.

Der Staat wird daher gar nicht umhin können, gemeinsam mit den Religionen das Verhältnis zwischen Religion und Politik neu auszubalancieren. Der Staat wird mehr Initiativen ergreifen müssen, auch um das interreligiöse Gespräch zu fördern und den religiösen Frieden zu sichern. Die Begleitung und Förderung eines europäischen, moderneverträglichen Islam gehört hierher ebenso wie die Unterstützung der gemeinwohlfördernden Praxis der Religionsgemeinschaften. Zu viel Einfluss nehmen wird der Staat freilich weder können noch dürfen, denn gerade die modernen Religionskomponistinnen sind stark institutionenskeptisch und werden sich staatlicher Einflussnahme, religiösen Expertendiskussionen und organisierter Institutionalisierung entziehen.

Wir sind heute auf der Suche nach einer neuen Moderne, in der es uns gelingen kann, das politische Erbe von Aufklärung und Moderne mit dem geistigen Erbe von Religion konstruktiv zu verbinden. Der Philosoph Jürgen Habermas plädiert dafür, dass beide Traditionen voneinander lernen. Dabei hat die Politik hier vielleicht den größeren Aufholbedarf, denn zumindest die christliche Theologie hat sich seit Jahrzehnten dem mühsamen Prozess der Säkularisierung aussetzen müssen und ihn auch rezipiert. Soll ein solcher Lernprozess politisch verantwortbar sein, nicht gleichsam »naturwüchsig« geschehen, braucht es auch einen öffentlichen Rahmen und den politischen Willen dazu, der Diskussion religiöser Themen im öffentlichen Raum Platz zu verschaffen.

Religionspolitik hat viele Subjekte. Sie wird getragen von religiösen Individuen, von Religionsgemeinschaften, Kirchen, von Bürgerinnen und vom Staat, von Politik und Gesellschaft. So wie eine gute Sozialpolitik Engagement auf allen Ebenen braucht, bedürfen auch Religiositäten und Religionen die verantwortungsbewusste Beteiligung und Betätigung des Staates, zivilgesellschaftlicher Einrichtungen und der einzelnen Gemeinschaften und Bürger. Ziel ist dabei nicht, die Gesellschaft in

240 Vgl. Maximilian Aichern: *»Gottesstaat« oder »Staat ohne Gott« – eine falsche Alternative*, in: Lederhilger (Hg.), Gottesstaat oder Staat ohne Gott?, 151–155, 151ff.
241 Vgl. Potz, Der säkulare Rechtsstaat und die Kirchen in Ost und West, 14.

eine religiöse zwangszuverwandeln. Religionen, Kirchen, religiöse Menschen sollen ihre spirituellen und gesellschaftsgestaltenden Kräfte aber in die Gesellschaft einbringen können, zugleich ihre religiösen Talente human und vernünftig bilden und entwickeln und in einer modernen Welt gesellschaftlich relevant verorten können. Religiöse Menschen sollen mit Atheistinnen und Atheisierenden gemeinsam Gesellschaft entwickeln können.

Religionspolitik kümmert sich nicht um die Beziehung des Einzelnen zu Gott. Sie spannt aber jenen Raum auf, in dem Menschen ihre Religionsfreiheit autonom und frei konkretisieren können. Entscheidend ist dabei, die Freiheit *zur* Religion gestalten zu können. Religionspolitik versucht weder Religion zu beseitigen noch zu forcieren, sondern jenen Europäern, die sich als religiös verstehen, einen Rahmen zu einer auch gesellschaftlich verantwortbaren religiösen Entwicklung zu geben und ihren Beitrag einzubeziehen.

Öffentlichkeit – ein multidimensionaler Raum

Religionspolitik kann im öffentlichen Raum auf verschiedenen Ebenen und an vielfältigen Orten geschehen. So komplex der öffentliche Raum ist, so plural ist die Religionspolitik. Öffentlichkeit meint hier jenen sozialen Raum, der überall dort ist, wo Menschen aus ihren privaten Lebensräumen heraustreten und sich miteinander über jene Angelegenheiten, die sie gemeinsam betreffen, verständigen. Dabei entstehen Interessensgruppen, Organisationen, Institutionen, Parteien, Strukturen. José Casanova unterscheidet innerhalb dieses Raums drei verschiedene Ebenen: die Ebene der Zivilgesellschaft und ihrer Vereine, Bewegungen, Assoziationen aller Art; die Ebene der Politik im engeren Sinn der Parteipolitik, die für repräsentative Demokratien unerlässlich ist; schließlich die Ebene des Staates und der Regierung, auf der konkrete politische Entscheidungen getroffen werden. Je besser diese Ebenen kooperieren und verbunden sind, umso stärker ist eine Demokratie, und umso mehr können die Interessen möglichst vieler bei politischen Entscheidungen zum Tragen kommen. Im Sinne des Subsidiaritätsprinzips dient die Arbeit auf allen diesen Ebenen dem Wohl des Einzelnen und darf daher dessen Würde, Freiheit und Eigenengagement nicht ersetzen oder gar verhindern, sondern soll diese ermöglichen und unterstützen.

Öffentlichkeit[242] im Sinne des komplementären Gegensatzes zur Privatheit ist eine Kategorie, die in den modernen Sprachen erst um den Ausgang des 19. Jahrhunderts belegt ist und sich der Aufklärung verdankt. In der Antike bezeichnet der Begriff »publicus« eine politisch-rechtliche Standesbezeichnung, während »die Privaten« die Angehörigen der unfreien Bevölkerungsgruppen bezeichneten, die kein politisches Amt innehaben durften. Bis zur frühen Neuzeit ereignete sich das öffentliche Leben an Adelshöfen und in städtischen Zünften. Für die Mehrheit der Menschen wurde ihr Leben nur dann öffentlich relevant, wenn sie wegen eines Vergehens von der Rechtsgemeinschaft sichtbar und dauerhaft als Übeltäter gebrandmarkt wurden. Öffentlichkeit bedeutet damals nicht Teilhabe am sozialen und politischen Leben, sondern Rechenschaftspflicht über die eigene Lebensführung, die durch Recht und Sitte auferlegt war.

242 Diese Darstellung folgt Schockenhoff, Zur Lüge verdammt?, 265ff.

Die Ausdifferenzierung der Lebenssphären führt zu drei ineinander verwobenen Prozessen.[243] Gegenüber der Welt des Öffentlichen und Unpersönlichen bildet sich die Welt des Privaten, Intimen, Häuslichen und Persönlichen. Als Ort neuer Selbstverständigung und Selbststeuerung entsteht eine Sphäre des öffentlichen »Räsonnements« (Karl Gabriel) und der öffentlichen Meinung, in dem Entscheidungen getroffen, politische Ordnungen legitimiert und Macht kontrolliert werden. Zum dritten entwickelt sich ein Raum medialer Öffentlichkeit als Ort einer »Spiegelintegration« moderner Gesellschaften. Die Medien vermitteln zwischen dem Einzelnen und der Öffentlichkeit, spiegeln ihm wieder, was „Gesellschaft" bedeutet und ermöglichen so Integration.

Die Trennung der beiden Sphären in der Neuzeit hat Schlag- und Lichtseiten.[244] Sie sichert zunächst einmal die persönliche Freiheit des Individuums und schützt es vor sozialem Druck und Zwang. Zum anderen lässt die Trennung überhaupt erst das entstehen, was wir heute Gesellschaft nennen. Auch die Entstehung der Demokratie hängt eng mit dieser Entwicklung zusammen. Umgekehrt hat die Trennung dieser Sphären auch und gerade den Frauen und der Religion geschadet, indem sie beide dem privaten Bereich zugeordnet und so instrumentalisiert wurden. Kein Wunder, dass es gerade die Kirche (bis zum Zweiten Vatikanischen Konzil) und die Frauenbewegung waren (und sind), die sich gegen die strikte liberale Trennung dieser Sphären und die normative Überhöhung des modernen Ausdifferenzierungsprozesses gegenüber der Welt des Privaten und Persönlichen wehren.[245] So wie die Frau einseitig dem Familien- und Fürsorgebereich zugeordnet wird, erfährt auch Religion eine massive Individualisierung, Familiarisierung und Feminisierung. Diese Prozesse wirken sich bis heute auf die religiösen Selbstverständnisse aus.

Außerdem zeigen die jüngeren Entwicklungen, dass ein Übermaß an Trennung zwischen öffentlich und privat die Freiheit des Einzelnen auch bedrohen kann. Ist die Trennung zu rigoros, führt das zu anti- und apolitischem Rückzug der Mehrheit ins Private, was wiederum oligarchischen Entwicklungen in der Politik Raum und Macht verschafft. Regierungen und Parteien in demokratischen Ländern vertreten dann nicht mehr die Interessen ihrer Wähler, sondern vor allem die eigenen Selbsterhaltungsinteressen. Zudem spiegelt das Beharren auf einer scharfen Trennung zwischen privat und öffentlich vor allem bürgerlich-patriarchale Interessen der Wohlhabendenden und Privilegierten wider. Werden die Sphären umgekehrt zu stark vermischt, werden plötzlich Privatangelegenheiten wie z. B. das Liebesleben von Politikerinnen politisch relevant, und die Kompetenz von Politikern wird nicht an ihrem Sachverstand gemessen, sondern an ihrer privaten Lebensführung. Die Personalisierung der Politik ist die Folge.

Zum dritten zeigt ein historischer, soziologischer und rechtsphilosophischer Blick, dass eine sterile Abgrenzung und ein isoliertes Nebeneinander ohnedies eine Fiktion ist, die der Verflechtung zwischen Staat, Kirchen und Religionsgemeinschaften nicht entspricht: »Die Ressourcen, die eine freiheitliche Ordnung tragen und von denen der Staat lebt, müssen von uns allen gelegt werden. Denn der Mensch ist ja nicht nur Bürger oder Politiker, sondern er ist auch Träger unserer Kul-

243 Diese Prozesse unterscheidet Gabriel, Säkularisierung und öffentliche Religion, 20–27.
244 Zum Folgenden: Schockenhoff, Zur Lüge verdammt?, 265 ff.; Gabriel, Säkularisierung und öffentliche Religion, 19–28.
245 Vgl. Gabriel, Säkularisierung und öffentliche Religion, 22.

tur, zum Beispiel Mitglied einer Kirche oder Religionsgemeinschaft – auch das gehört zur Verflechtung von Staat und Christentum.«[246]

Die Öffentlichkeit ist also ambivalent: Sie ist der Ort der für das Gemeinwohl unabdingbaren sozialen Kommunikation, aber auch der Ort der Entfremdung und Entmachtung des Einzelnen. Die öffentliche Meinung kann politische Missstände ebenso aufdecken, wie sie enormen sozialen Druck auf den Einzelnen und seine Lebensführung ausüben kann. Die Medien, die als Vermittler in der Öffentlichkeit agieren und diese auch mitkonstituieren, spiegeln diese Ambivalenzen deutlich wieder. Sie sind unverzichtbar für die soziale Kommunikation und demokratische Willens- und Meinungsbildung, decken mit dem, was sie berichten, aber nicht das Gesamt der öffentlichen Diskussion ab und erzeugen auch massiven Konformitätsdruck.

Auch die Religion hat zur Öffentlichkeit ein ambivalentes Verhältnis. Privatisierung und Familiarisierung sind für sie problematisch und verfehlen insbesondere das Selbstverständnis der christlichen Tradition. Umgekehrt ermöglicht die Trennung von öffentlich und privat Freiheit für den Einzelnen, den eigenen religiösen Weg zu finden. Die Religion als Institution kann auch nicht so einfach politisch instrumentalisiert werden. Der Zwang zur Legitimation im öffentlichen Raum sowie die politische Kontrolle, die sie dort erfährt, sind für die Religion zwiespältig, weil sie in Europa insbesondere für die Kirchen großen Verlust an Macht und Einfluss bedeuten. Zum anderen aber hat das Christentum dadurch eine hochreflektierte politische Theologie und eine fundierte Religionskritik hervorgebracht, die ihm näher zur eigenen Wahrheit verholfen haben. Der öffentliche Raum zwingt zwar zum Verzicht auf Privilegien, ist aber eben auch ein Beitrag zur Läuterung der Religion und wirkt emanzipatorisch für die binnenreligiösen Anliegen. Er befreit Religion zur Ausübung der kritischen Funktion in der Gesellschaft und garantiert zugleich, dass der Staat die Religion nicht bevormunden kann. Er ermöglicht Selbstkritik. Der Raum medialer Öffentlichkeit ist für Religion bis heute verminte Gelände, und die Kirchen tun sich schwer, hier einen angemessenen Ort zu finden.

Mediale Inkompetenz vieler kirchlicher Protagonisten, die sich mit den Eigengesetzlichkeiten dieser Sphäre nicht auskennen bzw. zu wenig dafür ausgebildet sind, wechselseitige Vorurteile von beiden Seiten, die Neigung der öffentlichen Meinung zu Vereinfachung, Konfliktproduktion und religiöser Selbstüberhöhung, machen die Existenz im öffentlichen Raum für die Kirchen ebenso schwierig wie die Sperrigkeit der Botschaft des Evangeliums selbst.

Diese Mehrdeutigkeiten der Öffentlichkeit machen verständlich, warum dem öffentlichen Engagement der Religion von beiden Seiten – sowohl von der Religion als auch von der Politik – mit Vorbehalt begegnet wird. Politischerseits fürchtet man die Konformitätsdruck erzeugende Macht öffentlicher Religion.

Die Erinnerung an die Geschichte der Kirchen und deren jahrhundertelange öffentliche Machtausübung steckt noch tief im Gedächtnis Europas. Ebenso scheut man aber deren kritisch-störende Funktion, politische Missstände und gesellschaftliche Tabus, wie z. B. die Verteilungsfrage, aufzudecken. Aus der Sicht des Christentums wiederum bedroht eine zu starke Öffentlichkeit der Religion die Personalität und Freiheit der religiösen Erfahrung bzw. Bindung und setzt religiöse Überzeugungen zeitgenössischen Geisteshaltungen aus, was als bedrohliche, das religiöse

246 Leuenberger, Die Wiederkehr des Religiösen in die Politik, 7–8.

Erfahrungswissen verfälschende und irreleitende Anpassung an den Zeitgeist ebenso wahrgenommen werden kann, wie als Bedrohung der Macht über die Gewissen der Gläubigen.

Theologisch ist dazu zu sagen, dass trotz dieser Sorgen – ob begründet, berechtigt oder nicht – kein Weg am öffentlichen Engagement der christlichen Religion vorbeiführt. Die »Sache Jesu« ist von Anfang an eine öffentliche Angelegenheit, vom Kindermord des Herodes über die öffentlichen, Aufsehen und Anstoß erregenden Heilungen und Predigten bis zum religionspolitisch verursachten Tod am Kreuz.

Die Veröffentlichung der Botschaft vom liebenden und treuen Gott, der mit den Menschen ist, ist eine unverzichtbare Dimension der Offenbarung: Weil Gott selbst sich offenbart, sein Wesen und seine Absichten in den heiligen Schriften, in der Tradition, im Leben Einzelner und der Geschichte und vor allem in Leben, Sterben und Auferstehen Jesu Christi kundtat und im Geist ständig weiter kundtut, bedeutet Christsein auch, das Evangelium zu veröffentlichen. Gott und seine Heilsbotschaft sind eine öffentliche Angelegenheit und nicht nur für das private Betkämmerlein gedacht. Die veröffentlichende Offenbarungspraxis Jesu Christi verläuft freilich abseits erwartbarer Vorstellungen: »Er war Gott gleich, hielt aber nicht daran fest, wie Gott zu sein, sondern er entäußerte sich und wurde wie ein Sklave und den Menschen gleich. Sein Leben war das eines Menschen; er erniedrigte sich und war gehorsam bis zum Tod, bis zum Tod am Kreuz« (Phil 2,6–8). Veröffentlichung der Absichten Gottes bedeutet Entäußerung, Hingabe und Dienst: eine kenotische Öffentlichkeit, die lebensbedrohlich werden kann. Öffentlichkeit meint gerade nicht triumphalistische Selbstpräsentation, sondern heißt, sich Konflikt und Widerstand auszusetzen.

Auch das Reich Gottes als Zentrum der Botschaft Jesu ist eine öffentliche Angelegenheit. Es wird auch in sozialen und politischen Verhältnissen wahrnehmbar. Auch wenn wir Hilfen brauchen, um es mitten unter uns, in uns, über uns wahrnehmen zu können, so ereignet es sich doch niemals nur als Privatsache Einzelner zwischen Gott und der Seele, sondern zielt darauf, die Erneuerung der ganzen Schöpfung – daher auch des öffentlichen Raumes – durch Gott allen kundzutun. Öffentliches Engagement im politischen Raum ist daher Christinnenpflicht. Dabei geht es nicht primär um erfolgreiche Selbstdarstellung. Erfolg ist kein Wort Gottes, wie Martin Buber sagte. Die Öffentlichkeitspraxis Jesu zeigt, dass das öffentliche Engagement für Christinnen todbringend werden kann. Dies liegt daran, dass das Christentum, das sich öffentlich einmischt, die Gesellschaft nötigt, ihre moralischen und politischen Selbstverständlichkeiten zu hinterfragen und sich reflexiv auf ihre normativen Grundlagen zu beziehen, sie offenzulegen und zu legitimieren. Dieser Enttabuisierungs- und Entselbstverständlichungsvorgang bedroht tradierte Machtverhältnisse, entlarvt Lügen und stellt Privilegien in Frage.

Öffentliche Räume für Christinnen

Innerhalb der einen großen Öffentlichkeit gibt es für Christen viele verschiedene Räume. Die Unterscheidung José Casanovas in die Bereiche Zivilgesellschaft, Parteipolitik und Staats- und Regierungsebene eröffnet drei verschiedene Ebenen, auf denen Christinnen sich engagieren können.

Joachim von Soosten gliedert den Bereich der Öffentlichkeit nach Inhalten, wobei ebenfalls Räume des Engagements sichtbar werden:[247]

Im Bereich *kultureller Symbole* spielt das Christentum immer noch eine wesentliche Rolle: Seine Symbole werden bei Lebenswenden wie der Geburt eines Kindes, bei Eheschließungen oder Begräbnissen gesucht; sie sind aber auch umstritten (Kreuz im Klassenzimmer) oder werden für Werbezwecke missbraucht. Der Symbolraum ist ein öffentlicher Raum, der sensibler und kulturell wacher Gestaltung bedarf.

Religion spielt eine Rolle in der *öffentlichen Bildungsdiskussion* – rund um die Debatten um Religions- und Ethikunterricht oder um die Bedeutung theologischer Fakultäten an staatlichen Hochschulen. Christinnen können sich als Lehrer, Hochschullehrerinnen, Eltern, Jugendliche in die Bildungspolitik einmischen.

Religion ist in der »*Kultusöffentlichkeit*« präsent, sei es im Streit um den Sonntag oder bei den kulturellen Feierzeiten wie Weihnachten und Ostern. Insbesondere bei der gesellschaftlichen Zeitgestaltung haben Kirchen viele offen stehende Räume, in denen sie sich zu Wort melden können.

Religion spielt eine Rolle in *sozialpolitischen Debatten* (Sozialstaat, Asyldebatte), im öffentlichen Wettbewerb der Religionen sowie in der Debatte um kulturelle Grundlagen. Überall dort ist Religion öffentlich relevant, kann und soll sich einmischen und einbringen.

Die zweite Aufklärung

Wenn sich Religion und Politik vernetzen, braucht es wechselseitige Transfervorgänge. Die säkulare Welt muss in die religiöse, die religiöse in die säkulare Welt hineinübersetzt werden. Eine Weiterführung der Aufklärung ist gefragt, die deren Prinzipien nicht nur in die Religion hineinträgt, sondern wo umgekehrt auch die Aufklärung über ihre eigenen (auch religiösen) Voraussetzungen hin befragt wird. Auch Religion verfügt über das Potential, den Menschen über sich selbst aufzuklären. Oder wie Johann B. Metz fragt: »Kann hier eine Aufklärung über das Verhältnis von Religion und Politik auf dem Boden der Moderne produktiv etwas beitragen? Oder ist darüber bereits alles gesagt und entschieden, sodass jeder Versuch einer Neubestimmung dieses Verhältnisses zu gefährlichen Reduktionen, zu quasi-fundamentalistischen Entdifferenzierungen der Verhältnisse und zu verfallstheoretischen Mutmaßungen über die Moderne überhaupt führen muss?«[248]

Aufklärung und Religion sind nicht von Natur aus Feinde oder Gegner, sondern stehen in einem Verhältnis zueinander, das der Vermenschlichung des Menschen dienen kann. Die religiösen Wurzeln und Anliegen der Aufklärung[249], umgekehrt das aufklärend-emanzipatorische Anliegen der jüdisch-christlichen Tradition machen die elementare Zusammengehörigkeit von Religion und Politik sichtbar. Beide können sich konstruktiv aufeinander beziehen und einander korrigieren, wenn sie ihre je eigene Legitimität und die Differenzen zwischen sich wechselseitig anerken-

247 Vgl. von Soosten, Öffentlichkeit und Evidenz, 40–43.
248 Metz, Monotheismus und Demokratie.
249 Die Aufklärung war in ihren Ursprüngen weder anti- oder areligiös, sondern hat im Gegenteil versucht, Religion zu »reinigen« von allen bösen und gewalttätigen Aspekten, sie war auf der Suche nach einer Religion der Vernunft.

nen und fruchtbar machen. Religion und Politik, die sich wechselseitig diffamieren und ausgrenzen, zeugen ebenso geistlose und gefährliche Zustände wie Religion und Politik, die einander instrumentalisieren. Religion und Politik sind in gewisser Weise »Schwestern«, denen es im Idealfall um das Wohl der Menschen geht. Differenz und Spannung zwischen ihnen repräsentieren die Spannung des menschlichen Daseins zwischen Himmel und Erde, Gott und Welt. Konflikte, aber auch Kooperation zwischen beiden entstehen einerseits dort, wo die Religion eben nicht nur auf den Himmel spezialisiert ist, sondern konkrete ethische und politische Auswirkungen haben möchte – und andererseits politisches Handeln auf einen weiteren Werte-Horizont als den nächsten Wahlsieg bezogen sein muss, um nicht zum technokratischen Verwaltungsmanagement zu verkommen. In der Sphäre der »Werte« und vor allem ihrer Hierarchien und Prioritäten kommt es daher unweigerlich zu Annäherungen oder zu Streit.

Religion und Politik können voneinander lernen. Auch wer nicht religiös ist, soll lernen und verstehen können, was Religion ist. Auch wer sich nicht direkt politisch engagieren will, sollte grundlegende Prinzipien politischen Handelns verstehen. Religiöse Menschen können lernen, dass ihre religiösen Kräfte politische Auswirkungen haben. Politische Menschen sollen verstehen, dass ihre politischen Kräfte auch auf religiöse Wurzeln, Fragen und Dimensionen verweisen.

> »Ein Volk, das einen schlechten Begriff von Gott hat, hat schlechte Gesetze, einen schlechten Staat und eine schlechte Regierung.«
>
> *Claus Bärsch*, Religionspolitologe im Rahmen der Veranstaltungsreihe »Politischer Salon« der Politischen Akademie der ÖVP im November 2001

Weisheit als Brücke zwischen Politik und Religion

Weisheit ist jenes menschliche Erfahrungswissen, das sich weniger durch Quantität als durch Qualität und Lebensnähe auszeichnet. Weisheit ist vernünftig durchdrungene Lebenserfahrung, die der Mensch erlangen kann, wenn er sich denkend, fühlend, handelnd auf die Welt und das konkrete Leben einlässt. Weisheit ist lebenspraktische Klugheit, ist Herzenswissen um Tiefe und Fülle der Wirklichkeit, ist konkretisierte und kontextualisierte, »geerdete« Wahrheit.

Auf der Ebene des Weisheitswissens können Religion und Politik einander begegnen. Weisheit verzichtet in ihrem Denken auf direkte Offenbarungsbezüge, schließt sie aber auch nicht aus, kann mit der Glaubensvernunft ebenso ins Gespräch treten wie mit der politischen Rationalität. Weisheit setzt auf die Autonomie der Vernunft, weiß aber auch um deren Grenzen. Weisheit zeichnet sich durch Multiperspektivität aus und ist daher nach allen Seiten gesprächsfähig. Insofern Weisheitswissen das allen Menschen Gemeinsame im Blick hat, ist es immer auch von hohem solidarischem Ethos getragen. Auf dieser Basis können Religion und Politik kooperieren. Im Raum der Weisheit können beide ihrer Suche nach Wahrheit verpflichtet bleiben, ohne dass der Streit um Wahrheit sofort ein Streit um Macht wird.

Religion und Politik übernehmen füreinander Wächteramt

Religion und Politik können einander kontrollieren. Beide sind in ihren konkreten historischen Erscheinungsformen wandelbare, gestaltbare, daher immer auch fehlerhafte Größen. Ihre unterschiedlichen Schwerpunkte und Ursprünge ermöglichen jenen Abstand, der eine fruchtbare Kritik aneinander ermöglicht. Politik wurzelt in der Autonomie menschlicher Vernunft, Religion bezieht sich auf ihr Erfahrungswissen mit der Sphäre des Transzendenten. Auch das asymmetrische Verhältnis beider zur Wahrheit ist spannungsgeladen. So basiert die Kirche auf einer Wahrheit, die sich nur in Vielfalt entfaltet, während der Staat auf der Vielfalt der Weltanschauungen gründet und geistig nur lebendig bleiben kann, wenn seine Bürger Wahrheit suchen.

Aus diesen produktiven Konflikten können eine konstruktive Kritik und wechselseitiges Lernen erfolgen. Die Religion kann darauf achten, dass Politik keine absoluten Heils- und Erlösungsansprüche stellt; umgekehrt kann die Politik die Religion auf die Erde zurückholen, ihre gesellschaftliche Verantwortung einmahnen und so verhindern, dass Religion zur Ersatzwelt, zu Ideologie oder Legitimation wird. Kritik heißt auch Ermöglichung: Politik kann mithelfen, die Freiheit der Religion zu sichern, Religion kann der Politik weite geistige Horizonte eröffnen.

Religion und Politik sind wachsam gegenüber der Wirklichkeit

Das Wächteramt können Religion und Politik nicht nur einander gegenüber einnehmen, sondern auch beide gemeinsam gegenüber gesellschaftlichen Entwicklungen in Politik, Wirtschaft, Kultur. Beide eint das Interesse um das Wohlergehen der Menschen und die konkrete Weltgestaltung. Beide sind daran interessiert, dass im Staat die »leere Stelle der Macht« (Claude Lefort) dauerhaft frei bleibt und nicht von Ideologien (im Sinne absolut gesetzter Interessen) besetzt wird. Was sie trennt, sind die Horizonte der Antworten, die sie geben. Die Politik als Kunst des Möglichen ringt (idealiter) um irdische und konkrete Ziele wie gerechte Güterverteilung oder Teilhabemöglichkeiten an der Weltgestaltung für alle. Die »leere Stelle« bleibt hier leer. Die Religion spannt transzendente Horizonte auf, innerhalb derer Weltgestaltung erfolgen kann und soll. Die »leere Stelle« gehört hier ausschließlich dem transzendenten Gott. Die Antworten beider Bereiche lassen sich nicht ohne weiteres und unmittelbar in die je andere Sphäre übersetzen – und das soll auch gar nicht geschehen. Gerade der religiöse »Mehrwert« der Verheißung ist in politische Kategorien übersetzt gefährlich. Umgekehrt hat sich im politischen Raum die »aggressiv geführte Ideologieoffensive einer neoliberalen ›Resignationslehre‹ (Claus Offe)« ausgebreitet, die den Leerraum besetzt und »den normativen Anspruch öffentlicher politischer Debatten um ›Gemeinwohl‹ und ›Gerechtigkeit‹ von vornherein der Lächerlichkeit preisgibt und die Idee einer ›gesellschaftlichen Selbstregulierung‹ im Medium ›öffentlichen Vernunftgebrauchs‹ ablösen will durch den Glauben an das Prinzip des ungehinderten ökonomischen Vorteilsstrebens, dem im Rahmen der Wohlstand und Freiheit verheißenden *invisible hand* einer ›Marktwirtschaft pur‹ unbedingt Folge zu leisten sei.«[250] Die Spannung zwischen Religion und Politik erhöht

250 Große Kracht, Selbstbewusste öffentliche Koexistenz, 263.

nicht nur die Wachsamkeit, sondern vergrößert auch den kreativen Raum pluraler Lösungsmodelle angesichts solcher gesellschaftlichen Gefahren.

Selbstbewusste öffentliche Koexistenz und kooperative Trennung[251]

Es geht also nicht um eine Aufhebung der Grenzen zwischen Religion und Politik, sondern um eine innovative Grenzgestaltung durchlässiger und flexibler Trennlinien. Beide Protagonistinnen können und sollen ihren Ort in der Gesellschaft selbstbewusst einnehmen und miteinander koexistieren. Ein starkes säkulares Selbstbewusstsein dient der Religion und der Gesellschaft ebenso wie ein gesundes religiöses Selbstbewusstsein. Beide müssen sich stark machen für die Religionsfreiheit und für den religiösen Pluralismus. Beide setzen sich ein für eine kooperative Trennung, eine Zusammenarbeit über die Grenzen hinweg, ohne die Grenzen zu leugnen, und indem sie die Konflikte – solange sie sich friedlich und politisch zivil gestalten – als Chance ansehen, sich auf beiden Seiten weiterzuentwickeln. Beide müssen darauf achten, dabei nicht wieder in Kulturkampfstimmungen zu verfallen, wie sie das 19. Jahrhundert kennzeichneten. Die (latente und manifeste) Modernefeindlichkeit der Religion ist einem produktiven Zusammenspiel mindestens ebenso abträglich wie der Rückfall in Laizismus und Säkularismus. Für einen solchen Wandel im Verhältnis zwischen Religion und Politik braucht es nicht nur Integrationsorte, sondern auch den »historisch langen Atem« und das Vertrauen in die »krummen Wege« eines langwierigen und konflikthaften, aber selbstbestimmten und ohne Anpassungsdruck erfolgenden Versöhnungs- und Integrationsprozesses.

Warum mischen sich die Kirchen ein?

Kriege und Terrorismus, globale Umweltzerstörung, Zunahme des Nationalismus, das Problem der Migration, die grassierende Arbeitslosigkeit in Europa, weltweite und neue Armut in allen Ländern Europas, die Bedrohung des menschlichen Lebens an seinen Lebensrändern durch Abtreibung, vorgeburtliche Selektion und Euthanasie, die ungerecht verteilten Lebenschancen zwischen Männern und Frauen, das Leid von Millionen Kindern: Politisches Engagement der Kirche ist angesichts der Unzahl der globalen Herausforderungen Pflicht und Gebot.

Mit vereinten Kräften eine humanere Welt zu gestalten gehört zu den Aufgaben der Stunde für *alle* Menschen, unabhängig von ihrer Religiosität und Religionszugehörigkeit. Zu streiten, ob und mit welchen Motiven die Kirchen hier mithelfen dürfen, die Probleme der Gegenwart zu lösen, ist zweitrangig. Wollen die Kirchen ihrerseits der Gefahr begegnen, auf einen »Sozial-Notnagel« reduziert zu werden, der den »Ausschuss« der Globalisierung trösten, auffangen und pflegen darf, werden sie sich auch politisch positionieren müssen. Kirchen dürfen keine bloßen Reparaturwerkstätten misslungener Globalisierung sein. Christinnen können auch politische Mitgestalterinnen sein.

Einer Kirche, die sich politisch engagiert, ist aus historischen und theologischen Gründen freilich Zurückhaltung und Behutsamkeit abverlangt. Kirche ist zum einen

251 Ausführlich entwickelt diese Option Große Kracht, Selbstbewusste öffentliche Koexistenz.

keine politische Agitatorin, keine Partei und auch kein zivilgesellschaftlicher Verein, d. h. ihr politisches Engagement darf nicht aus politischen Machtinteressen erfolgen, sondern wurzelt in der Reich-Gottes-Botschaft und der damit verbundenen Gesellschaftsvision einer freien, friedlichen und gerechten Welt, wie sie von Gott beabsichtigt und letztlich auch von ihm verwirklicht wird. Politisches Handeln ist für Christen daher ein Antwortverhalten und dem Glauben zwar immanent, aber sekundär. Im Zweifelsfall ist Gott mehr zu gehorchen als den Menschen (Apg 5,29). Diese Glaubenserfahrung ermöglicht paradoxerweise ein freies politisches Engagement, das sich an keine Ideologien binden muss, weil sie zugleich jegliche Hoffnung, Politik könne den Menschen erlösen, zunichte macht. Erlösung ist von der Politik nicht zu erhoffen. Kirchliches Handeln dient daher nicht der Umsetzung politischer Programme, sondern der Vermehrung von Gerechtigkeit, Frieden und heute auch verstärkt der Bewahrung der Schöpfung. Es zielt auf Reduktion von Gewalt und Armut und engagiert sich für Versöhnung polarisierender Gruppen und Parteien.

Zudem ist auch der innerkirchliche Pluralismus zu berücksichtigen: Es gibt nicht »die« eine wahre, christliche Politik; Christen können im Konkreten zu verschiedenen politischen Lösungen kommen. Sie sind aber immer verpflichtet, ihr politisches Engagement dem Maß des Evangeliums auszusetzen und mit den Positionen anderer Christen und Kirchen abzugleichen. Im Konfliktfall empfiehlt die Pastoralkonstitution des Zweiten Vatikanischen Konzils (GS 92):

In dem, was notwendig ist – z. B. Armut, Hunger und Krankheit bekämpfen, sich für gleiche Chancen für Mann und Frau einsetzen – eins zu sein.

Dort, wo Zweifel auftritt, Freiheit zugestehen, d. h. Toleranz gegenüber verschiedenen Wegen üben, wie diese Ziele zu erreichen sind, im Wissen, dass alle Wege Stärken und Schwächen haben.

In allem die Liebe zum Handlungsprinzip machen.

Kirchen sind an kein politisches System gebunden. Das macht politisch frei und unabhängig von Tagespolitik. Gefährlich ist das politische Engagement, weil es die Botschaft des Evangeliums vergessen, verfälschen, benutzen oder gar ins Gegenteil seiner selbst pervertieren kann. Kirchengeschichtlich gibt es dafür leider ausreichend Beispiele. Entgegen der Deutung dieser Geschichte, dass das politische Engagement der Kirchen daran schuld sei, ist zu erwidern, dass nicht das institutionalisierte Engagement an sich problematisch ist, sondern Art, Strukturen und Organisation desselben. Auch unpolitische Varianten des Christentums hatten und haben negative politische Auswirkungen (z. B. im Nationalsozialismus jene »Christinnen«, die keinerlei Widerstand leisteten, ihr kleinbürgerliches Leben weiterlebten und so vermeintlich guten Gewissens kollaborieren konnten, indem sie die Situation einfach ignorierten).

Politisches Engagement der Kirche bedeutet öffentliches Engagement für die Freiheit und Würde des einzelnen Menschen und der menschlichen Gemeinschaft in allen Lebensbereichen der Gesellschaft. Bereits das Zweite Vatikanische Konzil hat das Engagement von Christinnen in der Kultur, in der Wirtschaft, in nationaler und internationaler Politik gefordert und angeregt. Im Konzilstext finden sich Aufgabenprofile, die heute nichts an Relevanz verloren haben: die Sorge um die Familie, um den kulturellen Fortschritt, um soziale und wirtschaftliche Gerechtigkeit. Die Kirche ist dabei ein Erinnerungszeichen für den Schutz der menschlichen Person, die absoluten Vorrang vor aller Politik, aller Institution, allen anderen irdischen Zielen hat.

Die Kirche will Gesellschaft gestalten, indem sie an die Berufung des Menschen erinnert: von Gott erwählt zu sein, d. h., die endgültige, unwiderrufliche Zusage bekommen zu haben, dass Gott – was immer geschieht – zum Menschen hält. Die »Erwähltheit« des Menschen kann aber nur erfahrbar werden in einer Welt, in der um die Würde des Menschen gerungen wird. In einer desolaten Welt werden das Antlitz des Menschen *und* das Antlitz Gottes verhüllt und zerstört. Wer möchte, dass der Mensch Mensch werden kann, und Gott bei den Menschen ankommen kann, kann gar nicht anders, als sich politisch zu engagieren.

Ja zur Welt

Das politische Engagement der Kirche darf man nun nicht so verstehen, als würde die »gute« Kirche in die »böse« Welt gehen, um diese zu retten. Das wäre theologisch falsch.

> Das Problem aus meiner evangelischen Sicht ist, dass es die Kirche als homogene, solitäre Größe aus dem Jenseits oder von oben kommend, die sich dann aussucht, wie weit sie sich wo einlässt, nicht gibt. Wir haben alle Konflikte, die es in der Gesellschaft gibt, auch innerhalb der evangelischen Kirche. Wenn wir versuchen, in einem gesellschaftlichen Konfliktfeld Stellung zu beziehen, dann haben wir auch mit unseren eigenen Leuten die Auseinandersetzung zu betreiben. Das bedeutet, wir sind schon Teil der so genannten Zivilgesellschaft: auch, wenn wir in der Theorie noch so tun, als könnten wir Kirche und Staat als zwei Größen abhandeln, die sich von irgendwo herleiten und abstrakt erst langsam erden. Wir, die evangelische Kirche, sind Teil der Zivilgesellschaft, und wenn wir etwas nach außen sagen, sagen wir es auch immer zu einem Teil unseren eigenen Mitgliedern. Das heißt, dass es dieses Innen und Außen so gar nicht mehr gibt.
>
> *Michael Bünker* auf dem Symposium »Zukunft der Religion – Rolle der Kirchen«

Was der evangelische Oberkirchenrat Michael Bünker für seine Kirche sagt, gilt auch für die katholische Kirche. Die politischen Fragen, Konflikte und Probleme finden sich auch im Binnenraum der Kirche. Der Zusammenhang zwischen Kirche und Gesellschaft ist komplex und dialektisch, weil Gott selbst der Gott aller Menschen ist und nicht nur in der Kirche »wohnt«. Die Kirche ist nur ein Moment an der einen Schöpfungs- und Heilsgeschichte der Menschheit. Weil Kirche das wandernde Gottesvolk durch die Zeiten ist, sind die Grenzen zwischen Kirche und Gesellschaft durchlässig. Viele, die zur Kirche gehören, sind dem Geiste nach »außen« und gottfern, viele »draußen« gehören dem Geist nach zu Gott. Christinnen sind daher immer schon Zeitgenossinnen, ob sie wollen oder nicht. Sie sind sozusagen »Bürgerinnen zweier Welten«. Kirche steht nicht neben, sondern inmitten von Welt und Gesellschaft, sie hat Anteil am »Himmel« *und* an der »Erde«, ist Gott *und* den Menschen verbunden. Eine grundsätzlich weltbejahende Verortung der Kirche mitten in der Welt ist die Voraussetzung für ein empathisches, liebendes, leidenschaftliches politisches Engagement. Das schließt Kritik an den Übeln der Welt nicht aus, sondern geradezu und unbedingt ein.

Erinnerung an Wahrheit[252]

Postmoderne Philosophie und der philosophische Konstruktivismus haben den modernen liberalen Kulturen gehörige und auch berechtigte Angst vor »*der* Wahrheit« eingejagt. Perspektivität, Historizität, Subjektivität und Relativität der Wahrheit sind

252 Weitere Überlegungen zum christlichen Wahrheitsverständnis vgl. in dieser Studie S. 147ff.

gängige Topoi zeitgenössischen Denkens. Ein positivistisch-empiristisch verengter Wahrheitsbegriff, der Wahrheit mit Sicherheit und Richtigkeit identifiziert, lässt eine vernünftige gesellschaftliche Diskussion um Sinn und Bedeutung von »Wahrheit« kaum aufkommen. In dieser geistigen Atmosphäre hat es das Christentum mit seinem Anspruch auf Wahrheit schwer und wird von allen Seiten angegriffen. Seine eigene Geschichte im Umgang mit Geltungsansprüchen auf Wahrheit und insbesondere deren gewaltsame Durchsetzung führen zu einer breiten gesellschaftlichen Ablehnung jeglichen Anspruches auf Wahrheit, insbesondere in religiösen Fragen.

Zugleich muss gesagt werden, dass die massive Abwehr des Wahrheitsdiskurses auch verborgene Ursachen hat und im Interesse jener Mächtigen in Politik und Ökonomie ist, denen Unbedingtheitsansprüche aller Art im Wege stehen, die total flexible und mobile Gesellschaft durchzusetzen, in der der Einzelne an nichts mehr gebunden ist als an seine (Konsum)Bedürfnisse und (Produktions)Pflichten, die ihm der politische Ökonomismus vorgibt. Um in ständiger Bewegung zu bleiben, ist die Abwehr solcher entschleunigenden Diskurse um komplexe Fragen wie Wahrheit erforderlich. Zudem beraubt man mit der Abwehr der Wahrheitsfrage den Menschen »erfolgreich« seiner Würde, kann so jegliche ethisch-verbindliche Kommunikation überflüssig machen und etwaige moralische oder politische Ansprüche nach Gerechtigkeit desavouieren.

Der Verzicht auf die Wahrheitsfrage gefährdet auch den Rechtsstaat und die Demokratie.[253] Denn um sich selbst nicht ad absurdum zu führen, steht auch die Demokratie unter dem Anspruch von Wahrheit. Jede Einzelne ist der Wahrheit gegenüber verpflichtet, und alle müssen ihre Perspektive, ihren Bezug zu ihr einbringen können. Dass auch der Rechtsstaat nicht auf Wahrheitssuche verzichtet, wird exemplarisch im Gerichtssaal offenkundig.[254] Hier darf der Staat nicht nur, hier *muss* der Staat nach Wahrheit suchen. Das Recht des Richters zur freien Beweiswürdigung dokumentiert diesen Willen zur Wahrheit. Allerdings räumt der Staat der Wahrheitsfrage im Vergleich mit dem Schutz von Leben und Sicherheit einen sekundären Platz ein. Im Prinzip des »Im Zweifelsfalle für den Angeklagten« und in der Tatsache, dass es unerlaubte Beweismittel gibt, die die Würde und Privatsphäre des Angeklagten verletzen, zeigt sich, dass der Staat nicht um jeden Preis die Wahrheit erzwingt. Um der Menschenrechte willen verzichtet er mitunter auf weitere Suche und Durchsetzung.

Ohne Ringen um Wahrheit im öffentlichen Diskurs entlarvt sich die vermeintliche und geforderte Toleranz als verschleiernde Legitimationstheorie für mangelndes Engagement und Ignoranz gegenüber der Wahrheit. Toleranz macht aber nur dort Sinn, wo sich die engagierte Suche nach Wahrheit mit der Anerkennung des Anderen in seiner Andersheit (Eberhard Schockenhoff) paart. Die Wahrheitsfrage ist also keine private, die man nach ästhetischen Gesichtspunkten lösen kann, sondern eine politische. Lüge ist nicht nur ein moralisches Übel, sondern auch um der Rechtsstaatlichkeit willen verboten, wie Immanuel Kant gezeigt hat. In seinem Verständnis hat die Wahrheit ein Recht auf uns.

Ohne hier detailliert auf die komplexe und philosophische Frage nach der Wahrheit einzugehen[255], wird hier dafür votiert, der Wahrheitsfrage im gesellschaftlichen Diskurs wieder eine wichtige Rolle einzuräumen.

253 Vgl. Schockenhoff, Zur Lüge verdammt?, 353–442.
254 Das zeigt Schockenhoff, Zur Lüge verdammt?, 353–442.
255 Einen kompakten Überblick über die Wahrheitsdiskussion sowie einen konstruktiven Begriff von Wahrheit, auf den ich mich hier beziehe, bietet Schockenhoff, Zur Lüge verdammt?, 13–206.

Welche Rolle kann das Christentum in dieser Suche nach Wahrheit spielen? Es erinnert Menschen an einen Grundvorgang der Wirklichkeit, der das ganze Leben betrifft und dessen Deutung Auswirkungen auf die konkrete Praxis ebenso hat wie auf Ethik und Politik. Es bietet selbst eine mögliche Deutung dieses unentrinnbaren Wahrheitsgeschehens an, das sich in Geschichte und Gegenwart vollzieht.

Wahrheit ist ein biblisches Grundwort und bezeichnet im Alten Testament vor allem die Treue-Wahrheit, Huld und Güte Gottes. Gottes Wort ist wahr, weil er sich in der Geschichte als der erwiesen hat, der treu und beständig an der Seite der Menschen steht. Weil er zuverlässig gehandelt hat, wird er auch seine Verheißungen wahr machen. Die Wahrheit Gottes zeigt sich also in seiner unbedingten, die Immanenz aufsprengenden Präsenz. Sie zeigt sich als Macht, die den ganzen Kosmos erfüllt. Bei Jesus Christus zeigt sich Wahrheit als Tat und Tugend, die sich in der Übereinstimmung seiner Worte und Taten, in seinem ganzen Dasein enthüllt. Theologisch ist Wahrheit ein geschichtlicher Prozess, der sich in Christus, d. h. personal, ereignet. Wahrheit vollzieht sich als Übereinstimmung zwischen Wort und Vorgang, zwischen Verheißung und Zukunft und geschieht durch Menschen. Dieser Vorgang ist aber noch nicht zu Ende, Wahrheit ist daher auf Zukunft hin und von Zukunft her offen. Sie ist noch nicht zur Gänze offenbar. Dieser eschatologische Vorbehalt erklärt ihre Relativität (Bezogenheit auf Situation, Ort, Zeit), ihre Geschichtlichkeit (weil sie sich enthüllt), ihre Subjektivität (weil sie an Personen gebunden ist) und Perspektivität (weil sie nur von endlichen Orten und Situationen aus wahrgenommen und bedacht werden kann). Wahrheit bedeutet für den Christen daher die Unruhe der Gewissheit und nicht die Bequemlichkeit der Sicherheit, Annäherung und nicht Besitz, Offenheit und nicht Perfektion, Schmerz und nicht Triumph, Erfahrungs- und nicht Verfügungswissen. Dieses Wahrheitsverständnis hat ethische Auswirkungen. Wahrheit wird zur Wahrheitspraxis. Ihr Aussagesinn verpflichtet zu Objektivität und Sachlichkeit, ihr personaler Sinn zu Beziehung, Treue und Wahrhaftigkeit. Ihr kommunikativer Sinn nötigt zu Dialogbereitschaft und Toleranz, ihr situativer Sinn dazu, die Wahrheit in Liebe und Gerechtigkeit zu tun.[256] Ihr eschatologischer Sinn schließlich führt zu Unruhe und Aufbruch aus den täglichen Lügen ebenso wie zu Geduld und Gelassenheit, zu Bescheidenheit und Demut gegenüber der Relativität jener Wahrheitsdimensionen, die man selbst erkannt hat, sowie zur Akzeptanz der Wahrheitserfahrungen anderer. Ein solches Wahrheitsverständnis drängt also dazu, die Pluralität genauso zu fördern wie die Einheit in dieser Pluralität.

Mit diesem unkonventionellen Wahrheitsverständnis kann das Christentum wesentliche Impulse zur Belebung von Wahrheitsdiskurs und Wahrheitspraxis geben. Es kann dazu anregen, sich auf ein unabschließbares Wahrheitsgeschehen einzulassen, ohne auf dessen vernünftige Reflexion zu verzichten, nihilistisch zu verzweifeln oder konstruktivistisch geschwätzig zu verstummen. Es kann das Wissen um die Begrenztheit menschlicher Wahrheitserkenntnis durch Hoffnung und Horizonte erweitern, statt resigniert oder triumphierend die Unerkennbarkeit der Wahrheit zu postulieren oder der Frage ganz auszuweichen. Es leitet dazu an, selbst Wahrheit zu werden, seine eigenen Erfahrungswahrheiten in den Diskurs einzubringen. Es hilft, sich im »Leben in der Wahrheit« einzuüben. Der Wahrheitsanspruch des Christen-

256 Zu diesen Dimensionen: Schockenhoff, Zur Lüge verdammt?, 161–206.

tums besteht also nicht in der Durchsetzung abstrakter Ideologien, sondern in der Erinnerung, Befähigung und Ermächtigung zu einer wahrheitsgemäßen Praxis, weil es davon ausgeht, dass von Gott her alle Menschen zur Wahrheit Gottes berufen sind – und das ist das Heil aller Menschen, das in der Liebe des treuen Gottes besteht.

Die Erinnerung an Leid und Befreiung

Die Aufforderung des Zweiten Vatikanischen Konzils zu politischem Engagement war 1962–1965 noch getragen von einem für uns heute oft irritierenden Fortschrittsoptimismus (GS 33–35). Die damalige gesellschaftliche Fortschrittseuphorie ist heute einer nachdenklichen, skeptischen Fortschrittserschöpfung gewichen. Viele Menschen spüren: Der geistige und moralische Fortschritt hat mit dem ökonomischen, wissenschaftlichen, technischen nicht mitgehalten. Auch das ahnte das Konzil bereits (GS 5, GS 37).

Viele Menschen fühlen sich heute ohnmächtig und glauben, man könne ohnedies nichts verändern. In einer solchen Atmosphäre latenter Hoffnungslosigkeit, Angst und Verzweiflung, übertüncht von geschäftigem Aktivismus und scheinbar oberflächlichem »Spaß« das Evangelium zu verkünden hieße dann: Erinnern. Christen können Menschen daran erinnern, wie oft Gott Menschen aus der Not gerettet hat. Christen können an den Bund erinnern, den Gott mit den Menschen geschlossen hat. Christen glauben, dass ihnen aus der Erinnerung an Gott jene Kraft zur Hoffnung zufließen kann, die es braucht, um Probleme zu lösen.

Erinnern heißt nicht, die Welt schöner malen als sie ist. Erinnern heißt daher auch: Der Bedrohung des Menschen durch die Sünde, die Absonderung und Verweigerung Gott gegenüber, eingedenk zu sein. Erinnern heißt, dem Leid in der Welt ins Gesicht zu schauen und sich von menschlichen Allmachtsphantasien totaler Leidbeseitigung zu lösen. Erinnern bedeutet immer auch Umkehr: die Sünde hinter sich lassen und sich auf Gott neu einlassen. Erinnerung – an Gutes wie Böses – kann Hoffnung wecken.

Politik aus dem Glauben?

Wer in Gott eintaucht, taucht neben den Menschen wieder auf (Paul M. Zulehner). In dieser Erfahrung wurzelt das politische Engagement von Christinnen. Politisches Engagement ist so gesehen eine Pflicht, weil Folge der Liebe zu den Menschen und zu Gott. Nicht primär Moralität, sondern Liebe ist die spirituelle Wurzel politischen Engagements von Christinnen. Diese Liebe verpflichtet den politisch aktiven Christen aber auch dazu, das politische Geschäft nach den Regeln der Vernunft auszuüben, sich mit den Gesetzmäßigkeiten, Instrumenten und Inhalten politischen Handelns vertraut zu machen.

Christen werden sich entsprechend ihrer Begabungen unterschiedlich politisch engagieren. Nicht jeder Christ muss Mitglied einer Partei sein. Weder die Vielfalt der gesellschaftspolitischen Positionen noch die der Beziehungsformen zwischen Kirchen und Öffentlichkeit[257] sind Makel der Kirchen, sondern ein Zeichen ihrer Weltnähe und Bodenhaftung. Theologisch zeigt es den Respekt gegenüber der Inkarnation Gottes. Weil Gott konkret ist und sich in konkreten Situationen kundtut, werden Christen daher zu verschiedenen politischen Überzeugungen kommen und sich auf

257 Die Vielfalt wird sichtbar z. B. in Mayer-Schwingenschlögl, Wieviel Religion braucht Österreichs Politik?

unterschiedlichen politischen Ebenen bewegen: in Vereinen, Selbsthilfegruppen, zivilgesellschaftlichen Gruppen, Parteien. Mehrfachmitgliedschaften (neben der Gemeinde in Basisgruppen oder Vereinen) von Christen sind erwünscht. Auch prophetisches Aufzeigen der Risiken und Chancen der Gegenwart in anderen Lebensbereichen ist politisches Handeln. Alltägliches solidarisches Handeln in den persönlichen Lebensbereichen, in der Familie, bei Freunden und Nachbarn, in der Arbeit oder im Bezirk hat politische Dimensionen.

Christlich motiviertes politisches Handeln ist in aller Vielfalt aber keinesfalls beliebig. Gruppenegoismen aller Art, Fremdenfeindlichkeit, Unterdrückung von Minderheiten, Gewalt gegen Menschen, Polarisierung der Gesellschaft, Förderung oder Erhaltung ungerechter Sozial-, Arbeits-, Wirtschaftspolitik, Benachteiligung oder Ignoranz der sozial Schwachen, Aufhebung der Sozialpflichtigkeit von Reichtum, Reduktion der Armutsbekämpfung auf Almosenmentalität u. v. a. sind Optionen, die christlich nicht gangbar sind. Das Evangelium und die christliche Soziallehre liefern die Maßstäbe.

Eine schwache Kirche ist politisch gefährlich

Europa ist noch immer ein kirchentümliches Land. Die Kirchenorientierungen sind höchst vielfältig, oft sehr kritisch, aber Europäer erwarten nach wie vor viel von ihren Kirchen – auch in politischen Angelegenheiten. *Weil* die christlichen Kirchen in Europa noch immer wichtige »Werteträgerinnen« und politische Akteure sind, kreidet man ihnen Doppelmoral und Vergehen besonders scharf an. Die Glaubwürdigkeit kirchlicher Institutionen und ihrer Vertreterinnen – und zwar allem voran die nach innen – ist daher elementar für die politische Macht der Kirche. Deshalb verzichtet die Kirche gegebenenfalls auch auf gesellschaftliche und politische Privilegien, damit sie die Freiheit hat, dem Evangelium auch politische Relevanz zu verleihen.

Es ist kurzsichtig und gefährlich und entspricht nicht den Wünschen der Gesamtbevölkerung, die politische Relevanz der Kirchen sukzessive zu zerstören. Abgesehen davon, dass es global und europaweit keine annähernd bedeutsame und große gesellschaftliche Größe gibt, die sich gegenwärtig für Gerechtigkeit und Solidarität einsetzt, ist eine politisch geschwächte Kirche politisch riskant: Das kann man aus der Geschichte der ehemaligen Ostblockstaaten lernen.[258] Eine öffentlich kaum anerkannte und nach innen ausgeblutete Kirche konnte den osteuropäischen Gesellschaften keinen Schutz gegen totalitäre Politik geben. Umgekehrt zeigt die Entwicklung in Polen, was eine starke Kirche auch im Totalitarismus bewegen kann.

Eine gesellschaftlich starke Kirche zu fördern bedeutet weder, ihr politische Funktionen oder Privilegien zu geben, noch schließt das Kritik an ihr aus. Das muss auch die Kirche in Europa lernen. Es bedeutet, ihrem Wort innerhalb politischen Handelns strukturell, d. h. innerhalb der politischen Institutionen, Gewicht einzuräumen und es ernst zu nehmen, sich mit ihm auseinander zu setzen und kirchliches Engagement auch zu unterstützen (z. B. durch gezielte Ehrenamtspolitik mit entsprechenden

258 Das zeigt der zusammenfassende Schlussbericht vom CCEE, dem Rat der Europäischen Bischofskonferenzen, der im Rahmen eines Symposiums vom 7.–12. September 1993 in Prag stattgefunden hat, insbes. das Referat von Kardinal Miloslav Vlk: Das Evangelium leben in Freiheit und Solidarität.

Gratifikationen in Politik und Wirtschaft; durch Mittel für gesellschaftspolitische Projekte und Forschungen). Kirchen wollen und dürfen nicht herrschen, sollen aber als Autoritäten anerkannt werden. Kirchen wollen nicht Politik machen, sondern Politik möglich machen.

Einer Kirche, die als Autorität wahrgenommen werden will, entspricht umgekehrt ein spezifischer Gestus politischer Einmischung. Konkret: Politischer Dialog erfolgt auf Augenhöhe und nicht von oben herab mit dem moralischen Zeigefinger derer, die sich die Finger im Konkreten niemals schmutzig machen. Kirche lässt sich auf Diskussionen ein und gibt zu, dass auch sie nicht für alle politischen Probleme sofort Lösungen hat. Kirche weiß nicht schon immer und im Vorhinein, was falsch oder richtig ist, sondern ringt mit den Menschen um Lösungen. Kirchliche Kritik erschöpft sich auch nicht im Aufzählen und Bemäkeln von Mängeln und Fehlern, sondern entwickelt alternative Visionen und Modelle. Kirche stiftet Hoffnung und entwickelt Alternativen, die sie - wenn möglich - in ihrem Binnenraum bereits zeichenhaft realisiert und so modellhaft zeigt, was mit Christus möglich wird: z. B. Banken mit fairen Zinsen, humaner Umgang mit kirchlichem Personal, synodale Meinungsfindung, kirchliche Sozial- und Minderheitenpolitik u.v.a. Für viele der großen anstehenden gesellschaftlichen Probleme (Bioethik, Wirtschaftsethik, Umgang mit technischen Hilfsmitteln usw.) muss der Geist des Evangeliums erst konkretisiert werden.

Politische Beiträge des Christentums und der Kirchen

> Politik ist die hilfreichste Form der Nächstenliebe.
>
> *Papst Paul VI.*

Ein neues Verhältnis zur Politik – Binnenkirchliche Voraussetzungen

Spiritualität als Herzstück

So wie die Politik ihr Verhältnis zur Religion klärt, wird auch die Kirche ihr Verhältnis zur Politik klären. Der Staat ist nicht verlängerter Arm zur Durchsetzung eigener Interessen, die Kirche nicht Partei oder Verein der Zivilgesellschaft. Schließlich darf und soll die Politik der Kirche ihre ureigensten Aufgabe nicht abnehmen: die der Evangelisierung, d. h. die Verkündigung der frohen Botschaft in Wort und Tat. Wurzel und Ursprung jedes politischen Engagements der Kirche ist der leibhaftig gelebte Glaube an das Evangelium Jesu Christi.

Das Evangelium Jesu Christi zu leben und anderen Menschen nahe zu bringen, ist zuallererst eine spirituelle Aufgabe und setzt eine Kirche voraus, die ihre spirituelle Kompetenz wiedergewonnen hat. Nur eine Kirche, die das Evangelium leibhaftig und glaubwürdig darstellt und lebt, kann und darf sich an seine Verbreitung wagen. Eine evangelische Spiritualität ist eine unerlässliche Bedingung für politischen Einsatz, der keine machtpolitischen Interessen hat. Nur eine Kirche, die in einem tiefen Gottesglauben verwurzelt ist, wird politisch handeln können, ohne zu politisieren und ohne sich in den Verstrickungen des politischen Alltags zu verfangen. Eine lebendige Spiritualität gibt der Kirche die Freiheit, sich politisch zu engagieren, ohne in der Politik aufzugehen oder sich von ihr vereinnahmen zu lassen.

Gottesrede – eingedenk der Schuldgeschichte

Verkündigung des Evangeliums heißt Gottespraxis und Gottesrede. Die Kommunikation des Evangeliums und insbesondere die Verkündigung Gottes unterliegen heute aber den Ambivalenzen der Wirkungsgeschichte. Kirche wird sich dessen bewusst sein und sorgsam, der Religionsgeschichte und -kritik eingedenk, über Gott sprechen. Auch das ist ein Zeichen einer spirituell wachen Kirche. Etwas plakativ gesagt: Nach Auschwitz leichtfertig vom guten Gott zu reden, ist nicht ohne weiteres möglich. Ihn zu verschweigen aber ebenso wenig. Spiritualität kann helfen, diese Spannungen zu ertragen und den Gott der Liebe und Treue weder bloß gegen alle historischen und zeitgenössischen Übel in Kirche und Welt verteidigend zu behaupten noch schamhaft zu verschweigen.

> Sobald das Evangelium in den geschichtlichen Prozess der Auslegung hineingekommen ist, wurden Interessen wirksam, die die Hermeneutik des Evangeliums beeinflusst haben. Das, was die Menschen an Lebenskonzepten verfolgen, die aus anderen Quellen gespeist sind, wirkt auch in die Hermeneutik, die Auslegung der Schrift, hinein. Das Bultmannsche Diktum von der Unmöglichkeit einer voraussetzungslosen Exegese formuliert sich hier noch einmal neu unter sozialen Gesichtspunkten: Kirchliche Verkündigung wird nicht voraussetzungslos rezipiert. Wir können einerseits nach politischen Interessen fragen, die sich das Evangelium dienstbar machen, andererseits aber auch nach den kirchlichen Interessen. Welchen hermeneutisch wirksamen Interessen begegnen die Kirchen heute?(…)
> Das Evangelium in seiner eigentlichen Dynamik und Kraft unterliegt dem hermeneutischen Interesse. Aber wenn es gehört wird – durch die unterschiedlichen Auslegungen hindurch – kann sich z. B. im Blick auf das Menschenbild durchaus auch durchsetzen, dass das Evangelium den Menschen nicht dem Zugriff des Menschen wieder ausliefern will. Wenn die Kirche sich mit ihrer Botschaft in ethische Diskussionen einmischt, steht sie sich zwar einerseits selbst im Wege, da sie den Zugriff auf den Menschen praktiziert hat, andererseits ist die Botschaft doch in sich immer wieder so konsistent, dass sie sich auch gegen die Praxis der Kirche durchsetzt als das, was eigentlich gemeint ist.
>
> *Klaus-Peter Jörns* auf dem Symposium »Zukunft der Religion – Rolle der Kirchen«

Um öffentliche Relevanz ringen

Aus katholischer Sicht ist die Kirche kein Verein innerhalb der Zivilgesellschaft, keine politische Organisation, keine Interessensgemeinschaft. Sie erhebt den universalen Anspruch, etwas über das Menschsein auszusagen, das nicht beliebig verfügbar und für alle relevant ist. Insofern beruht das politische Handeln der Kirche nicht auf gemeinsamen Interessen, sondern zuerst auf der Offenbarung Gottes in Geschichte und Gesellschaft, die ChristInnen dazu verpflichtet, am Reich Gottes so mitzubauen, dass es auch gesellschaftlich wahrnehmbar werden kann. Daher ist es auch nicht gleichgültig, ob die Kirche in Europa unbedeutend oder wieder eine gesellschaftspolitisch relevante Größe wird.

Sich in die Politik »einmischen«

Eine politische Kirche ist in erster Linie eine unbequeme und treue Mahnerin, die sich aus Liebe und Verantwortung immer wieder in die gesellschaftlichen Herausforderungen einmischt. Sie bringt sich in den gesellschaftlichen Diskurs auf allen Ebenen und Bereichen ein, zettelt Diskussionen an, thematisiert das Ungesagte, Verschwiegene. Sie lässt dabei die lebensdienlichen Dimensionen christlichen Glaubens und christlicher Ethik wahrnehmbar werden. Ziel solcher Einmischungen ist nicht die Verwerfung des Fortschritts, sondern sind Rückenstärkung und Weiterentwicklung des Humanum. Das bedeutet: Die Kirche nimmt Abschied von moralisierenden summarischen Zurechtweisungen, was alles nicht sein soll und mangelhaft ist – sondern sagt, was, wie und warum etwas anders sein kann. Dazu braucht sie freilich Sachkompetenz in politischen, ökonomischen, kulturellen Fragen, die sie im Dialog mit Betroffenen, Fachleuten, Wissenschaftlerinnen aus anderen Disziplinen erwerben kann.

Kirche mischt sich ein als Vorreiterin, als Visionärin, als Prophetin einer menschenfreundlichen Zukunft. Das schließt kritische Ethik, politischen Widerstand genauso wenig aus wie apokalyptische Szenarien: Entscheidend ist, ob Menschen dabei ihre Freiheit und Gottessehnsucht wieder finden können, Hoffnung schöpfen und Neues wagen können. Solche störenden Einmischungen dienen dem humanen Fortschritt. Kirche, die sich einmischt, zielt auf humane gesellschaftliche Verhältnisse, nicht auf politische Machtpositionen. Partielle Vernetzungen und Kooperationen mit anderen Gruppen, Organisationen, Institutionen sind dann sinnvoll, wenn die Anliegen geteilt werden. Prophetische Kritik braucht auch Öffentlichkeitsarbeit und Präsenz in den Medien.[259]

Binnenkirchliche Freiheit

Freiheit in der Religion ist die Bedingung der Möglichkeit, dass eine Gesellschaft nicht frei von Religion wird. Dieses Paradoxon ist auch binnenkirchlich zu konkretisieren. Insbesondere die römisch-katholische Kirche hat nicht selten große Angst vor der Freiheit ihrer Gläubigen und versucht diese mit vielen Regeln und Geboten zu kontrollieren. In modernen, freiheitsverliebten Kulturen wirkt sich das doppelt negativ aus: Die Menschen fliehen erst recht, wenn sie sich in ihrer Freiheit beschränkt fühlen. Eine Kirche, die ihre Gläubigen unmündig macht, verhindert und zerstört zudem deren geistige Vitalität und mögliche Neuaufbrüche, denn nur in Freiheit keimt der Mut zum Risiko, jene Experimente zu wagen, die die Kirche heute so dringend braucht. Daher ist innerkirchliche Freiheit das Um und Auf für eine spirituell und gesellschaftspolitisch starke, lebendige Kirche.

Freiheit bedeutet nicht Willkür in Glaubensfragen, beinhaltet aber die Möglichkeit, über Glaubensfragen und die konkrete Praxis der Kirche offen nachdenken und kritisieren bzw. miteinander diskutieren zu können, ohne sich vor kirchenpolitischen und juristischen Sanktionen fürchten zu müssen. In der römisch-katholischen Kirche ist diese Angst gegenwärtig sehr stark, und sie lähmt die Freiheit und den Mut zum innovativen Denken und Handeln. Nicht zuletzt die Atmosphäre geistiger Unfreiheit beschert der katholischen Kirche einen bedrohlichen Aderlass an

259 Zur Frage der politischen Einmischungen: Ingeborg Gabriel/Christa Schnabl/Paul M. Zulehner (Hg.): *Einmischungen*. Zur politischen Relevanz der Theologie, Ostfildern 2001.

Intellektuellen, v. a. intellektuellen Frauen, an innovativen, ideenreichen und risikofreudigen Menschen, die das Kirchenschiff dringend bräuchte, um wieder flott zu werden.

Glaubwürdigkeit

Generell ist zu sagen, dass gerade die internen Konflikte der Kirche diese viel mehr schädigen und schwächen als die Erschütterungen von außen. Die vielen Konflikte, die es in der Kirche, in und zwischen den Einzelkirchen gibt, zerstören die Glaubwürdigkeit einer Kirche, die von Liebe, Frieden und Versöhnung predigt. Voraussetzung für die Glaubwürdigkeit auch des politischen Engagements der Kirche sind Personen und Strukturen, die in ihrem Erscheinungsbild wahrnehmbar machen, was sie verkünden. Die Glaubwürdigkeit der Kirche ist eine spirituelle Frage. Wer Freiheit verkündet, wird Freiheit in seinem Handeln konkret symbolisieren. Wer Auferstehung verheißt, wird ein Hoffnungszeichen mitten in dieser Welt sein. Wer Gottes- und Nächstenliebe predigt, wird beides leben. Nur dann wird ihm geglaubt werden.

Dialog

Dialog ist nicht nur eine zeitgeistige, modische Gesprächstechnik, wie von manchen reaktionären Kirchenvertretern unterstellt wird. Dialogisch ist das Wesen des trinitarischen Gottes selbst, der in sich selbst Beziehung ist und sich als Gott der Liebe den Menschen offenbart. Dialog gehört aus diesen trinitäts- und offenbarungstheologischen Gründen auch elementar zum Wesen der Kirche. Wenn Kirche den dreifaltigen Gott widerspiegeln soll, muss das in ihrem Leben und in ihren Strukturen wahrnehmbar werden. Kurt Kochs Vision einer »unipluralen Kirche« als »Virtuosin« eines weltumspannenden, ökumenischen Dialogs zwischen den christlichen Konfessionen, den Nationen, den Weltreligionen, Weltanschauungen und Ethiken buchstabiert anschaulich durch, wie eine solche dialogische Kirche aussehen und wirken kann: Der vertikale Dialog mit Gott und seinem Mysterium lässt eine mystische Kirche wachsen. Der diagonale Dialog mit der Tradition sorgt dafür, dass die Kirche zugleich ursprungstreu und zeitgemäß ist. Der horizontale Dialog in der communio der Gegenwart stärkt eine geschwisterliche Kirche. Und der universale Dialog der Kirche mit der Welt in ihrer Missio führt zu einer politischen Kirche.[260]

Dialog ist also auch Bedingung und Wesen des politischen Engagements. Eine dialogische Grundhaltung, die sich auf das Gespräch mit Menschen so einlässt, dass Lernerfahrungen und Veränderungen auf beiden Seiten möglich werden, ist eine wichtige Bedingung gelingenden politischen Engagements.

Pluralitätskompetenz

Eine wahrhaft evangelische und katholische Kirche ist fähig, die Andersartigkeit anderer politischer und religiöser Positionen nicht nur zu tolerieren, sondern kann sich in die fremden Positionen und Perspektiven auch einfühlen und eindenken. Sie ringt darum, andere Zugänge, Erfahrungen, Meinungen von innen her zu verstehen. Diese Fähigkeit nennt man *Pluralitätskompetenz* und sie ist eine Schlüsselfähigkeit

260 Vgl. Kurt Koch: *Christsein im neuen Europa*. Provokation und Perspektiven, Freiburg 1992, 100–136. Er entwickelt dort auch eine Kriteriologie fruchtbarer Dialogizität.

(nicht nur) im politischen Engagement der Kirche.[261] Um sich im politischen Feld der Vielfalt an Meinungen und Handlungsoptionen kompetent und segensreich bewegen zu können, ist diese Begabung unerlässlich. Auch dafür, um an der Pluralität der politischen Positionen innerhalb der Kirche nicht zu verzweifeln oder irre zu werden.

Pluralitätskompetenz hilft dabei, die Balance zwischen widersprüchlichen Polen und Spannungen (aus)halten zu lernen. Dabei wird Folgendes eingeübt:

Eine belastbare, engagierte *Toleranz* gegenüber anderen, die sich an der Andersheit anderer ebenso erfreuen kann wie sie die *Wahrheitssuche* nicht aufgibt.

Die Entwicklung einer eindeutigen, klaren, positionierten *Identität*, die für ihre Überzeugung einstehen kann, nicht nur ohne sich abzuschotten, sondern die dank durchlässiger und beweglicher Grenzen lernfähig ist, Neues in sich zu integrieren und sich in diesem Prozess anderen dienstbar zu machen.

Die Fähigkeit zum aufrichtigen und lernbereiten *Dialog*, der sich anderen Positionen aussetzen kann, ohne die eigene Identität zu verlieren.

Die *Balance* zwischen einem *modernen, aufgeklärten Selbstverständnis* und den *Grundüberzeugungen des Glaubens.*

Für alle diese Fähigkeiten braucht es Pluralitätskompetenz, die Fertigkeit mit der Pluralität der anderen, auch der Mitchristen, ebenso zu leben wie mit der Pluralität, die man in solchen Lernprozessen in sich selbst erlebt. Solche Pluralitätskompetenz hilft, die Spannungen zwischen den Menschen und in sich selbst zu ertragen und die Balance zwischen den Extremen zu halten – und das ist im politischen Diskurs besonders nötig, weil Spannungen dort leicht eskalieren, einseitig aufgelöst werden und Gewaltausbrüche begünstigen.

Diese Kompetenz ist zugleich eine zutiefst spirituelle Fähigkeit. Pluralitätskompetent zu sein bedeutet, in der Lage zu sein, sich von der eigenen Position distanzieren und lösen zu können, um sich auf die des anderen einzulassen. Dies bringt nur zuwege, wer sein Leben nicht allein auf sein eigenes Ich und dessen Erfahrungen und Erkenntnisse gründet, sondern angstlos um deren Endlichkeit und Beschränktheit weiß, weil er sich im Letzten in Gott verwurzelt weiß. Damit dieses Wissen um die eigenen Grenzen nicht in Angst und Bodenlosigkeit, in psychotischem Ich-Verlust oder chronischer Ich-Schwäche endet, braucht es die Fähigkeit, zwischen dem eigenen Ich und dem Selbst unterscheiden zu können, ohne dabei das Ich zu verlieren. Dieses Selbst aber gilt es als in einer größeren Wirklichkeit, der Liebe Gottes, verankert zu erfahren und zu erkennen – und das Ich als Geschenk zu erfahren, mit dessen Hilfe man seinen eigenen Beitrag in der Weltgeschichte leisten kann. Für Christinnen verhilft die Einübung in die Nachfolge Christi genau zu dieser Erfahrung. Wer Christus liebt und sich von ihm und seinem Geist begleitet weiß, kann sein Ich getrost hinten anstellen und loslassen. Dies ist eine spirituelle Lern- und Glaubenserfahrung. Wir finden sie im Neuen Testament bei Paulus auf den Punkt gebracht: »Ich bin mit Christus gekreuzigt worden; *nicht mehr ich lebe, sondern Christus lebt in mir*« (Gal 2,19–20).

Aus diesem Vertrauen, mit Christus im Geist in Gott geborgen zu sein, wird es möglich, eigene Positionen zeitweise um des Verstehens des anderen willen zu verlassen. So erträgt man Widersprüche, Spannungen, Konflikte, unlösbare Probleme,

261 Vgl. Regina Polak/Paul M. Zulehner: *Toleranz: Schlüssel zu einer guten Zukunft für Kirche und Gesellschaft*, in: Christoph Schwöbel/Dorothee v. Tippelskirch (Hg.): Die religiösen Wurzeln der Toleranz, Freiburg 2002, 98–130.

ohne gewalttätig zu werden. Pluralitätskompetenz verhindert, einseitig oder vorschnell so Partei zu ergreifen, dass die andere Partei zum Feind wird. Sie hilft umgekehrt, wenn das Parteiergreifen, z. B. zugunsten der Armen und Bedrohten, nötig wird, den Gegnern dennoch mit Verständnis und Respekt zu begegnen. Pluralitätskompetenz als spirituelle Größe ermöglicht dann einen politischen Einsatz, der auf Versöhnung und Frieden zielt.

Politische Ressourcen nützen

Die pluralen Strukturen der christlichen Kirchen erlauben und erleichtern bzw. erschweren unterschiedliches politisches Engagement. Die synodal-hierarchische Organisation der römisch-katholischen Kirche ermöglicht beispielsweise politisches Engagement auf allen Ebenen – auf individueller, lokaler, nationaler und transnationaler Ebene; auf der Ebene der Zivilgesellschaft, der Parteien und des Staates. Diese kirchliche Organisation erleichtert es, Ansprechpartner auf allen Ebenen bereit zu stellen und sich mit der Gesellschaft den Problemstellungen gemäß vernetzen zu können. Das ist eine Ressource, die noch viel besser genützt werden könnte und die öffentliche Wahrnehmungsverengung auf die Kirchenleitung als einzige politische Protagonistin erheblich aufbrechen würde. Die Struktur der römisch-katholischen Kirche könnte sogar ein exemplarisches Modell in der Gesellschaft dafür werden, wie verschiedene Hierarchieebenen human zusammenspielen können, denn hierarchisch organisiert dürfen in der Kirche ja nur die Ämter und nicht die Personen sein. Gerade die römisch-katholische Kirchenstruktur könnte ein zeichenhaftes Ineinander von Globalizing und Localizing realisieren. Dazu müsste sie freilich das synodale Prinzip viel ernster nehmen und bewusster realisieren, um in einer demokratisch verfassten Gesellschaft als Modell ernst genommen zu werden und nicht ständig unter Autoritarismusverdacht zu stehen.

Politische Bewusstseinsarbeit

Christen werden ihr gesellschaftspolitisches Know-how schulen. Es stimmt bedenklich, dass die »politisch-aktiven« Christinnen tendenziell eher diejenigen sind, die nicht traditionell gläubig und auch weniger kirchlich verwurzelt sind, während umgekehrt die Kirchentreuen massive Vorbehalte gegen politisches Engagement haben und die Kirche nicht selten als erbaulichen Privat-Verein für das individuelle Seelenheil betrachten. Beides sind einseitige Entwicklungen. Die sog. Sozialchristinnen (in Österreich 42%) brauchen Orte für spirituelles Lernen, die Ritualistinnen (14%) und Traditionalistinnen (31%) brauchen politische Bewusstseinsbildung. Alle drei Gruppen können lernen, wie Spiritualität und Politik zusammenhängen.

Politische Kompetenzen verbessern

Die verschiedenen Ebenen kirchlichen Handelns können durchlässiger werden, die Kommunikation zwischen den Ebenen verbessert werden. Christen auf allen Ebenen der Kirche sind aufgefordert, politische Kompetenz zu entwickeln. Dazu brauchen viele Christen konkrete und kompetente Unterstützung und Anleitung. Verantwortlich für das Wiedergewinnen politischen Selbstverständnisses und politischer Fertigkeiten sind auch die Kirchenleitungen, die ein Interesse an der Verbesserung der politischen Kompetenzen der Gläubigen haben müssen. Leitung heißt im politischen Kontext: zeit- und evangeliumsgemäße Ermöglichung christlichen Engagements in Kirche und Welt. Wer in der Kirche leitet, kann mit den Menschen Möglichkeiten entwickeln, wie sich Christinnen in moderner Welt im politischen Feld bewegen können – in Vereinen, Basisgruppen, Parteien. Die Kirchenleitung achtet dabei darauf, dass sich das politische Tun spirituell verwurzeln kann und nicht verselbstständigt. Dieser Lernprozess setzt eine Leitung voraus, die selbst politische Kompetenzen erwirbt und sich nicht fürchtet vor politisch engagierten Christinnen. Denn die politischen Erfahrungen im Raum der Gesellschaft haben auch Auswirkungen auf die Binnenpolitik. Dies könnte als Ressource und Lernort betrachtet und gestaltet werden, nicht als Bedrohung. Könnte es sein, dass die politische Schwäche der Kirche eng mit dieser Angst der Kirchenleitung vor internen politischen Strukturveränderungen zusammenhängt? Der wechselseitige Einfluss, besser: die Diskrepanz zwischen Innenpolitik und den politischen Verhältnissen außerhalb der Kirche besteht jedenfalls bereits jetzt, wirkt sich allerdings nachteilig aus: Viele junge Menschen stehen v. a. der römisch-katholischen Kirche nicht zuletzt deshalb so fern, weil sie in demokratischen Strukturen aufgewachsen sind und im hierarchielastigen Kirchenraum keine Anknüpfungspunkte finden wollen und können.

Sich Zeit nehmen für spirituelle und politische Besinnung
Eine Kirche, die ihre spirituelle und politische Relevanz wieder stärken will, muss für eine solche Neubesinnung und Umorientierung eigens Zeit bereitstellen. Erfahrungen und Ideen wollen ausgetauscht und reflektiert, Grundlagen wollen studiert, Visionen entwickelt, Ziele formuliert werden. Dazu wird man so manche lieb gewonnene Tätigkeit lassen müssen, um Freiraum für Neues zu gewinnen. Hilfreich wird es sein, sich bei solchen Selbstorientierungsprozessen von kompetenten Beratern begleiten und unterstützen zu lassen.

Ehrenamt bewusst fördern und wertschätzen
Kirche entwickelt ein neues Bewusstsein für Ehrenamtlichkeit. In einer Zeit umtriebiger Optionenvielfalt ist ehrenamtliches Engagement auch binnenkirchlich nicht mehr selbstverständlich. Die Kirche wird daher ehrenamtliches Engagement bewusst fördern: indem sie den persönlichen Gewinn explizit macht, indem sie ehrenamtliches Tun honoriert und Mitarbeitern Weiterbildung ermöglicht. Ehrenamtliche sind keine unbezahlten Assistentinnen des Herrn Pfarrer, sondern beauftragt, in Kirche und Gesellschaft jenen Beitrag zu leisten, zu dem sie von Gott berufen sind. Die Kirchenleitung soll sie dabei unterstützen. Die Kirche kann der Raum sein, aus dem Ehrenamtliche Kraft aus dem gemeinsamen Glauben schöpfen. Das Ehrenamt wird gerade für gesellschaftspolitische Aufgabenstellungen in Zukunft hohe Relevanz bekommen. Dazu muss aber die weit verbreitete »vereinsmeierische« Binnenorientierung vieler Ehrenamtlicher auf den Kirchenraum umgewandelt werden in ein neues Selbstverständnis, als Zeuge und Zeugin Jesu Christi in der Kirche und in der Welt zu wirken. Ehrenamtliche Tätigkeit dient nicht primär der Aufrechterhaltung der Kirche, sondern vor allem dem Dienst der Kirche in und an der Gesellschaft.

Politisches Engagement institutionalisieren
Auch und gerade wenn die Möglichkeiten politischen Engagements vielgestaltig sind, braucht eine politisch wirksame Kirche eigene Institutionen, in denen das po-

litische Handeln diskutiert, akkordiert, gelehrt und gefördert wird – eine Art »politischer Akademie« wird in Zukunft unerlässlich sein, um die Vielfalt der Meinungen zu koordinieren, zu bündeln und öffentlich agierende Kirchenpersonen optimal zu unterstützen. Einzelne Pressesprecher von Bischöfen und Großorganisationen sind zu wenig. Es braucht politisch Verantwortliche und Ansprechpersonen in den Gemeinden und Gruppen, es braucht Büros und Einrichtungen, wo man sich politisch weiterbilden und informieren kann. Es braucht Einrichtungen, die politisches Engagement abstimmen.

Ökumenisches Bewusstsein – Einheit der Kirchen

Die Gefahr des politischen Engagements der Kirchen besteht darin, spezifische kirchliche Interessenspolitik zu betreiben und sich als Teilkirche wie eine Partei im politischen Feld zu bewegen. Diese Art von Parteilichkeit schadet dem spirituellen Anliegen der Kirche aber immens. Ein ökumenisches Bewusstsein und der kirchenpolitische Einsatz für die Einheit der Kirchen muss daher jedes gesellschaftspolitische Engagement begleiten. Ökumene darf sich nicht nur auf dogmatische Fragen beschränken, sondern wird sich gezielt auch im politischen Feld entwickeln. Solche Praxiserfahrungen können umgekehrt positiv auf die dogmatische Ökumene einwirken. Dazu gibt es schon reichhaltige Erfahrungen, die öffentlich zu wenig bekannt sind.

Auch wenn die Einheit noch nicht zur Gänze besteht, sind im politischen Feld verstärkt Kooperationen zu suchen, Anliegen und Programme gemeinsam zu entwickeln, die Interessen der anderen Kirchen mitzubedenken. Die Vielfalt und Widersprüchlichkeit der kirchlichen Zugänge zu politischem Engagement können dabei schöpferische Konflikt- und Lernfelder sein, die gezielt aufgesucht werden sollten.[262]

Auch die verschiedenen Organisationsformen der katholischen, der evangelischen und der orthodoxen Kirche können in der politischen Arbeit eine Chance sein. Idealtypisch vereinfachend gesagt: Die protestantische Kirche ist dank ihrer dezentralistischen Strukturen in aller Regel politisch flexibler und zeitoffener. Ihr starkes Freiheitsethos macht sie besonders sensibel für und widerständig gegen alle Formen von Unfreiheit und Unterdrückung. Die katholische Kirche tut sich dank ihrer hierarchischen Struktur leichter, mit geeinter Stimme zu sprechen. Ihre bewährte Solidartradition macht sie sensibel für alle Formen der Entsolidarisierung, und ihre stärkere Weltdistanziertheit hilft, Tabuisiertes zu erkennen. Die Orthodoxie mit ihrer tiefen Spiritualität und ihrer Verbundenheit zum kirchlichen Ursprung verhilft beiden Kirchen, gut am eigenen Ursprung anzuknüpfen und Vergangenheit mit Gegenwart und Zukunft in bewährter und ursprungstreuer Tradition zusammenzuhalten.

Kirchliche Ressourcen

Die Kirchen haben einen reichen Schatz an politischer Erfahrung. Sie verfügen über jahrhundertealtes reflektiertes Glaubenswissen, wie sich christlicher Glaube in der Welt verwurzeln kann, wissen um die Möglichkeiten und Grenzen, aber auch um die Notwendigkeit und Ambivalenzen des Ineinanders von aktiver und passiver Anpassung der Kirchen an Welt und Gesellschaft (Assimilation und Akkomodation),

262 Vorbildhaft dafür das gemeinsame Sozialwort der Kirchen in Österreich, vgl. Ökumenischer Rat der Kirchen in Österreich: *Sozialwort des ökumenischen Rates der Kirchen in Österreich*, Wien 2003.

sowie Verpflichtung zum Widerstand gegen gottlose und Menschen verachtende Entwicklungen. Die Fähigkeit des Christentums, Geist vom eigenen Geist überall entdecken zu können, erlaubt ihm, sich in jeder Kultur zu inkulturieren. Diese Gabe betrifft auch das Verhältnis zur Politik. Deshalb ist das Christentum zugleich nicht an ein bestimmtes politisches System gebunden und doch fähig, sich durch plurale Optionen im politischen Feld zu verorten: Es kann politische Strukturen und Fertigkeiten aus dem gesellschaftlichen Bereich für sich selbst übernehmen und modifizieren, es kann und muss gesellschaftlichen und politischen Fehlentwicklungen Widerstand leisten und zur Korrektur aufrufen. Es kann und muss in Gesellschaften loyal mitarbeiten, in denen Christinnen nur eine Minderheit sind, und kann dabei Humanität und Gerechtigkeit fördern. Es kann sogar Vorbild für politisches Handeln in der Gesellschaft sein, wenn es binnenkirchlich politisch segensreich wirkt. Die größte Ressource der Kirche aber sind die unzähligen berufenen, begabten und engagierten Menschen, die ihr Leben oder einen Teil ihres Lebens für Kirche und Gesellschaft einsetzen wollen.

Schon im Aufbruch

An vielen kirchlichen Orten sind heute bereits gesellschaftspolitische Aufbruchszeichen zu entdecken. Kirche beginnt, nach neuen Wegen zu suchen, wie ihre spirituellen Kräfte gesellschaftspolitisches Gewicht bekommen können. Dass dabei binnenkirchlich und zwischen den einzelnen Kirchen auch heftig gestritten wird, ist Teil des Klärungs- und Aufbruchsprozesses. Die Qualität der so genannten »Konservativen« in allen Kirchen besteht darin, allen Neuerungsreformen abzuverlangen, dass sie ihren Vorteil und Gewinn gegenüber der tradierten Praxis theoretisch und praktisch erweisen. Umgekehrt ist die Stärke der so genannten »Progressiven«, das Potential des Neuen zu visionieren und den Mut zum immer wieder notwendigen Aufbruch einzubringen. Wenn beide »Parteien« offen und bereit sind, voneinander zu lernen, kann Kirche nur gewinnen – auch in politischen Fragen.

Kirche, die heute krampfhaft versucht, ihre Gestalt um jeden Preis aufrechtzuerhalten, hat jedenfalls nur mehr als elitäre Nische eine Chance. Die Verweigerung des Aufbruchs entspricht zudem nicht dem Geist des Evangeliums und steht auch im diametralen Gegensatz zu ihrem Auftrag, das Evangelium zu allen Völkern zu bringen. Nur indem sich die Kirche wandelt, kann sie ihrem Wesen treu bleiben: Der Leib Christi in der Welt zu sein, mit dessen Hilfe Menschen zu Gott finden können. Das ist letztlich auch der Sinn kirchlicher Gesellschaftspolitik: Freiraum zu schaffen für Gottes Berufungen durch den Einsatz für Gerechtigkeit und Frieden.

Was christliche Religionspolitik nicht will …

Mehreren Missverständnissen gilt es vorzubeugen, ehe konkrete Handlungsoptionen formuliert werden.

Das Christentum liefert keine ethische oder gar politische »Technik«, mit der man die Probleme der Gegenwart effizient beseitigen könnte. Es offeriert auch keinen »Wertefundus«, aus dem man sich steinbruchartig oder wie im Kaufhaus passende Werte herauspicken könnte. Der christliche Glaube ermöglicht spirituelle Neubesinnung bzw. biblisch fundierte und bewährte Deutungszugänge und Handlungsoptionen, die einen gottvollen und menschennahen Orientierungsrahmen für ethische und politische Überlegungen und Entscheidungen aufspannen. Vor jeder Sozialethik, vor jeder politischen Ethik und Wertedebatte kommt die Mystagogie: Aus der Annäherung an das Geheimnis Gottes können ethische und politische Lösungen »zuwachsen« und Werte als geistige Größen wahrgenommen werden, die leben helfen.

Kirche, die sich ins politische Geschehen einbringt, steht weder rechts noch links und gehört auch keiner Partei an. In ihr leben Menschen unterschiedlichster politischer Orientierung und Parteizugehörigkeit. Sie ist »freie Kirche in freiem Staat« (vgl. das »Mariazeller Manifest« der katholischen Kirche Österreichs aus 1952, das den Abschied der Kirche von der Parteipolitik bedeutete). Kirche strebt weder nach einem Gottesstaat noch nach christlicher Hegemonie, weder im politischen und auch nicht im religiösen Feld. Es geht also nicht darum, alte obrigkeitskirchliche Verhältnisse einer Staats- und Volkskirche zu restaurieren. Die gemeinsame Erklärung der christlichen Kirchen Österreichs zum österreichischen Verfassungskonvent vom 21. November 2003 in der Frage, ob Gott in der Verfassung erwähnt werden solle, ist hier wegweisend. Entscheidend für den Verfassungstext ist nicht die Erwähnung Gottes, sondern die verfassungsmäßige Verankerung der Menschenwürde. Die Verfassung muss den Schutz der menschlichen Würde gewährleisten, d. h. Begrenzung staatlichen Zugriffs auf menschliches Leben und soziale Grundrechte garantieren. In dieselbe Richtung stößt auch das Sozialwort des ökumenischen Rates der Kirchen in Österreich, das sich allem voran für einen starken Sozialstaat ausspricht und Kritik übt an allen einseitigen und eindimensionalen Sichtweisen, v. a. in der Wirtschaft.[263]

Kirche steht aber auch nicht in neutraler Äquidistanz zu allen politischen und zivilgesellschaftlichen Organisationen. Sie kann und wird mit allen kooperieren, die sich für humane Grundwerte, für die Menschenrechte, für Freiheit, Solidarität und Gerechtigkeit, für Spiritualität, Frieden und Bewahrung der Schöpfung einsetzen. Politischen Konzepten, die die menschliche Würde und Freiheit verletzen, die soziale Ungerechtigkeiten vergrößern, fremdenfeindlich, demokratieschädigend oder religionsfeindlich sind, wird sie prophetischen Widerstand entgegensetzen. Es gibt daher für die Kirche weder politische Fundamentaloppositionen noch Dauerkoalitionen mit einer Partei. Vernetzung mit allen, die christliche Anliegen teilen, ist möglich. Die Weigerung, sich instrumentalisieren zu lassen oder dauerhafte Bündnisse einzugehen, wird freilich auch Konflikte mit der Politik nach sich ziehen.

Das Christentum ist keine »Zivilreligion« und soll auch keine werden, wie amerikanische Religionssoziologen das Europa gerne nahe legen. Eine christliche Zivilreligion reduziert den Glauben auf Moralität und Symbolpolitik, die eine Art öffentlichen kulturreligiösen Legitimationsbaldachin über den politischen Status quo breiten sollen. Das entspricht nicht dem biblischen Selbstverständnis. Das Christentum ist eine endzeitlich ausgerichtete, geschichtliche Erlösungs- und Offenbarungsreligion mit dem prophetischen Anspruch, Freiheit und Liebe, Gerechtigkeit und Frieden in der Welt zu mehren. Sein wesentlicher Orientierungspunkt ist der Gott des Alten und Neuen Testaments, nicht der Gott, den wir unseren persönlichen und politischen Bedürfnissen entsprechend konstruieren und unserer Welt einpassen.

Eine binnenkirchliche Gefahr, die sich bei der Entwicklung einer gesellschaftspolitischen Option für alle Kirchen ergeben kann, ist die Versuchung, eine falsch verstandene und einseitig interessengeleitete Identitätspolitik zu betreiben. Aus dem verständlichen Bedürfnis heraus, auch im politischen Feld als eindeutige Stimme und Position erkennbar

263 Vgl. ÖRKÖ, Sozialwort des ökumenischen Rates der Kirchen in Österreich, Wien 2003.

zu sein, kann der Fehlschluss gezogen werden, die einzelnen Kirchen müssen als katholische, evangelische oder orthodoxe Kirche klar und unterscheidbar politischen Standpunkt beziehen. Das ist höchst problematisch, denn eine solche Eindeutigkeit kann Ablehnung und Streit untereinander und mit den politischen Handlungsträgerinnen massiv verstärken und sich negativ auf den möglichen Handlungsspielraum auswirken. Solche Identitätspolitik schadet der Kirche als ganzer, und schwächt eine fruchtbringende Einmischung ins politische Geschehen. Sie schadet auch der Ökumene.

Bei aller Notwendigkeit, als institutionalisiertes Christentum eindeutig erkennbar zu sein und die eigenen konfessionellen Überzeugungen auch im Konzert der politischen Stimmen selbstbewusst zu vertreten, kann Identitätspolitik aber niemals Abgrenzung zwischen den Konfessionen oder Abschottung gegenüber politischen Protagonisten bedeuten. Vielmehr sind in erster Linie die Gemeinsamkeiten zu suchen und zu fördern, um den humanen Fortschritt in der Gesellschaft zu befördern. Das bedeutet weder Leugnung noch Ignoranz von Differenz, sondern soll den Glauben ausdrücken, dass das Gemeinsame unter Menschen stärker sein kann als das Trennende. Christliche Identitätspolitik kann im religionspolitischen Kontext nur bedeuten, sich in den Dienst an der politischen Gestaltung und Entwicklung zu stellen: Widerstand gegen Inhumanität zu leisten, gemeinsamen Einsatz für die Humanisierung zu fordern und fördern, indem man sich mit den humanistischen Kräften der Gesellschaft verbündet. Die Differenzen zwischen den politischen Optionen der verschiedenen christlichen Kirchen sind im Sinne der Bereicherung und zielsicheren Gesellschaftspolitik zu gestalten. Radikaler Widerstand ist die letztmögliche Option, wenn alle anderen Versuche, gemeinsam zu handeln, gescheitert sind.

Exkurs: Die Frage nach dem Nutzen der Religion

Religion stellt nicht her, sondern dar. Genuine religiöse Erfahrung lässt daher zuerst Gott »schauen«, ermöglicht ein neues Sein und ist deshalb in ihrem innersten Wesen nicht funktional. Religion in diesem Sinn ist »nutzlos«, d. h. absichtslos und zweckfrei. Die religiöse Erfahrung sagt wie die Liebe: Es ist, was es ist (Erich Fried). Das Herzstück der Religion ist Sinn, nicht Nutzen. Religion thematisiert daher auch nicht in erster Linie Ethik, sondern Sein. Wer dem Göttlichen nahe kommt, »sieht«, »hört« eine »absolute« Dimension der Realität: Er erahnt, blickt in das »hinein«, wird von dem umfangen, was allezeit gültig ist, nicht verfügbar, nicht beliebig, unbedingt so ist, wie es ist. Augenblicke wie diese sind losgelöst von den alltäglichen Veränderlichkeiten, Endlichkeiten, Zufälligkeiten: eben absolut. Das gilt auch für die christliche Tradition, die in konkreten religiösen Symbolen, Ritualen, Institutionen und Sakramenten vor aller Funktionalität und Nützlichkeit Gottes Präsenz für alle verkünden und verdeutlichen will, dass Gott das Heil aller Menschen will.

Sobald nun die neue Seinserfahrung ausgedrückt wird – und dazu drängt die Intensität der Erfahrung – kommen Endlichkeit, Begrenztheit, Relativität (d. h. die Bezogenheit auf Kultur, Biographie, Geschichte, Politik usw.) ins Spiel. Religion als menschliche Praxis ist ein endliches Ding: Und damit kann sie auch in Dienst genommen werden – für Menschengemäßes, aber auch für Menschenschädliches. Damit zeigt sich, dass Religion auch Funktionen hat und benutzt werden kann. *Darf* das auch sein?

Alles, was ist, kann und darf man unter der Perspektive der Funktionalität wahrnehmen, danach fragen, um wessen und worum willen etwas so ist, wie es ist. Das wusste schon der Philosoph Aristoteles mit seiner Lehre von der *causa finalis* (Worumwillen ist das?), die neben der Materialursache (Woraus ist das?) und der Formalursache (Wie ist das?) eine der unverzichtbaren Seinsgründe ist. Daher ist es auch legitim, konkrete, gestaltgewordene Religion unter der Perspektive der Funktion zu betrachten. Politik und Gesellschaft dürfen und müssen daher im Interesse von Freiheit, Friede und Gerechtigkeit jede Religion, die sich ins politische Geschehen einbringen will, fragen dürfen: *Wozu* will sie das tun? Welches *Interesse* hat sie? Welche *Funktion* übernimmt sie für die Gesellschaft? Die Religionen sind von daher legitimationspflichtig.

Auch aus theologischer Sicht bedeutet die »Wozu«-Frage an die Religion nicht automatisch eine Entehrung oder eine Entheiligung des christlichen Glaubens. Im Gegenteil: Wer die Inkarnation Gottes in Christus Jesus ernst nimmt, wird sagen, dass Gestalt gewordener Glaube auch gesellschaftliche Funktionen übernehmen *muss* und konkrete Aufgaben hat. Das kirchliche Selbstverständnis, im Dienst der Menschen zu stehen und nur vom Dienst her eine legitime Daseinsberechtigung zu haben, bestätigt dies nicht nur, sondern gibt einen wichtigen Prüfungsmaßstab für alle Institutionen der Gesellschaft, die Funktionen übernehmen: Tun sie dies um des Menschen willen?

Es stimmt also nicht, dass Religion bzw. der christliche Glaube keine gesellschaftlichen Funktionen übernehmen dürfen. Entscheidend ist, ob man die Religion auf diese Funktionen reduziert, und wie diese Funktionen ausgeübt werden. Hierfür liefern Schrift und Tradition bewährte Unterscheidungskriteriologien. Von daher dürfen auch Staat und Staatsbürgerinnen die inhaltlichen Ansprüche von Religion nicht einfach ausblenden oder wegschieben und nur den Nutzen akzeptieren, sondern haben auch die Pflicht, das religiöse Selbstverständnis anzuhören und mitzubedenken.

Religion ist nutzlos, besser: nutzenlos. Und dann wird in der öffentlichen Diskussion eigentlich ununterbrochen darauf hingewiesen, wie ungeheuer nützlich sie ist, und wie nach diesem Postulat der Nützlichkeit auch die Kirchen sich zu verhalten haben, wollen sie keine Probleme bekommen. Wenn ich mir anschaue, was die Kirchen dann tun, dann weiß ich nicht, ob wir dazu eine Kirche brauchen; ob da nicht irgendeine Interessensgemeinschaft, eine Lobby auch ausreicht. Raphael Schulte hat schon in den 70er-Jahren geschrieben: Die Aufgabe der Kirche ist nicht in erster Linie, die Gottesfrage zu ventilieren, sondern ihre Aufgabe ist die Gottes-Sage, nicht im Sinn von Erzählung oder Mythos, sondern das Wort zu sagen, passend oder nicht passend. Auch auf die Gefahr hin, dass es nicht verstanden wird, in der großen Hoffnung, dass es doch irgendwann ankommt. Da sind die Kirchen wirklich nützlich, in ihrer Funktion, ihrem Selbstverständnis.
Das ist nicht apologetisch gemeint, aber wir müssen aus theologischen Gründen nicht dauernde Nützlichkeitsnachweise erbringen, so als hätte nicht auch der Staat seinerseits einen Wandel zu einem diakonischen Verständnis hin zu machen. Wir müssen doch nicht immer einem Staat nachweisen: Sei gut zu uns, wir sind doch so nützlich, schau, was wir alles machen. In Wirklichkeit haben wir einen Partner vor uns, der für sich selbst die Latte hochlegt: Er selbst muss seine Nützlichkeit für den Menschen erweisen. Er muss sich als einer erweisen, der Dienst für den Menschen ausübt. Das ist ein ganz starker Paradigmenwechsel. Das hat mit mehr Selbstbewusstsein zu tun und auch damit, dass wir doch nicht in den Kurzschluss verfallen, dass wir als Kirche all das leisten können, was hier so wunderbar dargestellt ist. Zuerst müssen wir zutiefst das sein, was wir sind, eine Gemeinschaft, die aus dem Glauben lebt. Das unterscheidet uns von anderen, die auch in die Gesellschaft Werte einbringen. Kirche ist kein Turbo-»Wertespender«. Werte gibt es nur über den Umweg des Glaubens.

Christine Mann auf dem Symposium »Zukunft der Religion – Rolle der Kirchen«

»Nutzen« ist in technokratisch-ökonomisch dominierten Gesellschaften je nach Standpunkt ein positiv oder negativ besetztes Wort. Es wird in der Regel mit funktionalem Zweck oder ökonomischem Erfolg assoziiert: Nutzen »bringt« etwas, man »hat etwas davon«. Diese Kategorien sind heute elementare Leitwerte menschlichen Handelns: in der Wirtschaft sowieso (dort haben sie auch ihren legitimen Platz), aber auch im Privatleben. Ein Übermaß an funktional ausgerichteter Nutzenorientierung aber bringt das menschliche Leben in Gefahr. Wer am Ende Menschen auf ihren Nutzen hin befragen darf, muss damit rechnen, auch selbst einmal als nutzlos berechnet zu werden.

Religion macht die Frage nach dem Nutzen daher nicht zum primären Zentrum ihres Handelns. Sie errichtet rund um diese Frage ein Tabu: Nach dem Nutzen von Mensch und Gott kann man, darf man aber nicht fragen, ohne mit üblen Folgen für Menschen rechnen zu müssen. Das Tabu schützt den Menschen vor dem Zugriff auf andere und damit auf sich selbst.

Dennoch ist die Frage nach der Funktion von Religion im Christentum in gewisser Weise durchaus erlaubt. Wo Gott sich den Menschen als Mensch in Christus hingibt und ihnen dient, darf auch Religion den Anliegen und Wünschen des Menschen dienen. Damit bekommen Christinnen eine große Verantwortung: Sie müssen ab nun rechtfertigen, wozu Religion dienen darf und wozu nicht. Das ist gerade bei den politischen Anliegen des Christentums eine zentrale Frage, der sich jede Generation neu stellen muss.

Auch die Frage, wie man das Heilsame der Religion wirksam werden lassen kann, verweist auf das paradoxe Spannungsfeld Funktionalität – Absichtslosigkeit, das nicht ohne weiteres in eine Richtung aufgelöst werden kann. Ein Christ glaubt nicht, *um* heil zu werden – dies wäre eine Verzweckung Christi. Aber durch den Glauben hindurch *kann* er heil werden, weil sich Christus in den Dienst des Menschen stellt, und der Glaube rettet.

Oder: Die christliche Tradition, die in ihren Symbolen und Feiern Gottes Präsenz in der Welt darstellen und vergegenwärtigen möchte, muss dazu auch etwas »herstellen«: einen schöpferischen Lebensraum, der Gottes Ankunft bei den Menschen ermöglicht. Gotteserfahrung bedarf konkreter, irdischer Rahmenbedingungen: einer alternativen Gesellschaftsordnung. Der biblisch bezeugte Gott macht sich streng genommen ein Stück weit abhängig vom menschlichen Handeln. Er zeigt sich dort, wo ihm Menschen Raum und Zeit einräumen. Deshalb ist es erforderlich, jene politischen Verhältnisse zu verändern, die Gott unsichtbar machen. Darin besteht der »Nutzen« politischen Engagements für Christinnen.

Denkt man über den Nutzen von Religion nach, ist es angemessener, von »Sinn« zu reden. »Sinn« ist weder Ideologie noch Weltanschauung, auch keine Theorie über die Welt. »Sinn« beschreibt die Fähigkeit des Menschen und die Möglichkeit der Wirklichkeit, sich selbst im Kosmos zu verorten. Wer Sinn sieht, kann das Leben und das Sterben annehmen. Er findet seinen Ort in der Welt. Solcher »Sinn« ist notwendig für das Überleben einer Gesellschaft. »Sinn« ist wie die Weisheit eine Dimension gesellschaftlichen Handelns, über die Religion und Politik einander näher kommen können.

Religion kann vielfältigen Sinn stiften. Die jüdisch-christliche Tradition tut dies auf vielfältige Weise:

Ihr Monotheismus ist eng und unauflöslich mit Ethik verbunden, der Glaube an Gott führt unbedingt zu ethischen Verpflichtungen. Diese müssen in ihrer Konkretion je neu durchdacht werden. Jede Generation ist daher auf der Basis von Bibel und Tradition zu je neuer ethischer Reflexion verpflichtet. Die »Werte«, die dabei wahrnehmbar werden, sind unverzichtbare und heilige Orientierungspunkte menschlichen Handelns. Sie sind freilich keine ewiggültigen Kochrezepte, sondern fordern zum Glauben und zum Denken auf.

Der Glaube relativiert und orientiert alle irdischen Werte, alle Moralität und Ethik auf das letzte Wichtige: auf Gott hin. Aus der Sicht des Glaubens sind Werte eine vorletzte Wichtigkeit im Leben. Der Glaube relativiert alles, was irdisch ist, noch einmal und bezieht es auf seinen letzten Ermöglichungs- und Bezugspunkt: auf Gott. Werte, Moral und Ethik, Sinn: Sie sind niemals Selbstzweck, sondern verweisen auf Gott und finden dort ihren Grund und Ursprung.

Die heilsgeschichtliche Ausrichtung des christlichen Glaubens bedeutet, dass Christen glauben, sie leben in der Endzeit: Mit Christus ist das Heil schon angebrochen. Gott kommt uns aus der Zukunft entgegen und errichtet bereits sein Reich. Dieser Glaube entgrenzt und befreit aus der aktuellen geschichtlichen Verstrickung und ermöglicht es zugleich, den eigenen Platz in der Geschichte besser wahrnehmen und bedenken zu können. Diese Möglichkeit zur Verortung stiftet Freiheit, Sinn und vor allem Hoffnung.

Freilich sind diese Fähigkeiten des Glaubens ambivalent. Sie wurden (und werden) immer wieder benützt: Um mittels »Wertepolitik« (politische oder kirchliche) Gewalt über Menschen auszuüben oder die jeweils modernen Werte und das eigene Treiben mit religiösen Werten zu identifizieren und zu legitimieren. Trotz dieser dämonischen Gefahren gibt es aber keine Alternative dazu, nach Sinn und Werten zu fragen. Es ist daher auch für Christinnen legitim und verpflichtend, nach dem »Nutzen«, d. h. nach dem »Sinn« der Religion für das konkrete Heute zu fragen. Die Suche nach der »guten« Religion gehört zu den Anstrengungen, aber auch zu den spannenden Herausforderungen jeder Epoche.

> Sind wir auf der Suche nach der »guten Religion«? Welchen Preis zahlen die Kirchen für das Halten der gesellschaftlichen Relevanz? Wenn ich den Versuch betrachte, den Erweis zu erbringen, welche Leistungen die Kirchen für die Gesellschaft bringen – Identitätsbildung, Sinnvermittlung, Zusammenhalt der Gesellschaft etc. – frage ich mich: Geht nicht ein wesentlicher Teil des Kircheseins verloren, wenn wir so nach der »guten Religion« suchen? Und warum suchen wir so nach der »guten Religion«?
>
> *Markus Sahli* auf dem Symposium »Zukunft der Religion – Rolle der Kirchen«

Freiheit – Solidarität – Spiritualität: Schlüsselthemen christlichen Engagements in Gesellschaft und Politik

Anhand der bereits eingeführten Schlüsselwörter Freiheit, Solidarität und Spiritualität[264] soll gezeigt werden, was das Christentum im politischen Feld beitragen kann.

264 Vgl. dazu in dieser Studie S. 63ff.

Kleine biblische Grundlegung

Freiheit, Spiritualität, Solidarität sind wesentliche Leitkategorien biblischer Tradition. Dort, wo das Alte Testament politisch wird und Gesetze formuliert, stehen sie im Zeichen dieser Werte: Das Bundesbuch (Ex 20–23), der älteste biblische Gesetzesentwurf, will die Freiheit sichern, die nach dem Exodus aus Ägypten möglich ist. Der Dekalog steht ganz im Zeichen der Freiheitsinstitutionalisierung für das Volk Israel, das eben seine Freiheit gewonnen hat und frei bleiben will. Er sichert als »Minimalethik« jenen Freiheitsraum, der die Mindestanforderung ist, um ein gutes Leben führen zu können. Das Heiligkeitsgesetz (Lev 17–26) zeigt, wie der konkrete Alltag geheiligt werden kann, formuliert Regeln zu geerdeter Spiritualität. Das deuteronomische Gesetzeswerk (Dtn 12,1–26,19) wiederum schafft mit seinen Sozialgesetzen einen Rahmen für solidarisches Leben miteinander.

Jesus Christus setzt diese Tradition fort. Er ist nicht gekommen, das Gesetz aufzuheben (Mt 5,17). Er erfüllt es, indem er zeigt, wie man das Gesetz konkret leben kann. In ihm wird sichtbar, dass Gott selbst der Grund aller Freiheit, Spiritualität und Solidarität ist. Jesu Freiheit, sich z. B. dem Sabbatgesetz zu widersetzen, dient dem Heil des Menschen. Seine Spiritualität und Gottverbundenheit werden deutlich in allem, was er sagt und tut. Seine Solidarität reicht bis zum Tod. Er spitzt die drei Lebenskategorien zu (z. B. in der Bergpredigt): Freiheit wird zum radikalen Gottesgehorsam, Spiritualität zu innigster Gottverbundenheit, absolute Solidarität mit den Menschen ist der existenzielle Ausdruck dieses explosiven Gemisches.

Freiheit, Solidarität und Spiritualität sind heute in Gefahr. Das Christentum kann dabei helfen, diese Werte zu ermöglichen, zu pflegen und zu sichern.

Zuerst die Freiheit: Sie ist die grundlegende Möglichkeit, Mensch zu werden. Die radikale Erfahrung der »Freiheit und Herrlichkeit der Kinder Gottes« (Röm 8,21) ist der Zündungsimpuls für den Siegeszug der Freiheit in der Geschichte Europas. Freiheit meint weder individuelle Willkür noch reine Bedürfnisorientierung, sondern beschreibt das Gesamt jener persönlichen, sozialen, kulturellen, ökonomischen und politischen Bedingungen, die es einem Menschen ermöglichen, der zu werden, der er ist: ein Mensch unter Menschen, berufen zur Liebe zu Gott und den Menschen. Freiheit hat eine individuelle und eine institutionelle Dimension: Sie wird erst dort konkret, wo die Freiheit des Einzelnen in das gesellschaftliche Gesamt eingeht und umgekehrt die Gesellschaft den Einzelnen Räume eröffnet, in die sie ihre Freiheit einbringen können. Es gibt diese Art Freiheit daher nicht ohne Solidarität und Spiritualität. Eine solche Freiheit muss man verstehen, lernen und einüben.

Solidarität beschreibt die *Tatsache, dass wir Menschen ursprünglich miteinander aufs Engste verbunden sind*: Solidarisch sein heißt, diese Verbundenheit so zu gestalten, dass alle in ihr gut leben können. Solidarität ist die Verpflichtung und die Bereitschaft, füreinander einzustehen. Auf einer institutionellen Ebene beschreibt sie den prinzipiellen Rechtsanspruch jedes Menschen, seiner Würde gemäß leben zu können. Solidarität ist ein Handlungs- und Gestaltungsprinzip auf persönlicher und institutioneller Ebene. Auch solche Solidarität will erfahren, erlernt, geübt werden, weil sie über bloße Hilfsbereitschaft hinausgeht.

Spiritualität, das ist der konkret gelebte Glaube. Wenn Freiheit und Solidarität konkret werden, sind das aus der Sicht des Glaubens spirituelle Erfahrungen. Freiheit und Liebe verweisen auf einen Ursprung, der nicht im Menschen liegt und auch nicht restlos in Biologie, Psychologie, Soziologie, Geschichte aufgeht. Dass ich nicht gezwungen bin, trotz fataler Kindheitsumstände ein schlimmes Schicksal zu erleiden; dass ich jemandem Gutes tun kann, den ich nicht besonders mag: Das sind Phänomene, die gegen die zumeist erfahrene Alltags-Logik sprechen und doch möglich sind. Dass spirituelle Erfahrungen praktisch relevant werden können, braucht wiederum weite Freiheits- und Solidarräume. Spiritualität gibt umgekehrt die Kraft und Zuversicht, solidarische Freiheitsräume, freiheitsvolle Solidarräume zu weiten.

Freiheit ermöglichen, pflegen und sichern

Freiheit ist das ausdrückliche Vorhaben Gottes mit und für uns. Gott möchte Menschen immer wieder provozieren – herausrufen aus allen Unfreiheiten, in denen sie sich vorfinden, und in die sie sich immer wieder aus Angst vor der Freiheit[265] oder aus dem Wunsch, andere zu beherrschen, selbst begeben. Unrechtsverhältnisse und Armut, Ideologien und »Sachzwänge«, Wohlstand, der satt und unbeweglich macht, Lebensformen, die einengen – Gott will Menschen daraus befreien. Freiheit ist dem Menschen von Natur aus als Möglichkeit gegeben. Sie wurzelt in Gott. Sie will immer neu gestaltet und konkretisiert, bewahrt und verteidigt werden.

Die Israeliten haben 40 Jahre durch die Wüste hindurch gebraucht, um »reif« für das »Gelobte Land« zu werden. Nach der Befreiung aus Ägypten haben sie sich zurückgesehnt nach den Fleischtöpfen Ägyptens: Dort wusste man wenigstens, was zu tun war. Freiheit macht zuerst Angst: Wozu soll man frei sein? Was macht man mit seiner Freiheit?

Auch Jesus musste in der Wüste 40 Tage lang lernen, dass weder Brot noch Wasser, nicht Macht über alle Länder der Erde und auch nicht Willkür, die sich blind in die Freiheit stürzt, das Leben mit Sinn erfüllen können (Mt 4,1–11). Materielle Sicherheit, Befriedigung der persönlichen Bedürfnisse, alles Wissen und alle Macht der Welt können einem nicht die Verantwortung abnehmen, die eigene Freiheit mit Sinn zu füllen.

Die Freiheit, von der Christinnen sprechen, bedeutet: fähig zu sein, freiwillig, mit ganzem Herzen, ganzer Seele, aller Kraft und vollem Verstand Ja zu sagen zu allem, was ist: zum Leben, zu Menschen, zu Gott.

»Die Wahrheit wird Euch befreien.« (Joh 8,32) Der christliche Glaube weiß darum, dass Wahrheit frei machen kann. Die fundamentale Wahrheitserfahrung der biblischen Tradition ist Gott selbst, seine Verlässlichkeit und unbeirrbare Treue gegenüber seiner Schöpfung (Dtn 32,4). Das Ja zu diesem treuen Gott befreit. »Wahrheit« meint hier nicht »Richtigkeit« oder »Gültigkeit« von Weltanschauungen oder Lehren, sondern beschreibt die Anerkennung dessen, was ist: Für den Christen ist das in erster Linie die elementare, unaufhebbare Verbundenheit zwischen Gott und Mensch. Aus der Anerkennung dieses Verhältnisses erwächst Freiheit.[266]

Konkret wird die Anerkennung dieser Wahrheit in einem existenziellen Ja zu den Grundbedingungen des menschlichen Daseins: Endlichkeit, Brüchigkeit und Begrenztheit, Schuld und Sünde – und zugleich ein Ja zum Glauben, dass diese Gegebenheiten umfangen sind von der unverbrüchlichen und ewig treuen Liebe Gottes. Dieser Glaube befreit die menschlichen Seelen-, Verstandes- und Geisteskräfte. Men-

265 Wieder aktuell dazu: Erich Fromm: *Die Furcht vor der Freiheit*, Stuttgart 1983 (1945).
266 Weitere Überlegungen zur Wahrheitsfrage vgl. in dieser Studie S. 127f.

schen müssen die Wirklichkeit dann nicht mehr aus Angst und Scham unentwegt verleugnen, abwehren oder umdeuten, sondern werden frei, die Wirklichkeit, wie sie sich zeigt, wahrzunehmen. »Höre« und »Sieh« sind daher die fundamentalen biblischen Imperative, um frei zu werden.

Diese »Wahrheit« anerkennen und dabei frei werden, bedeutet konkret auch zu ertragen, dass es im menschlichen Leben Ordnungen gibt, die man nicht beliebig deuten, verändern oder zerstören kann, ohne das Humanum selbst zu zerstören. Eine Erfahrung, mit der moderne Menschen einer Kultur des Machbarkeitswahnes sich sehr schwer tun, indem sie diese Ordnungen ignorieren und dadurch unbemerkt ihre Freiheitsräume einengen und abschaffen. In der Diskussion rund um Gentechnologie und Euthanasie wird exakt um diese Frage gerungen: Welche sozialen Folgen hat es, wenn wir in die traditionellen Ordnungen zu Beginn und am Ende des Lebens eingreifen, das werdende Leben optimieren und den Zeitpunkt des Todes zur Sache unserer Wahl machen? Werden dabei nicht zugleich auch die Freiräume jener eingeengt, die behindert, alt und krank sind, oder jener, die in Frieden und in der Zeit, die sie für den Lebensabschied brauchen, sterben wollen?

Zur Freiheit ermutigen und ihr konkreten Sinn geben Freiheit ist kein unwiderruflicher Zustand, den man ein für alle mal »haben« kann. Sie umfasst viele Dimensionen: materielle Sicherheit, kulturelle, soziale und politische Eingebundenheit und Partizipation, schließlich religiöse Kompetenz. Freiheit ist der Rahmen, in dem ein Mensch menschlich werden kann. Freiheit ist die Wurzel für nachhaltigen Frieden und belastbare Gerechtigkeit, die Bedingung für authentische Liebe und Solidarität. Freiheit ist jener Raum, in dem Menschen miteinander leben können, ohne sich voreinander, vor dem Tod, vor der Liebe oder vor Gott zu fürchten. Kann eine solche Freiheit von Menschenhand sein?

Freiheit hat eine »spirituelle« Dimension: Sie ist aus eigener Kraft nicht zu erschaffen, man kann sie nicht erzwingen, nicht festhalten. Wo sie »herrscht«, ist paradoxerweise herrschaftsfreier Raum, der aber nicht leer, sondern voll Leben ist. Ein Raum, in dem Menschen sich zeigen können. Um solche Freiheit auch in Zeiten der Unterdrückung ersehnen zu können, muss sie schon als Möglichkeit da sein, die wir ergreifen oder abwählen können.

Freiheit ist aber auch bedroht und zerbrechlich. Immer wieder flüchten Menschen vor der Freiheit in die Pseudo-Sicherheit von Ideologien, politischen Systemen oder Religionen und geben dort ihre Freiheit jenen ab, die mit Gesetzen und Regeln allzu gern vorgeben, was »richtig« und was »falsch« ist. Jede Religion, auch das Christentum, kann ein Schutzwall vor der Freiheit werden. Das Christentum kann aber auch zur Freiheit ermutigen und befähigen, Menschen in ihrer Freiheitssuche bestärken und begleiten. Es kann mithelfen, die Zerbrechlichkeit der Freiheit zu beschützen und helfen, Freiheit schöpferisch zu gestalten. So werden Christen all jene unterstützen, die um ihre persönliche oder um politische Freiheit kämpfen. Sie werden ihnen in den Wüsten der Freiheitserfahrung beistehen. Sie werden mit den Freiheitssuchern Handlungs- und Lebensmodelle entwickeln, wie man die gewonnene Freiheit gut gestalten kann – vom alternativen Freizeitprogramm in Gemeinden abseits des Konsumismus bis zur Gestaltung alternativer Ökonomien für jene, die aus dem herrschenden Kapitalismussystem aussteigen möchten.

Schöpferische Freiheitsfurcht lehren Ein freiheitsliebendes Christentum wird um die Ambivalenz der eigenen Normen, Regeln und Institutionen wissen: dass sie Freiheit ermöglichen, aber auch behindern können. Ein solches Christentum wird Menschen nicht in ihrer Freiheitsangst unterstützen, indem es Freiheitsflüchtern ideologische, rituelle, moralische Schutzräume anbietet, die dazu dienen, sich vor der Welt abzuschotten. Es wird Freiheitsflüchterinnen behutsam in die Freiheit führen und lehren, die berechtigte Furcht vor der Freiheit zu ertragen. Es wird lehren und üben, wie diese Furcht vor der eigenen Endlichkeit schöpferisch werden kann. Dazu werden sich Christen im Gottvertrauen einüben.

Umgekehrt ist ein solches Christentum auch verantwortlich, jene, die die schöpferische Freiheitsfurcht ignorieren und Freiheit mit Willkür und Beliebigkeit verwechseln, zu mahnen und zu warnen. Es wird versuchen, zur Sensibilität für die Zerbrechlichkeit der Freiheit und die Grenzen menschlichen Lebens zu befähigen. Es wird gegebenenfalls auch für die Freiheit kämpfen – mit friedlichen Mitteln, die die Freiheit mehren.

Freiheits-»Empowerment« Das Christentum kann Menschen zur Freiheit führen und Optionen formulieren, was mit solcher Freiheit konkret möglich wird: Liebe, Gerechtigkeit, Frieden. Kraft ihrer Erfahrungen mit Spiritualität und Ethik können Christen zeigen, wie Freiheit konkret Gestalt annehmen kann: indem sie Menschen ermutigen, ihre eigene Lebensgestalt zu entwickeln; indem sie sie im Widerstand gegen Ungerechtigkeiten im Arbeitsleben oder in Beziehungen unterstützen und begleiten; indem sie sie fördern, eigene Fähigkeiten, die bisher brachlagen, zu entdecken und zu entwickeln; indem sie sie in ihren Ängsten und Zweifeln trösten, besänftigen und beruhigen.

Wer sich auf die Suche nach Gott macht, gerät dabei in jenen faszinierenden, erfüllten, aber auch erschreckenden, leeren Freiheitsraum, der von Gott her eröffnet und den Menschen zur schöpferischen Gestaltung aufgegeben ist. Der Garten des Paradieses ist jener Raum, in dem es gelingt, die Freiheit sinnvoll und in Übereinstimmung mit allen Lebewesen, mit Gott und Mensch gemeinsam zu gestalten. Die Vertreibung aus dem Paradies ist der Verlust der Selbstverständlichkeit, wie denn das konkret geschehen kann. Die Geschichten rund um Adam und Eva, Kain und Abel lehren uns: Wir sind ermächtigt zu wählen, unsere Freiheit ist gottgewollt und zugleich ständig bedroht durch bohrenden Zweifel, aggressive Rivalität und lauernde Gewalt. Freiheit ist die Bürde und die Würde des menschlichen Loses. Das Christentum kann dabei helfen, den fragilen Raum der geschenkten Freiheit mit konkretem Sinn und Leben zu gestalten.

Respekt vor der Freiheit der Menschen haben Ein Christentum, das konkrete Freiheit lehren will, wird höchsten Respekt vor der menschlichen Freiheit haben: Zweitrangig wird, ob Menschen nun an Gott glauben, einer anderen Religion angehören, spirituell Suchende sind oder den Glauben ablehnen. Dort, wo jemand den Glauben allzu bereitwillig annimmt, um die Freiheit loszuwerden, wird es Einspruch erheben und zu Reflexion und Selbstständigkeit auch in Glaubensfragen ermutigen. Wo jemand Gott aggressiv ablehnt, wird es nicht müde, die Gründe solcher Ablehnung zu verstehen und einzuführen in das Geheimnis Gottes, das sich auch im geduldigen Ertragen dessen zeigen kann, der das Christentum abwehrt. Auch im

Ringen um konstruktive Konflikte, die den anderen in seinem »Nein« nicht in Ruhe lassen, kann sich dieser Respekt ausdrücken. Freiheit ist dabei die einzig mögliche Atmosphäre, in der Glaubensfragen argumentativ geklärt und konkret gelebt werden können. Ein solches Christentum hat vielfältige Teilhabemöglichkeiten, viel Platz für freie Menschen, Luft zum Atmen, Freude am Leben, Interesse an Neuem, Mut zum Experimentieren und Diskutieren. Ein solches Christentum ist offen, ohne dabei unkritisch, oberflächlich oder banal zu werden. Miteinander erfreut man sich der Freiheit und streitet um sie, ohne sich zu zerstreiten.

Sich an der Vielfalt freuen Ein solches Christentum freut sich an der Vielfalt konkreter, freier Lebensentwürfe. Man fürchtet sich nicht vor der Andersartigkeit oder Fremdheit der anderen Menschen und traut einander zu, die eigene Freiheit sinnvoll gestalten zu können. Die Vielfalt der Religiositäten wird als Raum schöpferischer Freiheit wahrgenommen, ehe man die Unterscheidung der Geister beginnt, die es braucht, um die Freiheit zu wahren. Diese Vielfalt als Ausdruck von Freiheit findet auch strukturell ihren Niederschlag: in Organisationsformen, in Entscheidungsvorgängen, in der Vielfalt konkret gelebter Spiritualitäten.

Mit Schuld umgehen lernen Ein freiheitsliebendes Christentum lernt mit Widersprüchen und Konflikten leben. Freie Menschen machen auch Fehler und können aneinander und an Gott schuldig werden. Eine Kultur der Freiheit macht es möglich, Fehler und Schuld einzugestehen. Eine Kultur des Umgangs mit Schuld macht es möglich, dass Schuld vergeben werden kann und Menschen wieder weiterleben können. Freie Christinnen müssen Schuld weder verdrängen noch ist ihr Leben auf ewig verloren, wenn sie schuldig werden: Sie können jeden Tag neu anfangen, weil ihnen vergeben wird.

Eine Kultur substantieller Freiheit wird eine reife Schuldkultur entwickeln, in der Menschen einander helfen, ihre Irrwege aufrichtig wahrzunehmen und neue, bessere Wege zu finden. Umkehr ist dazu nötig, eine barmherzige Kultur der Vergebung will dazu gelernt sein, Versöhnung bleibt ein ständiges Ziel. Faule Kompromisse und Konfliktscheu, aber auch Streitsucht und Rechthaberei zerstören die Freiheit.

Mit Schuld umgehen zu lernen, um die Freiheit zu wahren, hat neben der moralischen auch eine politische Dimension: Auch die Sündhaftigkeit politischer Entscheidungen und Strukturen kann von freien Menschen erkannt, zugegeben und bereut werden. Freiheit bedeutet auch die Freiheit zum politischen Wandel. So könnte eine politische Kultur entstehen, in der Fehler und Schuld nicht geleugnet oder ideologisch überhöht werden müssen, um das Gesicht nicht zu verlieren, sondern auch Politiker das Recht und die Freiheit haben, Verirrungen zuzugeben und neu anzufangen.

Schließlich bedeutet Schulden vergeben auch ganz handfest, einander jene materiellen und sozialen Grundrechte einzuräumen, die man braucht, um in Freiheit leben zu können bzw. den Armen, die nicht teilhaben können an der Freiheit, jene Schulden zu erlassen, die sie unfrei machen.

Gerade die Kirche kann im freiheitsbewussten Umgang mit Schuld ein Modell werden: Indem sie exemplarisch durch ihr Leben und ihren Glauben bezeugt, dass Gott sie auch dann noch liebt, wenn sie ihre historische und gegenwärtige Schuld benennt und bereut.

Gegen Lebensangst immunisieren Ein Christentum, das der Freiheit verpflichtet ist, immunisiert gegen Lebensangst. Angst wird dabei weder weg- noch schöngeredet, noch gibt es für jede Angst sofort das passende Heilmittel. Angst gehört unabdingbar zur Freiheit. Aber Freiheit in Gott lehrt, Ängste zu unterscheiden: Solche, die man einander bereitet und daher lassen kann; solche, die zum Leben dazugehören, weil es endlich ist. Die elementarste Angst des Menschen vor dem Tod findet in einem freiheitsliebenden Christentum Heimat: Sie wird geachtet, weil sie zum Leben gehört und findet zugleich Trost und Hoffnung im Glauben an die Auferstehung.

Ein freiheitsliebendes Christentum lehrt aber auch, im richtigen Moment zu erschrecken – dort wo die Freiheit des Gottes- und Menschenschicksals auf dem Spiel steht. Das Christentum macht sensibel für alles, was die Freiheit bedroht. Es weiß auch, wie groß die Angst der Menschen vor Gott selbst ist. Eine der zentralen, unzähligen biblischen Gottes-Zusagen »Fürchtet Euch nicht!« weist einen Weg der Hoffnung, der helfen kann, diese Angst vor dem Leben und Gott zu bestehen. Im inkarnierten, am Kreuz gestorbenen und auferstandenen Christus möchte Gott uns die Angst vor sich selbst und vor dem Tod nehmen.

Gewalt mindern Neben Angst und der Möglichkeit zur Schuld gehört auch die Förderung der Gewaltbereitschaft zu den Schattenseiten der Freiheit. Von daher ist vom Alten Testament beginnend (Kain und Abel) neben der Betonung der menschlichen Freiheit auch die Bereitschaft des Menschen zur Gewalt ein Thema. Die biblischen Texte zeigen dabei – im Vergleich mit jeweils zeitgenössischen religiösen Texten – die eindeutige Tendenz, Gewalt beim Namen zu nennen und nicht zu verschleiern, Gewalt zu delegitimieren bzw. legitimationspflichtig zu machen und auch zu ächten. In der Passionserzählung wird die menschliche Gewalt in Religion und Politik in erschreckender Weise dargestellt und in ihrer ganzen Inhumanität offenbart. Von daher gibt es im Christentum eine lange Tradition des Versuches zur Gewaltminderung[267] – was die Kirche tragischerweise nicht abgehalten hat, selbst eine Geschichte der Gewalt zu schreiben.

Der Verzicht auf Gewalt, wie er im Leben Jesu Christi deutlich wird, ist bleibendes Maß für den christlichen Umgang mit ihr. Christen müssen sich für Gewaltminderung einsetzen – im persönlichen Leben und auf struktureller Ebene. Vielleicht kann gerade die Gewaltgeschichte des Christentums dabei helfen, jeglicher Gewalt gegenüber – auch der strukturellen, psychischen oder verbalen – besonders sensibel zu sein. Konkret heißt das: Christen erkennen und benennen Gewalt und helfen, Konflikte mit friedlichen Mitteln zu lösen. Christen versuchen, die Spirale eskalierender Gewalt zu entschleunigen. Christen bekämpfen die Ursachen für Gewaltentstehung und engagieren sich für Strukturen und eine Atmosphäre in der Gesellschaft, die Gewalt minimiert. Christen helfen, Lebens- und Gesellschaftsfreiräume so zu gestalten, dass Gewalt darin nicht nötig wird. Christen entwickeln Konfliktlösungsstrategien mit den Konfliktparteien und helfen zerstrittenen Gruppen, sich zu versöhnen. Christen stehen in Konflikten immer eindeutig auf der Seite der Opfer, ohne die Täter zu verdammen. Christen ermöglichen Gewalttätern Möglichkeiten zur Reue und stehen ihnen im Trauerprozess bei. Sie engagieren sich für Versöh-

267 So waren beispielsweise die Inquisitionsverfahren ein Versuch, der gewalttätigen Willkür der Ketzer-Prozesse durch eine juristische Regelung Herr zu werden.

nung. Christlich gesinnte Mediatoren für Politik, Wirtschaft, Kultur sind dringend gesucht. Christen setzen auch die eigenen Ziele nicht mit Gewalt und um jeden Preis durch. Schließlich sind sie ihrer persönlichen und der kirchlichen Gewaltgeschichte eingedenk, sind sich ihrer Gewaltneigung bewusst und wissen, dass auch sie in ständiger Versuchung stehen und immer wieder schuldig werden.

Freiheitsschule sein Ein Christentum, das die Freiheit liebt, öffnet bereitwillig die Schatztruhen seiner Glaubenserfahrungen, -weisheiten, und -traditionen. Es ist nicht ängstlich bekümmert, dass Menschen diese Schätze zerstören könnten. Es freut sich, seine Schätze mit anderen zu teilen und weiterzuentwickeln. Ein Christentum mit Respekt vor der Freiheit mutet und traut Menschen eine vernünftige Freiheitsgestaltung zu. Es kennt Optionen, was in der Freiheit Gottes alles möglich wird und entwirft Visionen vom »neuen Himmel und der neuen Erde«. Freiheitsschulen sind gesucht - ein Christentum, das der Freiheit dient, kann Räume eröffnen, Freiheit miteinander einzuüben. Solch »gelehrte Freiheit« kann für das persönliche Leben ebenso relevant werden wie für gesellschaftliche Entwicklungen, politische und ökonomische Entscheidungen oder religiöse Entwicklungen.

Für Freiheit kämpfen Das Christentum weiß freilich auch, dass die Freiheit immer bedroht ist und Millionen Menschen noch nicht frei sind, außerhalb und innerhalb der Kirchen, in den sog. Ländern der Dritten Welt, aber auch im sog. »freien« Europa. Politische Repression, ungerechte wirtschaftliche und soziale Verhältnisse, religiöse Verblendungen, materielle und geistige Not sind noch lange nicht beseitigt. Deshalb werden Christinnen aktiv und kämpfen um Freiheitsraum für alle.

Achtsam sein und auf Freiheit Acht geben Freiheit ist nicht harmlos. Die durch wachsende Freiheit verstärkte Pluralisierung ist konfliktiv und birgt gesellschaftspolitischen Sprengstoff. Das Christentum weiß um die Gefährdung der Freiheit von innen und von außen: durch Hass, Neid und Unzufriedenheit, Geiz und Habsucht, Gier und Unersättlichkeit; durch die Versuchungen, die Freiheit zu idealisieren oder zu fliehen; durch inhumane Lebenskonzepte und durch politische, ökonomische und soziokulturelle Mächte. Deshalb trachtet das Christentum auch danach, freiheitsbedrohliche Gefahren zeitgerecht zu erkennen, zu benennen und zu bannen.

Freiheitsräume und Freiheitszeiten erhalten und öffnen Ursymbole für die Freiheitsberufung des Menschen sind der jüdische Sabbat und der christliche Sonntag. Der Sonntag, für die urchristlichen Gemeinden ein normaler Arbeitstag, prägt seit 321 (nicht nur) die europäische Zeitordnung. Es ist kein Wunder, dass u. a. die französische Revolution sowie die kommunistischen Regime diese Zeitordnung zerstört und durch alternative Zeitzählsysteme ersetzt haben: Denn der Sonntag kann daran erinnern, wozu der Mensch bestimmt ist.

Keinerlei Sachzwänge - weder ökonomische, politische noch biologische - dürfen das Wesen des Menschen so festlegen, dass diese Zeitunterbrechung nicht mehr möglich wird. Das macht die Sonntagspflicht zunächst bewusst. Die Unterbrechung des alltäglichen Getriebes eröffnet Freiheitsräume und -zeiten, die sichtbar machen können, dass das Leben mehr sein kann als Arbeiten oder Konsumieren. Der Sonntag macht wie der Sabbat deutlich, dass der Mensch sich im Ursprung nicht der

Arbeit, der Natur oder dem Staat verdankt, sondern Gott. Darum gehört zum christlichen Sonntag die Eucharistiefeier, die das gegenwärtig macht. Eucharistiefeiern bedeutet auch, Freiheit zu schützen.

Das Christentum wird daher in einer freiheitsbedrohten Kultur Orte und Zeiten solcher Freiheit eröffnen, wo die Urbestimmung des Menschen zur Gottes- und Nächstenliebe abseits von Arbeit und Konsum wieder erfahrbar wird. Gemeinden, Gruppen und Runden, wo das Miteinander *sein* im Vordergrund steht, religiöse Feiern, wo es um das *Dasein* mit Gott und Menschen geht, gehören hier dazu. In solchem absichtslosen Tun in Gemeinschaft, Fest und Feier wird realsymbolisch schon heute deutlich, wie Gott die menschliche Gemeinschaft gemeint hat.

Solche »Auszeiten«, substantielle Frei-Zeiten und Frei-Räume, sind unersetzlich, will der Mensch menschlich bleiben und sich nicht im Alltagsgetriebe in einen Arbeitsroboter oder eine Konsummaschine verwandeln. Sich erinnern, miteinander da sein und feiern, sind die spirituellen Wurzeln der Freiheit, die vergegenwärtigen, was es bedeutet, vor Gott Mensch zu sein.

Glaube, der aus solchen Freiräumen erwächst, macht sensibel und widerständig in einem: Er weckt die gefährliche Erinnerung an die Kraft menschlicher Freiheit. Wen wundert es da, dass Menschen nur allzu bereit sind, Sonntage und Feiertage unter dem Vorwand der Nützlichkeit abzuschaffen? Geheiligte Feiertage könnten widerständig machen gegen die Vernützlichung des Menschen.

Die irdische Enge weiten: einen ewigen Horizont eröffnen Die Entscheidung, ob man das Leben als ewig oder als mit dem Tod beendet sieht, hat Auswirkungen auf individualisierte Lebenskonzepte und daher gesellschaftliche Nebenwirkungen. Viele Menschen in modernen Kulturen sind ständig auf der Suche nach dem Glück. Wer dem Druck zum perfekten Glück in endlicher Lebenszeit nicht standhält, wird krank: Süchte, psychosomatische Krankheiten, Depressionen, Selbstmord haben auch spirituelle Wurzeln und sind Alarmzeichen in einer Gesellschaft, die im materiellen Überfluss lebt.

Utopielosigkeit ist ein weiteres Signal für eine unfreie Welt, die auf das Irdische begrenzt lebt. Es wird zwar viel von Visionen gesprochen, aber diese erschöpfen sich oft in der Optimierung dessen, was es ohnedies schon gibt. Ganz Anderes, Neues anzudenken, fällt schwer. In einer Welt ohne transzendente Bezüge können Familie, Arbeit, Geld oder Freizeit zu Ersatzreligionen mutieren.

Ein freiheitsbewusstes Christentum schafft nicht nur Zeit-Räume für menschliche Freiheit, es weitet menschliche Raum-Zeit in die Ewigkeit hinaus. Die irdischen Grenzen sind nicht die letzten Grenzen menschlichen Daseins. Der christliche Glaube vergrößert die Reichweite des Menschen und hilft, das Irdische besser zu bewältigen, weil der Himmel offen ist. Er eröffnet einen Freiheitsraum, der weit über das unmittelbar Wahrnehmbare hinausreicht. Er eröffnet ein Ausmaß geistiger Freiheit, das ängstigen, aber auch entlasten kann. Das Lebensglück hängt nicht allein am irdischen Glück. Dabei geht es nicht um Jenseitsvertröstung oder Angstmache, denn die gegenwärtige Dimension des Reiches Gottes soll dabei ja nicht vergessen werden. Durch eine das »Jenseits« umspannende Transzendenzspannweite kann man das Irdische jedoch leichter bewältigen – vorausgesetzt, man hält Gott nicht für einen kleinlichen Buchhalter oder Richter, der im Jenseits alle guten und bösen Taten aufrechnet und vergilt. Ein freiheitsbewusstes Christentum verhindert dann das

Absolutsetzen des Irdischen, ohne es zu entwerten, weil es einen gelassenen und alternativen Umgang mit Relativität und Endlichkeit ermöglicht. Christinnen können sich mit Endlichkeit und Tod versöhnen, weil sie in Gott angenommen sind. Weil Gott in Christus Ja zum konkreten Leben sagt, ist Endlichkeit nicht mehr Strafe, Willkür oder Zufall, sondern kann als Gabe und Ausdruck von Gottes Liebe wahrgenommen werden.

Ein größerer Horizont ermöglicht auch den Aufstand gegen das Banale, das grauunerträgliche Alltagsleben, seine Flachheit und die damit verbundene Verkleinerung des Menschen. Er führt zum »Aufstand gegen subtile Zugriffe von Menschen auf Menschen: in der Hochleistungsmedizin, die Menschen als klonbare Biomasse betrachtet; gegen eine neoliberale Weltwirtschaft, die den Menschen zum Blinddarm im Gedärm des Kapitals erklärt; gegen einen Bürokratismus, der Menschen bis in die letzten Winkeln seiner Privatheit mithilfe von immer kleineren und leistungsfähigeren Mikrochips verfolgt« (Paul M. Zulehner). Ein jenseitsausgespannter Lebensraum ermöglicht den Aufstand gegen eine Total-Funktionalisierung der Welt.

Wer in solchem Frei-Raum lebt, erträgt es leichter, dass nicht alles auf Erden perfekt sein kann und versöhnt sich mit dem Fragmentarischen der Wirklichkeit. Ein freier Christ muss nicht sein ganzes Glück auf Erden finden. Das hat nichts mit Vertröstung oder Fortschrittsverweigerung zu tun, sondern bedeutet Gelassenheit, Geduld, Weisheit. Der Weitblick in die Ewigkeit macht überhaupt erst erfahrbar, wie kostbar das irdische Leben ist. Wer in der Freiheit der Ewigkeit geborgen ist, muss das Irdische weder absolut setzen noch zum Jammertal entwerten; er muss das irdische Glück weder verachten noch es auf Biegen und Brechen erzwingen.

Demokratie unterstützen Ein freiheitsliebendes Christentum ist auch für die Sicherung einer humanen Demokratie bedeutsam, deren Sinn ja auch die Wahrung der Freiheit ist. Kirche, die sich für Freiheit einsetzt und in sich Freiheitsschulen und Übungsräume schafft, leistet einen demokratiepolitisch unverzichtbaren Beitrag. Wie wichtig dieser Beitrag ist, kann man an jenen Politikern sehen, die als Christen im Kirchenraum ihre ersten politischen Freiheitserfahrungen gesammelt haben (in der Kinder- und Jugendarbeit beispielsweise).

Insbesonders die römisch-katholische Kirche schadet sich heute sehr, wenn sie ihre synodalen Strukturen zurücknimmt, statt sie weiter auszubauen, denn es beraubt sie der Glaubwürdigkeit, ein Übungsraum auch politischer Freiheit zu sein. Wenn in Kirchen Freiheit erfahren und eingeübt werden kann, wirkt sich das politisch aus. Die Freiheitserfahrungen können in den politischen Raum transferiert werden, und das Christentum kann so eine stimulierende, kritische und integrierende Funktion (Alfons Auer) auch für die Demokratie übernehmen. Es regt an, politische Freiheitsräume zu weiten, leistet Widerstand, wo diese eingeengt werden, und kann zwischen divergenten politischen Konzepten im Namen der Freiheit vermitteln.

Eine europäische Befreiungstheologie entwickeln[268] Angesichts der Bedrohungen der Freiheit auch in Europa ist es eine wichtige Aufgabe christlicher Theologie, eine europäische Befreiungstheologie zu entwickeln. Das Christentum hat in Europa

268 Überlegungen dazu auch: Paul M. Zulehner: Pastoraltheologie. Band 4: *Pastorale Futurologie*. Kirche auf dem Weg ins gesellschaftliche Morgen, Düsseldorf 1990, 268–273.

die Aufgabe, die vielen Wohlhabenden von ihrer Angst vor der Armut zu befreien, und sie zum Teilen mit den Modernisierungsverliererinnen innerhalb und außerhalb Europas zu ermutigen. Die gehetzten und gestressten Europäerinnen, vielfach eingesperrt im Hamsterrad des Produzierens und Konsumierens, brauchen Orientierungspunkte zum Innehalten, zur Umkehr und zum Mut, jene Fehlentwicklungen wahrzunehmen, die ihnen selbst und anderen die Freiheit rauben. Vielfach fehlt Europäern überhaupt das Bewusstsein der eigenen Unfreiheit. Hier sind Rufer und Mahnerinnen gefragt, die auf die Freiheitsbeschränkungen im Einzelleben und in der Gesellschaft aufmerksam machen. Christinnen sind unerlässlich, die Europa Mut machen, die Freiheitsbedrohungen in der paradoxalen Logik des Evangeliums durch verstärktes Ringen um globale Gerechtigkeit und Solidarität zu bekämpfen; die exemplarisch vorzeigen, dass Reichtum sich durch Teilen und nicht durch Sparen und Horten vermehrt; die falsche Götter entthronen und sich für die Würde des Menschen einsetzen.[269] Europäer brauchen Ermutigung, Bestärkung und Unterstützung beim Bruch mit dem, was im Leben falsch läuft, und Bestärkung dort, wo sie begonnen haben, ein neues, bewussteres, freieres Leben zu führen. Dazu braucht es eine gediegene Bewusstseinspolitik ebenso, wie Räume und Zeiten, in denen es möglich wird, das Alltagsgetriebe zu unterbrechen, auszurasten, neue Hoffnung zu entdecken und alternative Lebensmodelle einzuüben. Das Christentum und die Kirchen können dazu Denk- und Lebensmodelle anbieten.

Solidarität ermöglichen, pflegen und sichern
Solidarität ist ein Wunder: Wo Menschen aus freien Stücken solidarisch handeln, werden die alltäglichen Lebensmechanismen – Egoismus, Streben nach Eigennutzen, Gruppenlobbyismus, Rivalität und Konkurrenz – außer Kraft gesetzt. Sympathie und Antipathie sind dann zweitrangig, archaische Gerechtigkeitsvorstellungen verlieren an Bedeutung. Wo sich Solidarität entfalten darf, wird eine spirituelle Dimension sichtbar: Die unhintergehbare Zusammengehörigkeit aller Menschen in Gott. In einem solidarischen Klima wächst das Vertrauen der Menschen, und sie werden freigiebiger. Solidarisches Handeln gründet in der Liebe zu Gott und den Menschen. Doch geschieht das Wunder der Solidarität nicht gegen unseren Willen: Wir können uns entscheiden, ob wir die Kraft zur Solidarität, die uns gegeben ist, konkret Gestalt annehmen lassen. Die Kraft, der Mut, die Hoffnung, die man braucht, um sich bedingungslos für andere einzusetzen, stammen nicht allein aus dem eigenen Willen und sind mit rationalen Argumenten nicht hinreichend zu erklären. In der Sprache der Schrift: Wo Menschen solidarisch handeln, bricht spurenhaft das Reich Gottes an.

Das Reich Gottes ist schon mitten unter uns (Mk 1,15; Lk 17,21) Christinnen glauben, dass das Reich Gottes schon da ist – überall dort, wo Menschen glauben, hoffen und lieben. Es ist noch im Wachsen und noch nicht vollendet, aber Jesus Christus hat uns durch sein einzigartiges Leben, Sterben und Auferstehen einen Schlüssel hinterlassen, es mitten in der Welt wahrnehmen zu können, und Handlungsorientierungen eröffnet, die uns den Zutritt ermöglichen.

269 Dazu Koch, Christsein im neuen Europa, 57–69.

Im Alten Testament zeigt sich das Reich Gottes dort, wo Gerechtigkeit herrscht. Das Reich Gottes ist kein innerer, individueller Zustand beseligender Glückseligkeit, sondern beschreibt eine gerechte Gesellschaftsordnung, in der gerechtes Recht darüber entscheidet, in welcher Welt wir leben. Die jüdische Gerechtigkeit (zedaka) ist nicht gleichbedeutend mit der archaisch-formalen, blinden Gerechtigkeit, die vom Menschen absieht und allen unterschiedslos Gleiches zuteilt. Gerechtigkeit beschreibt in der orientalischen Welt vielmehr eine Gesellschaftsordnung, in der alle Menschen das haben, was sie zum Leben brauchen, und alles Lebendige vor Gott seinen ihm zugedachten Platz hat.[270] Der Gerechte vor Gott (zadik) ist jemand, der freiwillig ein Leben der Gottes- und Nächstenliebe lebt und so seinen Beitrag zur Schöpfungsordnung Gottes leistet, die mithilfe seines und unseren Wirkens stetig am Werden ist.

Die Thora fasst diese Gerechtigkeit als Inbegriff des Reiches Gottes auf Erden in juristische Vokabeln und formuliert in mehreren Gesetzesentwürfen Verfassungen des Volkes Israel, die eine solche Gerechtigkeit gewährleisten sollen. Seine höchste Entwicklung findet diese Vision einer gerechten Gesellschaft im Deuteronomium, wo ein Gesetzesentwurf formuliert wird, der auf dem Bruderethos ruht und die Verfassung einer Gesellschaft freier und gleicher Menschen entwirft, in der es keine Armen mehr gibt.[271] Das Recht wird hier aus der Sicht der Armen formuliert: Der Arme ist der Bruder. Bruder ist nun keine familiäre oder ethnische, sondern eine sozial-religiöse und politische Kategorie. Dabei denkt bereits das Deuteronomium Gerechtigkeit dialektisch: Barmherzigkeit gehört zu ihr ebenso wesentlich wie der regelmäßige Gottesdienst, der an die Verwurzelung der Gerechtigkeit in Gott erinnert. Gerechtigkeit in diesem Sinne setzt auch Gleichheit voraus: Solidarität gibt es nur unter Gleichen, unter Ungleichen sind nur Almosen möglich. Daher gehört das egalitäre Ethos unverzichtbar in die Vorstellung vom Reich Gottes auf Erden. Der Glaube an Gott führt zu neuen Sozialstrukturen, zu einem neuen Umgang mit Eigentum und Armut als entscheidenden Kennzeichen.

Jesus steht in dieser Tradition. Die Botschaft, dass dieses Reich schon mitten unter uns ist, dass es hier und heute bereits angebrochen ist, und Gott schon längst begonnen hat, es trotz unserer Schuld und Sünde aufzurichten, ist das Herzstück seiner erlösenden Botschaft (Mk 1,15). In unzähligen Gleichnissen beschreibt er, woran und wie Menschen dieses Reich erkennen können und eröffnet damit Wege, Zugang zu diesem Reich zu finden. Das Reich Gottes vollzieht sich dort, wo der barmherzige Vater den verlorenen Sohn mit offenen Armen wieder aufnimmt (Lk 15,11ff.), wo die Witwe den Richter zur Hilfe überredet (Lk 18,1–8), wo alle gerechten Lohn bekommen (Mt 20,1–16). Auch die vielen Heilungserzählungen verdeutlichen, dass das Reich Gottes dort schon ist, wo Menschen geheilt und Dämonen ausgetrieben werden. »Der Geist des Herrn ruht auf mir. Er hat mich gesandt, damit ich den Armen eine gute Nachricht bringe; damit ich den Gefangenen die Entlassung verkünde und den Blinden das Augenlicht; damit ich die Zerschlagenen in Freiheit setze und ein Gnadenjahr des Herrn ausrufe« (Lk 4,18), sagt Jesus. Wir wissen deshalb, wie das Reich Gottes konkret aussehen kann.

270 Über orientalisches Gerechtigkeitsverständnis: Jan Assmann: *Ma'at.* Gerechtigkeit und Unsterblichkeit im Alten Ägypten, München 1990.

271 Vgl. Norbert Lohfink: *Das deuteronomische Gesetz in der Endgestalt* – Entwurf einer Gesellschaft ohne marginale Gruppen, in: Studien zum Deuteronomium und zur deuteronomistischen Literatur III (SBAB 20; Stuttgart: Kath. Bibelwerk, 1995), 205–218.

Auch der säkulare Staat weiß, dass Menschen ohne Solidarität nicht überleben können: Solidarität ist daher eine Rechtspflicht. Trotzdem ist Solidarität heute in Gefahr: Privatisierungen der sozialen Absicherung, Rückzug des Sozialstaates im Verein mit der Individualisierung und dem strukturellen Umbruch der Arbeitswelt produzieren auch in Europa wieder »Neue Armut«. Gesellschaften scheiden sich in Modernisierungsgewinner und Modernisierungsverliererinnen. Die Defizienzformen solidarischen Verhaltens machen sichtbar, dass Solidarität von politischen Rahmenbedingungen und spirituellen Erfahrungen abhängt: Die Bereitschaft, Unterstützung nur dem zuzugestehen, der »anständig« oder »schuldlos« in Not geraten ist, verrät eine spirituelle Schwäche ebenso wie die Reduktion des Rechtssystems auf ein System »sozialer Abfederung« (= Almosen) an Stelle rechtlicher Förderung einer egalitären, solidarischen und gerechten Gesellschaft.

Wer vergessen hat, dass soziale Gerechtigkeit und Gleichheit unabdingbar mit der Präsenz Gottes in der Welt zusammenhängen, ist weit von Gott entfernt. Er nimmt sich das Recht der Stärkeren, den Schwächeren nach eigenen Kriterien Unterstützung zukommen zu lassen. Er weiß nicht mehr, dass das Recht der Armen auf ein Leben in Freiheit und Würde, d. h. auch materielle Sicherheit, ein göttliches Recht ist und verdunkelt die Präsenz Gottes in der Welt.

Heute schon unsichtbar solidarisch Das Christentum leistet heute schon einen unverzichtbaren Beitrag zur Solidarität: ideell wie auch praktisch. Es tut dies dort, wo die christliche Tradition bis heute (noch) tiefe Spuren in den Wertesystemen der Menschen hinterlassen hat, selbst wenn sie nicht mehr unmittelbar der Kirche angehören. Zum anderen sind die christlichen Kirchen unverzichtbare Solidarträgerinnen der Gesellschaft – durch kirchliche und professionelle Organisationen wie die Caritas und die Diakonie, aber vor allem durch die vielen Christinnen, die sich im persönlichen Leben und in den Gemeinden solidarisch engagieren und damit – unbezahlt, unbemerkt und unbedankt – einen Großteil der österreichischen Solidarpraxis leisten.[272] Dieser immense Solidar-Beitrag der Christinnen wird ebenso gern übersehen wie dessen spirituelle Verwurzelung und Motivation.

Konkrete Orte gesucht Wenn die »kleinen Solidaritäten« heute in die Krise geraten, hängt dies an zwei wesentlichen Faktoren: Moderne Menschen wollen wissen, was sie selbst davon haben, wenn sie sich solidarisch engagieren. Eine autoritär anbefohlene Solidarität hat heute keinen langen Atem mehr. Es sind gute Gründe anzugeben, warum und wozu Menschen zur Solidarität berufen sind. Das können durchaus auch religiöse Gründe sein. Zum anderen braucht es neue Vernetzungen von Lebenswelten: Die hohe Solidarbereitschaft der Menschen (wohl nicht nur) in Österreich findet oft keine Räume und Möglichkeiten vor, sich einzubringen. Insbesondere bei den jungen Menschen ist die Diskrepanz zwischen Solidarbereitschaft und konkretem Solidareinsatz signifikant. Sie gründet weniger im Egoismus als vielmehr im kulturell bedingten Zeit- und Energiedefizit sowie im Mangel an konkreten Handlungsorten. Es ist ja auffällig, wie hoch der solidarische Einsatz plötzlich werden kann, wenn sich – z. B. bei den Hochwasserkatastrophen – konkrete Mög-

272 Vgl. Zulehner/Denz/Pelinka/Talos: Solidarität – Option für die Modernisierungsverlierer; Zulehner (Hg.), Wege zu einer solidarischen Politik.

lichkeiten des Handelns zeigen. Hier braucht es noch viel mehr institutionelle »Drehscheiben«, die Solidar-Bereite und Solidar-Bedürftige intelligent und würdevoll miteinander vernetzen.

Gesellschaftliche Solidarität unterstützen Das Einhalten staatlicher Rechtsordnungen setzt Werte voraus, die der Staat selbst nicht begründen kann: Solidarität ist ein solcher Wert. Sobald die Bereitschaft von Menschen schwindet, der Rechtspflicht zur Solidarität zu entsprechen, werden die Lücken sichtbar, die eine ausschließlich rechtliche Verpflichtung zur Solidarität mit sich bringt. Weder Staat noch Gesetz können eine solidarische Gesellschaft garantieren. Das Gesetz hat Defizite, es bedarf moralischer Individuen, die ohne gesetzlichen Druck bereit sind, für andere einzustehen. Recht und Ethos sind nicht ident, gehören aber untrennbar zusammen. Die Gesetzgeber der Thora wissen das bereits und stellen daher den jeweiligen Gesetzesentwürfen im Bundesbuch und Deuteronomischen Gesetzeswerk den Dekalog voraus (Ex 20; Dtn 5). Die christlichen Urgemeinden haben dann beansprucht, die konkrete Erfüllung dieser alternativen »Kontrastgesellschaft« zu sein, in der Moral und Recht in Liebe aufgehoben und realisiert sind (Apg 2,44–46).

Aber weder rechtliches noch moralisches Verhalten allein sind tragfähig für nachhaltige Solidarität: Die jüdisch-christliche Tradition weiß, dass eine Verankerung in Gott allein jenen langen Atem gibt, moralisch und rechtmäßig zu handeln. Auch das ist ein wesentlicher Sinn des jüdisch-christlichen Monotheismus.

Die Kirchen verstehen sich bis heute als Realsymbol dieser alternativen Gesellschafts-Vision. Um sie zu realisieren, haben sie sich immer wieder gewandelt und neue Gestalt gegeben. Heute stehen sie erneut vor dieser Aufgabe. Christen sind aber keine »Wertespender« für Solidarität. Sie stellen vielmehr Gottes Solidarität in der Welt dar und her, in dem sie durch Wort und Tat deutlich machen, was der Grund aller Solidarität ist.

Sich individuell und gesellschaftlich engagieren Christliche Solidarität hat eine persönliche und eine gesellschaftspolitische Seite. In modernen, hochgradig ausdifferenzierten Gesellschaften ist die individuelle Solidarität (durch Almosen, Spenden, persönliche Hilfeleistungen) mit jenen, die da nicht mehr mit können oder wollen, unverzichtbar. Sie reicht allein aber nicht mehr aus, um substantiell etwas zu verändern, sodass Armut und Opfer erst gar nicht entstehen können. Wenn sich Christinnen »nur« auf der sozialen Mikro- und Mesoebene, also im Bekannten-, Verwandten- und Freundeskreis solidarisch engagieren, ist das viel, aber sie werden gesellschaftliche »Lückenbüßer«; die Ursachen der Entstehung von Ungerechtigkeit und Not können sie so nicht beheben.

Neben dem heute immer nötiger werdenden persönlichen fürsorgenden Einsatz für die, die aus den Gesellschaften herausgefallen sind, braucht es weiters Christen, die sich als Entscheidungsträger in den maßgeblichen gesellschaftlichen Institutionen engagieren: Christinnen, die als Regierende, Politikerinnen, Wirtschaftstreibende, Künstler, Wissenschaftlerinnen am Bau einer gerechten Gesellschaft mitarbeiten. Auch in den vielen aktuellen sozialpolitischen, wirtschaftspolitischen und demokratiepolitischen Diskussionen sind Christinnen dringend gesucht. Die Kirchen können hier unterstützen und eine gute Infrastruktur für solches Engagement bereitstellen, indem sie helfen, Christen zu befähigen, ihrer gesellschaftspolitischen Verantwortung nachzukommen: Diskussions- und Unterstützungsgruppen, Arbeitsgruppen, die Konzepte entwickeln, wie Christsein im Beruf heute aussehen kann, Weiterbildung in gesellschaftspolitisch relevanten Fragen und deren christliche Reflexion usw.

Hartnäckig auf dem Grundsatz des Gemeinwohls beharren In einer individualistisch-liberalen Gesellschaft, die dazu neigt, das Gemeinwohl auf die Summe persönlicher Vorlieben oder utilitaristisch auf das größtmöglichste Glück für möglichst viele zu reduzieren oder gar zu ignorieren, ist das Christentum mit seinen Forderungen nach Grundsicherungen für alle, struktureller Gerechtigkeit und Verpflichtung zur Gemeinwohlorientierung aller politischen und ökonomischen Aktivitäten eine ständige Provokation. Insbesondere in Fragen der Verteilungsgerechtigkeit wird die gemeinwohlorientierte Perspektive schlagend, weil es dabei z. B. um die Entselbstverständlichung der Auffassung geht, Privateigentum sei auch Privatsache. Dem gegenüber vertritt die christliche Soziallehre die Position, Privateigentum sei gemeinwohlpflichtig. Das beharrliche und unermüdliche Einmahnen dieser sozial ganzheitlichen Sicht gehört zu den wesentlichen Aufgaben im Europa des Wohlstands.

Sich für Gerechtigkeit und Gleichheit einsetzen Christinnen treten dafür ein, dass alle Menschen in Freiheit und Würde leben können, gleiche Chancen, Rechte und Pflichten haben – unabhängig vom sozialen Status, von Einkommen oder eigenen Leistungen, von Nationalität, Religionszugehörigkeit oder Geschlecht. Alle Menschen sind vor Gott gleich: Das bedeutet, dass jede Einzelne von Gott so geliebt ist, wie sie ist. Der christliche Einsatz für Gleichheit und Gerechtigkeit ist die Antwort auf diese Glaubenserfahrung.

Damit alle Menschen die Erfahrung machen können, dass sie geliebt werden, braucht es auch gerechte Sozialstrukturen als politischen Ausdruck von Gottes- und Nächstenliebe. Nur solche Gerechtigkeit wird belastbaren Frieden schaffen (GS 26).

Globale Nachbarschaft: Gute Nachbarn sein Christliche Solidarität bedeutet: sich für ein globales Ethos einsetzen. Diese universale Orientierung gehört grundlegend zum Christentum. Die christliche Gotteserfahrung, dass Gott der Gott aller Menschen ist; die Erfahrung, dass alle Menschen Brüder und Schwestern sind, sind gute Gegenmittel gegen dumpfe, engstirnige, kleinhorizontige Partikularismen, Regionalismen und Nationalismen. Die eigene Familie, das eigene Volk, die eigene Nation sind wichtige Heimat, aber niemals das Ganze und das Maß der Welt. Die universale Ausrichtung des Christentums ist ein wichtiges Korrektiv allen lokalen Absolutheitsansprüchen gegenüber. Sie kann die Entwicklung eines globalen Ethos fördern, das das Wohl der ganzen Welt im Blick hat. Die Erfahrung, dass alle Menschen Gottes Geschöpfe sind, fördert ein internationales Bewusstsein. Christen setzen sich daher für ein Ethos guter Nachbarschaft ein, damit Menschen in aller Verschiedenheit als gute Nachbarn miteinander leben können.

Option für die Armen, Armgemachten und Unterdrückten Die weltweiten Ungerechtigkeiten zwischen dem Wohlstand der reichen Industriestaaten und den armen Ländern Lateinamerikas, Afrikas und Asiens werden angesichts dieses Nachbarschaftsethos zur globalen Herausforderung. Eine spirituell glaubwürdige Kirche wird sich für die Beseitigung dieser Ungerechtigkeiten einsetzen. Von der Befreiungstheologie und den Kirchen des Südens ist hier immer noch viel zu lernen, auch für europäische Christinnen. Die Option für die Armen, die arm Gemachten, die Opfer des globalen Wirtschaftssystems innerhalb und außerhalb Europas ist das unbedingte Maß christlicher Gerechtigkeitspraxis. Denn Gott selbst ist parteilich, als er eine eindeutige Option für die Armen trifft.

Das beginnt mit der Theologie des Exodus, die davon erzählt, dass Gott aus einer Gruppe von Armen eine neue Gesellschaft schuf, in der es keine Armen zu geben braucht (Dtn 15,4). Das Buch Deuteronomium visioniert eine solche Gesellschaft. Es formuliert eigene Gesetze, weil es immer Arme geben wird (Dtn 15,11). So muss beispielsweise dem, der in Not gerät, ein zinsfreies Darlehen gewährt werden (Dtn 15,7–11), bei fehlender Rückzahlung muss die Pfandnahme human sein (Dtn 24,10–13), und alle sieben Jahre kommt es zu einem Schuldenerlass bzw. zur Beendigung der Schuldsklaverei (Dtn 15,12–18). Mit der Armut darf man sich niemals abfinden, sondern muss sie auch zu persönlichem Nachteil beseitigen. Dabei geht es nicht um Almosenspenden, sondern um ein Recht der Armen.[273]

Jesus stellt sich in diese Tradition, die bei den Propheten weitergeführt wurde, und sieht sich in erster Linie zu den Armen, Kranken und Unfreien gesandt (erneut: Lk 4,18). Bis zum Tod am Kreuz bleibt er seinem Programm treu und mit den Armen, Leidenden und Unterdrückten solidarisch. Das Neue Testament ist der Ansicht, dass mit der mit Jesus angebrochenen messianischen Welt die Gesellschaft ohne Arme Wirklichkeit geworden ist: In der Jerusalemer Urgemeinde hat es keine Armen gegeben (Apg 4,34).

Der biblische Befund lässt also keine Zweifel, dass Gott eindeutige Präferenzen hat. Wohl wird die frohe Botschaft auch den Wohlhabenden und Reichen verkündet, doch die haben nur dann eine Chance, dem Himmelreich nahe zu sein, wenn sie ihren Reichtum und ihre Privilegien gerecht und mit allen teilen (Vgl. Lk 18,18–30; Mt 19,24; Mk 10,25;). Ihr Reichtum macht sie unfrei und lässt zuwenig Raum und Zeit für das Reich Gottes. Vor allem fehlt den Reichen die Erfahrung radikaler Bedürftigkeit und Abhängigkeit, die es vor Gott braucht.

Der Glaube an Gott ermöglicht also nicht nur eine Vision guten Lebens für alle und eine Kritik an den Übeln, sondern zielt auf eine Praxis der Umkehr, die sich am Handeln Gottes beteiligt und allen Menschen – den Armen zuerst – Hoffnung und Zukunft erschließen soll. Solches gottgemäße Handeln lässt sich anhand der »Lehre von den himmelschreienden Sünden« lernen, unter der im Laufe der christlichen Tradition eine Reihe biblischer Aussagen zusammengefasst wurden, die davon erzählen, wer Gott ist. Petrus Canisius hat diese Lehre in seinem Katechismus von 1560 in einen Merkvers gefasst: »Clamat ad coelum vox sanguinis et Sodomorum, vox oppressorum, merces detenta laborum.« Zum Himmel schreit das Blut des Abel, der von Kain ermordet wurde (Gen 4,10); der Klageschrei über die Sünde von Sodom und Gomorra (Gen 18,20; 19,13). Jahwe hört den Klageschrei seines Volkes in Ägypten (Ex 3,7–10) und ebenso, wenn Witwen, Waisen und Fremde, die Schutzlosen in Israel, ausgenutzt und ausgebeutet werden (Ex 20,20–23). Zum Himmel schreien

273 Vgl. Georg Braulik: *Theologie des Alten Testaments*. Kirche im Alten Testament, unveröff. Vorlesungsmanuskript, Wien 2001, 27f.

schließlich auch die Arbeiter, denen der gerechte Lohn vorenthalten wird. Gott sagt ihnen allen Hilfe und Rettung zu.[274]

Es ist bezeichnend, dass mit wachsendem Wohlstand diese Lehre in Europa weitgehend verschwunden und heute unbekannt ist. Christinnen können sie wieder entdecken und in eine Gesellschaft einbringen, die Armut in und außerhalb Europas produziert. Sie können Europa daran erinnern, dass Gott die Notschreie der Armen hört und ohne Zögern und eindeutig auf der Seite der Armen steht. Christinnen werden sich in Europa für eine zweifache Bekämpfung der Armut einsetzen: Die Armut der Notleidenden innerhalb und außerhalb der Festung Europas ist ebenso zu bekämpfen, wie die seelische und geistige Armut all jener Wohlhabenden, die sich ihrer Armut gar nicht bewusst sind. Die Option Gottes führt die Armen so zu doppelter Befreiung. Not und Elend sollen ebenso abgeschafft werden wie bequeme und selbstzufriedene Sattheit, geistige Öde und Sinnleere, die heute viele Menschen in Europa bedrängt.

Kirche als »Anwältin« des Menschen[275] Die modernen Gesellschaften mit ihrer Wirtschaft und Politik produzieren Opfer und bedrohen jene Menschen, die im Alltagsgetriebe stören. Christen können hier innerhalb der Gesellschaft für die von der Modernisierung Bedrohten Anwaltschaft übernehmen und deren Rechte einfordern. Bedroht ist heute das menschliche Leben besonders an seinem Anfang, seinem Ende und dort, wo es behindert, schwach, alt und krank ist Kirche und Christentum übernehmen dabei auch die Funktion eines sozialen Gewissens der Gesellschaft, dessen Aufgabe darin besteht, die humane Identität der Gesellschaft zu sichern. Optionen in Europa:

Option für sterbende Menschen: Christen werden sensibel für die verschwiegenen Nebeninteressen der Euthanasiedebatte, die der Diskussion um einen so genannten »autonomen« Tod innewohnen. Sie werden die sozial inhumanen Folgen beim Namen nennen: den Druck auf Sterbende, sich »verantwortungsbewusst« selbst zu entsorgen, weil sie der Gesellschaft zu teuer kommen. Sie werden die ökonomischen Hintergründe aufdecken: Langes Sterben kommt teuer, belastet die pflegenden Angehörigen, Frauen zumeist, die dann dem Berufsleben entzogen werden. Sie werden die psychologischen Dimensionen ansprechen: Alte Menschen, die ihrer Familie nicht zur Last fallen wollen, bitten in vorauseilendem Gehorsam um ihren eigenen Tod. Angehörige sind ungeübt und unbegleitet, um mit Leid, Schmerz und Tod zurechtzukommen und wünschen dann (vor allem für sich selbst) einen frühen Tod des Kranken. Christen entlarven die gesellschaftlichen Voraussetzungen angeblich freiwilliger Sehnsucht nach autonomer Sterbezeit: Angst allein zu sein, eine entsolidarisierte Gesellschaft, Angst vor Schmerzen, Ohnmacht, Hilflosigkeit, Unfähigkeit, mit Leid umzugehen, der Verlust einer würdevollen Sterbekultur.

Die österreichische Antwort auf diese Frage, an der die Kirchen maßgeblich mitgewirkt haben, ist ein Modellfall christlichen Engagements in der Politik: Angehörige von Sterbenden dürfen in Pflegekarenz gehen und haben so Zeit, ihre Angehörigen aus dem Leben zu begleiten. Die bis jetzt geringe Inanspruchnahme zeigt, dass Pflegekarenz auch finanziell und strukturell abgesichert gehört: durch Entschädi-

274 Vgl. auch Zulehner, Pastorale Futurologie, 253–268.
275 Vgl. Paul M. Zulehner: *Kirche – Anwalt des Menschen.* Wer keinen Mut zum Träumen hat, hat keine Kraft zum Kämpfen, Wien 1980.

gungsgeld bzw. Möglichkeit zur Teilzeitarbeit. Hier sind weitere politische Maßnahmen gefordert. Die Richtung aber stimmt.

Option für Kinder: Kinder sind heute zu einem Störfaktor geworden, und das, obwohl sie gerade in modernen Gesellschaften vielerorts idealisiert werden. Die Kindergeburtenzahlen gehen u. a. deshalb zurück, weil Erwachsene kaum mehr Zeit und Energie für Kinder übrig haben. Kinder zu haben bedeutet für die einen Einschränkung der persönlichen Selbstverwirklichung, für die anderen ein Armutsrisiko. Auch von einer sorgenfreien Kindheit kann keine Rede sein. Der Untergang der Kindheit führt dazu, dass Kinder schon frühzeitig mit den Ängsten, Sorgen, Problemen der Erwachsenenwelt in Berührung kommen. Lehrerinnen berichteten z. B. nach dem 11. September 2001 von massiven Angststörungen bei Kindern. Experten berichten von einer Zunahme der Gewalt gegen Kinder – und in Folge auch zwischen den Kindern.

Kinder sind in Gefahr, entsorgt zu werden: Sei es noch vor der Zeugung, weil man Kinder nur bekommen »darf«, wenn das Lebensdesign optimal passt; sei es danach durch frühzeitige oder ganztägige Abgabe in Kinderbetreuungseinrichtungen, die immer weniger zur Unterstützung der Eltern dienen, sondern zunehmend mehr elterliche Aufgaben und berufsvorbereitende Förderung übernehmen müssen. Berufswelten und Städtebau, Straßenverkehr und Alltagsleben: Nirgendwo ist Platz für Kinder. Unsere Gesellschaften sind strukturell kinderfeindlich.

Eine Gesellschaft ohne Kinder droht barbarisch zu werden (Hartmut von Hentig). Denn Kinder erinnern daran, wie Menschen ursprünglich sind: zart und stark, zerbrechlich und widerständig, liebevoll und unberechenbar. Sie brauchen Geduld, Zeit, Unterstützung, stellen das eigene Selbstverständnis in Frage und fegen erwachsene Lebensentwürfe und Pläne einfach hinweg. Kinder stören die mühsam, im Rahmen des Zivilisierungsprozesses erworbene Routine und Angepasstheit und entselbstverständlichen so das Selbstverständliche. Sie zwingen einem Fragen auf, die man nicht gern hört, und halten der Welt einen Spiegel vor. Sie machen die unhinterfragten Selbstverständlichkeiten der eigenen Kultur und Weltanschauung bewusst, indem sie nachfragen, verweigern, etwas anderes machen. Sie konfrontieren Erwachsene mit den eigenen Grenzen und Nöten und sind so in gewisser Weise Lehrmeister des Menschlichen.

Viel guter Wille, Kindern eine menschliche Welt zu ermöglichen, ist heute zu beobachten. Kinderbetreuerinnen, Tagesmütter, Eltern und Lehrer tun in der Regel ihr Bestes. Aber der Ablauf eines typischen Erwachsenenlebens, Beruf, Familie und Freizeit zu organisieren, produziert mittlerweile ein Ausmaß struktureller Rücksichtslosigkeit gegenüber Kindern, sodass wir für Kinder viel zu wenig Zeit und Freiräume haben – außer in gezielt »outgesourcten« pädagogischen »Sonderghettos«, wo Kindheit – teuer und konsumorientiert – inszeniert wird. Die Bedrohung der Kinder, die so erzeugt wird, zeigt sich heute schon deutlich an den sozialen Rändern der Gesellschaft, wo Drogen- und Gewaltprobleme zunehmen; aber auch an der Zunahme der Essstörungen, Depressionen und Selbstmorde bei Jugendlichen. Diese Missstände können nur in gemeinsamer Anstrengung aller Beteiligten gemeinsam mit Politik und Wirtschaft überwunden werden.

Option für Menschen in Not: Christen bringen sich überall ein, wo menschliches Leben auf dem Spiel steht, und sind Lobby für Menschen in Not, gleichgütig, ob selbstverschuldet oder nicht. Besondere Lobbyarbeit werden Christen heute leisten für:

Behinderte Menschen, ungeborene Menschen, fremde Mitmenschen, Ausländerinnen, diskriminierte Menschen, physisch und psychisch Kranke, »Verrückte«, Leidende, Sterbende, Kriminelle, Obdachlose, Bettler, Menschen in der sog. »Dritten Welt«, Menschen, die eine andere Religion, Kultur, Weltanschauung haben.

Nachhaltigkeit Christliche Solidarität bezieht sich auf die ganze Schöpfung: Auf den gesamten Lebensraum, der Menschen zu ihrer Selbstentfaltung zur Verfügung steht. Christinnen setzen sich daher auch für die Bewahrung der Umwelt, der Natur, der natürlichen Ressourcen ein. Christliche Solidarität in diesem Sinn meint: Einsatz für Nachhaltigkeit im schöpferischen Handeln und Gestalten der Wirklichkeit, verantwortungsbewusster, rück- und vor-sichtsvoller Umgang mit den zur Verfügung stehenden Mitteln. Nachhaltigkeit bedeutet: materielle und geistige Ressourcen so nutzen, dass sie den Bedürfnissen der heutigen Generation entsprechen, ohne die Möglichkeiten künftiger Generationen zu gefährden. Christinnen fordern, dass Wirtschaft, Kultur, Gesellschaft und Politik Rücksicht nehmen auf die zukünftigen Generationen und auf den Eigenwert des Lebensraumes Welt. Dieser Einsatz für Dauerhaftigkeit gehört zum menschlichen Schöpfungsauftrag, der den Menschen zum irdischen Sachwalter, aber nicht zum Besitzer und Herrscher der Welt beauftragt und befähigt (Gen 1,28).

Zeit-gerecht handeln Christliche Solidarität will zeitgerecht sein. Das bedeutet:

Christen haben offene Augen und Ohren für alle konkreten Fragen und Nöte der Menschen. Christinnen schauen und hören hin, sind sensibel für die Krisen der Gegenwart. Sie haben keine fertigen Kochrezepte, sondern entwickeln mit den Betroffenen Lösungen. Sie berücksichtigen sozial- und humanwissenschaftliches Wissen und kooperieren mit allen, die an einer guten Lösung der Probleme interessiert sind. Sie suchen den Kontakt zu Entscheidungsträgerinnen und arbeiten auch prophylaktisch.

Christen sind bereit, die »Zeichen der Zeit«(GS 4) wahrzunehmen. Sie können in *allen* Entwicklungen innerhalb *und* außerhalb der Kirche Gottes Spuren finden, sie können aber auch menschlichen und unmenschlichen Geist unterscheiden. Christen können Heils- und Unheilszeichen, Lebens- und Todeszeichen der Gegenwart in Kirche und Welt erkennen. Sie bemühen sich dann, ursprungs-treu (evangeliumsgemäß) und zeit-nah (menschen-gemäß) zu handeln.

Christen versuchen, den Zeichen der Zeit gegenüber gerecht – im Sinne der Schöpfungsordnung – zu reagieren. Sie sind weder Optimisten, die überall nur das Gute sehen wollen oder können, noch Pessimisten, die an allem nur das Übel kritisieren. Der prophetische Geist der Zeit-Gerechtigkeit ermöglicht den »Realisten« und »Visionär« in einem: Er anerkennt die »Wahrheit« dessen, was der Fall ist, und nennt es direkt beim Namen, ohne zu verharmlosen, ohne zu beschönigen, ohne zu dramatisieren. Aber er tut dies niemals, ohne zugleich Hoffnung zu geben und konkrete Wege der Umkehr zu zeigen. Er malt Visionen verheißungsvoller Zukunft, aus denen Menschen die Kraft beziehen können, die Gegenwart zum Besseren zu gestalten. Er weckt die Sehnsucht nach einer »besseren« Welt, ohne die gegenwärtige zu verteufeln – denn diese ist Ressource und Ausgangspunkt. Weil Christen zwischen Himmel und Erde ausgespannt leben und »*in* dieser«, aber nicht »*von* dieser« Welt sind, können sie so handeln.

Oft zum Zerreißen angespannt, können sich Christen auf die Zeit einlassen, ohne in ihr aufzugehen. Grundlage dafür ist der Glaube an die Verheißungen Gottes, Himmel und Erde zu erneuern.

Werte-Diskussionen anzetteln Christinnen, die in modernen Gesellschaften lebensdienliche Werte wie z. B. Freiheit, Solidarität, Spiritualität einbringen wollen, stehen in einer ambivalenten Situation. Zum einen ist da die Versuchung zu bestehen, sich von der Politik instrumentalisieren zu lassen, um so wieder politische Macht und Privilegien zu bekommen. Zum anderen bekommt der Begriff der »Werte« im ökonomisch dominierten Diskurs unserer Tage einen seltsamen Beigeschmack. Man könnte leicht in Versuchung geraten, den Ökonomismus mit passenden Werten zu behübschen oder zu legitimieren. Christinnen werden daher sorgsam darauf achten, welche Werte sie wann und wo einbringen. So ist es z. B. fragwürdig, in Zeiten des Sozialabbaus den weniger wohlhabenden Menschen Bescheidenheit und Verzicht zu predigen – auch wenn das zeitgleich für die Wohlhabenden topaktuelle Werte sind, die neu in den Diskurs einzubringen sind. Zielgruppenorientierung ist auch bei der Wertediskussion gefragt.

Christinnen werden auch daran erinnern, dass Werte vorletzte Wichtigkeiten sind, und es im Letzten darauf ankommt, durch alle Werte hindurch zu Gott zu kommen. Das Christentum ist als religiöse Lebensform ein Verhältnis zur Welt und ihren Werten, das alle diese Verhältnisse noch einmal auf Gott hin überschreitet. Aus dieser Spannung erst kann eine fruchtbare Wertediskussion darum entstehen, die Lebenswertes diskutiert, ohne zu moralisieren.

Weil jeder noch so gut gemeinte Wert sich im Fall der »Überdosis« in das Gegenteil seiner selbst verkehren kann, und immer einen Antipoden braucht, um schöpferisch wirken zu können (z. B. Freiheit – Ordnung; Nähe – Distanz; Gerechtigkeit – Barmherzigkeit), sind in Wertediskussionen auch die Widersprüchlichkeiten und Abgründe von Werten auszuloten. Gottes- und Menschenliebe sind die entscheidenden Maßstäbe christlicher Lebens-Werte. Werte werden daraufhin geprüft, ob sie diese Liebe ermöglichen und befördern, verhindern oder gar zerstören.

Werte und Sinn in die Kultur einbringen Was sind christliche Werte? Diese Frage nach dem Herzstück oder dem »Kern« des Christentums ist theologisch umstritten und wahrscheinlich auch nicht endgültig und ein für alle Mal zu beantworten. Das Hauptgebot der Gottes- und Nächstenliebe wird eben höchst plural, sobald es konkret wird.

Die theologischen Tugenden des Glaubens, der Hoffnung und der Liebe können in der alltäglichen Praxis vielerlei Gestalt annehmen. Zudem überlappt sich gerade in der Umsetzung dieses Gebotes das Christentum mit ethischen Werten in anderen religiösen und auch humanistischen Konzepten. Das interreligiöse Gespräch bringt neue Fragen und zeigt viele Gemeinsamkeiten in den Wertevorstellungen der Religionen. Es wird daher mit gutem Grund von vielen Theologinnen die Existenz eines christlichen Propriums in Fragen der Werte und der Ethik bezweifelt.

Es gibt aber auch Ansätze, die mit Blick auf die konkrete (Geistes-)Geschichte im christlich geprägten Abendland spezifische Wertdimensionen herausarbeiten, die als genuine Beiträge des Christentums zur europäischen Kultur gelten können. So arbeitet die Religionsphilosophin Hanna-Barbara Gerl-Falkovitz vier Aspekte heraus, die zu signifikanten Wertumbrüchen und auch politisch bedeutsamen Umwertungen geführt haben:[276]

Die *Entsakralisierung von Gewalt* hat das für archaische und für antike Religionen charakteristische zweideutige Verhältnis zwischen dem Göttlichen und der Gewalt eindeutig aufgelöst. Dies beginnt bereits im Judentum, wo Gott als der Gerechte *und* Barmherzige erscheint, im Christentum wird diese Erfahrung vertieft. Gott ist ein Gott des Lichtes, in dem keinerlei Finsternis ist. Höhepunkt dieser Umdeutungsgeschichte ist der Tod Jesu Christi am Kreuz. Gott selbst wird nun das Opfer von Gewalt. Damit sind religiöse Opfer ein für alle mal obsolet; jegliche Legitimation ist ihnen entzogen. In der Eucharistie wird dieses letzte Opfer unblutig erinnert und gefeiert. Dieser Entsakralisierungsprozess macht eine Unterscheidung zwischen göttlicher und politischer Macht möglich.

Das Christentum entwickelt das Konzept einer *individualisierten Menschlichkeit*. Jesus lehrt ein Menschenbild, in dem alle Menschen gleichberechtigte, gleich geliebte Kinder eines gemeinsamen Vaters sind. Das entscheidende Novum ist der Appell an das Gewissen des einzelnen Individuums, das nicht von außen gerichtet werden kann. Damit ist die Idee vom aktiven, selbstverantwortlichen Subjekt geboren. Durch die Vorstellungen einer fundamentalen Gleichheit fallen zudem alle Unterschiede zwischen Nationen, sozialen Schichten und Geschlechtern weg (Gal 3,28). Damit sind die Ideen von Gleichheit und Freiheit, wie sie bereits im Judentum grundgelegt sind, auf den Punkt gebracht.

Indem sich das Christentum in seinen ersten Gestalten nicht einfach als Religion verstand, d. h. als Sachwalterin und Interessensvertreterin des Staates, die durch »Kult und Opfer, Zauber und Beschwörung« die Gunst der Götter erbitten soll, *sprengt es ein rein immanentistisches Religionsverständnis*, in dem der religiöse Mensch im Kreis der Vollkommenheit der Welt letztlich um sich selbst und seine eigenen Projektionen kreist. Es enthält zwar auch Elemente von Religion, sprengt aber durch sein Gottesbild die Identifikation zwischen menschlichen (politischen) Machenschaften und (angeblich) göttlicher Aktivität. Gott kann nicht einfach verwaltet werden, denn er selbst ist es, der sich aus freien Stücken und ohne menschliches Zutun offenbart, wann, wem und wie er will. Diese klare Differenzierung zwischen Gott und Mensch ermöglicht erneut die Unterscheidung von Religion und Politik und begrenzt das religiöse Bescheidwissen. Es ermöglicht die Freiheit zur Kritik von Politik und Religion.

Schließlich wird mit der *»Paradoxie des Gottesreiches«*, das schon da und noch nicht vollendet, aber verheißen ist, ein neues, differenziertes Zeitverständnis möglich, das zyklische mit linearen Elementen verbinden kann. Das Ineinander der Zeitdimensionen wird denkbar: Der Sohn ist als Wort des Vaters vor aller Zeit da, als fleischgewordenes Wort in der Zeit und als Zielpunkt Aufhebung aller Zeit. Es ist auch dieses eschatologische Zeitverständnis, das die Unterscheidung von Religion und Politik möglich macht, denn alles gegenwärtige Tun erscheint damit immer nur als vorläufig.

Welche Werte kann das Christentum heute noch einbringen? Glaube, Hoffnung und Liebe als Maßstäbe und Atmosphäre aller Werte aufzuzeigen, ist *die* Option für

276 Zum Folgenden Hanna-Barbara Gerl-Falkovitz: Der Beitrag des Christentums zur Weltkultur, 118–131.

Christinnen, die sich in die Wertediskussion einmischen wollen. Das Christentum ist dank seiner Fähigkeit, Gottes Geist auch in fremden Wertesystemen wahrnehmen zu können, in der Lage, in allen Wertefragen mitzudiskutieren und jene Wertsysteme und Sinnkonzepte bejahen zu können, die Glaube, Hoffnung und Liebe mehren.

Der besondere Beitrag des Christentums liegt darin, daran zu erinnern, dass Werte immer eine personale (also Beziehungs-)Dimension haben. Erst die Erfahrung der Liebe lässt erkennen, was wertvoll ist. Wert wird immer dort erfahren, wo eine Wirklichkeit auf ein tiefes menschliches Verlangen stößt und es erfüllen kann. Da der Mensch von einer Skala von Bedürfnissen und Sehnsüchten bestimmt wird, ergeben sich von daher Wertehierarchien. Das Christentum mit seiner Anthropologie kann helfen, Ordnung und Orientierung in diese Hierarchien zu bringen. Dies hilft auch dabei, die unzähligen ethischen Werte und wertvollen Wirklichkeiten, denen wir im Leben begegnen, zu ordnen. Der christliche Glaube hilft so den Menschen bei einem freien und verantwortungsbewussten Umgang mit Werten und erschließt die unabdingbare Dimension der Liebe für alles Werten. Darin besteht einer der wesentlichen Beiträge, wenn sich Christinnen in den Wertediskurs einmischen.[277]

Das Christentum kann und soll freilich auch konkrete Werte wie Dankbarkeit, Güte, Barmherzigkeit, Versöhnungsbereitschaft, Achtsamkeit, Einsatz für den Frieden, Widerstand gegen Ungerechtigkeit – die Liste lässt sich hier unendlich fortsetzen – in die Gesellschaft einbringen. Christliche Werteerziehung ist insbesondere für Kinder nach wie vor gefragt und gewünscht. Freilich bedeutet das weder, dass Christen die einzigen wären, die für solche Werte eintreten können, noch, dass die Gesellschaft ihren Wunsch nach solchen Werten an die Christen delegieren kann. Wenn Christen Werte einbringen, werden sie nicht moralisieren, sondern Menschen dabei unterstützen, menschlicher zu werden. Christliche Werterziehung ist Menschenbildung.

Das Christentum ist eine wesentliche Stimme im Konzert der Wertediskussion. Aus diesem Bewusstsein heraus wird es sich auch dafür einsetzen, dass andere Religionen ihre Wertvorstellungen in den Werte-Diskurs einbringen können. Es wird auch daran erinnern, dass viele der so genannten humanistischen Werte ihren historischen Ursprung im Christentum haben, was eine neue Gesprächsbasis zwischen der säkularen Welt und der Religion ermöglichen könnte. Christinnen werden schließlich Räume anbieten, in denen solche Wertefragen in Ruhe geführt werden können, ohne dass sofort ein Programm daraus entstehen muss. Sie werden sich für Grundlagendiskussionen einsetzen und bewusst Konflikte anstiften.

Besondere Herausforderungen für das Christentum stellen sich dort, wo es um das Einbringen der spezifischen Glaubenswerte geht, also um die Verkündigung der Botschaft vom Reich Gottes, von der Auferstehung Jesu Christi und der Erlösung in ihm. Christinnen werden dazu auch in Erinnerung rufen, dass Wertefragen nicht nur ethische und moralische Fragen sind, sondern sogar in erster Linie ein spirituelles Thema: Woher kommen wir? Wohin gehen wir? Was ist der Sinn des Ganzen? Und was ist daher für ein gutes Leben wertvoll?

Produktiv stören Ein Christentum, das Werte einbringt, wird auch stören, indem es im Namen menschlicher Freiheit und Würde Schieflagen und Fehlentwicklungen, Schuld und Sünde in der Gesellschaft anspricht. Unhinterfragte Selbstverständlich-

277 Zur Begriffsklärung von Wert und Sinn: Bernhard Fraling: *Sexualethik.* Ein Versuch aus christlicher Sicht, Paderborn 1995, 80–83.

keiten und Handlungsgewohnheiten werden so entselbstverständlicht und die Gesellschaft wird gezwungen, ihre impliziten Werthaltungen bewusst zu machen und zu rechtfertigen (z. B. in der Eigentumsfrage, in fragwürdigen Freiheitskonzepten, im Umgang mit Zeit usw.). Das Christentum provoziert durch seine Störungen und schafft Räume des Innehaltens und Nachdenkens. Es kann bewusst machen, dass die Welt auch ganz anders sein könnte.

Diese störende Kraft, die sich durch ihren Widerstand gegen eingeschliffene Gewohnheitspraxis auch Gegner und Feinde schafft, gehört untrennbar zur jüdisch-christlichen Tradition. Arbeitssklaven in Ägypten, in Mesopotamien und Kanaan: Sie alle haben sich geweigert, ihr Leben in einem von Staat, Politik und Religion perfekt organisierten Kosmos beherrschen zu lassen. Der ägyptische Pharao, der mesopotamische Gottkönig, die römischen und die deutschen Kaiser waren Herrscher, die sich der politischen und der religiösen Macht bedienten. Immer wieder haben sich Menschen inspiriert durch ihre Glaubenserfahrungen mit dem Gott des Exodus dagegen aufgelehnt und den Weg in die Freiheit riskiert. Der Aufbruch in eine ungewisse Freiheit gehört zu den Grunderfahrungen von Juden und Christen.

Jesus Christus hat die Menschen aus der ultimativen Freiheitsbedrohung befreit. Leid und Tod können dem Menschen vor Gott letztlich nichts mehr anhaben, seit wir an die Auferstehung Christi glauben. Dies ist die Wurzel aller christlichen Glaubenserfahrung, die Christinnen widerständig und skeptisch macht gegenüber allem, was menschliches Leben bedroht. Wer den Tod nicht fürchten muss, wird dort stören und Widerstand leisten, wo Leben bedroht ist. Wer ihm ins Auge schauen kann, weil er sich von Gott geborgen fühlt, wird fähig, wahrzunehmen, was Leben heißt. So jemand lebt aber auch heute noch gefährlich, weil er sich von niemandem unterjochen lässt.

Die frohe Botschaft verkünden statt in den Chor der Moralisierer einstimmen
Trotz aller Relevanz von Ethik und Moral weiß die biblische Tradition darum, dass beide nicht erlösen können. Das Gesetz überführt uns nur der Sünde, wie Paulus weiß, und nicht selten sündigen Menschen gerade dort am intensivsten, wo sie besonders tugendhaft sein wollen. Die Sünde des Menschen sitzt tief.

Hier kommt dem Christentum ein komplexer Auftrag zu. Es ist auf der einen Seite aufgefordert, Ethik und Moral dort einzufordern, wo sie fehlen, ignoriert oder zerstört werden. Zugleich aber besteht ein wesentlicher Auftrag darin, eine Gesellschaft, die an das Projekt Ethik große, fast schon religiöse Erlösungshoffnungen setzt, zu desillusionieren und daran zu erinnern, dass Erlösung nicht aus menschlicher Kraft, sondern allein von Gott zugesprochen werden kann. Christen werden die säkularen Moralisierer der Gesellschaft korrigieren, die wir in Politik, Wirtschaft und Wissenschaft finden.

Christen werden daher in Zukunft verstärkt an die Sünde erinnern, die in der anmaßenden Selbstbehauptung des Menschen gegenüber Gott besteht, über das eigene Leben ausschließlich selbst verfügen zu wollen. Sie werden zeigen, dass ein ausschließlich ethisch ausgerichtetes Leben in der Verzweiflung endet. Zugleich aber werden sie die frohe Botschaft verkünden: Dass wir mit Christus erlöst sind und in der Taufe auf ihn von der Sünde befreit sind. Das bedeutet aber nichts anderes, als dass wir auf Vergebung und Versöhnung mit Gott hoffen und ein moralisch-ethisches Leben wagen dürfen – gerade weil wir mit Gottes Beistand damit immer wieder neu anfangen können und in der moralischen Perfektion nicht unser Heil liegt.

Zum christlichen Glauben gehört also erneut jene gewisse paradoxale Logik des Evangeliums: dass wir moralisch leben können und dürfen, gerade weil wir von der Moral keine Erlösung erwarten müssen. Diese latent amoralische Dimension entwertet Moralität nicht, sondern hebt sie auf eine höhere Ebene und befreit zu einer Ethik der Liebe. Eine solche Ethik der Liebe und Hoffnung zu verkünden und zu leben, schafft in einer moralisierenden Gesellschaft neue Freiräume zur Solidarität – mit jenen, die an der Moral scheitern oder sich angestrengt um sie bemühen und trotzdem verzweifeln, weil die Welt scheinbar nicht besser wird. Christinnen erklären sich so solidarisch mit der Suche der Menschen nach dem »guten Leben«, das viele in der Moral suchen. Sie zeigen, wie man Moralität spirituell in der Botschaft des Evangeliums verwurzeln kann.

Ritendiakonie als solidarische Lebensbegleitung[278] Geburt, Hochzeit und Tod sind neuralgische Punkte im Leben, die solidarische Unterstützung brauchen. Seit Menschengedenken ritualisieren Menschen daher solche Lebensübergänge. In Europa hat das Christentum traditionell diese Begleitung übernommen, und daher wünschen sich die meisten Menschen (60%) immer noch Begleitung durch die kirchlichen Sakramente. Das Christentum kann in diesen Situationen des Lebens Menschen die Solidarität Gottes zusprechen und in den Gemeinden und Kirchen Raum und Zeit zur Verfügung stellen, Menschen bei diesen Übergängen zu begleiten – durch Mitfreude, Mitfeier, Mithoffnung und die Zusage und Zusicherung, dass Kinder, Eheleute, Sterbende niemals gottverlassen sein werden. Weil in unserer modernen Alltagskultur kaum Bewältigungsressourcen für diese Lebensübergänge zur Verfügung stehen, werden die Sakramente der Kirche im Kontext einer individualisierten Gesellschaft zu solidarischen Beiträgen des Christentums zu gelingendem Leben. Diese Riten werden von den Menschen weniger als kirchengründende Glaubensvorgänge erwartet, sondern als heilsame Rituale entlang der Biographie, und enthüllen so ihren diakonalen Charakter. Wir sprechen daher von so genannter Ritendiakonie. Das sakramentale Tun der Kirche ist auch ein Ausdruck der Solidarität mit der Welt.

Gastfreundschaft schenken und fördern Ein konstitutiver Ausdruck christlicher Solidarität ist die Praxis der vergessenen Tugend von der Gastfreundschaft.[279] Diese Praxis gründet theologisch im »Evangelium von der Weltgastlichkeit Gottes« (Kurt Koch): Gott selbst begegnet Abraham bei den Eichen von Mamre in der Gestalt von drei fremden Männern, die dieser als Gäste aufnimmt. Gott begegnet Menschen in der Alltäglichkeit des Lebens als Mensch, als Fremder und als Gast. In der Botschaft des Evangeliums bestätigt sich diese alttestamentliche Grunderfahrung in Jesus Christus, dem »vornehmsten Weltgast« (Kurt Koch). Gott begibt sich mit ihm in die totale Ohnmachtsposition des Gastes und des Fremden und erweist so seine unbedingte Solidarität, indem er mit Christus den Weg des äußersten Erbarmens und der Liebe geht. Gastlichkeit ist also nicht nur eine ethische Verpflichtung, sondern die

278 Zur dieser Frage ausführlich: S. 337ff.
279 Ausführlich dazu: Koch, Christsein im neuen Europa, 197–231.

Urerfahrung Gottes: Er kommt als Gast zu uns in die Welt, wir können ihn aufnehmen oder ablehnen. Gastfreundschaft ermöglicht Gotteserfahrung.

Von daher verstehen sich Christinnen als Fremdlinge und Pilger in der Welt, die nur zu Gast auf Erden sind, deren eigentliche Heimat aber der Himmel ist. Dieses Selbstverständnis ist in Vergessenheit geraten. Gastfreundschaft wird zu einem sakramentalen Selbsterweis dessen, was Kirche ist, und woran Christen glauben. Sie wird zu einem zentralen Signalelement des Christentums, mit der die Glaubwürdigkeit von Christinnen steht und fällt. Unter ihnen kann und darf es daher theologisch genommen keine Gäste und Fremden geben, denn in jedem Gast begegnet uns das Geheimnis Gottes.

Gastfreundschaft in die Gesellschaft einzubringen kann heute bedeuten, sich für eine gerechte Asylpolitik ebenso einzusetzen wie für die Integration von Ausländerinnen und allen, die fremd sind. In Zeiten verstärkter Migration und Mobilität wird sie immer wichtiger werden. Gastfreundschaft wird aber auch dort gefragt sein, wo religiös und spirituell Suchende eine Zeit ihres Lebens bei Christen verweilen möchten, um dann wieder weiter zu ziehen. Auf Gastfreundschaft angewiesen sind jene, die trotz mangelnden Engagements in den Gemeinden die Unterstützung durch kirchliche Sakramente wünschen, und alle Menschen in Not und Leid, die im Raum der Kirche Schutz, Hilfe oder Geborgenheit suchen. Gastfreundschaft ermöglicht schließlich spirituelle Erfahrung und konterkariert jene europäische Diesseitsreligion, die im Glück auf Erden ihren einzigen und letzten Horizont sehen kann. Das Bewusstsein, Gast auf Erden zu sein, macht beweglich und frei und eröffnet neue Lebenshorizonte. Die Erfahrung, dass Gott als Gast zu uns kommen kann, macht offenherzig, sensibel, demütig und lehrt Geduld.

In der Konfliktgesellschaft integrieren und versöhnen Ein weiterer solidarischer Beitrag besteht in der integrativen Leistung, die Christen in einer Konfliktgesellschaft anbieten können. Christen setzen sich für die »Schalomisierung Europas« (Kurt Koch) auf allen Ebenen ein. In Zeiten gesellschaftlicher, kultureller und politischer Polarisierungen ist solches »Konfliktmanagement«, v. a. als Versöhnungsarbeit, ein wichtiger Dienst an der Gesellschaft.

Christen benennen verdrängte oder lediglich hinter den Kulissen verhandelte Themen, die auch von den Medien tabuisiert oder übersehen werden – und übernehmen Themenführerschaft (z. B. Ressourcenverteilung, politische Lügen, geheime Interessen und neue Ideologien wie der Leistungsmythos). Dadurch können sie Konflikte auch auf den Punkt bringen. Sie bieten »runde Tische« und öffnen Begegnungszentren zu wichtigen gesellschaftlichen Themen und holen die Kontrahenten an den Tisch. So können brandheiße Konfliktthemen auf »neutralem« Feld offen diskutiert werden. Sie bringen politische Konfliktpartner in offenen Räumen zusammen und können Freiraum schaffen für Nüchternheit und Sachlichkeit. Christen können dabei als Mediatorinnen dienen oder inhaltliche Anregungen und Korrekturen geben.

Sie wenden sich initiativ an die Multiplikatoren und Trägerinnen der gegenwärtigen gesellschaftlichen Entwicklungen: an Wirtschaftstreibende, an Journalistinnen, an Lehrer, an Politikerinnen, an Künstler usw. und gewinnen die Entscheidungs- und Meinungsträgerinnen für christliche Themen und Optionen – wie in der Zeit der Patristik.

Sie fördern und pflegen den interreligiösen Polylog und tragen so bei zur Entwicklung einer toleranten und friedlichen Gesellschaft. Der Friede zwischen den Religionen ist ein zentrales Element sozialen Friedens und dient auch der soziokulturellen Integration. Das ist vor dem Hintergrund wachsender Armuts- und Arbeitsmigration von hoher Relevanz.

»Schalomisierung Europas« bedeutet schlussendlich auch, sich für das Zusammenwachsen Europas zu engagieren und die Konflikte zwischen West- und Osteuropa beilegen zu helfen.[280]

Spiritualität ermöglichen, pflegen und sichern

»Spiritualität« ist ein vielschichtiges, schillerndes Wort (vgl. S. 196ff.). Es steht als Sehnsuchtsvokabel für den Wunsch nach Sinn, für das Streben nach Glück, Erfüllung, Harmonie und Heilung. »Spiritualität« steht auch für den Wunsch nach Einheit, Friede und Gerechtigkeit. Was kann ein spirituell lebendiges Christentum im *religionspolitischen* Diskurs beitragen?

Innehalten – unterbrechen In einer Gesellschaft des »rasenden Stillstands« (Paul Virilio), die nicht zur Ruhe kommen kann und die Zukunft zu erobern trachtet, so dass die Gegenwart immer kleiner und unbedeutender wird, kann das Christentum eine Kultur des Innehaltens und der Unterbrechung entwickeln. Dabei entstehen Orte des »Ausrastens«, wo Zeit und Raum zum Durchschnaufen und Ärger und Enttäuschung ausdrücken ebenso ist wie die Möglichkeit, über existenzielle Fragen nachzusinnen: Wie wir leben wollen? Wohin wir uns als Gesellschaft bewegen und entwickeln wollen? An solchen Orten kann Widerstand entstehen und ist auch Platz, die Verletzungen zu thematisieren, die Menschen im Alltagswahnsinn erleiden. Hier kann sich eine »Abstinenzkultur« entwickeln, die sich nicht in einem bloßen »Nein-Programm« gegenüber moderner Kultur manifestiert, sondern neue Lebensalternativen visioniert und riskiert. Innehalten und Unterbrechen – die kürzesten Formeln für Religion und Spiritualität – sind hochpolitische Signale eines spirituellen Christentums.

Politik ist Frucht der Mystik Gegen einen ruhelosen und ziellosen politischen Aktivismus kann das Christentum daran erinnern, dass die Politik den Menschen nicht erlösen kann. Eine Politik, die menschendienlich sein will, braucht geistige, spirituelle Wurzeln. Die christliche Glaubenserfahrung zeigt, dass Mystik und Politik untrennbar zusammenhängen.[281] Gottes Leidenschaft für die Menschen, insbesondere die Armen und Unterdrückten, überträgt sich auf den, der in das Geheimnis Gottes eintaucht. Der solcherart mystische Mensch, der Gott ganz nahe gekommen ist, wird sensibel für Sünde, Unrecht und die Übel einer verkehrten Welt. Je mystischer er wird, desto politischer wird er sein. Politik bedeutet dann nicht mehr das Austarieren von Machtinteressen, sondern wird zum Einsatz für eine gerechte Verteilung der Lebenschancen und materiellen und ideellen Güter der Welt.[282]

280 Zu Optionen einer kirchlichen Friedenspolitik: Koch, Christsein im neuen Europa, 252–280.
281 Z. B. Dorothee Sölle: *Mystik und Widerstand.* »Du stilles Geschrei«, Hamburg 1997.
282 Vgl. Zulehner, Pastorale Futurologie, 268–273.

Ein solches Verständnis vom engen Zusammenhang zwischen Politik und Mystik hat Folgen. Spirituelle Menschen können erkennen, ob sie auch politisch auf einem Weg sind, der tatsächlich zu Gott führt, oder bloß der Befriedigung eigener Wünsche und Sehnsüchte dient. Politisch engagierte Menschen bekommen Wurzeln, Kraft und Mut zum langen Atmen sowie klare Kriterien und Ziele, worum es in der Politik gehen kann, was sie tatsächlich leisten kann, wo aber auch ihre Grenzen sind.

Säkulare Religiosität beleben Auch in säkularen Milieus werden Menschen von religiösen Fragen umgetrieben. Christen können diese so genannte »säkulare Religiosität« (Paul Weß) anregen, beleben und am Leben erhalten.[283] Sie ermutigen, Fragen nach dem Sinn und Grund menschlichen Lebens zu stellen, regen an zu Fragen des Zusammenlebens und Fragen, die um des Gemeinwohls willen alle angehen. Solche Fragen sind z. B.

Hat das Leben überhaupt einen Sinn?

Wie können wir Kontingenz (Endlichkeit) bewältigen? Angesichts der vielen unlösbaren Probleme werden wir auch fragen müssen: Wie können wir sie aushalten?

Warum dürfen wir Kinder ungefragt zeugen?

Was ist uns allen vorgegeben und daher gemeinsam? Gibt es verbindliche Ordnungen für alle oder ist schlichtweg alles nach menschlichen Vorstellungen und gemäß menschlichem Willen machbar, planbar, konstruierter Zufall? Gibt es etwas bleibend Verbindliches als Grundlage des Zusammenlebens der Menschen?

Was ermöglicht es mir, die Angst um mein Dasein auszuhalten, die mich an liebender Solidarität hindert?[284]

Solche »religiösen Fragen« offen zu halten gehört zu den spirituellen Aufgaben der Christinnen: Jene Menschen zu begleiten, die nicht sorgenfrei durchs Leben gehen, ein sensibles Bewusstsein für gesellschaftsrelevante Fragen haben, aber nicht glauben wollen oder können.

Die Aufgabe der »säkularen Religiosität« besteht darin, auszuhalten, dass wir Menschen nicht Gott sind, und Wege zu finden, wie man das Dasein in seiner Fragwürdigkeit annehmen kann. Christen können von dieser Art Religiosität viel lernen, denn sie stellt sich der endlichen Wirklichkeit, ohne sofort in den Glauben auszuweichen.

Zu einer gesellschaftspolitisch relevanten Spiritualität gehört es auch, anzudenken, wie und ob solche Fragen nicht auch jenseits des religiösen Sprachspiels gestellt, diskutiert werden können. Umgekehrt macht es Sinn, in einer säkularen Kultur wieder ein neues Sprechen über die vergessene und verschüttete Religiosität zu lernen.

Zur »säkularen Religiosität« gehört auch die »Gotteskritik« (die sog. Theodizee-Frage, das ist die Frage nach dem Leid angesichts eines guten Gottes): Eine kirchliche Spiritualität, die die religiösen Fragen der Menschen ernst nimmt, antwortet nicht vorschnell mit dem »lieben Gott«, sondern erträgt auch das Schweigen, die Ratlosigkeit, die Ohnmacht. Sie ist auch sich selbst gegenüber kritisch, übt Religionskritik auch an sich selbst.

283 Vgl. Paul Weß: *Verbindung von »säkular« und »religiös«*. Wie Atheisten und Gläubige einander verstehen können, in: Die Furche 5 (2002), 8.
284 Fragen aus der Arbeitsgruppe »Religions- und Kirchenpolitik« am Symposium »Zukunft der Religion – Rolle der Kirchen«.

Zu einer Zivilisation des Glaubens, der Hoffnung und der Liebe beitragen Das Christentum kann diesen drei Grundweisen spirituellen Lebens und Glaubens neue Bedeutung verleihen. Glaube, Liebe und Hoffnung sind in unserer Kultur bedroht.

Die Fähigkeit, einander oder gar Gott zu glauben, wird durch das Streben nach Sicherheit und Kontrolle erstickt. Als menschliche Urfähigkeit wendet sich das Glauben dann nicht selten anderen Lebensbereichen zu: Menschen glauben dann an die Erkenntnisse der Wissenschaften, an Experten, an den Erfolg und das Glück oder sich selbst. Dem entgegen können Christen das Glauben im Sinne des personalen Vertrauens rehabilitieren, in dem sie gläubig leben, ohne dabei naiv die Vernunft auszuschalten.

Die Liebe ist bedroht durch Tendenzen der Vernützlichung und Verdinglichung des Anderen einerseits (»lieben, solange ich etwas davon habe«), durch Individualisierung, Romantisierung und Überhöhung andererseits: Von der partnerschaftlichen Liebe wird alles Glück erhofft und erwartet. Sie wird dabei auf ein Gefühl reduziert. Dem entgegen können Christinnen die Vielfalt und Weite des Liebens in Erinnerung rufen: dass man nicht nur den Partner, die Eltern, die eigenen Kinder und Freunde, sondern auch die Armen und Fremden lieben kann; dass Liebe den ganzen Menschen umgreift, sein Herz, seinen Verstand und seinen Leib. Sie können vorleben, dass Liebe immer auch konkrete Praxis bedeutet und sich im persönlichen Leben ebenso konkretisiert wie auf der Ebene der Politik.

Die Hoffnung ist schließlich die kulturell schlechterdings vergessenste aller Daseinsweisen. Europa hat seine Hoffnung verloren und investiert alle Kraft in die selbstmächtige Optimierung und Perfektionierung der Welt. Ernüchterung, Resignation, Zynismus, Visionslosigkeit, Pragmatismus und vor allem der angestrengte Kampf um die perfekte Planung der Zukunft sind alle Ausdruck davon, dass viele Menschen nicht mehr an eine bessere Zukunft, die uns entgegenkommt oder gar verheißen ist, glauben können und wollen. In Jugendstudien spiegelt sich das z. B. so wieder, dass trotz großen Optimismus bezüglich des persönlichen Lebens junge Menschen in einer überwältigenden Mehrheit die Zukunft der Gesellschaft eher bedroht sehen und Angst haben vor dem Ökokollaps, Aids, Atomkriegen und Terror.[285]

Christen müssen bei ihrer berechtigten und prophetischen Kritik an den Missständen und Ungerechtigkeiten der Welt also darauf achten, dass sie dabei nicht die Hoffnungslosigkeit der Welt verdoppeln.[286] Da zur Prophetie immer auch das Hoffnung-Zusprechen gehört hat, ist hier die Balance zu entwickeln zwischen scharfer Kritik und Aufzeigen von hoffnungsvollen Zukunftsmöglichkeiten. Christen werden sich daher gegen Resignation, apokalyptische Szenarien, gegen Angstmache und Revolutionen wehren und stattdessen sorgsam die immer auch vorhandenen Ressourcen herausarbeiten, mit deren Hilfe wir unsere globalen Probleme lösen können. Vor allem aber werden sie die alten biblischen Verheißungen »eines neuen Himmels und einer neuen Erde« wieder in Erinnerung rufen. Christinnen, die die christliche Lehre von der Hoffnung – das ist die Eschatologie – revitalisieren, können der Gesellschaft Hoffnung und Mut machen, die Probleme der Zukunft mit Gottes Hilfe

285 Z. B. Jugendwerk der deutschen Shell (Hg.): *Jugend ´97.* Zukunftsperspektiven; gesellschaftliches Engagement; politische Orientierung, Opladen 1997.

286 Zur Frage des kirchlichen Umgangs mit Hoffnung: Sekretär der Deutschen Bischofskonferenz, Dr. Josef Homeyer: *Unsere Hoffnung.* Ein Beschluss der Gemeinsamen Synode der Bistümer in der Bundesrepublik Deutschland, 18.–23. November 1975.

zu meistern. Christen können der Gesellschaft etwas von jener Hoffnung zusprechen, die an ein erfülltes Leben nach, aber auch schon vor dem Tod glaubt.

Hoffnung geben kann dabei weder bedeuten, naiv die Missstände und Probleme der Welt zu verharmlosen, zu leugnen oder in naivem Glauben mit frommen Appellen wegzuargumentieren. Wer im Geist Gottes hoffen kann, ist überhaupt erst fähig, das Ausmaß der Bedrohung und Sünde in der Welt ohne Legitimationen oder Verbrämungen wahr- und anzunehmen. Es geht also nicht darum, einen naiv-kindlichen Glauben zu verbreiten, dem alle Angst genommen ist. Ziel ist nicht das angstlose Leben, sondern die Befähigung, zum einen vor den richtigen Dingen rechtzeitig Angst zu bekommen, und die Kraft, angesichts der Not nicht zu verzweifeln und die Angst zu ertragen – und dabei trotzdem handlungsfähig und voll Freude zu bleiben über die Schönheit von Gottes Schöpfung, die man neben allem Bösen und den Katastrophen in der Welt auch wahrnehmen (lernen) kann.

> Mit Recht dürfen wir annehmen, dass das künftige Schicksal der Menschheit in den Händen jener ruht, die den kommenden Geschlechtern Triebkräfte des Lebens und der Hoffnung vermitteln können.
>
> *Gaudium et Spes 31*

Spiritualitäten »politisieren«: Zur Verantwortung für das Gemeinwohl befähigen
Ein gottnaher spiritueller Erneuerungsweg wird Menschen auch »politisieren«, d. h. sensibel machen für die soziale gesellschaftliche Situation, in der sich Glaube entwickelt. Wer seine Spiritualität »bildet« und reflektiert, wird hellsichtiger, hellhöriger, wacher, sensibler. Spiritualität tröstet dann nicht nur angesichts der individuellen Probleme, sondern macht empfindsam für die gesellschaftlichen Krisen und lehrt echten von falschem Trost zu unterscheiden. Spiritualität wird entprivatisiert und kann nicht länger Kitt sein, der gesellschaftliche Probleme zudeckt. Spirituelle Menschen übernehmen aus innerer Überzeugung Verantwortung für das Gemeinwohl. Spirituelle Bildung und Entwicklung sind daher nicht nur Privatsache, sondern leisten eine wichtigen Beitrag, Menschen dazu zu befähigen, sich aus geistiger Motivation heraus für das öffentliche Wohl zu interessieren und zu engagieren. Christliche Spiritualität kann mithelfen, die großen Probleme der Gegenwart zu lösen, indem sie hilft, geerdete und langatmige Spiritualitäten zu entwickeln.

Meliorisieren statt optimieren Das Christentum weiß um die Endlichkeit des Menschen und seine tiefe Verstrickung in die Sünde. Es ist daher skeptisch gegenüber jeder Form von Fortschritts- und Machbarkeitswahn, in dem der Mensch glaubt, aus eigener Kraft die Welt perfektionieren zu können. Dem Optimierungsglauben unserer Gesellschaft hält es die Erfahrung entgegen, dass letztlich Gott selbst es ist, der die Welt zum Guten führen wird. Menschen können sich daran beteiligen, indem sie versuchen, das ihnen Mögliche ein Stück weit besser zu machen. Christliche Demut kann lehren, sich mit dem Besseren zu bescheiden und totalitäre Vollkommenheitsansprüche aufzugeben. Um jeden Preis das Gute tun zu wollen, um auf der moralisch richtigen Seite zu stehen, bewirkt in der Regel das Gegenteil. Der bedingungslose Glaube an das Gute führt zu Gewalt und Krieg. Das zeigt die Geschichte des Christentums deutlich. Heute finden wir diesen Glauben in säkularisierter Form wieder in Politik, Ökonomie und Wissenschaft und in der Atmosphäre der Gesellschaft. Alles muss optimal und perfekt funktionieren. Versagen und Fehler werden gnadenlos geahndet.

Dem gegenüber kann ein spirituell erfahrenes Christentum lehren, dass wir auch in Sünde und Scheitern von Gott geliebt sind. Es erinnert an unsere Beschränktheit auch in moralischen und politischen Belangen und lädt ein, sich mit dem jeweils Besseren zu bescheiden, im Wissen darum, dass jeder Mensch auch Übel in der Welt zurücklassen wird, die der Vergebung Gottes bedürfen.

Wert-Ambivalenzen ertragen lernen Seit Nietzsche und Marx wissen wir um die Relativität von Werten. Werte sind menschliche, biographisch und kulturell geprägte, endliche Gebilde. Ihre konkrete Gestalt hängt immer auch von politischen und ökonomischen Gegebenheiten ab. So brauchte die entstehende Industriegesellschaft pflichtbewusste, gehorsame Menschen; die im neoliberalen Kontext entstehende Informations-/Dienstleistungsgesellschaft hingegen flexible, ungebundene Menschen. Werte spiegeln immer auch wieder, was gerade zum Überleben wichtig ist. Ihre »Konstruktion« hängt von endlichen Faktoren ab. Der beschleunigte Wertewandel und das Wertechaos beunruhigen, verunsichern und ängstigen viele Menschen. Der laute Ruf nach Ethik und Moral macht die Dringlichkeit der Probleme sichtbar. So ist es kein Wunder, dass manche sich die alten Zeiten zurückwünschen, wo (scheinbar) noch klar war, was »gut« und was »böse« ist. Doch dieser Weg ist nicht zukunftsfähig.

Heute geht es darum, die Relativität von Werten in balancierte Verhältnisse zu bringen. Dazu braucht es verbindliche Maßstäbe, um die gerungen werden muss. Man wird lernen, Freiheit und Treue, Freiheit und Sicherheit, Freiheit und Ordnung auszubalancieren. Man wird lernen, Selbstverwirklichung und Solidarität in ein spannungsreiches Ineinander zu bringen. Man wird lernen, Tradition und Fortschritt zusammenzubringen. Spiritualität ist ein tragfähiger Boden, der helfen kann, diesen neuen, dialektischen Umgang mit Werten zu lernen, weil sie Menschen dabei unterstützt, sich im Leben, im Sein, in der Liebe, in Gott zu verankern und so Boden unter den Füßen und Weitblick ins Transzendente zu haben.

Christliche Spiritualität verordnet oder befiehlt keine Werte, sondern macht fähig, menschlich zu werten. Sie unterstützt dabei, menschliche Tugenden zu entwickeln: Eingeübte Grundhaltungen der Wirklichkeit gegenüber, wie z. B. Ehrfurcht und Staunen, Fürsorge und Mitleid, Selbstbegrenzung und Maß.[287] Gottes- und Menschenliebe als entscheidendes Maß werden konkret in entsprechenden spirituellen Haltungen, in denen verkündigt, reflektiert, argumentiert und gehandelt wird: In Demut und Bescheidenheit, Respekt und Fürsorglichkeit, kraftvoller Zärtlichkeit und Empathie, Geduld und Friedfertigkeit, in der Fähigkeit, in allen Dingen und Menschen Gott zu finden. Wer aus solcher Haltung lebt, verleiblicht christliche Werte und enthüllt so ihren wichtigsten Sinn. Wer so mit Werten umgeht, handelt lebensförderlich und mehrt das Gute in der Welt.

Spiritualität macht auch fähig, mit jenen Menschen nach Werten zu suchen, die anders und anderes glauben. Spirituelle Menschen werden dialog-, polylog-, und konsensfähig und sind geübt, sich selbst in Frage zu stellen. So können Moralitäten ent-

287 Dies sind für Eberhard Schockenhoff die zentralen Tugenden einer christlichen Lebensethik: Eberhard Schockenhoff: *Ethik des Lebens*. Ein theologischer Grundriss, Mainz 1993.

stehen, die dem Leben dienen. Spiritualität ist die entscheidende Brücke im interreligiösen Dialog, weil auf dieser Ebene Nähe und Gemeinsamkeiten möglich werden, die die Differenzen erträglich machen. Auch hier wird Spiritualität politisch relevant. Eine plurale Gesellschaft braucht sie, um ihre Vielfalt leben und ertragen zu können.

Spirituelle Menschen lernen, mit »den Augen Gottes« die Welt zu sehen: Das bedeutet nicht weniger, als dass man die Potentiale der Wirklichkeit wahrnehmen kann und gemäß der eigenen Berufung verantwortungsbewusst am Schöpfungs- und Heilswirken Gottes teilhat und mitwirkt. Wenn dies in Liebe, Dienstbereitschaft und Demut geschieht, ist der Mensch unterwegs zu Gott.

Politische Religionspolitik konkret

Politik wird ein neues Verhältnis zur Religion entwickeln

»Es ist ein politischer Fehler, religiöse Spannungen zu übersehen«, schreibt der Schweizer Bundesrat Moritz Leuenberger und liefert dafür konkrete Beispiele:[288] die Ablehnung einer Vorlage zur Anerkennung anderer Religionsgemeinschaften im Kanton Zürich, die Balkankriege, den amerikanischen Wahlkampf, Auseinandersetzungen im Religionsrecht.

Europäische Politik hatte und hat mit Religion ein Problem. Das »dreifache Autonomieversprechen«[289] der Aufklärung, das seit dem Frühliberalismus zu den normativen Grundlagen moderner Demokratien gehört, war eng mit der Entmachtung der Religion verbunden. Das unbedingte Vertrauen auf die Autonomie des Individuums, dem zugetraut wird, sich in allen politischen, religiösen und moralischen Fragen ein eigenes, reflektiertes Urteil bilden zu können, die Volkssouveränität und das Recht freier Meinungsbildung führten zur Vorstellung einer demokratischen Selbstregierungspraxis freier und gleicher Staatsbürger. Vielen scheint Religion diesem Ideal immer noch diametral entgegengesetzt zu sein. Dem gegenüber erinnert Hermann-Josef Große Kracht daran, dass die liberalen Abwehrrechte der Einzelnen nicht den entscheidenden Maßstab der Demokratie haben, sondern nur helfen sollen, ein anderes Ideal zu verwirklichen: »das Ideal einer kollektiven staatsbürgerlichen Diskurs- und Verständigungspraxis, in der alle Menschen als Freie und Gleiche im Rahmen einer vitalen und sensiblen politischen Öffentlichkeit über ihre gemeinsamen Angelegenheiten beratschlagen, ihre unterschiedlichen Auffassungen vernünftig-kritisch erwägen und sich schließlich im Lichte der Vernunft und unter dem ›zwanglosen Zwang des besseren Arguments‹ (Habermas) auf gemeinsam geteilte und von allen mitgetragene Regeln und Überzeugungen für ihre politische Gemeinschaft einigen.«[290]

Um dieses Ideal des Staats- und Demokratiemodells zu verwirklichen, wurden zunächst Kirche und Religion entmachtet; zurück blieb eine »leere Stelle der Macht«

288 Vgl. Leuenberger, Die Wiederkehr des Religiösen in die Politik, 2.
289 Große Kracht, Selbstbewusste öffentliche Koexistenz, 240ff., dem auch die anschließende Analyse folgt.
290 Große Kracht, Selbstbewusste öffentliche Koexistenz, 242.

(Claude Lefort), die den demokratischen Freiraum erst eröffnet und um deren dauerhafte Offenheit Demokratien ständig zu ringen haben. Dafür aber ist eine lebendige Demokratie auf eine lebendige Öffentlichkeit angewiesen – und daher auch auf engagierte Kirchen und Religionsgemeinschaften, die wesentliche Protagonistinnen in diesem Raum sind. Denn Religionen – zumindest die alten Hochreligionen – setzen sich im Idealfall für das Gemeinwohl ein, haben eine globale und universale Perspektive und bedienen nicht nur die Privatinteressen einer Gruppe.

Statt die »leere Stelle der Macht« nun mit neuen, angeblich unverrückbaren Legitimationsquellen des Politischen zu füllen – z. B. »übergeordneten nationalen Interessen«, »Naturordnungen« wie den »struggle for life«, »der Sicherung des Wirtschaftsstandortes« oder der »invisible hand« – empfiehlt Große Kracht »neues Gesellschaftsvertrauen« in die moralische Kraft staatsbürgerlicher Meinungsbildungsprozesse und die kollektive Fähigkeit der Bürger zu normativer Selbstreflexion, -bindung und verpflichtung.[291] Religion als Ort und Beitrag zu solcher demokratischer Gesellschaftsselbstverständigung muss dabei neu in den Blick kommen.

Wer möchte, dass Europa mehr ist als ein juristisches Konstrukt mit humanitären Begleiterscheinungen, wird die Rolle und Bedeutung von Religion in Europa neu bedenken müssen.[292] Die Bedeutung des religiösen und spirituellen Erbes ist in der Europäischen Grundrechtscharta festgelegt, Religionsgemeinschaften und Kirchen haben nicht nur eine historische, sondern auch eine aktuelle Bedeutung. Ein Europa, das eine »Seele«, einen Geist haben will, wird sich neu vergegenwärtigen, was es bedeutet, dass seine Wurzeln in Jerusalem, Athen und Rom sind.

Das religiöse Feld Europas ist im Wandel. Andere Religionsgemeinschaften wie der Islam und der Buddhismus gewinnen an Bedeutung, neue, informelle und vernetzte Ordnungen bilden sich heraus, die in ihren gesellschaftspolitischen Auswirkungen noch unbekannte Größen sind. Der Politik kommt hier eine neue Verantwortung zu. Die Vielfalt der Religion und Religiositäten braucht im Gesamt der Gesellschaft einen angemessenen Platz, damit Anliegen religiöser Menschen gehört werden. Gefährdungen durch Religion sollen rechtzeitig erkannt, ihnen soll vernünftig vorgebeugt werden. Politik wird die Religion wieder entdecken müssen.

Religion und Religiosität wahrnehmen, ernst nehmen, fördern

Politik – auf allen öffentlichen Ebenen – nimmt die gesellschaftspolitisch relevanten Dimensionen von Religion wahr und ernst bzw. fördert oder korrigiert sie. Politik tut dies aus Interesse an der geistig-spirituellen und moralischen Substanz der Gesellschaft, auf die sie aus Gründen des Selbsterhaltes angewiesen ist. Sie hört zu, wenn sich Kirchen und Religionsgemeinschaften zu Wort melden – auch wenn Kritik an der Politik geübt und Selbstverständliches in Frage gestellt wird. Religion wird als Angelegenheit persönlicher, freier Entscheidung gewürdigt, gilt aber nicht als Privatsache. Zwang, Druck, Gewalt haben in staatlicher Religionspolitik nichts

291 Zu diesen Überlegungen: Große Kracht, Selbstbewusste öffentliche Koexistenz, 241–248.
292 Das tut z. B.: Michael Weninger: Die *christlichen Kirchen und das gemeinsame Haus Europa*. Vortrag im Rahmen des Dies facultatis der Katholisch-Theologischen Fakultät der Universität Wien am 15. Oktober 2002, unveröff. MS; Ders.: *Der Dialog zwischen der Europäischen Kommission und den Religionen und Kirchen*, in: Lederhilger (Hg.), Gottesstaat oder Staat ohne Gott?, 131–150.

verloren. Religion wird nicht verschwiegen oder verächtlich gemacht, aber auch nicht zum »Wertespender« degradiert, der die Gesellschaft sozial und moralisch »aufpäppeln« soll.

Voneinander lernen, füreinander verantwortlich sein

Politik begegnet den Kirchen und Religionsgemeinschaften mit Respekt, widersteht der Versuchung, sie für eigene Interessen zu instrumentalisieren. Sie führt keinen Kulturkampf gegen oder für die Religion, sondern eröffnet Räume der Diskussion zwischen Politik und Religion. Dabei wahren beide ihre Eigenständigkeit und sind bereit, voneinander zu lernen, sich wechselseitiger Kritik auszusetzen, aber auch das Positive aneinander wahrzunehmen.

Politik trägt Mitverantwortung gegenüber den gesellschaftsschädigenden, destruktiven Neben- und Auswirkungen mancher Formen von Religiosität, von Religionsgemeinschaften und Kirchen. Wenn sie sich einmischt, tut sie dies mit Respekt vor den Betroffenen und versucht, gemeinsam mit ihnen Lösungen zu entwickeln. Wie die Religion muss sich zukünftig auch der Staat verstärkt legitimieren, wozu es ihn braucht: ob er z. B. Freiheit und Sicherheit seiner Bürgerinnen sichert, Gerechtigkeit und Solidarität fördert und Gewalt mindert.

Versuchungen widerstehen

Politik widersteht der Versuchung, sich selbst religiös zu inszenieren oder Religion als Aufputz zu verwenden, um sich selbst moralisch zu legitimieren. Idealisierung und Dämonisierung von Personen, Benutzung religiöser Symbole, das Absolutsetzen politischer Positionen, Moralisierung der Politik oder ein Selbstverständnis als Heilsbringerin sind zu vermeiden.

Sich bei Kirchen und Religionsgemeinschaften »einmischen«

Die Politik mischt sich in religiöse Fragen dort behutsam ein, wo Freiheit und Gerechtigkeit bedroht sind. Der Schutz vor physischer Bedrohung auch durch Religion und die Sicherung des Religionsfriedens gehören zu den unverzichtbaren Aufgaben des Staates. Dazu gehören auch Ursachenbekämpfung religiöser Konflikte und die Prävention gegenüber religiös verursachten politischen Problemen. Politik ist auch dafür mitverantwortlich, religiöse Fundamentalismen zu bekämpfen – dies nicht nur durch Repression und Strafe, sondern auch durch eine Politik der sozialen Gerechtigkeit, die nicht selten Ursache für die Entstehung religiöser Fundamentalismen ist. Denn Religionsfrieden wird v. a. dadurch geschützt, dass der Staat darauf achtet, dass keine Religion ihren Wahrheitsanspruch mit gewalttätigen Mitteln durchsetzen kann, auch nicht mit politischen und staatlichen Mitteln.[293]

293 Dazu ausführlicher Leuenberger, Die Wiederkehr des Religiösen in die Politik, 4–5.

Politische »Einmischungen« dürfen sich also »nur« auf gesellschaftspolitisch negative Folgen von Religion und Spiritualität beziehen, die den Rechtsstaat gefährden. Das wachsame Auge auf solche Entwicklungen in Kirchen und Religionsgemeinschaften sowie etwaige rechtzeitige und öffentliche Mahnungen sind auch im Interesse der Religion selbst. Aus solchen Einmischungen können durchaus produktive Diskussionen, Vernetzungen und Kooperationen erwachsen. Glaubensinhalte und Binnenorganisation, solange dabei die Menschenrechte gewahrt sind, sind allerdings Tabu für die Politik.

Religiöse und spirituelle Bildung ideell und materiell fördern

Spirituelles und religiöses Lernen sind eine gesellschaftspolitisch relevante Aufgabe. Religiöse Bildung ist ein Grundrecht aller Menschen. In pluralen religiösen Gesellschaften braucht es neben den immer noch relevanten Formen religiöser Bildung durch den konfessionellen Religionsunterricht ergänzend neue Formen religiöser Sozialisation und Bildung – für Kinder, Jugendliche und Erwachsene, die abseits traditioneller Erziehung aufwachsen.

Ungebildete Spiritualität und Religiosität wirken zurück auf die Gesellschaft. Spirituell-religiöser Analphabetismus, wie er weit verbreitet ist, gefährdet auch den Rechtsstaat, weil geistige Werthaltungen dadurch privatisiert und nicht in den gesellschaftlichen Diskurs eingebracht werden. Religiöse Verwahrlosung – i. e. ein nicht zivilisiertes, gebildetes religiöses Talent – kann politisch fragwürdige Konsequenzen haben. Auch die Entwicklungen in Ostdeutschland zeigen, wie wichtig religiöse und spirituelle Bildung sind: Nach jahrzehntelanger, aggressiver Anti-Religionspolitik finden sich dort zwar kaum mehr Christen, aber magische, religioide und pseudo-esoterische Bewegungen feiern fröhliche Urstände und haben oft eine hohe Affinität zum rechtsradikalen Rand der Gesellschaft.

Ungebildete Spiritualität bzw. Religiosität kann auch leicht politisch instrumentalisiert werden. Man denke in diesem Zusammenhang an die »politische Religion des Nationalsozialismus«[294], die die menschlichen Sehnsüchte nach dem »Absoluten« in politischen Totalitarismus verwandelt und versucht hat, das »Totale« in irdische Formen zu gießen. Dabei ist auffällig, dass viele der heute wieder modernen esoterischen Theorien auch den weltanschaulichen Hintergrund dieses Unrechtsregimes gebildet haben[295].

Empirische Forschungen zeigen, dass Religiosität für die Mehrheit der Europäer ein wichtiges Lebensthema ist. Religiöse Bildung wird deshalb zu einem elementaren Bestandteil zukünftiger Bildungsbiographien. Religiöse Bildung wird in schulischen Ausbildungen verankert und nicht in die inhumane Alternative zur Ethik gebracht. Ethische und religiöse Bildung gehören zusammen, sind aber keine wech-

294 Claus-Ekkehard Bärsch: *Die politische Religion des Nationalsozialismus.* Die religiöse Dimension der NS-Ideologie in den Schriften von Dietrich Eckart, Joseph Goebbels, Alfred Rosenberg und Adolf Hitler, München 1998; Michael Ley: *Apokalypse und Moderne.* Aufsätze zu politischen Religionen, Wien 1997; Ders. (Hg.): *Der Nationalsozialismus als politische Religion*, Bodenheim bei Mainz 1997; Ders.: *Genozid und Heilserwartung.* Zum nationalsozialistischen Mord am Judentum, Wien 1993.

295 Vgl. Elfriede Awadalla: *Sekten, Kulte, Esoterik und der rechte Rand*, Wien 1997; René Freund: *Zum philosophischen Zusammenhang esoterischer und faschistischer Weltanschauungen*, Diss., Wien 1993; Lutz Neizert (Hg.): *Braune Flecken in der Esoterik.* Der Antisemitismus der Alternativen, Frankfurt am Main 2001; Rüdiger Sünner: *Entfesselung und Missbrauch der Mythen in Nationalsozialismus und rechter Esoterik*, Freiburg im Breisgau 2001.

selseitigen Surrogate. Religiöse Kompetenz und ethische Kompetenz sind zwei Dimensionen menschlichen Lebens, die zwar nicht zu trennen, aber auch nicht austauschbar, weil unterscheidbar sind.

Verantwortlich für die Entwicklung religiöser Kompetenz von Menschen sind die religiös begabten Menschen selbst, sodann Religionsgemeinschaften und Kirchen, aber auch Staat und Gesellschaft. Wer religiöse Indoktrination vermeiden will, wird Interesse daran haben, dass religiöse und spirituelle Bildung und Aufklärung auch öffentlich diskutiert und mitverantwortet werden. Die Legitimationspflichtigkeit religiöser Anliegen ist dabei ein Gewinn der Aufklärung: Sie schützt vor religiösen Irrationalismen und ermöglicht Transparenz und freie Wahl. Nicht vergessen werden darf, dass auch das so genannte »säkulare Bewusstsein« Wert-Voraussetzungen hat, die selten explizit thematisiert werden. Religiöses und säkulares Denken werden miteinander ins Gespräch kommen und neue Legierungen eingehen.

Politik ist mitverantwortlich, Kindern, Jugendlichen, Erwachsenen die Möglichkeit zu religiöser Bildung zu eröffnen. Sie weckt Bedarf und Interesse durch Information, Veranstaltungen, öffentliche Diskussionen, betreibt aktive Bildungspolitik. Solche Bildung hat eine »ganzheitliche« Dimension: Persönlichkeitsentwicklung, Gefühlsschulung, kulturell-historisch-religiöses Wissen gehören ebenso dazu wie geistige Bildung, praktische spirituelle Übungen und deren vernünftige Reflexion, sowie die Ermutigung zum und Förderung des daraus erwachsenden solidarischen Engagements.

Weitsichtige Politik entwickelt und fördert auch im säkularen Raum alle Möglichkeiten religiöser Bildung. Als Beispiel für solch gelungene Bildungspolitik in religiösen Belangen sei hier exemplarisch der Schülerwettbewerb des österreichischen Rundfunks und Fernsehens »Welt der Religionen« erwähnt, der 2002 Jugendliche, Schulen, kirchliche Gruppen usw. eingeladen hat, in Form von Texten, Kunstwerken usw. über Religion nachzudenken und diese Gedanken zu publizieren. Im Rahmen einer Tour durch Österreich wurden die besten Beiträge ausgezeichnet, und es fanden rege Diskussionen statt. Intelligente Initiativen wie diese, die die Freiheit achten, sind niederschwellig und offen für alle an Religion Interessierten. Der Wettbewerb hat sich vielerorts als Impetus für so manche religiöse Diskussion entwickelt. Zu denken ist aber auch an die Förderung religiöser Bildungsangebote an Volkshochschulen, Universitäten, vielleicht sogar an eine Fachhochschule für Religion und Spiritualität, die interreligiös geleitet wird.

Den Religionsunterricht fördern

Neben neuen religiösen Bildungsmöglichkeiten sind die traditionellen zu fördern bzw. die dort vorhandenen Ressourcen weiterzuentwickeln. 1999 hat die Vollversammlung des Europarates dazu eine Empfehlung an ihre Mitgliedsstaaten abgegeben:[296]

> Zur Vermeidung sozialer Probleme und Probleme der Integration möge in der öffentlichen Schule ein Religionsunterricht sichergestellt werden, der die Kenntnisse über die wichtigsten religiösen Traditionen der Welt vermittelt.

296 Zitiert nach Angón, Religionsfreiheit in Europa, 13.

- Der Religionsunterricht möge sich an den Pluralismus halten und sich jedem Bekehrungseifer bzw. jeder konfessionellen Indoktrinierung enthalten und Schüler befähigen, im multikulturellen und multikonfessionellen Europa zu leben.
- Der Religionsunterricht an öffentlichen Schulen soll keine Konflikte zwischen Schule und den religiösen Überzeugungen der Familien der Schüler auslösen.

Politik engagiert sich auf dieser Grundlage für den Religionsunterricht (aller Religionsgemeinschaften) und macht seine Bedeutung als öffentliche Angelegenheit deutlich. Auch wenn die Erwartungen vielfach sehr unterschiedlich sind, wird der Religionsunterricht doch nach wie vor hoch bewertet und sind seine »Leistungen« für Gesellschaft und Kirche nicht zu vernachlässigen. An der Schnittstelle von Religion und Gesellschaft ist der Religionsunterricht ein Spiegelbild des Verhältnisses zwischen Religion und Politik. Von den Wogen des Zeitgeistes umspült, prallen hier die verschiedensten Erwartungen aufeinander. Religionspädagogen stehen heute massiv unter Druck: Was für die einen schon zu viel an »Inhalten« ist, ist anderen zu wenig. Religionslehrerinnen sollen religiöses Wissen vermitteln, sind aber oft der erste Ort für so manches Kind, an dem es mit Religion überhaupt in Kontakt tritt. Religionslehrer müssen unterstützt werden, der Religionsunterricht gehört gefördert. Religionsgemeinschaften und Kirchen können durch den Religionsunterricht viel lernen über die Zeichen der Zeit.

Der Religionsunterricht leistet einen Beitrag zur soziokulturellen und religiösen Alphabethisierung; er unterstützt junge Menschen bei der Entwicklung von zukunftsfähigen Lebensentwürfen. Er ist (allzu oft) schulisches Asyl für die Schwächeren unter den Schülerinnen; er ist »Oase« im Schulalltag, in der Zeit und Raum ist für die Persönlichkeit des Jugendlichen, des Kindes. Er ist eine Art »Zukunftsbiotop« (Paul M. Zulehner), wo alternatives Lebenswissen in den Lehrenden präsent ist, Religionslehrerinnen sind solcherart »Zukunftshebammen« (Paul M. Zulehner).

Religionsunterricht wird heute die Multireligiosität der Gesellschaft berücksichtigen und kann nicht ausschließlich eine Einübung ins Christentum sein. Der christliche Religionsunterricht ist künftig auf verstärkte Kooperation mit Kirchen und Religionsgemeinschaften angewiesen, die die Glaubenswege junger Menschen begleiten. Wer an einem offenen, pluralistisch ausgerichteten christlichen Religionsunterricht Interesse hat, der seinem schulischen Auftrag der religiösen Alphabetisierung kompetent nachkommen soll, muss auch ein Interesse an »starken«, spirituell kompetenten Kirchen haben. Schule kann das Interesse wecken – für die existenzielle Vertiefung sind die Religionsgemeinschaften und Kirchen verantwortlich. Statt den Religionsunterricht ins bildungspolitische Private zu drängen, wird es nötig sein, dass sich Religionspädagoginnen aller Kirchen und Religionsgemeinschaften für eine breite Präsenz im Bildungssystem einsetzen und verstärkt kooperieren. Es gilt, Formen von Religionsunterricht zu entwickeln, die allen Kindern und Jugendlichen Grundlagen religiöser Bildung vermitteln, egal ob sie religiös sind oder nicht. Der christliche Religionsunterricht kann sich daher für den Religionsunterricht der anderen Religionen stark machen. Die österreichische Regelung hat hier einen entwicklungsfähigen Vorzeigecharakter. Alle öffentlich-rechtlich anerkannten Religionsgemeinschaften haben auch das Recht auf schulischen, vom Staat bezahlten Religionsunterricht. Religionsunterricht im Sinn von Grundlagenbildung braucht es freilich auch für so genannte Bekenntnislose, insofern Religion, wie Kunst und Musik, zu den geistigen Grundlagen einer Kultur gehören.

Religion wird auch in anderen Fächern hinkünftig eine stärkere Rolle spielen: In Geschichte, Deutsch, Musik, Bildnerischer Erziehung, sogar in Biologie usw. Das setzt ein gewisses religiöses Grundwissen des Lehrpersonals voraus und in Zeiten der Spezialisierung verlangt das eine verstärkte interdisziplinäre Zusammenarbeit der Lehrer. Auch Lehrer anderer Unterrichtsfächer brauchen eine religiöse Grundausbildung (wie sie ja generell ein breites Allgemeinwissen benötigen, um gut unterrichten zu können). Der Religionsunterricht ist ein wichtiges Element im Gesamt des Fächerkanons.

Religiöse Erwachsenenbildung fördern und initiieren

Religiöse Bildung ist auch ein Anliegen der Erwachsenenbildung. Auch hier engagiert sich die Politik in Zukunft stärker. Konzepte für religiöse Erwachsenenbildung sind zu erarbeiten, wie sie beispielsweise an neuen religiösen Akademien, Volkshochschulen und Fachhochschulen (z. B. für Multiplikatorinnen in den Medien, Politik oder Wirtschaft) entwickelt und umgesetzt werden können. Die religiöse Pluralität ist dabei ebenso zu berücksichtigen wie das religiöse Niveau vieler Staatsbürger, das sich seit Schulende bei vielen nicht relevant weiterentwickelt hat.

Auch hier stehen die Zeichen auf verstärkter Kooperation zwischen Kirchen, Religionsgemeinschaften und dem Staat. Als wertvolle Ressource ist an den Bereich der christlichen Erwachsenenbildung zu erinnern, die – übrigens verstärkt nachgefragt – diesbezüglich vielerorts bereits neue Wege beschritten und entsprechende Erfahrungen in religiösen Bildungsprozessen hat.

In einer sich globalisierenden Welt wird religiöse Bildung unverzichtbar. Sie ist relevant für alle, die in sozialen oder pädagogischen Berufen arbeiten, wo auch religiöse Faktoren als Ursache von Problemen oder bestimmten Werthaltungen und Wünschen mitberücksichtigt werden müssen. Auch in einer Wirtschaft mit internationalen Handelsbeziehungen wird Religion wieder wichtig werden.

Religionsforschung fördern

Politik, die kompetent und zukunftsorientiert ihren Beitrag zur religiösen und spirituellen Entwicklung ihrer Bevölkerung leisten will, wird dabei auf entsprechende Religionsforschung angewiesen sein. Sie wird in Zukunft Religionsforschung forcieren: durch Förderung der theologischen Fakultäten, der religionswissenschaftlichen Institute, durch Einrichtung eigener Lehrstühle für empirische Religionsforschung, interreligiöse Forschung, durch Förderung entsprechender Bildungseinrichtungen anderer Religionen usw.

Religion in der Öffentlichkeit wahrnehmbar machen

Religionenbeirat
Politik engagiert sich für die Präsenz von Religion im öffentlichen Raum. Sie sucht das Gespräch mit den Religionsgemeinschaften und Kirchen und lässt sich beraten.

installiert vielleicht auch einen Religionenbeirat, dessen Rat sie in politischen Fragen heranzieht. Nicht nur in ethischen Fragen, sondern auch in wirtschaftspolitischen Angelegenheiten, in Fragen der Wissenschaftspolitik, der Bildungspolitik, der Sozialpolitik, der Umweltpolitik, der Stadtplanung usw. Vor allem bei extremen ethischen Entscheidungen (wie z. B. in der Biopolitik) ist der Rat von Religionsgemeinschaften und Kirchen systematisch und unbedingt einzuholen. Strukturen, die es hierzu schon gibt, sind zu fördern und öffentlich wahrnehmbar zu machen, damit ein breiter Diskurs möglich wird. Religionenbeiräte kann es auf allen politischen Ebenen geben - auf kommunaler, nationaler, internationaler Ebene.

Begegnungszentren, interreligiöse Kulträume und Orte des Polylogs

Politik fördert Begegnungszentren, in denen interreligiöser Polylog stattfinden kann. Sie initiiert öffentliche Foren für religiösen Polylog - zwischen den Religionsgemeinschaften, aber auch zwischen Religion und Wissenschaft, Wirtschaft, Kunst. Sie initiiert und organisiert den Polylog zwischen Religion und Politik - auf kommunaler, regionaler, nationaler, internationaler Ebene. Solcher Polylog ist mehr als Kontakt zwischen hochrangigen Vertretern aus Religion und Politik; er findet auch zwischen den Bürgerinnen verschiedener religiöser Selbstbekenntnisse statt. Politik fördert Initiativen zur Errichtung interreligiöser Kulträume, in denen gemeinsam gebetet und gefeiert werden kann (z. B. an Schulen, Universitäten, in Gemeindebezirken usw.). Das macht Religion nicht nur wahrnehmbar als Raum des Dialogs zwischen den Kulturen, sondern fördert ein friedliches und humanes Miteinander, in dem Menschen voneinander lernen können[297]. Wenn Menschen gemeinsam beten und feiern, erleben sie die Differenzen untereinander weniger stark; miteinander feiern fördert die Wahrnehmung von Gemeinsamkeit.

Politik zettelt Wertediskussionen mit Vertretern aller Religionsgemeinschaften und Parteien in neutralen Räumen an, z. B. auf dem Marktplatz, in der Gemeindehalle, im Rathaus. Sie schafft damit Raum zum Nachdenken über demokratiepolitische Grundlagen und zum aktiven Erinnern an das geistige Erbe Europas, das so wieder belebt werden kann. Dabei kann Politik lernen, dass Religion nicht nur für die ethische Unterstützung der Gesellschaft nützlich ist, sondern Spiritualität eine wesentliche Quelle einer lebendigen Demokratie sein kann, indem sie öffentlich vergessene Themen wie Geist, Wahrheit, Liebe und Sinn bedenkt. So kann z. B. die spirituelle Erfahrung gemacht werden, dass Natur mehr ist als ein Rohstoff, den man beherrschen und für menschliche Interessen benutzen kann, oder dass Autonomie mehr bedeuten kann als das liberale Konzept maximaler Unabhängigkeit des Individuums im Privatleben.

Religiöse Mediatorinnen fördern

Der verstärkte religiöse Pluralismus wird auch zu vermehrten religiösen Konflikten führen- auch und gerade dann, wenn man Religion bewusst wieder in den öffentlichen Raum holt. Hier wird es gut geschulte Mediatoren brauchen, die in der Lage sind, religiöse und ethische Konflikte zu begleiten und Streitpartner zu versöhnen.

297 Gute Erfahrungen mit einem solchen Raum an der Goethe-Universität in Frankfurt am Main berichtet: Martin Löwenstein SJ: *Beten in einem Raum?!* Ein Test auf die interreligiöse Praxis, in: irritatio 1/2002, 17–19.

Förderung der Zivilgesellschaft

Indem Politik sich religionspolitisch engagiert, fördert sie die Zivilgesellschaft. Demokratiepolitisch relevante Themen könnten durch Wertediskussionen und interreligiösen Dialog bzw. durch den Dialog von Religion und Politik auf allen Ebenen in der Bevölkerung verankert werden und nicht mehr nur ausschließlich von Expertinnen diskutiert werden. Gerade die Vielfalt, die durch solche Religionspolitik gefördert und gestaltet wird, ist eine demokratiepolitisch relevante Ressource. Zugleich wird Pluralitätstoleranz und -kompetenz geübt.

Religiös motivierte Solidarität fördern

Politik fördert das solidarische Potential der Religionen. Sie verleiht den vielen Solidar-Initiativen, die es im Bereich der Religionsgemeinschaften bereits heute gibt, Relevanz und unterstützt sie ideell und materiell.

Politik fördert und unterstützt das Ehrenamt. Ehrenamt darf kein gesellschaftlicher und sozialer Nachteil werden. Es braucht ein Bewusstsein dafür, was ehrenamtliches Engagement an gesellschaftlichen Leistungen erbringt, und welche Entwicklungsmöglichkeiten dieses Engagement den Menschen bringt: Personen, die sich ehrenamtlich einsetzen, sind in aller Regel sozial kompetenter, engagierter, verlässlicher und pflichtbewusster. Ehrenamt muss in Berufslaufbahnen zum Vorteil gereichen: So könnte man z. B. Studentinnen, die sich ehrenamtlich engagieren, als Belohnung ein Freisemester ermöglichen oder die Studiengebühr einmalig erlassen, wie das in Österreich bereits für jene Studentinnen möglich ist, die sich in der Hochschülerschaft politisch engagieren. Man kann Werbekampagnen dafür machen, dass ehrenamtliche Tätigkeit ein Kriterium für Berufslaufbahnen wird, verstärkt und öffentlichkeitswirksam Preise verleihen oder steuerliche Absetzmöglichkeiten überlegen.

Ideen sammeln

Das religions-politische Feld, das ich mit meinen Impulsen eröffnen möchte, ist riesig und empirisch noch unerforscht. Vieles von dem, was ich hier visioniere, wird, von der breiten Öffentlichkeit noch unbemerkt, sowohl von den Kirchen als auch im Raum der Politik längst begonnen. Die vorhergehenden Überlegungen wollen Wegweiser sein und mutige Initiativen fördern und theologisch bestärken, die in diese Richtung gehen: Religion, die selbstkritisch und behutsam, aber auch selbstbewusst und klar ihre gesellschaftspolitischen Beiträge in den politischen Raum einbringt, ist eine Zukunftsressource.

Spirituelle Lebensführung

Gott spricht zu jedem nur, eh er ihn macht,
dann geht er schweigend mit ihm aus der Nacht.
Aber die Worte, eh jeder beginnt, diese wolkigen Worte sind:
Von deinen Sinnen hinausgesandt,
geh bis an deiner Sehnsucht Rand;
gib mir Gewand.

Hinter den Dingen wachse als Brand,
dass ihre Schatten, ausgespannt,
immer mich ganz bedecken.

Lass dir Alles geschehn: Schönheit und Schrecken.
Man muss nur gehn: Kein Gefühl ist das fernste.
Lass dich von mir nicht trennen.
Nah ist das Land,
das sie das Leben nennen.
Du wirst es erkennen
an seinem Ernste.
Gib mir die Hand.

Rainer Maria Rilke, Stundenbuch[298]

Sehnsucht ist die Signatur unserer Epoche. Sie ist ihre Grundstimmung, ihr Leitmotiv quer durch alle Religionskompositionen.[299] Ersehnt wird ein »Mehr als«, ein »Anders als« das, was man aus alltäglicher Routine und Gewohnheit kennt und erlebt. Die Sehnsucht richtet sich ins oftmals Namenlose. Eine »leere Transzendenz« wird sichtbar.

Diese Sehnsucht kann viele Erscheinungsformen annehmen: Maßlos und universal in ihrem unersättlichen Wunsch nach Liebe, Glück und Sinn stiftet sie heute globale Solidaritäten zugunsten von Frieden und Gerechtigkeit ebenso wie sie irdische Wirklichkeiten wie Konsum und Erfolg sakralisiert. Verschämt und ernüchtert zeigt sie sich, wo Menschen sich nicht mehr zu sehnen trauen, keine Träume vom gelungenen Leben mehr wagen, sich pragmatisch in die Routine des Alltags ergeben, auf nichts und niemanden mehr hoffen und ihre Sehnsüchte mithilfe von fadenscheinigen Vernunftgründen wegrationalisieren. Sehnsucht zeigt sich auch dort, wo die ihr innewohnende Kraft zum Überschreiten der Wirklichkeit ins Diesseits gebogen und

298 Rainer Maria Rilke: Das Stundenbuch, Frankfurt am Main 1972 (1905), 48.

299 In dieser These folge ich: Paul M. Zulehner: *Megatrend Religion*, in: Stimmen der Zeit 2 (2003), 87–96; die These von der Sehnsuchtsreligion hat 1994 auch schon Maria Widl aufgestellt, sie bestätigt sich heute in neuer Weise; vgl. Widl, Sehnsuchtsreligion; der Gedanke, dass die Sehnsucht ein Ausdruck der Liebe Gottes in uns selbst ist, geht auf den Hl. Augustinus zurück; er findet sich auch bei Bernhard von Clairvaux und bei Karl Rahner.

auf irdische Hoffnungen wie unendlichen Fortschritt oder ständige Lebensoptimierung projiziert wird.

Sehnsucht, die sich nicht begrenzen lässt, hinterlässt ihre Spuren in all unseren Lebensbereichen: in unseren Liebesbeziehungen; in unseren Arbeitswelten; in unseren Freizeitbeschäftigungen. Auch das maßlose Konsumverhalten der westlichen Industrienationen ist aus dieser Perspektive weniger ein moralisches als ein spirituelles Phänomen: Die Güter sollen helfen, unsere Sehnsucht zu befriedigen. Sie sollen unsere Heiden-Angst beruhigen, unsere Sucht nach Sicherheit stillen. Die »Macht der Bedürfnisse«[300] wurzelt in einer Sehnsucht, die aber letztlich durch irdische Güter niemals gestillt werden kann. Wer das trotzdem versucht, wird im Leben unersättlich.

Woher kommt diese Sehnsucht?

> Nun gab es den 11. September. Der hat zwar nicht die Welt verändert, aber er hat genau dasjenige egomanische Weltbild als Illusion entlarvt, das den hektischen Wettlauf in unserem System unerbittlich antreibt. Es gibt die grandiose Freiheit nicht, die mit der erreichten Beinahe-Omnipotenz verbunden sein sollte, derer sich die alles überragende Hegemonialmacht schon fast sicher zu sein glaubte. Ein paar fast unbewaffnete Terroristen vermochten in dem Land der stärksten Wirtschaft, der höchsten Rüstung, der fortgeschrittensten Technik und des teuersten Spionagesystems die Symbole der wirtschaftlichen und der militärischen Macht vernichtend zu treffen. Alle je errungenen Siege als scheinbare Beweise unüberwindbarer Stärke konnten und können nicht das Mindeste an eigener Verletzbarkeit ändern, weil es die erstrebte Unabhängigkeit nicht gibt. Das hat der amerikanische Politikwissenschaftler Benjamin Barber seinem Präsidenten nach dem 11. September klar machen wollen, als er ihm schrieb: »Der Terrorismus ist nur die negative und verzerrte Form der wechselseitigen Abhängigkeit, die wir in der positiven und nützlichen Form nicht anzuerkennen bereit sind.« Der Satz enthält die unerhörte Aufforderung zu einer Einsicht, die in Wahrheit ganz simpel und banal ist, stünde ihr eben nicht der neuzeitliche Glaube an die erreichbare Allmacht durch überlegene Stärke entgegen und als Grundlage dafür das wahnhafte Selbstbild eines männlichen Ego, das sich zu unumschränkter Autonomie erheben zu können glaubt.
>
> *Horst Eberhard Richter,* Frankfurter Rundschau vom 12. September 2003

Flexibel sei der Mensch und mobil: Die Umstände machen den Menschen sehnsüchtig[301]

Der Epochenwechsel 1989 bedeutet ein wichtiges Orientierungsmal in der Geschichte des 20. Jahrhunderts: Dem Ende des Kalten Krieges und seines bipolaren Weltsystems folgt ein für viele unübersichtliches multipolares politisches System, in dem immer noch um Hegemonialmacht gekämpft wird – insbesondere auf dem Feld der Ökonomie als dem Hauptkriegsschauplatz. Seit Beginn der neunziger Jahre wird für viele Menschen in Europa auch das Ende des wohlfahrtsstaatlichen Paradigmas der Nachkriegszeit spürbar.[302] Überspitzt formuliert, könnte man mit Eric

300 Vgl. Marianne Gronemeyer: *Die Macht der Bedürfnisse*. Überfluss und Knappheit, Darmstadt 2002.
301 Dieses Unterkapitel habe ich für das Symposium »Zukunft der Religion – Rolle der Kirchen« als Thesenpapier gemeinsam mit Albert Brandstätter verfasst.
302 Vgl. Jürgen Habermas: *Die postnationale Konstellation*. Politische Essays, Frankfurt am Main 1998.

Hobsbawm sagen: Das »kurze 20. Jahrhundert« begann mit dem ersten Weltkrieg und endete mit dem Mauerfall 1989. Seit gut fünfzehn Jahren bewegen wir uns im neuen Jahrhundert, da seit 1989 einige aktuelle Tendenzen gesellschafts- und diskursprägend wurden:

Quer durch die europäischen Kulturen macht sich ein diffuses Unbehagen breit. Spätmoderne Subjekte fühlen sich »entbettet« (Anthony Giddens): Eigene Lebensoptionen müssen selbst gefunden werden. Individuelle und kollektive Lebensmuster werden dadurch »entgrenzt«. Menschen sind freigesetzt zu individuellen Biographieentwicklungen, erleben aber gleichzeitig ein Gefühl »ontologischer Bodenlosigkeit« (Zygmunt Baumann). Sie erfahren sich als freigesetzt in ein Leben, aus dem sie das Beste herausholen wollen oder sollen. Mehr denn je sind wir zugleich voneinander und von anonymen Systemen und Strukturen abhängig. Was geschieht, wenn unsere Strom- und Computernetze ausfallen? Wenn die Börsenkurse weltweit fallen? Die Welt ist auf struktureller Ebene vernetzter und abhängiger als je zuvor; auf lebensweltlicher Ebene sind die Individuen isolierter als je zuvor.

In seinem Buch »The corrosion of character« schildert der US-amerikanische Soziologe Richard Sennett den »flexiblen Menschen«, der im Lauf seines Arbeitslebens verschiedenste Berufsfelder an verschiedenen Orten zu durchlaufen hat.[303] Dabei ist mindestens mit einer Phase der Erwerbslosigkeit, zwei bis drei Ortswechseln zu rechnen, wobei einmal die Frau dem Mann, dann der Mann der Frau folgt. Eigenständige Tätigkeit wird abgelöst von Teamarbeit oder von Selbstständigkeit, bei der der neue Selbstständige jede kleinste Arbeit selbst verrichten muss und jegliche Zeitplanung vom potentiellen Kunden abhängig macht.

Die damit verbundene Flexibilität und Dynamik des Arbeitsmarkts werden auch in Österreich sichtbar; es liegt in Bezug auf den raschen Wandel sogar im europäischen Spitzenfeld. Im Jahr 2000 traten in Österreich von den 3, 064.459 Beschäftigten mehr als eine halbe Million Menschen ein oder mehrmals ins Beschäftigungssystem ein oder aus. 564.000 Personen standen im Schnitt nur rund ein Drittel des Jahres in Beschäftigung, 397.927 Personen waren zwei Drittel des Jahres beschäftigt.[304] Die atypischen Beschäftigungsverhältnisse nehmen in allen Wirtschaftsbereichen zu. Sie sind Ausdruck und Ursache extremer Flexibilität, die wirtschaftlich verordnet schließlich zur »zweiten Natur« wird. Der Mensch verändert nicht nur seine Arbeitsweisen, er wird ihnen zunehmend ähnlicher. Er verinnerlicht ihr Wesen und wird selbst mobil und dynamisch – so wie das Kapital, das dorthin fließt, wo am meisten zu holen ist. Der positive Aspekt der Flexibilität wird meist in der flexiblen Zeitgestaltung, in Zeitarbeitskonten (in denen Freizeit auf lange Sicht angesammelt werden kann) und auch in den Möglichkeiten gesehen, Sozialzeit mit Arbeitszeit zu kombinieren. Lust und Last der Flexibilisierung sind allerdings durchmischt. Je weniger gebildet jemand ist, umso weniger ist seine Flexibilität selbst gewählt. Flexibilität ist vorläufig eine Chance nur für jene, die gebildet sind. Für viele andere bedeutet Flexibilität Entfremdung von sich selbst, vom Arbeitsgeschehen, von den familiären und sozialen Beziehungen, weil die zerstückelte Zeit kaum mehr gemeinsame Freizeiten ermöglicht. So entsteht eine neue Art von Sklaverei.

Die Erfahrung einer »zusammenhangslosen Zeit« ist charakteristisch für das Leben eines flexiblen Charakters. Nicht nur die drohende Abschaffung des arbeits-

303 Vgl. Richard Sennett: *Der flexible Mensch*. Die Kultur des neuen Kapitalismus, Berlin [8]1998.
304 Nach einer Studie der Arbeiterkammer Wien aus dem Jahr 2002.

freien Sonntags als einer Möglichkeit, die Wochenzeit gemeinsam mit anderen zu strukturieren, auch der allgemeine Verlust von Langfristigkeit wirkt massiv persönlichkeitsverändernd. »›Nichts Langfristiges‹ desorientiert auf lange Sicht jedes Handeln, löst die Bindungen von Vertrauen und Verpflichtung und untergräbt die wichtigsten Elemente der Selbstachtung.«[305] Flexibilität im Übermaß untergräbt die menschliche Bindungsfähigkeit und macht einsam. Das beziehungslose Nomadentum ist nur für eine Minderheit attraktiv. Viele stoßen heute an die Grenzen ihrer Flexibilität und fragen wieder verstärkt nach Ganzheit und Zusammenhang. Sie wünschen sich humane Zeitstrukturen und verlässliche Beziehungen. Die Sehnsucht nach Ruhe, Stabilität, Zusammengehörigkeit und Gemeinschaft wächst. Der Höhepunkt der Individualisierung ist erreicht. Viele Menschen fragen wieder danach, wie sie gemeinsam leben können. In einer Kultur, die Menschen durch inhumane Strukturen in Arbeit und Wirtschaft zu entzweien droht und Beziehungen irritiert und zerstört, suchen Menschen, was ihnen fehlt.

Erwerbsarbeit ist zudem nicht mehr die alleinige Basis von Identität, weil die Arbeitswelten sich verändern und stabile Dienstverhältnisse knapp werden. Die strukturelle Arbeitslosigkeit, der Wandel von der Industrie- zur Dienstleistungs- und Informationsgesellschaft produziert Verliererinnen. Zugleich wird soziale Zugehörigkeit in Lohnarbeitsgesellschaften über Erwerbsarbeit definiert: Wer nicht erwerbsarbeitet, fällt leicht aus der Gesellschaft heraus. Die »Religion der Arbeit«, die »Religion des Kapitalismus«[306] integriert moderne Gesellschaften und setzt diejenigen »frei«, die ihren Anforderungen nicht entsprechen. Sie fallen durch den Rost moderner Gesellschaften.

Biographien werden immer mehr zu selbst zu verantwortenden Kunstwerken und Baustellen. Für jene, die ich-stark, wohlhabend und sozial integriert sind, ist dies ein Abenteuer mit vielen neuen Möglichkeiten. Rund ein Drittel der Bevölkerung ist mit dieser Entwicklung aber überfordert. Wer biographisch und sozial benachteiligt ist, bekommt Probleme und ist ständig vom Scheitern bedroht. Die Fragmentierung von Leben und der Stress, der mit dem »Experimentierfeld Leben« verbunden ist, erzeugt aber heute auch bei immer mehr Wohlhabenden Unbehagen und Sehnsucht nach einem ruhigeren, ganzheitlicheren und gemeinschaftlicheren Leben.

Individualisierungsphänomene führen zur Emanzipation von Individuen, aber auch zur Entzauberung und zum Verlust traditioneller Sicherheiten und Werte. Traditionelle Institutionen (Familie, Kirche, Vereine) sind in ihrer normativen Vorgabe nicht mehr selbstverständlich plausibel. Wir erleben eine rasante Pluralisierung von Lebensformen und dramatische Veränderungen der Geschlechterrollen. Radikale Pluralität bestimmt unser individuelles und gesellschaftliches Leben – zwischen intensiver Suche nach sofortigem Lebensgenuss und Marktabhängigkeit. Für viele wird diese Situation bedrohlich.

Auch die so genannte Selbstverwirklichungsszene stößt zunehmend an ihre Grenzen. Die profundeste Psychotherapie kann viele der Auswirkungen gesellschaftspolitischer und kultureller Defizite nicht heilen, sondern Modernisierungsschmerzen oft nur lindern. So entdecken viele Menschen Spiritualität als Alternative. Spirituelle Begleiterinnen werden in Zukunft ebenso wichtig sein wie kompetente Psychotherapeuten.

305 Sennett, Der flexible Mensch, 38.
306 Vgl. in dieser Studie S. 24, Fußnote 57.

Die Vielzahl der Religionen und spirituellen Lebensmöglichkeiten innerhalb der Gesellschaft ist ein weiterer wesentlicher Grund für eine Verunsicherung der Menschen. Die wachsende Präsenz des Islam in Europa, die hohe Attraktivität des Buddhismus für gebildete Mittel- und Oberschichtangehörige, das mediale Interesse an Esoterik und Sekten lassen ein verändertes Bild von Religiosität entstehen. Diese Vielfalt wirkt religionsproduktiv und weckt Neugier und Interesse an religiösen Fragen. Freilich wächst damit für viele auch die religiöse Verunsicherung und somit verstärkt sich das gesellschaftliche Konfliktpotential.

> Ich bin seit 30 Jahren in der Psychotherapie. Dort beobachte ich seit den 70er-Jahren das Bedürfnis nach Überwältigtwerden. Theologisch sind das für mich Ausdrucksform dessen, was wir als Hingabe bezeichnen – eine völlig unmoderne und katastrophal veraltete Vokabel. Gerade in dieser Subkultur der Psychoszene gab es damals auf der einen Seite den Überanspruch an Autonomie, die permanente Autonomieforderung und auf der anderen die völlig unbefriedigte Seite, wie man mit dem Abgeben von Autonomie oder Kontrollverlust umgeht – ich nenne das die Erfahrung des Überwältigtwerdens von etwas, das größer und stärker ist, als ich es bin.
>
> *Karl-Heinz Ladenhauf* auf dem Symposium »Zukunft der Religion – Rolle der Kirchen«

Sehnsucht aus der Erfahrung irdischer Fülle

Sehnsucht erwächst nicht nur aus den Defiziterfahrungen der modernen Kultur, sondern auch dort, wo Menschen Fülle und Sinn erfahren. Die Moderne ermöglicht vielen Menschen durch ihre hohen Freiheitsgrade, durch Wohlstand und hohe Bildung auch neue Möglichkeiten der Selbsterfahrung. Diese Möglichkeiten sind zwar vorläufig nur den Gewinnerinnen der Modernisierung, den Wohlhabenden und gut Gebildeten zugänglich, ermöglichen in diesen sozialen Milieus aber neue Erfahrungsräume, die gesellschaftspolitisch relevant werden können und bereits wirken. Sofern die Profiteure dieser Entwicklungen ihre Erfahrungen nicht narzisstisch für sich selbst behalten, stärken sie beispielsweise den Einsatz für den Frieden, die globale Solidarität und ein planetarisches Bewusstsein.

So konnten und können Menschen im Raum alternativer ökologischer und psychotherapeutischer Gruppen, in esoterischen, buddhistischen, kirchlichen oder alternativ-spirituell ausgerichteten Gruppen, die Erfahrung machen, dass ein veränderter, sensibler und bewusster Umgang mit sich selbst und anderen lebensbereichernd ist. Sie haben sich auf die Suche nach ihrem Selbst gemacht und dabei inneren Reichtum entdecken können. Sie haben Tiefendimensionen des Lebens entdeckt, die über Produzieren und Konsumieren hinausgehen. Sie haben die Erfahrung gemacht, dass ein anderes, erfüllteres Leben möglich ist. Diese Erfahrungen können und wollen viele weitergeben.

Die (religionspolitische) Frage ist heute daher: Wie werden vergleichbare Erfahrungen jenen möglich, die weniger gebildet, weniger wohlhabend sind? Wie können diese Erfahrungen alternativen Lebens gesellschaftlich relevant werden und strukturverändernd wirken und sich nicht nur auf den Binnenbereich des privaten Lebens elitärer Minderheiten beschränken?

Sehnsucht als Entwicklungsantrieb

Auch die moderne Tiefenpsychologie und Philosophie räumen der Sehnsucht einen wichtigen Stellenwert ein. So beschreibt der französische Philosoph Jacques Lacan den Menschen mit dem Wort »désir« – Sehnsucht, Begehren, Verlangen. Elementar zu diesem Verlangen gehört freilich auch die dazu komplementäre Erfahrung: manque – der Mangel, die Entbehrung, die Not. Sehnsucht und Mangel gehören eng zusammen. Wer sich den Mangel eingesteht, entdeckt die Sehnsucht in sich. Wer die Sehnsucht in sich entdeckt, dem fehlt etwas. Beide Erfahrungen setzen ein »inneres Wissen«, eine Ahnung um die Möglichkeit zur Fülle voraus. Woher kommt dieses Wissen, wenn doch im Leben die Diskrepanz zwischen dem konkreten endlichen, begrenzten Leben und dem, was Menschen ersehnen, tagtäglich erfahrbar ist, und viele Rechnungen nicht aufgehen, vieles offen bleibt und bruchstückhaft ist? Menschen sind stets nach mehr aus als stattfindet. Aus theologischer Perspektive zeigt sich darin die Sehnsucht nach Gott, die erst und nur zur Ruhe kommt, wenn sie ihn gefunden hat.

Sehnsucht von Gott selbst

Rainer Maria Rilke glaubt in seinem zeitlos gültigen Gedicht, dass Gott selbst es ist, der diese Sehnsucht in uns gelegt hat. Insofern ist diese Sehnsucht ein Lebens-Zeichen, ein Hoffnungs-Zeichen, aus dem uns Schöpferisches entgegenwachsen kann.

Wer die Differenz zwischen Fülle und Mangel sensibel wahrnimmt, kann daran verzweifeln, aber auch reifen und schöpferisch werden. Die Kunst, an der Sehnsucht zu wachsen, indem man an ihr so leiden lernt, dass daraus Neues wächst, ist eine spirituelle Herausforderung. Der Sehnsucht gegenüber nicht unempfindlich zu werden und sich zugleich mit der Endlichkeit zu versöhnen, ist die große Aufgabe des Lebens. Der Psychoanalytiker Erik Erikson beschreibt diese Aufgabe als die höchste Leistung und letzte Entwicklungsstufe menschlichen Lebens. Sie zu bewältigen bedeutet Weisheit, zu scheitern erzeugt Lebensekel.[307]

Was Psychologen beschreiben, davon erzählt auch die jüdisch-christliche Tradition und deutet es theologisch. Der Mensch ist ein zerrissenes, ein fragmentarisches Wesen: ausgespannt zwischen Sünde und Gnade, zwischen Verderben und Erlösung, zwischen Tod und Leben. Es steht ihm frei, zu wählen: sich von Gott loszusagen oder die Liebe, die er anbietet, anzunehmen. Er kann versuchen, sich selbst zu erlösen oder sich von Gott erlösen lassen. Die Heilige Schrift zeigt, wie Menschen an diesen Spannungen immer wieder scheitern, Gott aber dennoch treu an ihrer Seite bleibt und seine Liebe immer wieder unermüdlich anbietet. Von seiner Seite aus ist die Sünde besiegt und sind die Menschen erlöst. Wenn sie dies gläubig annehmen, so die Verheißung, findet auch ihre tiefe Sehnsucht nach Sinn und Liebe Frieden.

307 Vgl. Erik H. Erikson: *Identität und Lebenszyklus.* Drei Aufsätze, Frankfurt am Main [7]1998, 118–120.

Wie kann man mit dieser Sehnsucht leben?

Es gehört zur Lebenskunst in allen Kulturen, mit der Sehnsucht leben zu lernen. Menschen haben das im Lauf der Zeit auf sehr unterschiedliche Arten versucht: Paul M. Zulehner unterscheidet im Wesentlichen drei verschiedene Wege: den religiösen, den atheistischen und den pragmatischen Weg.[308]

Der religiös-spirituelle Weg

Religion wird zum Lebensrahmen und entwickelt Deutungen und Methoden, der Sehnsucht schöpferisch Ausdruck zu verleihen und sie human und lebensförderlich zu gestalten. In den monotheistischen Religionen wird Gott zum Ort erfüllter Sehnsucht. Der jüdisch-christliche Weg erinnert den Menschen daran, wer er im Grund ist: aus dem göttlichen Ursprung geboren, von dessen Art (Apg 17,28), geprägt von der Sehnsucht, aus dem Ursprung zu leben, wie dieser zu werden und in diesen heimzukehren. Aus dem Ursprung, dem Anfang, aber lebt nur, wer wie der Ursprung selbst lautere Liebe wird und lieben lernt. Lieben-lernen heißt erkennen, dass jeder Mensch untrennbar mit Gott verbunden und von ihm unbedingt geliebt ist. Erst und nur diese Erfahrung ermöglicht jene Art bedingungsloser, belastbarer und selbstloser Liebe zum Nächsten, die nicht schädlich ist, weil sich der Mensch von Gottes Liebe nährt, die nie zu fließen aufhört.

Der atheistische Weg

Mit der Neuzeit beginnt die prometheische Selbstermächtigung des Menschen zum Souverän der Weltgeschichte. Damit wird Gott schrittweise überflüssig und abgeschafft. Beseitigt wird aus theologischer Sicht aber nicht der lebendige Gott, sondern ein Gott, der zum absoluten Gedanken, zum moralischen Prinzip und einer politischen Größe verkommen war. Der Atheismus entsteht in Europa als kritische Reaktion auf ein Christentum, das Gottes Antlitz verhüllt und entstellt hat (GS 19–21) und findet in Friedrich Nietzsche und dessen Diktum, dass Gott tot ist[309], seinen Höhepunkt. Der atheistische Weg meint, ohne Gott auskommen zu können, und will das Leben aus eigener Kraft meistern.

Radikal atheistische Lebens- und Sinnentwürfe, die Gott als Lebensmöglichkeit total ausschließen, sind allerdings heute selten geworden: Europaweit stufen sich 3% als Atheistinnen ein. In Österreich sagen 8%, man kann Gott nicht erkennen, 7% leugnen Gottes Existenz. Die Mehrheit der Menschen lässt sich die »Option Gott« offen – nach dem Motto, dass es »etwas Höheres« durchaus geben könne oder gar müsse. In der österreichischen Religionsstudie sind es 48%, die sich Gott als höheres Wesen vorstellen, 37% glauben an einen persönlichen Gott.[310]

308 Zum folgenden Abschnitt bis S. 195 vgl. Zulehner, Megatrend Religion, dessen Gedanken ich hier weiterentwickle.
309 Vgl. Friedrich Nietzsche: Morgenröte. Idyllen aus Messina. *Die Fröhliche Wissenschaft*, in: Ders.: Sämtliche Werke. Kritische Studienausgabe hg. von Giorgio Colli/Mazzino Montinari, Band 3, München Berlin New York ²1988, 480.
310 Vgl. Zulehner/Hager/Polak, Kehrt die Religion wieder?, 46.

Der Atheismus zeigt sich heute vor allem in zwei Gestalten[311] als atheistischer Indifferentismus, d. h. in einer existentiellen Gleichgültigkeit gegenüber dem Glauben *und* dem Unglauben, weil man beides für verfehlte Lebensweisen hält und auch ohne Gott gut leben könne. Eberhard Tiefensee spricht vom »homo areligiosus« und erzählt eine charakteristische Episode: »Als bei einer Aktion auf dem Leipziger Hauptbahnhof zufällig vorbeilaufende Jugendliche gefragt wurden, ob sie sich als christlich, religiös oder areligiös einordnen würden, war die Reaktion Schulterzucken, und eine häufige Antwort lautete: ›Ich bin normal.‹«[312] Religion gilt hier bestenfalls als historisch interessantes, kulturell relevantes Relikt, das aber mit dem konkreten Leben nichts mehr zu tun hat.

Daneben gibt es einen skeptischen Agnostizismus, der sich nicht festlegen kann und will, ob es Gott gibt oder nicht, und sich diese Frage offen hält. Schließlich gibt es mehr oder weniger bekümmerte Atheisten, die angesichts der Gottesfrage ratlos sind und darin ein unlösbares Rätsel sehen: Man spricht vom aporetisch-enigmatischen Atheismus.[313] Diese atheistischen Lebensentwürfe sind in Europa sehr verschieden verbreitet: Die Religionsstudie stuft in Österreich ca. 13% als so genannte »Atheisierende« ein, europaweit sind es 30%. Dabei ist es durchaus möglich, dass sich atheisierende und spirituelle Dimensionen in einer Person zugleich finden lassen; eine atheisierende Spiritualität ist vielleicht sogar typisch für viele moderne Suchende. Nietzsche hat dieses Ineinander auf eine treffende Formel gebracht: »Wo Sehnsucht und Skepsis sich begatten, entsteht die Mystik«.[313a]

Die nihilistische Abzweigung

Heute leben wir im Zeitalter nach Friedrich Nietzsche. Der Gott der Philosophen, der Gott intellektueller Vorstellungen, Ideen und Ideale, der Gott theoretischer Abstraktionen ist tot. Die Menschen haben ihn durch ihre theoretischen Spekulationen, mit deren Hilfe sie ihn unter die Kontrolle der Vernunft zu bringen versuchten, umgebracht – so die Meinung Friedrich Nietzsches. Nachdem die menschliche Vernunft jedes oberste, letzte und absolute Prinzip abgeschafft hat, gibt es nur mehr relative Wertemaßstäbe. Mühsam müssen Menschen Tag für Tag ihre Werte neu erfinden, ordnen, behaupten. Nur ein »Übermensch« kann das ertragen, so Nietzsche.

Nietzsche, der Antiprophet, der jede Hoffnung raubt, nennt diese Situation angestrengter, willkürlicher Wertschöpfung den *Nihilismus*. Der nihilistische Geist glaubt nicht an nichts, sondern entzieht sich dem Nichts, das ihn bedroht, durch eigenmächtige Wertschöpfung. Was bleibt, ist der Wille zur Macht: zum Leben und zum Überleben.

Auch der nihilistische Ungeist lässt Religion durchaus wieder interessant werden, denn auch Religion »hat« Werte, die einem beim Werte-Schaffen helfen könnten. So entsteht ein nihilistischer »Als-Ob«-Glaube. Man glaubt, weil das Leben leichter wird. Und wenn man sich geirrt hat, ist auch nichts verloren. Der Nihilist sieht sich

311 Ausführliche Studien zum Atheismus: Karl Baier/Sigrid Mühlberger/Karl-Augustinus Wucherer-Huldenfeld (Hg.): *Atheismus heute?* Ein Weltphänomen im Wandel. Leipzig 2001 (mit ausführlichen Literaturhinweisen); Karl-Augustinus Wucherer-Huldenfeld: *Ursprüngliche Erfahrung und personales Sein.* Ausgewählte philosophische Studien, Band II: *Atheismusforschung*, Ontologie und philosophische Theologie, Religionsphilosophie, Wien 1997; Karl-Augustinus Wucherer-Huldenfeld/Johann Figl/Sigrid Mühlberger (Hg.): *Weltphänomen Atheismus*, Wien 1979.

312 Eberhard Tiefensee: *Jenseits des Dialogs?* Von der Anstrengung, mit dem homo areligiosus im Gespräch zu bleiben, in: irritatio 1/2002, 12–16, 12.

313 Aporie = die Weglosigkeit, Enigma = das Rätsel.

313a Friedrich Nietzsche: Unschuld des Werdens I, hg. von Alfred Bäumler, Stuttgart 1965, 230.

selbst als den maßgeblichen Schöpfer seiner Glaubenswahl. So kann ein religiös aussehender Mensch im Grunde seines Herzens Nihilist sein. Sein Gott ist einer, den er sich selbst zurechtgelegt hat.

Der pragmatische Weg

Die Mehrzahl der modernen Zeitgenossen versteht sich heute zwar als religiös (je nach Studie zwischen 67% und 78%[314]), Religion nimmt dabei aber im Vergleich zu den anderen Lebensbereichen wie Familie, Freunde und Freizeit einen nachrangigen Stellenwert ein. Im Kontext einer funktional ausdifferenzierten Gesellschaftsordnung ist sie einer von verschiedenen Lebensbereichen, selten die Lebensgrundlage.

Die meisten Menschen sind heute pragmatische Glückssucher: 85% der Zeitgenossen verfolgen das Ziel, das Beste aus dem Leben herauszuholen. Auch hier lässt sich die Kraft der Sehnsucht erkennen: Sie ist ins Säkulare, Diesseitige gewendet und irdisch gebrochen. Da die meisten pragmatischen Zeitgenossen religiöse Analphabeten sind, steht ihnen die religiöse Lebenskunst nicht zur Verfügung.

Die Transzendenzspannweiten dieser Menschen sind klein und begrenzt. Der Himmel ist weit weg, die Erde und ihre Grenzen sind der enge Horizont des Menschen. Man rechnet nur noch mit dem Diesseits. Ewigkeit ist keine Kategorie. Das nötigt dazu, die »maßlose Sehnsucht in mäßiger Zeit zur Erfüllung zu bringen« (Paul M. Zulehner), den Himmel auf Erden hier und jetzt erzwingen zu wollen. Das »Carpe diem« wird zum wichtigsten Leitmotiv eines solchen Lebens. »In Liebe, Arbeit und Freizeit versucht man effizient und effektiv in begrenzter Zeit leidfreies Glück zu erschaffen. Das aber führt dazu, immer rascher und hastiger zu leben. Das Leben wird angestrengt, anfordernd und überfordernd. Die Angst taucht auf, zu kurz zu kommen«. (Paul M. Zulehner) Eine Kultur entsteht, deren Atmosphäre Angst ist.

Zeitgenössische Abzweigungen

Die pragmatische Weise, das maßlose Glück in bemessener, knapper Zeit zu erzwingen, geht auf die Dauer nicht gut. Zwei charakteristische »Reaktionen« sind die Folge.[315]

Die destruktive Antwort

Die verbreitete angestrengte und angstbesetzte Art, maßlose Sehnsucht in mäßiger Zeit zu stillen, bewegt immer mehr Menschen zu vielfältigen Formen der Flucht. Eskapismus ist der wissenschaftliche Fachausdruck dafür. Das Ziel ist dabei, der grauen Unerträglichkeit und angestrengten Banalität des vorfindbaren Alltagslebens zu entrinnen.

Schon vor Jahrzehnten schrieb der Psychotherapeut Rudolf Affemann[316] unter dem Titel »Krank an der Gesellschaft« eine knappe Analyse, in der er die Fluchtmöglichkeiten aufzählte. Ich entwickle sie hier weiter.

314 Vgl. in dieser Studie S. 33.
315 Nach Zulehner, Megatrend Religion.
316 Vgl. Rudolf Affemann: *Krank an der Gesellschaft.* Symptome, Diagnose, Therapie, Stuttgart 1973.

Ein Fluchtweg führt in *das gespielte Leben*, in das Schauspiel, das einen in Filmen, im Fernsehen einfängt. Heute muss man diese Fluchtmöglichkeiten um die perfekt inszenierten und durchgestylten Medien-, Freizeit-, Konsum- und Erlebniswelten ergänzen, in denen Menschen Leben simulieren können.
Möglich ist es auch, das *Alltagsleben* phasenweise einfach abzublenden. Dabei helfen *Alkohol, Drogen, Sex* und auch *Arbeit*. Die maßlose Sehn-Sucht wird rauschhaft vertrieben, das Erwachen danach ist meistens bitter. Sehnsucht wird zur Sucht. Auch Arbeit, Unterhaltung, sogar Spiritualität können dazu missbraucht werden, die Sehnsucht mit Surrogaten zu befriedigen und dabei süchtig nach den Ersatzstoffen zu werden, die die Maßlosigkeit der Sehnsucht aber niemals nachhaltig stillen können.
Andere werden *krank. Psychosomatische und psychische Erkrankungen* können auch Ausdruck der Flucht vor einer kranken, lebensfeindlichen Gesellschaft sein, sind also nicht ausschließlich biographisch, medizinisch oder psychologisch zu erklären. Heute verliert Krankheit (aus ökonomischen Gründen) vielfach an Akzeptanz, weil man durch Krankheit die eigene Ohnmacht eingesteht und damit zur Bedrohung für die verdrängte Schwachheit der anderen wird. Psychisch Kranke geraten zunehmend unter Druck, sich um ihr Glück besser kümmern zu sollen. Die Kranken werden außerdem zum teuren Störfall, der die öffentlichen Gesundheitsbudgets belastet. Durch optimierte Gesundheitsvorsorge[317] soll Krankheit ausgemerzt werden. Krankheit wird individualisiert, ihr gesellschaftlicher und spiritueller Hintergrund ignoriert. Wer krank ist, ist gewissermaßen selbst daran schuld und wird verantwortlich dafür gemacht, seine Gesundheit wiederherzustellen.
Auch der Weg in *Sekten* oder *religiöse Bewegungen* kann unter die Fluchten fallen. Sekten sind Sonderwelten, alternativ zur bestehenden Welt, mit strengen Ordnungen und Autoritäten, die es den Mitgliedern gestatten, die angesichts der enormen Unübersichtlichkeit des Lebens lästig werdende Last der riskanten Freiheit los zu werden. Religiöse Bewegungen können zumindest phasenweise Freiräume besseren Lebens simulieren und dazu verhelfen, die gesellschaftlichen Probleme auszublenden.
Schließlich gehört auch der *Selbstmord* als letzter Ausweg zu diesen Formen der Flucht aus der grauen Unerträglichkeit. Der Wiener Psychotherapeut Erwin Ringel beschreibt den Weg in den Selbstmord als Prozess, in dem die erfahrene Lebenswelt immer enger wird. Enge und Angst spielen ineinander. Der Selbstmord wird dann der letzte rettende Sprung in eine neue Weite zur »Lösung«, von der man Erlösung von einem unerträglich gewordenen Leben erhofft.

Flucht ist phasenweise eine hilfreiche, sinnvolle und auch notwendige Problemlösungsstrategie. Fernsehen und Konsum, Unterhaltung und Gesundheitsvorsorge sind nicht per se Fluchtbewegungen. Problematisch wird die Flucht aus dem Alltag in Ersatzwelten aber, wenn sie chronisch wird, die gesellschaftlichen Ursachen ignoriert oder gar im Selbstmord endet. Wenn die Ursachen nicht beseitigt werden, wird Flucht destruktiv und verstärkt die anstehenden Probleme.

317 In diesem Kontext geraten auch der Wellnessboom unserer Tage, die aggressiv-militante Nicht-Raucher-Bewegung, der oftmals moralinsaure Gesundheitskult, der Schönheits- und der Anti-Aging-Kult in ein anderes Licht und zeigen ihre Ambivalenz. Die Aufwertung von Gesundheit und Schönheit zu moralischen Tugenden ist fragwürdig und verhüllt deren Funktionalisierung zu irdischen Heiligtümern.

Die kreative Antwort

Neben der Flucht gibt es auch den Weg kreativer Gestaltung eines spirituellen Lebens, um der Sehnsucht Ausdruck zu verleihen. Dieser Weg wird heute von immer mehr Menschen beschritten. Menschen beginnen, ihre Sehnsucht ernst zu nehmen, und wagen konkrete Schritte der Lebensveränderung. Dieser Weg beginnt zumeist mit einem geistigen Aufstand oder zumindest mit einem diffusen Unbehagen an der eigenen Lebensführung und den inhumanen Entwicklungen in der Gesellschaft rundum: So kann es nicht weitergehen. Dieser Widerstand ist ein Hoffnungszeichen am Horizont. So hat in der jüdisch-christlichen Tradition immer wieder der Exodus aus unfreien Lebensverhältnissen begonnen. Dieser »Aufstand« vieler Einzelner hat inzwischen in der Religionsforschung einen Namen bekommen und heißt »Respiritualisierung«: Die Wiederkehr der Religion auf der Ebene individueller Biographien.

Die neue religiöse Antwort: Gottesfinsternis oder Gottesleuchten?

Wir treten in Europa heute in eine Phase ein, in der religiöse Lebenswege für viele Menschen wieder attraktiv werden: als Fluchtbewegung, aber eben auch als Widerstandsbewegung gegen ein entmenschlichendes Leben und als Aufbruch zu neuem Sinn. Die Auseinandersetzung der Moderne mit der Religion tritt in eine neue Phase ein.

Martin Buber hat in seinem Buch »Gottesfinsternis«[318] gemeint, dass man an der Qualität der Religiosität einer Epoche erkennen kann, wessen Geistes Kind die Menschen sind. Sehnsucht ist ein wesentliches Merkmal der Religiositäten unserer Zeit. Für Buber war der Beginn des 20. Jahrhunderts eine Epoche der Gottesfinsternis. Hat sich daran etwas geändert? Treten wir ein in eine Phase der Gottesfinsternis, die sich der Religion nur bedient, um die Nichtigkeit des Dunkels besser ertragen zu können? In eine Phase eines »religionsfreundlichen Atheismus«, wie Johann B. Metz meint? Ist die Wiederkehr der Religion nur ein Zeichen, dass die Wohlhabenden sich nun der Religion bedienen, um sich zu vervollkommnen, während sie die Verbesserung der Weltungerechtigkeiten irgendeinem Gott oder den Armen selbst überlassen? Oder ist sie auf der Ebene der Personen der Anfang vom Ende der Gottesfinsternis? Treten wir ein in eine Phase neuen Gottesleuchtens? Ohne die sündhaften Aspekte des spirituellen Neuaufbruchs zu übersehen oder zu bagatellisieren, dürfen wir, theologisch betrachtet, darauf hoffen. Theologisch betrachtet kann es sich auch um einen heilsgeschichtlich relevanten Prozess handeln. Die Sehnsucht, die die Menschen umtreibt, stammt von Gott selbst. Sie ist freilich ambivalent, weil durchmischt mit dämonischem Ungeist und menschlichem Geist, der sich für oder gegen Gott entscheiden kann und muss. Dieser Freiraum lässt die spirituellen Aufbrüche als Hoffnungs- und Heilszeichen erkennbar werden, deren gott- und menschennahe Dimensionen zu stärken sind.

318 Martin Buber: *Gottesfinsternis*, Gütersloh [2]1999.

Der christliche Weg – eine Option für spirituell Suchende

Spirituelle Lebensführung wird für viele Zeitgenossinnen heute zu einem wichtigen Thema. Sie suchen nach Wegen, das Leben bewusst und geistvoll zu gestalten. In den qualitativen Interviews im Rahmen der Religionsstudie »Religion im Leben der Österreicherinnen 2000«[319] wurde bereits deutlich, dass Menschen Rat und Unterstützung suchen, um sich spirituell zu entwickeln. Die Seminar- und Beratungsszene auf dem freien spirituellen Markt boomt, Spiritualität wird zu einem Thema in Managementausbildungen und der Ratgeberliteratur.[320]

Christen und die Kirchen sind herausgefordert, sich aktiv in das Feld der spirituell Interessierten und Suchenden zu begeben und den christlichen Weg als ein Modell guten und gelingenden Lebens mit Gott und den Menschen vorzuschlagen, gute Gründe für seine Wahl zu nennen, und den Weg selbst und glaubwürdig modellhaft zu leben.

Das folgende Kapitel entwickelt exemplarisch und werkstatthaft einige Ideen, was der christliche Glaube für spirituell interessierte Zeitgenossen beitragen kann. Ausgangspunkt sind zunächst die konkreten, empirisch vorfindbaren Spiritualitäten der Menschen im spirituellen Feld. Dabei stütze ich mich auf die empirischen Studien am Institut für Pastoraltheologie sowie auf die materialreiche empirische Studie der Ethnologin Ariane Martin, die sieben Dimensionen zeitgenössischer Spiritualitäten herausgearbeitet hat.[321] Was kann der christliche Glaube hier beitragen, welche theoretischen und praktischen Antworten gibt er auf die Fragen der spirituellen Wanderer und Pilgerinnen?

In einem weiteren Schritt wird ein Modell spiritueller Kompetenz entwickelt: Was kann der/die Einzelne tun, um eine verantwortete Spiritualität zu entwickeln?

Schließlich werden Anregungen formuliert, wie und was in einem religiös pluralen Feld die verschiedenen Weltanschauungen voneinander lernen können.

Die Impulse sollen spirituell Interessierte dazu anregen, auch in den reichen spirituellen Traditionen des Christentums zu forschen und die christlichen Kirchen offensiv um Unterstützung zu bitten. Umgekehrt sollen Christinnen dazu ermutigt werden, den eigenen Glauben und die zuinnerst damit verbundene Lebenspraxis als konkrete Lebensalternative offensiv in die Diskussion einzubringen.

Zuerst soll aber die Bedeutungsvielfalt der »Zeugenotion Spiritualität« ausgelotet werden: ein Begriff, der als Schlüsselbegriff einer Epoche »Modewort« geworden ist. Modewort aber heißt nichts anderes, als dass sich in einem Begriff die Nöte und Sorgen, aber auch bereits die Lösung tiefgehender gesellschaftlicher Probleme verdichten, die eine Mehrheit der Menschen betreffen.

319 Polak, Bedeutungswandel der Religion.
320 Z. B. bietet die Donau-Universität Krems in Österreich einen berufsbegleitenden Masterlehrgang »Holistic Management und IT Sciences« an (http://www.postgraduate.at/FH/Show/144.html); der Management-Berater-Guru Lothar Seiwert wiederum zählt den Bereich »Sinn, Kultur, Religion, Spiritualität« zu jenen vier Lebensbereichen, die ein gutes Leben ermöglichen: vgl. Lothar Seiwert: *Life-Leadership. Sinnvolles Selbstmanagement für ein Leben in Balance*, Frankfurt am Main 2001.
321 Vgl. Ariane Martin: *Sehnsucht – der Anfang von allem*. Dimensionen zeitgenössischer Spiritualität, Ostfildern 2005.

Christen können die ihnen eigenen Spiritualitäten – auch binnenkirchlich ist von einem Plural auszugehen – nur dann ins religiöse Feld einbringen, wenn es dort bereits Anknüpfungspunkte gibt. Das bedeutet: Der Dialog christlicher Spiritualitäten mit spirituell Suchenden und Interessierten setzt die Fähigkeit von Menschen zur Spiritualität voraus, d. h. eine allgemein-menschliche Spiritualität. Eine solche ist auch theologischerseits anzunehmen, denn Gott ist Ursprung und Ziel aller Menschen und hat alle zum Heil berufen. Es darf daher guten Grundes geglaubt werden, dass sich sein Geist auch außerhalb der Kirche finden lässt und Menschen zu ihm führt, weil seine Wahrheit das Leben und den Geist aller Menschen erleuchtet (vgl. das Konzilsdokument Nostra Aetate 1–2).

Nun ist das Wort »Spiritualität« im öffentlichen Raum ein »Containerbegriff«[322], dem die heterogensten Phänomene, Weltanschauungen und Lebenspraktiken zugeordnet werden. Theologisch nicht selten fragwürdig und einer Unterscheidung der Geister bedürftig, ist der Begriff auch ein Symbolwort, indem sich die vielen divergenten religiösen und auch nichtreligiösen Sehnsüchte nach einer besseren Welt und nach der »guten Religion« exemplarisch verdichten. Wie ein Signalwort, eine Zauberformel wird der Begriff dazu verwendet, die Sehnsucht und Hoffnungen auf eine gute menschliche Zukunft zum Ausdruck zu bringen. Nicht zuletzt deshalb ist Spiritualität heute ein global weit verbreiteter Begriff, auf den nicht mehr allein die christliche Theologie und die Kirchen ein Monopol haben. Auch wenn der Begriff etymologisch und begriffsgeschichtlich im Christentum seine maßgeblichen Wurzeln hat, hat er sich doch verselbstständigt, wurde von nahezu allen anderen Großreligionen, aber auch von den vielen kleinen religiösen Aufbruchsbewegungen aufgegriffen und umgedeutet. Zwischenzeitlich dient er inner- und außerhalb der Kirchen der Abgrenzung gegenüber den Schattenseiten institutionalisierter Religion und bezeichnet alternative, bewusste Lebensweisen ebenso wie eine mitunter diffuse Sehnsucht nach dem »Ganz Anderen« des Alltags und der üblichen Routine. Spiritualität beschreibt die tiefe Sehnsucht nach Einheit und Frieden in der Welt, die viele erfasst hat. Wer heute also über Spiritualität nachdenkt, kann dies nicht mehr nur aus theologischer, insbesondere dogmatischer Sicht tun, sondern ist angehalten, sich auch aus philosophischer, psychologischer, religionswissenschaftlicher und human- und sozialwissenschaftlicher Perspektive dem Thema zu nähern.

Spiritualität ist zuerst ein Merkmal, das uns als Menschen ausweist. Diesen Gedanken hat bereits Hans Urs von Balthasar Mitte der sechziger Jahre entwickelt.[323] Er weist darauf hin, dass der Begriff jung ist, in der biblisch-theologischen Tradition ebenso fehlt wie in der philosophisch-religiösen. Von daher gebe es für Christen keinen Grund, Spiritualität auf den christlichen Raum einzuschränken; in einem analogen Sinn gibt es auch eine buddhistische oder eine sufistische Spiritualität.[324] Spiritualität als allgemein-menschliches Phänomen ist für ihn die subjektive Seite der Dogmatik, eine »praktisch-existentielle Grundhaltung« des Menschen, die »Folge

322 Gerhard Ruhbach: *Geistlich leben.* Wege zu einer Spiritualität im Alltag, Gießen 1996, 17.
323 Vgl. Hans Urs von Balthasar: *Das Evangelium als Norm und Kritik aller Spiritualität in der Kirche*, in: Ders.: Spiritus Creator. Skizzen zur Theologie III, Einsiedeln 1967, 247–263; den Hinweis verdanke ich Karl Baier: *Überblick zur Begriffsgeschichte von Spiritualität*, unveröff. MS Wien 2002, 11–12.
324 Vgl. von Balthasar, Das Evangelium als Norm und Kritik aller Spiritualität in der Kirche, 247.

und Ausdruck seines religiösen – oder allgemeiner: ethisch-engagierten Daseinsverständnisses ist: eine akthafte und zuständliche (habituelle) Durchstimmtheit seines Lebens von seinen objektiven Letzteinsichten und Letztentscheidungen her«[325].

Eine ähnlich allgemeine Definition von Spiritualität vertritt auch Sandra M. Schneiders.[326] Sie definiert Spiritualität als »die Erfahrung des bewussten Involviertseins in das Projekt der Integration des eigenen Lebens durch Selbst-Transzendenz auf den höchsten Wert hin, den man kennt«[327]. Spiritualität ist also ein selbstbewusster Prozess, bei dem sich der Mensch auf einen höchsten Bezugspunkt hin überschreitet und dabei sein Leben ganz werden lassen kann. Schneiders betont vor allem den Erfahrungscharakter von Spiritualität als persönlich gelebte Wirklichkeit und die Notwendigkeit, sich willentlich um die Verwirklichung eines Lebensentwurfes zu bemühen. Der Inhalt der Transzendenz bleibt bewusst offen. Spiritualität sammelt den Menschen aus seiner Zerstreuung, ist aber keine bloße Ansammlung von oberflächlichen Episoden oder meditativen Übungen. Ihr geht es um das Lebensgefühl, die Atmosphäre des Lebens im Ganzen.

Karl Baier definiert Spiritualität als »Existenzgefühl und Lebensgestaltung im Licht eines letzten Worumwillens (ultimate concern), das für die personale Identität konstitutiv ist«[328]. Er fasst damit zusammen, was der Begriff im »Sprachgebrauch der gegenwärtigen Weltgesellschaft« meint.

Ich selbst beschreibe mit diesem Wort in einem allgemein-menschlichen Sinn jenen Lebensprozess, in dem sich der Mensch geistig und leibhaftig auf das Ganze und den letzten Grund des eigenen Daseins bezieht. Er ist ganz und unmittelbar da und offen für die Welt und lässt sich vom letzten Grund des Daseins so durchstimmen, dass dies im konkreten Leben wahrnehmbare Auswirkungen hat. Spiritualität ist die leibhaftige, konkrete Geistigkeit des Menschen, der geistig-leibliche Vollzug des Mensch-Seins. Weil Spiritualität von daher eine Aufgabe menschlichen Lebens ist – und in gewissem Sinne unausweichlich, denn auch dort, wo der Mensch seine Geistigkeit verweigert, herrscht Geist, nämlich Ungeist – ist es möglich, christliche Spiritualität als Lebensoption einzubringen. Theologisch wurzelt dies darin, dass der Geist Gottes – als Ermöglichungsgrund und Ziel aller Spiritualität – sich allen Menschen offenbaren kann und möchte, aber eben auch angenommen oder abgelehnt werden kann.

Was ist »christliche Spiritualität«?

Begriffsgeschichte

Trotz aller Weite des Begriffs, die heute als Ausgangspunkt zu respektieren ist, lassen sich die Wurzeln des Begriffes »Spiritualität« in der biblischen Tradition finden.[329] Die hebräische *ruah*, das altgriechische pneuma und der lateinische spiritus

325 Ebd.
326 Dazu ausführlich und kritisch: Baier, Überblick zur Begriffsgeschichte von Spiritualität, 12–14.
327 Zitiert nach Baier, Überblick zur Begriffsgeschichte von Spiritualität, 12, der sich bezieht auf: Sandra M. Schneiders: *The Study of Christian Spirituality.* Contours and dynamics of a Discipline, in: Studies in Spirituality 8 (1998), 38–57, 41–42.
328 Baier, Überblick zur Begriffsgeschichte von Spiritualität, 14.
329 Vgl. ders., dessen Darstellung der Begriffsgeschichte ich hier folge; zur Begriffsgeschichte auch: Josef Sudbrack: *Spiritualität*, in: Sacramentum Mundi IV (1969), 674–691.

verweisen etymologisch auf die Wortfelder von Windhauch, Atem, Lebenskraft und Gemüt.[330]

»Im theologischen Kontext meint *ruah* den ›Atem Gottes‹, seine lebendige Gegenwart, die wie der Wind ungreifbar und unsichtbar und doch machtvoll ist. Dem menschlichen Atem vergleichbar, bleibt auch Gottes Lebensodem nicht in ihm, sondern strömt aus und teilt sich der Schöpfung mit, indem er alles bewegt und zum Schöpfer hin in Bewegung setzt. Im Alten Testament kommt die *ruah* plötzlich und unerwartet. Sie ist oft stürmisch und bringt den Menschen, den sie ergreift, aus der Fassung. Sie ist die Macht, die dem Menschen die Fähigkeit verleiht, in eine Lebensgemeinschaft mit Gott einzutreten. Dem von ihr Ergriffenen verleiht sie mitunter außergewöhnliche Kräfte, u. a. die Fähigkeit zu ekstatischer Prophetie und Visionen. Nicht nur die Gottesbeziehung auch die Beziehungen der Menschen untereinander werden von der *ruah* neu geordnet und geheilt. Sie schenkt ein neues Herz.«[331]

Jesus wird in den Evangelien als der von diesem Geist erfüllte Christus, der ersehnte Messias beschrieben. Nach seinem Tod erweckt und erhöht ihn der Geist Gottes. Derselbe Geist wird dann den Jüngern als Gabe hinterlassen und ermöglicht in Christus, d. h. in der Nachfolgepraxis des Jesus von Nazareth, lebendigen Kontakt mit Gott. In dieser Geistesgabe wurzelt auch die Entstehung der Kirche als das Sakrament des Geistes, d. h. die Kirche ist Zeichen und Werkzeug des Geistes Gottes. Sie stellt den Geist dar, trägt ihn und gibt ihm Raum zum Wirken, macht ihn sichtbar und verbreitet ihn weiter. Dies ist ihre Aufgabe und Legitimation. In der Gabe des Geistes ist Gott selbst anwesend, der das Leben seiner Schöpfung »heilen und heiligen«, »erhalten, erneuern und vollenden« möchte.[332] Die Frage nach Spiritualität hängt also nach biblischem Zeugnis eng mit der Frage nach dem Geist Gottes zusammen. Vielleicht lässt sich die gegenwärtige spirituelle Schwäche der Kirche auch mit ihrer langen pneumatologischen Vergessenheit erklären.

Der biblische Begriff »spiritualis« erfährt freilich im Laufe der Jahrhunderte große und nachhaltige Bedeutungsverschiebungen. Bei Paulus bedeutet ein pneumatisches, geistiges Leben noch ein Leben aus unmittelbarem Gottesbezug, im Unterschied zu einem Leben, das sich »dem Fleische nach« von Gott lossagt und gottlos lebt. Auch im fünften Jahrhundert bedeutet »spiritualitas« noch das Leben im Heiligen Geist und hat nichts mit der dualistischen Spaltung zwischen Körper und Geist zu tun.

Im Laufe des Mittelalters wird das Wort immer öfter zur (zunächst nur begrifflichen) Unterscheidung zwischen dem sinnlich Wahrnehmbaren und dem sinnlich nicht Wahrnehmbaren verwendet. »Spiritualitas« wird zu einem philosophischen Terminus für Unkörperlichkeit, Immaterialität, Übersinnlichkeit. So bedeutet es z. B. um 1060 bei Berengar von Tour und seiner Interpretation der eucharistischen Wandlung die übersinnliche Wahrnehmung des Wandlungsgeschehens: Brot und Wein wandeln sich der *spiritualitas* nach zu Leib und Blut Christi, was nur im Glauben wahrgenommen werden kann. Ihrer *sensualitas* nach bleiben sie Brot und Wein.

330 Vgl. Baier, Überblick zur Begriffsgeschichte von Spiritualität, 1.
331 Baier, Überblick zur Begriffsgeschichte von Spiritualität, 2. Auch im Weiteren folge ich seiner begriffsgeschichtlichen Darstellung.
332 Vgl. Bernd Jochen Hilberath: *Pneumatologie*, Düsseldorf 1994, 197.

Die Scholastik verwendet den Begriff platonisch gefärbt und legt die Weichen, die langfristig eine begriffliche Differenzierung in eine fast schon dinghafte Trennung verwandeln werden. Der paulinische Gegensatz zwischen Fleisch und Geist wird nun zum Gegensatz zwischen Körper und Seele/Geist. Bei Wilhelm von Auvergne bekommt der Begriff als Gegenkonzept zur *animalitas* und deren *brutalitas* auch noch die Bedeutung einer Vollkommenheit, mittels derer man die geistigen Übel, Fehler und Sünden beseitigen und Tugenden und Gnadengaben entwickeln soll. Aszese, Disziplin, Übung werden zu Mitteln, die Sünde zu beherrschen und Tugend einzuüben.

Eine weitere Bedeutungsveränderung erfährt das Wort in der spanischen Mystik des 16. Jahrhunderts, wo es stark subjektiviert und zu einer Sache des Innenlebens wird, d. h. innere seelische Zustände und Vorgänge beschreibt. Durch einseitige Übertreibungen dieser Bedeutungsnuance in den folgenden Jahrhunderten wird der Begriff massiv diskreditiert. So lehrt z. B. der Quietismus, dass der erfahrene Mystiker ethischer Ansprüche enthoben sei und sich nicht mehr um ein moralisches Leben zu kümmern brauche. Spiritualität wird etwas für Schwärmer und Romantiker bzw. für eine elitäre Minderheit. Auch in der Theologie trennen sich systematische und spirituelle Theologie. Wenn man von einer glaubensdurchwirkten Lebensweise sprach, sprach sowohl katholische als auch protestantische Theologie lieber von:[333]

Aszese: Damit ist der *Weg* der Spiritualität gemeint, d. h. jene Anstrengung, Mühe und Übung, ohne die sich niemand spirituell entwickeln kann.

Mystik: Sie ist das *Ziel* der Spiritualität, i. e. die tiefe, personale Begegnung mit Gott; ermöglicht die Erfahrung umfassender Einigkeit und Liebe und beschreibt das Bei-Gott-Sein des Menschen.

Frömmigkeit: Sie ist der *äußere Ausdruck der inneren Haltung*, umfasst die Feste, die man feiert; das persönliche wie das gemeinsame Gebet und die Rituale im Alltag.

Christlicher Vollkommenheit: Dies beschreibt die Tatsache, dass der spirituelle Weg zielgerichtet ist. Was den Weg zusammenhält und ihm Orientierung gibt, ist die *Liebe*, in der der Christ vollkommen wird.

Berufung zur Heiligkeit: Das bedeutet, dass der Mensch sich von Gott beschenkt erfahren und im Licht seiner Zuwendung leben kann.

Im 20. Jahrhundert wird der Begriff Spiritualität wiederentdeckt und rehabilitiert. Die Theologie der Spiritualität wird eine akademische Disziplin. Man beklagt immer öfter die spirituelle Lauheit in der Kirche. In der katholischen Kirche betont das Zweite Vatikanische Konzil im Kontext der Rehabilitation der Spiritualität vor allem die Vielfalt der Gnadengaben und reanimiert die biblische Theologie der Berufung aller zur Heiligkeit. Das bedeutet auch die Bejahung der Vielfalt der Spiritualitäten. Ebenso wird die hohe spirituelle Wertigkeit des aktiven Lebens herausgestrichen, desgleichen die Gleichstellung der Laien und deren Spiritualität. Spiritualität wird in einem engen Zusammenhang mit politischem Engagement und missionarischem Einsatz verstanden. Im Zentrum steht als Quelle die liturgische Spiritualität. Der konstitutive Gemeinschaftscharakter christlicher Spiritualität wird damit wieder in Erinnerung gerufen.

333 Vgl. dazu Josef Weismayer: *Leben in Fülle.* Zur Geschichte und Theologie christlicher Spiritualität, Innsbruck, Wien 1983, 10–14.

Auch außerhalb der Kirche wird der Begriff nun bedeutsam. Alternative religiöse und Lebensreform-Bewegungen entdecken die Mystik. Intellektuelle, Künstler, die Jugendbewegung benützen die Kategorie Spiritualität, um ihre geistige Lebendigkeit und alternative Lebensweise, ihre Sehnsucht nach sinnvollem und ganzheitlichem Leben zu beschreiben. Andere Religionen übernehmen den Begriff ebenso wie das New Age. Der Feminismus und sogar Formen des atheistischen Humanismus entdecken ihre je eigenen Spiritualitäten. Bezeichnet wird damit ein echter, authentischer und persönlicher Lebensweg, den man selbst gewählt hat.

Der deutsche Begriff »Spiritualität« ist jung:[334] Er ist im Deutschen erst seit Anfang der 60er-Jahre üblich geworden und wurde aus der französischen Theologie des 17. Jahrhunderts übernommen, die mit »spiritualité« die persönliche Beziehung des Menschen zu Gott bezeichnete. Die komplizierte Begriffsgeschichte führt dazu, dass wir im Deutschen heute im Wesentlichen zwei Bedeutungstraditionen vor uns haben:

Die *romanische* Traditionslinie, die im Anschluss an die katholische Ordenstheologie in Frankreich unter Spiritualität die Lehre vom religiös-geistlichen Leben versteht.

Die *angelsächsische* Traditionslinie, die Spiritualität als jene Religiosität versteht, die sich direkter, unmittelbarer und persönlicher Erfahrung verdankt. In diesem Verständnis ist Spiritualität verinnerlichtes, religiöses Wissen, das alle Grenzen von Nation, Kultur und Religion überschreitet und in dem sich der Mensch auf ein universales, transzendentes Sein bezieht.

Vielfalt und Einheit christlicher Spiritualität

Die hier nur andeutbare Komplexität und Vielschichtigkeit dessen, was mit dem Begriff Spiritualität alles gemeint war und ist, macht es schwierig, von der »einen christlichen Spiritualität« und ihren spezifischen Merkmalen zu sprechen. Die Spiritualitätsgeschichte zeigt bereits innerhalb des Christentums höchst widersprüchliche Entwicklungen und plurale spirituelle Selbstverständnisse. Da kann man beispielsweise mit Anton Rotzetter die benediktinische mit der franziskanischen, die dominikanische mit der jesuitischen Spiritualität vergleichen und sehr konträre, widersprüchliche Daseinsmodelle und Lebenskonzepte entdecken.[335] Zusammenhalt finden die verschiedenen spirituellen Lebensformen in der Einheit der Kirche, die verhindert, dass sich eine Spiritualität absolut setzt und sich als die einzig mögliche Ausdrucksform christlichen Lebens ausgibt.[336]

Der gegenwärtige Wandel im Verständnis dessen, was in der Kirche unter Spiritualität verstanden und gelebt wird, macht es schwer, von spezifisch christlicher Spiritualität im Singular zu sprechen. Auch im binnenkirchlichen Raum finden gegenwärtig Akzentuierungen statt: z. B. sind Identität und Authentizität wesentliche Anforderungsmerkmale auch an christliche Spiritualität. Begriffe wie »geistliches Gespräch« oder »geistliches Leben« lassen einen massiven Bedeutungswandel erkennen. Spiritualität wird von Christen zunehmend weniger als Sonderbereich betrachtet, sondern viele Menschen in der Kirche suchen nach einer Spiritualität, die einen »gläubigen Umgang mit der Wirklichkeit« ermöglicht, d. h. sich nicht nur auf

334 Vgl. Christoph Benke: *Was ist (christliche) Spiritualität?*, in: Zulehner (Hg.), Spiritualität – mehr als ein Megatrend, 29–43, 31–32.
335 Vgl. Anton Rotzetter: *Spirituelle Lebenskultur für das dritte Jahrtausend*, Freiburg im Breisgau 2000.
336 Ebd., 50.

spirituelle Übungen bezieht, sondern das ganze Leben wandelt und prägt. Zugleich suchen auch in der Kirche viele, vor allem die Laien, ganz gezielt nach konkreten, expliziten Übungswegen und Modellen, wie man die persönliche Spiritualität als Christ im Leben einüben, gestalten und weiterentwickeln kann. Der Aufbruch vieler religiöser Bewegungen im innerkirchlichen Raum – auch wenn damit viele neue Fragen und so manche Fehlentwicklungen verbunden sind[337]– ist ein Beleg dafür, wie sehr auch »die« christliche Spiritualität im ständigen Wandel ist.[338]

Es gibt daher auch viele Möglichkeiten, christliche Spiritualität zu definieren:[339]

- Die Verwirklichung des Glaubens unter den konkreten Lebensbedingungen (Paul M. Zulehner).
- Die bewusste und in etwa methodische Entwicklung des Glaubens, der Hoffnung und der Liebe (Karl Rahner).
- Die gelebte Grundhaltung der Hingabe des Menschen an Gott und seine Sache (Gisbert Greshake).
- Den Vorgang, in dessen Rahmen sich die Offenbarung auf die gesamte Existenz eines Menschen auswirkt: Leben aus der Fülle dessen, was uns an Heilsoffenbarung von Gott her geschenkt wurde (Josef Sudbrack)[340].
- Die leibhaftige Teilhabemöglichkeit am Leben Gottes in der Nachfolge Christi durch den Geist Gottes (Karl Baier).
- Josef Weismayer entwickelt einen Begriff von Spiritualität, der dessen theologische und anthropologische Dimensionen auf den Punkt bringt: von der Seite Gottes her verstanden als das Leben im Heiligen Geist, das uns von Gott geschenkt wird; von der Seite des Menschen her ist Spiritualität »Sich-Ergreifen-Lassen von der Zuwendung Gottes«, wodurch das Leben verwandelt wird.[341]
- Der berühmte Mystiker Henri Boulad spricht von der »Vernunft des Herzens«.[342] Wichtig ist dabei, den Geist nicht in einem dualistischen Gegensatz zur Materie zu sehen, sondern wahrzunehmen, dass der Leib nur Leib ist, weil er immer schon durchgeistigt sein kann.

> »Wir sind in Versuchung, dass wir einen Geist Gottes annehmen, der irgendwo oben oder über den Wassern schwebt. Ich möchte den Geist Gottes im Herzen der Menschen und der Welt ansiedeln und weder oben noch unten. Ich möchte auch die Trennung vom Geist Gottes und dem menschlichen Geist hinterfragen. So wie der Geist Gottes nicht oben ist, ist der Geist des Menschen nicht unten. Beide gehören zusammen, streben einander an. Der Klein-Geist des Menschen ist aufgehoben, bestimmt und dominiert durch den Groß-Geist Gottes. Spiritualität zielt darauf ab, dass beide eins werden. Der spirituelle Mensch lebt am Konvergenzpunkt, wo der Klein-Geist und der Groß-Geist[343] Gottes einander begegnen. Die Zone des Geistes ist der eigentliche Ort von Spiritualität. Nur wenn der Geist im Herzen der Menschen angesiedelt ist, ist die Mystik echt. Sinne, Affekte, Vernunft: Sie alle führen zum Geist und helfen, eine Vernunft des Herzens zu entwickeln. Ziel jeder Spiritualität ist es, zur Einheit des Herzens beizutragen. Spiritualität will die Sinne, die Gefühle, die Vernunft zusammenführen, damit der Mensch nicht zerrissen ist.«
>
> *Henri Boulad* in einem Vortrag im Mai 2003 in Wien

337 Vgl. Michael Schneider: *Leben aus der Fülle des Heiligen Geistes*. Standortbestimmung Spiritualität heute, St. Ottilien 1997, 18–23.
338 Akzentuierungen heute: vgl. ebd., 12–13.
339 Vgl. Benke, Was ist (christliche) Spiritualität?, 39.
340 Josef Sudbrack: *Vom Geheimnis christlicher Spiritualität*: Einheit und Vielfalt, in: Geist und Leben 39 (1966), 24–44.
341 Vgl. Weismayer, Leben in Fülle, 11.
342 Im Rahmen eines Vortrages am Erwin- Ringel-Institut im Mai 2003 in Wien.
343 Im Französischen gibt es diese Unterscheidung zwischen diesen beiden Geist-Formen.

Spezifische Merkmale christlicher Spiritualität

Ebenso schwierig wie eine allumfassende Definition des Begriffes der christlichen Spiritualität ist die Aufzählung charakteristischer Merkmale.

Christoph Benke arbeitet ausgehend von Joh 1,14 (»Und das Wort ist Fleisch geworden«) und der inkarnatorischen Struktur des christlichen Glaubens als wichtige Merkmale heraus:[344]

Christliche Spiritualität ist *konkret*: Der Geist Gottes äußert sich nicht in abstrakten-ewigen Ideen, sondern verleiblicht und im Hier und Jetzt, in konkreter Gestaltwerdung.

Christliche Spiritualität ist an die *konkrete Geschichte* gebunden, ist immer auf eine *konkrete geschichtliche Situation* bezogen und *kontextuell*. Das beinhaltet auch das Bekenntnis zur Materie.

Christliche Spiritualität ist dem Prinzip *konkreter Verleiblichung* verpflichtet. Die verschiedenen Vermittlungsweisen (Schöpfung, Mitmensch, Heilige Schrift, Sakramente, Tradition) sind Quelle der Offenbarung Gottes und können nicht überboten werden. Das bedeutet: »Kein/e christliche/r Mystiker/in kann anderes oder mehr erfahren, als das Wort der heiligen Schrift und die Feier der Sakramente immer schon enthalten.«[345]

Christliche Spiritualität ist *mitteilbar* und bemüht sich stets um *Kommunikabilität* und intersubjektive Überprüfbarkeit. Sie ist immer verbunden mit vernünftigem Diskurs nach innen und nach außen, mit der Philosophie, anderen Religionen und Konfessionen. Elitäres Geheimwissen, das nur Auserwählten vorbehalten bleibt, ist ihr fremd.

Christliche Spiritualität ist *eng an das Leben konkreter Menschen* gebunden, weil sich auch der Geist Gottes im Leben einzelner Menschen offenbart. Biographien – insbesondere die von Heiligen – werden von daher zu Quellen theologischer Erkenntnis und können mystagogisch gedeutet werden.

Christliche Spiritualität zielt auf *Totalität*, d. h. sie will das Ganze des Lebens und nicht nur einen Teilbereich prägen und durchstimmen. Sie zielt darauf, sich in das »Weltganze einzuschreiben«, weil sie der biblisch-eschatologischen Verheißung eines neuen Himmels und einer neuen Erde, in denen die Gerechtigkeit wohnt (Vgl. 2 Petr 3,13) verpflichtet ist. Sie befähigt und verpflichtet daher immer zu gesellschaftspolitischem Handeln.

Christliche Spiritualität zielt auf *Sendung*, weil sie der Sendung des Sohnes entspringt. Sie ist kein Selbstzweck, sondern dient dem Verweis auf Gott hin. Die Nähe zu Gott führt zur Nähe zum Menschen.

Christliche Spiritualität lässt sich nicht instrumentalisieren. Letztlich dient sie zu nichts, ist *warum- und interesselos*. Die zwecklose Anbetung ist das Ziel und rettet das Humanum.

Christliche Spiritualität ist *personal* ausgerichtet, d. h. sie ist im Wesen Beziehung. Sie ist die Antwort des Einzelnen auf den Ruf Gottes.

Zugleich ist christliche Spiritualität *nicht individuell fassbar* und *niemals privat*. Sie ist eine Spiritualität im »Wir«. Sie ist liturgische Spiritualität. Sie entstammt der Gemeinschaft mit Gott, der seinen Geist schenkt, und führt zur Koinonia mit ihm und

344 Vgl. Benke, Was ist (christliche) Spiritualität?, 32–40.
345 Ebd., 33.

den Menschen. Trägerin der Spiritualität ist die Kirche selbst. Der Einzelne kann »seine« Spiritualität entwickeln, weil und insofern er am Leben des Volkes Gottes teilnimmt. »Kein Glaubender, für sich allein genommen, lebt oder ›hat‹ die ganze christliche Spiritualität oder stellt sie dar. Der (die) Einzelne lebt immer nur ›das Ganze im Fragment‹. Die Kirche ›hat‹ das Ganze.«[346]

In Bezug auf die konkrete Lebenspraxis stellen mehrere Autoren *die evangelischen Räte* als die Mitte der christlichen Spiritualität heraus – nicht nur für die Amtsträger oder die Ordensleute, sondern für alle Christinnen.[347] Michael Schneider sieht in den evangelischen Räten sogar die Grundlage einer künftigen christlichen Spiritualität.[348]

Armut als Lebenspraxis, die den Gütern der Welt indifferent gegenübersteht und sie nicht für sich einsammelt, bedeutet, dass das miteinander Teilen und die Einübung universaler Solidarität untrennbar zur christlichen Spiritualität gehören. »Kommunion ist erst dort realisiert, wo man nicht nur den gemeinsamen Gott, sondern auch die Güter der Erde miteinander und mit allen Geschöpfen teilt.«[349]

Gehorsam als Lebenshaltung, die den eigenen Willen dem Willen Gottes unterstellt und sich für eine stete Durchformung durch den Geist Gottes öffnet, bedeutet, dass christliche Spiritualität eine Spiritualität des Hörens und Aufeinander-Hörens ist, auf Gott, auf die Mitmenschen, auf die Schöpfung.

Keuschheit als das Leben aus der Unmittelbarkeit der Gottesliebe bedeutet, dass christliche Spiritualität eine Spiritualität der Liebe ist. Sie ist nur dort realisiert, wo jemand die Liebe Gottes nicht nur für sich selbst entgegennimmt, sondern »alle Geschöpfe in die Umarmung Gottes einbezieht«[350]. Liebe ermöglicht mystische Vereinigung: Einheit in Liebe; keine Verschmelzung oder Identifizierung des göttlichen mit dem menschlichen Wesen. Gott bleibt auch in der einigenden Liebe immer der Andere.

Neben diesen drei evangelischen Tugenden ist auch die Ausrichtung auf das *Apostolat* für die christliche Spiritualität charakteristisch: Sie dient nicht sich selbst und der persönlichen Erfüllung, sondern auf dem spirituellen Weg hat sich die Einzelne immer wieder zu fragen, welches Handeln dem Evangelium dient. Einen solchen Weg kann die Christin niemals allein gehen. Keiner kann und darf das Heil für sich allein erstreben. Solidarität untereinander und wechselseitige Stellvertretung im Glauben füreinander sind untrennbar mit der christlichen Spiritualität verbunden. Heilsindividualistische Wege – wenn es sie auch in der christlichen Tradition gab und gibt – sind im Grund immer nur halb und mangelhaft. Das Heil ist nur mit den anderen Menschen gemeinsam – mit Gläubigen und Ungläubigen – zu erstreben und zu finden. Von daher ist christliche Spiritualität immer menschen- und weltnahe, zuinnerst verbunden mit den existenziellen Fragen, Anliegen und Problemen konkreter Menschen. Existenziell, das heißt: »realitätsverbunden, wirklichkeitsgerecht, echt, wahrhaftig, realistisch, praxisbezogen, konkret, persönlich, zeitgemäß« – im Unterschied zu »prinzipiell, formell, konventionell, ideell, etabliert, abstrakt, theoretisch, routiniert«[351].

346 Benke, Was ist (christliche) Spiritualität?, 38.
347 Vgl. Rotzetter, Spirituelle Lebenskultur für das dritte Jahrtausend, 26–28.
348 Vgl. Schneider, Leben aus der Fülle des Heiligen Geistes, 24ff.
349 Rotzetter, Spirituelle Lebenskultur für das dritte Jahrtausend, 28.
350 Ebd.
351 Schneider, Leben aus der Fülle des Heiligen Geistes, 44.

Wesentliches Merkmal christlicher Spiritualität ist die *Erfahrung der Gnade* Gottes: dass sich alles seiner liebenden Zuwendung verdankt. Gottes Liebe kommt frei und unverdient zum Menschen und kann durch das Wirken des Geistes als Geschenk angenommen werden. Der Mensch erkennt, dass er sich Sinn und Ziel des Lebens nicht selbst geben, sondern nur empfangen kann. Das Handeln Gottes kann dank des trinitarischen Bekenntnisses in seiner ganzen Fülle als Schöpfung, als Erlösung und als Neuschöpfung in den Blick kommen. Zum anderen ermöglicht ebendieses Bekenntnis eine kritische Unterscheidung der Geister überall dort, wo jemand das Wirken Gottes zu erkennen beansprucht.[352]

Weil Gott nicht direkt und unmittelbar handelt, sondern durch das konkrete Leben – durch Ereignisse, Situationen, Begabungen, Begegnungen – zu uns spricht, und alle diese Gegebenheiten für den Christen Zeichencharakter haben, müssen sie daraufhin gedeutet werden, ob, wo und wie sich in ihnen Gott zu Wort meldet. *Rationalität und Selbstreflexion, vernünftige Spiritualitätskritik* gehören also aus christlicher Sicht zu einer gediegenen Spiritualität und sind kein Gegensatz zur spirituellen Erfahrung. Im Gegenteil: Von einer fundierten spirituellen Erfahrung kann man erst dann sprechen, wenn die Lebensereignisse, die Gefühle und Visionen mit der philosophischen, theologischen und lehramtlichen Tradition in ein kritisches Gespräch eingetreten und durch die Vernunft geläutert sind. Selbstverständlich ereignet sich dieser Prozess immer auch und zugleich als Gespräch mit Gott, d. h. die Vernunft steht im Dienste des Vernehmens des Willens Gottes. Substantielle spirituelle Erfahrung ist immer auch gedeutetes, reflektiertes Leben mit Gott. Das impliziert, dass auch die dunklen Seiten des Lebens einen Platz haben müssen. Zur christlichen Spiritualität gehört elementar auch die realistische Anerkennung sowie die aufrichtige und nicht dämonisierende Auseinandersetzung mit dem *Bösen*, mit dem *Leid*, mit *Schuld* und *Verzweifelung*, mit *Skepsis*, *Zweifel* und den unlösbaren *Ambivalenzen* des Lebens. Spiritualität macht das Leben nicht unbedingt immer schöner, aber erfüllter und wahrhaftiger.[353]

Im interreligiösen Kontext stellen sich heute für die Entwicklung einer christlichen Spiritualität viele neue Fragen, die es noch schwieriger machen, das Charakteristische christlicher Spiritualität herauszuarbeiten. Im Vergleich und im Dialog mit anderen spirituellen Traditionen zeigen sich dabei viele Gemeinsamkeiten, aber auch Widersprüche. Vorschnelle Vermischung spiritueller Traditionen scheint in dem wechselseitigen Lernprozess dabei ebenso wenig dienlich zu sein wie eine angstvolle Abschottung und Abgrenzung, die das Eigene vor jeder Veränderung zu wahren sucht. Viele der eben erwähnten Merkmale christlicher Spiritualität finden sich auch in anderen religiösen Traditionen wieder, sind offensichtlich keine Monopole. Aus theologischer Sicht wirkt der Geist Gottes auch in anderen Traditionen. Wo man ihn mithilfe der Unterscheidung der Geister erkennen kann, ist wohl der Gott Jesu Christi am Werk. Für die Zukunft der Weiterentwicklung der christlichen Spiritualität(en) stehen hier noch viel Denkarbeit und viele Lern- und Erfahrungsprozesse ins Haus.[354]

352 Vgl. zu diesen Überlegungen auch: Reinhard Hempelmann: *Vagabundierende Religiosität und Kirchen*, in: Ders. (Hg.), Esoterik und Mystik, 10.

353 Vgl. zur Kriteriologie Hartmut Rosenau: *Zum Verhältnis von Esoterik und Mystik*, in: Hempelmann, Esoterik und Mystik, 14–26.

354 Gedanken zu einer zukünftigen Spiritualität: z. B. Rotzetter, Spirituelle Lebenskultur für das dritte Jahrtausend, 201–215; Schneider, Leben aus der Fülle des heiligen Geistes, 43–67.

Freiheit und Solidarität als Horizont spiritueller Lebensführung

Spiritualität reift nur im Raum der Freiheit. In einer Kultur, in der Religion und Weltanschauungsfragen als Privatsache gelten, bedeutet das, die Freiheit *zur* Spiritualität, zu einem geistvollen Leben, zur Religion zu pflegen. Das bedeutet:

- Die persönliche Spiritualität alphabetisieren, sie der vernünftigen Kritik aussetzen, sich religiös bilden und weiterentwickeln.
- Die persönliche Spiritualität in das Gesamt des Lebens integrieren, die Kluft zwischen privater Spiritualität und öffentlichem Leben überbrücken.
- Kritisch prüfen, in wessen Dienst Spiritualität gestellt wird: »Nützt« man sie, um aufzutanken und so das Alltagsgetriebe zu optimieren oder zu legitimieren – oder lässt man zu, dass die spirituelle Entwicklung das ganze Leben verändert, das private und das öffentliche?
- Ja zum Fragmentarischen des menschlichen Lebens sagen, zur Zerrissenheit und Widersprüchlichkeit des Menschen; spirituell sein bedeutet nicht, ein perfekter Mensch sein müssen, sondern seine Menschlichkeit ein Leben lang mit Gott weiterentwickeln können.
- Ein Zeichen, dass jemand auf einem guten spirituellen Weg ist, finden wir dort, wo Liebe und Solidarität wachsen. Reife Spiritualität führt uns zum Anderen, zum Nächsten. Im Raum von Liebe und Solidarität offenbart sich Gott und sein Geist.

Sehnsucht und Eros als Beginn eines spirituellen Weges – Liebe als Ziel

Aus theologischer Sicht beginnt der spirituelle Weg jedes Menschen mit dem Angerufensein durch Gottes Geist. Aus der Sicht des Menschen ist es – insbesondere in modernen Kulturen – die Sehnsucht nach dem Göttlichen, die die Reise zu Gott antreten lässt. Sehnsucht entsteht dort, wo ein Mensch aus einer inneren Ahnung um die Fülle dessen, was an gelingendem Leben möglich ist, seine Lebensleere und die Mängel und Defizite wahrnimmt und sich auf den Weg macht, diese Mängel zu beheben. Der spirituelle Eros beginnt zu wirken. Ohne diese Sehnsucht, ohne diesen Eros ist jede Religion steril und tot.

Nach griechischer Mythologie ist der Eros das Kind von Reichtum und Armut. Er erwächst aus der Spannung zwischen Fülle und Leere. Er lässt Menschen Beziehung suchen, drängt zur Liebe und weckt die Leidenschaft für die Welt und die Sehnsucht nach Gott. Nicht jeder Eros führt aber zur Liebe, nicht jede Sehnsucht ist von und führt zu Gott, nicht jeder Mangel enthüllt Fülle. Mangel kann Ausdruck echter Not sein, Eros und Sehnsucht können in die Irre treiben.

Aus christlicher Sicht ist der Eros daher ein Geschöpf Gottes, das Zähmung und Kultivierung braucht. Ohne Eros als Leidenschaft nach erfülltem Leben in Beziehung gibt es keinen spirituellen Aufbruch, ohne Sehnsucht nach Gott, der im Letzten unerkennbar und ganz anders ist, ist jede Religion tot. Christliche Spiritualität zielt daher darauf ab, die spirituelle Sehnsucht und ihren Eros in Liebe umzuverwandeln. Wer sich in die Liebe einübt, geht einen spirituellen Weg. Die Liebe ist jene Beziehungskraft, die es ermöglicht, die Polaritäten und Spannungen der Schöpfung zu ertragen und aufzuheben, ohne sie zu zerstören oder einseitig aufzulösen. In der Liebe sind alle Ambivalenzen und Widersprüche bewahrt, verlieren ihre Bedrohlichkeit und können sogar Frucht bringen. Am Beginn eines spirituellen Lebens finden sich Sehnsucht und Eros – am Ende steht die Liebe als tiefster Ausdruck von Spiritualität.

Die Einübung in das geistige Leben

Wer sich spirituell entwickeln will, braucht Übung und Einübung.[355] Beide können eine Spiritualität der Liebe nicht erzeugen oder erzwingen. Spiritualität ist kein Resultat von Methoden. Die Liebe kommt ja von Gott und ist nicht zu manipulieren, zu kontrollieren oder zu beherrschen. Übung und Einübung spannen aber jenen Rahmen auf, der es möglich macht, dass der Geist Gottes wirken und der Mensch in den Raum der Liebe eintreten kann. Bei den Übungen kann es sich um spezielle spirituelle »Methoden« handeln: Gebet, Meditieren, Sitzen. Aber die Einübung in ein spirituelles Leben kann auch überall dort erfolgen, wo ein Mensch sich treu und ernsthaft, geduldig und konsequent einer Lebenspraxis der Liebe verschreibt, seiner persönlichen Lebens-Berufung nachkommt und die Aufgaben seines Lebens in Hingabe und Beständigkeit annimmt und darin Gott vertraut und ihm sein Leben hingibt. Das Leben selbst, wenn es aufrichtig und ernsthaft gelebt wird, ist der beste Weg zur Einübung in ein Leben im Geist Gottes. Von daher können auch ganz einfache Menschen ohne großartige spezifisch spirituelle Methoden ein geistliches Leben führen.

Für moderne Menschen können die Übungen heißen[356]: sich sammeln und still werden, in der Stille hören lernen, im eigenen Leib ankommen und atmen lernen, sich seiner selbst bewusst werden. Ein geistiges Leben einüben bedeutet auch: lesen, meditieren, beten, mit anderen gute Beziehungen pflegen. Es bedeutet, ein Gleichgewicht zwischen Handeln, Arbeit, »actio« einerseits und Betrachtung, Gebet, »contemplatio« andererseits zu finden, also die Balance zwischen absichtsvoller, gezielter Aktivität und absichtslosem, zweckfreien Dasein einzuüben. Ein geistiges Leben braucht Regelmäßigkeit und Rhythmus, Konsequenz und Disziplin, Geduld und Zeit.

Die Fähigkeit zur Unterscheidung der Geister

Mit dieser Begrifflichkeit ist jener Prozess gemeint, in dem Menschen im Dialog mit Gott und den Mitmenschen, mit der heiligen Schrift, der Glaubenstradition und mit der Theologie in Vernunft und Glauben darum ringen, die Zeichen des Lebens zu deuten: ob sie etwas von Gott erzählen, was sie erzählen, und wie das zu deuten ist.[356a] Denn nicht jeder Geist, dem wir auf unserer spirituellen Reise begegnen, ist lebensdienlich oder von Gott. Da gibt es die Ungeister der eigenen Biographie, Projektionen des eigenen Ungeistes auf Gott; dann gibt es die »Laster« des eigenen Charakters, die Ungeister der jeweiligen Epoche und Kultur. Sie alle können Gottes Geist verdunkeln und unkenntlich machen und die Wahrnehmung Gottes behindern.

355 Zum Üben: Baier, Zur Phänomenologie des stillen Sitzens, 25–38.

356 Konkrete Anweisungen findet man in der neuen geistlichen Literatur des Christentums, z. B. bei Anselm Grün, Henri Nouwen oder Pierre Stutz.

356a Vgl. dazu: Regina Polak: Unterscheidung der Geister. Ein theologisches Instrument für Christen und Christinnen im interreligiösen Dialog. Master-Thesis im Rahmen des Universitätslehrganges »Spirituelle Theologie im interreligiösen Prozess«, unveröff. MS, Wien 2005.

Deshalb gehört zu jedem spirituellen Weg auch die aufrichtige Auseinandersetzung mit sich selbst im Sinne der Persönlichkeitsentwicklung und Selbsterfahrung. Manchmal empfiehlt sich als Unterstützung dabei auch eine fundierte Psychotherapie oder Selbsterfahrungsgruppe. Zum anderen gehört eine kritische Reflexion des Geistes der Zeit und der Kultur zu diesem Weg. Schließlich braucht es die reflektierende Auseinandersetzung mit Gott selbst, mit Schrift und Tradition.

Die Fähigkeit zur Unterscheidung der Geister hat im Christentum lange Tradition. Daher gibt es auch einen Erfahrungsschatz von mehreren Jahrhunderten, den die christliche Glaubenstradition spirituell Suchenden zur Verfügung stellen kann.[357] Diese Tradition geht zurück auf den biblischen Aufruf zur Wachsamkeit: »Seid nüchtern und wachsam! Traut nicht jedem Geist, sondern prüft die Geister, ob sie aus Gott sind!« (1 Joh 4,1) und »Prüft alles! Das Gute behaltet!« (1 Thess 5,21). Auch Paulus hat in 1 Kor 12,1–14,40 bereits eine Unterscheidung der Geister formuliert.

Auf dieser Grundlage hat sich eine lange Tradition geistlicher Theologie entwickelt, die Kriterien formuliert, wie man die Geister der verschiedenen Lebensweisen, der Spiritualitäten voneinander unterscheiden und erkennen kann, ob sie zu Gott oder von ihm wegführen, ob sie aus Gott sind oder der Sünde entspringen. Weil sich die bewährten und gediegenen Lehren von der Unterscheidung der Geister – zwar auf der Basis des Glaubens – innerhalb einer allgemein vernünftigen Logik ausdrücken, sind ihre Argumente auch heute anderen Spiritualitäten zugänglich, die diesen Glauben nicht teilen.

Als ein Beispiel aus der Vielzahl an Kriteriologien, die sich im Laufe der Jahrhunderte entwickelt haben, sei die von Anton Rotzetter angeführt. Sie bezieht sich nicht nur auf die spirituelle Entwicklung des Einzelnen, sondern hält auch dazu an, die individuelle spirituelle Erfahrung ins Gespräch mit der Kirche zu bringen. Er zeigt, wie man spirituelle Erfahrungen in eine Auseinandersetzung mit dem Christentum führen kann und nennt als Kriterien geistlicher Theologie:[358]

Die »mosaische Unterscheidung«: Mit dem Gottesbekenntnis Ex 3,14 (»Ich bin der Ich-bin-da.«) wird die Identität Gottes klar definiert. Gottes Identität ist nicht beliebig und verschwommen, sondern der Unbenennbare, das Geheimnis schlechthin. Er hat sich gezeigt und zeigt sich. Gott hat mit den Menschen einen Bund geschlossen und will sich fortan in der Geschichte der Menschheit und jedes einzelnen Menschen *als befreiende Präsenz* erweisen. Gott ist nicht Natur, nicht Lebenskraft, er ist deren Schöpfer. Gott enthüllt sich in Natur und Geschichte, ist deren Herr und möchte den Menschen aus diesen Mächten befreien.

Die »christliche Unterscheidung«: Jesus ist es, der das Antlitz Gottes enthüllt. Er macht sichtbar, wie weit die Liebe Gottes zum Menschen reicht: bis zum Tod am Kreuz und über den Tod hinaus zur Auferstehung. Für den Christen sind die »Verleiblichung Gottes«, seine endgültige und irreversible Verbindung mit der Geschichte und dem Schicksal der Menschen, die »gekreuzigte Liebe Gottes«, die sich gerade im Scheitern, im Leiden und im Tod erweist, sowie der »auferweckende

357 Aus der Literatur seien zu diesem Thema exemplarisch angeführt: Hans Urs von Balthasar: *Vorerwägungen zur Unterscheidung der Geister,* in: Ders.: Pneuma und Institution. Skizzen zur Theologie IV, Einsiedeln 1974, 325–339; Gisbert Greshake: *Gottes Willen tun.* Gehorsam und geistliche Unterscheidung, Freiburg 1984; Michael Schneider: *Das neue Leben.* Geistliche Erfahrungen und Wegweisung, Freiburg 1987, insbes. 93–110; Michael Schneider: *Unterscheidung der Geister,* in: Jahrbuch 1996 für die Erzdiözese Wien, Wien 1995, 3; Hans Buob: *Die Gabe der Unterscheidung der Geister,* Linz 1989; Reinhart Hummel: *Der Geist und die Geister,* GuL 63 (1990), 176–181; Josef Weismayer: *Zur Geschichte und Theologie der Unterscheidung der Geister,* in: Adel Theodor Khoury: Zur Unterscheidung der Geister, Altenberge 1994, 30–72.
358 Vgl. Rotzetter, Spirituelle Lebenskultur für das dritte Jahrtausend, 162–174.

Gott«, dessen Lebensmacht den Tod besiegt, die entscheidenden Kriterien von Spiritualität.

Die »kirchliche Unterscheidung«: Die Kirche soll der Ort sein, »in dem das Christusereignis eine neue Realität schafft«[359]. Dies zeigt sich in der Interpretation des ersten Korintherbriefes durch Anton Rotzetter:

- In der *Abkehr von stummen Götzen*, die durch das Hören des Wortes Gottes in Schweigen und Stille gesichert wird.
- In einer *Kommunion in der Vielfalt*: Die vielfältigen Gaben, Fähigkeiten, Einsichten gehören notwendig zur Kirche; sie sind aber von dem einen Geist zugeteilt und aufeinander in Liebe zu beziehen.
- In einer *Kommunikation*, in der alles, auch das Fremde Platz hat, wenn es sich der Kommunikation, dem Verstehen und Interpretieren aussetzt.
- In *Konstruktivität und Liebe*: Jede spirituelle Erfahrung muss sich daraufhin prüfen lassen, ob sie einen konstruktiven Beitrag für das Gemeindeleben darstellt, und ob sie die Liebe mehrt.

Die »individuelle Unterscheidung« schließlich soll vor allem dazu helfen, den persönlichen Weg zu Gott zu finden. Im Exerzitienbuch des Ignatius von Loyola findet diese Tradition einen konzentrierten Ausdruck. Spirituelle Hilfen lassen sich aber auch in anderen Ordenstraditionen finden. Bei Ignatius werden genannt:

- Die Beherrschung des inneren Chaos, der Leidenschaften und Affekte, die Erkundung des göttlichen Willens und das Heil der Seele sind die Ziele eines spirituellen Weges.
- Behilflich dabei ist die Orientierung an der Heiligen Schrift, die es von innen her zu verspüren und verkosten gilt.
- Grundhaltung, in der ein solcher Weg zu gehen ist, ist die Ehrfurcht.
- Ignatius betont des Weiteren die Kontinuität und die Beharrlichkeit, die es für einen spirituellen Weg braucht, fordert aber auch die Haltungen des Großmutes und der Freiherzigkeit, ohne die man dem Geist Gottes niemals begegnen kann. Weil der Mensch gottunmittelbar ist, muss er ein Gespür für das Wirken Gottes in der eigenen Seele bekommen und lernen, nicht dem Wahn und der Täuschung zu erliegen. Selbstkritik und das Gespräch mit kritischen Menschen gehören deshalb zu jedem geistlichen Weg. Ignatius gibt dafür viele Anweisungen.

Unzählige andere Kriteriologien könnten hier noch angeführt werden. Entscheidend für die heutige Situation vieler suchender Menschen scheint mir zu sein, dass die Lehre von der Unterscheidung der Geister dazu dienen soll, den geistlichen Prozess, der den Lebensweg von Menschen bestimmt und ständigen Wandlungen und Krisen unterworfen ist, zu unterstützen und zu begleiten, damit der Mensch das letzte Ziel seiner Sehnsucht, das aus theologischer Sicht Gott selbst ist, erreichen kann. Spirituell Suchende sind umgekehrt dazu eingeladen, sich diesem Prozess der Unterscheidung der Geister auszusetzen und dabei Gott entgegenzureifen.

Die Entwicklung einer lebensbejahenden Wertehaltung

Es ist gut, dass etwas ist und nicht nichts ist – unabhängig davon, ob es vollkommen ist oder nicht. Diese grundsätzlich welt- und lebensbejahende Haltung ist Voraus-

359 Ebd., 170.

setzung und Frucht eines spirituellen Weges. Eine solche Einstellung ist die Grundlage jeder lebensförderlichen, humanen Ethik. Kritik an den Mängeln und Unvollkommenheiten des Lebens, das Benennen des Bösen, von Schuld, Sünde und Leid ist damit nicht nur nicht ausgeschlossen, sondern überhaupt erst möglich. Aus christlicher Sicht sind sie nicht mehr polare oder gar gleichmächtige Gegenspieler des Lebens, des Guten und der Liebe, sondern sind längst besiegt und haben nicht das letzte Wort. Wer die Welt und das Leben im Grunde bejaht, gewinnt die Kraft, Widerstand zu leisten gegen alles, was lebensfeindlich, zerstörerisch und böse ist. Welt- und Lebensbejahung meint jedoch nicht, das Leben zu sakralisieren. Das Leben ist aus der Sicht des christlichen Glaubens nicht aus sich selbst heilig, sondern ein »vorsittliches Gut«. Heilig ist es »nur« insofern, als es von Gott geschaffen ist und an seiner Heiligkeit teilhat. Das Leben selbst ist eine endliche Wirklichkeit. Freiheit und Liebe haben ethischen Vorrang gegenüber dem Leben.

Leiblichkeit, Gemeinschaft, Dienst und Fest

Spiritualität ist kein rein geistiger Vorgang. Sie drückt sich immer aus in konkreten, materiellen Lebensvollzügen. Der Geist Gottes wird wahrnehmbar am Leib des Menschen: d. h. in der Art der persönlichen Lebensführung, im Umgang mit dem eigenen Körper, im Familienleben, im Berufsleben, in gesellschaftlichen, ökonomischen, politischen Strukturen. Überall dort, wohinein der Mensch sich selbst entäußert, wird sichtbar, von welchem Geist konkrete Spiritualitäten geprägt sind.

Spiritualität wurzelt in Erfahrungen der Gemeinschaft und stiftet umgekehrt Beziehung und Gemeinschaften. Den meisten Menschen moderner Gesellschaften gilt die Erfahrung des Geistes Gottes als Angelegenheit höchster Intimität und Privatheit. Aufgabe der Kirche ist es, den Gemeinschafts- und Beziehungscharakter von Spiritualität immer wieder in Erinnerung zu rufen. Dies ist ganz besonders heute, im hoch individualisierten Europa wichtig, wo diese Tatsache in Vergessenheit zu geraten droht.[360]

Spiritualität dient indirekt der Selbstverwirklichung. Der Dienst am Anderen steht im Zentrum und schenkt so wahre Selbstentfaltung.

Tiefster Ausdruck eines spirituellen Lebens ist schließlich aus dem christlichen Glauben heraus nicht in erster Linie die individuelle Versenkung in Gott, sondern das Loben und Preisen Gottes mit anderen Menschen gemeinsam: Fest und Feier. Im gemeinsamen Feiern – in der Liturgie – wird wahrnehmbar, was Gott mit seiner Menschheit vorhat. Darum ist die Eucharistiefeier elementarster und zentraler spiritueller Selbstausdruck der Christinnen.

Phänomenologie neuer Spiritualitäten

Wie nennen wir jene, die sich heute auf die spirituelle Suche machen? Allein die Begrifflichkeiten und Namen, die ihnen in der Forschung gegeben werden, erzählen viel über die Einschätzung und Bewertung der spirituellen Suchbewegungen der

360 Eine konkrete Idee dazu stelle ich dar in: Regina Polak: *Pfarrgemeinderatsklausur und Gremienarbeit – spirituelle Vorgänge?* Eine Vision, in: Karl Baier/Josef Sinkovitz (Hg.): Spiritualität und moderne Lebenswelt, erscheint 2005.

Gegenwart. Da spricht man von religiösen »Vagabunden« (Reinhard Hempelmann), von »Pilgern« und »Konvertiten« (Danièle Hervieu-Léger), von »Religions-Bastlern« und »Religions-Patchworkern« (Robert Wuthnow), von spirituell Experimentierenden (Karl Baier) oder spirituell Suchenden (Paul M. Zulehner). Alle diese Ausdrücke sind mehr oder weniger wertschätzend bzw. abschätzig.

Im Sinn einer empathischen Wertschätzung[361] neuer spiritueller Wege vermeide ich hier bewusst Begriffe wie »Bastel-Religion« und »Patchwork-Religion«. Begriffe wie diese implizieren von Anfang an, bei den spirituellen Neuschöpfungen handle es sich prinzipiell um minderwertige Kreationen. Nun sind Eklektizismus und Synkretismus in der Tat wesentliche Kennzeichen moderner Spiritualitäten, doch bedeutet das nicht, dass es sich dabei automatisch um geistige Armutszeugnisse handeln muss. Das kann, muss aber nicht der Fall sein. Auch religionshistorisch zeigt sich ja immer wieder, dass es innerhalb der Religionen und auch des Christentums auf der Ebene der gelebten Religion »reine« Glaubensanschauungen nie gegeben hat und die Re- und Neuinterpretation von religiösen und spirituellen Inhalten zur Entwicklung von Religion gehört.

Der erste Band unserer Religionsstudie »Kehrt die Religion wieder« wie auch die Ergebnisse der Europäischen Wertestudie malen ein plastisches Bild der Vielfalt religiöser und weltanschaulicher Kosmoi. Ohne den damit verbundenen spirituellen und religiösen Pluralismus prinzipiell schönreden zu wollen, sprechen wir in unseren Studien von »Kulturreligiösen« und »Religionskomponistinnen«, um einer generellen religionssoziologischen, moralischen und theologischen Abwertung dieser Menschen zu widerstehen.

Konkrete Ausformungen der Spiritualität und Religiosität moderner Menschen sind eng verbunden mit der sie umgebenden Kultur. Sowohl Licht- als auch Schattenseiten spiegeln sich in den weltanschaulichen, religiösen Kompositionen und spirituellen Lebenspraktiken wider. In einer stark individualisierten Kultur werden auch Religion und Spiritualität zu Bereichen persönlicher Gestaltung. Dabei können mickrige wie prachtvolle Patchwork-Teppiche, armselige Bastelarbeiten ebenso entstehen wie neuartige Kreationen. Auch das Christentum bereichernde Religionskompositionen können sich entwickeln. Wie die Musik sind auch die Religiosität und Spiritualität eines Menschen Talente, die Kunstwerke hervorbringen können. Wenn wir von Religionskomponistinnen sprechen, bedeutet das daher, dass wir hoffen, dass jeder Mensch gemäß seiner Heilsberufung durch Gott die ihm zugedachte eigene Komposition entwickeln kann. So wie der »Kulturreligiöse« ein soziologischer Begriff ist, ist die »Religionskomponistin« ein Hoffnungs- und Zielbild für jene, die keine Kirchenberufung haben und trotzdem von Gott her berufen und geliebt sind.

Auch Christen können virtuose Religionskomponisten sein: Die Vielfalt in Einheit zu leben und die reiche Tradition gläubiger Kompositionen sind ein charakteristisches Merkmal der jüdischen und der christlichen Tradition. Man erinnere sich an die jüdische Weisheitsliteratur, die ein hochaktuelles Modell dafür ist, wie der Glaube an den Gott Abrahams, Isaaks und Jakobs verbunden werden kann mit zeitgenössischen Weltanschauungen hellenistischer Esoterik und Spiritualität. Die Thora ist eine schöpferische Komposition archaischer, altorientalischer Mythen, neu durchdacht und weiterinterpretiert auf der Basis der Jahweerfahrung. Auch das Christentum gäbe es nicht ohne die Fähigkeit, sich mit dem zeitgenössischen Hellenismus schöpferisch zu verbinden.

361 Zu diesem Konzept: Polak/Zulehner, Theologisch verantwortete Respiritualisierung.

> In der Schweiz haben wir eine große Studie gemacht: »Jede/r ein Sonderfall«. Zehn Jahre nachher haben wir sie wiederholt. Als Befund habe ich geschrieben: »Das ausgehende 20. Jahrhundert war die Zeit der Heraufkunft von Spiritualität. Am Geltungsanspruch der Spiritualität heben wir zwei Elemente hervor: erstens die Bekräftigung des Religiösen an sich, zweitens die Bekräftigung der Kritik an einer in sich geschlossenen und autoritären Religion.«
>
> *Roland Campiche* auf dem Symposium »Zukunft der Religion – Rolle der Kirchen«

In Österreich haben wir mittels einer Clusteranalyse eine Typologie der verschiedenen »Glaubenshäuser« entwickelt, die die Menschen bewohnen.[362]

Die kleinste unter den vier Gruppen sind die »*Atheisierenden*«: 13%. Es sind Menschen, die ihr Leben nicht auf einen Gott setzen, sondern eher zweifeln, agnostisch oder – was ganz selten ist – erklärte »gläubige Atheisten« sind. Sie vertreten vor allem naturalistische und humanistische Werte, negieren die Existenz Gottes oder merken zumindest nichts von seiner Präsenz. Für sie ist mit dem Tod alles aus, der Sinn des Lebens liegt im Leben selbst.

Sodann gibt es »*naturalistische Humanisten*« (30%). Sie fühlen sich eingebunden in einen schicksalshaften Kreislauf der Natur. Zugleich kreist ihr »Glaube« um den Menschen. Sie können als ökologisch und anthropozentrisch ausgerichtet gelten. Ihr Weltbild ist kosmologisch und von der inneren Bewegung her pantheisierend-mystisch: Sie finden Gott in der Natur, in deren Kreislauf und in deren Gesetzen.

Die dritte Gruppe ist die religionssoziologisch spannende Gruppe der »*Religionskomponisten*« (31%): Sie komponieren ihre ureigene spirituelle Musik – und dürfen das heute auch bekennen. Diese Menschen verbinden buddhistisches, esoterisches, naturalistisches und humanistisches Gedankengut. Sie übernehmen auch einzelne Positionen aus dem Christentum, sind aber der Ansicht, dass Gott nicht nach der Art der Christen verstanden werden kann. Auf den ersten Blick ist jede und jeder dieses Typs ein spiritueller »Sonderfall«.[363]

Die vierte Gruppe schließlich sind die 26% *Christen*, die glauben, dass sich Gott in Jesus Christus zu erkennen gegeben hat, die an eine Zukunft glauben, die im Reich Gottes liegt, und deren Tod durch die Auferstehung Sinn bekommt.

Der größere Blick auf Europa zeigt, dass die Religionskomponistinnen im Zunehmen sind. Freilich ist Europa in religiösen Angelegenheiten höchst differenziert. Da gibt es zum einen Kulturen, die tendenziell eher stabile Glaubenskosmoi aufweisen, (noch) nicht so extrem ausgebildete Glaubensexperimentierfreude aufweisen: Litauen, Kroatien, Italien, Österreich; daneben Kulturen mit hoher Experimentierlust in religiösen Angelegenheiten: Luxemburg, Belgien, Finnland, Frankreich.

Unterscheiden kann man ferner gottgläubige (über 75% der Menschen verstehen sich als religiös) und atheisierende Kulturen in Europa (unter 50% verstehen sich als religiös). Zu den ersteren gehören u. a. Polen, Portugal, Irland, Rumänien, Nordirland, Griechenland, Italien, Kroatien, Spanien, Österreich, Litauen, Island, Slowakei,

362 Vgl. Zulehner/Hager/Polak u. a.: Kehrt die Religion wieder?, 78–86.
363 Alfred Dubach (Hg.): *Jede/r ein Sonderfall*. Religion in der Schweiz, Ergebnisse einer Repräsentativbefragung, Zürich 1993.

Weißrussland, Ukraine, Lettland. Die atheisierenden Länder werden angeführt von Tschechien, gefolgt von Estland, Schweden, Niederlande und Frankreich.

Auch die Europäische Wertestudie hat mittels einer Clusteranalyse eine Typologie der »Glaubenshäuser« entwickelt:[364]

Da gibt es die Gruppe der »*Christinnen*« – sie stimmen nahezu lückenlos allen christlichen Items zu, lehnen aber esoterische, fernöstliche und magische Elemente tendenziell eher ab. Mit 26% in Westeuropa, 18% in Osteuropa, durchschnittlich 22% in Gesamteuropa, ist diese Gruppe eine relevante Minderheit.

Die Gruppe der *Glaubenskomponistinnen* hat eine eher starke Zustimmung zu esoterischen Elementen (Reinkarnation, Energieglaube, Telepathie), eine abgeschwächte Zustimmung zu magischen Elementen (Glücksbringer, Horoskope), aber doch auch eine durchschnittliche Zustimmung zu christlichen Elementen. Gesamteuropa: 47%, Westeuropa 43%, Osteuropa 54%.

Schließlich die Gruppe der *Atheisierenden*, mit durchschnittlich 30% (Westeuropa 31%, Osteuropa 29%), die zu keiner der drei Arten von Glaubenselementen Zugang hat.

Was ist das Neue an den Veränderungen?

Soweit die quantitativen Daten. Die religiöse Situation ist heute freilich so komplex geworden, dass wir in Österreich seit Ende der 90er-Jahre auch mit qualitativem Untersuchungsinstrumentarium forschen, um der inhaltlichen Substanz der veränderten Religiositäten tiefer auf die Spur zu kommen. Dabei zeigt sich: Die Begriffe Religion, Religiosität, Glaube, ja selbst Christlichkeit sind in einem massiven Wandel, beschreiben nicht mehr ausschließlich weltanschauliche Dimensionen, sondern umfassen auch konkretes Verhalten. Auch in religiösen Belangen beanspruchen Menschen das Recht auf Autonomie und Freiheit und wollen mitreden, was es konkret bedeutet, ein religiöses und christliches Leben zu führen.

> Für mich stellt sich die Frage, mit welcher Methode überhaupt das Neue erforschbar ist – gerade in Bezug auf das, was unter »Neuer Religiosität« und unter dem Etikett »Esoterik« oder »Movimenti« läuft. Ich habe den Eindruck, dass diese Phänomene deswegen quantitativ faktisch nicht erforschbar sind, weil es noch keine gesellschaftlich anerkannten Sprachregelungen gibt. Solange es keine eindeutigen Etiketten dafür gibt, ist etwas quantitativ faktisch nicht erforschbar, weil die Leute immer etwas anderes darunter verstehen als das, was ich gefragt habe. Oder umgekehrt: Weil das Bedeutungsspektrum dessen, was die Leute hineininterpretieren so unheimlich breit ist. Oder noch einmal anders: Weil die Leute, wenn ich ihnen die Wahl ließe, meistens etwas völlig anderes sagen würden als ja oder nein.
>
> *Maria Widl* auf dem Symposium »Zukunft der Religion – Rolle der Kirchen«

Mit »Neuer Religiosität« bzw. »Neuer Spiritualität« sind in dieser Studie weder ausschließlich alte und neue Formen von Esoterik gemeint noch ausschließlich »Neue religiöse Kulturformen«[365], die »Neue religiöse Szenerie«[366] oder die zahlrei-

364 Vgl. Zulehner, Wiederkehr der Religion?
365 Nach Widl, Sehnsuchtsreligion.
366 Nach Bochinger, »New Age« und moderne Religion.

chen neuen religiösen Bewegungen und Gemeinschaften.[367] Alle diese Sektoren sind durch den Modernisierungsprozess betroffen von einem umfassenden Wandel im Verständnis davon, was Religion, Religiosität und Spiritualität theoretisch und vor allem in der konkreten Lebenspraxis bedeuten – und lassen diesen Wandel verdichtet wahrnehmen; sie sind zum Teil selbst „Produkte" des religiösen Wandels.

Der Wandel im Verstehen von Religion betrifft aber auch die traditionellen Religionsgemeinschaften und Kirchen sowie alle religiösen Subjekte der Kultur. Er lässt sich nicht nur an einzelnen Gruppen und Bewegungen festmachen, sondern beschreibt auch einen fundamentalen Wandel im Verhältnis moderner Gesellschaften zur Religion; einen Transformationsprozess, dem das religiöse Selbstverständnis im Kontext globaler Modernisierung ebenso unterliegt wie das Selbstbild der Moderne in ihrem Verhältnis zur Religion. Der Transformationsprozess von Religion und Spiritualität findet – parallel und gleichzeitig – quer durch alle Kirchen, Religionsgemeinschaften, Bewegungen und Gruppen sowie in den individuellen Biographien statt.

Als wesentliche Merkmale moderner religiöser und spiritueller Kompositionen werden wahrnehmbar:

Die Tendenz zu *Auswahl, Kombination und Neuinterpretation traditioneller religiöser Inhalte und vor allem spiritueller Praktiken*: Sie lässt sich auch bei Christinnen beobachten, wenn diese beispielsweise ihren christlichen Glauben mit einer Praxis des Zen oder Yoga verbinden.

Eine *starke Sehnsucht nach Einheit und Harmonie*: Spiritualität soll dazu beitragen, die Konflikte und Differenzen zwischen den vielen verschiedenen religiösen, weltanschaulichen und spirituellen Traditionen zu überbrücken.

Ein *religiöser Universalismus*, der sich hier entwickelt, verbunden mit der Überzeugung, dass es letztlich nur einen Gott für die ganze Menschheit geben kann: Spirituell Suchende suchen in den verschiedenen religiösen Traditionen nach allen gemeinsamen Konstanten und wollen in der Verschiedenheit die Einheit aufspüren; andere versuchen, aus den verschiedenen Elementen neue Welterklärungskonzepte und Kosmologien mit universalistischem Anspruch aufzubauen.[368]

Eng damit verbunden ein *starkes Interesse an mystischen Traditionen aller Art*, weil diese in allen religiösen Traditionen von ähnlichen Erfahrungen erzählen und zudem zu verheißen scheinen, dass der Mensch sein Heil finden kann, ohne sich auf Institutionen und insbesondere die Kirche beziehen zu müssen. Mystik wird zur Religion der Religionen.

Zugleich und nur in scheinbarem Widerspruch steht die *enge Verbindung und Nähe spiritueller und religiöser Konzeptionen mit und zu religionskritischem und atheistischem Gedankengut*, das auch für moderne Zeitgenossinnen zunehmend selbstverständlicher zu einem religiösen Lebensentwurf gehört (z. B. Projektionsverdacht, Bewusstsein um die Gewaltneigung der Religion). Es scheint sogar, als hätte gerade das öffentliche atheisierende, relativistische Klima das Interesse an Religion wieder neu entstehen lassen.[369]

367 Diese werden umfassend beschrieben in: Hempelmann u. a. (Hg.), Panorama der neuen Religiosität.
368 Das zeigt Martin, Sehnsucht – der Anfang von allem.
369 Vgl. dazu das Diktum Friedrich Nietzsches, dass Mystik dort entsteht, wo Sehnsucht und Skepsis sich begatten; vgl. S. 191, Fußnote 313a.

Charakteristisch ist auch das *Ineinanderfallen von Elementen des Protestes gegen und der Anpassung an die lebenszerstörenden und menschenfeindlichen Elemente der Moderne*, sodass es schwer fällt, die humanen von den inhumanen Seiten neuer Religiosität eindeutig und trennscharf zu unterscheiden. So fördern die neuen, schwach und marktförmig institutionalisierten Organisationsformen z. B. genau jene kapitalistischen und konsumistischen Strukturen, die Neureligiöse oft kritisieren; aus Protest entsteht dann gegen die institutionalisierte Religion ein religiöser Markt, auf dem neuerdings auch die Kirchen allzu bereitwillig mitkonkurrieren. Oder: Die neuen religiösen und spirituellen Lebensformen sollen die Defizite einer Kultur kompensieren, in der die Wissenschaft die Deutungsvollmacht hat – und zugleich sind Neureligiöse nicht selten bemüht darum, den persönlichen religiösen Kosmos wissenschaftlich zu beweisen.

Die *Funktionalisierung und Instrumentalisierung* von Religion und Spiritualität zur Bewältigung der Unsicherheiten des modernen Lebens, zur Konstruktion rationaler Lebensdeutungen oder schlicht zur Entspannung in der Freizeit – auch innerhalb des Christentums, wenn z. B. damit geworben wird, dass Glaube gesund macht und alt werden lässt.

Die *neuen Organisationsformen*, die dabei entstehen – mit Vorliebe sind das kleine, überschaubare Gruppen und Gemeinschaften mit möglichst wenig Institutionalisierung, dafür viel Vernetzung und Veränderungsbereitschaft. Innerhalb dieser Neugruppierungen findet man dann sowohl neoautoritäre Gruppen mit rigiden Strukturen und Regeln als auch so genannte »Szenen«, d. h. losere Gruppen mit zeitlichen Begrenzungen, offenen Zugehörigkeitsbedingungen, beschränkten Wahrheitsansprüchen und geringeren Verbindlichkeitsgraden. Beiden gemeinsam ist es, dass sie antiinstitutionell eingestellt sind und den großen religiösen Institutionen und Kirchen nicht zutrauen, den spirituellen Hunger zu stillen. In der Soziologie spricht man von »akzelerierender Verszenung«[370].

Die *»Eventisierung« von Religion und Spiritualität*[371], die dazu führt, dass vor allem der emotionale Erlebniswert von Religion und Spiritualität der entscheidende Faktor für deren Attraktivität ist. Ob eine religiöse Lehre oder eine spirituelle Praxis die Wahrheit besser erkennen lässt, ist sekundär gegenüber der Frage, ob sie helfen und das Leben erleichtern kann. Fundamentalistische Strömungen sind hier nur scheinbar das Gegenteil, auch sie reagieren mit ihrem Insistieren auf Wahrheit auf diesen Trend und sind so nur scheinbar vormodern.[372]

Theologisch sind diese Transformationsprozesse ambivalent und bedürfen der Unterscheidung der Geister. Die Entwicklungen können, wenn sie den christlichen Glauben betreffen, zur Profilierung und Rückbindung an die eigenen Wurzeln ebenso verhelfen wie sie zu einer hochmütigen Selbsterhebung des Menschen über Gott werden können, wenn plötzlich der Mensch bestimmt, wer Gott sein darf und soll. Die Transformationen können Vergessenes oder Noch-Nie-Wahrgenommenes an der eigenen Tradition enthüllen, sie können aber auch Inhalte hinzufügen, die dem Glauben widersprechen, ihn verfälschen oder zerstören. Sie können eine Verinnerlichung befördern, die es braucht, um neu lieben zu lernen – ebenso wie sie ei-

370 Ausführlich dazu: Hempelmann, Vagabundierende Religiosität und Kirchen, 5–7.
371 Ebd.
372 Zu dieser These: Gottfried Küenzlen: *Religiöser Fundamentalismus* – Aufstand gegen die Moderne?, in: Hans-Joachim Höhn (Hg.): *Krise der Immanenz.* Religion an den Grenzen der Moderne, Frankfurt am Main 1996, 50–71.

nen selbstbezogenen, narzisstischen Egoismus stärken können. Sie können den Glauben ausdifferenzieren und in seiner Fülle erkennbar machen, ihn aber auch bis zur Unkenntlichkeit zerfasern. Sie können in ihrem Universalismus-Streben das Erbe der Propheten und Jesu Christi und deren Vision vom kommenden universalen Gottesreich weiterführen. Sie können aber auch eine geschichtsignorante, abstrakt-verallgemeinerte religiöse Ideologie entstehen lassen, die mit der Offenbarung Gottes in der Heiligen Schrift nichts mehr zu tun hat, und dem Wahn Vorschub leisten, der Mensch könne diese universale Einheit herstellen. Die Sehnsucht nach Einheit und Harmonie kann die Hoffnung auf Versöhnung stärken und Frieden stiften, aber auch alle fruchtbaren und unaufheblichen Differenzen verwischen und zur Harmoniesucht verkommen.

Neue Religiosität, neue Spiritualität: Quer durch alle Kirchen, Religionsgemeinschaften und Biographien

Wenn von Neuer Religiosität und Spiritualität die Rede ist, wird in dieser Studie also eine veränderte Art, Religiosität zu denken, zu erleben und zu tun bezeichnet, sowie eine spirituelle Praxis in einem umfassenden Bedeutungswandel beschrieben.

Neu an diesen »Neuen Religiositäten und Spiritualitäten« ist nicht das plötzlich wieder akute Interesse an Religiosität. »Wiederverzauberungen« der säkularen Welt, religiöse Um- und Aufbrüche hat es in Zeiten gesellschaftlichen Wandels immer wieder gegeben. Neu ist auch nicht die Vermischung unterschiedlichster religiöser Traditionen zu mehr oder weniger inhomogenen Weltanschauungen: Synkretismus und Eklektizismus sind historische Phänomene, die alle Religionen von jeher begleitet haben. Was aber ist dann das spezifisch Neue?

Von der Nische zum Massenphänomen

Die individuelle Beschäftigung mit religiösen und spirituellen Inhalten verschiedenster Tradition war bis zum 19. Jahrhundert ein elitäres Privileg und blieb den Gebildeten, den Wohlhabenden und Bürgern vorbehalten. Die Medien, ein allgemein zugänglicher Büchermarkt, die alternativen Therapie- und Selbsterfahrungsbewegungen, die Seminarszene, die religiöse Migration und nicht zuletzt der wirtschaftliche Markt, der dabei entstanden ist, haben wesentlich zur Popularisierung spiritueller Themen und Praktiken beigetragen. »Was früher als Subkultur eher ein Nischendasein führte, ist inzwischen zunehmend in das gesellschaftlich-kulturelle Leben eingedrungen.«[373] Dabei ist eine populäre Art von »Gebrauchsspiritualität« entstanden, die breiten Schichten zugänglich ist. Die vertiefte Auseinandersetzung mit spirituellen und religiösen Inhalten und die Einübung in eine dementsprechende Lebenspraxis sind freilich nach wie vor den bürgerlichen Bildungs- und Geldeliten vorbehalten.

Individualisierung und Beschleunigung

Neu im spirituellen Feld sind weder die Pluralität noch die Individualisierung. Neu sind allerdings Ausmaß und Art der Individualisierung der Spiritualitäten sowie deren Beschleunigung.

373 Hempelmann, Vagabundierende Religiosität und Kirchen, 4.

Individualisiert wird nicht nur das Verhältnis zwischen Gott und Mensch: Dieser Prozess begleitet das Christentum spätestens mit der Entwicklung der spanischen Mystik des 16. Jahrhunderts, beginnt aber genau genommen schon mit der Integration »heilsindividualistischer Stufenleitern«[374] des Neuplatonismus in die Theologie der Alten Kirche. Individualisiert werden auch die Prozesse von Synkretismus und Eklektizismus, die jahrhundertelang eher Generationenphänomene waren und sich auf Gruppen und Gemeinschaften beschränkten. Rasant ist dabei vor allem das Tempo der Vermischungen von religiösen Inhalten und spirituellen Handlungspraxen. Die Beschleunigung wird heute durch die Medien und den Prozess der kulturellen Globalisierung forciert. Der gesellschaftliche und religiöse Pluralismus ermöglicht und zwingt den Einzelnen, sich seinen religiösen Kosmos und seine spirituelle Lebensgestaltung selbst zu schaffen. Das kann zur Vorstellung führen, Spiritualität sei etwas Selbsthergestelltes - dann wäre diese Entwicklung theologisch abzulehnen. Doch ist diese Vorstellung keinesfalls zwingend. Die Individualisierung kann ebenso zur Personalisierung des spirituellen Lebens führen und ist dann ganz auf der Linie des Neuen Testaments. Individualisierung kann darum auch bedeuten, dass der Mensch seine ganz persönliche Antwort auf die Berührung durch den Geist findet und entwickelt.

Gefühlswelt und Gedankenwelt

Neu ist auch die *spezifische Gefühls - und Gedankenwelt* religiöser und spiritueller Menschen. Um hier Näheres zu beschreiben, braucht es noch viel mehr empirische Studien.

Religion wird *verinnerlicht und »verlebensweltlicht«*: Menschen versuchen, ihrer Spiritualität Relevanz im Gesamt ihres Lebens zu geben. Authentizität spielt dabei eine elementare Rolle.

Das, *was einem da »innen« erfahrbar wird, kann und will man nicht benennen.* Neureligiöse Menschen scheuen kognitive, theoretische Auseinandersetzungen und abstrakte Reflexionen der eigenen Erfahrung. Die Angst, falsch verstanden zu werden, aber auch die massive Ablehnung religiöser Streitigkeiten führt mitunter sogar zur Dialogverweigerung.

Aber auch dafür steht die Chiffre »Spiritualität«: *ein inneres Gefühl darum, dass man religiöse Erfahrung sprachlich nicht zur Gänze einholen kann;* dass sich das Numinose dem Zugriff des diskursiven Intellekts entzieht.

Eine *diffuse Sehnsucht danach, »Anderes als Alltägliches zu erleben«, Intensives zu spüren, sich selbst nahe zu kommen, Sinn zu fühlen, mit der Welt eins zu werden;* das Sehnen und das Suchen scheinen oft wertvoller als das Finden.

Ich-überanstrengte Individuen sehnen sich nach Möglichkeiten, wo sie den alltäglichen Zwang zu Autonomie und Unabhängigkeit zeitweise aufgeben können. Aufzugehen wie ein Tropfen im Meer, mit anderen und der Welt eins sein, wird zur großen Sehnsucht in einer Welt, die von Konflikten, Polarisierungen und Gewalt gekennzeichnet ist. Spirituelle Erfahrung soll individuelle Grenzen aufheben, Differenzen zwischen Menschen in Harmonie auflösen und das Leiden an den Gegensätzen und Polaritäten der Welt lindern.

374 Schneider, Leben aus der Fülle des Heiligen Geistes, 34.

Neue Religiositäten und Spiritualitäten sind in ihrer Grundhaltung *kritisch und reflexiv:* Nichts darf geglaubt werden, was nicht zuvor selbst redlich geprüft wurde. Der spirituelle Fundamentalismus, dem wir gleichzeitig auch begegnen – in einer oft befremdlich anmutenden Hörigkeit gegenüber esoterischen Lehren und religiösen Gurus – erweist sich hier erneut als gegenabhängige Reaktion. Hier wird um sozialer Zugehörigkeit und Ich-Entlastung willen bewusst auf Reflexion und Kritik verzichtet.

Für viele moderne Zeitgenossen gibt es eine Art moralischer »Pflicht zum Misstrauen«[375]. Diese schwächt zum einen menschliche Fähigkeiten wie glauben, vertrauen, hoffen und lieben, und stärkt zugleich die Versuchung, sich dann erschöpft und ernüchtert scheinbar eindeutigen Welterklärungen anzuvertrauen, solange sie wissenschaftlich argumentierbar sind. Das erklärt auch, warum manche moderne neureligiöse Formen an der Oberfläche sogar sehr unkritisch und autoritätsgläubig erscheinen und auf eine paradoxe Art und Weise massiv antirational argumentieren. Im Untergrund lauert der Zweifel des modernen Menschen und die Ahnung um ein allen Sinn verschlingendes Nichts.

Vernunftkritik, Institutionen- und Autoritätskritik sind im neureligiösen Feld ebenfalls weit verbreitet. Der Vernunft wird in religiösen Fragen wenig zugetraut, wobei Vernunft vor allem die instrumentelle, zweckrationale Vernunft meint. Institutionen werden verdächtigt, Freiheit zu beschränken, Autoritäten begegnet man ambivalent: Sie werden ersehnt und skeptisch betrachtet zugleich. Auch religionskritische Gedankengänge gehören wesentlich zu jeder Form neureligiöser Spiritualität, vor allem wenn es um das Christentum und die Kirchen geht. Elementen aus anderen Religionen sowie dualistischen, deistischen oder pantheistischen Vorstellungen begegnet man weitaus weniger religionskritisch.

Immer wieder wird von spirituell Suchenden der *Bezug auf Erfahrung* eingemahnt. Gemeint ist damit aber weniger die reflexive Einholung des Erlebten, sondern die emotionale Erlebnisseite sowie der konkrete Lebensbezug von Religion und Spiritualität. Gefühl und Körper sind im religiösen und spirituellen Leben tatsächlich lange Zeit vernachlässigt worden. Aber das emotionale Erlebnis allein ist kein Garant für Wahrheit, wie viele erhoffen. Ohne theoretische Reflexion gibt es keine Erfahrung, die durch das Leben trägt.

Religiositäten und Spiritualitäten neuer Art *vermeiden vielfach die theoretisch-reflexive Frage nach der »Wahrheit«* und beschränken sich auf narrative und beschreibende Elemente bzw. auf die personale Dimension der Wahrheit, die Wahrhaftigkeit. Dieser Widerstand gegen philosophische Abstraktion gründet nicht nur in einer allgemeinen und kulturell weit verbreiteten Schwäche der Vernunft, sondern auch in einem oft verzweifelten und intuitiven Wissen um die Abgründigkeit der Wirklichkeit. Die intellektuellen Dilemmata, in die die Reflexion spiritueller und religiöser Erfahrungen führen kann, werden abgewehrt, weil sie verunsichern und ängstigen. Man will nicht auch noch in religiösen Fragen die Instabilität des Lebens erleben, sondern sucht nach Sicherheit und Unterstützung. So konzentrieren sich viele spirituell Suchende lieber auf die Frage nach dem praktischen Nutzen von Religion und Spiritualität. Nicht ob etwas wahr ist, ist entscheidend, sondern ob es hilft. Daraus kann dann paradoxerweise ein geradezu absurder neuer Wahrheitsterror entstehen, der persönliche Erfahrungen absolut setzt und die Lebenspraxis sakralisiert.

375 Friedrich Nietzsche: *Jenseits von Gut und Böse,* in: Ders.: Sämtliche Werke. Kritische Studienausgabe hg. von Giorgio Colli/Mazzino Montinari, Band 5, München Berlin New York ^{2}1988, 53.

Neue Religiositäten und Spiritualitäten haben ein *ambivalentes Verhältnis zu Politik und Moral.* Die einen verweigern politisches Engagement aus spirituellen Gründen, bei anderen wiederum führt Spiritualität direkt in politisches Engagement. Traditioneller (d. h. vor allem christlicher) Moral gegenüber skeptisch, finden sich unter den spirituell Engagierten strenge Moralistinnen genauso wie Menschen, die Moral generell für überflüssig erachten und solche, die eine neue Moralität der Liebe entwickeln.

Ambivalenz ist ein wichtiges Hauptthema neuer Religiositäten und Spiritualitäten. Die Suche nach einer *Balance der Spannungen, Widersprüche und Polaritäten* der Wirklichkeit steht im Mittelpunkt vieler spiritueller Aktivitäten. Die Versuchung, einseitig zu werden, ist die ständige Schattenseite.

Die *Defiziterfahrungen traditioneller Religiositätsformen sind oft Ausgangsort* neuer Religiositäten und Spiritualitäten. Ein Übermaß an diskursiver Rationalität, Leib- und Sinnenfeindlichkeit, vermuteter Dogmatismus und Moralismus sind die Ursachen einer religiösen Kehrtwende in Richtung spiritueller Neuorientierung. Spirituell Suchende bringen *das Ungesagte, Verschwiegene, Vergessene, das Verdrängte, das Ausgegrenzte* wieder in den religiösen Diskurs: die Emotion, den menschlichen Körper, Sinnlichkeit und Schönheit, die Natur und den Geist, die Frage nach der lebensweltlichen Verankerung von Religion. Neue Religiositäten und Spiritualitäten sind in gewissem Sinne eine Aufklärung der Religion durch Spiritualität.

Spirituell Suchende versuchen, Religion *ins konkrete Leben jetzt und hier zu integrieren.* Sie ringen um ein *»ganzheitliches« Menschenbild.* Sie stellen sich den Anfragen der Gegenwart und sind kritisch gegenüber einem unreflektierten Fortschrittswahn in Technik und Wissenschaft, verweigern sich den neuen Unfreiheiten in Wirtschaft und Politik. Neue Religiositäten und Spiritualitäten sind eine massive und kritische Anfrage an den Status quo in Gesellschaft, Religionsgemeinschaften und Kirchen.

Dimensionen spiritueller Sehnsucht

Empirische Forschungen untersuchen gegenwärtig die neue spirituelle Szene genauer. So hat die Ethnologin Ariane Martin in ihrer umfassenden Studie über »neue Spiritualitäten« eine Fülle verschiedener Dimensionen herausgearbeitet:[376]

Spiritualitäten, die sich auf eine *Reise zu sich selbst,* ins Innere des eigenen Selbst machen: Ausgelöst durch ein diffuses Unbehagen sehnen sich Menschen nach innerer Harmonie, Lebensqualität und seelischem Gleichgewicht. Das körperliche und seelische Wohlbefinden stehen dabei im Mittelpunkt. Man sucht nach Möglichkeiten der Entspannung und der Stille, nach Selbstvergewisserung und Lebenssinn, nach Wegen der Kontingenzbewältigung. »Wellness« wird dabei ein zentrales Stichwort. Von Ayurveda-Kuren bis Zen-Meditation wird alles interessant, was bei dieser Selbstfindung hilft. Die Ziele solcher Reisen ins Innere des eigenen Selbst sind materieller Reichtum, aber auch ein Leben in Einfachheit. Man sucht Autonomie, Anerkennung und Erfolg. Mittels der Psycho-Methoden des Positiven Denkens oder der Psycho-Technik des Neurolinguistischen Programmierens soll das persönliche

376 Vgl. Martin, Sehnsucht – der Anfang von allem, 256–266.

Selbst- und Weltbild verbessert werden. Macht und Kontrolle über das eigene Leben sollen wachsen. Andere wiederum wollen ihr Selbst finden, sich in sich selbst verorten. Sie erforschen in Selbsterfahrungsgruppen ihr Inneres und entdecken dabei Elemente des Göttlichen in sich selbst.

Spiritualitäten, bei denen die Sehnsucht nach *Verzauberung* im Mittelpunkt steht: Außergewöhnliches ist attraktiv, man möchte dem Alltag und seiner Routine entkommen und sucht das Magische, Märchenhafte, Staunenswerte auf. Gesucht werden Erfahrungen aus erster Hand. Man will Grenzen überschreiten, sehnt sich nach Wundern, ist von übersinnlichen Phänomenen fasziniert oder will das Leben ästhetisieren. Die Suche nach Abenteuern, intensiven Erlebnissen, die Lust auf Neues und Experimentierfreude sind hier charakteristisch. Schönheit wird ein spiritueller Wert.

Die Dimension der *Heilung* spielt eine zentrale Rolle in vielen Spiritualitäten: Die Erfahrung von körperlicher Krankheit, Leid, unerträglichen Lebenssituationen, geistigem oder seelischem Leid lässt Spiritualität für viele zur Hoffnung werden. Alternative und komplementäre Medizin, aber auch Geistheilerei sollen ganzheitliche Gesundheit ermöglichen: körperliche, seelische und geistige Gesundheit. Menschen suchen nach Vollkommenheit, d. h. ein ursprüngliches Heilsein und die Möglichkeit zur Selbstentfaltung der eigenen Potentiale, um zu werden, wer man ist. Sie suchen auf verschiedenste Art und Weise nach Unsterblichkeit.

Spiritualitäten, die nach *Festigkeit* suchen: Viele spirituell Suchende sehnen sich nach Orientierung, Halt, Gewissheit und Strukturen, die im Leben stützen. Sie suchen oder entwickeln persönliche Rituale und nehmen an Riten verschiedener religiöser Traditionen teil. Lebensberatung, Coaching stehen hoch im Kurs, spirituelles Coachen, Ritenberater, aber auch divinatorische Techniken (Astrologie, Kartenlegen) sind gefragt. Man sucht klare Regeln, Verlässlichkeit und Wahrheit, d. h. nach einer Weisheit, die man direkt und authentisch im Herzen erfahren kann. Spirituelle Meister sind als Autoritäten gefragt.

Spiritualitäten, in denen *Gemeinschaft* ein zentrales Thema ist: Menschen suchen hier nach Beziehungen oder Anschluss an eine Gruppe, die von einer »Ethik der Liebe« geprägt sein sollen. Innere Verbundenheit, übereinstimmende Weltanschauungen werden erwartet. Es entstehen spirituelle Freundschaften und spirituelle Netzwerke. Dabei entwickeln sich neue Sozialformen: Events, Szenen, spirituelle Stammtische. Neue Gemeinschaftsprojekte wie »Ökodörfer« entstehen, in denen Menschen miteinander alternative Lebensformen ausprobieren. Solche Projekte scharen sich nicht selten um eine gemeinsame geistige Mitte und spirituelle Gründungsfiguren.

Spiritualitäten, die *ins Weite reisen*: Hier geht es um Entwicklung, Entfaltung, Dynamik, um sich »in etwas Tieferes, Höheres, Weiteres, Übergeordnetes« einzuordnen. Ausdruck dieser Sehnsucht nach Weite ist das wachsende Pilgerwesen, aber auch der Aufbruch in den Cyberkosmos. Man sucht nach Verwebung und Verortung in transzendenten Sphären oder sehnt sich nach Einheitserfahrungen, die man mittels Trance, Ekstase oder Meditation forcieren möchte. Erleuchtung und Erwachen sind angestrebte Ziele, die religiösen Traditionen des Ostens sind hier von besonderem Interesse.

Schließlich geht es spirituell Suchenden auch um neue Weisen der *Welterklärung* und des *Weltverhältnisses*: Es lassen sich weltflüchtige, weltnegierende Spiritualitäten ebenso finden wie retrospektivische oder perspektivische Spiritualitäten. Die einen nützen Spiritualität zum Eskapismus, zur Flucht oder zum Protest gegen eine unmenschliche Welt, andere setzen auf Retro-Romantik und Nostalgie und beschäftigen sich mit Schamanismus, Druidentum, keltischen oder Natur-Religionen. Bei anderen paart sich Spiritualität mit einer starken Solidarität mit Mensch und Natur und dem Streben nach neuen Strukturen. Weltverantwortung ist hier eine Folge spiritueller Sehnsucht. Spiritualität wird Wurzel für Demut und Respekt gegenüber der Schöpfung oder die Suche nach einem universalen Weltethos. Visionen einer neuen Welt und eines neuen Menschen werden geboren. Geträumt wird - manchmal mit apokalyptischem Unterton - von einer Welt des Friedens, der Freiheit und der Solidarität.

Spirituelle Lernwege im Gespräch mit dem Christentum

Inspiriert von diesen Dimensionen sollen im Folgenden einige Impulse formuliert werden, wie spirituelle Lernwege aussehen können, wenn sie mit dem christlichen Glauben in Kontakt kommen. Welche Antworten kann das Christentum hier schöpferisch beitragen? Dazu versuche ich, die verschiedenen Dimensionen der spirituellen Sehnsüchte und Suchbewegungen mittels theologischer Reflexion auf ihr spirituell zugrunde liegendes Hauptthema zurückzuführen und aus der Sichtweise des christlichen Glaubens zu deuten. Dass dabei nur exemplarisch vorgegangen werden kann, versteht sich bereits aus der Binnenpluralität des christlichen Glaubens. Viele andere Deutungen und Kombinationen sind möglich. Aber mein Versuch soll anregen, moderne spirituelle Sehnsüchte, Fragen und Dimensionen mit den Glaubenserfahrungen der christlichen Tradition in Schrift, Theologie; Lehre und Leben in Kontakt zu bringen.

Reise zu sich selbst: Die Suche nach dem wahren Selbst, das untrennbar mit Gott verbunden ist

Ein Weg, der für viele Menschen heute bedeutsam geworden ist, ist die Suche nach dem wahren Selbst. Verletzungen und seelische Verkrümmungen, die man im Leben erfahren hat oder die gehetzte moderne Lebenskultur führen nicht selten dazu, dass Menschen ihre innere Mitte verlieren. Sie sind außer sich, »geschleudert an die Peripherie des Lebensrades« (Paul M. Zulehner). Sie sind sich selbst entfremdet. Weil viele diese Entfremdung schmerzlich spüren, halten sie zunächst angestrengt an ihrem Ich (oder was sie dafür halten) fest. Die Orientierung am eigenen Ich ist zum fundamentalen Basiswert eines modernen Wertekanons geworden - nicht zuletzt auch deshalb, weil in einer relativistischen, nihilistischen Kultur, die der Wahrheit mit Skepsis begegnet, dies als der einzig sichere Bezugspunkt übrig geblieben zu sein scheint. Wenn ich mich auf nichts verlassen kann, dann suche in meinen Halt in mir selbst.

Was sucht man, wenn man nach sich selbst sucht?

Die Suche nach dem eigenen, dem wahren Selbst ist ein spiritueller Vorgang. Die Erfahrung nahezu aller bewährten spirituellen Übungswege zeigt, dass man das bewusste Alltags-Ich lassen muss, um diesen eigenen Wesenskern zu finden. Im Buddhismus geht es z. B. darum, Gier, Hass und Verblendung zu überwinden, die den Menschen am Leben haften lassen und ihm so Leid verursachen. Meister Eckhart spricht von der Abgeschiedenheit, in der der Mensch aller Dinge und seiner selbst ledig werden soll, um so zu Gott finden zu können. Ignatius von Loyola lehrt, die Haltung der Indifferenz gegenüber allem einzunehmen, gleichgültig, ob es freud- oder leidvoll ist, um im eigenen Willen dem Willen Gottes gleichförmig werden zu können.

Loszulassen sind die eigenen Wünsche, der eigene Wille, die eigenen Gedanken und Gefühle. Wenn man sich solcherart von sich selbst distanziert, kann man die Erfahrung machen, dass einem das eigene Selbst von Gott geschenkt ist und immer wieder geschenkt wird. Gedanken, Gefühle und Willensäußerungen werden dann Instrumente dieses wahren Selbst und dienen ihm, sich selbst auszudrücken. Diese Erfahrung macht frei und liebesfähig. Theologisch geht es darum, dass der menschliche Geist mit dem Geist Gottes gleichförmig wird, sich dort einwohnt und aus ihm leben lernt.

Mit Blick auf die spirituelle und die Psychoszene unserer Kultur spricht der Psychotherapeut Hans-Willi Weis[377] von einem Exodus ins Ego. Dieser Exodus ist freilich ambivalent. Die einen landen selbstzufrieden bei sich und suhlen sich narzisstisch und selbstverliebt in ihren eigenen Bedürfnissen, die zum Maßstab aller Entscheidungen werden. Gott wird mit den eigenen Sympathien und Antipathien verwechselt. Man müsse zuerst sich selbst »richtig« lieben, dann könne man auch die anderen lieben.[378] Meistens bleibt dann für die anderen keine Zeit mehr übrig, die Nächstenliebe wird verschoben, weil man selbst noch nicht so weit und vollkommen ist.

Andere erfahren in dieser Suche und Auseinandersetzung mit sich selbst, dass sie mit anderen Menschen unzertrennlich verbunden sind, und der Weg zu sich selbst über die Liebe zu den anderen führt. In dem Maß, in dem man sich verschenkt und hingibt, bekommt man sich selbst wieder zurückgeschenkt. Wer sein Leben zu bewahren sucht, wird es verlieren; wer es dagegen verliert, wird es gewinnen (Lk 17,33; Joh 12,25).

Das wahre Selbst, also das eigene, von Gott geschenkte Selbst zu entdecken, kann Exodus im urbiblischen Sinn bedeuten: Befreiung aus dem, was das Leben einengt und unfrei macht. Dieser Exodus schenkt einem selbst und darin allen anderen Würde und Selbstvertrauen – unabhängig davon, ob jemand stark oder schwach, erfolgreich oder ohnmächtig, gesund oder krank ist. Daran erkennt man den gottvollen Exodus: Er führt zur Wahrnehmung und Erkenntnis der personalen Würde des Menschen, die unabhängig davon existiert, ob wir einander Würde zu- oder absprechen.

377 Hans-Willi Weis: *Exodus ins Ego*. Therapie und Spiritualität im Selbstverwirklichungsmilieu, Zürich 1998.

378 Das ist eine gängige und weit verbreitete Fehlinterpretation des jüdischen und christlichen Liebesgebotes (Lev 19,18; Mt 22,39; Mk 12,31; Lk 10,27), vielleicht auch nahe gelegt durch die Übersetzung. Martin Buber übersetzt dieses Gebot so: Liebe deinen Nächsten. Er ist wie du. So gelesen lenkt das Gebot nämlich den Blick von einem selbst weg auf den Anderen und zeigt, dass der Weg zu sich selbst über die Auseinandersetzung mit anderen Menschen führt.

Damit wird die spirituelle Dimension des Exodus erfahrbar: Die Befreiung meines eigenen Selbst liegt im Letzten nicht in meiner Hand. Die Suche nach sich selbst bleibt sinnlos, wenn Gott dieses Selbst uns nicht schenkt. Kein Mensch kann sich selbst unverbrüchliche, ewige Würde zusprechen. Die Würde des Menschen ist in diesem Sinne antastbar. Menschen sind zerbrechlich und immer auch gebrochen. Das können wir heute überall dort beobachten, wo die Menschenwürde trotz des Pochens auf die Menschenrechte mit Füßen getreten wird. Wer an die unzerstörbare Würde des Menschen appelliert, kann dies nicht ohne Rekurs auf eine transzendente Größe tun. In der spirituellen Erfahrung der Christinnen erweist sich Gott als der Garant der Menschenwürde. Ohne ihn bleibt sie bloßes Postulat: Denn wer sollte sie garantieren?

Die Suche nach dem wahren Selbst kann in die Sphäre des Heiligen führen: Gott erweist sich als der ewige Ursprung des Menschen. Die Reise ins Innere kann dorthin führen, wonach auch jene sich sehnen, die eine Reise ins Weite antreten: in die Erfahrung, dass der Mensch eingebunden ist in die Schöpfungsordnung Gottes, und er als unverwechselbare Person von ihm unbedingt und unwiderruflich geliebt ist. Der Exodus ins Ich kann lehren, sich selbst als Gottes-Geliebte zu verstehen. Man kann eine Würde erfahren, die einem niemand mehr nehmen kann. Der Exodus kann in eine Freiheit führen, die unangreifbar macht gegen alle versuchten Zugriffe von Menschen auf den Menschen. Mit dieser Erfahrung darf sich jeder frei wissen, weil er sich als rückbezogen auf Gott erfahren kann (was eine der etymologischen Bedeutungen von Religion ist). Das ermöglicht es, Widerstand gegen alle Mächte zu leisten, die den Menschen versklaven und seiner Freiheit berauben wollen. Die Gottesverwurzelung macht ideologie- und totalitarismusresistent. Viele spirituelle Menschen waren daher Feinde totalitärer Systeme. Religion erweist sich an dieser Stelle erneut als politisch hochbrisant.

Eine spirituelle Reise zu sich selbst, führt also nicht zwangsläufig zur vereinsamten Isolation ins Innere des eigenen Selbst, sondern macht die Verbundenheit mit anderen, mit der Welt und mit den Menschen, sowie mit der Sphäre des Göttlichen überhaupt erst erfahrbar. Das »Ich« ist kein nach außen hin abgeschlossenes »Ding«, das sich durch willkürliche Entschlüsse mit anderen verbinden muss, kein »homo clausus« (Norbert Elias). »Wahres Selbst«: Das meint Bindung, Kontakt, Beziehung; all das gehört wesenhaft, konstitutiv zu dem, was man Identität nennt. Ohne Beziehung, ohne Kontakt bin ich nichts, gäbe es mich gar nicht. Bindungen und Beziehung gehören unabdingbar zum Mensch-Sein. Identität entwickeln bedeutet also nicht Selbstbehauptung, sondern Selbsthingabe. Dazu muss man zuallererst sein Selbst wahrgenommen haben. Der Einzelne gewinnt sich gerade dadurch, dass er sich der Verbundenheit mit anderen und der Welt gewahr wird. Das betonen personal-dialogisch denkende Philosophen wie Martin Buber, Gabriel Marcel oder Karl-Augustinus Wucherer-Huldenfeld.

Gefahren auf dem Weg zum Ich

Der Weg zum Ich ist wie jeder spirituelle Weg gefährlich: Da drohen der Absturz ins Ich, das verkrampfte, angstvolle Festhalten am eigenen Sein. Die Lebenskraft wird zur Sicherung des eigenen Daseins verwendet. Narzissmus und Depression können die Folge der Reise zu sich selbst sein, zwei spiegelgleiche seelische Krankheiten, die beide am selben leiden: an der Fixierung an einem ausgehöhlten, leeren Selbst, das sich zu kurz gekommen vorkommt. Die Spirale beginnt: Wer zu kurz gekommen ist, konzentriert sich auf sich selbst und hofft, sich selbst geben zu können, was fehlt. Dabei wird man seelisch krank. Im einen Fall wird das zerstörte Ich künstlich vergrößert, indem die Umwelt ausgesaugt wird und zur persönlichen Beweihräucherung dient; im anderen Fall wird die innere Leere schmerzlich spürbar, das Leben weicht aus einem.

Der Weg ist auch bedroht, wenn das Ich verstanden wird als eigenmächtig zu konstruierendes »Ding«, das man nach freiem Belieben aus verschiedensten Versatzstücken willkürlich zusammensetzen könne – wie das z. B. der radikale Konstruktivismus oder die neuen Theorien zu so genannten »Bastelidentitäten« behaupten. Wenn der Mensch sich selbst zum Maßstab des eigenen Werdens erklärt, wird er zum »homo faber« und damit zum »homo incurvatus in se ipsum«, zum in sich selbst verkrümmten Menschen. Er kann sich selbst und niemandem anderen mehr in die Augen sehen, weil er nur sich selbst sieht und behaupten will. Theologisch ist dies der Zustand der Sünde.

Chancen der Ich-Suche

Echte Personalität wird möglich auf der Reise zu sich selbst. Man weiß sich mit anderen Menschen innig verbunden. Das eigene Leben wird nicht immer leichter, aber stimmiger und bewusster: Es wird »mein Leben«, man wird nicht mehr gelebt, sondern lebt selbst. Man erkennt die eigene Berufung, die persönliche Lebensaufgabe, zu der einen Gott bestimmt hat. Substantielle Freiheit wird möglich, die Menschen nicht trennt, sondern zusammenführt. Die persönliche Entscheidungsfreiheit wird größer, auch die äußeren Freiheitsräume verändern sich. Der eigene Freiheitszuwachs mehrt zugleich die Freiheit für die anderen. Glücksgefühle wandeln sich zu in der Tiefe des eigenen Selbst erfahrbarem Sinn, Liebe wird konkret und praktisch und verleiht der Welt schöpferisch neue Gestalt. Solche Ich-Werdung entängstigt, macht daseinsstark, mutig, phantasievoll und kreativ. Man lernt die eigenen Grenzen kennen und aushalten. Die Suche nach dem Ich ermöglicht so die Erfahrung von Zugehörigkeit zu einem größeren Ganzen, in dem man selbst wichtig ist.

Ich-Suche: Mit Freiheit leben lernen

Freisein: Das Leben entleeren, um seine Fülle wahrzunehmen

Durch Meditation, regelmäßiges Gebet oder Sitzen, wie es die religiösen Traditionen lehren können, lernt man, das Leben von dem zu befreien, womit man sich vor ihm schützt. Man wird durchlässig und still, lernt das Hören wieder neu. Die Leere, die dabei zu erfahren ist, ermöglicht zugleich die Wahrnehmung einer Fülle, die das Leben durchdringt.

Freisein: Die eigene Bruchstückhaftigkeit annehmen

Mit vielen Techniken versuchen moderne Menschen heute, ihre Zerbrechlichkeit zu verdrängen: Anti-Aging-Programme, High-Tech-Medizin und Versicherungen aller

Art täuschen darüber hinweg, dass wir endlich und sterblich sind. Menschen können aber lernen, die Bruchstückhaftigkeit als Chance wahrzunehmen: als Zeichen der Menschlichkeit, der Zartheit, der Schutzbedürftigkeit und des Angewiesenseins aufeinander. Gerade aus diesen Brüchen kann oftmals neues Leben wachsen. Was perfekt ist, ist tot und entwickelt sich nicht mehr. Freisein heißt: sich entwickeln dürfen, weil man Stückwerk ist.

Freisein: Treu sein lernen
Freiheit ohne Verbindlichkeit und Treue ist leer und unmenschlich. Frei sein bedeutet, die eigenen Beziehungen auszubalancieren zwischen Nähe und Distanz, Selbstbehauptung und Selbsthingabe, Auseinandergehen und Zusammenkommen. Treu sein bedeutet, sich auf diese Pendelbewegungen verlässlich einlassen. Identität gibt es nur kraft Beziehung, Freiheit nur kraft Bindung. Umgekehrt gilt dasselbe: Beziehung stiftet Identität, Bindung ermöglicht Freiheit. Dazu müssen wir uns von der »Dämonie« der Moderne verabschieden, ein autonomes Individuum sei so unabhängig, dass es niemanden anderen brauche, um sein zu können, weil es selbst in sich schon alles Gute berge.

Freisein: Ordnung lernen
Frei sein meint nicht nur, Hindernisse beseitigen, ist nicht nur ein Entleerungsvorgang oder eine Wegbewegung. Freisein bedeutet auch, ethische, soziale, politische, ökonomische Ordnungen zu entwickeln, in denen Menschen friedvoll und gerecht, liebevoll und frei miteinander leben können. Persönliche Freiheit ist nur zu haben, wenn auch die Freiheit der anderen gesichert ist. Diese Forderung ist nicht nur für das Privatleben durchzubuchstabieren, sondern hat auch globale Dimensionen. Die Freiheit der anderen ist auch die der Armen und Unterdrückten der Welt. Ordnung lernen bezieht sich auch auf Fragen einer gerechten Weltordnung, ohne die es keine echte Freiheit gibt.

Freisein: Aufklären und befreien
Wer frei wird und sich selbst gefunden hat, wird andere befreien. Aufklärung über Unfreiheiten, Widerstand gegen die Bedrohungen unserer Freiheit sind die Aufgaben, die dem zu sich selbst befreiten Menschen zuwachsen. Wer frei ist, weiß, dass die Freiheit beschützt und bewahrt werden will. Ein zu sich selbst befreiter Mensch ist sensibel auf neue Freiheitsbedrohungen und wagt den Exodus immer wieder neu.

Religion hilft bei der Suche nach dem wahren Selbst

Alle Religionen versuchen zu helfen, dem einzelnen Menschen seinen Ort im Ganzen des Kosmos und der Schöpfung wahrnehmbar zu machen. Sie spannen große Lebenshorizonte auf: Der Glaube an die universale Heilsgeschichte in den monotheistischen Offenbarungsreligionen, die Kosmologien der östlichen Religionen – so verschieden sie das Leben deuten – geben dem fragilen Menschen einen verlässlichen Platz in der Welt. Liebe spielt dabei vor allem in den mystischen Traditionen der Religionen eine zentrale Rolle. Religionen zeigen, wie man im Leben langen, nachhaltigen Sinn finden kann, indem man sein wahres Selbst findet und sich in der Sphäre des Heiligen geborgen wissen darf.

Christlich gesagt: Jeder Einzelne ist von Gott befreit, begleitet und geliebt

Auch für Christinnen ist die Suche nach dem wahren Selbst ein elementarer Weg zu Gott. Schon die christlichen Wüstenväter wussten, dass der Weg der Auseinandersetzung mit sich selbst ein Königsweg zu Gott ist. Man sprach beispielsweise von der »via purgativa«, dem Weg der Läuterung. Das klingt für moderne Ohren etwas seltsam, beschreibt aber zutreffend die seelischen Entwicklungsvorgänge auf dem Weg zum »wahren Selbst«. Im Rahmen seelisch-geistiger Läuterung und Reifung wächst schrittweise die eigene Persönlichkeit heran. Durch den immer auch schmerzhaften Vorgang innerer Läuterung, die an den Grund der Seele führt, wird man, wer man ist. So kann jede und jeder zum »Märtyrer«, zur »Märtyrerin« werden: Indem man wird, wer man ist, wird man Zeuge, Zeugin des Evangeliums. Die persönliche Lebensgestalt verkündet Gottes Botschaft an die Menschen. So wird der Einzelne auch zu einem Teil der Kirche, stellt durch sein eigenes Leben Kirche dar und her.

Um das vertieft verstehen und deuten zu können, werden Christinnen eine Theologie unvermittelbaren, inneren Erlebens und der Suche nach innerer Lebensweisheit entwickeln, damit es möglich wird, die Reise ins Innere des eigenen Selbst als Weg zu Gott erkennen zu können. Das Ich wird dabei weder vergöttlicht noch mit dem Göttlichen verschmolzen, sondern es gelingt, in der Fähigkeit zur Liebe die via regia zu Gott wahrzunehmen. In Jesus Christus wird wahrnehmbar, wie ein solcher Weg aussieht. Wer ihm nachfolgt, tritt ein in den Raum der göttlichen Liebe, in dem der befreiende Gott immer schon auf uns wartet. Er erkennt den »Christus in sich selbst«, der immer untrennbar mit Gott verbunden ist (vgl. Gal 2,20). Eine mystagogische Pastoral kann bei diesem Weg helfen, indem sie Menschen dazu befähigt, im eigenen Leben das Geheimnis Gottes wahrzunehmen, der jeden Einzelnen immer schon begleitet und ihm nahe ist.

Gerade in der Bruchstückhaftigkeit sind wir Gottes geliebte Geschöpfe. Gott liebt den Menschen nicht erst, wenn er vollkommen ist. Immer wieder sind es in der Bibel unvollkommene, oft sogar schuldbeladene Personen, an denen Gott seinen Heilswillen tut: Man denke an den großen König David, der sogar seinen Nebenbuhler umbringen lässt. Auch Jesus Christus ist zuerst zu den einfachen Leuten, zu den Armen, den Unmoralischen, den Gescheiterten gekommen. Alle dürfen sich »in Christus« mit Gott verbunden wissen, ohne sich mit ihm verwechseln zu müssen.

Reise ins Weite: Suche nach dem letzten Du

Die Europäische Wertestudie 2000 hat gezeigt, dass die Individualisierungswelle ihren Höhepunkt überschritten hat. Immer mehr Zeitgenossen fragen, wie man die Suche nach sich selbst mit der Sehnsucht nach Zusammengehörigkeit, Liebe, Beziehung, Gemeinschaft verbinden kann. Indikatoren für den signifikanten Bedeutungszuwachs von Beziehung, Gemeinschaft und sozialer Zugehörigkeit ist der hohe Wert von Familie und Freunden. Die Bedeutung der »kleinen Lebenswelten« hat im Verlauf der vergangenen zehn Jahre ebenso zugenommen wie die Mikrosolidarität, also die Bereitschaft, sich für Verwandte, Freunde und Bekannte einzusetzen. Insbesondere bei den Jugendlichen und jungen Erwachsenen ist die Bedeutung naher Beziehungen enorm gestiegen: Freunde sind für 72% der jungen Menschen in Österreich ein »sehr wichtiger« Lebensbereich: für 20% mehr als noch 1990. In dieser Entwicklung spiegelt sich die gestiegene Bedeutung der Peer-Group ebenso wieder wie die wachsende Absenz der Eltern und der sozioökonomische Hintergrund: Jugendliche sozialisieren sich heute primär gegenseitig und holen sich voneinander die Liebe, für die im Alltagsgetriebe kaum noch Platz ist.[379] Auch bei den Erwachsenen ist die Bedeutung der Freunde und der Familie enorm gewachsen. Das gestiegene Vertrauen in gesellschaftliche Institutionen bei den Erwachsenen – vom Parlament über das Zeitungswesen bis hin zu den Vereinen – ist ein Indikator für die starke Sehnsucht nach Sicherheit in einem Gemeinwesen.

Moderne Kulturen vereinzeln den Menschen. Ein einseitiger und verengter Begriff von Individualität und ein wirtschaftlich forciertes Konkurrenzparadigma lassen den anderen zum Gegner, zum Feind werden. Die Schattenseite der Individualisierung bedeutet Vereinsamung, Vereinzelung, massive Daseinsangst und psychische Obdachlosigkeit. Der isolierte Mensch hat keine Wurzeln im Leben und kein Dach über der Seele. Menschen suchen daher heute wieder nach Weite: nach belastbaren Beziehungen, nach stabilen Freundschaften, nach Zugehörigkeit zu Gruppen und Gemeinschaften, nach Vernetzungen innerhalb der Gesellschaft und Verwebungen im Kosmos.

Menschen vernetzen sich in ganz unterschiedlicher Weise. Zivilgesellschaftliche Gruppierungen: Non-Governmental-Organisationen, Selbsthilfegruppen, Vereine boomen, und zwar insbesondere im städtischen Bereich, wo die Vereinzelung am deutlichsten spürbar ist. Freundschaftsnetze entstehen, und in jedem Lebensratgeber ist sicherlich ein Kapitel dem Thema gewidmet, wie man Freundschaften anbahnt, pflegt und mehrt. Transfamiliale Netze bilden sich, in denen Familien einander unterstützen, um den Alltag zu bewältigen. In Paarbeziehungen werden große Hoffnungen gesetzt, Beziehungsratgeber, Seminare und Therapeutinnen sollen helfen, dass Liebe gelingt. Auch in der Arbeitswelt wird verstärkt Wert gelegt auf die Unternehmenskultur, auf Konfliktmanagement und die Art des Miteinanderumgehens.

Andere wiederum suchen ihre Verwebungen im Bereich des Esoterischen. Sie streben danach, sich eins mit dem Kosmos zu fühlen, sehen im Anschluss an alte hermetische Traditionen enge Bande und Abbildungen zwischen dem Makro- und dem Mikrokosmos, der Welt »oben« und jener »unten«, erleben sich verkettet mit einem unentrinnbaren Schicksal. Sie fühlen sich eingebunden in den schicksalhaften Lauf der Welt und sehen die Reinkarnation als einen sinnvollen Ausdruck für eine solche Verwebung.

Wieder andere greifen auf alte mystische Traditionen zurück und erleben sich als einen Teil des Göttlichen, des Ganzen, des Ursprungs und des Anfangs. Erlebbar

379 Vgl. Beate Großegger: *»Beziehungswerte«* – Freunde, Partnerschaft und Familie in den Werte-Sets Jugendlicher, in: Friesl (Hg.), Experiment Jung-Sein, 47–72.

werden solche kosmischen und mystischen Verwebungen durch den Eintritt in unterstützende Gemeinschaften, in denen eine tiefe Zusammengehörigkeit aller eine zentrale Erfahrung ist.

Was sucht man, wenn man in die Weite aufbricht und nach Gemeinschaft, Verwebung und Vernetzung sucht?

Die meisten unserer Handlungen sind motiviert von der Suche danach, geliebt zu werden: angenommen und bejaht zu werden, so wie wir sind. Für unsere Leistungen wollen wir gelobt werden, für unsere Treue erwarten wir uns Anerkennung, unsere Freundschaft wollen wir erwidert wissen. Der Mangel an Liebe lässt uns Materialistinnen, Arbeitssüchtige, Egoistinnen werden, um auf entstellte Art jene Liebe zu erzwingen, die wir so dringend brauchen und ersehnen. Auch die Idealisierung von Liebespartnern wurzelt in dieser unstillbaren Sehnsucht nach Liebe. Und nicht selten verwechseln Menschen Bewunderung, Anerkennung oder Erfolg mit Liebe. Es ist die Sehnsucht nach einem Gegenüber, das *mich* meint, die mich antreibt, mich mit anderen zu verbinden. Die Sehnsucht nach Ordnung und Sicherheit, nach Geborgenheit und Angenommensein, letztlich nach Liebe ist es, die Menschen aufeinander zu bewegen lässt. Die Sehnsucht nach Vernetzung und Verwebung ist die Sehnsucht, ein *Du* für einen anderen zu sein und so einen sicheren Ort im Kosmos zu haben. Hinter der Reise ins Weite und dem Streben nach Vernetzung steckt die Sehnsucht nach einem Du, das mich unbedingt und immer liebt.

Mit dieser Sehnsucht nach einem letzten Du geraten wir erneut in den spirituellen Bereich. Gibt es eine solche unbedingte Liebe? Woher kommt die Sehnsucht nach einem solchen Du? Was macht sie möglich? Ist echte Liebe, tiefe Freundschaft, wahre Gemeinschaft zu reduzieren auf eine Frage von Hormonen, gruppendynamischen, tiefenpsychologischen und biologischen Gesetzmäßigkeiten und soziologischen Konstellationen?

Die spirituelle Erfahrung sieht in der Sehnsucht nach dem Du das Wirken Gottes selbst. Sie erfährt Gott als den Grund der Liebe. Für Christinnen ist Gott die Liebe selbst.

Spirituelle Erfahrungen zeigen auch, dass es unter Menschen Verbindungen der Liebe gibt, die sich unserem rationalen Bewusstsein entziehen. Synchrone Handlungen zweier Liebender an getrennten Orten, Träume und Ahnungen, die einen sehen lassen, was dem anderen widerfährt: Immer wieder erzählen Menschen von solchen Erlebnissen, die auf diese vorgängige Verbundenheit hinweisen.

Wenn die Sehnsucht nach Liebe so stark ist, warum ist die Liebe dann das Allerschwierigste für Menschen? Es scheint, als fürchteten wir die Liebe mehr als den Mangel an ihr. Mit der Liebe leben? Das würde alles auf den Kopf stellen und durcheinander bringen. Vielleicht ist hier der tiefste Widerspruch menschlichen Lebens zu suchen: Dass der Mensch sich selbst als jemanden erfährt, der ohne die Liebe eines anderen nicht sein kann, aber vor der Liebe des anderen zugleich Angst hat.

Die spirituelle Erfahrung zeigt hier eine Lösung: Wenn man in die Sphäre Gottes eintaucht, kann man erkennen, dass es genug Liebe für alle gibt; dass jeder einzelne Mensch von Gott geliebt ist. Dann wird Unmögliches möglich: Dem Freund verzeihen, obwohl er mich verletzt und verraten hat; dem Partner vergeben, dass er nicht mein Gott ist und mir nicht all das geben kann, was ich zum Leben brauche; aufhören damit, den Eltern vorzuwerfen, dass sie nicht perfekt waren und mich zu wenig geliebt haben; Kindern ihre Freiheit schenken und sie ihr eigenes Leben leben lassen, auch wenn es einem nicht gefällt. Solche Wunder werden möglich, weil man weiß, dass jeder Mensch in der großen Liebe Gottes angenommen und beheimatet ist. Wer sich Gottes Liebe schenken lässt, kann diese Liebe weitergeben. Weil der Mensch von Gott angenommen ist, wie er ist, wird er frei zur Liebe. Indem man sich durchlässig macht für die Liebe Gottes, kann diese bis in das Innerste dringen und das Herz erfüllen.

Wenn wir also nach Beziehung und Gemeinschaft streben oder uns in die Weite des Kosmos aufmachen und dort nach Verwebung und Vernetzung suchen, folgen wir unserer ureigensten spirituellen Bestimmung und Befähigung zur Liebe. Es wird sichtbar, was Mensch-Sein bedeutet: eingebettet in einen Kosmos zu sein, in dem sich die unermessliche, unbegrenzte, maßlose, ewige Liebe Gottes finden lässt.

Gefahren auf dem Weg zum Du

Der Wunsch nach Freundschaft und Liebe kann zum Terror der Intimität werden. Der Wunsch nach gelungenen Liebesbeziehungen kann dazu führen, dass man einander der Freiheit beraubt. Die Tendenz, sich Freunde und Partner zur Selbstbestätigung zu suchen, kann dazu führen, dass man am liebsten unter Seinesgleichen bleibt. Neues lernt man aber meistens von Menschen, die anders sind als man selbst.

Gemeinschaftssehnsüchte verwandeln sich in Clan- und Gruppenegoismen. Auch die Instrumentalisierung von Beziehungen, Freundschaften, Gruppenzugehörigkeiten ist eine stetige Versuchung. Freunde sind dann wichtig, um weiterzukommen, erfolgreich zu sein, jemanden zu haben in der Not und werden unter dem Aspekt des Nutzens ausgewählt.

Bleibt die Suche nach kosmischer Vernetzung solcherart stecken und führt nicht zu den anderen Menschen, können sich weisheitlich orientierte Kosmologien in egoistische Ideologien verwandeln, in denen für andere kein Platz ist und die nur der eigenen Selbstberuhigung dienen.

Auch auf gesellschaftspolitischer Ebene kann die Suche nach Gemeinschaft, Vernetzung und Verwebung problematische Dimensionen haben. Die stärkere Betonung kleiner Lebenswelten – Trendforscher nennen das »Cocooning« und »Homing«[380] – führt zu einem apolitischen Neobiedermeier, zu Kleinbürgerlichkeit und Vereinsmeierei. Individualethische Fragen, wie man seine Beziehungen gut führen kann, werden überdimensional wichtig, während der Sensor für sozialethische Dimensionen verloren geht und globale politische Zusammenhänge ignoriert werden. Die Abschottung der wohlhabenden Industrieländer gegenüber dem armen Rest der Welt ist eine weitere absehbare politische Folge.

Die Reise ins Weite kann also auch zum Verlust dessen führen, was man sucht. Man verliert sich selbst, verzettelt oder verirrt sich.

380 Der Trendforscher Matthias Horx prognostiziert für die nächsten zehn Jahre eine Zunahme des so genannten »Homing«: Menschen ziehen sich in ihre privaten Beziehungswelten zurück und schützen sich so vor den globalen bedrohlichen Entwicklungen: http://www.zukunftsinstitut.de vom Februar 2004.

Chancen der Du-Suche

Wer den Weg zum Du behutsam und konsequent geht, sich auf andere einlässt und von ihnen verändern lässt, wer sich in Gemeinschaften, in Gruppen einbringt und politisch engagiert, findet seinen Platz im Kosmos und gewinnt an persönlicher und spiritueller Reife. Freundschaften, Beziehungen, Partnerschaften gewinnen an Qualität und Substanz, werden belastbar und tragen durch das Leben. Die Liebe, die man schenkt, bekommt man zurück, gerade weil und wenn man nicht damit rechnet. Wer mit der Liebe des anderen rechnet, liebt nicht. Der persönliche Einsatz für andere hat Auswirkungen auf die Welt. So wird Sinn erfahrbar.

Grundlage dieser Liebe ist das Sich-Einlassen auf die universale Liebe Gottes. Dieser Aspekt der Gottesliebe kann auch in der christlichen Tradition wieder neu entdeckt werden: Staunen lernen über die unendliche Weite und Komplexität der Schöpfung Gottes; sich freuen an allem, was lebendig ist; den Heiligen Geist in der Welt wieder neu entdecken lernen; wahrnehmen, dass die Wirklichkeit von Gottes Liebe durchwirkt ist. »Glauben« heißt: sich mit der Liebe Gottes beschenken lassen und diese annehmen.

Der Weg der Vernetzung und Verwebung fördert die Bereitschaft zur Solidarität und kann politische Auswirkungen haben. Wer im Kosmos göttlicher Liebe zu Hause ist, »weiß«, dass er mit der ganzen Menschheit verbunden ist und wird sich daher für Gerechtigkeit einsetzen. Er lebt aus der Fülle göttlicher Liebe und glaubt, dass genug da ist für alle: Diese spirituelle Grunderfahrung ist die Voraussetzung, ohne Daseinsangst teilen zu können.

Du-Suche: Lieben lernen

Lieben lernen
Das ist eine Lebensaufgabe. Die Fähigkeit zu lieben bedeutet, Menschen- und Gottesliebe immer wieder neu in Balance zu bringen. Wenn wir unsere Liebe nur irdisch ausrichten, verzweifeln wir am Mangel. Wenn wir sie nur himmlisch ausrichten, verzweifeln unsere Mitmenschen an uns. Wir können lernen, uns gleichsam an Gottes Liebe »anzudocken«, uns beschenken lassen und aus dieser Liebe heraus anderen von dieser Liebe zu schenken. Solche Liebe ist nicht mehr anstrengend, sondern fließt aus unerschöpflichen Quellen. Dort, wo das gelingt, geht für uns alle ein Stück weit der Himmel auf. Wir werden Person und erfahren: Ich bin ein Du. Lieben lernen bedeutet, sich lieben zu lassen, Liebe anzunehmen, die uns Gott und unsere Mitmenschen schenken. Das Schwierigste auf der Suche nach Liebe ist zu lernen, sich lieben zu lassen. Das, was einem an Liebe geschenkt wird, auch anzunehmen; durchlässig zu werden für Gott und Menschen.

Sich binden und gebunden sein
Moderne Menschen scheuen vielfach zurück, sich auf einen anderen Menschen ganz einzulassen. Diese Angst vor intimer Bindung durchdringt viele Beziehungen. »Glückliche Fernbeziehungen« halten die Nähe zwischen sich auf Sparflamme, manche Paare (die sich das leisten können) haben drei Wohnungen, damit jeder seinen persönlichen Freiraum hat; manche Ehepaare bereiten sich auf den Trennungs-

fall besser vor als auf die Ehegestaltung. Und Männer wie Frauen investieren viel Energie, möglichst unabhängig von ihrem Partner zu bleiben. Nach Autonomie streben dürfen, ist – vor allem für Frauen – eine Errungenschaft unseres Jahrhunderts. Autonomie bedeutet aber nicht Bindungslosigkeit. Die Kunst der Liebe besteht nicht in der Absicherung maximaler Freiheit, sondern in der Fähigkeit, Bindung und Selbstständigkeit, Freiheit und Treue, Nähe und Distanz auszubalancieren.

Liebe verstehen lernen

Es ist hier nicht der Ort, eine Mentalitätsgeschichte der Liebe zu entwickeln, um zu zeigen, wie kulturell bedingt das ist, was Menschen unter Liebe verstehen. Heute ist das Konzept romantischer Liebe die Grundlage lebenslanger Beziehung, weltanschauliche und ethische, politische und ökonomische, religiöse Dimensionen, die jeder konkreten zwischenmenschlichen Liebe immer auch innewohnen, werden ausgeblendet. Die Liebe soll in der Gesellschaft jener Ort sein, wo irdische Gesetze nicht mehr gelten sollen, damit Menschen ganz und heil werden können. Diese Sakralisierung zwischenmenschlicher Liebe überfordert aber konkrete Beziehungen und übersieht ihre Endlichkeit und Grenzen. Aus christlicher Sicht ist die Liebe ein Geschenk Gottes, das Menschen annehmen und mitgestalten, aber nicht planen und herstellen können. Unsere Kulturen werden das Lieben wieder neu verstehen lernen.

Leid und Schmerz gestalten und aushalten können

Wer lieben lernt, lernt auch die Kunst des Leidens. Zu unterscheiden sind hier die Geister, denn Leid ist niemals gottgewollt. Das Leid, das wir einander zufügen (und das zu beseitigen ist), ist zu unterscheiden von dem Leid, das unsere Endlichkeit mit sich bringt. Wieder ein anderes ist das Leid, das in Wachstum und Reife wurzelt. Der Schmerz ist daher weder Indikator für die Echtheit der Liebe noch Selbstzweck, wie es insbesondere Frauen lange Zeit eingeredet wurde. Gemeint ist hier: Liebe macht weich und verletzbar, Liebe lässt sich vom anderen berühren und befähigt zum Mitgefühl. Das kann wehtun. Wachstum und Reifung vollziehen sich dort, wo Menschen dieses Leiden schöpferisch werden lassen und aus ihm mit Gottes Hilfe Kraft beziehen können. Leiden wird dort menschlich, wo wir einander beistehen und das Leid bestehen helfen. Das Kreuz Christi zeigt, dass Gott das Leid annehmen kann, ohne es zu überhöhen, ohne es auszublenden oder es als Anzeichen für ein unmoralisches Leben zu erachten. Als Zeichen der Hoffnung sagt es aber auch, dass bei Gott Leid nicht die letzte Antwort ist.

Auf der Seite der Opfer stehen

Solidarisch sein bedeutet, sich für die Benachteiligten einzusetzen. Das braucht die Fähigkeit, sich mit den Opfern zu identifizieren und sich eindeutig auf ihre Seite zu stellen, ohne die Grenzen zu den Tätern zu verwischen. Solidarität heißt aber nicht, über die Täter zu richten, das bleibt Gott überlassen. Diese Balance ist ein Kennzeichen christlicher Spiritualität: Sie setzt sich für die Opfer ein und engagiert sich auch für die Täter, ohne dabei die Schuldverhältnisse aufzulösen oder die Opfer für mitschuldig zu erklären.

Sich mit den Opfern so zu identifizieren, dass deren Würde gewahrt bleibt, setzt voraus, dass man auch die eigenen Wunden und Verletzungen wahr- und ernst genommen und sich mit ihnen versöhnt hat. Ohne dieses Selbstbewusstsein hilft und verachtet man in den anderen immer nur sich selbst. Solidarität wird zum herablassenden Gestus. Wer um seine eigene Verletzlichkeit und Schwachheit weiß, wird liebevoll solidarisch. Das ist ein spiritueller Vorgang, weil es Gott ist, der Heilung und Vergebung ermöglicht.

Schuld wahrnehmen und aushalten

Schuld wahrnehmen und um Vergebung bitten können gehört zur Kunst der Liebe. Unter endlichen Bedingungen wird jeder von uns unausweichlich an anderen schuldig. Moderne Kulturen neigen dazu, Schuld wegzureden: Man hätte nicht anders gekonnt, man soll sich kein schlechtes Gewissen machen, die Trennlinien zwischen Gut und Böse seien unkenntlich geworden, und viele andere Legitimationstheorien für die eigenen Verfehlungen hat unsere Kultur erfunden.

Eine Kultur verantwortungsvollen Umgangs mit Schuld entwickelt die Kunst, das unproduktive schlechte Gewissen von echter Schuld unterscheiden zu lernen. Die blockierte Tatkraft des schlechten Gewissens wird (z. B. mithilfe eines Beichtvaters oder einer spirituellen Begleiterin) kreativ in Taten der Versöhnung umgewandelt. Dazu braucht es ein fein geschultes Gewissen und das Gottvertrauen, dass trotz der Schuld ein Neubeginn möglich ist. Christinnen glauben, dass ihnen solcher Neuanfang kraft der Taufe zugesagt ist und können daher Reue spüren und zeigen, sie können um Vergebung bitten und weiterleben.

Sich freuen und hoffen können

Die Fähigkeit zur Freude und zur Hoffnung ist eng mit der Fähigkeit zur Liebe verbunden. Freude meint tiefe innere Offenheit für die Schönheit der Schöpfung, die auch angesichts des Leides in der Welt deren Fülle annehmen kann. Während der Schatten der Freude, der Spaß dazu dient, das Böse auszublenden und zu verdrängen, hält die Freude auch den dunklen Seiten der Wirklichkeit stand. Freude ist Ausdruck eines tiefen, inneren Ja zu allem, was lebt, und Ausdruck einer inneren Weisheit, dass die Liebe stärker ist als der Tod. Im Unterschied zum so genannten »positiven Denken«, der modernen Schmalspurversion von Hoffnung, beschönigt auch die Hoffnung nicht Übel und Leid in der Welt, indem sie »beschließt«, nur das Gute zu sehen. Die Hoffnung hält dem Leid stand, weil sie darauf vertraut, dass bei Gott alles Leid ein Ende haben wird. Wie die Hoffnung ist die Liebe ein Geschenk Gottes.

Religion hilft bei der Suche nach dem Du

Alle religiösen Traditionen unterstützen den Menschen bei ihrer Suche nach dem Du: Spirituelle Wege ereignen sich immer auch in Gemeinschaft und nicht nur im Einzelzimmer. Die anderen Menschen, mit denen ich den spirituellen Weg teile, sind mir Lehrerinnen und Spiegel, Tröster, Begleiter, Ratgeber. Oft sind sie auch Last und Hindernis, aber gerade darin unverzichtbare Meilen- und Prüfsteine, von denen ich lernen kann.

Christlich gesagt: Allverwoben in eine Geschichte des Heils

Die jüdische und die christliche Tradition stehen ganz in der Erfahrung der göttlichen Liebe, die den gesamten Kosmos durchtränken und umgestalten will. Paulus erzählt von jener unaufdringlichen, aber unbedingten Liebe Gottes, die im Begriff ist, die ganze Schöpfung neu zu gestalten, wenn wir das zulassen (Röm 8). Wir dürfen auf die Verwandlung der ganzen Schöpfung hoffen. Diese kosmologische Dimension der Gottesliebe kann für jene interessant werden, die bei ihrer Reise ins Weite einen neuen Ort im Kosmos suchen.

Christinnen werden dazu die Schöpfungstheologie wieder entdecken und weiterdenken, die großen christlichen Kosmologien des Neuen Testamens im Epheser- und Kolosserbrief und der Alten Kirche weitererzählen lernen und den Glauben an die Heilsgeschichte beleben. Was Christinnen dabei wagen können, ist eine Theologie entindividualisierender Verwebungen, die Schöpfungs- und Heilsgeschichte in einem globalen und interreligiösen Kontext mutig zusammen- und weiterdenkt. Dies wäre ein zentraler Beitrag, der die tiefe Verwobenheit aller Menschen untereinander und hinein in die *eine* Heils- und Unheilsgeschichte, in die *eine* Schöpfungsgeschichte wahrnehmbar machen kann. Dieser Ansatz einer Spiritualität in der Gemeinschaft der Menschen wäre revolutionär und heilsam für alle Zeitgenossen, die die Reise ins Weite angetreten sind, um das große und letzte Du zu finden. Eine solche Theologie der Allverwebung zwischen Gott, Mensch und Welt kann alte Glaubenstopoi wie die Erbschuld, Stellvertretung im Glauben, Gemeinschaft der Heiligen wieder sinnvoll ins Gespräch einbringen.

Die Kirche wird darum ringen, zu jenem Ort der Liebe zu werden, der diese Allverwebung glaubwürdig darstellt. Ihr Sinn ist es, zu zeigen, dass Gott die Liebe ist – und sie daher auch ein Ort ist, in dem Menschen auf der Reise ins Weite gute Reisebegleiterinnen finden können, weil hier die Sehnsucht nach Gemeinschaft und Beziehung, Verwebung und Vernetzung zeichenhaft und realsymbolisch bereits realisiert wird. Insbesondere der Liturgie kann hier eine neue Bedeutung zukommen, weil sie Menschen die Erfahrung der Verwobenheit wahrnehmbar werden lassen kann. Ein spirituell verwurzeltes Gottesvolk wird in seiner Liturgie zum Ort der Darstellung und Erwirkung der Gottespräsenz. Fest und Feier werden zu Quellen, aus denen man Lebenskraft schöpft und sich ins Ganze der Schöpfung eingebunden weiß. In der Liturgie kann Gott sein Heil am Menschen wirken. Die Sehnsucht nach Verwebung und Vernetzung, nach dem großen Du kann gestillt werden. Liturgie ist dann die Quelle, Mittelpunkt und Höhepunkt des christlichen Lebens (SC 10). Hier ist von der Liturgie der orthodoxen Kirchen, die ja bereits heute die zukünftige himmlische Liturgie auf Erden präsent werden lassen möchten, viel zu lernen.

Für Christen wird in Jesus Christus das letzte Du konkret wahrnehmbar. Sein Leben, Sterben, Auferstehen machen sichtbar, wie sich Gottes Liebe konkret zeigt: Voll Erbarmen und Kraft kann der biblische Gott Totes zum Leben erwecken. Diese Glaubenserfahrung ist die Wurzel und Quelle christlicher Liebe und Solidarität. Sie ermöglicht jedem Menschen, trotz der Bedrohung durch den Tod, darauf vertrauen zu dürfen, auf ewig einen Platz bei Gott zu haben.

Das synergetische Ineinander und Durcheinander von Gottes- und Nächstenliebe macht erfahrbar, dass jede von uns eingebunden ist in ein größeres Ganzes, dessen Sinn und Verlauf aber nicht ein für alle mal festgelegt ist, und das sich geschichtlich manifestiert: die Heilsgeschichte. Wir sind in einen Raum von Liebe und Freiheit gestellt, der darauf wartet, schöpferisch von uns mitgestaltet zu werden. Dies ist die Grunderfahrung der Koinonia, der Gemeinschaft, die die Kirche in der Eucharistiefeier dar- und herstellt. Wie die Koinonia geschichtlich konkret wird, davon ist die Bibel voll.

Das Christentum ist eine Liebesreligion: Die Liebe ist der elementare Weg der Spiritualität. »Ihr sind die vielen Sünden vergeben, weil sie so viel Liebe gezeigt hat«, sagt Jesus über die Sünderin Maria (Lk 7,47). Jesus Christus steht in der Tradition dieses Gebotes und verkörpert es. Der andere Mensch wird zum Ort spiritueller Erfahrung, der Weg zu Gott führt direkt zum Mitmenschen. Gott und der Mensch: Sie sind das Ziel der Reise in die Weite und stillen die Sehnsucht nach dem letzten Du.

Christlich gesagt: Eine Ethik der Liebe entwickeln und fördern

Die Suche nach dem Du und das Lieben-Lernen lassen eine Ethik der Liebe wachsen. Die Sehnsucht nach einer solchen Ethik ist eine wesentliche Dimension spirituell Suchender.

Der dänische Philosoph Sören Kierkegaard hat gezeigt, dass der Mensch, der sein Leben ausschließlich auf Ethik aufbaut, gefährdet ist.[381] Wer versucht, aus eigener Kraft ein ethisches Leben zu führen, wird nach Kierkegaard entweder verzweifeln oder muss ohne Ende rebellieren. Der Ethiker, der sich mit seiner Ethik selbst zum Maßstab der Güte menschlichen Handelns macht, wird erfahren, dass er immer wieder an den aufgestellten Normen, Regeln, Prinzipien scheitert. Dasselbe sagt Paulus, der lehrt, dass niemand durch die Werke des Gesetzes vor Gott gerecht werden kann, sondern dass uns das Gesetz immer nur der Sünde überführen kann (Röm 3,20).

Nach Kierkegaard reagiert der Mensch dann auf zweierlei Weise: Entweder verzweifelt er an dieser Unausweichlichkeit und verliert so sich selbst und sein Vertrauen ins Leben: Die Welt wird ihm ein Nichts, die anderen ein ständiger Ort der Erneuerung von Schuld. Resignation, Kapitulation, Depression sind die Konsequenzen dieses Weges. Der zweite Weg verweigert sich der Erfahrung ständigen Scheitern-Müssens: Der Mensch leugnet sie, wehrt sie ab, indem er sich trotzig immer wieder neu behauptet, Ethiken neu erfindet, die Kriterien verändert, korrigiert und optimiert. Euphorie und Selbstüberhebung, Trotz und Aggression sind hier die treuen Wegbegleiter. Der Verzweifelte und der trotzige Rebell sind Geschwister derselben Geisteshaltung.

Was Kierkegaard beschreibt, können wir heute tagtäglich beobachten. Wir leben in einer Zeit, die unentwegt und laut nach Ethik ruft. Ethikkommissionen boomen; Unternehmen leisten sich ethische Berater und entwickeln ethische Verhaltenscodices, so genannte »Codes of Conduct«. Viele meinen, dass wir in einer Zeit ohne Ethik leben.

Doch die Diagnose muss differenzierter sein: Wir haben nicht zuwenig, wir haben zuviel Ethik. In modernen Kulturen führt der Überschuss an pluralen Ethiken zu Un-

381 Vgl. Sören Kierkegaard: *Entweder/Oder*, 3 Bde., hg. von Emanuel Hirsch und Hayo Gerdes, Gütersloh ³1993; Ders.: *Die Krankheit zum Tode*. Der Hohepriester – der Zöllner – die Sünderin, hg. von Emanuel Hirsch und Hayo Gerdes, Gütersloh ⁴1992.

übersichtlichkeit und Unordnung. Weil es keine absoluten Bezugspunkte mehr gibt, stehen ethische Prioritäten und Ordnungen zur Disposition. Ethik ohne spirituelle Verankerung wird zudem streng und lieblos. So herrscht in vielen Feldern modernen Lebens, in Beziehungen, in Büros, in der Freizeit oftmals ein Lebensstil, der nicht aufbaut, sondern kränkt und verletzt – und das obwohl sich viele Menschen bemühen, »anständig« zu leben. Moralische Rigidität gegenüber Fehlern und Schwächen von anderen, Selbstüberschätzung, Überheblichkeit, unbarmherziges Richten über das Versagen anderer, werden nicht selten mit ethischen Grundsätzen legitimiert oder verborgen. Partner und Arbeitskollegen werden geringschätzig niedergemacht. Respekt vor dem anderen, Solidarität und Liebe bleiben dabei auf der Strecke. Henri Nouwen spricht von einer »Kultur der Hinrichtung«, die wenig Vorrat an solidarischer, zärtlicher, barmherziger, gütiger Liebe untereinander hat. Frauen weigern sich, sich auf diese Tugenden reduzieren zu lassen. So bleiben »weiche« Tugenden wie Geduld, Sanftmut, Zärtlichkeit, Herzlichkeit in unserer Kultur auf der Strecke und gelten immer mehr als Luxus, wenn nicht gar als naiv. Ersatzweise sucht man sich dann Streicheleinheiten in Selbsterfahrungsgruppen, Lebensberatungen, Wellnesszentren und legt dort teures Geld fürs Seelenheil ab. Immer mehr Menschen fühlen, wie sie selbst von solch einem zerstörerischen Lebensstil bedroht werden. Gegenseitig wertschätzende, fördernde und aufbauende Synergien sind in Gemeinschaften und Arbeitsbeziehungen selten geworden. Auch dagegen begehren jene auf, die sich auf eine spirituelle Suche gemacht haben. Die Suche nach Spiritualität ist daher auch der Ausdruck der Suche nach einer neuen Ethik, die auf- und nicht hinrichtet. Man sucht nach neuen Wegen, liebevoll miteinander umzugehen.[382]

Für den spirituellen Menschen und auch die Christen ist Ethik immer zuerst eine Frage der Liebe und erst dann des Sollens. Aus spiritueller Sicht ist Liebe die Grundgestimmtheit, die Grundbestimmung der Schöpfung. Wer sein ethisches Handeln auf Liebe gründet, gelangt zu den Ur-Anfängen, den Ursprüngen des Seins. Das eigene ethische Handeln wird dann zum schöpferischen Beitrag zum Liebesgeschehen im Kosmos, es wird zum Verwirklichen dessen, was in der Welt an Gutem noch möglich ist. Ethik wird zum Ethos: zum Ort menschlichen Aufenthalts in der Welt. Christinnen glauben, dass ihre Fähigkeit zu lieben in der umfassenden Liebe Gottes ihren Ursprung hat. Christinnen können umfassend lieben, weil Gott sie liebt. Die via amoris ist der Königsweg in das Geheimnis Gottes.

Caritas und Diakonie

Die kirchliche Grunddimension, die den alternativen Weg der Liebe darstellt, ist die Caritas, die Diakonie. Eine christliche Liebesethik wird niemals nur Privatsache bleiben können, sondern wird auch darum ringen, gesellschaftliche Strukturen mit Liebe zu durchdringen. Dazu institutionalisiert sich die Liebe und wird Organisation. Auch die organisierte Liebe kann und soll zu einem Symbol christlicher Liebesethik zu werden. Fürsorge erschöpft sich aber nicht in professioneller Hilfeleistung, sondern zeigt sich in persönlicher Zuwendung und Liebe zum konkreten Menschen. Liebe und Professionalität schließen einander nicht aus. Wer heute gesellschaftspolitisch Liebe zu einer relevanten Größe werden lassen will, kommt ohne strukturelles und professionelles Know-how nicht aus. Aber keine Profes-

382 Vgl. dazu Zulehner, Megatrend Religion.

sionalität kann die Liebe ersetzen, die die Christen als Basis aller Diakonie erfahren und leben.[383]

Christen können durch konkretes Liebes-Handeln zum Symbol der Liebe Gottes in der Welt werden. Soziales Engagement kann nicht nur an die Arbeitsgruppen und Organisationen der Caritas und Diakonie delegiert werden. Nächstenhilfe ist eine elementare Dimension jedes christlichen Lebens. Die Ethik der Liebe erschöpft sich aber nicht nur im karitativen Einsatz, sondern muss das ganze Leben der Kirche durchdringen: In der Art, wie Christen miteinander leben, ihre Beziehungen gestalten, ihre Liturgien feiern – überall dort kann jene Ethik der Liebe Gestalt annehmen, nach der heute so viele Menschen suchen.

Die Gemeinden werden zukünftig auf ihre karitative Dimension wieder besonderes Augenmerk legen. Die Glaubwürdigkeit der Kirche der Zukunft hängt auf das Engste mit dieser Dimension zusammen. Dazu muss vermehrt und öffentlich bekannt werden, wie viel an karitativem Engagement es heute schon in den Kirchen gibt.

Suche nach Heilung: Suche nach Heil

Modernes Leben macht viele Menschen krank. In Deutschland sind eine Million Kinder und Jugendliche seelisch krank, insbesondere Ängste und Depressionen, auch Selbstmorde von Jugendlichen, nehmen zu. In Österreich ist jeder zehnte Jugendliche depressionsgefährdet.[384] Auch viele Erwachsene leiden trotz Wellnessboom, High-Tech-Medizin und professioneller Psychotherapie an Süchten, Depressionen, Sinnkrisen, Burn-out, Lebensfrust aller Art. Die herkömmliche Medizin und die Psychotherapie stehen mitunter an unüberwindlichen Grenzen. Ein riesiger Markt an alternativen Heilungsmethoden ist im Entstehen: Chinesische und indische Medizin, Homöopathie, Bachblütentherapien, Aura- und Farbtherapien, Naturheilmittel usw. finden starken Anklang. Spiritualität wird von immer mehr Menschen als Weg entdeckt, ganzheitlich gesund zu werden, die innere Balance zu finden. Respiritualisierung ist in diesem Kontext wahrzunehmen als Versuch der Menschen, rundum gesund, ganz, heil zu werden.

Vielfach werden spirituelle Erfahrungswege, wie sie die religiösen Traditionen über Jahrhunderte hinweg entwickelt und tradiert haben, zu einem Steinbruch für Suchende, die nach Methoden und Techniken der Heilung suchen und die Mitte des eigenen Lebens finden wollen. Spirituelle Erfahrungswege werden aus ihrem weltanschaulichen Kontext gerissen, auf Techniken reduziert, dienen magischer Selbstmanipulation, sind gefährlich für die Persönlichkeit oder zumindest respektlos gegenüber ihren Herkunftsreligionen. Man kann das zu Recht kritisieren.

Umgekehrt: Nach Heilung zu streben, ist eine ethische Verpflichtung. Wer heil werden will, will nicht nur überleben, sondern erfüllt leben. Spirituell Suchende ahnen intuitiv, dass die Ursache ihrer Krankheit neben physischen und psychischen

383 Kritisch zur Institutionalisierung der Liebe durch Organisationen: *The Corruption of Christianity*. Ivan Illich on Gospel, Church and Society, Canadian Broadcasting Corporation (CBC) Ideas Transcripts, Toronto 2000. David Cayley interviewt Ivan Illich.
384 Vgl. http://science.orf.at/science/news/62005 vom Juni 2005.

Dimensionen auch geistige Dimensionen haben kann. Sie spüren, dass die Ursachen der Unstimmigkeit, der Krankheiten tiefer sitzen. Sie vermuten, dass der Verlust der Rückbindung an die ursprünglichen Quellen des Lebens dem Menschen schadet. Die Ängste, von denen sie umgetrieben werden, gründen im Verlust der spirituellen Verwurzelung im Leben.

So wächst in immer mehr Menschen die Sehnsucht nach einem – aus den Tiefen des Ursprungs geheilten – neuen Leben, nach einer erneuerten, gesunden Welt. Menschen suchen nach Visionen, die tragen; nach Sinn, der hält; nach Geist, der nährt. Sie suchen Gemeinschaften, in denen all das auch Wirklichkeit wird: Oasen einer neuen, heilen Welt inmitten einer Welt, die sie als alt und verdorben erleben.

Was sucht man, wenn man nach Heilung sucht?

Was sucht man, wenn man Heilung sucht? Welches sind diese spirituellen Fragen, auf die man dabei stößt?

Wer Heilung sucht, sucht seine *Mitte*: einen sicheren Stand in der Welt, Balance, Ausgewogenheit, er sucht Erdung, Halt und Sicherheit. Wer die Mitte sucht, sucht einen Lebensrhythmus, eine innere Ordnung, ein Zentrum, aus dem heraus er lebt. Er sucht Harmonie. Solche Mitte ist niemals ein für alle Mal zu »haben«. Sie entsteht aus der Spannung des Ausbalancierens zwischen Extremen und wird immer wieder geschenkt. Sie hängt aufs Engste damit zusammen, sich mit der eigenen Leiblichkeit auszusöhnen, sie anzunehmen und im eigenen Leib anzukommen.

Wer Heilung sucht, sucht *Ganzheit*. Moderne Menschen beschreiben mit dieser Sehnsucht ihren Wunsch danach, dass ihr Körper, ihre Seele, ihre Gefühle auch einen Platz, eine Berechtigung im Leben haben sollen. »Ganzheit« meint den Wunsch, das Denken, Fühlen, Handeln in ein Gleichgewicht zu bringen, ab- und übereinzustimmen. Auch solche Ganzheit kann niemand festhalten. Immer fehlt etwas, ist etwas ausständig, bleibt etwas offen. Die ersehnte Ganzheit ist oft irritiert und verletzt, unvollkommen und unheil. Sie wird letztlich in der liebenden Verbindung mit Gott gefunden, in der alles, was halb ist, angenommen und bejaht ist.

Menschen, die nach Heilung suchen, suchen einen *guten Platz in der Welt*: Sie wollen sich in der Wirklichkeit verankern, Wurzeln schlagen, Heimat finden. Dabei wird das je persönliche Verhältnis zur Wirklichkeit zur Frage: Ist das alles nur Schein? Oder von mir erfundene Konstruktion? Was ist überhaupt real? Moderne Zeitgenossinnen sind in solchen Fragen tief irritiert. Sie bezweifeln, ob ein direkter Zugang zur Wirklichkeit überhaupt möglich ist. Hier geht es darum, mit dem eigenen Leben auf der Erde anzukommen. Die Demut, die humilitas (Humus = Erde), beschreibt jene innere Einstellung, die dazu verhilft, sich in der Erde zu verwurzeln, um so dann Gott wahrnehmen zu lernen. Denn wer ernsthaft auf der Erde ankommt, wird sich fragen: Warum ist überhaupt etwas? Warum ist nicht nichts? Hier öffnet sich die Größe Gottes, die alles, was ist, sein lässt und immer wieder neu ins Leben ruft. Wer Heilung sucht, fragt daher auch nach dem *Grund* der Wirklichkeit. Er gibt sich nicht mehr nur mit Kausalitäten und Ursachen zufrieden, sondern fragt auch nach dem Woher, dem Wohin und dem Wozu.

Wer Heilung sucht, fragt nach dem *Mehr im Leben*: Ist mein allzu alltägliches Leben wirklich alles? Erschöpft sich mein Leben in einer Aneinanderreihung von Terminen, die ich mit Handlungsabfolgen fülle? Wer so fragt, ist dem Sinnüberschuss der Wirklichkeit auf der Spur, der Fülle Gottes.

Die Suche nach Heilung führt so zur Frage nach der *Wahrheit*. Wer existenziell nach ihr sucht, begnügt sich dabei nicht mit wissenschaftlichen Erklärungen oder abstrakten Weltanschauungen. Er lässt sich vielmehr ein auf einen Prozess, der die ganze Person einfordert, mitnimmt und verändert. Der Ereignischarakter des Wahrheitsgeschehens wird erfahrbar. Je tiefer man sich dabei einlässt, umso mehr wird deutlich, dass die Frage nach der Wahrheit einen personalen Charakter hat. Denn immer drängender wird die Frage: Was kann ich glauben? Wem darf ich vertrauen?

Gefahren auf dem Weg der Heilung

Da droht die Gefahr der *Privatisierung* des Heilungsweges: Selbstzufriedenheit, Sattheit, Egomanie, Selbstsucht sind die Begleiterscheinungen privatistisch verengter Heilungssuche, der es nur um das eigene Heil geht.

Die *Instrumentalisierung* der Spiritualität für Heilungszwecke ist eine weitere Gefahr. Spiritualität wird zur Optimierungsmethode persönlichen Wohlbefindens – das ist auch als Gruppenegoismus denkbar. Die Instrumentalisierung verhindert, dass man sich auf die relevanten, spirituellen Fragen einlassen kann, weil der Mensch bei der Funktionalisierung immer noch bei sich bleibt und alles im Griff hat.

Die *Ideologisierung* der Spiritualität ist ein weiteres Risiko: Aus Erfahrungen werden Ideologien gezimmert, mit denen man mit der Heilssuche der Menschen Geld macht. Gegenwelten wahrer Heilung können entstehen, die sich über die normale, schlechte Welt erhaben fühlen und sich selbst als neue Elite stilisieren. Spiritualitäten, die nicht auch dabei helfen, die eine, gemeinsame Welt konstruktiv mitzuentwickeln, sind lebensfeindlich und letztendlich gar nicht heilsam.

Chancen der Suche nach Heilung

Die Sehnsucht nach Heilung ist eine Chance auf wirkliche Erneuerung der Menschheit. Freiheit, Liebe, Solidarität und das Suchen nach Wahrheit sind die heilsamen Früchte eines substantiellen spirituellen Weges. An ihnen kann man erkennen, dass ein Heilungsprozess wirklich heilt. Heilung ist dann nicht mehr nur den ohnedies schon Gesunden, Glücklichen, Erfolgreichen vorbehalten. Heilung wird für alle möglich.

Heilungs-Suche: Spiritualität einüben

Kultur der Balance
Menschen, die Heilung suchen, werden eine *Kultur der Balance* entwickeln: die Kunst, Extreme zu vermeiden, Gegensätze zu versöhnen, Spannungen auszuhalten und schöpferisch werden zu lassen. Spirituelle Menschen können unterscheiden, ohne zu trennen. Ohne Differenzen zu verwischen, können sie das »Sowohl-als auch« leben. Sie können die Vielfalt der Wirklichkeit gegenwartsklar wahrnehmen

und setzen nichts Irdisches absolut, wissen alles in Gott geborgen. Sie sind nicht einseitig, polarisieren nicht, sondern bauen Brücken. Sie richten nicht über andere und nennen das Übel doch beim Namen. Ohne dass alles gleich-gültig wird, können sie die Spannungen der Welt annehmen und versöhnen: im persönlichen Leben, aber auch in Politik, Wirtschaft und Gesellschaft.

Kultur des Komponierens

Eine Kultur des Komponierens entwickelt sich: Lebensentwürfe, Beziehungsgestalten und eine spirituelle Lebenspraxis werden bewusst, kreativ und gemeinsam gestaltet. Das meint nicht willkürliches Konstruieren geistiger Vorstellungen, sondern kunstvoll-schöpferisches Abstimmen dessen, was einem Gott an Leben schenkt. Komponieren zu lernen hieße, sich die Welt schenken lassen und das Geschenkte vor-sichtig und nach-denklich mit anderen gemeinsam bedenken, sodann solchen Erfahrungen schöpferisch konkrete Gestalt verleihen. Dabei entstehen Lebens-Kunstwerke.

Zum Komponieren gehört Selbstbescheidung und das Wissen, dass man selbst nie das Ganze der Wahrheit haben kann. Der Ausschnitt des Ganzen, den jeder Einzelne sieht, ist nicht mehr und nicht weniger als ein Teil. Wollen wir mehr von der Wahrheit sehen, sind wir angehalten, unsere Ausschnitte miteinander zu teilen. Spiritualität vollzieht sich immer partiell, partizipatorisch und dialogisch. Der Komponierende ist sich bewusst, dass das Werk, das er ins Leben ruft, nur eine von vielen möglichen Facetten und Ausdrucksweisen des Ganzen ist, d. h. christlich gewendet: seine persönliche Antwort auf die Erfahrung der Offenbarung Gottes.

Kultur geistvollen Lebens

Eine Kultur geistvollen Lebens ist die Frucht eines veränderten Umgangs mit Zeit und Raum, mit Materie und Geist. Der einseitig herrschaftliche Zugriff des Menschen auf die Welt – Planen, Berechnen, Besitzen, Kontrollieren, Konsumieren, Produzieren – kann so korrigiert und eingeschränkt werden durch Freude und Genuss, Dankbarkeit und Demut, Verantwortung und Fürsorglichkeit für das, was uns geschenkt ist. Geist wird wieder eine Sphäre, in der man zu leben versteht. Seine Gaben können beim Menschen ankommen und wirken. Menschen beginnen, in allen Lebensbereichen weise und einsichtig, gottbezogen und einander unterstützend zu handeln.

Kultur des Wachstums und Fragments

Die Suche nach Heilung wird im Leben immer wieder durch Krankheiten, Leid und Böses gestört. Die größte Herausforderung für die Sehnsucht nach ganzheitlicher Heilung ist der Tod, dem niemand entkommen kann. Heute versuchen moderne Menschen, dem Tod auszuweichen: indem man die Toten möglichst schnell in Leichenhallen verschwinden lässt oder Euthanasie befürwortet, um Art und Zeitpunkt des Todes selbst bestimmen zu können. Das ist Kontrolle bis zum Schluss. Spiritualität, die das Böse, Leid und Tod leugnet, ist jedoch Opium und Droge.

Heilung ist nicht ident mit dem Erlangen von Perfektion oder unerschütterlich glücklichem Leben. Leid wahrnehmen und ertragen lernen, gehört zum Heil-Werden ebenso wie die Versöhnung mit der Endlichkeit des Lebens. Ein heiler Mensch kann leben, ohne die Realität des Todes leugnen, verdrängen oder schön malen zu müssen. Spirituelle Heilung bedeutet so im Letzten, den Tod versöhnt annehmen zu können. Versöhnt mit dem Tod kann eine heilsame Kultur des Fragments, der Endlichkeit und zugleich des Wachstums entstehen: Was lebt, ist unvollkommen und kann dem Tod entgegenreifen.

Kultur des Leidenkönnens

In einer Kultur des Leidens muss niemand am Leid verzweifeln: Denn andere Menschen teilen sein Leid und unterstützen und begleiten ihn. Liebe ist die angemessene Antwort auf das Leid. Niemand muss sich schämen oder verstecken, weil er leidet oder krank ist. Niemand muss leiden, um aufmerksam auf sich zu machen. Den Leidenden wird Zeit und Raum geschenkt. Sie werden nicht vergessen – auch nicht nach ihrem Tod. So entsteht eine Kultur des Mit-Leidens, der Com-Passion (Johann B. Metz).

Religion hilft bei der Suche nach Heilung

Religionen haben einen reichen Schatz an Erfahrungen, wie man solch umfassendes Heil finden kann. Insbesondere die östlichen Traditionen haben ein reiches Wissen aufbewahrt, wie Spiritualität und Gesundheit zusammenhängen, man denke z. B. an die traditionelle chinesische Medizin.

Christlich gesagt: Das Heil als Gott erfahren

Christinnen finden ihre Heilung in Gott: Die tiefste spirituelle Heilung besteht darin, Gott selbst als das Heil des Menschen zu erfahren. In diesem Glauben sind alle Krankheiten, alles Leid und der Tod selbst aufgehoben: für nichtig erklärt, auf eine andere Ebene gehoben und letztlich geheilt. In Gott haben Endlichkeit, Leid und Tod nicht mehr das letzte Wort.

Christinnen glauben das, weil sie in der Auferstehung Jesu Christi erkennen können, dass Gott Herr über das Leben ist. Der lebendige Gott hat in Jesus Christus den Tod besiegt, dadurch sind die Menschen geheilt. Paulus schreibt: »Wenn sich aber dieses Vergängliche mit Unvergänglichkeit bekleidet und dieses Sterbliche mit Unsterblichkeit, dann erfüllt sich das Wort der Schrift: Verschlungen ist der Tod vom Sieg. Tod, wo ist dein Sieg? Tod, wo ist dein Stachel? Der Stachel des Todes aber ist die Sünde, die Kraft der Sünde ist das Gesetz. Gott aber sei Dank, der uns den Sieg geschenkt hat durch Jesus Christus, unseren Herrn« (1 Kor 15,54–57).

Das ist der Horizont, innerhalb dessen Christinnen der Endlichkeit, dem Leiden und dem Tod begegnen. Der Glaube an diese Erlösungsbotschaft macht sie stark, das Unheil und das viele Leid, das wir auf Erden erdulden, zu ertragen, zu bekämpfen, zu beseitigen – und zu erkennen, welcher Umgang mit Leid und Tod jeweils angemessen ist. Christinnen dürfen sich in Leid, Tod und Krankheit der Solidarität Gottes gewiss sein. Das macht sie frei, einander zu heilen (im geistigen wie im materiellen Sinn), weil sie wissen, dass Gott ihnen die Kraft dazu schenken möchte.

Der christliche Beitrag zu einer Kultur der Balance ist der Glaube, dass der tiefe Riss im Herzen des Menschen, seine Sünde und seine Widersprüche, durch Liebe zu überwinden sind und in Christus bereits vergeben und erlöst sind. Jene Liebe, die die Brüchigkeit und Zerrissenheit des Lebens heilt, ist Gott selbst. Solche Liebe verwandelt die fundamentale Lebensangst, die am Grund dieses Herzensrisses das Leben ständig bedroht, in Hoffnung. Den Zweifel verwandelt sie in Glaube, die Verstocktheit und Herzenshärte in Liebe. Darin besteht die elementare Heilung, die uns im Glauben an Jesus Christus möglich wird. Sie wirkt sich aus auf unser ganzes Leben, auf unsere Beziehungen, auf unseren Umgang mit Krankheit und Tod. Unser »Tun« dazu: Sich die Liebe geschehen lassen, schenken lassen, heilen lassen. Christinnen glauben, dass sie heil werden, wenn sie Jesus Christus lieben und nachfolgen. In ihm wird Gott der ganz Nahe, der Gott-Mit-Uns. Das Heil wird dann *als* Gott erfahren.

Heilung ist auch in der Schöpfung von Gott her von Anfang an »konzipiert« als Heilsgeschichte. Die Welt wird aus dieser Perspektive zum geliebten Kosmos, zur bejahten Schöpfung, die ihrer Vollendung und Heilung durch Gott harrt. Christinnen können sich selbst und andere in diesem Kontext wieder an ihren eschatologischen Glauben – d. h. ihre Hoffnung auf die Heilung und Vollendung der Schöpfung – erinnern: dass Gott schon längst begonnen hat, sein Reich zu errichten, was in Jesus Christus wahrnehmbar geworden und ein für alle mal bestätigt ist. Sie dürfen nicht einstimmen in den Chor jener, die von der Zukunft nichts mehr erhoffen und in der Welt nur Katastrophen sehen. Um der Heilung der Menschen willen müssen sie ihre eschatologische Kraft wiedergewinnen und als Kirche zur Spur jenes Reiches werden, das aus der Zukunft auf uns zukommen will, um uns für alle Zeiten heil zu machen. Um dieses Reich Gottes heute schon wahrnehmen und seine Ankunft ermöglichen zu können, ist uns der Heilige Geist geschenkt. Wo sich dieser Geist ausbreitet, beginnen Menschen, heil zu werden. Der Geist Gottes ist auch der heilende Geist. Es ist der Geist, der alles neu machen kann und Menschen davon überzeugt sein lässt: Eine andere, bessere, heile Welt ist möglich.

Aufgrund seiner Schuldgeschichte im Umgang mit Leidensverherrlichung und kraft des Kreuzes Christi kann das Christentum auch wesentliche Impulse für eine Kultur des Leidens geben. Die tiefste Zusage aller Leidensspiritualität besteht darin, dass der Mensch im Leiden nicht allein ist, dass ihm Gott solidarisch zur Seite steht. Christinnen haben die Aufgabe, diese Solidarität mit den Leidenden konkret zu leben. Sie haben die Pflicht, das in Europa gern und immer häufiger unsichtbar gemachte Leid wahrzunehmen und öffentlich zu machen. Leid darf kein gesellschaftliches Stigma sein. Sie setzen sich für die Leidenden ein – durch karitatives und politisches Engagement. Sie spenden Trost und begleiten Kranke, Leidende, Sterbende und alle aus der Gesellschaft hinausgestoßenen und -gefallen Menschen. Sie lassen auch das Leid der Toten nicht in Vergessenheit geraten. Das Reich Gottes, das Jesus Christus verkündet, hängt auch eng mit konkreten leiblichen Heilungen zusammen. In den Heilungen, von denen die Heilige Schrift erzählt, bricht es an und wird es sichtbar. Wo Heilung geschieht – geistige, psychische und leibliche –, wirkt Gott. Christinnen werden sich also auch für die konkrete, umfassende Gesundheit der Menschen einsetzen.

Christinnen machen das wahrnehmbar, indem sie in Zukunft die heilsamen, »therapeutischen« Dimensionen des christlichen Glaubens verstärkt einbringen.[385] Nicht durch Moralisierung wird versucht, die Menschen gut und heil zu machen, sondern

385 Dazu haben Eugen Biser und Eugen Drewermann publiziert.

durch die Heilung an der Wurzel: die tief sitzende Daseinsangst und die Schuldgefühle der Menschen werden geheilt durch die Zusage, dass Gott dem Menschen seine Gnade schenken will. Dabei entsteht eine Moral, die beim Leben hilft und die nicht mürrisch schulmeistert und pharisäisch moralisiert, sondern die die ethischen Konsequenzen, die die Botschaft Jesu hat, so darlegt, dass sie in ihrem Ursprung, als Abteilungshandeln wahrnehmbar werden können. Die Botschaft eines Gottes, der vom äußeren Gesetz befreit und eine Liebe zusagt, in der es kein Gesetz mehr braucht, heilt. Nur ein solcher Glaube setzt jene Moralität frei, um die es Jesus Christus geht. Erfahrbar und gelebt wird er in Gemeinden, die zum »Heil-Land«[386] werden.

Suche nach Festigkeit: Suche nach Gott

Zur Dimension der Festigkeit hat der christliche Glaube ein ambivalentes Verhältnis. Weil es letzte Gewissheit nur durch und in Gott gibt, begegnen Christinnen allen irdischen Strukturen, die Festigkeit ermöglichen sollen, mit Vorsicht. Zudem ist die Gewissheit, die Gott ermöglicht, von anderer Art als all jene Sicherheiten, die Menschen erfinden und konstruieren, um ihre Lebensangst zu bannen.

Weil Christinnen aber auch wissen, dass der Mensch wankelmütig und trotz seiner Erlösung von der Sünde bedroht ist, haben sich in der kirchlichen Tradition zahlreiche Strukturen und Institutionen entwickelt, die Festigkeit im Glauben, Hoffnung und Liebe ermöglichen sollen. Mehr als das: Mit der Inkarnation werden solche endlichen Hilfsmittel sogar wohlwollend bekräftigt und bestärkt. Es soll sie auch geben, damit der Mensch zum Heil finden kann. Ethische Regeln, Normen, Gesetze, Theologie und Lehramt, die Gemeinschaft der Gläubigen: Alle diese Einrichtungen sollen und können dabei unterstützen, dass der Mensch sein Ziel – das Heil in Gottes Liebe zu finden – nicht aus den Augen verliert. Alle festen Strukturen und die Institution der Kirche selbst dienen dazu, dass der Mensch seinen Weg zu Gott in Liebe und Freiheit selbst gehen kann.

Festigkeit ermöglichen bedeutet also für den Christen nicht, jemandem das selbstständige Denken, das eigenverantwortliche Handeln oder gar das Leben mit dem Heiligen Geist abzunehmen. Jede Festigkeit, die die Berufung des Menschen zu Liebe und Freiheit statt zu fördern einengt, bedroht oder gar zerstört, ist daher abzulehnen. Denn feste Gruppen, feste Strukturen oder auch Lehren sind niemals Selbstzweck und können auch nicht jene letzte Gewissheit schenken, die Gott allein ermöglicht. Gott bringt sich immer wieder überraschend in das Leben ein und zwingt uns Menschen zum Aufgeben alter, vermeintlicher Festigkeiten. Die Suche nach Festigkeit ist ihrem spirituellen Gehalt nach also die Sehnsucht nach Gottes unbedingter Liebe, die nur dieser selbst stillen kann.

Wer auf seinem spirituellen Weg also nach Festigkeit sucht, muss sich vor den Bedrohungen einer rigiden Moralität oder eines rigiden Dogmatismus ebenso hüten wie vor Autoritarismus, Fundamentalismus und Ideologisierung des Glaubens zu-

386 Markus Beranek: *Gemeinde als Heil-Land*. Erfahrungen heilsamer Gemeindepraxis im Rahmen der Studie »Gemeinde als Heil-Land« und theologisch-spirituelle Perspektiven, Wien, Univ. Diss., 2002.

gunsten glaubensfremder Interessen. Er muss auf seine Freiheit achten und darf nicht der verführerischen Versuchung erliegen, diese an andere Menschen, Gruppen, an Regeln oder Institutionen abzugeben. Wo die Sehnsucht nach Festigkeit aber die Fähigkeit zu glauben, zu hoffen und zu lieben stärkt, ist es bereits Gott selbst, der Gewissheit schenkt.

Suche nach Verzauberung: Die Schönheit Gottes und seiner Schöpfung wahrnehmen lernen

Auch der Sehnsucht nach Verzauberung steht die christliche Tradition skeptisch gegenüber. Schließlich wohnt der biblischen Tradition eine Tendenz inne, allzu faszinierende, verzaubernde, magische Lehren, Kulte und Lebensformen zu desillusionieren und zu entzaubern. So lehrt schon der Schöpfungsbericht, den wir am Beginn der Heiligen Schrift finden, dass Sonne, Mond und alle Gestirne eben keine Götter sind, wie es das orientalische Umfeld glaubte, sondern bloß endliche Geschöpfe Gottes.

Der nüchterne und vernunftorientierte Glaube, zu dem die Heilige Schrift ermutigt, lehrt Menschen, die Welt wahrzunehmen, wie sie sich zeigt – das bedeutet auch, nichts der Welt an Schönheit und Zauber anzudichten, das ihr nicht schon innewohnt. Umgekehrt finden wir gerade in der Heiligen Schrift zahlreiche Zeugnisse, wo mit den Augen des Glaubens die Schönheit der Schöpfung gepriesen wird. Man denke beispielsweise an die Psalmen, die Gottes Schöpfung lobpreisen. Das ist mehr als Verzauberung: Hier wird die Welt in ihrem Ursprung in Gott wahrgenommen. Staunen, Dankbarkeit und Jubel begleiten diese gläubige Wahrnehmung der Wirklichkeit, die Menschen aus der grauen Alltäglichkeit immer wieder herausgerissen hat und das auch heute noch kann, wenn man sich darauf einlässt.

Christen werden also der Sehnsucht nach Verzauberung vorsichtig und differenziert begegnen. Ihre Gemeinden werden Wahrnehmungsschulen sein, in denen man lernt, die Welt wahr-zunehmen, wie sie ist, nichts zu dem hinzuzufügen, aber auch nichts wegzunehmen von dem, was sich enthüllt. Sie befähigen und ermächtigen Menschen zu einer wahrhaftigen und nüchternen Wirklichkeitswahrnehmung, die die Widersprüche der Welt erträgt. Sie entzaubern alles, was auf magische Art die Welt in ein schöneres Licht tauchen will, als diese selbst ist. Vor allem aber lernen sie, mit den Menschen gemeinsam tiefer zu sehen, auf den Grund der Wirklichkeit, in dem sich Gott als die Quelle allen Seins erweist, die alles in ein wahrhaft göttliches Licht taucht. In diesem Licht wird es möglich, nichts verzaubern zu müssen, was nicht ohnedies von Gott her schon wunderbar ist – und zugleich nichts behübschen zu müssen, was in unseren Augen hässlich und unerträglich ist. Wir dürfen auch dieses in Gott aufgehoben wissen.

Aus spiritueller Sicht ist die Sehnsucht nach Verzauberung, nach Wundern und Geheimnissen, die viele umtreibt, die Sehnsucht nach der Unmittelbarkeit der Gotteserfahrung inmitten einer Welt, in der die Mühen des Alltags und die Folgen der menschlichen Sünde das Antlitz Gottes allzu oft verbergen, entstellen und verhüllen.

Die Sehnsucht nach Verzauberung steht aber genau deshalb auch in der Gefahr des Selbstbetrugs, der Lüge und Illusion, der trotzigen Selbstbehauptung und der Magie, die die Welt aus eigener Kraft verschönern will. Gegen diese Versuchung können Christen einüben, die Schönheit Gottes wahrzunehmen, die wahren Wunder zu sehen, die sich in der Liebe ereignen. Eine besondere Bedeutung kommt dabei der Mystik zu, die immer wieder von dieser Schönheit Gottes erzählt. Sich auf die Erfahrung des Einsseins in Liebe mit Gott vorzubereiten – durch Gebetsschulen, durch Liturgien, die den Himmel auf der Erde erahnen lassen, durch liebevolle Gemeinschaften oder ein Neuentdecken der Schönheit der Natur – und darum zu bitten, dass Gott selbst sich offenbart, ist die Weise, in der Christen die Sehnsucht nach der Unmittelbarkeit der Gottesbegegnung zwar auf Erden nicht endgültig stillen, aber aushalten lernen. Endgültig gestillt wird sie erst sein, wenn wir auferstanden sind.

Weltverhältnis: in der Welt, aber nicht von der Welt

Wenn Menschen heute nach einem neuen Weltverhältnis suchen, lässt sich aus einer christlichen Sicht Folgendes dazu beitragen: Christen erfahren sich als Menschen *in* dieser Welt, die aber nicht *von* dieser Welt sind. Ihr Weltverhältnis ist das einer grundsätzlichen Weltbejahung. Diese Weltbejahung ist die Folge des Glaubens, dass Menschen im Letzten Gott gehören, dass die wahre Heimat der Himmel ist. Erst diese Beheimatung in Gott ermöglicht eine Distanz zur Welt, die diese freigibt; ermöglicht schöpferischen statt destruktiven Protest; ermöglicht eine tiefe Liebe zur Welt und den Menschen, die nichts und niemanden vergötzt, sondern das Leben bejaht und fördert. Diese Art der Weltbejahung gründet also in einer grundlegenden Weltdistanzierung. Wie so oft ermöglicht das Christentum hier eine spannungsvolle Synthese zwischen Extremen, indem es die lebensschöpferischen Aspekte beider zusammenbindet: Weltbejahung durch Weltdistanz, Weltdistanz auf der Basis der Weltbejahung. Weltflucht und Weltvergötzung werden damit beide ausgeschlossen.

Was kann der Einzelne tun: Spirituelle Kompetenz entwickeln

Gottes Gnade lässt sich nicht erzwingen. Ein spiritueller Mensch wird man nicht durch den eigenen Willen und angestrengtes Tun. Dennoch ist der Mensch auf seinem spirituellen Weg nicht zur Passivität verdammt, sondern von Gott her befähigt, sich bereit zu machen und einzustimmen, auf dass er den Geist Gottes auch empfangen, wahr- und annehmen kann. Er kann »spirituelle Kompetenz« entwickeln: die Fähigkeit, sich für den Geist Gottes zu öffnen, wozu er auch berufen ist.

Spirituelle Kompetenz ist ein komplexes Ineinander verschiedenster entwickelter Fähigkeiten spirituellen Denkens, Fühlens und Handelns, die man einüben und lernen kann. Wie das musikalische Talent braucht auch die Spiritualität Übung, Förderung, Bildung. »Spirituelle Kompetenz« meint jenes geistliche Wachstum, zu dem

Menschen fähig sind, gezielte Bildung und Übung, und die Befähigung, diese Fähigkeiten gesellschaftsrelevant werden zu lassen und im Kontext moderner Welt zu realisieren. Die folgenden Vorschläge dienen vor allem der Entwicklung einer Art christlicher »Weltspiritualität« für Menschen, die keinem Orden zugehören, kein kirchliches Amt innehaben, sondern einen durchschnittlich anstrengenden Arbeits- und Familienalltag zu bewerkstelligen haben, der in der Regel nur ein begrenztes Zeitbudget aufweist, die eigene Spiritualität bewusst zu entwickeln. Dabei gilt: Wer diesen Alltag bewusst und ernsthaft, treu und liebevoll lebt, lässt auch seine spirituelle Kompetenz reifen und benötigt vielleicht gar keine speziellen spirituellen Techniken.

Institutionen einfordern, Lehrerinnen und Gemeinschaften suchen

Der Einzelne, die Einzelne ist auf kompetente Institutionen, Lehrerinnen und Begleiterinnen angewiesen, um die je eigene Spiritualität bilden zu können. Daher kann und soll er aktiv all jene öffentlichen und religiösen Institutionen einfordern, die für seine spirituelle Bildung und Entwicklung zuständig sein können. Er kann konkrete Wünsche formulieren an Schulen, Volkshochschulen, Universitäten, Kirchen, Bildungshäuser, Freizeitzentren; am besten in Gruppen und Gemeinschaften, zu denen man sich zusammenschließt. Offensive Anfragen an Politikerinnen, Priester, Bildungshausleiterinnen usw. müssen den Bedarf danach vielleicht erst wahrnehmbar machen.

Der Einzelne kann sich auch eine spirituelle Lehrerin suchen, die ihn auf einem solchen Weg begleitet. Das Institut der geistlichen Begleitung, in der Ostkirche weitaus verbreiteter als im Westen, ist zu beleben. Dazu braucht es neue Ausbildungslehrgänge und Akademien (kirchliche, öffentliche) für kompetente spirituelle Lehrerinnen und Begleiter, von denen es noch viel zu wenige gibt. Gegenwärtig ist die Qualität auf dem freien spirituellen Markt kaum gesichert, man weiß nie, ob man nicht an einen Scharlatan gerät.

Die religiösen Traditionen zeigen, dass es ratsam ist, spirituelle Prozesse nicht allein zu gehen, da man sich in eine riskante Wirklichkeitssphäre begibt. Es ist daher auch sinnvoll, sich Gemeinschaften zu suchen, Begleiter, die diesen Weg mit einem gehen, Erfahrungen auszutauschen, einander zu unterstützen und liebevoll-kritisch beizustehen. Der spirituelle Weg ist ein konstitutiv gemeinschaftlicher und kommunikativer Weg.

Gebet, Meditation, Lektüre

Der spirituelle Lernprozess ist ein zutiefst persönlicher Weg, der von der intimen Auseinandersetzung mit sich selbst, mit anderen, mit der Sphäre Gottes lebt. Dieser Weg lebt vom individuellen Gebet, von Meditation, von Lektüre, von Nachdenklichkeit, Kontemplation und Stille. Im Innehalten lernt der Mensch, die spirituellen Dimensionen der Wirklichkeit wahrzunehmen. Er lernt sich zu sammeln aus der Zerstreuung und so die Wirklichkeit neu zu sehen und zu hören, zu spüren und zu denken. Regelmäßige Übung ist dafür nötig, unterstützende Gruppen können dabei helfen.

Zeit-Räume im Leben für Spiritualität schaffen

Spiritualität entwickelt sich nicht nur nebenbei. Spirituelle »Schnellsiedekurse« mögen zwar das eine oder andere intensive Erlebnis ermöglichen. Wer nachhaltig seinen persönlichen spirituellen Weg finden und gehen will, wird nicht umhin können, sich dafür bewusst freie Zeiten und Räume zu schaffen, die ausdrücklich der Entwicklung der Spiritualität gewidmet sind. Spirituelle Kompetenz ist freilich keine Technik, die man einübt wie die Handhabung von Maschinen oder Computerprogrammen, sondern ein Prozess der Gottverwurzelung, auf den man sich einlässt, der unabsehbar lang dauern kann und viele unerwartete Überraschungen bereithält – nicht immer nur angenehme. Weil Gott selbst am Werk ist, muss man mit Unerwartetem rechnen, sich Zeit nehmen und Zeit geben. Man muss der Zeit Zeit geben.

Umgekehrt kann jede Fertigkeit, die man mit persönlicher Hingabe einübt, spirituelle Dimensionen haben. Wer einen Suchweg ernsthaft einschlägt und konsequent geht – mit all den Umwegen, Irrwegen, Sackgassen, die das bedeutet – kann darauf vertrauen, dass er an einem Ziel ankommt – selbst wenn es nicht immer das ist, was man sich vorgestellt hat. Ein aufrichtig und konsequent gegangener Weg hat Früchte, wenn auch nicht immer unmittelbar für einen selbst. Viele Heiligenbiographien zeigen, dass ihr Weg erst Generationen nach ihnen für andere heilsam wurde. Entscheidend ist die Bereitschaft, sich auf diesem Weg von Gott überraschen und finden zu lassen, einzutauchen in die Sphäre neuer Erfahrungen und sich in existenzielles Glauben einzuüben.

Traditionen suchen und pflegen

Religiöse Traditionen können helfen, einen solchen Weg zu gehen. Alte weisheitliche, rituelle und liturgische Traditionen geben Halt und Orientierung, helfen, die eigenen Erfahrungen in die Tradition einzuordnen. Kritische Aneignung der Tradition ist ebenso wichtig wie das Ringen um ihre Verlebendigung sowie das Vertrauen, dass die persönlichen Glaubenserfahrungen anderer Menschen wichtig sind, den eigenen Weg zu finden. Schließlich kann man so vielleicht selbst ein Teil der Tradition werden – für andere, für die die eigenen Erfahrungen relevant werden.

Dimensionen spiritueller Kompetenz

Was »kann« jemand, der spirituell kompetent ist? Im Folgenden wird ein Begriff davon entwickelt, was spirituelle Kompetenz ist, und wie sie sich zeigt.

Spirituelle Kompetenz ist die Fähigkeit, die eigenen spirituellen Sehnsüchte, Begabungen, Ressourcen und Erfahrungen so für das eigene Leben und das Leben anderer fruchtbar zu machen, dass die Sphäre Gottes selbst in konkreter Welt erfahrbar wird als relevante Dimension menschlicher Wirklichkeit. Ein spiritueller Mensch wird also zum »Ort«, an dem Gott in die Welt einbrechen kann. Wer spirituell kompetent ist, ist befähigt, die persönliche Spiritualität zu einer wichtigen Dimension für das eigene, aber auch für das öffentliche Leben werden zu lassen und dies ethisch und politisch verantwortlich zu tun. Zur spirituellen Kompetenz gehören:[387]

Fähigkeit, die erotische Dimension von Spiritualität zu gestalten

Damit wird die Kunst beschrieben, die eigenen Sehnsüchte nach spiritueller Erfahrung, das Begehren nach Gott verantwortungsvoll zu gestalten, ebenso die Fähigkeit, mit Erfahrungen spiritueller Überfülle oder geistlichen Mangels so umzugehen, dass dies human bleibt und lebensförderlich wird – für sich selbst und andere Menschen. Der spirituell Frustrierte ohne Erfahrungen ist ebenso gefährdet (und daher gefährlich) wie der euphorisch Beseelte, der die ganze Welt mit seinen Erfahrungen beglücken möchte. Nüchterne Trunkenheit, trunkene Nüchternheit sind gefragt. Der spirituell Kompetente kann in der Spannung von Fülle und Mangel leben, weil er »weiß«, dass diese Gegensätze zuinnerst zusammengehören.

Diese Fähigkeit meint auch, die Spiritualität als leiblich-seelisches Geschehen erfahren zu können, dass sich nicht nur in meinem Kopf abspielt, sondern mein Herz glühen oder ruhen, meinen Leib Frieden finden oder erbeben lässt. Die erotische Dimension von Spiritualität ereignet sich zwischen Polen: zwischen Mensch und Mensch, die einander mit ihren Erfahrungen beschenken können; zwischen Mensch und Gott, deren Liebe zueinander das Leben durchstimmt. Die Sehnsucht nach Gott führt nicht zu Selbstaufgabe und Verzweiflung, spirituellen Wettkämpfen oder Dauereuphorie, sondern mehrt die Fähigkeit zu liebender Hingabe und persönlichem Sich-Verschenken, das auch leiblichen Ausdruck findet. Die Kunst besteht darin, die spirituellen Sehnsuchts-, Fülle- und Mangelerfahrungen in leibhaftige Liebe zu verwandeln.

Fähigkeit, mit der Kontingenz der Realität umzugehen

Die »Zu-fälligkeit« des Lebens wahrnehmen und aushalten lernen, ohne vorschnell in spirituelle Erklärungen abzudriften: also wirklich auf der Erde anzukommen, ist eine Grundlage für spirituelle Kompetenz. Dazu gehören ein respekt- und liebevoller Umgang mit der eigenen Leiblichkeit und der Leiblichkeit anderer, eine grundlegende Akzeptanz der Endlichkeit und Begrenztheit alles Irdischen, eine Versöhnung mit Leiden, Sterben und Tod. Wer Spiritualität benützt, um diesen Erfahrungen zu entkommen, ist nicht spirituell, sondern getrieben von allzu irdischer Daseinsangst. Wer sich mit der Erde ausgesöhnt hat und sie liebt, ist spirituell kompetent und damit offen für den Geist Gottes.

Fähigkeit zur Kosmisierung einer fragmentierten Wirklichkeit

Entscheidend für eine kompetente spirituelle Kosmisierung der Wirklichkeit ist die Frage nach dem Stellenwert und dem Wesen von Denken und Vernunft. Zu reifer Spiritualität gehört die Fähigkeit, die eigenen spirituellen Erfahrungen auch kognitiv-in-

387 Die Konzeption dieser Dimensionen ist inspiriert vom Religionsbegriff Kaufmanns, Religion und Modernität, 84ff.

tellektuell einzuholen, zu reflektieren, zu deuten und zu beschreiben: sich also die Welt und der Welt zu erklären. Spirituell kompetentes Denken ist kein Selbstzweck, sondern denkt, was die Wirklichkeit in ihrer unauslotbaren Tiefe, Weite und Komplexität zu denken gibt. Vernunft ist die Fähigkeit, die Wirklichkeit zu vernehmen, wie sie sich gibt. Vernunft und Glaube sind dann kein Gegensatz mehr, sondern erhellen einander. Um es mit Martin Heidegger zu sagen, entspringt das Denken dem Danken.

Spirituell kompetentes Denken ist Erfahrungsdenken. Erfahrung meint hier: gedeutetes, verstandenes Erlebnis, welches sich in denkerisch-verstehenden Prozessen vollzieht. Erfahrung in diesem breiten Sinn ist unmittelbar, nicht beliebig wiederholbar und auch nicht ohne Folgen beliebig deutbar. Erfahrung betrifft mich als ganze Person, mein gesamtes Lebens- und Weltverhältnis und stellt dieses zur Disposition. Insofern ist es angemessener zu sagen, Erfahrung widerfährt jemandem, sie wird nicht »gemacht«. Durch solche Erfahrungen verwandelt, erschließt sich dem Menschen bruchstückhaft der Sinnzusammenhang des Kosmos. Damit dieser Kosmisierungsvorgang bewusst geschehen kann, gehört zu Erfahrung auch substantiell Wahrnehmen, Benennen, Verstehen, Reflektieren und Nachdenken.[388]

Die Fähigkeit zur Kosmisierung ist keinesfalls primär eine Frage von Intelligenz oder Wissensmenge, sondern hängt eng mit der Lebenshaltung zusammen. Die Fähigkeit zu denken und zu deuten wird in den Dienst einer Wirklichkeit gestellt, die zu denken und zu deuten gibt. Das bedeutet für moderne, neuzeitliche Menschen eine massive Weltbildveränderung. Ein spirituell verwurzelter Kosmos ist offen für Erfahrungen, die das enge rationale Denken übersteigen und vom Menschen auch nicht vollkommen ausgeschöpft werden können. Der neuzeitliche Tatsachensinn wird erweitert und korrigiert um den visionären Wirklichkeitssinn, sowie den für eine menschliche Zukunft unverzichtbaren Möglichkeitssinn, der unseren modernen Kulturen so sehr fehlt. Spirituelle Weltanschauungen sind kein Ausdruck von Wissen im Sinn der Information. Es handelt sich um weisheitliches Wahrheitswissen, um Lebenswissen, Praxiswissen, Lebenskunst, die auf Gott zählt. »Theoria« kann hier das sein, was sie ursprünglich war: das Bedenken und Verstehen der Schau des Heiligen.

Fähigkeit zur solidarisch-liebend-vernetzten Identitätsentwicklung

Spirituelle Menschen »haben«, besser, »sind« offene Identitäten, fähig zur Vernetzung, zur Verwebung, zu Gemeinschaft, Verbundenheit und Treue. Der spirituell kompetente Mensch wird, wer er ist, indem er seine vorgängige Verbundenheit mit der Welt und anderen in Liebe realisiert und konkretisiert. Er gewinnt Identität nicht durch Abgrenzung, sondern durch Verbindung und Beziehung. Individualität weitet sich zur Personalität.

Kultische, rituelle, moralische, politische Handlungskompetenz

Spirituelle Kompetenz meint auch Handlungskompetenz. Kult und Ritus als die genuinen Modi spirituellen Handelns verlieren ihre magische: also Gott manipulieren

388 Diesen Erfahrungsbegriff verdanke ich meinem Lehrer Karl-Augustinus Wucherer-Huldenfeld.

wollende Funktion. Nicht mehr die Angst vor einer übermächtigen göttlichen Realität veranlasst dazu, spirituelle Techniken zu benützen. Je tiefer sich jemand im undurchschaubaren Geheimnis der Wirklichkeit verwurzelt, umso mehr ermöglichen rituelle, symbolische, kultische Handlungen die Begegnung mit der Realität des Heiligen selbst. Moralisches und politisches Tun werden durch spirituelle Entwicklung zu verantwortungsvollem Handeln, das sich in der Allverwobenheit von Welt, Mensch und Gott verwurzelt weiß. Der spirituelle Mensch weiß, dass er berufen ist, Welt mitzugestalten und dabei eine spezifische Aufgabe hat. Er weiß aber auch, dass sich die menschliche Berufung zum Leben nicht in Taten erschöpft; dass weder moralisches noch politisches Tun befreit, heilt oder gar erlöst. Der spirituelle Mensch glaubt, dass seine Erlösung von Gott abhängig ist. Spirituelle Kompetenz heißt also: Die Welt annehmen und mitgestalten, aber nicht in ihr aufgehen. Spirituelle Kompetenz kann moralische und politische Kompetenz nicht ersetzen, aber in Gott verwurzeln. Das befreit zu befreiender politischer Praxis, weil die politischen Realitäten - seien sie auch totalitär - niemals die letzten Wirklichkeiten sind und ein spiritueller Mensch sich niemals vor ihnen beugen wird.

Fähigkeit zu Utopie und Widerstand

Spirituelle Kompetenz macht sensibel für das, was möglich wäre: Hier ist der Ort, wo Utopiefähigkeit und deren Schwestern, der kreative Widerstand, die kraftvolle Zukunftsvision und die demütige Hoffnung, entstehen. Nicht jeder Widerstand ist mit der Utopie verwandt, so mancher wurzelt auch in Trotz, Hochmut, Besserwisserei oder gar Lebensverweigerung. Die Fähigkeit zur lebensförderlichen Utopie stärkt die Hoffnung, dass eine andere, bessere Welt möglich ist.

Eine Kultur des Lebens entwickeln

Humane Spiritualität ist lebensbejahend. Ja zum Leben sagen bedeutet, eine Kultur zu gestalten, in der neues Leben entstehen, wachsen, gedeihen kann; in der schwaches, leidendes, zerbrochenes Leben getröstet, gepflegt, beschützt und geheilt wird; in der altes Leben in Würde zu Ende gehen kann und seinen angemessenen Platz in der Erinnerung behält; neues Leben Schutz und Förderung erfährt, damit es sich entwickeln kann. Leben bejahen bedeutet, die Todeszeichen einer Kultur zu bekämpfen, indem man ihre Lebenszeichen stärkt.

Die Option für das Leben hat konkrete Auswirkungen: Geld und Güter werden zu Mitteln, das Leben zu mehren, zu schützen, zu pflegen. Sie sind nicht länger Selbstzweck oder Ziel menschlichen Treibens. Man lernt darauf vertrauen, dass genug für alle da ist und riskiert auf dieser Basis das Teilen und die gerechte Umverteilung der Güter. Die Erde, die Natur, die Umwelt werden zu unserem Lebenshaus, das gepflegt und sorgsam behandelt werden will. Sie ist nicht mehr bloße ausbeutbare Ressource, sondern wird als der uns geschenkte Lebensraum wahrnehmbar. Die Erde als unser Lebensort wird ein Lebens-Wert. Der Umgang mit der Zeit verändert sich. Sie wird zum Raum, in dem uns Leben gegeben wird. Sie muss nicht mehr gefüllt, weder vertrieben noch gespart oder genützt werden. Wer das Leben bejaht, erfährt die Fülle der Zeit und darf sie verschwenden, weil es Zeit genug für alle gibt. Zeit für Muße, für Absichtslosigkeit werden möglich: wirkliche Frei-Zeit.

Dialog der Spiritualitäten

Die Vielfalt der Spiritualitäten macht es im Raum säkularer Religionsfreiheit möglich, dass die vielen verschiedenen Spiritualitäten miteinander ins Gespräch kommen. Jeder kann und soll dabei etwas von den anderen lernen, jede kann und soll sich im Rahmen solchen dialogischen Lernens in Frage stellen lassen. Dialog ist dann gelungen, wenn beide Seiten in der Selbsterkenntnis in Richtung Wahrheitserkenntnis voranschreiten.

Solcher Dialog, der bereit ist, sich vom anderen verändern zu lassen, verlangt ein starkes, belastbares Ich, das sich hingeben kann, weil es sein Selbst in Gott geborgen weiß. Das Gelingen eines solchen Prozesses ist eine wesentliche spirituelle Frage: Kann ich glauben, dass auch der andere Einblick und Zugang hat in die Sphäre Gottes?

Anhand unserer Typologie verschiedener Weltanschauungen, die allesamt als »Religionskompositionen« im weitesten Sinn zu betrachten sind, kann exemplarisch durchdacht werden, wie ein solcher Lernprozess aussehen kann. Was können die Christinnen von den anderen »Typen« lernen, wo sind sie aber aus christlicher Perspektive auch kritisch anzufragen?

Was können Religionskomponisten voneinander lernen?

Die »Humanisten«

Humanisten sind die Advokaten der Menschlichkeit: Sie erinnern daran, dass sich die Güte jeder Weltanschauung, jeder Praxis, jeder Religion letztlich daran misst, ob sie für alle Menschen das Leben lebenswerter macht. Sie können den Himmel auf die Erde bringen und ihm hier konkret Gestalt verleihen. Der Mensch ist Mitte, Maß und Ziel allen Tuns. Humanisten erinnern an die Würde der menschlichen Person.

Gefährdet und deshalb gefährlich werden sie, wenn sie den Menschen sakralisieren und vergötzen. Wenn sie seine Bedürfnisse, seinen Willen, seine Interessen heilig sprechen und die Sünde, die auch zum menschlichen Dasein gehört, ignorieren oder verharmlosen. Wenn irdische, endliche Menschen- und Weltbilder verabsolutiert werden, ist Gefahr im Verzug. Humanisten vergessen gern die Frage nach dem Jenseits und dem »Ganz Anderen« oder grenzen sie bewusst aus. Ihre Ethiken gründen manchmal auf schwankendem Boden. Humanisten sind angehalten, zu prüfen, ob die irdische Welt wirklich alles und ob »Anderes« nicht auch in religiösen Belangen möglich ist.

Die »Atheisierenden«

Atheisierende sind Advokaten des kritischen, nüchternen Zweifels. Sie sind das skeptische Gewissen aller Religion und Spiritualität, das allzu rasche, frömmlerische

Fluchtbewegungen in den Himmel kritisch befragt. Sie repräsentieren die Treue zur Erde ebenso wie die Pflicht zu intellektueller Redlichkeit. Sie haben einen Blick für das Leid und das Übel und übersehen es nicht. Ein spiritueller Mensch, der es nicht wagt, atheisierende Gedankengänge zuzulassen und Angst hat vor Atheisten, hat noch keine geerdete Spiritualität.

Atheisierende können aber auch den empiristischen Ungeist repräsentieren, die Unfähigkeit und den Unwillen, die geistige Sphäre wahrzunehmen und zu bedenken. Mitunter identifizieren sie Spiritualität per se mit Ideologie und sind nicht bereit, sich auf spirituelle Prozesse einzulassen, weil sie diese generell aburteilen und ausgrenzen. Manchmal vergessen oder verweigern sie wider besseren Wissens Hingabe und Vertrauen und tragen dazu bei, Geist und Hoffnung aus der Realität zu vertreiben. Sie sind angehalten, die Wurzeln ihrer Atheismen kritisch zu befragen und mit den Religiösen im Gespräch zu bleiben.

Die »Christen«

Christen erinnern daran, dass der Inhalt von Spiritualität Liebe ist, und diese Liebe Gottes in Jesus Christus konkret Gestalt angenommen hat. Sie stellen (wie alle Religionen) die Frage nach der Wahrheit des Ganzen und glauben (erneut: wie alle Religionen), dass sie Antworten anbieten können. Sie stehen dafür ein, dass Spiritualität nicht nur einen Teilbereich des Lebens meint, sondern die ganze Person, das ganze Leben, die Gesellschaft selbst durchgestalten und mit neuem Geist erfüllen, verwandeln will und kann.

Christen erinnern daran, dass Gott mit uns ist, und dass Gott ein Gott der Liebe ist, vor dem sich niemand zu fürchten braucht – und das heißt: Ein Du, das man ansprechen kann, keine übermächtige Willkürmacht, die einen unabänderlichen Plan mit uns Menschen hat. Christen glauben, dass Gebet etwas verändern kann: dass es auch an ihrer Freiheit liegt, was mit der Welt geschieht. Sie sehen sich als Mit-Schöpferinnen.

Sie sind die Advokaten der Balance: zwischen Diesseits und Jenseits, zwischen Gott und Mensch, zwischen Freiheit und Ordnung. Sie glauben, dass mit Jesus Christus das Reich Gottes jetzt schon angebrochen ist, und warten zugleich voll Vertrauen auf das Kommen ihres Erlösers und die Vollendung der Schöpfung durch Gott selbst. Sie sehen in der Verbindung von Gottes- *und* Menschenliebe die zentrale Herausforderung des Lebens.

Christen kippten und kippen immer wieder aus der Balance und haben einseitige »christentümliche« Ideologien entwickelt. Die Reduktion von Religion auf Moral, ihre Instrumentalisierung für politische Interessen, die Kreation von Ideologien, Irrtümer und Schuld sind auch heute für Christen eine ständige Gefahr. Christen sind angehalten, die Balance zwischen Gottes- und Nächstenliebe weiterzuerzählen, immer wieder neu zu erinnern, Tag für Tag einzuüben und zu feiern.

Die »Religionskomponisten«

Religionskomponisten sind die Advokaten der Freiheit und der Schönheit des Lebens und erinnern an die Sehnsucht nach dem »Ganzen«. Sie symbolisieren, dass menschliches Dasein genuin schöpferisches, kreatives Daseins ist, erst in zweiter Linie moralische Anstrengung oder religiöse Pflicht. Sie sind ob ihrer Fähigkeit, die

Pluralitäten zu leben, wie »geboren« für den religiösen Dialog und können die Leidenschaft an religiösen Fragen wecken.

Freilich tendieren sie dazu, die Frage nach der einen Wahrheit zu vergessen, zu verschweigen, zu bagatellisieren oder abzuwehren. Dies forciert Irrationalismus ebenso wie den Ungeist des Nihilismus und weckt damit indirekt die dämonischen Kräfte aller Religion, was destruktive Folgen hat.

Religionskomponisten sind angehalten, ihre Weltanschauungen auf ihre gesellschaftlichen und politischen Folgen hin zu prüfen. Sie sind verpflichtet, sich zu bilden und auch den eigenen Kosmos kritisch zu hinterfragen. Insofern nahezu alle modernen Zeitgenossen komponieren, gilt dieser Appell auch für Humanisten, Atheisierende und Christen.

Kirche gestalten[389]

> Die Kirche ist ja in Christus gleichsam das Sakrament, das heißt Zeichen und Werkzeug für die innigste Vereinigung mit Gott wie für die Einheit der ganzen Menschheit.
>
> *Lumen Gentium 1*

Der »Schock der Daten«?

Was *Lumen Gentium*, die Dogmatische Konstitution des Zweiten Vatikanischen Konzils über die Kirche, sagt, wird in der alltäglichen Realität für viele kirchenkritische moderne Zeitgenossinnen schwer wahrnehmbar und wird auch von vielen Christinnen nicht geglaubt. Es erscheint für viele in einem diametralen Gegensatz zu dem, was zur Zeit mit der Kirche in Europa geschieht. Insbesondere die katholische Kirche wird kleiner, Menschen treten aus, die christlichen Kirchen verlieren an Bedeutung. Seit Jahrzehnten gibt es in Westeuropa, auch in Deutschland und Österreich, einen kontinuierlichen Rückgang der offiziellen Mitgliedszahlen, auf evangelischer wie auf katholischer Seite, der hochgerechnet auf die nächsten Jahre bedrohliche Ausmaße annehmen kann. Mit Tschechien und Ostdeutschland gibt es in Europa auch bereits zwei als atheistisch zu bezeichnende Kulturen. In traditionell katholischen Ländern steht es um das Image insbesondere der katholischen Kirche nicht sehr gut und ist die Austrittsbereitschaft hoch. Tritt Europa unwiderruflich in ein postkirchliches Zeitalter ein?

Depression in Trauer, Euphorie in Hoffnung, Aggression in Kreativität wandeln

Die Entwicklungen werden binnenkirchlich gegenwärtig von mehreren charakteristischen Reaktionen begleitet, wie sie bei jedem Transformationsprozess beobachtet werden können. Auf der einen Seite finden sich Gejammer, Wehklagen, die Suche nach Sündenböcken, wer an der Situation schuld sei: der konservative oder der progressive Teil der Kirche, das Konzil, die gottlosen Gläubigen in Europa, die Institutionalisierung des Christentums, die Moderne usw.

389 Der folgende Text verdankt wesentliche Anregungen folgenden Personen, die am Symposium »Zukunft der Religion – Rolle der Kirchen« teilgenommen haben: Albert Brandstätter, Michael Bünker, Roland J. Campiche, Alfred Dubach, Thomas Krobath, Christine Mann, Markus Sahli, Paul Weß und Maria Widl.

Manche Gruppen in der Kirche werden aggressiv, bunkern sich ein und erregen sich über die gottlosen Menschen moderner Kulturen. Sie entwickeln einen autarken Lebensstil und isolieren sich von der Komplexität modernen Lebens durch einfache Antworten auf schwierige Fragen. Sie zeigen eine Art von Sektenmentalität. Andere schotten sich ebenfalls ab, ziehen sich aus dem öffentlichen Leben in ihre Gemeinden und Gruppen zurück und haben – was sie nie zugeben würden – in Wahrheit gar nichts dagegen, dass die Kirche kleiner wird. Sie hoffen, dass nach dem Exodus der Religions- und Kirchenkritiker wieder Ruhe einkehren wird und man weitermachen kann wie früher, eben nur in kleineren, intimen Gruppen.

Viele Christen werden aber auch depressiv und erscheinen gelähmt und ohnmächtig angesichts des religiösen Wandels, fühlen sich ihm hilflos ausgeliefert. Sie verharren nach außen hin in einem geschäftigen Aktivismus, der ohne Rücksicht auf den Wandel das immer gleiche Programm weitertradierend verwaltet, während man nach innen hoffnungslos und angstvoll nicht mehr an eine Zukunft der Kirche glaubt.

Andere identifizieren sich mit den Aggressionen, die der Kirche aus der Gesellschaft entgegenschlagen und stimmen ohne Differenzierung ein in den Chor der Kirchenkritiker: Kirche wird dann auch von ihren eigenen Leuten permanent attackiert. Egal, was die kirchlichen Gruppen oder die Kirchenleitung unternimmt, um die Probleme zu lösen – es genügt nicht.

Zur Depression gehört spiegelbildlich die Euphorie. Die Realität wird verweigert, der Schmerz, den der Wandel der kirchlichen Erscheinungsgestalt mit sich bringt, wird klein- und schöngeredet. Kleine Erfolge werden hochstilisiert. Man immunisiert sich gegen jede Kritik von außen, vergewissert sich mit Gleichgesinnten, dass man selbst in Ordnung ist und eigentlich die Kritiker ein Problem hätten. Man flieht in fundamentalistische Spielarten christlichen Glaubens und setzt auf pastorale Konzepte, die die brave, kleine, elitäre Herde fördern. Solches kann durchaus modern aussehen (»Eventreligiosität«), der Sache nach aber inhaltlich eng und strukturell autoritär sein. Solche Selbstvergewisserungsprozesse können euphorisches Wohlbefinden auslösen und die Probleme ausblenden.

Alle diese Reaktionen hängen eng zusammen und brauchen einander, um den Status quo zu stabilisieren: Verweigern die einen die läuternde Kraft der Kritik, droht die Kritik der anderen jedes neue Leben im Keim zu ersticken. Man streitet dann unentwegt miteinander um den richtigen pastoralen Kurs, ohne dabei substantiell etwas zu verändern.

Weder Optimismus noch Pessimismus sind Perspektiven für die Kirche. Beides sind einseitige Verstimmungen und blenden die je andere Seite aus. Beide Haltungen eröffnen wahre Aspekte, keine kann in die Zukunft sehen und sichere Prognosen wagen. Vor allem rechnet keine mit dem überraschenden Geist Gottes, der der Kirche treu zur Seite stehen möchte.

Ehe man sich auf den Weg der Änderungen macht, gilt es, den »Schock der Daten« zu bewältigen. Christen in Europa werden zur kleinen Herde. Das ist zur Kenntnis zu nehmen.[390] »Kleine Herde« muss aber weder Elite noch Sekte noch abgeschottetes, vormodern-kleinbürgerliches Restmilieu heißen. Wie sich die kleine

390 Vgl. dazu bereits 1972 Karl Rahner: *Strukturwandel* der Kirche als Aufgabe und Chance, Freiburg im Breisgau 1972, 32–37.

Herde der Christen zukünftig in der modernen Welt positioniert, ist eine Mentalitätssache und vor allem eine spirituelle Frage. Die Kirche als universale Institution, die zu allen Menschen gesandt ist, kann sich jedenfalls keine wie immer geartete Kleingruppenmentalität leisten. Auch eine kleine Herde kann in der modernen Gesellschaft eine Großkirche bleiben, wenn sie weltoffen, spirituell verwurzelt und gesellschaftspolitisch stark ist. Daher sind in einem ersten Schritt die entwicklungshemmenden Reaktionen auf den Wandel bewusst zu machen und zu kultivieren.

Jammerei ist in echte Trauer zu verwandeln, denn es geht etwas zu Ende: eine bestimmte Sozialgestalt von Kirche, wie sie Europa jahrhundertelang prägte, gerade in katholischen Ländern wie Österreich. Die Kirchen verlieren auch gesellschaftliche Gestaltungsmacht, das tut weh. Doch im Unterschied zum Jammern darüber, das die Trauer nur blockiert und nicht zulässt, hört echte Trauer auch wieder auf.

Auch die Euphorie kann gewandelt werden: Wo etwas gelingt an Neuaufbrüchen, kann dies Anlass zur Hoffnung werden. Das gestattet aber noch keinesfalls, die problematischen Seiten auszublenden.

Schließlich ist die Aggression angesichts des rasanten Wandels bewusst zu machen, von der auch Christen nicht frei sind, und die sich z. B. in chronischer Modernefeindlichkeit und Empörung über den Verfall moderner Kulturen äußern kann. Diese Aggression kann in schöpferische Schaffenskraft verwandelt werden, die sich daran macht, die neue Zukunft der Kirche heute schon zu denken und vorzubereiten. Weil der Zorn auf »die Anderen« und Sündenböcke aber auch dazu dient, die eigenen Schuldgefühle angesichts des Bedeutungsniedergangs abzuwehren, kann man auch – wenn man das zugibt – nüchtern und aufrichtig darüber nachdenken, was man in der Vergangenheit falsch gemacht hat, und wie man es morgen besser machen könnte. Im Angesicht eines verzeihenden Gottes kann man jederzeit neu anfangen.

Trauer, Hoffnung und Schöpfungskraft sind kraftvolle Zukunftsmächte. Menschen, die dazu fähig sind, braucht die Kirche momentan dringend. So jemand kann die Realität in ihrer ganzen Spannung und Widersprüchlichkeit wahrnehmen und erkennen, was mit dem, was *jetzt* ist, *morgen* möglich wird. Solche Menschen nehmen die Wirklichkeit ressourcenorientiert wahr, sind experimentierfreudig und fürchten sich nicht vor Fehlern und Versagen. Sie versuchen, was möglich ist und korrigieren immer wieder unverdrossen, was falsch gelaufen ist, indem sie erneut Neues wagen. Damit sie der Kirche gut dienen können, braucht es ein angstfreies Klima, in dem man sich nicht vor Sanktionen fürchten muss, wenn etwas schief gelaufen ist. Ebenso muss es auch möglich sein, Fehler zugeben zu können, ohne sein Gesicht zu verlieren oder hinausgeworfen zu werden. Zum dritten ist dafür eine reife Konfliktkultur nötig: miteinander konstruktiv und konsensorientiert streiten lernen, die Probleme direkt ansprechen. Man muss sich darauf verlassen können, dass ein Streit nicht dazu führt, dass die einen weglaufen oder die anderen Konflikte mit Sanktionen bestrafen. Zu lernen ist auch, miteinander das jetzt Unlösbare zu ertragen. Ertragt einander in Liebe, heißt es im Epheserbrief (Eph 4,2). Vielerorts, öffentlich noch unbemerkt und wissenschaftlich viel zu wenig erforscht, beginnen diese Wandlungsprozesse heute schon. Es ist, als halte Gott seine schützende Hand über die neuen, noch unsichtbaren Keime, damit sie in Ruhe wachsen und stark werden können.

Dass man statistische Daten verschieden lesen kann, ist ein Allgemeinplatz. Bei kirchlichen Statistiken tut dies aber kaum jemand. Es ist aber für die kirchliche Weiterentwicklung unabdingbar, die Daten nicht nur schicksalsergeben hinzunehmen, sondern sie theologisch zu reflektieren.

Verfolgt man z. B. die öffentliche Diskussion um die Größe der katholischen Kirche in Österreich, könnte man meinen, man habe es hier mit einer zwischenzeitlich völlig unbedeutenden Minderheit zu tun. Nun stimmt es, dass seit den 70er-Jahren die KatholikInnenzahlen von über 93% (1972) auf 73% (2001)[391] zurückgegangen sind. So manche Austrittswelle war zudem selbst verschuldet, man erinnere sich an den unglückseligen Modus bei den österreichischen Bischofsernennungen in den 80er-Jahren, die Causa Groer 1995, diverse Skandale rund um Kindesmissbräuche und die Konflikte rund um den St. Pöltner Bischof Kurt Krenn, insbesondere um das Priesterseminar in dieser Diözese. Hier hat die österreichische Kirche großen Schaden genommen, den sie nicht so rasch wieder gutmachen wird können.

Dennoch gehören zwei Drittel der österreichischen Bevölkerung immer noch zur katholischen Kirche und sind bis jetzt nicht ausgetreten, obwohl dies heute kaum noch soziale Sanktionen zur Folge hätte. Mag dies auch vielfach traditionale Ursachen haben oder »nur« von einer diffusen Religiosität gestützt sein: Die Zahl ist erstaunlich hoch und offenbart eine untergründige Bindung an die Kirche, die zu beleben wäre. Man kann dies z. B. daran merken, dass rund um Begräbnis von Johannes Paul II. und die Neuwahl von Papst Benedikt XVI. auch das öffentliche Interesse an kirchlichen Themen wieder gestiegen ist. Auch die Taufzahlen sind beeindruckend: 74% aller Kinder, die 2001 in Österreich geboren wurden, wurden getauft. Auch hier bündeln sich religiöse Sehnsüchte und damit Wünsche an die Kirche.

In Deutschland ist die Situation etwas anders, weil sich KatholikInnen und ProtestantInnen zahlenmäßig die Waage halten. Doch auch in Deutschland gehören nach offizieller Statistik zwei Drittel der Bevölkerung einer christlichen Kirche an. In Ostdeutschland sind es nach jahrzehntelanger atheistischer Religionspolitik allerdings nur mehr 28%. In Westdeutschland gehören aber trotz großer Kirchenaustrittswellen (hier v. a. wegen der Kirchensteuer) immerhin 76% zu einer christlichen Kirche.

Unsere Religionsstudie unterscheidet für Österreich zwischen vier verschiedenen Typen von Kirchenzugehörigkeiten. Es gibt kein einheitliches Kirchenvolk, und die Grenzen zwischen den einzelnen Gruppen verschwimmen. Wir sprechen von »fragmentierten Kirchlichkeiten«.[392]

Da gibt es mit 31% die »*Intensivchristen*«, die im kirchlich-gemeindlichen Binnenraum angesiedelt sind und zur regelmäßigen Sonntagsgottesdienstgemeinde gehören. Die rituell-gottesdienstlichen Aktivitäten der Kirche schätzen sie hoch, an sozialen Stellungnahmen der Kirchen sind sie wenig interessiert.

Die Gruppe der »*Sozialchristen*« mit 42% ist in Österreich sehr stark. Auf den ersten Blick sehen sie aus wie Nichtmitglieder, gehen sogar noch weniger als diese zur Kirche. Aber sie erwarten ein starkes soziales Engagement der Kirche.

391 Nach der Österreichischen Volkszählung 2001: http://www.statistik.at.
392 Zulehner/Hager/Polak, Kehrt die Religion wieder, 126.

In ihrem Glauben christlich geformt, jedoch mit mittlerer Gemeindebindung und Kirchgang schätzen die 14% *Ritualisten* die kirchlichen Rituale, lehnen soziales Engagement der Kirchen aber ab.
Die *Nichtmitglieder* machen etwa 14% aus. Sie gehören zu keiner christlichen Kirche, sind gottgläubig oder agnostisch und haben keinen Bedarf an kirchlichen Aktivitäten, am ehesten noch an deren Sozialengagement.

> Ich war ein sehr frommes Kind – Gebet, Wochentagsmesse –, als Jugendliche und Studentin war ich sehr engagiert in der katholischen Jugend und katholischen Hochschule. Ich habe die Kirche wirklich geliebt. Ich erinnere mich an eine Hochschulwoche in Zwettl. Dort bin ich nach dem Gottesdienst in der Kirche sitzen geblieben und habe mir überlegt, wen oder was ich liebe. Neben Menschen und anderem war die Kirche auch dabei.
> Das hat sich geändert. Bedingt durch verschiedene Faktoren: zum einen konnte ich mich mit Tendenzen der Amtskirche nicht identifizieren, zum anderen habe ich persönlich negative Erfahrungen gemacht. Als Redakteurin betreute ich hauptberuflich eine kirchliche Studentenzeitschrift, die sich durch gewisse Aufmüpfigkeit bemerkbar machte. Von einem Tag zum anderen bin ich auf der Straße gestanden. Das kränkt und weckt unversöhnliche Gefühle gegenüber der Kirche. Ich bin das, was man eine heimatlose Christin nennt. Ich bin nicht mehr in einer Gemeinde verankert, ich gehe nicht mehr in den Gottesdienst, ich bin aber auch nicht anfällig für Alternativen: Heilslehren, esoterische Surrogate. Das hat sicher damit zu tun, dass ich trotz meiner kirchlichen Heimatlosigkeit eine intakte Gottesbeziehung habe.
> Was ist geblieben? Geblieben ist durchaus eine Prägung, die man nicht mehr los wird und auch nicht los werden will. Trotz meiner Kirchenferne versuche ich als Christin zu leben, durchaus im Sinne der Ethik der Zehn Gebote und noch viel mehr im Sinne des Liebesgebotes: Du sollst deinen Nächsten lieben wie dich selbst. Diese Prägung führt auch dazu, dass ich eine Verpflichtung verspüre nach sozialem oder sonstigem Engagement. Unabhängig von meiner Kirchenferne ist vieles geblieben: Ich glaube an einen persönlichen Gott, der mich persönlich meint. Ich glaube an das Reich Gottes, an Erlösung im Sinne der schönen Psalmnachdichtung von Martin Gutl: »Es wird ein Fest sein, wenn Gott uns heim holt«. Ich glaube auch, dass wir am Reich Gottes hier zu arbeiten haben, im Sinne der Theologie der Befreiung; gegen die gesellschaftliche Sünde muss man etwas tun. Ich glaube an meine persönliche Unsterblichkeit. Als blinder Fleck ist die Distanz zur Kirche geblieben. Ich bin nicht ausgetreten, ich will auch nicht austreten – es ist noch alles drin!
>
> *Heide Pils* auf dem Symposium »Zukunft der Religion – Rolle der Kirchen«

Die Daten zeigen, dass es in Österreich kein einheitliches Kirchenvolk gibt, Erwartungen und Bindung an die Kirchen sehr verschieden sind. Zudem wissen wir auch, dass die Grenzen zwischen Sozialchristen und Nichtmitgliedern fließend sind: Fast die Hälfte der Sozialchristen hat schon einmal an Kirchenaustritt gedacht. Interessanterweise haben manche Nicht-Mitglieder sogar eine stärkere Beziehung zu einer christlichen Kirche als die Sozialchristen. Die Studienergebnisse zeigen deutlich, dass in einem Land mit Religionsfreiheit mit einer formellen und einer informellen Mitgliedschaft gerechnet werden muss. Es kann also sein, dass sich Mitglieder kaum, Nichtmitglieder stark an ihrer Kirche orientieren.

Nicht nur religionssoziologisch, auch theologisch sind die Grenzziehungen zwischen Christinnen und Nicht-Christinnen nicht eindeutig zu ziehen.[393] In Zeiten eines kulturell gestützten Christentums schien das einfach: Wer getauft war und in einer konfessionell relativ homogenen Gesellschaft lebte sowie standesamtlich nicht ausgetreten war, galt als Christ. Doch schon damals konnte man nicht sicher feststellen, ob so jemand jenen Glauben hatte, der im theologischen Sinn für eine Kirchenzugehörigkeit nötig ist. Um wie viel mehr ist das heute der Fall, wo die religionssoziologi-

393 Vgl. zu den folgenden Überlegungen Rahner, Strukturwandel, 76–81.100–108.

sche Situation pluralistisch geworden ist. Zu rechnen ist also heute mit Personen, die religionssoziologisch und standesamtlich zur Kirche gehören und einen tiefen Glauben haben, aber auch mit anderen, die zwar aus traditionellen oder kulturellen Gründen zur Kirche gehören, aber jenen Glauben nicht haben. Außerhalb der religionssoziologischen Zugehörigkeit gibt es ebenfalls solche, die den christlichen Glauben nicht teilen, aber ebenso solche, die aus Gewissensgründen oder intellektuell redlichen Gründen nicht zur Kirche gehören können und wollen, aber dennoch einen tiefen Glauben im Sinn der Kirche haben. Die Grenzen sind theologisch fließend und unbestimmbar – denn wer sollte den Glauben eines anderen zudem noch mit Sicherheit feststellen können? Die Kirchenzugehörigkeiten der Mehrheit der Menschen werden in Zukunft fragmentarisch sein – und waren es vielleicht immer schon.

Die Komplexität und Vieldeutigkeit der Daten sowie der theologischen Reflexion zeigen also, dass wir eine »offene Kirche«[394] brauchen, eine Kirche, in der für die vielen Menschen, die auch im Glauben unterwegs sind, die Türen offen sind, die Durchgangsräume freundlich gestaltet, die Pastoral also situations- und adressatenorientiert sein muss. Für die Zukunft der Kirche wird entscheidend sein, ob sie die Fragmentarität und Vieldeutigkeit der Kirchlichkeiten, die partiellen Identifikationen der Menschen mit der Kirche mit dem Untergang des Christentums identifiziert – oder ob sie die damit verbundenen Spannungen aushalten lernt und schöpferisch so weitergestalten kann, dass sie Menschen zu bewussterer und stärkerer Identifikation ermutigt und befähigt, ohne autoritären Zwang auszuüben, aber auch ohne das Profil zu verlieren und sich anpässlerisch um jeden Preis anzubiedern.

Karl Rahner sagt dazu:

»Theologisch ist nicht so leicht zu sagen, wer konkret und ›subjektiv‹ wirklich seinem Glauben nach in der Kirche steht und wer nicht. Von daher schon ist die Kirche eine offene Kirche, ob sie es will oder nicht, ob sie darauf reflektiert oder es durch eine illegitime Vereinfachung der Situation zu übersehen sich bemüht. Wenn man bedenkt, dass es vermutlich sehr viele Menschen gibt, die, ohne religionssoziologisch und bürgerlich der Kirche anzugehören, doch dieselbe Mentalität eines positiven Verhältnisses zur Kirche bei einer bloß partiellen Identifikation mit ihr haben, wie diejenigen Menschen, die wir gerade bedacht haben (scil. die offiziellen Kirchenmitglieder, RP), dann wird noch deutlicher, wie schwer es ist, genau festzulegen, wo die Tür der Kirche in einem theologischen und nicht bloß kirchensoziologischen Sinn steht, wer drinnen und wer draußen ist.«[395]

Menschen auch zur bürgerlichen, also öffentlichen Zugehörigkeit zur Kirche zu motivieren, ist also einerseits ein pastorales Ziel, weil sich der Glaube ja leibhaftig, und das meint auch öffentlich äußert und nicht nur ein unsichtbares, immaterielles und geistiges Phänomen ist. Die offizielle Kirchenmitgliedschaft ist umgekehrt aber kein ausreichendes Kriterium für eine volle Zugehörigkeit zur Kirche. In der Praxis darf man aus theologischen Gründen daher Christen und Nichtchristen nicht anhand dieses Kriteriums allein unterscheiden. Karl Rahner empfiehlt, den Sympathisantinnen genauso wohlwollend zu begegnen wie jenen, die innerhalb der Kirche eine partielle Identifikation leben.

»Die Kirche sollte die Fließendheit und Unbestimmbarkeit ihrer Grenze in einer *positiven* Weise betrachten. Sie sollte diejenigen, die sich nicht schon schlechthin

394 Ebd.
395 Ebd., 105–106.

durch ihren Glauben mit der Kirche identifizieren können, aber der Kirche als konkreten Trägerin des christlichen Gedankens gegenüber ein positiv wohlwollendes Verhältnis haben, eher als zu sich gehörig denn als von ihr getrennt betrachten. Sie tut es ja auch gegenüber jenen, die standesamtlich zwar zu ihr gehören, darum aber noch lange nicht sicher den die Kirchenzugehörigkeit konstituierenden Glauben haben.«[396]

Pluralität und Fragmentarität machen die Kirche schöpferisch

Die religionssoziologische Situation der Nachkriegsjahre bis in die 70er-Jahre hinein war eine historisch einmalige Situation. Dass ein Land wie Österreich nahezu flächendeckend katholisch ist, ist im 21. Jahrhundert soziologisch, aber auch theologisch befremdlich. Der weit verbreitete Katholizismus in Österreich hatte vor allem soziologische, kulturelle und politische Ursachen – und ging nicht zuletzt auch stark auf Kosten der an den Rand gedrängten und unterdrückten protestantischen Kirchen und einer vitalen religiösen Vielfalt.

Wenn sich diese volkskirchliche Sozialgestalt von Kirche heute wandelt, ist das daher nicht nur negativ zu sehen, sondern Ausdruck religiöser Freiheit und der Umbruch von einem Gewohnheits- hin zu einem Entscheidungsglauben. Dieser Wandel ist zu verstehen als Transformation der Sozialform von Kirche, wie ihn die Kirchengeschichte immer wieder erlebt hat. Zur Kirche werden in Zukunft jene gehören, die ihre Berufung durch Gott im eigenen Leben erfahren, reflektiert und sich für ein gläubiges und kirchliches Leben freiwillig entschieden haben. Theologisch ist das ein ungeheurer Fortschritt. Auf der strukturellen Ebene wird sich das ausdrücken im Entstehen von neuen Gruppen, Bewegungen, in einer spirituellen Revitalisierung von Gemeinden und einem veränderten Amtsstil der Amtsträger in der Kirche. Leitung wird viel mehr als heute bedeuten, solche Heils- und Kirchenberufungen zu fördern, zu begleiten und Menschen zu unterstützen, dass sie diese und die damit gegebenen Gaben entfalten können, innerhalb und außerhalb der Kirche. Leitung wird Ermutigung und Ermächtigung der Menschen zu einem gläubigen Leben.

Bereits in den 70er-Jahren waren die Glaubenskosmoi der Menschen nicht einheitlich, der weltanschauliche und religiöse Pluralismus war damals allerdings nicht opportun und wurde noch sozial sanktioniert. Die religiöse Pluralisierung ist zunächst als positiver Freiheitsgewinn zu betrachten und muss nicht im Gegensatz zum Christlichen stehen. Das Christentum kann durch eine inhaltliche Auseinandersetzung mit den pluralen religiösen Anschauungen an Profil, Tiefe und Weite gewinnen. Historisch ist zu beobachten: Plausibilitätskrisen der jüdischen wie der christlichen Religion angesichts von pluralistischen Situationen haben produktivste Phasen theologischer Entwicklung eingeläutet. Gute Theologie entsteht geradezu in solchen Kontexten. Krisen machen die Kirchen schöpferisch und können ihre Kreativität wecken.

396 Ebd., 78.

Seid stets bereit zur Rechtfertigung gegenüber jedem, der von euch ein Sinnwort verlangt über die Hoffnung in euch! (1 Petr 3,15)

Die Analyse der Austrittsüberlegungen[397] und Mitgliedschaftsgründe[398] zeigt deutlich: Je höher die »Gratifikationen« sind: d. h. je mehr und je stärkere Gründe jemand hat, bei der Kirche zu sein, umso weniger denkt er an Kirchenaustritt. Solche Gratifikationen durch die Kirche sind: die Lehre der Kirche für richtig halten, die Gemeinschaft im Glauben, Jesus Christus und das Neue Testament, die Lebenshilfe durch die Kirche, Ruhe und Gelegenheit zum Nachdenken und Meditieren, das Engagement für die Armen, Antworten auf den Sinn des Lebens, Orientierung usw. Sinkt die Motivation zur Mitgliedschaft, steigt auch die Bereitschaft zum Kirchenaustritt.

Soziale (d. h. traditionale) Gründe sind für die Mitgliedschaft (noch) wichtiger als religiöse; je stärker die sozialen Gründe sind, umso stärker sind auch die religiösen. Je religiöser motiviert jemand ist, umso weniger denkt er an einen Kirchenaustritt. Menschen können durch soziale Gründe zum Glauben und so auch in die Kirche finden. Umgekehrt kann es sein, dass die sozialen Gründe allein nicht reichen, um der Kirche treu zu bleiben, wenn die religiösen Gründe verdunsten.[398a] Die Situation ist komplex. Dazu kommt, dass Kirchenbindung weder rein kognitiv-rational motiviert ist, noch ausschließlich daran gebunden ist, was die Kirche lehrt. Gefühle, Hoffnungen, Erwartungen spielen eine wichtige Rolle, der Wunsch nach Gratifikationen ist hoch.

Will man heute also etwas gegen kirchliche Austritte unternehmen oder gar Eintritte fördern, muss man die *religiöse* Motivation der Mitglieder vertiefen. Für Nichtmitglieder sind die religiösen *und* die sozialen Gratifikationen sichtbar und verständlich zu machen. Es sind gute Gründe zu geben und zu nennen, warum man seinen Glauben kirchlich binden und realisieren soll. Das setzt freilich voraus, dass Christinnen willens und fähig sind, solche Gründe für ihren Glauben und ein kirchliches Leben zu nennen sowie die »ekklesiologische Introvertiertheit« (Karl Rahner) aufzugeben und missionarisch-offensiv für einen christlichen Lebensweg zu werben. 1 Petr 3,15: Dieses Wort gilt heute wieder verstärkt – nach innen und nach außen.

Die Kirche wird dazu lernen, ihren Sinn und ihre Aufgabe, ihr Wesen im konkreten Leben darzustellen und vernünftig zu verdeutlichen und zu erklären. Das hat mit der Legitimationspflicht aller Institutionen in einer Gesellschaft freier Personen zu tun. Menschen haben das Recht zu wissen, wofür eine Institution steht, und was man davon hat, dass man dabei ist. Die Institutionen haben umgekehrt das Recht, Mitglieder gewinnen zu dürfen. Die Kirchen sind sogar vom Evangelium her verpflichtet, Menschen für die Frohe Botschaft zu gewinnen.

Auch theologisch ist es wichtig, die eigene Existenz zu begründen: Der christliche Glaube hat sich von jeher als einer verstanden, der sich der Vernunft verpflichtet weiß und vor den jeweiligen Zeitgenossen Rechenschaft ablegen kann. Dass Glaube und Vernunft eng zusammengehören, gehört zu den Grundüberzeugungen der christlichen Tradition. Daher kann man auch vernünftig begründen, warum es sinnvoll ist, den Glauben kirchlich zu vollziehen. Dazu wird man heute verstärkt

397 Vgl. Zulehner/Hager/Polak, Kehrt die Religion wieder?, 97ff.
398 Vgl. ebd., 92ff.
398a Gegenwärtig entwickelt sich auch eine Gruppe von Menschen (primär junge Erwachsene zwischen 20 und 40), die religiös hoch motiviert sind, die die gegenwärtigen Sozialgestalten von Kirche und deren starke Milieuverengung aber wenig anziehend finden, und aus soziologischen Gründen der Kirche fern bleiben.

religiöse Gründe nennen, denn die Kirche ist mehr als ein sozial orientierter Freizeitverein oder eine Weltanschauungsgruppe, in der sich religiös Bedürftige versammeln. Das gemeinschaftliche Leben und die Lehre der Kirche sind konstitutiver Ausdruck und Folge eines historisch gewachsenen und kulturell geprägten christlichen Glaubens – und dieser ist nach innen und nach außen in jeder Generation und Kultur neu durchzubuchstabieren. Die christliche Lebensform hat in der modernen Kultur ihre Selbstverständlichkeit verloren. Für Christen ist das auch eine große Chance, sich wieder des eigenen Ursprungs zu besinnen.

In Zukunft werden viele Menschen erkennen, dass ein religiöses bzw. spirituelles Leben auch konkrete und verlässliche Orte sowie Menschen braucht, mit denen man lernen und sich weiterentwickeln kann. Eine offene Kirche kann solche Orte anbieten. Sie kann auch heute noch eine wichtige Gestalterin des religiösen Wandels sein und die »erste Adresse« spirituell Suchender werden (Paul M. Zulehner).

Theologische Impulse, die Krise zu deuten

Es ist eine »Tatsache, dass unsere heutige Situation die eines Überganges von einer Kirche, die durch eine homogen christliche Gesellschaft getragen und mit ihr fast identisch war, von einer Volkskirche zu einer Kirche ist, die gebildet wird durch solche, die im Widerspruch zu ihrer Umgebung zu einer persönlich deutlich und reflexiv verantworteten Glaubensentscheidung sich durchgerungen haben. Eine solche Kirche wird die Kirche der Zukunft sein oder sie wird nicht mehr sein. (...) Der oft beklagte Schwund an Christlichkeit und Glaube ist keine Tat und Wirkung von finsteren Mächten, sondern zunächst einmal gar nicht ein Schwund an wirklich absolut notwendigem und heilschaffendem Glauben (ob und wieweit ein solcher gegeben ist, können wir gar nicht wissen), sondern ein Schwund der Voraussetzungen jener ganz bestimmten, mit dem Wesen des Glaubens und Christentums gar nicht identischen Art von Glaube und Christentum, die mit jenen gesellschaftlichen Verhältnissen gegeben war, die heute nun einmal am Untergehen sind und vom christlichen Glauben gar nicht als bleibend postuliert werden können, weil sie gar nicht die notwendige Voraussetzung eines wahren und kirchlichen Christentums sind.«[399]

Über die Krise der Kirche ist schon viel geschrieben worden. Weil das endzeitliche Heil noch ausständig ist, wird die Kirche immer in der Krise sein. Die »Krise« gehört zum Wesen der Kirche. »Krise«: Das ist das tägliche Gericht, die Unterscheidung, die Entscheidung für oder gegen Gottes Heilsgeschichte. Solange diese im Gang ist, wird auch die Kirche immer auf dem Weg sein und »Gutes« (was dem Reich Gottes Raum gibt) von »Bösem« (was das Reich Gottes verhindert) scheiden: innerhalb und außerhalb. Die Krise, der ständige Wandel der Kirche hin zur endzeitlichen Kirche endet, wenn Gott sein Reich errichtet haben wird. Dann erst wird auch die Kirche vollendet werden (LG 48).

Deshalb ist stetes Krisengejammer unangebracht und Krisengestaltung gefragt. Nicht, um die Krise weg- oder schönzureden, sondern um als Kirche dem endzeit-

399 Rahner, Strukturwandel, 27 (Auslassung von mir).

lichen Heil entgegenzugehen. Die Krise der Kirche ist ihre eschatologische Chance. Darum kann sie sich getrost auf das Morgen vorbereiten und weitergehen. Der Geist Gottes, dem sie ihre Existenz verdankt, die Präsenz Jesu Christi, der die Kirche als Gemeinschaft des Glaubens, der Hoffnung und der Liebe auf Erden als sichtbares Gefüge verfasst hat und sie als solches unablässig trägt, ist ihr zugesagt (vgl. LG 8) – gerade in Krisenzeiten. Es ist vielleicht sogar der Geist selbst, der solche Krisen immer wieder auslöst und die Kirche davor bewahrt, ihren Auftrag zu vergessen und sich satt und selbstzufrieden auf bestimmten bequem und lieb gewordenen Organisationsformen und Lehrformulierungen auszuruhen.

Gott kommt unserem Tun mit seiner Gnade zuvor[400]

In allem pastoralen Tun sind Christen Wegbereiterinnen und Diener. Ehe sie noch pastorale Konzepte entwickeln, Umsetzungsstrategien ausarbeiten oder missionarisch verkünden: Gott ist immer schon da, bei den Menschen. Christen können dazu beitragen, dass Menschen das wahrnehmen und verstehen lernen: *wer* und *wie* dieser Gott ist, der mit den Menschen ist. Denn es ist nicht irgendein Gott, irgendein höchstes Wesen, das bei uns ist. Es ist der Gott Abrahams, Isaaks und Jakobs, der Gott Jesu Christi.

Gott ist das innerste Geheimnis des Lebens eines jeden Menschen. Pastorales Handeln ist deshalb seinem Wesen nach Mystagogie: Einführung in das Geheimnis, das das Leben jedes einzelnen Menschen immer schon ist (Karl Rahner). Christen können Menschen Wege zu diesem Geheimnis zeigen, Räume erschließen, Zeiten ermöglichen, sodass man in ihm wohnen kann. Das Geheimnis selbst bleibt uns allen ein Leben lang ein zu ergründendes.

Die religiösen Veränderungen der Gegenwart sind aus dieser Sicht zu betrachten. Gott ist auch schon bei vielen neureligiös Inspirierten, auch dort, wo diese Menschen kirchen- und christentumskritisch sind. Mit jedem von ihnen hat er seine ganz spezifische Geschichte, jede von ihnen hat er zum Heil berufen. Die Kirche kann lernen, die Menschen mit den liebenden Augen Gottes zu sehen. Eine Kirche, die das verweigert, spielt ungewollt jenen Kritikern in die Hände, die Religion pseudoaufgeklärt für irrelevant erklären möchten. Kirchen, die sich weigern, alles, was nicht unmittelbar zu ihnen gehört, als religiös anzuerkennen, marginalisieren sich selbst. (Übrigens auch dann, wenn diese theologische Position zum Schutz der Menschen vor Vereinnahmung geschieht: Wer als „religiös" nur jene wahrnehmen darf oder kann, die das selbst so sehen, gerät in eine pastorale Handlungslähmung und in eine theologische Sackgasse, weil er damit letztlich aussagt, es sei der Mensch, der festlegt, ob er religiös sei oder nicht – und das stimmt gnadentheologisch nicht.)

Das heißt nicht, dass deshalb alle Religiösen »automatisch« Christinnen wären und den von Gott gewünschten Glauben hätten. Glauben ist eine Möglichkeit, die (auch von Christinnen) immer wieder neu zu realisieren ist. Glaube ist kein Besitz, sondern vollzieht sich im Lieben und Tun. Wo ein Mensch seine Existenz personal, in Freiheit und Liebe konkretisiert, ist er ganz nahe bei und mit Gott. Dies kann auch geschehen, wenn ein Mensch seine Religiosität anders vollzieht als im christlichen

400 Paul M. Zulehner, *Denn Du kommst unserem Tun mit Deiner Gnade zuvor.* Zur Theologie der Seelsorge heute. Im Gespräch mit Karl Rahner, unter Mitarbeit von Andreas Heller, Ostfildern 2002.

Glauben. Zugleich ist es immer möglich, die Bestimmung des menschlichen Lebens zu verfehlen: sich Gott zu verweigern. Dies kann innerhalb und außerhalb der Kirchen geschehen. Es gibt Atheistinnen, die existenziell glauben können, ihr Leben für andere aus Liebe wagen – und es gibt Gläubige, die die Hingabe an Gott mit Vorstellungen verwechseln, die sie selbst für richtig halten.

Wer davon ausgeht, dass Gott immer schon mit jedem Menschen geht, entwickelt eine andere Pastoral als jemand, der glaubt, Menschen seien prinzipiell gottlos und müssten Gott erst kennen lernen, quasi mit ihm »geimpft« werden. Während die Letzteren die Welt in gerettete Gläubige und zu rettende Ungläubige einteilen müssen, gehen die anderen Menschen getrost davon aus, dass dieses Urteil Gott überlassen bleibt. Sie können mit dem anderen im Geheimnis Gottes verweilen und einen Raum voller Liebe entdecken, weil sie wissen, dass Gott auf seine Art alle retten will und kann. Sie »wissen«, dass Glaube und Unglaube in jedem Menschen vermischt und zugleich anzutreffen sind und Gott trotzdem – oder besser: gerade deshalb – mit allen sein will. Wer Gott als treuen Begleiter der Menschen wahrnehmen kann, muss nicht angstvoll-besorgt die ganze Bekehrungsarbeit leisten oder Konversionen erzwingen. Er weiß: Gott selbst findet seine Wege ins Herz der Menschen. Missionsarbeit, die von diesem Glauben getragen wird, ist offensiv, aber gewaltfrei; mischt sich ein, ohne sich aufzudrängen; lädt ein, ohne zu zwingen, bezieht Position, ohne Druck auszuüben.

Kirche hat nicht den Auftrag, andere von richtigen Weltanschauungen zu überzeugen, sondern Menschen dazu zu befähigen, die Spuren des biblischen Gottes im Leben zu erkennen, ihnen zu folgen und Gott im Antlitz Christi sehen und erkennen zu lernen. Mystagogie heißt auch, aus dieser »Ein-Sicht« in das Geheimnis das eigene Leben auf Gott hin riskieren: mit seiner Hilfe glauben, lieben, hoffen. Pastoral ist zuerst und vor allem Gottes-Pastoral.[401]

Der zeitgenössische Auszug vieler Religiöser aus den Kirchen, die massive Kirchenskepsis und -kritik sollen mit solcher mystagogischer Theologie nicht weg- oder schöngeredet werden. Im Gegenteil: Sie erinnert implizit aufdringlich an das historische Versagen der Kirche, diesen Gott glaubwürdig darzustellen, und sie verdeutlicht, wie groß die Bedrohung des Glaubens durch kulturelle Umstände ist. Sie erinnert an den kirchlichen Auftrag und motiviert zum mutigen Neuaufbruch in ein Feld, in dem die Kirche heute kein leichtes Spiel hat. Die vielen, die die Kirche verlassen, sind und bleiben ein Stachel im Fleisch und sind Grund für eine große pastorale Unruhe und Sehnsucht, jene (wieder)zugewinnen, die eine kirchliche Berufung haben.

Es ist theologisch nicht gleichgültig, wie groß oder klein die Kirche ist, ob man sich ihr zugehörig fühlt oder nicht. Christinnen glauben, dass Gott sich an die Kirche gebunden hat und ihr in der Heilsgeschichte eine wesentliche Rolle zukommt. Sie stellt Gottes Reich, das hier und heute schon anzutreffen ist, dar und her. Wenn sie versagt, verdunkelt sie das Antlitz Gottes und macht sein Wirken unkenntlich. Wenn sie zerstört wird, verwirken Menschen das Heilsinstrument, auf dem Gottes Liebeslied zu hören ist. Das Schicksal Israels, das sich von Gott abgekehrt hat und ins Babylonische Exil verschleppt wurde, ist bleibendes Mahnmal. Wie Israel kann aber auch die Kirche die Liebe Gottes nicht verspielen. Auch ist der Kirche versprochen, dass sie nicht endgültig zerstört werden kann. Aber selbstverständlich kann

401 Paul M. Zulehner/Josef Brandner: *»Meine Seele dürstet nach Dir.«* Psalm 63,2. GottesPastoral, Ostfildern 2002.

auch die Kirche ihren Auftrag verfehlen und versagen: Sie umfasst »Sünder in ihrem eigenen Schoße«, weshalb sie, zugleich heilig, »stets der Reinigung bedürftig« ist und »immerfort den Weg der Buße und der Erneuerung« (LG 8) geht.

Auch hier ist das alte Israel Hoffnungszeichen: Wie Gott seine Liebesgeschichte mit dem »kleinen Rest«, der wieder ins Heilige Land zurückkehrte, weiterschrieb, kann und will er quer zu allen menschlichen Widerständen und aller Schuld sein Reich auf Erden errichten. Dass er das schon längst tut, ist mit Christus ein für alle Mal besiegelt. Insofern die Kirche der Leib Christi ist (LG 7), kommt der Kirche dabei eine unvertretbare Rolle zu. Sie ist das Zeugnis dieser endgültigen und unwiderruflichen Liebeszusage.

Dennoch hat die Kirche kein Besitz-Monopol auf Gott. Wie es auch in anderen Religionen wahre und heilige Elemente gibt (Nostra Aetate 2), die sich der Gnade und Wahrheit Gottes verdanken, wirkt Gott auch in dem neuen spirituellen Feld, das sich gegenwärtig herausbildet. Diese Entwicklungen sind nicht selten »Fremdprophetien«, von denen die Kirche lernen kann. Man wird den vielen »Neuen Spiritualitäten« außerhalb – und übrigens auch innerhalb – der Kirche nicht gerecht, wenn man sie per se als »gottlos« oder »ungläubig« abqualifiziert. Wie immer im menschlichen Leben vermischen sich auch hier Gottes Geist und dämonischer Ungeist, der im Herzen des Menschen wohnt. Man wird also genau schauen, wo sich in den vielfältigen Spiritualitäten und Religiositäten neue Dämonen einschleichen: Angst, Unfreiheit, Gewalt, Lüge, Irrtum. Man wird aber auch erkennen, was viele dieser neuen Suchbewegungen dem christlichen Glauben an lebendiger Weiterentwicklung ermöglichen: Die Wiederentdeckung des Heiligen Geistes, ein verändertes Verhältnis zur Natur und zum menschlichen Körper, der Versuch, Spiritualität ins Leben zu integrieren.

Eine solche Sicht auf die spirituelle Welt außerhalb der Kirche steht im Einklang mit dem Zweiten Vatikanischen Konzil. Die Pastoralkonstitution *Gaudium et Spes* bringt deutlich zum Ausdruck, dass eine Scheidung der Welt in ein Außen Gottes (die Welt) und ein Innen Gottes (die Kirche) das Wesen und Wirken Gottes in der Welt verfehlt. Gott wirkt in der Welt, die Welt ist nicht per se gottlos. Die »Zeichen der Zeit« (GS 4) als Momente an der Welt sind immer auch möglicher Ort der Gottespräsenz. »Außerhalb der Kirche« können sich Phänomene entwickeln, die zum innersten Wesen des Christentums gehören. Da die ganze Schöpfung in der Erwartung des Offenbarwerdens des Heils lebt (Röm 8,19), sind die Zeichen des Anbruches des Reiches Gottes über den Raum der Kirche hinaus für die Glaubenden in der gegenwärtigen und konkreten Geschichte der Menschen zu erkennen. Darum bemüht sich das Gottesvolk »in den Ereignissen, Bedürfnissen und Wünschen, die es zusammen mit den übrigen Menschen unserer Zeit teilt, zu unterscheiden, was darin wahre Zeichen der Gegenwart oder Absicht Gottes sind« (GS 11). Das Konzil nennt für seine Zeit den Aufstieg der Arbeiterklasse, die Emanzipation der Frau, den Prozess der Entkolonialisierung, die Erklärung der Menschenrechte und die Friedenssehnsucht. Heute sind solche Hoffnungszeichen: Die zivilgesellschaftlichen Bewegungen, die Vernetzungsbestrebungen zwischen den vielen gesellschaftlichen Sphären, die Globalisierung von Solidarität, Friedenssehnsucht und Gerechtigkeitspraxis, eine neue Suche nach Werten und Ethik und die vielen neuen Spiritualitäten. Allem, was darin wahr und heilig ist, wird dann von der Kirche her Respekt zu zollen sein. »Prüft alles und was gut ist, behaltet!« (1 Thess 5,21) – so lautet der biblische Imperativ angesichts der heutigen Situation. Eine Kunst, die die Kirche immer beherrscht hat.

Christinnen glauben, dass sie in einem die gesamte Geschichte umgreifenden Heilsprozess stehen. Aus der Zukunft kommt uns Gott entgegen und errichtet sein Reich. Gott heilt so die gesamte Schöpfung: Er befreit und befriedet die Menschen, damit sie sich miteinander in Liebe ihm zuwenden, ihn loben und ihm zujubeln können. Damit wir dies in Freiheit wahrnehmen und annehmen können, enthüllt er sich konkreten Menschen in geschichtlicher Zeit, in wirklichem Raum. Wir sprechen von Offenbarung: Gott teilt sich selbst mit zu unserem Heil, gestern, heute und morgen.

Weil es auch darum geht, dass wir verstehen und erkennen können, wen wir hier lieben, kann man diesen Offenbarungsprozess auch Aufklärung nennen. Gott überwältigt uns nicht, sondern lässt uns zu sich kommen. Er lässt sich be-greifen, klärt uns über sich auf: in unserer irdischen Welt, leibhaftig und geistig dort, wo geliebt wird, wo wahrhaftig nachgedacht wird. Offenbarung zwingt nicht, sondern der zeitliche Abstand zu konkreten Lebensereignissen lässt vernünftig einsehen, dass und was Gott selbst hier gewirkt: »gesprochen« hat. Schrittweise versteht die Menschheit, wer und wie dieser Gott ist, der ihr hier entgegenkommt und von jeher treu begleitet. Offenbarung vollzieht sich als Aufklärung, die unsere Herzen, unseren Verstand und unser Handeln Schritt für Schritt und ungeachtet unseres Widerstandes umgreift.

Dabei teilt sich Gott nicht direkt mit, sondern vermittelt durch sein Wort, das uns in Menschenwort und Menschentat begegnet. Sein Wort ist immer wieder neu zu erschließen: zu deuten, zu interpretieren. Lebendige Interpretation ist ein Zeichen, dass Gottes Geist mit uns ist. Verstehen und daher auch aufklären, was sich uns zeigt, ist daher kein notwendiges Übel, bei dem »zeitlose« Wahrheiten aus taktischen Gründen bloß anders ausgedrückt werden, sondern ist der Vorgang der Gottesoffenbarung selbst. Der Vorgang mag mühsam sein: Kritisch ist immer wieder neu herauszuschälen, was am menschlichen Wort, an menschlicher Tat wahr und heilig ist. Der Irrtum ist dabei ein ständiger Begleiter. Aber Evangelium und kirchliche Traditionen sind gute Wegbegleiter und Ratgeber, die uns helfen, in neuen Worten Gottes Wort zu erkennen, in neuen Taten Gottes Handeln wahrzunehmen.

Gottes Wort und Tat werden durch Aufklärung und Interpretation vernehmbar auch im neuen spirituellen Feld. Der religiöse Wandel ist dann zwar Krise für die Kirche, diese Krise aber wird auch zum »Gericht«, in dem wir Wahres von Falschem, Heilvolles von Unheilvollem unterscheiden lernen. So entwickelt sich der christliche Glaube weiter. In diesem Sinn ist der religiöse Wandel vielleicht auch eine – nicht unwesentliche – Phase in der Selbstoffenbarung Gottes. Krisenzeiten haben dem Christentum langfristig immer gut getan und zu seiner spirituellen Reifung beigetragen. Wenn sich die Kirche nicht angstvoll abschottet und zumauert, wird der religiöse Wandel unserer Tage ein wichtiger Beitrag sein in der Entwicklung von Glaube und Kirche.

Die fremde Kirche: ein unverzichtbares Heilsinstrument?

Wozu Kirche?

Für viele europäische Zeitgenossen ist heute nicht mehr verständlich, dass und wozu es die Kirche braucht. Es gehört fast schon zum guten Ton, sich von der Kirche zu distanzieren. Seinen Glauben kirchlich zu vollziehen, hat heute für viele seine Plausibilität verloren. Religiös sein könne man auch ohne Kirche, sind 68% der befragten Österreicherinnen und Österreicher unserer Studie – darunter auch Christen – überzeugt. Bestenfalls funktionale Bedeutung gesteht man ihr zu: Für 70% sind Kirchen »nützlich« für die private Religion. Der »Heils-Charakter« der Kirche: die »Heiligkeit« dieser Gemeinschaft ist für viele ein befremdlicher, für manche sogar anmaßender Gedanke, den sie ablehnen. Ehe man sich also daran macht, Vorschläge zur Zukunftsgestaltung zu machen, ist es wichtig, sich zu vergegenwärtigen, was die Kirche *ist*. Auch Christinnen sind heute aufgefordert, sich das wieder bewusst zu machen.

Ursache: Kirchengeschichte

Die Ursachen der Ablehnung sind bekannt: Ihre historischen Verfehlungen werden immer wieder ins Treffen geführt, ihr exklusiver Absolutheitsanspruch stößt viele ab, der kirchliche Umgang mit Kritik und eine mitunter moralinsaure Defensivethik (eine Ethik, die vor allem warnt und verbietet, aber keine Handlungsalternativen formuliert) wirken abschreckend und kaum einladend.

Unterschieden wird in der Kritik an der Kirche aber kaum. So werden die Beiträge der Kirche zum europäischen Fortschritt verschwiegen, die relativistischen und glaubensfremden Interessen der Kirchenkritik bleiben ungenannt. Das wiederum macht es der Kirche schwer, die tatsächliche Schuld zuzugeben und ihren moralischen sowie den Wahrheitsanspruch differenziert und verständlich darzustellen, weil dabei die Angst entsteht, die Gegner würden die Kirche dann zerstören können.

Ursache: Individualismus

Der neuzeitliche Individualismus ist eine andere wichtige Wurzel moderner Kirchenaversion: Sogar in Österreich, das zu den überdurchschnittlich religiösen Ländern Europas gehört, sind zwei Drittel der Menschen der Meinung, sie brauchen keine anderen Menschen, um religiös zu sein. 46% definieren Religion als »Privatsache«.[402] Einer Kultur, die Autonomie mit maximaler individueller Unabhängigkeit identifiziert und die Institutionen nur nach dem persönlichen Nutzwert beurteilt, ist neu verständlich zu machen, wozu es die Kirche braucht, und dass sich die Kirche nicht spirituellen Begabungen und Bedürfnissen verdankt, sondern dem Umstand, dass Gott selbst aus der Menschheit Personen herausgerufen und zu seinem Volk berufen hat, zum Volk Israel und zu seiner Kirche.

402 Zulehner/Hager/Polak, Kehrt die Religion wieder, 67.

Kirche wird legitimationspflichtig: Eine »heilsame Chance«

Kirche ist legitimationspflichtig geworden. Was für manche vielleicht wie eine gottlose Blasphemie aussieht, stellt sich bei genauerem Hinsehen als »heilsame Chance« dar. Ohne auf politische oder ökonomische Macht zurückgreifen zu können, kann sich die Kirche wieder auf ihre ureigensten Wurzeln besinnen: dass sie ihre Existenz und ihre Heilskraft allein Gott verdankt und nicht den eigenen Anstrengungen. Die Krise der Kirche in Europa, das Sterben einer jahrhundertealten Gestalt, birgt enormes Läuterungs- und damit Wachstumspotential. In dem Maß, in dem es ihr gelingt, spirituell weiterzuwachsen, wird und kann sie ihren Heilscharakter »darstellen« und damit auch Heil »herstellen«, »bewirken«. Sie kann neu zeigen, dass sie Gottes Heilsinstrument ist, und muss nicht Weltanschauungspfründe sichern, als würde Gott sich in Sätzen verstecken, die man verteidigen muss. Sie wird frei, zu tun, was sie zu sein glaubt und behauptet. Sie kann ihr Wesen »nur« mehr mit der Kraft dessen realisieren, für den sie steht. Die Wahrheit, für die sie einsteht, kann die Kirche nicht mehr als gegeben voraussetzen, sondern muss sie bezeugen, erklären und vor allem tun. Die Krise der Kirche ist so vielleicht der Übergang in eine neue Existenzweise: ein Transformationsprozess mit noch offenem Ausgang. Medard Kehl sieht in dieser Deutung der gegenwärtigen Vorgänge den »hermeneutischen Schlüssel«[403]: Die Kirche steht im Übergang zu einer neuen Phase des Verhältnisses von christlichem Glauben und neuzeitlicher, moderner Kultur. Mag sie dabei heute noch ratlos sein, heillos ist sie deshalb nicht.[404]

»Muss nicht vielleicht einiges von der alten Gestalt der Kirche, die wir seit der ersten Hälfte des 19. Jahrhunderts kennen und die uns von unserer Kindheit her vertraut ist, sterben, weil es nicht mehr ›an der Zeit‹ ist und die Kirche deshalb für viele durchaus suchende Zeitgenossen (gerade der jungen und mittleren Generation) nicht mehr das Zeichen der heilenden Liebe Gottes darstellt? Muss nicht vieles heute an ihr gleichsam soziologisch sterben; damit Neues werden kann, damit Gottes Geist sich in einer Gestalt von Kirche erneuern kann, die viel sensibler auf die ›Zeichen der Zeit‹ reagiert? Sind wir bereit und fähig, vieles an gewohnter, aber eben doch zeitbedingter Kirchlichkeit sterben zu lassen, loszulassen?«[405]

Im Verlust von Selbstverständlichkeiten: der traditionellen Verbindung von Volks- und Religionszugehörigkeit, der Pfarre gleich um die Ecke, im langfristig unvermeidbaren Zusammenbruch unkommunikativer, zentralistischer und klerikaler Strukturen, sieht Kehl die Geburtswehen einer neuen, noch unbekannten Gestalt von Kirche. Panik, Resignation und Kirchenapokalyptik verkennen die Situation. Die Kirche wird heute aus vertrauten Lebens- und Strukturzusammenhängen herausgerissen. Das schmerzt und löst Ängste aus. Aber so hat jeder Exodus begonnen, der mit Gottes Hilfe durch die lange Wüste hindurch in neue Freiheit geführt hat. Rückblickend hat selbst die Säkularisierung der Kirche nicht geschadet, denn noch nie gab es in Europa so viele bewusste, entschiedene und gebildete Christen wie heute, und die religionspolitische Freiheit eröffnet auch der Kirche ganz neue Spielräume.

403 Medard Kehl: *Wohin geht die Kirche?* Eine Zeitdiagnose, Freiburg im Breisgau 1996.
404 Vgl. Kehl, Wohin geht die Kirche?, 21.
405 Kehl, Wohin geht die Kirche, 16–17.

Befremdlich: Kirche als Geheimnis?

Die Aufgabe der Kirche, Sakrament zu sein, beschreibt auch ihr Wesen. Für viele Menschen ist das heute befremdlich, auch für katholische Christen. Es wird in Zukunft wichtig sein, Menschen einen spirituellen Zugang zu dem zu eröffnen, was Kirche, mit den Augen des Glaubens gesehen, ist. Die große Herausforderung wird dabei darin bestehen, die historische und konkret existierende Kirche mit dem gläubig-spirituellen Idealbild von Kirche zu vermitteln, ohne dabei die Schuld der Kirche zu verschweigen oder schönzureden, ohne sie aber auch deshalb auf eine ausschließlich weltliche Institution zu reduzieren. Vielleicht ist gerade das oftmalige Scheitern der Kirche eine große Chance, wahrnehmbar zu machen, dass sich die Kirche trotzdem von Gott geliebt wissen darf und berufen ist, Gottes Angebot den Menschen nahe zu bringen. Kann nicht auch die geschundene und verzerrte Gestalt, die die Kirche in Europa mitunter hat, für unsere modernen Gesellschaften ein Hoffnungszeichen sein: dass auch menschliche Institutionen nicht perfekt sein müssen, um von Gott bedingungslos geliebt und berufen zu sein? Die Kirche versteht sich jedenfalls umfangen von und geborgen in diesem tiefen Mysterium, das wir Gott nennen – auch wenn sie versagt oder Schuld auf sich geladen hat; sie ist die Gemeinschaft der Erlösten, die immer wieder neu umkehren und anfangen dürfen, sich Gott zuzuwenden.

»In« Christus

Die Kirche verdankt und schafft sich nicht sich selbst, sondern lebt nur »in« Christus: Der Glaube an den auferstandenen Jesus Christus ist der geistige und damit elementare »Raum«, in dem sie existiert. Die Kirche ist also zuerst ein geistiger Ort, ein spiritueller Prozess, eine gottvolle Gemeinschaft. Erst in zweiter Linie ist sie eine Institution, ohne die es freilich den geistigen Prozess gar nicht geben kann. Geistige und materielle Vorgänge hängen untrennbar zusammen. Die Institution dient dazu, den Geist Gottes zu identifizieren, indem sie die Tradition in die neue Situation hinein überliefert. Sie dient dazu, die Vielfalt der Geistesgaben in das Gesamt der Kirche hinein zu integrieren, indem sie immer differenzierter wird. Sie dient schließlich dazu, vom Zwang, das Heil selbst herstellen zu müssen, zu befreien. Die Identifikation des Augenblicks durch die Einordnung in die Tradition verhindert, dass Christinnen dem Augenblick ausgeliefert sind. Die Integration wiederum weitet die partikuläre Perspektive hin auf das Ganze.[406]

Christus ist der Ursprung, von dem her Christinnen sich verstehen. Er ist das Ziel, auf das sie sich hinbewegen. Er ist der Maßstab und der Orientierungspunkt dieses Weges. Insofern sich Christinnen auf Christus beziehen, sind sie eine Einheit. Christus ist das Ur-Sakrament, dem sich Kirche verdankt: Ein Mensch macht Gott wahrnehmbar. Weil das geschehen ist, dürfen und können auch wir Menschen Gott »darstellen«, ist den Gläubigen die Macht gegeben, Söhne und Töchter Gottes zu sein. Das ist keine Aufforderung zum infantilen Brav-Sein, sondern befreit uns dazu, mit Gottes Liebeswirken in der Geschichte eins zu werden und an seiner Schöpfungs- und Heilsgeschichte mitzuwirken. Christus erinnert uns daran und zeigt uns, wie wir der Berufung, Gottes Bild zu sein, gerecht werden können.

406 Vgl. Medard Kehl: *Kirche als Institution*, in: Walter Kern/Hermann Pottmeyer/Max Seckler (Hg.): Handbuch der Fundamentaltheologie. Band 3, Traktat Kirche, Tübingen ^{2}2000, 129–145.

Die Botschaft vom Reich Gottes weitertragen
Die Botschaft vom Reich Gottes ist das Herzstück der Jesus-Verkündigung. Durch sein Leben und Sterben hat er es wahrnehmbar und verstehbar gemacht. Der auferstandene Christus hat diese Botschaft besiegelt und wird deshalb selbst zum Evangelium. Die das glauben, weitererzählen und in der Eucharistie feiern, verstehen sich fortan als Kirche und Leib Christi, mit dessen Hilfe er sein Werk weiterführt. Sie sehen sich als Fortsetzung des Christusereignisses durch die Zeiten hindurch bis heute. Weil sie im Glauben mit Christus sind, können sie sich selbst als das gegenwärtige Reich Christi verstehen, das durch die Kraft Gottes sichtbar in der Welt wächst (LG 3). Diese Botschaft vom nahe gekommenen und nahe kommenden Reich Gottes auf Erden weiterzutragen und weiterzuleben, ist die Aufgabe der Kirche. Die Kirche ist dabei Auslegung und Auslegerin: Sie legt durch ihre bloße Existenz die Botschaft vom Reich Gottes aus. Indem sie das durch die Zeiten hindurch immer wieder neu tut, macht sie stets Neues von diesem Reich sichtbar und entwickelt es weiter. Dies meint das Konzil, wenn es vom sakramentalen Charakter der Kirche spricht: Indem die Kirche das bewirkt, was sie bezeugt, realisiert sie das Geheimnis, ohne selbst mit ihm ident zu sein. Solange sie das Evangelium weiterträgt und den Glauben feiert, mag sie dies auch noch so entstellt und sündhaft tun, hat sie Anteil an diesem Reich, weil sie berufen ist, es wahrnehmbar zu machen.

Genau deshalb darf der je konkrete Ist-Zustand nicht für sakrosankt erklärt werden. Auch die Kirche muss ihren bisweiligen Sprach- und Handlungspositivismus überwinden und die Symbolfülle menschlichen Wortes und Handelns neu sehen und begreifen lernen.

Das Unsichtbare sichtbar machen
Christen, die das Evangelium weitertragen und miteinander die Sakramente feiern, stellen dar, was im Letzten unsichtbar bleibt: Dass Gott mit uns Menschen ist und uns liebt. Etwas sichtbar machen, was unsichtbar ist, nannten die Kirchenväter der ersten Jahrhunderte »Mysterium«, Geheimnis; im Nachklang an das apokalyptische »mysterion«, was wiederum den Heilsplan Gottes bezeichnete, der bei den Endereignissen enthüllt werden soll. Das bedeutet nun gerade nicht mehr: unlösbares Rätsel, radikale Fremdheit, unverständliche Geheimnistuerei, die nur Eliten zugänglich gemacht wird. Mysterium sein bedeutet: Unsichtbares sichtbar, die Immanenz auf Transzendenz hin durchsichtig machen. Wenn Christen zusammenkommen und miteinander voller Freude Gott loben und danken, wenn sie miteinander Eucharistie feiern, geschieht ein Paradox: Die unsichtbare Verbindung Gottes mit den Menschen wird konkret wahrnehmbar. Deshalb ist die Eucharistie auch Quelle und Höhepunkt des christlichen Lebens (LG 11).

Das lateinische Wort für Mysterium ist *sacramentum*. Die Kirche ist sakramental bedeutet: Sie ist ein Realsymbol des Reiches Gottes, d. h. sie kann es in dem, was sie ist und was sie tut, konkret Ereignis werden lassen. Sie ist nicht ident mit diesem Reich, ist aber auch nicht von ihm zu trennen. Als Realsymbol ist sie Gedächtnis, Vollzug und Prophetie des Reiches Gottes: Sie erinnert daran, realisiert es und verheißt seine endgültige Ankunft aus der Zukunft. Deshalb sind die irdische, sichtbare Kirche und die geistige, unsichtbare Kirche nicht zwei verschiedene Größen, sondern bilden gemeinsam eine komplexe Wirklichkeit, die aus menschlichen und göttlichen Elementen zusammenwächst (vgl. LG 8). Die Kirche ist also Menschenwerk und Gotteswerk in einem, das macht ihre Schwäche und ihre Größe aus – auch heute.

Befremdlich: Praxis als Dienst um des Friedens willen

Christlich ist eine Praxis nur dort, wo sie sich in Gott verankert weiß. Christliche Praxis wurzelt nicht in entschlossener Selbstermächtigung und eigenmächtigen Willensakten, sondern ist Antwort und damit bedingt, »relativ« frei, d. h. auf Gott bezogen. Weil Gottes Liebe das Maß allen Tuns ist, hat alle Praxis der Kirche instrumentalen Charakter: Sie *dient*. Dient sie nicht, dient sie zu nichts. Sie ist »Zeichen und Werkzeug«. Diesen Instrument-Charakter versteht man besser, wenn man statt der zeitbedingten technokratischen Assoziationen die Kirche als Musikinstrument versteht, auf dem Gott kraft des Heiligen Geistes sein Lied erklingen lässt: »ein Lied des Lachens, der Hoffnung und der Auferstehung« (Paul M. Zulehner, angelehnt an Clemens von Alexandrien).

Im Dienen findet die Kirche ihre »Corporate Identity«. Das steht keinesfalls im Gegensatz zum selbstbewussten Handeln. Dienen bedeutet ja nicht Selbst*auf*gabe, sondern Selbst*hin*gabe. Selbst«los« kann nur sein, wer ein Selbst »hat«, das er hingeben kann. Deshalb gehören Selbstverwirklichung und Selbsthingabe ganz eng zusammen. Das sind befremdliche Gedanken in einer Zeit, die ganz stark auf »Ich-AGs« setzt, zu Selbstbehauptung und Durchsetzungswillen am Markt ermahnt und zu Lebensplanungen verpflichtet, mit denen man über eine Zeit verfügen soll, die noch gar nicht begonnen hat und in Gottes Händen liegt.

Doch das Dienen ist kein Selbstzweck. Der Dienst der Kirche besteht darin, die Versöhnung Gottes mit den Menschen dar- und herzustellen und aus dieser Erfahrung heraus die Einheit der Menschheit mit Gott und untereinander weiterzuentwickeln, weiter wachsen zu lassen. Das ist in einer sich globalisierenden, zusammenwachsenden, aber auch zerstrittenen Welt wichtiger als je zuvor. Die Kirche hat die Aufgabe, dem Frieden in der Welt zu dienen, im Kleinen wie im Großen. Sie ist dabei Hebamme und Mediatorin, Friedensstifterin und Friedensgestalterin. Die Einheit kann sie dabei nicht selbst herstellen oder machen, sondern nur sorgsam und umsichtig bewahren – denn sie ist von Gott geschenkt. Sie kann Räume und Zeiten öffnen, in denen Menschen erfahren, dass sie vor Gott schon längst eins *sind*. Drei Haltungen sind dafür einzuüben (vgl. Eph 4,2–3): der Dien-Mut (Demut), der Sanft-Mut (Milde, Friedfertigkeit) und der Lang-Mut (Geduld).

Weil Frieden und Versöhnung zu ermöglichen die Hauptaufgabe der Kirche ist, ist es so wichtig, dass die Kirche selbst nach innen einig ist. Eine zerstrittene Kirche kann ihren Dienst nicht erfüllen: Denn sie kann den Frieden nicht herstellen, ohne ihn glaubwürdig darzustellen. Das gilt nicht nur für die römisch-katholische Kirche intern, sondern auch für das Verhältnis der christlichen Kirchen untereinander. Ihre Versöhnung muss vorrangiges Ziel sein, um des eigenen Auftrages willen. Die Kirchenspaltungen sind zuallererst spirituelle Probleme.

Frieden und Einheit kann man nicht verordnen oder autoritär erzwingen, und Einheit meint nicht Uniformität. Wenn die Kirche einer zerstrittenen, gewalttätigen Welt Friede und Versöhnung mit Gott und untereinander bringen will, wird sie zugleich lernen müssen, mit ihren internen Konflikten friedlich umzugehen und Einheit gemeinsam zu finden. Einheit wird dann weder administrativ-uniformisierend noch autoritär-zentralistisch verordnet. Das sind keine Methoden der kirchlichen Tradition, sondern sie entspringen dem Geist der Bürokratie, wie sie die Moderne entwickelt hat. Einheit wird gesichert durch ein gut organisiertes Zusammenspiel von Hierarchie und Synodalität, Kollegialität und Personalität, Subsidiarität und Solidarität. Vor allem aber durch Orientierung am Evangelium und Vertrauen in den Geist Gottes, der die Kirche lenkt. Einheit wird dabei zur versöhnten Verschiedenheit und zeigt sich als plurale Universalität: Gemeinsam ist man auf verschiedene Weisen dem einen und einzigen Gott zugewandt. Die Differenzen werden dabei nicht verleugnet, unterdrückt oder schöngeredet, sondern ausgehalten und ertragen. Auch der Konflikt kann in Gott geborgen sein, wenn sich alle Konfliktgegner dazu verpflichten, auch dem Gegner Gottesliebe und -nähe zuzugestehen und die Eigeninteressen nicht um jeden Preis durchsetzen zu wollen. Dies kann nur gelingen, wenn alle bereit sind, das Gemeinsame über das Trennende zu stellen und auch dem »Feind« zugestanden wird, an der Wahrheit teilzuhaben. Das schließt Konflikt nicht aus, sondern ein. Doch dient der Konflikt nicht sich selbst, sondern dem Frieden und der Versöhnung und zielt auf Konsens, nicht auf Abgrenzung. Nur wenn dies gelingt, kann die Kirche das sein, was ihr im Epheserbrief gesagt wird: Ein drittes Geschlecht, das die Konflikte zwischen Juden und Heiden, also zwischen Menschen verschiedenster nationaler und religiöser Herkunft überwindet.

Befremdlich: Christlicher Glaube ist immer kirchlich

Kirchlich, weil von Gott zur Liebe gesandt

Ein Christ ist kein Christ – das betonte bereits Tertullian. Der christliche Glaube, insofern er Liebe ist, kann sich nur in Gemeinschaft mit anderen Menschen vollziehen. Die Liebe Gottes zielt auf Gemeinschaft, weil Gott in sich selbst Beziehung ist. Diese Gemeinschaft, die sich aus dieser Liebe heraus bildet, ist die Kirche. Die heilsame Beziehung und Nähe zu Gott kann sich für den Christen nur »kirchlich« vollziehen: d. h. in der Gemeinschaft jener, die mit Gott unterwegs sind. Zur Kirche gehören, von der Kirche sein, ist natürlich nicht ident damit, dass man Kirchensteuer zahlt, in einer Pfarrgemeinde eine Jungschargruppe leitet und an der Kirche nichts kritisieren darf. Zur Gemeinschaft der Gläubigen gehören kann verschiedenste soziale Gestalten und Lebensformen nach sich ziehen. Wesentlich ist, dass die Liebe Gottes den Menschen geschenkt wird, damit diese sie an andere weiterschenken. Dieses »kirchliche Grundamt«: die apostolische Sendung zu den anderen, um Gottes Liebe zu verbreiten, eignet konstitutiv jedem Christen und liegt auch jedem Amt in der Kirche zugrunde. Gemeinsam sind sie gesandt, Gottes Liebe in die Welt zu tragen. Deshalb handelt jeder Christ, jede Christin immer kirchlich, ob er will oder nicht. Merken kann man das z. B. daran, dass auch so genannte Laien im Gespräch mit Kirchenfernen oder -kritikern sofort in Gespräche über die Kirche verwickelt werden. Diese unausweichliche Kirchlichkeit – die prinzipielle Gemeinschaftlichkeit im Glauben – ist befremdlich in einer Kultur, die Autonomie mit Unabhängigkeit und Ungebundenheit identifiziert, Personalität mit Individualität gleichsetzt und der religiöse Gemeinschaften bestenfalls als nützlich erscheinen. Sie sind aber konstitutiv für das Menschsein vor und mit Gott, solange wir endliche Wesen sind.

Mein Glaube betrifft auch die Anderen

Glaube ist kirchlich, das meint zunächst negativ: Mein persönliches Seelenheil ist nicht nur ausschließlich eine Sache zwischen mir und Gott. Das stimmt, wenn es um das Intimste der persönlichen Beziehung zu Gott geht: Niemandem außer Gott steht es zu, über meinen Glauben das richtende Urteil zu fällen. Nur Gott kennt diesen innersten Ort. Aber selbst hier glauben Christinnen, dass sie in Jesus Christus und den bereits zu Gott vorangegangenen Heiligen Fürsprecher haben, die sich für sie einsetzen. Es ist also mehr als fraglich, ob man vor Gott jemals vollkommen einsam und isoliert stehen muss. Wohl ist jeder verpflichtet, sich persönlich für oder gegen Gott zu entscheiden; aber niemals ohne durch die Liebe der anderen Menschen beschützt und begleitet zu sein.

Insofern der Glaube immer einen wahrnehmbaren Ausdruck hat, der sich auf die Welt rund um mich auswirkt, betrifft der wahrnehmbare Glaube auch andere Menschen. Jeder ist daher angehalten, ihn zu verantworten und so zu gestalten, dass er mit seinem Glauben für andere ein lebens- und glaubensförderliches Modell sein kann. Der persönliche Glaube oder Unglaube: Beides beeinflusst die anderen rundherum in deren Glauben.

Die anderen Menschen: Möglichkeit, Rahmen und Grenze meines Glaubens

Positiv heißt das: Solange wir als endliche Menschen leben, ist der Einzelne darauf angewiesen, dass ihm andere Menschen von Gott erzählen. Gottes Offenbarung ereilt niemanden direkt, sondern durch seine Vorfahren und Mitmenschen, die einem von Gott und seinen Taten in der Geschichte erzählen und so Deutungsmodelle anbieten, die helfen, das Leben in seinem Ganzen und seinem Grund besser zu verstehen. Die Unmittelbarkeit der Gotteserfahrung existiert unter irdischen Verhältnissen immer nur vermittelt durch und in konkreten Glaubensgestalten. Die »fides qua«, der Glaube, durch den und in dem jemand glaubt, ist durch Gottes Gnade geschenkt. Aber es gibt ihn niemals ohne »fides quae«, den konkreten Inhalt des Glaubens – und dessen zeitspezifische Gestalt erbt man von anderen Menschen. Das sind: die Familie, Lehrer, Priester, Gläubige, die Kultur, Bücher, Religionsgemeinschaften … Andere Menschen sind die Möglichkeit, der Rahmen und die Grenze des Ausdrucks des persönlichen Glaubens. Wir sind auch im Glauben aufeinander angewiesen.

Die anderen Menschen: Unterstützung beim Glaubensleben

Neben den theologischen Gründen gibt es auch soziologische Gründe, warum ein christliches Leben sich in Gemeinschaft, also kirchlich, vollzieht. Die Kirche bietet eine so genannte »Plausibilitätsstruktur« (Peter L. Berger), d. h. sie hilft und begleitet den Einzelnen dabei, seinen Glauben zu entwickeln – und das geht in Gemeinschaft einfacher und gefahrloser denn als isolierter Einzelkämpfer. Indem andere Menschen konkrete Lebensweisen zeigen, indem man von anderen Menschen begleitet wird, mit denen man in ständigem Kontakt ist, sich austauschen und über den Glauben kommunizieren kann, erfährt man Unterstützung und kann sich sicherer und geschützter entwickeln. Freilich kann und will keine Gruppe dem Einzelnen Glaubensentscheidungen abnehmen. Auch fällt ein Glaube, der nur durch Gruppen- und Kirchenzugehörigkeit, also äußerlich abgestützt ist, sofort weg, wenn die soziale Teilhabe ausfällt. Die soziale Funktion der Kirche ist also keine ausreichende theologische Begründung für die Existenz der kirchlichen Gemeinschaft. Ihr wahres Wesen kann daher nur in der Verankerung in Gott und seinem Auftrag zur Sendung bestehen.

Gerade heute ist die gemeinschaftliche Struktur des Glaubens von großer Bedeutung. Die Zukunft der Kirche wird wesentlich davon abhängen ob es gelingen wird, viele solcher stabiler Gruppen und Gemeinschaften zu bilden – und zwar nicht von oben verordnet, sondern aus eigener Glaubenserfahrung und durch freien Entschluss. Die Kirchenleitung ist gefordert, solche Zusammenschlüsse allerorts zu fördern und zu begleiten. Sie hat auch darauf zu achten, dass diese Gemeinschaften in ständigem Kontakt zur Großkirche bleiben und sich nicht selbstzufrieden abschotten. Die Kirche braucht heute schon stabile, kleine Gemeinschaften, die offen sind für die Suchenden von morgen und ihnen einen Raum bieten können, in dem sie ihre Spiritualität weiterentwickeln. Sie sollen auf Gemeinschaften stoßen, in denen sie den nunmehr selbst gefundenen Glauben gut mit anderen leben können. Diese Gruppen und Gemeinschaften können, müssen sich aber nicht allein in den Pfarreien bilden. Sie können und sollen auch im überpfarrlichen Raum entstehen, als Hausgemeinschaften in Privathäusern, in Begleitung eines Seelsorgers beispielsweise. Das macht sie für Kirchenskeptikerinnen leichter zugänglich. Freilich sind solche Gemeinschaften auch verpflichtet, mit der Kirchenleitung vor Ort in Kontakt zu stehen, wie umgekehrt diese dafür zu sorgen hat, dass die Gruppen und Gemeinschaften in der Spur des Evangeliums leben. Auch wenn solche neuen Formen ein bisschen charismatische Unübersichtlichkeit und Unordnung in die Kirche bringen werden, so können sie doch ein wesentlicher Beitrag zu ihrer Lebendigkeit sein und vielleicht ein unverzichtbares Instrument, neue Christen zu gewinnen und den Glauben in die moderne Welt hinein zu tradieren.

Kirche: Korrektur und Orientierungsraum

Die Kirche ermöglicht individuellen Glaubenserfahrungen einen Raum der Korrektur. Nicht immer entsprechen eigene Erfahrungen und Erkenntnisse der Wahrheit Gottes. Irren ist menschlich und etwas, das ich als wahr *erfahre*, muss deshalb noch lange nicht wahr *sein*. Auch unsere Endlichkeit führt dazu, dass niemand von uns das Ganze des Glaubens realisieren kann, und jeder von uns der Korrektur und Unterstützung bedarf. Die Kirche, in der das Ganze beheimatet ist, kann hier Hilfe und Unterstützung bieten. Erfahrungen wollen durchdacht und verstanden werden. Sonst wird der Absolutismus objektiver Wahrheiten, der der Kirche vorgehalten wird, bloß abgelöst vom Absolutismus subjektiver Wahrheiten. Beide entsprechen nicht der dialektischen Komplexität der Wahrheit.

Die kirchliche Tradition bietet einen breiten Schatz an, durch den die individuellen Erfahrungen dem Licht der Vernunft ausgesetzt werden können. Aus unverbindlichen religiösen Erlebnissen können dann substantielle Glaubenserfahrungen werden, die auch der Glaubensentwicklung der anderen dienen. Meine Erfahrungen gehören nicht nur mir, sie sind in den Dienst der Gemeinschaft zu stellen. Meine Glaubenserfahrungen helfen anderen, ihren Glauben zu entwickeln; umgekehrt kann jeder Einzelne bei den anderen in die Schule gehen.

Heil gibt es nur für alle gemeinsam

Die Skepsis der Kirche gegenüber solistischen Heilswegen ist tröstlich, weil solidarisch. Wenn persönliche Erfahrungen nicht nur Privatsache sind, kann sich jeder darauf verlassen, dass das Reich Gottes auf Erden sicherlich erst dann zu seinem Ende gekommen sein wird, wenn jeder Einzelne darin Platz gefunden hat. Gott wartet geduldig auf alle. Die anderen, vielleicht heute schon Erleuchteten, werden warten müssen und sind verpflichtet, ihre partiellen Erfahrungen weiterzugeben. Die Erfahrung, dass Glaube nur kirchlich sein kann, ist ein Korrektiv zum Konkurrenzkampf- und Elitenkonzept elitär Erleuchteter und Auserwählter, die meinen, die »Ungläubigen« ausgrenzen zu können. Niemandes Heil hängt ab vom Niveau des Glaubenswissens oder von der Außergewöhnlichkeit spiritueller Erfahrungen. Alles liegt aber daran, ob jemand in seinem Leben die Gottes- und Nächstenliebe realisiert.

Positiv formuliert meint die Kirchlichkeit des Glaubens nämlich: Alle Menschen sollen in Gottes Heilsplan einbezogen werden – und zwar so, dass sie freiwillig und aus Liebe zu ihm kommen. Gott wählt dazu in großer Geduld eigene Wege, die – auch den Christinnen – nicht immer verstehbar sein müssen. Die Kirche aber hat die Aufgabe, immer wieder zu erinnern, zu mahnen und zu trösten, dass das Heil für alle da ist. Das bedeutet nicht, dass alle Menschen zur katholischen Kirche konvertieren müssen; aber es bedeutet, dass die Kirche den Auftrag hat, den Geist Christi in alle Welt zu tragen und ihn allen Menschen wahrnehmbar zu machen. Es bedeutet auch, dass die Menschheit aufgefordert ist, sich Gott zuzuwenden und jeder die Aufgabe hat, in Gemeinschaft mit anderen den je persönlichen Weg zu Gott zu suchen und zu gehen.

Befremdlich: Die Person »ist« Gemeinschaft

Mit der Kritik am neuzeitlichen Individualismus soll nicht die persönliche Beziehung zwischen Gott und dem Einzelnen in Frage gestellt werden. Auch die Kirche betont von jeher die einzigartige Würde der Person. Es besteht theologisch also kein Grund, den Individualisierungsprozess der Moderne prinzipiell in konträren Gegensatz zum christlichen Glauben zu bringen. Die Verinnerlichung der Religion von einer außen- und fremdgesteuerten Religiosität, die sich in erster Linie an Normen und Institutionen ausrichtet, hin zu einem innengeleiteten, verinnerlichten Glauben, der sich im konkreten Leben leibhaftig auswirkt, ist durchaus im Sinne der biblischen Tradition und des Evangeliums, das uns durch Jesus Christus verheißt, dass jeder Mensch einen unmittelbaren Kontakt zu Gott haben kann und darf, sowie direkt und unwiderruflich von ihm geliebt wird.

Die wesentliche Differenz zum individualistischen Konzept unserer Tage besteht allerdings im Verständnis dessen, was Individuum-Sein bedeutet. Hier ist zwischen dem modernen, ungeteilten Subjekt, das um zu sein keines anderen bedarf und absolute Autonomie beansprucht (René Descartes), und dem, was die christliche Tradition mit dem Begriff der Person meint, zu unterscheiden. Person meint in dieser Tradition niemals vollständige Unabhängigkeit oder isolierte, beziehungslose Individualität, sondern immer die Freiheit, mit Gott und den anderen Menschen gemeinsam in Beziehung zu leben. Person zu sein bedeutet, mit anderen und Gott zwar unterscheidbar, aber untrennbar in Beziehung verbunden zu sein. Person ist in christlicher Sicht gar nicht zu denken ohne die anderen Menschen. Die anderen sind überhaupt erst der Grund dafür, dass jemand Person werden kann. Nur durch die Begegnung in Liebe wird das »Ich« geboren. Man sieht dies deutlich an der Entwicklung von Kindern. Weil Person-Sein den Prozess des »In-Beziehung-Lebens« meint, kann daher auch der Glaube keine individualistisch-isolierte Daseinsweise sein, sondern handelt es sich aus christlicher Sicht immer schon um ein Gemeinschaftsgeschehen. Theologisch wurzelt diese Glaubenstatsache darin, dass Gott in sich selbst Beziehung und Gemeinschaft ist. Weil er Person ist, sind auch wir Menschen als sein Abbild Person.

Aufgabe der Kirche ist es, den Gemeinschafts- und Beziehungscharakter des Glaubens unermüdlich in Erinnerung zu rufen. Dies ist ganz besonders heute, im hoch individualisierten Europa wichtig, wo diese Tatsache in Vergessenheit zu geraten droht.

Befremdlich: Ein auserwähltes Volk als Heilsraum

Jesus musste keine Kirche gründen: Denn es hat sie schon längst gegeben. Seit Abraham folgen Menschen Gott in Gemeinschaft. Mit dem Entstehen des Volkes Gottes gibt es die Kirche: Die »Qahal Jahwe«, die Gemeinschaft der von Gott Zusammenberufenen, findet schon im Alten Testament ihren Ausdruck und Bestätigung am Sinai. Hier konstituiert sich das Volk Gottes, das zusammengekommen ist – weder aus verwandtschaftlichen noch aus nationalen Gründen noch aus Sympathie. Die Existenz des Volkes Gottes wurzelt im Ruf Gottes. Als sich die Kirche Christi zu Pfingsten als Erbin des Alten Bundes definiert und »Ecclesia« wird (das griechische Wort für qahal), versteht sie sich ganz in dieser Tradition des Volkes Gottes. Gott handelt in der Geschichte »darüber, dass er sein Werk weder rein innerlich an Millionen einzelner Seelen noch mirakelhaft äußerlich an einer Gesamtmenschheit tut, dass er es vielmehr in der Geschichte der Menschheit durch ein Volk vorantreibt, an das er sich bindet und das er, es selbst ebenfalls bindend, in Dienst nimmt.«[407]

Gott braucht nicht nur auserwählte Einzelne, sondern auch eine auserwählte Gemeinschaft. Diese Gemeinschaften Gottes sind von Anfang an vielfältig und verschieden und daher dementsprechend uneins, nicht selten auch zerstritten. Aber keine Teilgemeinschaft hat ein Monopol oder kann die »societas perfecta« realisieren. Alle Teilgemeinschaften haben Teil an dem einen Volk Gottes. Sich dies immer wieder bewusst zu machen und in dieser Verschiedenheit um Einheit zu streiten, ohne sich zu zerstreiten, ist heilsnotwendig. Miteinander repräsentieren die vielen verschiedenen Gemeinschaften das eine Gottesvolk, von dem *Lumen Gentium* spricht. Jedem Menschen, der Gott achtet und ehrt, ist das Heil zugänglich. Alle Religionen bergen in sich wahre und heilige Elemente, in denen sie sich Gott zuwenden. Das Gottesvolk ist das spezielle Eigentumsvolk Gottes und repräsentiert als solches die »unzerstörbare Keimzelle der Einheit, der Hoffnung und des Heils.« (LG 2)

Befremdlich: Der endzeitliche Charakter der Kirche

Die Kirche, so wie sie hier und heute existiert, ist nicht das letzte Wort Gottes. Auch die römisch-katholische Kirche ist nicht ident mit der einen, heiligen, apostolischen

407 Norbert Lohfink: *Im Schatten Deiner Flügel.* Große Bibeltexte neu erschlossen, Freiburg im Breisgau ²2000, 237.

und katholischen »Ecclesia universalis«, der allumfassenden Kirche, wie sie für das Ende der Weltzeiten von Christinnen erwartet wird.[408] Wie das Reich Gottes schon da und noch ausständig ist, harrt auch die Kirche auf ihre endzeitliche Vollendung und versteht sich selbst und ihr Tun von dieser Zukunft her. Deshalb ist die Kirche und sind ihre Gläubigen jetzt und hier schon heilig, aber noch nicht vollkommen.

Denn die Gegenwart ist keinesfalls das zwangsläufige Resultat des Vergangenen, wie das moderne Denken meint – denn das wäre ein Grund zu letzter Hoffnungslosigkeit. Sie ist vielmehr der Ort, an dem Gott den Menschen entgegenkommt. Die verheißene Hoffnung auf Erfüllung und Vollendung wartet in der Zukunft auf uns. Die Zeiten erweisen sich dabei eigenartig verschränkt: Denn dass wir das erhoffen dürfen, ist uns in der Vergangenheit mehrfach und immer wieder neu bestätigt worden. Der Grund der christlichen Hoffnung liegt also in Vergangenheit und Zukunft. Mit Christus ist das Ende der Zeiten angebrochen. Das Morgen wird heute schon sehnsüchtig erwartet, weil jeder Tag Christus näher bringt. Diese eschatologische Zeitwahrnehmung, die Gegenwart von der erwarteten und verheißenen Zukunft her zu denken, steht in ziemlichem Gegensatz zum Zeitgeist. Diesem ist die Zeit abhanden gekommen: Die Gegenwart ist zu einem gleichförmigen Jetzt aufgebläht, die Vergangenheit ist in Begriffen und Museen archiviert und droht damit vergessen zu werden, und von der Zukunft erwarten moderne Kulturen trotz irrwitziger Planungen und Vorgriffe letztlich nicht mehr als die ewige Wiederkehr des Gleichen mit immer neueren, besseren Mitteln.

Kirche: Fremd in der Welt?

Die ersten Christen verstanden sich als Fremde in der Welt, die kein Heimatrecht haben. Sie teilten mit ihren jüdischen Geschwistern die Erfahrung, dass ihr Glaube der Welt fremd und absonderlich erschien: »Den Juden ein empörendes Ärgernis, den Heiden eine Torheit«, schreibt Paulus 1 Kor 1,23 über den Kreuzestod Christi. Das Christusereignis ist von Anfang an dadurch gekennzeichnet, dass es befremdet. Diesen befremdlichen Charakter bekommen Christinnen heute, in einer diesseitsgläubigen Welt wieder zu spüren. So wahrgenommen zu werden, tut weh, ist aber auch eine Ressource, denn die Differenz kann schöpferisch wirken. Es waren oft die Minderheiten, die die Welt nachhaltig veränderten.

Natürlich ist nicht jede modernitätsfeindliche, naive oder gar dumme Weltfremdheit per se christlich. Im Gegenteil: Um die Welt wirklich befremden zu können, muss man sie in ihrem Innersten erkannt und angenommen haben. Nur dann wird Weltfremdheit heilend für die Welt: Man kann das lernen, wenn man Leben, Sterben und Auferstehen Christi meditiert. Nur weil er die Welt bedingungslos annimmt, wie sie ist, ist Jesus in der Lage, ihre Übel anzuprangern, indem er sie heilt; ihre Lügen offenbar zu machen, indem er die Wahrheit sagt und tut; ihre Gewalt zu überwinden, indem er sie an sich geschehen lässt. Weltfremdheit heißt also nicht Weltablehnung, sondern: eine nüchterne Distanz zur Welt einnehmen, sich mit Hilfe des Himmels auf der Erde verankern, um so frei für das Leben zu werden. Die Welt ist und bleibt dabei das Vorletzte, das auf das Letzte, auf Gottes Liebe hin, vorzubereiten ist.

408 Das Zweite Vatikanische Konzil spricht vom »Subsistieren« der einen, heiligen, apostolischen und katholischen Kirche Gottes in der katholischen Kirche (LG 8).

Christen erfahren sich in Europa heute vielfach wieder als Fremde. Wo das geschieht, weil Christen modernitätsfeindlich sind, ist das keine heilsame und schon gar nicht heilige Fremdheit. Da braucht es zuerst Modernisierung. Doch auch dann, wenn die Kirchen in Sprache, Methodik, Öffentlichkeitsarbeit, Inszenierung topmodern sind (und hier darf durchaus aufgeholt werden), wohnt dem Evangelium eine befremdende Kraft inne. Modernisierung allein genügt nicht, um die Kirche zeit-gerecht zu machen. Sie muss auch ihrer Fremdheit wieder gewahr werden. Die Fremdheit der Kirche wurzelt zuletzt in der Sehnsucht nach ihrer endgültigen Erfüllung in Gott. Diese heilsrelevante Fremdheit des Evangeliums ist wiederzugewinnen. Die Kirche wird dazu innehalten und lernen, dass auch sie selbst noch nicht ganz im Heil lebt: *Lumen Gentium* spricht vom pilgernden Gottesvolk, das noch nicht zur Gänze erlöst, so doch schon heute unterwegs ist zu Gott und der Vollendung durch ihn (LG 6–7).

Die Brüchigkeit und die Schuld, die die Kirche auf sich geladen hat, sind dabei eine Chance für die Kirche und die Welt. Denn sichtbar wird, dass Gott den Seinen vergibt. Wenn die Kirche echte Reue zeigt und ihre Schuld wiedergutzumachen versucht, bleibt sie trotzdem sein Volk. Triumphalistischer Hochmut und gewalttätige Machtausübung sind in Europa nicht mehr möglich. Restaurationen können vielleicht kurzfristig der Kirche wieder Macht verschaffen – letztlich wird so niemanden nachhaltig zurückgewonnen werden können. Die Fremdheit der Kirche kann in Europa ein Versöhnungszeichen für die Menschen werden.

Die Kirche und der Pluralismus der Religiositäten

Pluralisierung ist ein wesentliches Kennzeichen der Moderne. Es gibt keinen gesellschaftlichen Bereich, der von diesem Vorgang nicht betroffen wäre. Auch der religiöse Pluralismus wächst. Vielfalt, Widersprüchlichkeiten und Ungleichzeitigkeiten und damit auch Konflikte mehren sich und verlangen nach praktischen Lösungen und theologischen Antworten. Es ist hier nicht der Ort, auf die fundamentaltheologischen und dogmatischen Fragen einer Theologie der Religionen einzugehen. Eine solche – und zwar eine solide, mehrheitsfähige und kirchlich anerkannte – wird es aber demnächst auch in der konkreten pastoralen Arbeit brauchen, wenn man nicht möchte, dass in Ermangelung entsprechender Deutungs- und Verstehenskonzepte bzw. entsprechender Kategorien auch Christinnen fragwürdige Universalismen oder Relativismen vertreten und mitunter gar nicht merken, wie sehr diese in Differenz zum christlichen Dogma stehen. Die intellektuelle und theologische Reflexion zum religiösen Pluralismus ist in den Gemeinden, in den Schulen und Bildungshäusern noch sehr schwächlich, kaum verbreitet und wenig reflektiert.

Weil in unserer Religionsstudie der Pluralismus der Weltanschauungen eindringlich deutlich wird, sollen im Folgenden einige exemplarische Impulse formuliert werden, wie man diesen Befund wahrnehmen und sodann in der Praxis handhaben kann. Diese Praxis sollte aufmerksam von einer theologischen Praxis begleitet werden, denn in diesen pastoralen Übungsfeldern wird eine kirchliche Theologie der Religionen entstehen, wie so oft, wenn die Theologie die Lebenspraxis verstehend einholt.

Christen, Religionskomponisten und Atheisierende finden sich nicht nur in Österreich, sondern europaweit: die größte Gruppe mit 47% (W: 43%, O: 54%) bilden die Religionskomponisten im engeren Sinn. Atheisierende machen 30% (W: 31%, O: 29%) der europäischen Bevölkerung aus. Christen bilden mit 22% (W: 26%, O: 18%) eine Minderheit.[409]

Diese Pluralisierung, wie sie heute sichtbar ist, vollzieht sich aber nicht nur außerhalb der Kirche, sondern in den eigenen Reihen selbst: Die verschiedenen weltanschaulichen Ausgestaltungen sind in unterschiedlichen Ausprägungen auch unter Katholikinnen wie Protestantinnen zu finden. Eine sozioreligiöse Typologie für Österreich macht das sichtbar: Untersucht man den Zusammenhang zwischen Gottesglauben und Kirchgang, ergeben sich fünf verschiedene, kirchensoziologisch relevante Typen:[410]

Die Kirchlichen: Mit 17% der österreichischen Befragten gehen die Vertreterinnen dieser Gruppe regelmäßig zum Sonntagsgottesdienst und glauben an einen persönlichen Gott.

Die Kulturkirchlichen: Auch hier findet sich regelmäßiger Sonntagskirchgang, Gott wird aber vorgestellt als ein höheres Wesen. 7% gehören dieser Gruppe an.

Die 24% der *Religiösen* glauben an einen persönlichen Gott, gehen aber nicht regelmäßig zur Sonntagsmesse.

Auch die *Kulturreligiösen* sind selten in Gottesdiensten zu finden, glauben aber an ein höheres Wesen. Mit 43% sind sie die größte Gruppe und seit 1990 um knappe 10% gewachsen.

Schließlich die *Unreligiösen*: 10% glauben weder an einen persönlichen Gott noch an ein höheres Wesen und sind auch im Gottesdienst nicht präsent.

Korreliert man diese fünf Typen mit den Weltanschauungstypen, wird man feststellen, dass auch in den Sonntagsgottesdiensten ein weltanschaulich pluralistisches Publikum sitzt, und Christlichkeit sich umgekehrt auch außerhalb der Kirchen in Österreich findet.

So findet man unter den *Kirchlichen* 79% Christen, 11% Religionskomponisten, 9% Humanisten und keine Atheisierenden.

Unter den *Kulturkirchlichen* 48% Christen, 26% Religionskomponisten, 18% Humanisten und 8% Atheisierende.

Unter den *Religiösen* sind 43% Christen, 29% Religionskomponisten, 25% Humanisten und 3% Atheisierende.

Die *Kulturreligiösen* sind zu 12% Christen, 37% Religionskomponisten, 41% Humanisten und 9% Atheisierende.

Schließlich finden sich unter den *Unreligiösen* 19% Religionskomponisten, 35% Humanisten und 45% Atheisierende und keine Christen im Sinne unseres Index.

Dieses vielfältige Bild macht deutlich, wie stark das Christentum zwischenzeitlich privatisiert ist, wie sehr es von der kirchlichen Gemeinschaft entkoppelt und auf die individuelle Lebenswelt des Einzelnen reduziert ist.

409 Vgl. dazu das Kapitel »Spirituelle Lebensführung«, in dieser Studie S. 184ff. Im Unterschied zu Österreich, wo wir vier Gruppen herausarbeiteten (vgl. S. 211f.), haben wir die Analyse für Europa grobmaschiger gemacht.

410 Hier wurde das Gottesbild in einen statistischen Zusammenhang mit der Frequenz des Gottesdienstbesuches gebracht: Vgl. Zulehner/Hager/Polak, Kehrt die Religion wieder?, 130ff.

Macht man umgekehrt eine Detailanalyse nach Spuren christlicher Überzeugungen bei diesen fünf Typen, kann man auch Überraschendes feststellen: Da finden sich in allen Gruppen zwar keine »Vollchristen« im Sinne unseres Index, der als Christen nur bezeichnet, wer allen christlichen Positionen zustimmt. Wohl aber lassen sich bei einer überwältigenden Mehrheit Zustimmungen zu einzelnen christlichen Aussagen finden. Mit einem weiteren Christentumsbegriff findet man dann näherhin unter den Kirchlichen sogar 98%, unter den Kulturkirchlichen 90%, unter den Religiösen 81%, unter den Kulturreligiösen 50% und sogar unter den Unreligiösen 11%. Von einer »postchristlichen« oder gar entchristlichten Phase zu sprechen, erscheint daher etwas übertrieben. Christliches findet man in Spurenelementen nach wie vor quer durch die ganze religiöse Landschaft. Statt zu behaupten, das Christliche verdunste, sollte man besser von einer Art christlicher Dispersion quer durch die Gesellschaft sprechen.

Umgekehrt gibt es auch keine »reinen« Christinnen (im dogmatischen Sinn), auch nicht unter den Kirchlichen. Der Begriff ist eine abstrakte Fiktion. Die pluralistische Situation macht so sichtbar, was wahrscheinlich immer schon so war, nur in religiöser Unfreiheit nicht gesagt werden durfte. Sie spiegelt einen für das Christentum ambivalenten Prozess wider, den es theologisch auszuloten gilt. Zum einen zeigt sie einen problematischen Verdünnungsprozess des Christlichen. Zum anderen wird aber sichtbar, wie weit verbreitet Christliches trotz der massiven Vorbehalte gegen die Kirche ist.

Perspektivenwandel

Die theologische Analyse der Daten macht eine Perspektivenerweiterung nötig, die im religiösen und spirituellen Wandel nicht nur ein Katastrophenszenario erkennt.[411]

Alle sind Religionskomponisten: ein altes und ein neues Phänomen

Die Daten zeigen: Alle Menschen sind Religionskomponisten, auch die Christen. Das war immer schon so. Die großen religiösen Talente der Vergangenheit hatten allesamt einen schöpferischen, kreativen Umgang mit dem Glauben und haben sehr persönliche, oft eigenwillige Kunstwerke komponiert– meistens im Raum, manchmal außerhalb der Kirche. Die Glaubenslehren großer Mystikerinnen waren und sind immer auch Kunstwerke.

Versteht man Religion als Antwort auf die Fülle Gottes, in der er sich uns allen zeigt, ist das Religionskomponieren ein genuin schöpferischer, gottgewollter Vorgang, in dem der Heilige Geist selbst anwesend sein kann. Die Vielfalt der Religion kann mit einem vielstimmigen Klang verglichen werden – und jeder ist aufgefordert, darin die ihm von Gott her zugedachte Stimme zu finden und zu üben.

Religiositäten können Kunstwerke sein

Religiosität ist wie Musikalität ein Talent, das der Ausbildung, Ermutigung und Förderung bedarf. Dabei können Kunstwerke entstehen. Religionskompositionen können kunstfertige Nachschöpfungen oder kreative Neuschöpfungen sein, aber auch

411 Die folgenden vier Thesen habe ich mit Albert Brandstätter gemeinsam verfasst.

»Fleckerlteppiche«, die Ausdruck unausgebildeten religiösen Talents sind. Sie erzählen vom religiösen und geistig-kulturellen Reichtum oder der spirituellen Armut eines Menschen und seiner Zeit und Kultur. Reflexion, Kritik und Bildung sind gefragt. Die willkürliche Zusammenstellung so mancher spirituellen Bricolage ist eher ein Zeichen der geistigen Not unserer Zeit als ein Zeichen für schuldhafte Ablehnung Gottes.

Was zeigen die zeitgenössischen Religionskunstwerke aus theologischer Sicht an? Sind sie fragmentarische Aspekte der einen jüdischen-christlichen Wahrheit, dass Gott mit uns ist und einen ewigen Bund mit uns geschlossen hat? Handelt es sich um Kritik oder Abwehr eines gewalttätigen und übermächtigen Anspruches auf ein kirchliches Wahrheitsmonopol? Ist diese Abwehr legitim oder schuldhaft? Handelt es sich um eine völlig andere Welterfahrung? Oder wurzelt die Vielfältigkeit und Komplexität im Wesen des trinitarischen Gottes selbst? Die Unterscheidung der Geister für jede einzelne religiöse Komposition ist angesagt.

Die Vielzahl humanistischer, atheisierender und religionskomponierender Weltanschauungen verweist auf die Notwendigkeit einer theologischen Religionskritik. Es braucht eine Theologie, die den Geist Gottes in den Religionskompositionen ebenso identifizieren kann wie sie den einen Gott Abrahams, Isaaks und Jakobs, der der Gott Jesu Christi ist, so zur Sprache bringen kann, dass Religionskomponistinnen verstehen können, dass es nicht um Verurteilung und Rechthaberei geht, sondern darum, die Offenbarung des einen Gottes, wie ihn die jüdische und christliche Tradition bezeugen, in die Zukunft schöpferisch zu tradieren und seinen Geist hier und heute wahrnehmbar zu machen. Dialogfähigkeit, Pluralitätskompetenz, das Streben nach Wahrheit und der Mut zum Konflikt um Versöhnung und Wahrheit willen gehören wesentlich zu einer solchen Theologie.

Menschliche Religiosität kann niemals vollkommen sein, jeder Glaube ist fragmentarisch

Christen, die in den Dialog der Weltanschauungen eintreten, sind sich bewusst, dass jede Religiosität, jede Spiritualität und auch der eigene Glaube niemals vollkommen sein können. Auch Christen sind Religionskomponisten und »bauen« an ihren Glaubenserfahrungen. Jeder Christ wird immer den »Atheisten« in sich finden können, der an Gottes Präsenz zweifelt und die Gottesliebe verweigert, insbesondere in der konkreten Lebensführung wird dies bei jedem Menschen immer wieder sichtbar. Keinen Atheisten gibt es umgekehrt, auf dessen Seelengrund nicht ein verschüttetes Gottesahnen schlummert. Es zeigt sich überall dort, wo sich auch ein atheistischer Mensch nach Liebe sehnt, einen anderen aufrichtig liebt und sich für Gerechtigkeit und Solidarität in der Welt einsetzt. Christen glauben, dass jede Liebe aus Gott kommt, deshalb können sie Gott auch im Leben der Nichtglaubenden wahrnehmen.

Die Fragmentarität jeder Spiritualität, jedes Glaubens ist bei Gott gut aufgehoben. Denn der Mensch ist als Mensch gesegnet und geliebt – und nicht erst, weil und wenn er oder sie im Glauben perfekt ist. Kirche kann der Raum sein, in denen Menschen einander auf ihren Glaubenswegen unterstützen, begleiten, beschützen und ermutigen, den eigenen Glauben weiterzuentwickeln, weil sie der Raum ist, in dem die Fülle der vielfältigen Glaubenserfahrungen beheimatet ist und in dem Traditionen, Wege und Modelle bereitstehen, die eigene spirituelle Erfahrung kritisch zu prüfen. Die Fragmentarität im Glauben ist auch in der Kirche gut aufgehoben.

Die Moderne macht sichtbar, wer der Mensch ist
Die gesellschaftlichen Entwicklungen der Spätmoderne lösen den Pluralismus nicht aus, sondern verstärken und machen sichtbar, was die biblische Anthropologie seit jeher über Menschen erzählt: Menschen sind vielgestaltig und schillernd, aber auch zerbrechlich und bruchstückhaft. Menschliche Lebenswege sind getrieben von der unausrottbaren Sehnsucht nach dem »Gelobten Land«: Nach Freiheit und Leben in Fülle. Menschen sind keine fertigen Gegenstände, sondern offene Lebewesen, die sich zwischen den polaren Spannungen des Lebens im Lauf der Heilsgeschichte immer mehr ausdifferenzieren und komplexer werden. Die Heilsgeschichte ist ein fortschreitender Prozess der Pluralisierung und Differenzierung.

Pluralität und Differenz sind freilich ständig bedroht vom Diabolus – dem Zerstreuer, wie das Evangelium den gewalttätigen Prozess der Entzweiung beschreibt. Nihilismus, Relativismus, Irrationalismus, Skeptizismus und weltanschauliche Beliebigkeit oder Indifferenz sind seine modernen Gesichter. Die Lösung ist aber nicht die Auslöschung der Vielfalt durch gewaltvolle »Einigung«, vielleicht gar durch zentralistische Verwaltung von oben, sondern kann nur in Freiheit und Liebe geschehen. Darum sind »Versöhnung« und »Einheit« zentrale kirchliche Begriffe. Pluralität und Differenz werden schöpferisch und heilsam, wenn sie in Gott verwurzelt sind. Gott umfängt, trägt und schützt sie. Erst ein ethischer Monotheismus wie der jüdisch-christliche macht eine schöpferische Pluralität, die sich nicht selbst durch ihre Widersprüche auslöscht, möglich. Solange die Vielfalt nicht in Gott verankert ist, werden immer wieder einzelne Teile Monopolansprüche stellen und Macht akkumulieren.

Die Kirche hat sich von Anfang an als Raum, »Managerin« und »Mediatorin« der Pluralität verstanden. So hat die entstehende alte Kirche nicht das eine »Gesamtevangelium« des Marcion, ein »Einheitsevangelium«, das die Widersprüche auslöschen sollte, akzeptiert, sondern vier Evangelien anerkannt – und damit vier verschiedene Theologien, Christologien, Soteriologien und Ekklesiologien. Auch die anfängliche Souveränität der Ortskirchen, die sich zugleich als die eine Weltkirche verstanden haben, sind Hinweise, dass »Einheit in Vielfalt« und »Vielfalt in Einheit« zum Herzstück kirchlichen Auftrags gehören und möglich sind. Das Zweite Vatikanum hat daran wieder erinnert.

Tragischerweise ist die Kirche am eigenen Auftrag immer wieder gescheitert, paradoxerweise meistens deshalb und dann, weil und wenn sie Einheit um jeden Preis erzwingen wollte. Die Kirchenspaltungen stellen das Wesen der Kirche immer noch am aufdringlichsten in Frage. Zu den Kernaufgaben der Kirche gehört daher heute: Einheit von der Pluralität her denken und leben zu lernen.

Kirchliche Optionen im Pluralismus

»Die Situation der Christen von heute und somit der Kirche ist darum die Situation eines Übergangs von einer der früheren homogenen profanen Gesellschaft und Kultur korrespondierenden Volkskirche zu einer Kirche als derjenigen Gemeinschaft der Glaubenden, die sich in einem je persönlichen, freien Glaubensentschluss auch kritisch absetzen von dem durchschnittlichen Meinen und Empfinden ihrer gesellschaftlichen Umwelt und die auch den eigentlichen theologischen Glauben vielleicht gerade in und durch ein kritisches Verhältnis zu ihrer Gesellschaft und zu deren beherrschenden Mächten finden und eigentümlich prägen. Dagegen hilft kein ängstliches Festhalten an den genannten Restbeständen einer homogenen profanen und christlichen Gesellschaft von früher, hilft kein Rückgang des missionarischen Tuns der Kirche auf die so genannte ›kleine Herde‹, die von diesen Restbeständen her noch gegeben ist und somit immer noch für die Kirche eine, wenn auch immer weiter schrumpfende Möglichkeit bietet, im alten Stil weiterzumachen, bis auch die letzten kleinbürgerlichen und bäuerlichen Oasen aus diesen Restbeständen einer zu Ende gehenden geschichtlichen Epoche mehr oder weniger ganz verschwunden sein werden.«[412]

Die Kirche verortet sich heute neu in einem unübersichtlichen, widersprüchlichen Feld pluraler Religiositäten und Spiritualitäten. Dabei ist sie verschiedenen Versuchungen ausgeliefert: ängstlicher Rückzug in ein kleinbürgerliches Ghetto, in dem sich letzte Reste eines vergehenden vormodernen Milieus sammeln; aggressiver Rückzug in eine sektiererische Elite; anbiedernde Anpassung an den Pluralismus ohne Differenzierungen; Selbstreduktion auf einen zivilgesellschaftlichen Verein, der auf dem religiösen Markt mit fragwürdigen Mitteln anbiedernd mitkonkurriert.

Ich optiere für die Großkirche: Das ist jene Sozialform von Kirche, die sich unabhängig von ihrer Mitgliedergröße an alle gesandt weiß, offen, freiheits- ebenso wie wahrheitsliebend ist und daher viele verschiedene Sozial- und Beteiligungsformen kennt – entsprechend den Fragen, Anliegen, Entwicklungsstadien jener, die sich auf ihrem spirituellen Weg hier einbringen wollen. Die Großkirche, die sich an möglichst viele wendet und die verschiedenen Entfernungen zur Kirche wahr- und annimmt und bewusst gestaltet, ist die entsprechende Form der kleinen Herde im religiösen Pluralismus, weil sie dem Auftrag des Evangeliums ebenso entspricht wie sie die größtmögliche Freiheit erlaubt und öffentlich am wirksamsten ist. Gastfreundschaft wird in dieser Kirche großgeschrieben. Es gibt Durchgangspassagen und Verschnaufräume für spirituell Suchende. Es gibt Lerngruppen für jene, die das Christentum kennen lernen wollen, ohne sich gleich taufen lassen zu müssen. Es gibt verbindliche Gemeinschaften und Gruppen für jene, die sich schon entschieden haben. Gemeinden brechen auf und werden beweglich. Sie unterstützen als fixe Glaubensstützpunkte ihre Mitglieder, damit diese sich ihren Glauben mutig auch in andere, nichtkirchliche gesellschaftliche Bereiche einbringen trauen. Offene Türen und flexible Organisationsformen sind die Antwort auf jene, die aktiv eingeladen und angesprochen werden oder von selbst vorsichtig, neugierig oder interessiert kommen, um sich zu informieren. Bei der Gestaltung eines komplexen binnenkirchlichen Raumes gibt es noch unzählige ungegangene Möglichkeiten.

Wichtig ist jedenfalls, dass ein Großteil der Energie und Aktivitäten im Europa von heute der offensiven Wiedergewinnung von Christinnen dienen muss, und es nicht nur darum gehen kann, defensiv den traditionellen Altbestand zu sichern. »Die Möglichkeit also, aus einem unchristlich gewordenen Milieu neue Christen zu gewinnen, ist der einzig lebendige und überzeugende Beweis dafür, dass das Christentum auch heute noch eine wirkliche Zukunftschance hat.«[413] Wer das ausdrück-

412 Rahner, Strukturwandel als Aufgabe und Chance, 26.
413 Rahner, Strukturwandel, 36.

lich oder in seiner Praxis (indem er sich nicht darum bemüht) leugnet, erklärt das Christentum zu einem profanen geschichtlichen und soziologischen Phänomen, das auch wieder vergehen kann, schreibt Karl Rahner. Er negiert den Geist Gottes als Wurzel des Christentums und seiner Kirche.

Die Wiedergewinnung Europas für das Christentum ist eine der zentralen Zukunftsaufgaben. Von vorschnellen Vorwürfen, es ginge dabei nur um Mitgliederrekrutierung, soll man sich da nicht abschrecken lassen. Natürlich darf das Wagnis, das Herz Europas wiederzugewinnen, keinen instrumentellen Charakter haben: Es geht nicht um Erhöhung der Mitgliederzahlen, um dann so weiterzumachen wie bisher. Das wird ohnedies nicht mehr gelingen, dafür ist die Kirche bereits zu schwach, und die Menschen sind zu selbstbewusst und autonom. Wenn die Kirche in Europa wieder liebenswert werden will – und das ist ein vorrangiges Ziel im Pluralismus – muss sie auch die Bereitschaft haben, von den Neugewonnenen zu lernen und deren Beiträge zu integrieren. Aber ohne den Willen, Christinnen für das Evangelium zu gewinnen, verliert die Kirche ihre Legitimation und verrät ihren Sendungscharakter. Jene, die von Gott zur Kirche berufen sind, wollen und sollen aktiv gesucht und gefunden, die anderen in ihrer Gottberufung gestärkt und gestützt werden.

Außerdem hängt auch die Frage der globalen Gerechtigkeit eng damit zusammen, ob es gelingt, den Europäern zuzutrauen und zuzumuten, den Weg der Gottes- und Nächstenliebe zu entdecken, damit diese offen und solidarisch ihren Reichtum mit den Benachteiligten der Welt teilen. Wenn das ohne Christentum gelingt, ist das erfreulich. Die Kirchen haben aber unabhängig davon dennoch jetzt die Aufgabe, sich dafür einzusetzen. Die Kunst wird darin bestehen, als Großkirche sowohl einen Lebensrahmen zu bilden, in dem sich die vielen verschiedenen religiös Suchenden bewegen können, als auch zugleich und unermüdlich zur Lebensgestaltung aus dem Geist des Evangeliums aufzufordern und dabei durch konkrete Modelle zu begleiten. Es wird also eine Schar überzeugter Zeugen und Zeuginnen der Frohen Botschaft brauchen, die sich ohne Angst mit den Vielen auf den Weg machen und neue Formen christlichen Lebens entwickeln. Die Kirchenleitung muss vor allem solche Initiativen unterstützen. Denn es geht darum, die Öffentlichkeit Gottes in Europa wieder zurückzugewinnen. Um hier nicht von den Fundamentalisten vereinnahmt werden zu können: Dies kann im Pluralismus nur mehr friedlich, gewaltlos, einladend, liebevoll und im Dialog geschehen. Jede Eroberungs- oder Kampfesmentalität ist abzulehnen, sie schadet der Kirche in Europa. Und dennoch gilt in der Situation der kirchlichen Diaspora im modernen Pluralismus: »Ein neu aus dem so genannten Neuheidentum gewonnener Christ bedeutet mehr, als wenn wir zehn ›Altchristen‹ noch halten.«[414]

Von der alten Kirche lernen

Wie sich die Kirche im religiösen Pluralismus verorten kann, können wir modellhaft von der Alten Kirche der ersten Jahrhunderte lernen. Den Christen der ersten Jahrhunderte ist es gelungen, in einem weltanschaulich durchaus vergleichbaren Pluralismus sowohl durch eine soziale Praxis als auch durch intellektuelle Überzeugungskraft Menschen aus allen Schichten ohne Gewalt für das Evangelium zu

414 Rahner, Strukturwandel, 36.

begeistern. Obwohl die Kirche auch damals nur eine kleine Herde war, war der christliche Glaube doch öffentliches Thema.[415] Christinnen gründeten nicht nur die ersten Kranken- und Pflegeinstitutionen für jene, die in der antiken Gesellschaft aus dem gesellschaftlichen Zusammenhalt fielen, sondern es gelang ihnen auch, im zeitgenössischen Diskurs eine maßgebliche Rolle einzunehmen. Insbesondere schafften sie es, den christlichen Glauben zu einem interessanten Thema der intellektuellen Eliten zu machen und damit die Meinungsträger für die Kirche zu gewinnen. Das müsste doch heute auch wieder gelingen können, wenn man die vielen Begabungen und Kräfte der Kirche bündelt und gezielt organisiert.

Kirche wird in Europa nur wieder interessant werden, wenn ihr beides gelingt: sich für die Armen und Benachteiligten wahrnehmbar einzusetzen und die Entscheidungsträger intellektuell von der Brisanz und Aktualität des christlichen Glaubens zu überzeugen. Kirche kann auch und gerade im Pluralismus die Position des guten Gewissens einnehmen – jenes Gewissens, das die humane Identität Europa immer wieder in Erinnerung ruft und modellhaft Alternativen zeigt, wie Gott im konkreten Leben eine Rolle spielen kann. Wie in der Alten Kirche wird das eine ständige Gratwanderung zwischen Anpassung und Widerstand, Integration und Konflikt bedeuten. Zuviel Abgrenzung und Betonung der Differenz gegen die moderne Welt wirkt polarisierend, zersplitternd und stößt die Menschen ab, statt sie zu gewinnen. Konflikte mit der modernen Welt werden dort fruchtbar, wo Christinnen so Profil zeigen, dass ein respektvoller Freiheitsraum offen bleibt, sich für oder gegen die kirchliche Position zu entscheiden. Anpassung darf also nicht schrankenlos erfolgen. Wo es aber um die Wahrnehmung und Integration des einen Geistes Gottes in das konkrete gesellschaftliche Leben geht, trägt die Kirche im Pluralismus dazu bei, dass dieser in einer gottnahen Humanität verankert bleibt und fördert so die Einheit der Menschen untereinander und mit Gott. Die Fragen, die die Alte Kirche mit den Zeitgenossinnen diskutierte, sind immer noch und heute wieder aktuell: Wer ist Gott? Wer ist Christus? Und was ist die Stellung des Menschen in der Welt?

Die Moderne annehmen

Viele kirchengebundene Menschen leiden heute an der Dissonanz, als moderner Mensch in einer modernen Kultur zu leben *und* Christ sein zu wollen. Die Kirche der Zukunft wird alles daran setzen, diese emotionalen, kognitiven, praktischen Unstimmigkeiten zu verringern und gemeinsam Modelle des Lebens zu entwickeln, wie die Spannungen schöpferisch werden können. Lernen können wir hier von den Juden und Jüdinnen, die seit langem in der Diaspora leben. Die jüdische Identität kann Paradigma auch für Christinnen werden. »Die jüdische Existenz kann zum Paradigma einer Kultur hybrider Identitäten werden. Sie kann vorbildlich aufzeigen, dass Menschen gleichzeitig kosmopolitisch denken und sich tief in eigenen Traditionen verwurzelt fühlen. Die Abkehr eines Begriffs der Identität, in dem jemand 100% ›irgendwas‹ zu sein habe, verlangt Mut zur Vielfalt und zur Offenheit.«[416]

415 Vgl. Ernst Dassmann: *Kirchengeschichte II/2*. Theologie und innerkirchliches Leben bis zum Ausgang der Spätantike, Stuttgart 1999, 232–233.

416 Gerhard Bodendorfer: *Das Judentum* und sein Beitrag zur Weltkultur, in: Prenner/Heimerl, Macht Religion Kultur, 39–111, 111.

Konkret bedeutet das, die Kirche als Raum erfahrbar machen, in dem Menschen ihr Leben in der konkreten modernen Welt meistern können. Die Kirche darf sich dabei nicht zeitgeistig anpassen, aber auch nicht zu einem Schlupfloch für die ewiggestrigen Feinde der Moderne werden. Die alte kirchliche Kunst, zwischen Anpassung und Protest, Anknüpfung an kulturelle Gegebenheiten und Widerstand gegen herrschende kulturelle Plausibilitäten zu balancieren, ist wieder zu lernen.

Es ist höchste Zeit, sich mit der Moderne zu versöhnen. Das bedeutet nicht schrankenlose, sondern differenzierte, aber prinzipielle Bejahung der heutigen Zeit und Annahme der Menschen, die in ihr leben. Nur was angenommen ist, kann erlöst werden, lehrt die Kirche. Erst auf dieser Basis gilt: Wo die Moderne Menschen schadet, ist ihr Widerstand entgegenzuhalten; wo sie Menschenleben fördert, ist sie zu unterstützen. Sich mit der Moderne versöhnen bedeutet auch: Sich mit moderner Kunst genauso zu beschäftigen, wie mit der kirchlich oft verachteten Mainstreamkultur im Kino und Freizeitbereich. Überall, wo Menschen leben, kann man etwas Neues lernen. Auch die Moderne ist plural. Es ist einseitig, sich mit modernitätsfeindlichen Kulturpessimisten oder modernitätsgläubigen Fortschrittseuphorikern zu verbünden. Die Dämonisierung der Moderne ist ebenso wenig hilfreich wie Ihre Idealisierung. Die Kirche wird erkennen, dass sie nur bestehen kann, wenn sie in ein dialektisches Verhältnis zur Moderne tritt. Die Kunst des Brückenschlages und Vermittelns, der Zusammenschau der Gegensätze der Moderne ist zu üben. Die »complexio oppositorum« der Kirche, ihre Fähigkeit, Gegensätze zu verbinden und zu beheimaten, ist ihre Chance, schreibt Michael Ebertz.[417] Das gilt auch im Umgang mit der Moderne.

Mit der Pluralität leben lernen und sie als Stärke erfahren

Die Kirche lernt heute mit der Pluralität und Ungleichzeitigkeit von Entwicklungen zu leben und Widersprüche auszubalancieren. Das führt mitunter zu Extrem-Reaktionen: Forcieren die einen die Einigung, indem sie alle Konfessionen und sogar alle Religionen für gleich-gültig erklären, steigen die anderen auf die Bremse und setzen auf Abgrenzung und Abschottung, fordern stärkere Gesetze und Verbote oder pochen autoritär auf »Einheit« und »Identität«. Die einen haben Angst, man könne die Inhalte des Glaubens zerstören und versuchen, das Evangelium vor dem »bösen« Einfluss der Moderne zu schützen. Die anderen verleugnen oder ignorieren naiv und harmoniebedürftig reale Differenzen und Konfliktzonen.

Der Lernprozess vollzieht sich in verschiedenen Gruppen in verschiedenem Tempo. Da gibt es die vormodernen, antimodernistischen »Traditionalen«, die im Pluralismus mehr die Differenz betonen; die »Modernen«, die die Gemeinsamkeit verstärken wollen, und schließlich die »Trans- oder Postmodernen«, die Differenz und Gemeinsamkeit ausbalancieren wollen.[418] Der Prozess der Einigung ist müh-

417 Vgl. Michael Ebertz: *Aufbruch in der Kirche.* Anstöße für ein zukunftsfähiges Christentum, Freiburg im Breisgau 2003, 189.

418 Maria Widl hat mit dem Begriffsmodell »traditional, modern, postmodern«, das sie von Rudolf Englert übernommen hat (er spricht von antimodernistischem, modernem und transmodernem Muster), ein heuristisches Modell entwickelt, mit dessen Hilfe man die gegenwärtigen binnenkirchlichen Ungleichzeitigkeiten und Konflikte besser verstehen und aushalten kann. Rudolf Englert: *Religiöse Erwachsenenbildung.* Situation – Probleme – Handlungsorientierung, Stuttgart 1992; Maria Widl: *Pastorale Weltentheorie* – transversal entwickelt im Diskurs mit der Sozialpastoral, Stuttgart 2000.

sam, aber er lässt erkennen, wie bereichernd die vielen verschiedenen Theologien der Menschen sein können und wie sehr sie einander brauchen.

Freiheit und Wahrheit verbinden

Das Ziel des kirchlichen Lernprozesses, die komplexe Situation eines religiösen Pluralismus zu bestehen, ist die Kunst, Freiheit und Wahrheit miteinander konstruktiv zu verbinden. Die religiöse Freiheit, die Einzelne heute haben, steht in spannungsvollem Gegensatz zum christlichen Wahrheitsverständnis, das auf die Entwicklung eines Lebensentwurfes im Glauben zielt. Dazu wird die Kirche zum Raum, in dem die Freiheit des Einzelnen, zu der er auch von Gott berufen ist, und die Tradition christlichen Wahrheitsverständnisses aufeinander treffen und sich wechselseitig weiterentwickeln können. Die Freiheit der Einzelnen sichert die Freiheit der Kirche, ihr Wahrheitsverständnis ermöglicht dem Einzelnen substantiellen Sinn und sichert so gehaltvolle Freiheit. Die Wahrheitserkenntnisse der Einzelnen machen die Vieldimensionalität der einen Wahrheit erkennbar, im Raum einer freien Kirche können sie reiche Frucht bringen und werden zugleich in ihrer Fragmentarität so bewahrt, dass keine Teilwahrheit sich zur ganzen aufschwingen darf. Die kirchlichen Organisations- und Kommunikationsstrukturen müssen dazu beides garantieren: Freiheits- *und* Wahrheitsfindung. Dies ist möglich, weil es eine christliche Wahrheit ohne Freiheit gar nicht gibt, und der Glaube, den uns Gott schenkt, immer und nur einer der Freiheit ist.

Verkündigung und Mission als Dialog

Weil die traditionellen Formen der Glaubensweitergabe an Bedeutung verlieren – das kulturell-soziale Glaubenslernen, aber auch die pädagogische Tradierung durch den Verlust des religionspädagogischen Erziehungsmonopols[419] – wird es wieder nötig, Lehr- und Lebensformen zu entwickeln, in denen personal verantworteter und entschiedener Glaube gelernt und entwickelt werden können. Mission wird in Zukunft deshalb wieder wichtiger werden. Die Kirche wird eine missionarische Offensive starten, sonst geht sie zugrunde.[420] Sie wird »auf Sendung gehen«. Es braucht »kommunikative Sozialmilieus« (Medard Kehl), in denen Menschen dem Evangelium, d. h. Christus und dem Gottesreich begegnen können und so neue Erfahrungs- und Handlungsräume erschlossen werden. Dies aber meint: missionarisch werden.

Dennoch bleibt die Gewinnung von Neumitgliedern ein der Kirche äußerlicher Grund für ihre Verpflichtung zur Mission. Die Verkündigung des Wortes Gottes durch Mission gehört zu den Kernaufgaben der Kirche. Das Wesen der Kirche selbst ist missionarisch, weil sie aus Gott selbst hervorgeht, der Jesus gesandt hat; aus dem Sohn, der seine Jünger in die Welt gesandt hat; und dem Geist, der dazu drängt, die

419 Vgl. Franz Xaver Kaufmann: *Kirche begreifen*, Freiburg 1979, 169ff. – Er zeigt den Wandel der Tradierungsformen; bestimmte Sozialformen des Christentums begünstigen bestimmte Formen der Glaubensweitergabe. Heute finden wir diese Tradierungsweisen alle nebeneinander.
420 Die »Stadtmission«, die 2003 in Wien stattgefunden hat und 2005 in Paris, danach in Lissabon und Brüssel fortgesetzt wird, ist eine erste große öffentliche Initiative, die symbolisch die Relevanz des Themas andeutet: http://www.stadtmission.at/.

Freude des Glaubens zu erzählen. Soll die Botschaft weitergetragen werden, bedarf sie der lebendigen Tradierung durch gläubige Zeugen und Zeuginnen. Diese missionarische Dimension klingt schon in den universal ausgerichteten prophetischen Texten des Alten Testaments an. Sie wird nach der Auferstehung Jesu drängend, weil die ersten Christinnen überzeugt sind, dass nun die Endzeit angebrochen ist, damit aber Gott selbst begonnen hat, sein Volk aus aller Welt zu versammeln. Der tiefste Grund der Mission ist also Gott selbst, der sich nach dem Menschen sehnt und ihn erreichen möchte - durch die Kirche.

Mission ist freilich in der modernen Kultur und auch innerhalb der Kirche ein umstrittenes Programm. Für viele wird Mission per se mit Gewalttätigkeit und Unterdrückung gleichgesetzt. Sie übersehen dabei, dass die missionarische Aktivität der Kirche in jeder Epoche Segen wie Unheil gebracht hat. Weil im Namen von Mission die Kirche aber eben auch Schuld auf sich geladen hat, wird Mission heute unter veränderten Vorzeichen stattfinden.[421] Sie wird die Freiheit des Gegenübers ernst nehmen. Empathie und Dialog werden ihre Merkmale sein. Moderne Mission schließt jede Form von Gewalt aus - auch Angstmache, Drohungen oder subtile psychologische Manipulationen, z. B. bewusste Erzeugung intensiver Zugehörigkeitsgefühle, sind fragwürdig. Und dennoch wird sich jeder Missionar bewusst sein, dass seine Aktivitäten sowohl heilsame als auch problematische Seiten haben, die er beide heute noch gar nicht richtig einschätzen kann. Missionarisches Engagement ist dennoch verpflichtend.

Es gibt auch in Europa verschiedene Arten der Missionierung: Neben der immer wieder nötigen Evangelisierung nach innen, hin zu den eigenen Gläubigen, werden in Zukunft zwei Zielgruppen besonderes bedeutsam sein: Jene Menschen, die noch nie von Christus gehört haben, und jene, die sich trotz (oder wegen) christlicher Erziehung von der Kirche abgewendet haben und ihr kritisch, oft auch allergisch, gegenüberstehen. Von den Zielgruppen her sind hier ganz verschiedene Kompetenzen und Wege erforderlich. Wer missionieren will, wird sich daher zuerst kundig machen und zuhören, wer der andere ist, und wo er steht. Lineare Einbahnstraßenmonologe sind sicher nicht mehr möglich bzw. unverantwortlich. Mission heißt auch: vom anderen über den eigenen und den fremden Glauben lernen.

Wer die Fragmentarität von Glaube und Kirchlichkeit ernst nimmt, wird den Weg auf die Agora der Moderne wagen und sich dort in den Diskurs und Streit der Weltanschauungen einbringen: konstruktiv und konfliktiv, offen und widerständig, positioniert und tolerant, provokativ und friedensstiftend, widerständig und voll Liebe zu den Menschen. Das setzt freilich auch ein positives Verhältnis zur Kirche voraus, ohne dass niemand glaubwürdig oder überhaupt missionarisch aktiv werden kann. Möglicherweise liegt die missionarische Schwäche der Kirche in Europa auch daran, dass so viele Gläubige zur Kirche ein höchst ambivalentes Verhältnis haben: nicht ohne sie leben wollen, aber auch nicht mit ihr leben können; nicht mit ihr leben wollen, aber auch nicht ohne sie leben können. Auch diese Situation ist ein Ausdruck mangelnder spiritueller Verwurzelung in der Kirche.

Wie sieht eine zeitgemäße Missionsarbeit heute aus?

421 Vgl. Art. *Mission*, in: Theologische Realenzyklopädie, hg. von Gerhard Müller, Band 23, New York 1994, 18–80; Art. *Mission* in: Lexikon für Theologie und Kirche, hg. von Walter Kasper u. a., Band 7, Freiburg im Breisgau [3]1998, Spalte 288–295.

Sie ist getragen vom Respekt und von der Hoffnung für jeden Menschen, aus dem Glauben, dass jeder zum Heil berufen ist. Der Missionar begegnet seinem Gegenüber ohne Vorurteile, hört zu und ist auch bereit, vom anderen zu lernen. In gewissem Sinn erfolgt die Missionierung wechselseitig. Vertrauen und Zutrauen sind wesentliche Parameter der Gesprächsatmosphäre. Statt zu belehren und zu überreden, werden Glaubenserfahrungen ausgetauscht, Fragen formuliert und das Evangelium zur Sprache gebracht. Diesem wird zugetraut, von selbst zu wirken – es braucht keine angstvolle und krampfhafte Verteidigung.[422] Mission ist ein interpersonales und prozessuales Geschehen. Nicht nur das einzelne Gespräch, die ganze Person, die Situation wirkt missionarisch. Erschlossen wird ein Raum der persönlichen Begegnung untereinander und darin mit Gott. Mission lässt Gott sehen und rückt die Welt so in ein neues Licht. Sie spannt Räume gemeinsamen Lebens auf, in denen Menschen gemeinsam ihre höchstpersönlichen Gotteserfahrungen wahrnehmen und deuten und vom Evangelium her verstehen lernen.

Theologie in der Pastoral verwurzeln

Welchen Stellenwert hat das theologische Denken in der pastoralen Verkündigung? Theologische Reflexion bleibt auch in erfahrungsorientierter Pastoral – sowohl bei den Konservativen als auch bei den Progressiven – nicht selten außen vor. Um der Qualitätssicherung willen wird Theologie in der Pastoral wieder an Bedeutung gewinnen müssen, gerade in spirituell aufgeladenen Zeiten.

Die Kirche und ihre theologischen Fakultäten werden sich überlegen, wie Theologie ihren Ort in der Pastoral wieder besser finden kann. Zwar gibt es heute dank eines reichen kirchlichen Bildungsangebotes so viele theologisch gebildete Christen wie nie zuvor – aber zugleich wird kaum wo so selten theologisiert wie in den Gemeinden. Die Expertokratie in theologischen Fragen ist für die Kirche schädlich und führt zu einer Trennung von Pastoral und wissenschaftlicher Theologie. Theologie forscht dann akademisch und pastoral-resistent und droht sich in einem selbstreferentiellen Wissenschaftsdiskurs zu verheddern. Auch lassen zu viele der Theologiestudierenden, in der Praxis angekommen, die Theologie hinter sich zurück, weil sie davon angeblich nur wenig für die Arbeit brauchen können. In Wirklichkeit haben sie bloß nicht ausreichend gelernt und geübt, wie man die akademische Theologie pastoral transformieren, und relevant werden lassen kann.

Eine Theologie, die nicht auch der kirchlichen Pastoral dient, verfehlt ihre Aufgabe und verliert ihre Berechtigung. Die interne Wissenschaftsdynamik, die die Theologie längst ergriffen hat, führt dazu, dass die Teildisziplinen der Theologie untereinander zersplittert sind und sich in Detailfragen verlieren. Das Gesamt der Theologie, ihre innere Zusammengehörigkeit werden unsichtbar. Der Zusammenhang mit dem kirchlichen Leben wird gefährlich dünn.

Theologiestudierende beklagen, dass ihre Spiritualität während des Studiums nicht explizit bzw. nur aufgrund von Eigeninitiative ausgebildet wird. Theologinnen brauchen spirituelle Bildungsangebote auch im universitären Kontext, die persönliche und wissenschaftliche Beschäftigung mit Spiritualität muss integriert werden.

422 Vgl. Otto Neubauer: *Grundhaltungen für Begegnungen mit Fernstehenden* unveröff. Thesenblatt, Wien 2005.

Die wissenschaftliche Expertokratie führt dazu, dass Theologen vielfach nicht ermächtigt sind, was sie an der Universität gelernt haben, in die konkrete Pastoral zu transferieren: Die Pastoral wird dann theologielos und sucht sich ihre Glaubensdeutungsmodelle anderswo (oder gar nicht). Weil viele pastoral Tätige meinen, Theologie sei die Theorie, die man dann in der Praxis »umsetzen« muss, scheitern sie und verzichten dann ganz auf Theologie. Stattdessen wäre es wichtig, dass Theologinnen den theologischen Eigenwert von pastoraler Praxis wahrnehmen und mithilfe der Theologien, die sie im Studium gelernt haben, reflektieren lernen. Dann können sie die Theologie in den Dienst nehmen und mit ihrer Hilfe die Praxis verstehen und reflektieren und beide, Theologie und Pastoral weiterentwickeln. Der Graben zwischen Theologie als akademischer Wissenschaft und Pastoral kann so überbrückt werden.

Jene, die in der Pastoral arbeiten, Ehrenamtliche, Laientheologinnen und Priester, sind verpflichtet, sich ständig theologisch weiterzubilden und das Gespräch mit der akademischen Theologie zu suchen. Sie dürfen nicht jenem gesellschaftlichen Trend erliegen, dass Theorie nur dann relevant ist, wenn sie sich sofort in Praxis umsetzen lässt – ein Trend, der auch die Pastoral längst erfasst hat. Viele der neuen, erfahrungsorientierten Ansätze verweigern aus diesem Grund die theologische Reflexion als »bloße Theorie«. Die rationale Auseinandersetzung mit dem Glauben zu verweigern, widerspricht aber dem innersten Wesen des Christentums. Sich allein auf religiöse Glaubenserfahrungen zurückzuziehen, verkehrt den christlichen Glauben in sein Gegenteil. Der christliche Glaube steht dann in der Gefahr, eine private Gefühlsnische oder religiöse Vereinsmeierei zu werden, die gesellschaftlich und religiös alles beim Alten lässt.

Was es dazu braucht: Mehr Theologen und Theologinnen, daher auch Christinnen, die bereit sind, sich theologisch weiterzubilden – nebenberuflich, im zweiten Bildungsweg, als Hobby und Freizeitbeschäftigung.

Für die ehrenamtlichen Mitarbeiter: Organisierte Begegnungsorte und Lernstätten zwischen Universität und Pastoral. Die religiöse und christliche Erwachsenenbildung gehört in Zukunft zu den wesentlichen Knotenpunkten kirchlicher Weiterentwicklung. Das »lebenslange Lernen«, ein gesamtgesellschaftlicher Megatrend, betrifft auch die Kirche. Nicht nur die Gesellschaft, auch die Kirche wird sich in ein »Wissenszentrum« entwickeln. Die christliche Tradition verfügt dazu über reichhaltigstes Wissen, es gibt bereits viele Erwachsenenbildungseinrichtungen. Sie müssen von der Kirchenleitung gefördert und weiterentwickelt werden und nicht – wie es zurzeit aus Spargründen passiert – wegrationalisiert werden. Gerade die Offenheit solcher Bildungsräume ist eine Chance für die geistige Revitalisierung der Kirche.

Für die Amtsträger und andere Leitungspersonen: Sie dürfen nicht vom Alltagsgetriebe so aufgefressen werden, dass für Weiterbildung keine Zeit mehr bleibt. Auch die Förderung der Weiterbildung der Verantwortungs- und Entscheidungsträgerinnen zählt zu den wichtigen Zukunftsaufgaben und will bewusst geplant und organisiert werden. Zugleich bildet der pastorale Erfahrungsschatz dieser Gruppe eine unersetzliche Ressource für eine gedeihliche Entwicklung der akademischen Theologie. Die Zusammenarbeit zwischen Wissenschaft und Pastoral ist für die Zukunft der Kirche elementar.

Theologische Rede elementar werden lassen

Theologie ist Glaubenswissenschaft – sie darf aber aus lauter wissenschaftlicher Redlichkeit ihre spirituelle Verwurzelung nicht vergessen: dass ihre Aufgabe nicht nur darin besteht, die Offenbarung Gottes vernünftig und systematisch zu durchdenken, sondern dass sie ihn selbst darin wahrnehmbar werden lassen kann und soll. Denn indem sie den Glauben reflektiert, kann sie Gottes Antlitz sichtbar machen oder verhüllen. Formale Wissenschaftlichkeit ist weder Selbstzweck noch oberstes Ziel der Theologie, sondern Methode, das Nachdenken über den Glauben rational, argumentativ und intellektuell redlich zu ordnen. Der »Gegenstand« der Theologie, der Gottesglaube, führt freilich dazu, dass nicht jede wissenschaftliche Methode gleichermaßen geeignet sein wird für diese Reflexion, wie auch der Wissenschaftsbegriff selbst hinterfragt werden muss. Wer Theologie betreibt, ob an der Universität oder in der Pastoral, wird seine Rede überprüfen, ob sie gottdurchlässig ist, ob sie Glauben ermöglicht oder behindert. Das schließt Glaubenskritik nicht aus, sondern ein.

Elementare theologische Rede bemüht sich um die Balance von Gottes-Wort und Menschen-Wort. Sie redet von Gott, weil sie *mit* Gott im ständigen Gespräch ist. Theologie wurzelt in Gebet und Liturgie. Sie redet über Menschen, weil sie *mit* Menschen spricht und lebt. Die Reduktion auf eines der beiden ist eine Verarmung der Theologie. Nur vom Menschen zu reden und zu meinen, dadurch würde automatisch Gott selbst sichtbar, ist naiv und kurzschlüssig. Nur von Gott zu reden, ohne sich dabei mit konkreten Menschen und ihren Lebenswelten auseinanderzusetzen, ist Ideologie, Spekulation oder Fundamentalismus.

Elementare theologische Rede ist nicht nur eine Frage der Rhetorik. Entscheidend ist, ob die Theologie ihre Wurzeln im Theo-log hat: ob das Reden über Gott aus dem Reden, Beten und Leben mit Gott kommt. Eine solche Gottesrede wird auch eine Sprache entwickeln, die der Tradition und dem Evangelium ebenso treu ist wie sie den Menschen verständlich ist.

Vergessene Themen erinnern

Wenn 42% der Atheisierenden in Österreich sagen, man spüre nichts von Gott[423], ist das auch eine Anfrage an die christliche Verkündigung in Theorie und Praxis. Die impliziten Fragen und Konzepte der Religionskomponistinnen, Atheisierenden und Humanisten gehen an die Substanz des christlichen Glaubens. Hat sich Gott aus einer gottlosen Welt zurückgezogen? Aber die Heilszusagen und Verheißungen Gottes, die in Christus ihren Höhepunkt gefunden haben, machen es wahrscheinlicher, dass nicht Gott auf die Menschen böse und beleidigt ist, sondern die Ohren und Augen der Menschen verstopft, taub und blind sind. Trägt die Gottesrede der Christen dazu bei, Gottes Präsenz wahrnehmbar zu machen? Die Kirchen müssen sich immer wieder neu fragen: Wen verkünden wir eigentlich? Wie verkündigen wir? Was verschweigen wir?

Christinnen werden innehalten und Selbstkritik üben: Wie können wir unseren Glauben glaubwürdig erzählen, beschreiben, erfahrbar und verstehbar darstellen?

423 Vgl. Zulehner/ Hager/Polak: Kehrt die Religion wieder?, 81.

Man kann heute nicht mehr automatisch davon ausgehen, dass es eine Art »Vorschussvertrauen« gibt in das, was verkündet wird. Oftmals begegnet man eher dem Gegenteil: Vorschuss-Misstrauen und allergische Reaktionen auf spezifische Redewendungen oder Formulierungen – nicht weil diese nicht wahr wären, sondern weil damit soviel Missbrauch getrieben wurde. Wenn Christen über Gott sprechen, müssen sie die Geschichte der Menschen radikal mitbedenken. Auschwitz verpflichtet dazu, in der Rede über den guten Gott auch das radikal Böse mitzubedenken. Die totalitären Regime des 20. Jahrhunderts verpflichten zu einem sorgsamen Umgang mit dem Begriff der Wahrheit und des Heils. Die vielen Leidensgeschichten der Menschheit verpflichten zu einer behutsamen Rhetorik über den gerechten Gott.

Zunehmend öfter trifft man Menschen, die nicht einmal mehr Vor-Urteile gegen theologische Rede haben, sondern gar nicht wissen, worum es geht, weil sie noch nichts von Christus gehört haben. Wenn die Kirchen sich nicht auf eine folkloristische Ritenanstalt reduzieren wollen, werden sie beginnen, die Substanz ihres Glaubens im Kontext der Gegenwart praktisch und intellektuell zu verdeutlichen.

Substantielle theologische Rede erinnert, d. h. vergegenwärtigt die elementaren Themen der christlichen Tradition. Bei allem Respekt und Verständnis für persönliche Vorlieben und biographie-, situations- und kulturbedingte Einseitigkeiten ist darauf zu achten, dass unverzichtbare Themen nicht ausgespart bleiben. Ein paar Beispiele für heute in der Pastoral vielfach vergessene Themen, die entweder allzu selbstverständlich scheinen, meistens aber auch für moderne Christinnen unangenehm und sperrig sind:

Die theologische Rede von Gott wird heute wieder neu verstehbar machen, wer *Jesus, der Christus* ist. 35 % in Österreich glauben zwar, dass es einen Gott gibt, der sich in Jesus zu erkennen gegeben hat (noch weitere 23% glauben das »eher«). Was das bedeutet, verstehen die wenigsten. Insbesondere junge Menschen erkennen in Jesus Christus vielfach nur mehr einen guten Menschen. Nach der langen und notwendigen Rückbesinnung auf den historischen Jesus ist heute wieder die philosophische Reflexion gefragt, was es bedeutet, dass für den Glaubenden der historische Jesus der Messias, der Sohn Gottes und Erlöser ist. In der Pastoral gibt es dafür noch viel zu wenige Begriffe, wie ein moderner Mensch diese Grunddogmen des Glaubens verstehen kann, geschweige denn, was sie für das konkrete Leben bedeuten.

Theologinnen werden *den dreifaltigen Gott* wieder zum Thema machen: In dieser Glaubenserfahrung der inneren Vielgestaltigkeit und Dynamik Gottes lassen sich für verschiedenste Menschen Zugänge finden. Besondere Bedeutung kommt dabei heute vielleicht dem *Heiligen Geist* zu, der in der Theologiegeschichte ein vernachlässigtes Schattendasein fristet. Zu einer erneuerten Geist-Verkündigung, die sich nicht nur in frommer Glossolallie oder seliger Euphorie erschöpft, sondern den Geist Gottes auch denken kann, gehört auch, das (mitunter durchaus esoterische) Weisheitswissen der christlichen Traditionen wieder zu entdecken.

Oder der *Auferstehungsglaube*: 26% gibt der Glaube an die Auferstehung Sinn, für weitere 20% trifft das »eher« zu. Aber im Kerndrittel der Intensivchristen glauben z. B. auch 17% an die Reinkarnation. Für 14% ist mit dem Tod alles aus, da finden sich auch Christen darunter. Und für so manchen Christen ist die Auferstehung nicht elementar, um Christ zu sein. Das lässt fragen: Wie wird heute der Auferstehungsglaube verkündet? Wird er überhaupt verkündet?

Die Zeichen der Zeit verweisen auf die Relevanz folgender Themen, die erneut für die Gegenwart durchzubuchstabieren sind und wieder einen wichtigen Platz in der Verkündigung brauchen, weil sie heute, in schwierigen Zeiten, Hoffnung geben können:

Die *endzeitlichen Vorstellungen und apokalyptischen Traditionen* sind in ihrer Hoffnungskraft ebenso freizulegen wie in ihrer Macht, die Missstände der Gegenwart anzuprangern.

Die *uralten Verheißungen* der Bibel: konkrete Freiheit, erfülltes ewiges Leben, gelobtes Land sind zu erinnern und in ihrer visionären Kraft freizulegen.

Auch die Rede von *Sünde, Schuld und Gericht* ist heute alles andere als obsolet. Dabei geht es nicht darum, Menschen mit Gott Angst zu machen oder Drohbotschaften zu verkünden. Wohl aber braucht es heute ein erneuertes Bewusstsein dafür, was Sünde und Schuld sind, wie man sie erkennt, wie man von ihnen erlöst sein kann. So gottlos ein Menschenbild ist, das nur den Sünder sieht, so naiv ist eine Anthropologie, die den Menschen für prinzipiell gut hält, so, als müsste man »nur« die Umstände ändern oder »richtig« erziehen. Vom Gericht zu reden heißt heute: dem Menschen vor Augen zu halten, wozu er fähig ist, und ihm klarmachen, dass es auf seine Handlungen ankommt. Kirche muss den Mut riskieren, an die Zerrissenheit des Menschen zwischen Gut und Böse zu erinnern; seine Schuld ebenso zu benennen wie seine Gottverweigerung. Ihm zu Bewusstsein bringen, dass er zur Verantwortung für die Welt befähigt und verpflichtet ist und daher von Gott her auch gewissenhaft und gut leben kann und darf, ihm am Ende der Zeiten aber Rechenschaft abzulegen haben wird für seine Taten. Erlöst sein heißt dabei, dass der Mensch frei ist, im Sinne Gottes zu handeln und Gott ihm dabei beistehen kann, will und wird.

Eine Theologie für Nicht-Theologinnen

Wichtig für Christen wird es sein, die impliziten Theologien, die jeder Gläubige immer schon hat, bewusst zu machen, zu verdeutlichen, zu reflektieren. Dabei können kompetente, ausgebildete Theologen hilfreich sein, denen die Vielzahl der Theologien, die sie im Studium gelernt haben, hilft, mit den Menschen selbstständig Theologie zu entwickeln. Ein großer theologischer Reichtum kann entstehen, wenn die Menschen in den Pfarrgemeinden, Organisationen, Gruppen und Runden die Theologie reflektieren, die in ihrem Tun wahrnehmbar wird, und sie (und sodann auch ihr Tun) weiterentwickeln und in die Kirche sowie in die Wissenschaft einbringen.

Dazu braucht es verstärkt Vernetzungen zwischen den theologischen Fakultäten, Einrichtungen, Kursen, Instituten und der Pastoral vor Ort. Die Vision: Eine Pastoral, die Christen dazu befähigt, kompetent theologisch zu sprechen. Nicht jeder muss deshalb Wissenschaftler werden, aber jeder muss die Möglichkeit haben, seinen Glauben bewusst und vernünftig reflektieren und weiterentwickeln zu können. Es braucht also auch eine Theologie für Nicht-Theologinnen. Daraus kann eine unglaubliche Vielfalt und Fülle an Gottesrede erwachsen. Wesentliche Differenz dieser Theologie wird eine veränderte Sprache sein: Verdichtete und bewährte theologisch-dogmatische Formeln und Begriffe werden verflüssigt und in ihrem Prozesscharakter beschrieben und anhand konkreter, zeitgenössischer Lebenserfahrungen exemplarisch konkretisiert. Kunst und Literatur können dabei helfen, Glaubensinhalte näher zu bringen und zu vertiefen.

Jenseits von progressiv und konservativ

Eine Kirche, die an der Zeit ist und in ihr lebt, kann mit allen Zeitgenossinnen reden und leben. Die kirchliche Verkündigung wird umso moderner, je besser sie sich erinnert, was sie zu bewahren hat: je konkreter es ihr gelingt, das Bewahrte zu vergegenwärtigen, lebendig und relevant zu machen. Dann ist sie konservativ und progressiv zugleich, im besten Sinn des Wortes: Sie bewahrt ihr Profil und Wesen im Gang durch die Zeiten, indem sie sich wandelt und für den Geist Gottes, der aus der Zukunft kommt, offenhält.

Die fatale Polarisierung der Kirche in Progressive und Konservative, die Christen momentan dazu zwingt, sich einer Seite zuzuordnen, ist aufzuheben. Diese Spaltung ist eine spirituelle Katastrophe. Die Kirchenleitung auf allen Ebenen ist dazu angehalten, alles nur Erdenkliche zu tun, um die Polarisierung der Kirche zu entschärfen. Polarisierungsbeseitigung heißt aber nicht, die Vielfalt in der Kirche durch Uniformisierung oder Proporzpolitik, die beiden Seiten Machträume gibt, ohne untereinander zu vermitteln, auszumerzen, oder Ruhe und Frieden wieder herzustellen, indem man eine der beiden Seiten hinausdrängt. Es heißt auch nicht, Konflikte zu verbieten – sonst entsteht nur eine fatale Grabesruhe, in der die Konflikte unter der Oberfläche weitergären, wie das derzeit der Fall ist. Solcher Pseudo-Frieden tarnt sich mitunter in einem falsch verstandenen Pluralismus, wo jede Seite die andere tunlichst in Ruhe lässt, im übrigen aber jede Gruppe ungestört weiter so agiert, wie sie will, ohne vom Gegner etwas zu lernen oder lernen zu wollen. Polarisierung bedeutet, dass sich die Vertreterinnen verschiedener Meinungen so in Gruppen zusammenrotten, dass sie nicht mehr miteinander leben, beten und arbeiten.[424] So wird der Einzelne, der noch keiner Gruppe zugehört, gezwungen, sich entweder einer Gruppe zuzuordnen, oder er wird als Feind verdächtigt. Gefördert wird in diesem Klima der Polarisierung nur, wer gruppenzugehörig ist, und was dem Prestige der Gruppe nicht schadet. In diesem Klima lebt die katholische Kirche heute – und entlang der Bruchlinien kann die Kirche von der kirchenkritischen Öffentlichkeit diffamiert werden als zerstrittener Verein, dem niemand mehr beitreten will.

Wer die binnenkirchliche Einheit der Kirche wünscht – und auch diese ist unerlässlich, wenn die Kirche in Europa ein Zeichen der Einheit und des Friedens sein will – wird ertragen lernen, dass in der Kirche ungleichzeitige Gruppen miteinander leben. Die Kirche der Zukunft kann in einer pluralistischen Gesellschaft nur so verfasst sein, dass sie aus biographisch, geschichtlich, gesellschaftlich und kulturell ungleichzeitigen Gruppen besteht.[425] Das müssen alle Beteiligten aushalten lernen, auch wenn es unangenehm ist und Harmoniebedürfnisse unbefriedigt lässt. Einheit heißt eben nicht Harmonie, sondern Liebe – und zu der gehören unter endlichen Bedingungen immer auch Brüche. Daher haben die Christen gar keine andere Wahl als die Asynchronizität der Kirche in Geduld zu ertragen und Kompromisse zu schlie-

424 Vgl. Rahner, Strukturwandel, 42–46.
425 Ebd.

ßen. Weder eine progressive noch eine konservative Vereinheitlichung entspricht dem Geist des Evangeliums.

Kompromisse schließen bedeutet aber keineswegs faulen Frieden schließen, »Kirchhoffrieden« (Karl Rahner), oder dass man gemeinsame Entscheidungen vermeidet und jede Gruppe macht, was sie will. Gerade die Pluralität hebt die Notwendigkeit des Konfliktes nicht auf, sondern verstärkt sie. Dabei kommen den verschiedenen Gruppen unterschiedliche Rollen zu, die man schätzen lernen könnte: Die Progressiven repräsentieren den unvermeidlichen und notwendigen Weitergang der Geschichte der Kirche in einer neuen geschichtlichen Situation und schützen die Kirche vor satter Selbstzufriedenheit und Stagnation. Sie sind die Fürsprecher und Propheten der lebendigen Zukunft der Kirche. Die so genannten Konservativen sind verpflichtet zu prüfen, ob die Neuerungen besser als das Alte den Geist des Evangeliums realisieren und können die unaufgebbaren Werte der Vergangenheit bewahren, die durchaus die Werte der übernächsten Generation sein können.[426] Sie bewahren die Kirche vor unreflektierter Dauerrebellion und übereilten Revolutionen, bei denen nicht alle mitkönnen.

Es gilt daher, den schöpferischen Konflikt klug zu organisieren und von Seiten der Leitung her zu begleiten, freilich ohne dass diese Partei ergreift. Aufgabe der Kirchenleitung ist es, die Spur des Evangeliums zu sichern und den verschiedenen Gruppen Heimatrecht in der Kirche zuzusagen. Dabei ist zu achten, dass Amtsträger nicht jene, deren Spiritualität der eigenen näher steht, unabsichtlich bevorzugen oder milder beurteilen. Die Konflikte sind auf den Tisch zu legen und so auszudiskutieren, dass *beide* Seiten bereit sind, voneinander zu lernen. Die Regel im Sinne des Evangeliums kann dabei nur lauten, dass den eigenen »Parteigängern« strenger begegnet wird als den »Feinden«, deren Positionen so zu rezipieren sind, dass das, was an ihnen evangeliumsnah ist, gerettet wird zugunsten dessen, was fragwürdig ist. Selbstkritik ist ebenso erforderlich wie die Anerkennung, dass auch der kirchliche Gegner Gott, Christus und seine Kirche liebt und ihr Wachstum wünscht. Solches Lernen vollzieht sich nicht nur rational und kognitiv, sondern umfasst vor allem die Beziehungsebene. Wer in Zukunft jenseits von kirchenpolitischem Lagerdenken verkünden will, wird sich auf solche notwendigen Konflikte konstruktiv einlassen, um in der Öffentlichkeit eine geeinte Stimme zu haben, die die Differenzen nicht verschweigt, aber auch nicht verstärkt. Alle Seiten sind verpflichtet, um Konsens und Versöhnung zu streiten und alles zu tun, um gemeinsam zu leben. Unlösbare Differenzen sind zu ertragen, freilich nicht still und depressiv leidend, sondern immer wieder um Einigung und Versöhnung bemüht. In der Kirche muss für solche Divergenzen Platz sein, und zwar so, dass allen Parteien Luft zum Atmen bleibt und nicht eine Partei unter der Vorherrschaft und Bevorzugung der anderen leidet und im Winterschlaf dahinvegetieren muss. Für ein freies Klima gemeinsamen Ringens um das Leben der Kirche zu sorgen, ist die wesentliche Aufgabe der Kirchenleitung. Rückzüge auf formale Autorität sind unzulässig. Wohl kann in unlösbaren Streitfragen das Amt entscheiden, das ist seine Pflicht. Aber jeder Amtsträger muss sich in Konfliktfällen der Vorläufigkeit seines Urteils bewusst sein und ist verpflichtet, Sorge für eine weitergehende Einigung zu tragen, bis Einmütigkeit hergestellt werden kann. Sonst macht er sich »stillschweigend zum souveränen Herr der Geschichte«[427].

426 So charakterisiert Karl Rahner die Ungleichzeitigkeiten. Rahner, Strukturwandel, 40.
427 Rahner, Strukturwandel, 45–46.

Die heißen Eisen

Die Spitze des Eisberges der gegenwärtigen binnenkirchlichen Polarisierung sind jene »heißen Eisen«, um die auch öffentlich seit Jahren gestritten wird, ohne dass eine Lösung in Sicht wäre: Die Wiederheirat Geschiedener, die Thematik von Sexualität und Empfängnisverhütung, der Zölibat und die Frauenordination.

Im Gegenteil, nicht selten verhärten sich sogar die Fronten, wenn z. B. das Thema Frauenordination als generell abgeschlossen erklärt wird und sich alle Gläubigen definitiv an dieses Verbot zu halten haben, weil es die Kirche hier mit einem Aspekt des *Depositum Fidei* zu tun hat.[428] Eine ähnliche konfliktive Gemengelage entsteht, wenn die Kondombenutzung auch Ehepaaren verboten wird, in denen einer der Partner an Aids leidet. Auf der anderen Seite organisieren sich die Progressiven via Medien und üben den Druck auf die Kirchenleitung öffentlich so massiv aus, dass diese wiederum den direkten Dialog angstvoll-aggressiv vermeidet. Das ist eine einheitszerstörende Dialektik, in der sich die divergierenden Gottes-, Menschen- und Kirchenbilder zwischen den Konservativen und den Progressiven an Themen festmachen, die höchst komplex und untereinander verschieden sind. Sicher scheint zu sein, dass der Streit um die »heißen Eisen« eher ein Symptom denn die Ursache der Kirchenkrise ist. Niemand tritt wegen dieser Thematiken aus der Kirche aus oder in sie ein – die Entfremdung hat viel tiefere Wurzeln. Sie wurzeln zum einen sicherlich in der fundamentalen Gotteskrise. Aber sie haben ihre Ursachen auch in der Geschichte der Kirche und den vielen Verletzungen, die diese Menschen zugefügt hat. Zölibat, Sexualität und andere Dauerbrennerthemen treiben niemanden aus der Kirche hinaus, der sich nicht schon vorher verabschiedet hat. Dies lässt sich daran zeigen, dass auch viele Gläubige innerhalb der Kirche in diesen Fragen uneins sind, an den derzeitigen Lösungen leiden und dennoch niemals austreten würden. Aber in einer medialen Welt sind gerade diese Themen riesige Stolpersteine und Hindernisse, die viele jener Menschen davon abhalten, sich der Kirche anzunähern oder jene endgültig vertreiben, die an Gott und Christus glauben, deren Glaube aber nicht unerschütterlich ist (und das ist die Mehrheit). Diese vielen Kirchensympathisantinnen mit ihren fragmentierten Religiositäten, die eine lebenswichtige Zukunft der Kirche darstellen, werden sich langfristig frustriert und resigniert verabschieden. Weder die Zerstrittenheit noch die Fixierung auf diese Themen sind für spirituell Suchende anziehend. Man ergötzt sich höchstens an den kirchlichen Streithähnen – so, wie man sich an politischen Querelen erfreut, solange sie einen nicht selbst betreffen.

Weil diese Themen Ausdruck der Polarisierung sind, bedarf es hier behutsamer, aber bestimmter und eindeutiger Reformen. Diese müssten zuerst darin bestehen, die theologischen und spirituellen Wurzeln der Polarisierung freizulegen. Dann ist es notwendig, dass alle Gegner darum ringen, die Anliegen und Sorgen der anderen Partei zu verstehen.

So geht es im Streit um die Erlaubnis oder das Verbot von Verhütungsmitteln um eine komplexe Spannung: Das Prinzip zu verantwortender Elternschaft (GS 50) und die Sorge um das weltbedrohende Bevölkerungswachstum verpflichten zu differenzierten sexualethischen Konzepten ebenso wie die Tatsache, dass Sexualität in

428 Vgl. das apostolische Schreiben Johannes Pauls II: Ordinatio sacerdotalis vom 22. Mai 1994, sowie die Erklärung der Glaubenskongregation vom 28. Oktober 1995 in: OssRom (dt.) 25 (1995), Nr. 47 vom 24. November 1995.

der modernen Kultur zu einem naturalistisch gedeuteten Tausch- und Konsumgut geworden ist, mit dem Geld gemacht wird und Menschen (vor allem Frauen) entwürdigt werden. Die Frage nach Verhütungsmitteln kann nicht isoliert von diesem Kontext diskutiert werden.

Im Konflikt um die Wiederheirat Geschiedener wird z. B. diskutiert, worin die größere Treue zum Evangelium besteht: In der ethischen und spirituellen Verpflichtung zur lebenslangen Treue dem Partner gegenüber, die Gottes Treue zum Menschen sakramental widerspiegelt – oder in der Vergebungsbereitschaft Gottes, die auch dem, der schuldig geworden ist, ein neues Bundesangebot macht, das sich in der Teilhabe an der Eucharistiefeier sakramental zum Ausdruck bringt. Beide Aspekte müssten sich in einem Kompromiss zeichenhaft darstellen, indem man beispielsweise öffentliche Buß- und Vergebungsrituale entwickelt.

Im Streit um den Zölibat wollen die einen jenes sakramentale Zeichen nicht aufgeben, dessen tiefer Sinn die Darstellung der eschatologischen Dimension des christlichen Glaubens ist. In einer diesseitsorientierten Zeit wäre das ein fataler Verlust. Und in einer Gesellschaft, der Sexualität als ein »natürlicher« Trieb gilt und die die Zweierbeziehung sakralisiert, indem sie zölibatär lebende Menschen prinzipiell pathologisiert, wäre diese Lebensform bald verschwunden. Umgekehrt sehen die Kritiker, welches Leid der Zölibat für jene anrichten kann, die das Versprechen nicht halten können oder wollen (inkl. des Schadens vieler betroffener Frauen und Kinder). Sie sehen, dass in der europäischen sexualisierten Kultur und aufgrund des Imageschadens der katholischen Kirche immer weniger Männer bereit sind, eine solche Lebensform zu wählen und damit der Kirche viele priesterliche Berufungen verloren gehen.

Berufungen werden auch dort nicht genutzt, wo es um den Streit um die Frauenordination geht, zumal deren Befürworter daran erinnern, dass im Kontext der Repräsentationstheologie des Priesteramtes ja auch Männer den Christus auf Erden nicht ganz realisieren können und zwischen ihnen und dem wahren Christus, den sie darstellen, immer ein unüberwindlicher Abstand besteht, den weder Frauen noch Männer überwinden können. Hier kontern die Gegner mit der Tradition, die in der Kirche einen heiligen Stellenwert hat, weil sie eine zentrale Quelle theologischer Erkenntnis ist. Das Traditionsargument kann man nicht so ohne weiteres beiseite schieben, meinen die Konservativen, ohne nicht auch andere Positionen zu verwischen.

Es wird also deutlich, dass in allen Streitfragen beide Positionen ihre Für und Wider haben und eine Einigung nicht ohne weiteres möglich ist und schon gar nicht autoritär verordnet werden kann, solange sich innerhalb der Kirche beide Positionen unversöhnt gegenüber stehen. Beide Seiten müssten sich also öffentlich dazu verpflichten, mit den Gegnern gemeinsam weiterzudenken und die andere Seite verstehen zu lernen, statt sich wechselseitig als evangeliumsfern zu diffamieren. Beide Seiten könnten sich verpflichten, zu diesen Themen öffentlich zu schweigen, bis sie einander verstanden haben. Die Kirchenleitung müsste sich verpflichten, eine einmütige Lösung mit den Betroffenen zu erbeten und zu erarbeiten. Dann könnte man diese Themen eine zeitlang hintan Stellen, die ja in Wahrheit nicht die existentiellen Themen jener sind, die die Kirche wieder ansprechen will, ohne in den Verdacht zu geraten, Konflikte schönreden oder gar verdrängen zu wollen. Vielleicht findet man so aus einer verfahrenen Situation, um überhaupt Reformen weiterdenken zu können.

Im Übrigen wäre eine solche deeskalierende Vorgehensweise angesichts von unauflösbaren Polarisierungen ein ausgezeichnetes Modell für jene modernen Demokratien, die gegenwärtig an derselben Krankheit der Gruppen-Zusammenrottung und Clan-Bildung leiden. Die Kirche darf in ihrem Binnenraum solche Entwicklungen nicht verdoppeln, sondern muss sich auch bei heißen, umstrittenen Themen um Versöhnung und Reform bemühen.

Jede Stimme ist im Pluralismus gefragt

Im Pluralismus kann und muss jeder Christ zum Instrument der Verkündigung werden. Die Aufgabe der Sendung kann und darf nicht abgewälzt werden auf die Expertinnen, seien das Priester oder hauptamtliche Laien. Religiöser Konsum ist auch für Christen keine Alternative. Jede Stimme ist im Glaubens-Konzert gefragt. Jede darf sich bewusst sein, dass sie selbst ureigenstes Instrument dafür ist, Gottes Liebe darzustellen und zu verkünden. Gerade so, wie jemand ist, ist er »Bild Gottes«. Damit jemand wird, wer er ist, darf er sich von Gott beschenken lassen, wird aber auch an sich arbeiten, um zum wohlklingenden Instrument zu werden und sich einzustimmen in den dia- und synchronen Chor der Christenheit.

Spirituelle Organisationsentwicklung

Was für den Einzelnen gilt, gilt auch für das Gesamt der Kirche und ihre je konkrete Organisationsgestalt. Wer gut konservativ sein will, muss heute eine hohe Sensibilität für den Symbolcharakter und die spirituelle Botschaft von Organisationsformen haben. Wer heute möchte, dass der sakramentale Charakter der Kirche wahrnehmbar wird, wird sorgfältiges Augenmerk auf bewusste Organisationsentwicklung legen. Auch Strukturen erzählen etwas über Gott oder aber machen ihn unsichtbar, lassen Liebe fließen oder blockieren sie.

Wer heute gut progressiv sein will und die Gestalt von Kirche erneuern will, wird sich zuallererst auf ihre spirituellen Wurzeln besinnen, um jene Organisationsformen zu entwickeln, die diese am klarsten sichtbar machen. Eine professionelle Organisationsentwicklung ersetzt keine spirituelle Neuorientierung, Spiritualität ersetzt aber auch keine Strukturen. Es braucht die Kunst, die spirituelle Weiterentwicklung mit der organisatorischen kunstvoll zu verbinden, so dass für Gotteserfahrung Raum und Zeit aufgespannt, der Geist wirken kann, und die Menschen untereinander und mit Gott zusammengeführt werden.

Kirchenmitglieder christianisieren

Die Analyse der Gottesdienstbesuche macht Handlungsbedarf sichtbar. 85% der Österreicher sind der Meinung, man könne auch ohne den Sonntagsgottesdienst ein guter Christ sein. Es sind vor allem die Christen im Sinne unseres Index, die im Gottesdienst zu finden sind. Der Stellenwert, den der Gottesdienst hat, ist fatal. Es gibt im Land viel mehr Katholiken als Christen. Kirchgang ist nicht konfessionell gebunden, sondern hängt an der Christlichkeit einer Person: Wer glaubt, dass Jesus der Sohn Gottes ist, wer an das Reich Gottes, die Auferstehung und einen persönlichen Gott glaubt, geht auch eher regelmäßig zum Gottesdienst.

Regelmäßiger Kirchgang hängt allerdings auch eng mit Autoritätsorientierung zusammen. Will man die zentrale Bedeutung des Gottesdienstes verstehbar machen, ohne die autoritäre Motivation zu verstärken, braucht es gottvolle und menschennahe Gottesdienste. Gottesdienste, die sich als sozialethische Besserungsanstalten präsentieren, bei den Konservativen mit Gemeinschaftsmoral, bei den Progressiven mit individualistischer Moral, werden das nicht schaffen. Gottesdienste müssen spirituell werden. Das kann die vielen Katholiken christianisieren und spirituell suchende Menschen anlocken.[429]

Intellektuelle und Künstler, Politiker und Wirtschaftstreibende wiedergewinnen

Die Intellektuellen und Künstler, die Politiker und Wirtschaftstreibenden der Gegenwart sind wiederzugewinnen. Wenn es den Kirchen nicht gelingt, Christinnen in allen sozialen Schichten zu gewinnen, wird es weder seinen Auftrag zur Versöhnung zwischen den sozialen Schichten (Gal 3,28) noch den zum Einsatz für eine gerechte Verteilung der Güter der Welt erfüllen können. Die Kirche muss bemüht sein, die Meinungs- und Entscheidungsträgerinnen der Gesellschaft zu erreichen, damit diese ihre Macht, ihren Einfluss und ihren Reichtum gerecht verteilen. Das ist freilich eine gefährliche Angelegenheit. Die Versuchung, mit den Mächtigen gemeinsame Sache zu machen und an deren Macht teilzuhaben, also darin die Armen zu verraten, ist mindestens ebenso groß wie die Gefahr, von den Mächtigen verspottet, ignoriert oder so bekämpft zu werden, dass man Schaden nimmt. Ungeachtet beider Risken darf man aus theologischen Gründen annehmen, dass sich auch in den Reihen der Elite der Gesellschaft Kirchen-Berufene oder zumindest Kirchensympathisantinnen finden werden, die für die Sache Jesu zu gewinnen sind. Daher ist es kein prinzipieller Verrat am Evangelium, wenn sich Christen dafür einsetzen, dass das Evangelium auch bei den Eliten einer Gesellschaft ankommt. Vereinfachende Klassenkämpfe sind dem christlichen Glauben fremd.

Viele Meinungsträger der Gegenwart stehen der Kirche allerdings mit Vorbehalten gegenüber. Mit ihnen aktiv das Gespräch zu suchen und gemeinsam Theologie zu entwickeln, ist eine spannende Herausforderung. Dazu braucht es »Grenzgängerinnen«: Menschen, die sich in diesen oft sehr säkularen Welten ebenso bewegen können wie in der Kirche. Momentan werden solche Grenzgängerinnen von der Kirchenleitung und den Gläubigen eher vorsichtig-skeptisch beobachtet; die betroffenen Personen selbst leiden an der Dissonanz moderner Kultur und kirchlicher Binnenwelt. Hier gilt es Brücken zu bauen, das Gespräch zu suchen, Konflikte abzubauen. Gerade die Grenzgänger brauchen ein solides kirchliches Hinterland, das ihnen geistige Unterstützung und Heimat bietet und zugleich vor dem Risiko und der ständigen Versuchung der Anpassung schützt.

429 Vgl. Markus Beranek/Sieghard Gall/Marcus König/Paul M. Zulehner: *Gottvoll und erlebnisstark*. Für eine neue Kultur und Qualität unserer Gottesdienste, Ostfildern 2004; Marcus König: *Wir haben die Herrlichkeit Gottes gesehen* ... Woran Gläubige in Wien heute die Qualität einer Sonntagsmesse festmachen. Ermunterungen für ein Liturgie-Qualitätsmanagement. Wien, Univ. Diss., 2004.

Unterstützung der Suchbewegungen moderner Menschen

Kirchlicher Dialog vollzieht sich im Pluralismus auch dort, wo die Kirchen Orte öffnen, an denen unterschiedlichste Menschen über alle Differenzen und Grenzen hinweg miteinander ihr Leben bedenken, deuten und verstehen lernen. Sie können ihre Lebensgeschichten in ein größeres Ganzes einbinden und lernen Respekt vor der Vielfalt der Lebensentwürfe anderer Menschen. So lernen sie, Eigen-Sinn, Gemeinschafts-Sinn und Gottes-Sinn miteinander zu verbinden und auszubalancieren.

Auch dieser Lernprozess ist keine Einbahnstrasse zwischen christlichen »Professionistinnen« (Priestern, Pastoralassistentinnen, Theologinnen) und Ahnungslosen, sondern vollzieht sich als Gespräch zwischen Menschen. Die theologischen »Experten« stellen ihr Wissen und ihren spirituellen Vorsprung in den Dienst der anderen, damit alle miteinander lernen, die Spuren Gottes im Leben und in der Welt wahrnehmen und lesen zu lernen. Wer in der Kirche leitet, versteht sich als »Ermächtiger« und spannt Räume und Zeiten auf, in denen Menschen und Gott miteinander gut leben lernen.

Wer sich heute mit Suchenden auf den Weg macht, lässt sich auf ein Experiment ein, dessen Ausgang er nicht kennt. Christen dürfen hoffen, dass Menschen bei ihrer Suche zu Christus und zur Kirche finden. Doch auch das kann an ganz anderen Orten und Zeiten geschehen als in der Heimatpfarre, wo ein Mensch seinen Weg beginnt oder eine Lebensphase lang innehält. Viele Menschen sind heute vielleicht nur einen Teil ihres Lebensweges im kirchlichen Raum, manche kehren immer wieder zurück, um dann wieder Abzweigungen zu gehen: Mit all diesen Unwägbarkeiten gilt es, innerkirchlich leben zu lernen, sich selbst auszusetzen und darauf zu vertrauen, dass Gott jeden Lebensweg begleiten wird.

Kirche kann Orte anbieten, wo Menschen Zeit finden, innezuhalten

Für Suchende sind Gemeinschaften, Personen und Vorgänge eine wichtige Unterstützung. Solche Gemeinschaften, Vorgänge, Personen brauchen konkrete Orte und Zeiten. Die Kirche hat dafür gute Ressourcen: Ausgebildete theologische »Expertinnen«, spirituell Erfahrene, eine reiche Tradition, Kirchen und Pfarrhäuser, einen bewährten Festkalender, der das ganze Jahr mit seinen »heiligen Zeiten« strukturiert. Welche Orte braucht es heute für die Suchenden?

- Orte, an denen sich Menschen die *Geschichte ihres Lebens erzählen und miteinander deuten*, wo sie Gott als die Mitte ihres Lebens erkennen lernen können. Menschen können an solchen Orten ihre religiöse Identität kreativ und gemeinsam entwickeln.
- Orte, wo Menschen diese ihre *Geschichten in ein größeres Ganzen einbetten* können, theoretisch und praktisch. Die eigenen Fähigkeiten werden in den Dienst eines gesellschaftspolitischen oder kirchlichen Anliegens gestellt, die eigene Biographie wird von den kirchlichen Traditionen her nochmals vertieft und in einen gesamthistorischen Zusammenhang gestellt.
- Orte der *Desillusionierung*, wo die »Götzen« beim Namen genannt und Idolatrien, Religionssubstitute, Dämonien aufgespürt und »abgearbeitet« werden. Man kommt den eigenen Dämonen, die einen von der Gottes- und Nächstenliebe ab-

halten, ebenso auf die Spur wie den kulturellen und gesellschaftlichen Dimensionen, die unfrei machen. Dadurch wird der Widerstandsgeist ebenso geweckt wie die Utopiefähigkeit gefördert.

Orte, wo die *Geschichten der Menschen in Handlung übersetzt werden* können, wo Menschen sich einüben im Ineinander von Theorie und Praxis, wo die eigene Weltanschauung mit der biographischen Praxis stimmiger wird, wo Identität schöpferisch und ent-individualisiert, d. h. wirklich persönlich, also beziehungsorientiert wird. Man lernt, sich als Teil der einen Menschheit zu begreifen.

Orte, wo man *miteinander einfach da* ist: ohne bestimmtes Ziel, ohne, dass es Ergebnisse geben muss; wo man das Miteinander genießen und aushalten lernt, sich am Leben freut und so Liebe, Wahrhaftigkeit und Dankbarkeit erfährt.

Orte, wo man *miteinander Feste feiert*, wo man *miteinander beten, loben und preisen* lernt.

Wo solche Orte entstehen, verändern Gemeinden ihr Gesicht. Es weht ein neuer Geist, und es werden nicht immer nur die bekehrt, die ohnedies schon glauben. Gemeinden werden einladend, Institutionen haben offene Türen, Menschen gehen ein und aus. Nicht immer werden alle dabei bleiben wollen, manche kommen »nur« zu Gast und engagieren sich vielleicht »nur« partiell. Ein neuer Geist nimmt seinen Anfang von jenen Orten lebendiger, substantieller Begegnung miteinander und mit Gott. Sie können die Kraftquellen einer Vernetzung von Christen quer durch die Gesellschaften sein, die wie ein Sauerteig moderne Zeitgenossenschaft verändern.

> Aufgabe der Kirche wäre es, eine religiöse Sprache zu entwickeln, die nicht eine Wahrheit auslöschen will, sondern jedem und jeder das Instrumentarium zur Konstruktion dieser Wahrheit anbietet – nach Art des Nouveau Roman. Zur Erklärung: Das war eine Kultur der 50er-Jahre in Frankreich, wo der Autor den Leser das Buch fertig machen lässt. Das hatte viel Erfolg. Ich habe dieses Modell gewählt, da es dem Leser überlässt, die Erzählung zu Ende zu führen. Wollen die Kirchen dieses Ziel erreichen, dann müssen sie in einen kreativen Dialog mit der Tradition treten. Damit eröffnen sie neue Bedeutungshorizonte und geben den Menschen den Anstoß, ihre eigene Glaubensüberzeugung authentisch zu befragen und zu vertiefen. Das Ziel ist nicht mehr, den Leuten eine Wahrheit als Paket zu geben, sondern eher einen personalen Prozess zu ermöglichen.
>
> *Roland Campiche* auf dem Symposium »Zukunft der Religion – Rolle der Kirchen«

Kirche hört auf die Kritik der anderen und prüft Gottesrede und Gottespraxis

In der Auseinandersetzung mit der Pluralität der Weltanschauungen verändern sich Gottesrede und Gottespraxis. Die anderen: Religionskomponisten, Atheisierende, Humanisten werden zu Gesprächspartnerinnen, von denen man Neues lernen kann. Die Vielfalt der anderen wird auch zum Prüfstein für die Kirchen: Sie nehmen ihre Kritik ernst und lassen sich befragen.

Begegnung der Kirche mit den Atheisierenden: Anfrage an die traditionelle Gottesrede und -praxis

Atheisierende Elemente in den Religiositäten bedeuten nicht zwangsläufig Ungläubigkeit oder Unfrömmigkeit. Vielmehr ist davon auszugehen, dass religionskritische Elemente Bestandteil entwickelter, gereifter und gebildeter christlicher Gläubigkeit nicht nur faktisch sind, sondern auch sein müssen. Auch der Zweifel (nämlich an sich selbst und dem eigenen, immer nur partiellen Glauben) gehört zum reifenden Glauben. Zudem ist ein religiöses Selbstverständnis per se kritisch, weil es mit Blick auf das Heilige um die Endlichkeit und Begrenztheit der Welt – und daher auch aller Religion – weiß. Die atheisierenden und religionskritischen Elemente können daher der Weiterentwicklung des Glaubens dienen.

Der Atheismus als religionskritische, theoretische Geistesbewegung der Neuzeit hat seine Spuren in den religiösen Weltanschauungen der Gegenwart hinterlassen. Über den existenziellen Atheismus können und wollen empirische Studien nichts sagen, das bleibt Gott überlassen. Die wahrnehmbaren Spuren haben für die christlichen Kirchen positive und negative Folgen. Positiv zu erwähnen sind z. B. die verstärkte Kritikfähigkeit sowie das größere Selbstbewusstsein der Menschen. Auch fördert der theoretische Atheismus mehr Bewusstheit und Entscheidungskompetenz bei den Gläubigen. Man wird sensibler für die »allzumenschlichen« Seiten der Religionen, wird weniger manipulierbar und freier. Das Dämonische der Religionen wird schneller erkannt, Religiosität wird humaner.

Wie jede Entwicklung hat das auch negative Folgen: Zweifel bzw. Verweigerung der Hingabe als grundsätzliche Herangehensweise an die Wirklichkeit (vgl. die »Pflicht zum abgrundtiefen Misstrauen« bei Nietzsche) werden durch eine atheisierende Grundstimmung verstärkt, die transzendente Dimension wird prinzipiell skeptisch betrachtet oder gar negiert; die Fähigkeit, sie zu denken, verschwindet. Menschliche Rationalität, Freiheit, Autonomie werden überbetont. Indifferentismus und negativer Atheismus, also die Gleichgültigkeit gegenüber der Religion, sowie ein resignatives Verstummen ob der Rätsel des Lebens sind ebenso dramatische Folgen wie der unbarmherzige Moralismus oder der lebensfeindliche Skeptizismus vieler moderner Zeitgenossinnen; Geisteshaltungen, die vielfach an die Stelle religiöser Überzeugungen treten.

Die atheisierenden Elemente in den Weltanschauungen sind auch heute noch eine massive Anfrage an die christlichen Kirchen: Wie reden wir über Gott? Wie lassen wir ihn wahrnehmbar werden?

Begegnung der Kirche mit den Religionskomponisten: Anfrage an die Praxis der religiösen Freiheit

Religiosität ist heute unhintergehbar als Akt persönlicher und freier Entscheidung anerkannt, auch in Theologie und Kirche. Die Kirchen können respektvoll und verantwortungsbewusst nach den Grenzen und Chancen solcher Freiheit fragen. Sie können Räume öffnen, in denen aus einem »Zwang zur Wahl« auch in religiösen Belangen eine nachhaltige, gottvolle und menschenbedachte Freiheitsmehrung möglich wird. Die Kirchen zeigen aber auch auf, wo die religiöse Freiheit inhaltsleer und daher inhuman und destruktiv zu werden droht. Dabei können sie gelassen und selbstbewusst ihre Erfahrungen, ihre Erinnerungen und Verheißungen ins Spiel bringen.

Die Auseinandersetzung mit den Religionskomponistinnen ist aber auch eine massive Anfrage an die Kirchen, wie sie selbst es binnenkirchlich mit (nicht nur religiöser) Freiheit halten: Wie eng oder weit sind hier die Grenzen? Wie katholisch ist die katholische Kirche wirklich? Gibt es für Menschen Platz und Zeit zur freien Entwicklung, was auch Fehler, Irrläufe und Schuld impliziert? Wo wird vorschnell oder zu Unrecht verurteilt und ausgegrenzt? Wie viel an Regeln braucht es, um sich nicht selbst aufzulösen? Wie werden diese Regeln exekutiert? Die Frage nach dem Stil, die eigene Identität zu wahren, ist in kirchlichen Belangen hochbrisant und in einer medial inszenierten Diskursgesellschaft ein wichtiges Symbol für die Kirche und ihren konkreten Umgang mit Freiheit.

Begegnung der Kirche mit den Humanisten: Anfrage an das Menschenbild

Die Humanisten erinnern die Kirche an das zentrale Anliegen Gottes: den Menschen und sein Heil. Humanisten sind Verbündete der Christen, weil sie die hohe Wertschätzung des Menschen und seiner Würde teilen. Ihr schwacher Theismus, ihre Skepsis gegenüber Fernöstlichem, aber auch gegenüber dem Atheismus machen deutlich, dass es hier wahrscheinlich weniger um die Ablehnung von Religion und Gott geht, als vielmehr die Konzentration auf den Menschen im Mittelpunkt dieser Weltanschauung steht. Wenn die Anomie in dieser Gruppe auffallend ausgeprägt ist, verdichtet sich die Vermutung, dass Religionenskepsis *und* Atheismusskepsis hier einem ausgeprägten Misstrauen *allen* Ideologisierungen gegenüber entspringen, die einer Weltanschauung den Vorrang gegenüber den Menschen und deren Leben (hohe Naturalismuswerte) geben. Der Humanismus erinnert daran, dass Religion und Weltanschauung unter der Perspektive bewertet werden, ob und wie sie dem menschlichen Leben dienen. Den Humanismus als »seicht« oder »gottlos« abzuwerten, widerspräche zutiefst dem christlichen Anliegen; er sieht, wie alle Weltanschauungen, nur einen Teil der Wirklichkeit und betont ihn einseitig und bruchstückhaft: nämlich die besondere Stellung des Menschen im Kosmos. Humanisten sind in erster Linie biophil, sagen Ja zum menschlichen Leben. Dem widerspricht die hohe Zahl der Anomen durchaus nicht, im Gegenteil: Wenn man sieht, was Menschen einander antun, kann man allen Grund zum Verzweifeln finden.

Die Skepsis der Humanisten gegenüber dem Christentum und der Kirche kann die Kirchen veranlassen, selbstkritisch zu fragen: Gelingt es glaubwürdig sichtbar zu machen, dass der Mensch der Weg der Kirchen ist, dass es der Kirche im Namen Gottes um die Menschen geht? Wie kann es gelingen, humanistisch denkenden Menschen plausibel zu machen, dass der christliche Gott kein Gegensatz zur menschlichen Würde und Freiheit ist, sondern diese sogar ermöglicht?

Die Schattenseiten eines reinen Humanismus sind dort, wo er den Menschen absolut setzt, und Freiheit und Bedürfnisse zum alleinigen und letzten Maßstab allen Lebens gemacht werden, was sie aus theologischer Sicht nicht sind. Den Konsequenzen eines solchen Denkens begegnen wir mittlerweile tagtäglich: Man spricht von »Frei«tod statt Selbstmord[430], Sterbe«hilfe« statt Beihilfe zum Selbstmord oder Mord. Diese Konsequenzen muss die Kirche kritisieren. Dabei geht es nicht darum, Humanisten abzuwerten oder zu bekehren. Stattdessen gilt es, erfahrbar zu machen, dass der Mensch geliebtes Geschöpf Gottes ist und der Mensch dadurch an Freiheit, Würde und Selbststand gewinnen kann. Und es geht auch darum, den Menschen vor dem Zugriff auf den Menschen zu schützen, wenn er sich selbst zum höchsten und letzten Wert der Welt erklärt. Der Monotheismus schützt vor dieser Gefahr. Die Person Jesu Christi kann eine dialogische Brücke schlagen, indem sie die menschliche mit der göttlichen Sphäre verbindet.

430 Dabei hat schon der berühmte Psychiater und Selbstmordforscher Erwin Ringel gezeigt, dass von Freiheit da keine Rede sein kann.

Begegnung der Kirche mit den Christen

Christliche Elemente finden sich der Religionsstudie zufolge in nahezu allen Weltanschauungen, mehr oder weniger dünn gestreut. Dies macht mehreres sichtbar:

Man kann nicht von einer radikalen Dechristianisierung sprechen, so manches »Senfkorn« könnte man mit neuem Leben entfachen. Österreich ist nach wie vor ein »christentümliches« Land. 58% stimmen »sehr« und »eher« der Aussagen zu, dass es einen Gott gibt, der sich in Jesus zu erkennen gegeben hat; 46% sehen in der Auferstehung einen relevanten Lebenssinn, für 46% liegt die Zukunft im von Jesus Christus verkündeten Reich Gottes.

Die Entchristlichung ist zugleich gerade deshalb nach wie vor eine reale Gefahr; das noch (durch Religionsunterricht, Erstkommunion usw.) irgendwie selbstverständliche christliche Gedankengut kann sehr rasch völlig aus den Weltanschauungen verschwinden, wenn es nicht gelingt, dass Menschen die Bedeutung und vor allem die *Realität* dieser Begriffe in ihrem konkreten Leben entdecken können.

Der Begriff des Christentums ist selbst im Umbruch: Man merkt dies an den Problemen vieler Befragter mit dem persönlichen Gottesbild, die damit vielleicht einen »Mann mit langem Bart« assoziieren, doch lieber vom »höheren Wesen« sprechen, zu dem sie aber eine durchaus persönliche Beziehung haben. Auch die unterschiedlichen Formen des Gemeindeengagements (z. B. Intensiv- und Sozialchristen) sprechen für diesen Wandel im Verständnis des Christentums: Was die einen wünschen, lehnen die anderen ab (z. B. kirchenpolitisches Engagement) – und beide Gruppen argumentieren mit dem Evangelium. Man erkennt dies an den innerkirchlichen Pluralisierungen und Polarisierungen, die im Grunde um ein angemessenes Verständnis des Evangeliums streiten.

Unsere Studie lässt viele Fragen rund um die »Christlichkeit« entstehen: Wie nennt man jemanden, der zwar mit Auferstehung und Reich Gottes-Vorstellungen wenig anfangen kann, aber trotzdem ein christliches Leben leben möchte? Wie finden sich Protestantinnen in dieser Studie wieder, für die z. B. die Schriftlektüre ein wesentlich wichtigeres Kriterium ihrer Christlichkeit ist als der regelmäßige Gottesdienstbesuch? Was ist jemand, der den biblischen Gott als »Macht in Beziehung« versteht, zu der er regelmäßig betet, der aber den Personbegriff ablehnt, weil er darunter einen dinghaften Anthropomorphismus und eine Schmälerung Gottes versteht? Die in der Studie eng definierte Christlichkeit ist religionssoziologisch und methodisch nötig, aus katholisch-theologischer Sicht relativ stimmig, aber mit Blick auf die Ergebnisse und vor allem die Menschen eine fragwürdige Engführung, die weiterentwickelt wird.

Die Säkularisierung hat auch das Christentum und sein Selbstverständnis verändert. Die Werte der Säkularisierung sind zwischenzeitlich auch in den christlichen Binnenraum eingedrungen mit all den ambivalenten Folgen. Allerdings lässt sich in der Diskussion dabei eine dramatische Ungleichzeitigkeit beobachten: Während sich Theologen (biographisch bedingt?) noch vielfach auf die Suche machen, säkulare und moderne Konzepte mit dem Christentum in Verbindung zu bringen, sind die Säkularen schon längst auf der Suche nach Spiritualität. Da in den Köpfen vieler (oft auch sehr gebildeter) Menschen noch immer ein Bild vom Christentum präsent ist, das im 18./19. Jahrhundert gelehrt wurde, kommen die Spiritualitätssucher oft gar nicht auf die Idee, in den Kirchen zu suchen.

Christlichkeit und Kirchlichkeit sind nicht ident: Nicht alle Kirchlichen vertreten genuin christliche Anschauungen, umgekehrt vollziehen nicht alle Personen, die christliche Positionen vertreten, ihren Glauben kirchlich. Hier ist viel zu tun: die kirchlichen Mitglieder christianisieren sowie den kirchenskeptischen Christinnen Möglichkeiten einer Verkirchlichung des Glaubens eröffnen. Dabei ist zu berücksichtigen, dass auch jene, die angeben, einen Bezug zu einer religiösen Gemeinschaft zu haben, sich nicht mehr kritiklos von den Lehren der Kirche her formen lassen werden.

Kirche lernt, Weltanschauung und Praxis zusammenzubringen

Weltanschauungen werden von den Menschen nach wie vor als wichtig für die persönliche Identität erachtet (77%). Die Religionsstudie macht neugierig, auf den Zusammenhang zwischen Weltanschauung und konkreter Praxis. Was *tun* Menschen, die sagen, sie sind atheisierend? Was ist ihnen wichtig, wie gestalten sie ihr konkretes Leben? Was *tun* Menschen, die sich als spirituell definieren? Von einem Bruch zwischen Weltanschauung und Praxis ist aus anthropologischen Gründen auszugehen, bei niemandem stimmt beides völlig überein. Der Geist ist sich meistens selbst voraus und wird von der Praxis nicht eingeholt; umgekehrt enthält auch das eigene Tun oft einen Sinnüberschuss, der dem eigenen Geist auf die Sprünge helfen kann. Kirchen können Orte sein, wo man lernt, mit dieser Differenz zwischen weltanschaulicher Überzeugung und konkreter Praxis zu leben.

Mit Blick auf die fragmentarischen Biographien braucht es theoretische und praktische Antworten auf die Frage, ob und wie unter den Bedingungen funktional ausdifferenzierter Lebenswelten eine christliche Existenz möglich ist, die den Glauben nicht als ein Puzzleteil neben vielen anderen innerhalb einer Biographie versteht. Gibt es die Möglichkeit auf eine kohärente, stimmige christliche Identität – und wie kann das konkret aussehen? So kann beispielsweise die christliche Entscheidung für ein offenes, letztlich nicht in aller Gänze planbares Leben eine Richtung weisen.

Dieser Blick auf moderne Biographien macht auch die prophetische Dimension des Christentums wieder virulent. Die Kirchen können (und müssen) sich für all jene einsetzen, die aus ihrem Leben und ihrem Glauben kein Kunstwerk machen können, sondern denen Inhalte und Art ihrer Bastelei aufgedrängt, aufgezwungen werden und denen die Möglichkeit einer freien Wahl verweigert wird – oder die sich das selbst verweigern und stattdessen in autoritären bzw. fundamentalistischen Wegen Lösungen suchen. Die Kirche hat den Auftrag, all jene inhumanen und freiheitsverhindernden Illusionen und Ideologien, die im Zusammenhang mit den fragmentierten Lebenswelten und Biographien entwickelt werden, aufzuspüren, zu benennen und Einspruch zu erheben.

Neu-Kulturation

Damit ist eine zweifache Bewegung gemeint. Bezeichnet Inkulturation nur die eine Richtung, in der sich die Kirche einer statischen Größe gleich in die Gesellschaft einbringt, geht die Kulturation davon aus, dass Kirche und Gesellschaft bereits durchmischt sind und daher ein bewusster Gestaltungsprozess in Gang zu setzen ist, der zwei Richtungen und ein Ziel hat: eine gottvolle und menschennahe Kirche zu werden, die die Gesellschaft dazu anstiftet, es ihr gleich zu tun. Dabei lernt auch die Kirche von der Gesellschaft.

Kulturation heißt: Kirche bringt das Evangelium in die Gesellschaft, die Gesellschaft bringt das Evangelium in die Kirche. Die Kirche lernt das Evangelium immer wieder neu lesen, begreifen, ausdeuten. Die Gesellschaft versteht, was das Evangelium der Kirche mit der konkreten Welt zu tun hat und erkennt auch in ihrem Tun Gottes Präsenz wieder.

> Es ist natürlich auch ein Problem, dass Jugendliche, auch die Normalbürger, die theologischen Begriffe nicht mehr verstehen – umgekehrt die Theologie aber die normale Welt nicht versteht. In der letzten »Bunten« ist ein Interview mit Kardinal Meisner, wo der sich gerne als volksnah gebende Bischof gefragt wird, inwieweit er von der heutigen Welt noch etwas versteht. Und die Frage war, ob er den Namen von Britney Spears schon einmal gehört hätte? Nein. Ob er weiß, was Windows XP ist? Nein. Bei Sebastian Deisler, dem Fußballer, konnte er noch ein bisschen mitreden ... Ich will damit sagen, dass auch von Seiten der Theologie eine sehr große Weltferne, Weltfremde oftmals, gerade von der etablierten Kirche zu beobachten ist, die sich teilweise als ein Kommunikationsabbruch beschreiben lässt.
>
> *Heiner Barz* auf dem Symposium »Zukunft der Religion – Rolle der Kirchen«

Einflugsorte bewusst und einladend gestalten

Wollen die Kirchen auch für Religionskomponistinnen attraktiv sein, werden die Orte einladend gestaltet werden, an denen sich jene modernen Zeitgenossinnen einfinden können, die vielleicht nicht mehr traditionell sozialisiert oder gemeindlich gebunden sind. Für die Zukunft kristallisieren sich da mehrere Bereiche heraus, denen besonderes Augenmerk zu schenken ist: Der Umgang mit Sakramenten, der Religionsunterricht, die Medien. Hier begegnet die Kirche der Welt. Diese Orte sind besonders sensibel und brauchen eine gezielte Gestaltung durch dialog- und pluralitätsfähige Christen, die als Grenzgänger Zeugen des christlichen Glaubens sind und Brücken bauen zwischen Kirche und Welt.

Transparente Öffentlichkeitsarbeit

Die Kirche kann es sich in einer pluralistischen Gesellschaft nicht mehr leisten, die Öffentlichkeit und deren Medien zu ignorieren. In einer pluralistischen Gesellschaft braucht es eine transparente Öffentlichkeitsarbeit, um inmitten der Unübersichtlichkeit wahrgenommen zu werden und identifizierbar zu sein – auf allen kirchlichen Ebenen. Die traditionelle intransparente Geheimnistuerei hinterlässt heute bei vielen einen seltsamen Beigeschmack. Das Image der Kirche in Österreich ist nicht gut.[431] 80% haben nach wie vor ein Bild von der reichen Kirche, die ihr Vermö-

431 Vgl. Zulehner/Hager/Polak, Kehrt die Religion wieder?, 123ff.

gen hütet. 25% halten die Kirche für ein Geschäft, 25% sind der Meinung, die Kirche kooperiert mit den Mächtigen. Der schlimmste Vorwurf: 37% klagen, die Kirche ist keine Hilfe für das Leben, so wie sie ist. Der Gratifikationsverlust ist groß. Man spricht der Kirche zentrale Kompetenzen ab. Nur 9% haben eine sehr positive Sicht auf die Kirche, 78% ein schlechtes Bild von ihr. Das schlechte Image reicht bis in den innersten Kreis. Kirche wird also auch an ihrem öffentlichen Image arbeiten.

Das »Image« der Kirche hat viel mit dem zu tun, was das Konzil mit der »Darstellung« des Heils meint. Wenn die Kirche also ihr Image korrigiert, kann das nicht nur eine Oberflächenpolitur sein oder sich in bloß methodisch optimierter Hofberichterstattung für das Ewiggestrige erschöpfen. Sie wird sich ihrer Identität dabei vergewissern und sich weiterentwickeln. Professionelle Öffentlichkeitsarbeit geht Hand in Hand mit Identitätsentwicklung und theologischer Selbstvergewisserung. Profunde Öffentlichkeitsarbeit ist in einer Mediengesellschaft unverzichtbar, Verkündigung ist auch hier keine Einbahnstrasse: Wenn die Kirche ins Gespräch mit der Öffentlichkeit tritt, können beide dazu lernen.

Kirche wird sich auch in die so genannten säkularen Medien bewusst einmischen; nicht nur eigene Sender und Formate bespielen. Sie muss auch daran interessiert sein, in den öffentlichen und privaten Sendern präsent zu sein und darf nicht darauf hinarbeiten, durch Gesprächsverweigerung und Konfliktaussitzen in Ruhe gelassen zu werden. Der Schutz der Würde der Personen und ein behutsamer Vorgang mit der Veröffentlichung von binnenkirchlichen Prozessen dürfen nicht zu ängstlicher Intransparenz und defensiven Verteidigungshaltungen führen, sondern verlangen nach mutiger Positionierung.

Dazu braucht es Medienkompetenz, insbesondere der Leitungs- und Verantwortungsträger. Es braucht professionelle Öffentlichkeitsarbeit, ein durchdachtes Medien- und Öffentlichkeitsarbeitskonzept und profunde Ausbildungen für Leitungspersonen. Die hohe Wertschätzung von Caritas und Diakonie in Österreich und Deutschland ist (neben dem, was sie leisten) auch ein Resultat solcher Professionalität im Umgang mit der Öffentlichkeit. Wenn schließlich noch die Medienvertreterinnen ihren Klerikalismus und ihre Kirchenvorurteile ablegen könnten, würde auch medial wahrnehmbar, aus wie vielen verschiedenen Menschen die Kirche besteht und wie vielschichtig das ist, was Kirche heute schon ist und tut.

Kirche und Spiritualität

> Die Frage, die mich umtreibt, ist eine ganz pragmatische: Ich frage mich, haben wir in der Kirche überhaupt die Leute, das Personal, die Kompetenz, um in den Dialog zu treten und einen offenen Dialog auszuhalten? Meine Wahrnehmung bei Studenten oder Anwärtern auf kirchliche Stellen (Pastoralreferenten, Gemeindereferenten, Priestern) ist, dass diese Kompetenz fehlt. Das macht mir auch die größten Sorgen. Das ist für mich eine elementare Anfrage an Ausbildung, Einstellungen und Profile für Personen.
>
> *Markus Sahli* auf dem Symposium »Zukunft der Religion – Rolle der Kirchen«

Viel Neues wird heute schon in den Kirchen entwickelt: Initiativen und Projekte werden gestartet, die Kirchen beginnen zu experimentieren: Armuts- und Reichtumskonferenzen, die Hospizbewegung, Ordenserneuerungen, Gemeindeerneuerungen, Stadtmissionsprojekte, Jugendkirchen seien hier erwähnt. Wo es gelingt, die christliche Glaubenstradition mit frischem, lebendigem Geist zu beleben, erwacht Kirche und wird wieder attraktiv. Es gibt aber mancherorts das Phänomen, dass trotz geschäftigen Tuns der alte Frust bleibt und sich nichts verändert. Woran mangelt es?

Die These: Es ist die spirituelle Verwurzelung, die darüber entscheidet, ob Kirche zukunftsfähig wird oder in Europa weiter dahinkränkelt. Wer möchte, dass ein neuer Geist weht, wird ihn wahrnehmen , sich auf ihn einlassen und ihm vertrauen zu lernen. Die Respiritualisierung der Kirchen wird über ihre Zukunft entscheiden. Das meint: Wiedergewinnung, Erschließung und Transformation der spirituellen Kompetenz der Kirche sind die wichtigsten Zukunftsaufgaben und sind jene zentralen Faktoren, die das Überleben der Kirche sichern und überhaupt erst jenen Geist wecken, der die ebenfalls nötigen Strukturreformen ermöglicht bzw. deren Evangeliumsgemäßheit sichert.

Wie hast Du´s mit der Spiritualität?

»Der Fromme von morgen wird ein ›Mystiker‹ sein, einer der etwas ›erfahren‹ hat, oder er wird nicht mehr sein, weil die Frömmigkeit von morgen nicht mehr durch die im Voraus zu einer personalen Erfahrung und Entscheidung einstimmige, selbstverständliche öffentliche Überzeugung und religiöse Sitte aller mitgetragen wird, die bisher übliche religiöse Erziehung also nur noch eine sehr sekundäre Dressur für das religiöse Institutionelle sein kann.«[432]

Schon Karl Rahner hat darauf aufmerksam gemacht, welche fundamentale Rolle die Spiritualität für die Zukunft der Kirche spielen wird. In diesem berühmten Zitat wird, der Analyse von Hans Waldenfels folgend, mehreres Zukunftsweisendes gesagt:[433]

Frömmigkeit, also ein Leben aus und im Kontakt mit dem Geist Gottes, wird in Zukunft kein Monopol der Christinnen sein. »Mystik« meint bei Rahner keinen elitären Sonderweg, sondern einen Glauben, den man persönlich erfahren hat, der also im Gegensatz zu jener traditionellen Religiosität steht, die in einem volkskirchlichen Milieu bloß anerzogen ist, und für die man sich niemals entschieden hat. Dazu braucht es eine mystagogische Einweisung, also eine Einführung in das Geheimnis Gottes – eine Kunst, die immer wieder neu zu gewinnen ist, und die sich nach wie vor in den Kirchen eher langsam entwickelt. Dem Inneren des Menschen und der konkreten Lebenserfahrung kommt dabei eine große Bedeutung zu.

Karl Rahner fordert also eine spirituelle Kirche. Spiritualität meint für ihn aber keine »privatistische Engführung des christlichen Lebens und Denkens« oder die »introvertierte Pflege der eigenen schönen Seele«, sondern meint sowohl die selbstlose Liebe zum nahen und fernen Nächsten sowie den Kampf um mehr Gerechtigkeit und Freiheit in der Gesellschaft.[434] Von dieser Spiritualität ortet Karl Rahner erschreckend wenig in der katholischen Kirche:

432 Karl Rahner: Schriften zur Theologie. *Zur Theologie des geistlichen Lebens,* Band 7, Zürich 1971, 22.
433 Vgl. Hans Waldenfels: *Mystik in Christentum und Buddhismus*, in: Hempelmann (Hg.), Esoterik und Mystik, 45–61, 46.
434 Vgl. Rahner, Strukturwandel, 88.

»Wir sind doch, wenn wir ehrlich sind, in einem schrecklichen Maße eine spirituell unlebendige Kirche. Die lebendige Spiritualität, die es natürlich auch heute noch gibt, hat sich doch in einer seltsamen Weise aus der Öffentlichkeit der Kirche in (soziologisch gesehen) kleine Konventikel der ›noch Frommen‹ zurückgezogen und versteckt. In der Öffentlichkeit der Kirche herrschen in einem erschreckenden Maße auch heute noch (bei allem guten Willen, der nicht bestritten werden soll) Ritualismus, Legalismus, Administration und ein sich allmählich selber langweilig werdendes und resignierendes Weiterfahren auf den üblichen Geleisen einer spirituellen Mittelmäßigkeit.«[435]

Diese Diagnose muss zwar heute etwas differenzierter dargestellt werden, weil aufgrund des kontinuierlichen »Kirchenschrumpfens« in Österreich und Deutschland, aber auch im Anschluss an das Konzil immer mehr Gläubige in der Kirche anzutreffen sind, die sich gebildet und bewusst für den christlichen Glauben entschieden haben. Wahrscheinlich fanden sich trotz und wegen der Krise der Kirche noch nie so viele überzeugte Christinnen in ihr wie derzeit. Ob diese Glaubensentscheidungen allerdings immer aus einer spirituellen Wurzel erfolgt sind, ist ungewiss. Denn zeitgleich hat sich die Kirche auch in einem erschreckenden Ausmaß selbst säkularisiert, dass auch von so manchem Gläubigen – innen und außen – das Geheimnis Gottes vermisst wird. Die Kirchen sind spirituell immer noch sehr schwach.

Das ist ein hartes Urteil. Der evangelische Bischof Wolfgang Huber mahnt deshalb – zwar widersprochen, aber doch nicht zu Unrecht – nach Jahren der Selbstsäkularisierung der christlichen Kirchen eine Selbstrespiritualisierung ein.[436] Es geht darum, Raum und Sakrament zu werden für ein »geistliches Leben« – nicht nur des Klerus, sondern auch der so genannten Laien. Ehe man also daran geht, neue Projekte und Aktionen zu kreieren, heißt es, die Gretchenfrage zu stellen: Wie hat es die Kirche mit der Spiritualität?

Die Frage nach dem Leben im Geist Gottes ist *die* zentrale Frage an die Kirche, denn zwischen Kirche und Geist besteht theologisch eine innerste Zusammengehörigkeit. Wenn zu Pfingsten der Heilige Geist gesandt wird, wie die Apostelgeschichte berichtet, beginnt ein neues, geisterfülltes Leben, »entsteht« die Kirche. Der Heilige Geist erinnert die Menschen in der Kirche an das, »was er gehört hat« (Joh 16,13), er erinnert sie an die Fülle der Erkenntnis. Er ermöglicht als Hinterlassenschaft Jesu den Kontakt zu Christus und in Christus zu Gott. Er »führt die Kirche in alle Wahrheit ein (Joh 16,13), eint die Kirche in Gemeinschaft und Dienstbereitschaft, bereitet und lenkt sie durch die verschiedenen hierarchischen und charismatischen Gaben und schmückt sie mit seinen Früchten (Eph 4,11–12; 1 Kor 12,4; Gal 5,22).« (LG 4) Der Geist beseitigt alles, was die Menschen von Christus trennt. Er ermöglicht den Gläubigen, in und aus der Fülle des dreieinen Gottes zu leben. Er ist das Lebensprinzip schlechthin, er erneuert das Angesicht der Erde und erfüllt auch die Kirche immer wieder mit neuem Leben und neuer Kraft.

»Die Kirche ist eine ›Funktion‹, besser: ein Sakrament des heiligen Geistes.«[437] Sie stellt den Geist Gottes dar und her – das ist ihre Aufgabe. Deshalb ist die Kirche

435 Rahner, Strukturwandel, 88.
436 Vgl. Wolfgang Huber: *Kirche in der Zeitenwende*: gesellschaftlicher Wandel und Erneuerung der Kirche, Gütersloh 1999.
437 Schneider, Leben aus der Fülle des Heiligen Geistes, 14.

nichts, was man ein für alle mal hat oder festschreiben kann. Auch ihre Erneuerung ist nichts, das man allein aus eigener Kraft bewerkstelligen könnte. Die Kirche wird durch das Wirken des Heiligen Geistes täglich neu gestiftet. »Die Kirche darf sich als Kunstwerk des Heiligen Geistes verstehen.«[438] Dazu wird sie lernen, offen für diesen Geist zu sein und sich täglich neu von ihm erfüllen und beschenken zu lassen.

Im Folgenden sollen Möglichkeiten überlegt werden, wie die Kirche inmitten des religiösen Wandels und der Wiederkehr der Religion ihre Spiritualität wiedergewinnen und beleben kann. Es wird reflektiert, wie sie aus dem, was sie jetzt schon an Glauben lebt, ihre Spiritualitäten erschließen und weiterentwickeln, und was sie konkret tun kann, um durchlässig und offen für den Empfang des Heiligen Geistes zu werden, der sie lebendig hält und macht.

Kirche wird spirituell

Spiritualität als Leben aus dem Geist Gottes kann man nicht erzeugen, aber man kann es fördern, indem man sich bereit hält, den Geist Gottes wahrzunehmen und zu empfangen. Die christlichen Kirchen tragen dazu unverbrauchte spirituelle Schätze in sich, die sich weit über ihre Grenzen hinaus großer Beliebtheit erfreuen: Jesus von Nazaret, Hildegard von Bingen, der Heilige Benedikt, Ignatius von Loyola, Mystikerinnen wie Teresa von Avila, Meister Eckhart oder Johannes Tauler.[439] Neuerdings werden auch die Kirchenväter und die Spiritualität der Wüste wiederentdeckt.[440] Diese spirituellen Quellen zu erschließen und ins Heute weiterzutransformieren, im Gespräch mit den spirituell Suchenden und im interreligiösen Dialog, gehört zu den spannenden und herausfordernden Aufgaben der Zukunft.

Zur verantworteten »Respiritualisierung« des Lebens der Kirche braucht es in erster Linie spirituell starke Gemeinschaften und spirituell ausgebildete, kompetente, reife und weise Personen – Gottesfrauen und Gottesmänner, die mit den Menschen spirituelle Wege einüben und gehen. Es braucht klug gestaltete Prozesse, die spirituelle Wege eröffnen. Die spirituelle Entwicklung der Kirche bedeutet nicht, eine Wegweiserkirche zu werden, die anderen jenen Weg zeigt, den sie selbst nicht geht. Es braucht vielmehr innerhalb der Kirche selbst glaubwürdige spirituelle Weggemeinschaften.

Kennzeichen spiritueller Lerngemeinschaften

Ein wesentlicher Beitrag christlicher Spiritualität im modernen religiösen Feld der so stark individualisierten Suche nach spirituellem Sinn ist der Gemeinschaftscharakter christlicher Spiritualität. Er hat theologische Wurzeln: Denn alle wesentliche Gemeinschaft stammt aus Gott, der in sich selbst Liebe ist. Diese Liebe führt dazu,

438 Ebd., 10.

439 Die berühmteste deutschsprachige Textsammlung dazu: Wilhelm Geerling/Gisbert Greshake (Hg.): *Quellen geistlichen Lebens*, Band 1: Die Zeit der Väter, Mainz 1995; Gisbert Greshake/Josef Weismayer (Hg.): *Quellen geistlichen Lebens*, Band 2: Das Mittelalter, Mainz 1996; Dies. (Hg.): *Quellen geistlichen Lebens*, Band 3: Die Neuzeit, Mainz 1989; Dies. (Hg.): *Quellen geistlichen Lebens*, Band 4: Die Gegenwart, Mainz 1993.

440 Z. B. Gisbert Greshake: *Die Spiritualität der Wüste*. Und plötzlich in diesem mühsamen Nirgends, Innsbruck 2002; Anselm Grün: *Geistliche Begleitung bei den Wüstenvätern*, Münsterschwarzach 2002.

dass spirituelle Menschen die Erfahrung der Zusammengehörigkeit aller Menschen machen. Dies drückt sich im Einsatz für die Menschheit aus, aber auch darin, dass sich spirituelle Gruppen bilden, in denen die spirituellen Erfahrungen des Einzelnen für die anderen bedeutsam sind. Ein spiritueller Mensch weiß, dass die Quelle aller Spiritualität Liebe ist, und dass er allein niemals das Ganze dieser Liebe repräsentieren oder gar leben kann. Ein christlicher spiritueller Weg führt zur Vergemeinschaftung der Menschen unter- und miteinander. In der Liturgie, insbesondere in der Eucharistie, wird das am deutlichsten sichtbar.

Lebenslanges Lernen

Eine Kirche, die spirituell sein will, ist bereit, lebenslang zu lernen. Sie ist bereit, sich selbst zu hinterfragen, sich anderen Menschen und Meinungen auszusetzen. Sie lässt sich auf Reifungs- und Entwicklungsprozesse ein, wird so manche Durststrecke zu überstehen haben und Geduld brauchen. Sie wird damit rechnen, dass alle Menschen, die Gott ihr zuführt, etwas bedeuten und lehren können.

Mit Irrtümern, Fehlern und Schuld umgehen lernen

Ein solcher Lernprozess verläuft nicht ohne Irrtümer, Leerläufe, Fehler, Rückschläge und des Bewusstwerdens von Schuld. Der Weg spirituellen Lernens ist ein Weg voll Fülle, aber auch mit so mancher unangenehmer Erkenntnis. Eine Kirche, die bereit ist, sich solchen Erfahrungen auszusetzen, darf sich auf einen treuen Weggefährten – auf Gott – verlassen, der ihr Auswege zeigt und Vergebung schon längst zugesprochen hat.

Auf Perfektion verzichten und Liebe anstreben

Spiritueller Perfektionismus ist kein guter Wegbegleiter für einen spirituellen Weg. Die christliche Tradition ist daher aus gutem Grund skeptisch gegenüber methodischen Exklusivitäten oder spirituellem Konkurrenz- oder Leistungsdenken. Was das Neue Testament mit seinem Streben nach Vollkommenheit meint (teleios), bezieht sich eher auf die Zielgerichtetheit des Handelns: die Liebe. »Seid vollkommen wie euer himmlischer Vater es ist« (Mt 5,48) meint, sich in der Spur Christi auf Gott hin zu bewegen, ihn und die Mitmenschen zu suchen und zu lieben. Es bedeutet nicht, wie Gott werden zu wollen. Demütige Gottes- und Menschenliebe, die um die eigene Brüchigkeit weiß, ist schwierig genug. Das Ziel ist nicht, eine spirituell perfekte Kirche zu werden, sondern lieben zu lernen.

Die eigene Berufung entdecken

Die zentrale Frage an Gott ist die nach der eigenen Berufung: Wer bin, ich und was will Gott, dass ich tue? Auch die Frage nach dem konkreten Handeln im Leben ist eine spirituelle Frage, denn für den Gläubigen ist es wichtig, im eigenen Handeln den Willen Gottes zu erkennen und ihm zu entsprechen.

In spirituellen Weggemeinschaften wird es möglich, im Spiegel und mithilfe der Mitmenschen die eigene Berufung zu entdecken: die persönliche Aufgabe, die einem von Gott für das eigene Leben zugedacht ist. Man kann dazu zwischen Heils- und Kirchenberufung unterscheiden. Beide Berufungen sind in der und durch die Kirche zu fördern, wobei die Heilsberufung allen zugedacht ist, und die Berufung, den eigenen Heilsweg im Raum der kirchlichen Gemeinschaft zu gehen, eigens und ausdrücklich herauszufinden ist.

Kirche, die solcherart beitragen will, dass möglichst viele Menschen ihre Berufung entdecken, wird ein konversionsfreudiges Klima fördern und Menschen unterschiedlichster Herkunft, Milieus und Lebensphasen ansprechen und ihnen Raum anbieten, den eigenen Weg zu finden – unabhängig davon, ob sich jemandes Weg kirchlich vollzieht. Entscheidend ist, dass Menschen die Möglichkeit bekommen, mit anderen an das Geheimnis des eigenen Lebens zu rühren, und den ihnen persönlich zugedachten Weg finden.

Bewusst Zeit nehmen und Personen freistellen

Es gehört zu den Besonderheiten des Geistes Gottes, dass er uns in konkreter Materialität begegnet. Gott bindet sich an das sinnlich und geistig Wahrnehmbare, er zeigt sich sakramental. Wir dürfen uns den Geist Gottes nicht vorstellen als sphärischen Nebel, der die konkrete Welt umhüllt und die Bilder verschwimmen lässt. Gottes Geist klärt auf, macht die Farben hell und leuchtend, die Bilder scharf und klar. Dies ist ein schönes Bild für die Art, wie und wo uns Gott konkret begegnet: im Wort anderer Menschen, in den Heiligen Schriften, in der Kunst, im Alltag, in der Arbeit, in unseren pfarrlichen Gemeinschaften, überall, wo wir leben, lieben und arbeiten. Offenbarung ist ein Erhellungs-, ein Lichtungs-, ein Aufklärungsgeschehen darüber, was es mit der Welt und den Menschen auf sich hat.

Spiritualität bedeutet, ein solches Weltverhältnis und -verständnis zu begreifen und einzuüben. Spirituelle Erneuerung vollzieht sich, indem wir uns für diese Einübung in ein anderes Weltverhältnis bewusst Zeit nehmen und Gott wahrnehmen lernen in der Welt, in der wir konkret leben.

Sich dafür explizit Zeit zu nehmen, bedeutet auch, dass man einiges von dem, was man heute in der Pastoral tut, lassen wird müssen. Immer wieder klagen viele kirchliche Mitarbeiterinnen über Zeitnot und Überlastung. Priester sind heute Multimanager und kommen vor lauter Verwalten und Organisieren oft nicht mehr zu ihrem »Kerngeschäft« der Seelsorge: der spirituellen Begleitung. Dieser innerkirchliche Aktivismus trägt nicht zu einem Klima bei, in dem Spiritualität wachsen kann. Pfarrgemeinden, kirchliche Organisationen und Gruppierungen, Verantwortungsträger, Priester, Ehrenamtliche: Alle müssen wählen, wo in der nächsten Zeit die Prioritäten zu setzen sind. Wenn Spiritualität ein Kernthema werden soll, braucht es auch den Mut, liebgewordene Traditionen zu lassen, die aber bei Tageslicht beleuchtet bloße Variationen des Ewiggleichen sind, das immer weniger und immer nur dieselben Personen anspricht. Aufzugeben sind überholte Aktivitäten, nicht mehr haltbare Positionen und »zu diesem Mut des Aufgebenkönnens (…) scheint es mir auch zu gehören, dass man sich bescheiden, aber auch nüchtern und hart fragt, ob man bei einem solchen Marsch in die Zukunft der Kirche immer alle die braven Leute in der Kirche mitnehmen kann, die sich gegen einen solchen Marsch in eine ihnen unbekannte Zukunft von ihrer unzeitgemäßen Mentalität her sträuben.«[441]

441 Rahner, Strukturwandel, 53.

Ins Zentrum jeder Gemeindeveränderung und -entwicklung gehört heute der bewusst eingeplante Raum für die spirituelle Weiterentwicklung und Glaubensvertiefung der Mitglieder. Kaum wo wird so wenig über das persönliche, spirituelle Leben gesprochen wie in Pfarrgemeinden. Das mag daran liegen, dass solche Gespräche ein hohes Maß an Intimität und Vertrauen brauchen, das man nicht erzeugen kann. So etwas fällt paradoxerweise oft umso schwerer, je näher man sich ist. Aber auch die Überzeugung, es sei ohnedies klar, woran in einer Gemeinde alle zu glauben hätten, erweist sich als Blockade, sich spirituell zu entwickeln. Schließlich trägt auch die Möglichkeit, dass hier unüberwindbare Differenzen oder gar Konflikte aufbrechen könnten, zu einem unausgesprochenen Konsens bei, an solch intime und heikle Lebensthemen gar nicht zu rühren, weil sonst die Harmonie und Ruhe gestört werden könnten, oder man sich in einem Ausmaß nahe kommen würde, das niemand wirklich will.

Um diesen Entwicklungsstau zu verflüssigen, braucht es daher auch die innere Bereitschaft der Betroffenen, sich miteinander und als Einzelne solchen Prozessen auszusetzen. Spirituelle Entwicklungen kann man nicht von oben verordnen, sie können nur aus eigener innerer Not, Sehnsucht oder Freude erwachsen. Dann braucht es individuelle ebenso wie gemeinschaftliche Angebote mit kompetentem Personal. In einer individualistischen Gesellschaft werden sich die Einzelangebote zuerst nahe legen. So kann man jetzt schon Einzelpersonen sehen, die in einer Pfarrgemeinde aktiv sind, ihre spirituellen Bedürfnisse aber in christlichen Bildungshäusern, in Psychotherapie- oder Selbsterfahrungsgruppen stillen, die Reikikurse besuchen oder sich in Mütterrunden mit esoterischen Ideen auseinandersetzen.

Wenn man hier Qualität anstrebt, wird die Herausforderung der Zukunft für Pfarrgemeinden sicher auch darin bestehen, miteinander über das eigene spirituelle Leben ins Gespräch zu kommen. Das braucht Mut, Geduld, Toleranz, Übung und Bildung sowie kompetente Begleitpersonen, von denen es derzeit noch viel zu wenige gibt.

Der gegenwärtige Boom der kirchlichen Erneuerungsbewegungen – von den einen euphorisch begrüßt, von den anderen skeptisch kritisiert – hängt aufs Engste mit diesem spirituellen Defizit zusammen. Diese Bewegungen machen das innerkirchliche Defizit aufdringlich sichtbar, weil sie unerschrocken auf die charismatische Kraft des Glaubens setzen und eine stark erfahrungsorientierte Spiritualität leben. So wie die Erneuerungsbewegungen angehalten sind, sich mit dem rationalen und religionskritischen Glaubensschatz der Tradition und mit den gewachsenen gemeindlichen Strukturen auseinander zu setzen und diese nicht durch Polarisierung zu entzweien, können die traditionellen kirchlichen Gemeinschaften von ihnen lernen, wie wichtig die Vertiefung im Glaubensleben auch für Erwachsene ist. Der Zulauf zu solchen Bewegungen zeigt, wie groß der Bedarf der Menschen nach spürbarem Sinn und gelebter Frömmigkeit ist.

Innehalten – Unterbrechen – Umkehren

Der erste Schritt auf einem spirituellen Weg ist die Unterbrechung des Üblichen. Innehalten und wahrnehmen lernen, was rund um einen vorgeht, sind die ersten wichtigen Stationen auf einem spirituellen Weg. Solche »Unterbrechungen« kann man gezielt wählen und aufsuchen (in Seminaren, Gruppen, Gemeinschaften), oft aber bringt sie das Leben selbst mit sich: Wenn Selbstverständliches plötzlich seine Evidenz verliert, fragwürdig wird. Das kann eine große Liebe sein, die einem widerfährt, genauso wie Leid und Tod, die mit unerbittlicher Härte ins Leben treten und das eigene Fundament des Lebens erschüttern. Lebensereignisse können spirituelle Krisen auslösen: Warum passiert das gerade mir? Was soll das alles? Wohin soll ich mich wenden? Aber auch: Woher dieses Übermaß an Glück? Für die Kirche ist die gegenwärtige Krise ein solcher Grund zum Innehalten.

Irritationen und Überraschungen, die das Übliche stören, durcheinander bringen, Chaos stiften, sind wichtige Schritte im spirituellen Prozess. Auch der Glaube der Kirche kann nur wachsen, wenn sie sich solchen Prozessen aussetzt. Glaube dient nicht dazu, solchen Krisen auszuweichen oder sich das Glück und das Unglück vom Leib zu halten. Glaube ist keine Krücke, die sichere Erklärungen liefert, warum einem etwas widerfährt. Das Leben will durchlebt werden, daraus wächst tiefer, echter, persönlicher Glaube. Die Kirche ist also kein Ort, der vor den Unglücks- und Glücksfällen des Lebens schützt, sondern in dem sie so gelebt werden können, dass der Glaube und die Liebe zu Gott und den Menschen wachsen. Eine Kirche, deren Spiritualität reifen soll, wird sich dem konkreten Leben aussetzen und nicht ein Raum des Schutzes gegen das Leben werden.

Den eigenen Glauben – oft seit Kindertagen kaum oder nur einseitig intellektuell weiterentwickelt – zu »entselbstverständlichen« macht vielen Gläubigen, Laien wie Priestern, Angst. Aber ohne sich dieser Angst zu stellen, kann niemand wachsen. Zudem kann die Kirche darauf vertrauen, dass Gott sie auf diesem Weg durch die Wüsten des Glaubens begleitet, auch und gerade dann, wenn Menschen das nicht spüren können.

Zum Innehalten und Unterbrechen gesellt sich oft auch die Einsicht in die Halbheiten, Fehler und Schuld des eigenen Lebens. Innehalten und Unterbrechen eröffnen jenen Raum der Stille und des Schweigens, in den sich die Schönheit des Lebens ebenso offenbaren kann wie der unerträgliche Lärm des Lebensunsinns. Auch Jesus muss dies durchlebt haben. Als er aus der Wüste zurückkehrt, fordert er zur »Umkehr« auf: In der Wüste hat er erkannt, dass im Gericht Gottes, das auf uns zukommt, Gottes richtende Liebe alles durchtränkt, alles Gekrümmte auf- und geraderichtet. »Umkehr« ist zunächst eine spirituelle, erst im zweiten eine moralische Kategorie. Es geht vor aller Praxis darum, die Welt mit den Augen des Evangeliums zu sehen und zu denken: Metanoia, Umkehr, bedeutet Verwandlung des Geistes, des Denkens, Wahrnehmens, Fühlens. »Kehrt um und glaubt an das Evangelium« (Mk 1,15b) bedeutet: Nehmt wahr, dass das Reich Gottes schon angebrochen ist, dass Gott mit uns ist, mitten in unserer unfertigen, schrecklichen Welt. Auch die Kirche und ihre Gläubigen sind zu solcher Umkehr eingeladen, immer wieder.

Spirituelle Prozesse sind therapeutische Prozesse: auch für Christen

Der Mensch ist ein »ganzheitliches« Wesen. Spirituelle Entwicklung kann daher nicht isoliert werden von der Entwicklung der »restlichen« Persönlichkeit. Wer einen spirituellen Prozess beginnt, wandelt sich auch seelisch, geistig und körperlich. Spiritualität ist immer auch ein Weg zu sich selbst, theologisch gewendet: Gotteserkenntnis meint immer auch Selbsterkenntnis. Umgekehrt kann das natürlich auch passieren: Jemand beginnt eine Psychotherapie und entdeckt dabei seine spirituellen Fragen. Jemand verändert sein Leben, weil er sich selbst, seine Nöte, Abhängigkeiten, sein Umfeld nicht mehr erträgt, und stößt dabei auf Gott. Spiritualität bedeutet also immer auch Verwandlung des ganzen Menschen, Transformation, Umformung, Aufbruch. Die geschieht theologisch betrachtet aber nicht aus eigener Kraft, sondern indem der Mensch sich der wandelnden Kraft – dem Heiligen Geist – aussetzt. Theologisch ist der Beginn eines solchen Prozesses die Antwort auf einen Ruf Gottes.[442] Indem der Mensch solcherart wächst und reift, wird er schrittweise frei von seinen Abhängigkeiten, Selbsteinengungen, inneren Zwängen und Nöten. Eine solche Freiheit allein macht offen für die Bereitschaft, Gottes Liebe anzunehmen und weiterzuschenken an andere Menschen. Brüche, Krisen, Konflikte, Zweifel, Leid gehören zu diesem Weg. Wer sich diesen Nöten nicht stellt, kann auch nicht erwachsen werden.

Ein solcher Prozess kann sich in einem professionellen Rahmen ereignen, gemeinsam mit Lehrerinnen, Weggenossinnen, Begleiterinnen und Freundinnen. Einige wenige Hochbegabte (große Heilige wie die Heilige Teresa von Avila) bewältigen solche Entwicklungsprozesse auch aus eigener Kraft. Wer einen solchen Weg wagt, wird anders wahrnehmen, denken, fühlen, handeln lernen. Die Wahrnehmungen werden klarer, die Emotionen eindeutiger. Die persönlichen Beziehungen ändern sich. Die Interessen werden anders. Weltanschauungen entwickeln sich, man beginnt, sein Umfeld bewusster zu gestalten, wird politisch sensibel und aktiv. Sogar die äußerlich wahrnehmbare Gestalt kann sich ändern: Die Gesichtszüge werden weicher, der Leib lebendiger und ausdrucksstärker, die Bewegungen klarer. Das bedeutet nicht unbedingt Leidfreiheit, uneingeschränkte Harmonie oder perfekte Schönheit – ein spiritueller Weg kann das Leiden phasenweise oft auch mehren und schmerzhaft sein. Spirituell werden heißt auch, mit den eigenen Grenzen, Schäden, Verletzungen leben lernen. Wer sich solchen Prozessen aussetzt, wird zumeist sensibler; das kann das Leiden am Übel der Welt sogar verstärken. Aber was auf jeden Fall wächst, ist die innere und äußere Wahrhaftigkeit, sind Glaube, Hoffnung und Liebe.

Auch die Kirche kann ihren Glauben vertiefen, wenn sich ihre Gläubigen solchen Vorgängen aussetzen, sonst bleibt ihr Glaube ein steriles, theoretisches Gehäuse, Erklärungs- statt Lebensreligion. Sie wird dann ihre Gestalt verändern.

Weil spirituelle Entwicklung die ganze Person und ihr Leben, auch das Leben der Mitmenschen, betrifft, ist ein solcher Vorgang riskant, auch für die Kirche. Widerstand ist ein Zeichen, dass etwas die Weiterentwicklung blockiert. Oft zeigen sich bei einem solchen Prozess biographische Wunden, irritierte Beziehungen, aber auch die kulturelle, politische, wirtschaftliche, institutionelle Enge der Lebensumgebung, in der jemand lebt. Spirituelle Entwicklung ist also auch gesellschafts-, insititutionen- und religionskritisch. Die Wahrheit kommt ans Licht – und das ist in aller Regel mit Schmerz verbunden. Dieser Schmerz aber macht stark und widerständig, weil er die Liebesfähigkeit und nicht die Härte fördert. Spiritualität wird darum inmitten der Kirche nicht selten skeptisch und ängstlich betrachtet, weil solche Vorgänge unvorhersehbare Auswirkungen haben können.

442 Das beschreibt ausführlich: Institut für Spiritualität (Hg.): *Grundkurs Spiritualität*, Stuttgart 2000, 10.

Die Erfahrungen, die ein spiritueller Prozess freisetzt, sind machtvolle Ressourcen für die lebendige Entwicklung der Kirche. Damit ein solcher Prozess nicht gefährlich wird, braucht es erfahrene Personen, die sich solchen Vorgängen bereits ausgesetzt und gelernt haben, mit spirituellen Kräften umzugehen. Wer andere spirituell begleiten will, braucht daher Kompetenzen im psychotherapeutischen ebenso wie im theologischen Bereich, er braucht Erfahrungen mit gruppen- und institutionsdynamischen Vorgängen und entsprechende Kompetenz in der Entwicklung von Organisationen. Damit solche Prozesse auch in der Kirche möglich werden (zurzeit finden sie größtenteils außerhalb statt, was den Kirchen nicht gut tut), muss innerkirchlich ernst gemacht werden mit der Freiheit der Kinder Gottes.

Konkret bedeutet das, dass Christinnen nichts Menschliches fremd sein darf und sie sich vor den Abgründen des Menschlichen nicht mehr fürchten brauchen als nötig. Mit dem Christusereignis wird ein für alle mal versprochen, dass sich der Bereich des so genannten »Profanen« in einem Heil(ig)ungsprozess befindet, und alles von Gottes Liebe umfangen werden soll, oder zugespitzt: bereits umfangen ist von Gottes Liebe – auch die Abgründe des menschlichen Lebens, seine Sünde eingeschlossen. Der »Satan«, der alles zerstörende und zerstreuende Ungeist hat keine Macht mehr und befindet sich auf dem letzten Rückzugsgefecht.

Sitzen – Atmen – Schweigen – Hören – Schauen – Üben

Eine einseitig rationalistische Theologie und eine wortlastige Pastoral haben über Jahrhunderte zur spirituellen Austrocknung der Kirche geführt. Christinnen sind heute herausgefordert, elementare spirituelle Fähigkeiten wieder einzuüben, die Grundvoraussetzung dafür sind, Gottes Gegenwart und seine Verbundenheit mit der Welt wahrnehmen zu können. Die monastischen Traditionen bergen viel Erfahrungswissen, das man beleben kann; aber auch von den östlichen Traditionen des Zen oder des Yoga kann hier viel gelernt werden. Christen, die Gottes Wort in der Schöpfung vernehmen wollen, lernen:

Meditieren und in Stille sitzen:[443] Im Unterschied zum Stehen ist das Sitzen eine weniger aggressive Haltung, die aktiv und passiv zugleich ist und körperlich die Erwartungshaltung der Hoffnung auf Empfangen ausdrückt. Eng verbunden mit dem Sitzen ist das Meditieren. Es gibt hier die unterschiedlichsten Schulen und Richtungen: die einen sitzen mit offenen, die anderen mit geschlossenen Augen; die einen wiederholen mantraartig ein Gebet, die anderen hören auf ihr Inneres oder lernen überhaupt erst einmal schweigen. Hieraus sollte man keine dogmatischen Streitigkeiten entstehen lassen, jede Haltung drückt anderes aus oder ermöglicht andere Erfahrungen. Entscheidend ist es, empfänglich und durchlässig zu werden für die Welt und die Anwesenheit Gottes in ihr. Meditation und in Stille sitzen lernen sind aus christlicher Sicht weder Entspannungsmethoden noch Möglichkeiten zur Weltflucht oder zum Abtauchen. Es gilt, den Leib durchlässig und weich zu machen für Gottes Ankunft; oder besser: für die Wahrnehmung, dass Gott schon längst da ist. Für Christen kann so auch das Christusereignis auf einer ganz tiefen leiblichen Ebene erfahrbar werden.

443 Ausführlich dazu Baier, Zur Phänomenologie des stillen Sitzens.

Atmen lernen: Der Atem verbindet den Menschen mit der Welt und ist ein Symbol für die Art seines Verhältnisses zu ihr.[444] Wer Angst hat, hält den Atem an und entzieht sich so der Angst erregenden Welt. Wer im Einklang mit der Welt lebt, kann tief und rhythmisch ein- und ausatmen. Nicht ohne Grund wird dem Atmen in den spirituellen Traditionen so viel Aufmerksamkeit entgegengebracht.

Hören und sehen lernen: Christliche Spiritualität hat nicht zum Ziel, welt-los zu werden. Daher geht es dem sitzenden, meditierenden, atmenden Christen darum, mit der Welt eins zu werden. Nicht so, dass er sich in ihr auflöst, sondern dass er sie wahr- und annehmen kann, wie sie ist, und seine tiefe Verbundenheit mit Gott spüren kann. Er kann dann in ihr Gottes Wort hören und seine Präsenz sehen. Er wird ein Empfänger von Gottes Wort und Tat, »Hörer des Wortes« und »Visionär«. Sein Gebet wandelt sich: Es braucht in gewissem Sinn keine Worte mehr, weil im Hören und Sehen Gott ganz beim Betenden ist und jeder Gedanke, jedes Wort des Hörenden bei Gott aufgehoben ist. Gebet wird sprachloses und doch volles Wort. Gebet wird gesammelte Präsenz.

Üben: Ein solcher Vorgang bedarf ständiger Ein-Übung. Überwältigende Konversionen sind selten und werden auch nicht angestrebt. Alle christlichen Mystiker warnen vor solchen Erfahrungen, die eine unmittelbare, überwältigende Gottesnähe vorspiegeln, und nicht selten eine Täuschung und Projektion der eigenen Bedürfnisse sind. Der christliche Glaubensweg ist im Kern nüchtern und schlicht. Die spirituelle Grunderfahrung erdet und ernüchtert eher, als dass sie in die Ekstase führt. Aber in dieser Nüchternheit wird die Größe und Herrlichkeit Gottes erfahrbar.

Geht man den Vorgeschichten von plötzlichen Konversionen auf die Spur, kann man sehen, dass auch scheinbar unerwartete Bekehrungen ein Vorspiel mit innerer Zielrichtung und regelmäßiger Einübungspraxis haben. Niemand trifft unvorbereitet auf Gott, keiner würde das ertragen. Was im Moment als überwältigende Erleuchtung erscheint, ist ein verdichteter Moment, in dem einen die Einsicht in das, was man irgendwo immer schon mit Gott tat und von ihm wusste, geschenkt wird. Das mindert nichts an der Größe Gottes, sondern macht nur sichtbar, wie sorgsam er mit uns umgeht. Gott überwältigt nicht, er lässt immer noch einen Raum der Freiheit, ihn abwählen zu dürfen. Seine Stärke, Unwiderstehlichkeit und Unbedingtheit liegen in seiner Geduld, seiner Güte und Liebe.

Übung bedeutet nicht, dass jede Christin einen spirituellen Kurs oder gezielt Exerzitien besuchen muss, wenngleich das die »Ankunft Gottes«, d. h. das Gewahrwerden seiner Präsenz, erleichtern kann. Jesus Christus bürgt dafür, dass jeder im Glauben einen »direkten Draht« zu Gott finden kann, dass das einfachste Gebet mitten im unruhigen Alltag von Herzen gebetet, bei Gott ankommt und in seine Nähe führt. Weder braucht es aufwendige Techniken noch lange Auszeiten. Der aufrichtige, einfache Glaube des Herzens genügt. Doch auch ein »einfacher« Glaube wird sich immer wieder bewusst Gott zuwenden und Kontakt mit ihm suchen. Wo das aufrichtig und regelmäßig geschieht, wird geübt und wahrhaft geglaubt.

Strukturierte Übungspraxis, wie sie alle religiösen Traditionen kennen, ist daher kein Selbstzweck, der über die Güte eines spirituellen Weges entscheidet. Exerzitien, Einkehrtage, Kurse und Seminare, das tägliche Morgengebet oder die abendliche geistliche Lektüre: Sie alle sind Hilfsmittel und unterstützen das Eintauchen in das

444 Ebd.

Geheimnis Gottes. Ziel ist jene »unio mystica«, wie sie alle Mystikerinnen beschreiben: Bei allem, was man tut, ist Gott selbstverständlich mit dabei.

»Erbarmen« lernen

»Um religiös empfinden zu können, ist es notwendig, lieben zu können, seinen Körper, Geist und Seele für Liebe zu öffnen, d. h. sie empfangen, akzeptieren und vor allem sie verschenken zu können. Liebe geht mit Leid Hand in Hand. Verliert man sie, bricht unermessliches Leid aus. Mit Liebe und Nächstenliebe kann Frieden in die Welt, in die jeweilige Welt, also auch in die Gedankenwelt, in das Diesseits und Jenseits (Transzendenz) und damit in den Kosmos eines Ethnos oder einer Gruppe kommen.«[445] So der Befund eines Religionsethnologen. Die jüdische und die christliche Tradition haben darum immer gewusst, daher sind das jüdische wie das christliche Hauptgebot Liebesgebote. In Christus wird wahrnehmbar, dass Gott lautere Liebe ist, und wie diese konkret aussieht.

»Geht hin und lernt, was das heißt: Erbarmen will ich und nicht Opfer«, sagt Jesus zu seinen Jüngern (Mt 9,13). Für die Kirche ist das eine bleibende spirituelle Aufgabe, nach innen und nach außen. Durch eine Praxis in Verruf geraten, die herablassende Gnädigkeit und scheinheiliges Mitleid, das das Leid der anderen braucht, um sich selbst überlegen und mächtig zu fühlen, als Erbarmen ausgegeben hat, bezeichnet der Begriff des Erbarmens eine genuin spirituelle Tugend, die Christinnen auszeichnet.

Im Hebräischen ist das Wort »Erbarmen« eng verwandt mit dem Wort für Gebärmutter und Mutterschoß. Erbarmen beschreibt jene Bewegung des Herzens, die den anderen empfängt wie eine Frau den Mann, den sie liebt, in sich aufnimmt; wie eine Mutter, die ihr Kind zu sich auf den Schoß nimmt und mit ihrer Liebe umfängt. Im Griechischen bedeutet »sich erbarmen« etymologisch: die Eingeweide ziehen sich zusammen. Erbarmen geht einem an Herz und Nieren, lässt sich erfühlen, weil einem das Schicksal eines anderen Menschen nahe geht. Erbarmen hat also nichts mit einer abstrakten, weltlosen, allgemeinen Liebe zu allen zu tun, sondern ist konkretes, körperliches Mitsein, Mit-leiden mit einem konkreten anderen. Mit dem anderen Erbarmen haben heißt: ihn lieben. Der andere geht mir so nahe, dass ich sein Schicksal auch selbst leibhaftig spüre. Die Taten der Nächstenliebe verlieren dadurch ihren pragmatischen, professionellen, distanzierten Pflichtcharakter und werden zu echtem Liebesdienst: Man hilft, weil man mit dem anderen fühlt; nicht, weil es sich so gehört. Aus Liebe Gutes tun, ist das Kennzeichen christlichen Helfens. Nur weil es aus Liebe geschieht, verlieren Hilfeleistungen jenen instrumentellen und daher demütigenden Charakter, der soziales Engagement manchmal begleitet. Die Gemeinschaft Emmanuel, zu deren spirituellen Schwerpunkten jenes Erbarmen mit dem konkreten anderen gehört, spricht dabei von der »Schule der Compassion«, des Mitleidens, die Christinnen zu besuchen haben. Auch der Theologe Johann Baptist Metz plädiert für eine – politische – »Theologie der Compassion«[446].

445 Karl R. Wernhart: *Rites des passages ethnologisch*, in: Paul M. Zulehner/Hansjörg Auf der Maur/Josef Weismayer (Hg.): *Zeichen des Lebens*. Sakramente im Leben der Kirche – Rituale im Leben der Menschen, Ostfildern 2000, 38–55, 40.
446 Johann Baptist Metz (Hg.): *Compassion* – Weltprogramm des Christentums. Soziale Verantwortung lernen, Freiburg im Breisgau 2000.

Die selbstgerechte Herzensenge, der man in den Kirchen immer wieder begegnen konnte und kann: in einem rigorosen Moralismus, einer gnadenlosen Strenge, wenn jemand Fehler macht oder schuldig wird, in einer pedantischen Sakramentenverwaltungspraxis oder einer unversöhnlichen Engstirnigkeit, sind Anzeichen, dass Christen noch viel zu lernen haben. Die vielen Heiligen, die die Kirche hat – in der Tradition, aber auch heute (Mutter Teresa, Ruth Pfau u. a.) – vor allem die vielen unsichtbaren »kleinen Heiligen«, die den Alltag in den Gemeinden und Bewegungen meistern und tragen, sind umgekehrt ein Hinweis, wie viel Liebe schon in der Kirche ist, und dass man sie »nur« verflüssigen muss, um die spirituelle Kraft der Kirche zum Leben zu entfachen.

Verkündigung- Evangelisierung– Mission: zuerst nach innen!

Kirchen, die sich respiritualisieren, werden sich auf viele ungewohnte Experimente einlassen, wie z. B. Schweigeübungen; den eigenen Leib als »Einfallsort«, als Tempel des göttlichen Geistes neu entdecken. Diese Dimensionen von Spiritualität können den christlichen Glauben vertiefen und »erden«. Spirituelle Erfahrung geht für Christinnen immer Hand in Hand mit theologischer, d. h. auch vernünftiger Reflexion. Es geht darum, den eigenen Glauben tiefer zu verstehen. Das tut der ganzen Kirche gut.

Glaube und Erfahrung hängen eng zusammen, sind aber nicht dasselbe. Erfahrungen verlangen nach Deutungen und eröffnen eine Vielfalt an möglichem Sinn – der Glaube fordert Annahme, Entscheidung, Wahl und Hingabe. Versucht die Erfahrung, sich das Geglaubte innerlich anzueignen, riskiert der Glaube den Sprung in die Andersheit des Geglaubten. Der Glaube hat daher den weiteren, zukunftsorientierten Horizont, weil er auch darauf hoffen darf, dass wahr ist, was man noch nie gesehen und gehört hat. Man muss nicht alles erfahren haben, um zu glauben. Die Gefahr: Ganz ohne Erfahrung wird der Glaube abstrakt und leer. Erfahrung »erdet« also den Glauben und bremst ihn ein, ehe er naiv und abgehoben wird.

Die Erfahrung ist der kritische Aspekt, die Skeptikerin des Glaubens und als solche unverzichtbar. Ihr Horizont ist die sinnlich und geistig wahrnehmbare Welt, ihr Focus die Vergangenheit. Sie hilft zu verstehen, was neu aus der Zukunft auf uns zukommt. Die Erfahrung ist skeptisch gegenüber bloßen Behauptungen und glaubt nur, was sie selbst wahrgenommen hat. Die Gefahr: Ohne hoffenden Glauben wird die Erfahrung eng und zukunftslos, weil sie nur anerkennt, was sie selbst erkannt hat. Der Glaube weitet also die Erfahrung und verweist sie auf den unendlichen Horizont der Andersheit der Zukunft.

Spirituell werden heißt demnach für einen Christen, Glaube und Erfahrung zusammenzubringen, auszubalancieren. Christliche Spiritualität versöhnt die Prägung durch die Vergangenheit mit der Hoffnung auf eine neue Zukunft sowie Lebenserfahrungen mit Glaubenshoffnung. Christliche Spiritualität vollzieht sich als Einsicht in den Glauben und als Verständnis des Glaubens. Dabei wird sowohl der existenzielle Akt des Glaubens (fides qua) vertieft als auch der geglaubte Glaube (fides quae). Glaubensinhalte werden »eingeholt« durch einen solchen spirituellen Prozess. Christliche Spiritualität umfasst daher ein kritisches Element, auch den eigenen Erfahrungen gegenüber. Christliche Spiritualität bedeutet daher, die eigene

Tradition zu kennen und zu verstehen. Theologische Reflexion gehört zu einem erwachsenen Glauben. So wie Theologie ohne Spiritualität trocken und öde ist, wird Spiritualität ohne Theologie eine schwärmerische Gefühlsduselei. Glaube, Erfahrung und Vernunft brauchen und bedingen, erhellen und befruchten einander. In den Spannungen, die sie erzeugen, liegt die Chance auf Wachstum. Interviews mit Christinnen zeigen immer wieder, dass auch sie den eigenen Glauben nicht in seiner Fülle und Tiefe kennen. Moderne Menschen, auch Christinnen, sind aber heute nicht mehr bereit, etwas zu glauben, bloß weil das Jahrhunderte so war. Sie wollen selbst erfahren, selbst spüren, selbst verstehen. Verantwortungsträger der Kirche brauchen daher ein hohes Interesse daran, Christinnen zu unterstützen, den eigenen Glauben durch Erfahrungen zu vertiefen und die persönlichen Lebenserfahrungen im Glauben zu weiten.

Verkündigung, Evangelisierung und Mission sind daher spirituelle Vorgänge, die immer auch nach »innen« zu geschehen haben. »Neuevangelisierung« betrifft auch die Gläubigen selbst.[447] *Verkündigung* bedeutet dann, die Heilsgeschichte Jesu Christi weiterzuerzählen, aber auch theoretische und praktische Hilfen bereitzustellen, dass dieses Geheimnis in seiner Größe und weltverändernden Tiefe erfahren, verstanden und geglaubt werden kann.

»*Evangelisierung* ist die Verkündigung der Botschaft Christi durch Zeugnis des Lebens und Wortes«, lehrt das Konzil (LG 35). Die Kirche, d. h. alle Christinnen sind für die Verkündigung des Evangeliums in alle Bereiche der Gesellschaft zuständig. Evangelisation kann als »Tätigkeitswort« unter christlichen Vorzeichen bezeichnet werden. Das Ziel ist, den Menschen die lebendige Begegnung mit dem Evangelium zu ermöglichen. Die Voraussetzung dafür ist vertiefter und verstandener Glaube und eine authentische Erfahrung mit Gott. Selbstevangelisierung ist die Basis, um das Evangelium auf glaubwürdige Weise in die Welt zu tragen.

Die charismatische Kraft wiederentdecken

In modernen Gesellschaften braucht Kirche Charisma. Charisma, urspr. die Gnadengabe Gottes, meint: eine geistvolle Ausstrahlung haben, kraft einer Gabe, die aus sich selbst heraus Autorität verleiht. Charisma ist jene situative Autorität, die einem Menschen, einer Institution zukommt kraft dessen, was sie ist und was sie tut. Sie ist eine Macht, die nicht formal festgeschrieben werden kann und eines ständigen Ausweises und der Anerkennung bedarf. Charisma ist ein Beziehungsbegriff und beschreibt diese Ausstrahlungskraft. Charisma entsteht und wirkt zwischen Personen, ist abhängig von den Erwartungen, Hoffnungen, Sehnsüchten der anderen. Eine Kirche, die charismatisch werden will, wird sich auf konkrete Menschen und deren Sehnsüchte einlassen. Charisma ist von Gott geschenkt und daher in seinem Sinn, ihm zu Diensten zu verwenden. Es darf nicht für Eigeninteressen missbraucht werden, weil es sonst gefährlich wird. Charismatische Kraft ist ambivalent und gefährlich: Ihre Macht kann trügerisch sein, Menschen täuschen und verführen, Menschen unterdrücken im Namen einer höheren Macht.

447 Vgl. Papst Paul VI.: Apostolisches Schreiben »Evangelii nuntiandi« an den Episkopat, den Klerus und alle Gläubigen der Katholischen Kirche über die Evangelisierung in der Welt von heute, 8. Dezember 1975, in: Sekretariat der Deutschen Bischofskonferenz (Hg.): Verlautbarungen des Apostolischen Stuhls 2, 7.

Jesus war Charismatiker[448]: Er ist das bleibende Urbild der Kirche, wie sie ihr Charisma konkretisieren kann, und wem sie es verdankt. Er ist das Maß kirchlichen Charismas: Seine Lehren, Taten und Wunder dienen allein dem Heil der Menschen. Seine (scheinbare) Ignoranz und Revolte gegen Regeln und Gesetze gründen nicht in beliebiger Willkür, sondern darin, dass er seine eigene, jüdische Tradition gut kennt und ihren Geist so tief verstanden hat, dass er ihn realisieren kann. Seine charismatische Macht verwurzelt Jesus in Gott allein, das letzte Wort bleibt immer beim Herrn. Das Charisma Jesu besteht darin, dass er den Buchstaben und die Tradition lebendigen Geist werden lässt. Niemals geht es Jesus um persönlichen Erfolg, Ehre oder Ruhm. Er verweist durch sich selbst auf Gott. Die Menschen haben immer die Freiheit, sich gegen ihn zu entscheiden. So wird Jesus dann auch getötet und ans Kreuz genagelt. Jesus zeigt, wie man mit dem göttlichen Charisma umgehen und dass dies gefährlich werden kann.

Erst wer Jesus Christus von innen her kennt und versteht, kann ein »seriöser« Charismatiker werden, der Menschen begleitet und nicht verleitet. Alle Propheten, die großen Heiligen und die charismatischen Kirchenmänner und -frauen, kannten ihre Heiligen Schriften gut. Nur weil sie die inneren Regeln des Glaubens kannten, konnten sie die äußeren Regeln *heilsam* brechen. Eine charismatische Kirche ist so immer auch eine Kirche, die in ihrer Tradition verwurzelt und der Vernunft verpflichtet ist. Ohne Tradition, ohne Vernunft bleibt Charisma naive Euphorie, gefährliche Faszination und Verblendung. Die charismatische Kraft in der Nachfolge Jesu ist der Wahrheit und der Heil(ig)ung der Menschen verpflichtet. Eine Kirche, die verantwortungsvoll charismatisch wird, kann die Vielfalt ihrer Charismen selbstbewusst entfalten.

Brücken bauen zwischen Institution und Spiritualität

Zwischen Spiritualität und organisierter Religion bzw. institutionalisierter Kirche ergeben sich zwangsläufig Konflikte. Institutionen, auch die Kirche, sind auf Tradition bedacht, weil sie Erbe und Ordnung bewahren; sie fühlen sich durch charismatische Spiritualität bedroht. Weil Spiritualität auf Erneuerung zielt, sprengt sie Grenzen und ist kritisch gegenüber erstarrten, sinnentleerten Traditionen und Institutionen. Genau deshalb ist der Konflikt zwischen institutionalisierter Religion und Spiritualität potentiell fruchtbar. Beide können profitieren: Spiritualität wird durch institutionalisierte Religion geprüft und »geerdet«, die Institution entwickelt sich umgekehrt weiter. Jede Einseitigkeit ist tödlich: Zuviel an charismatischer Spiritualität begünstigt Chaos, Willkür, Erinnerungsverlust und daher auch Gewalt. Doch auch ein Zuviel an Institution ist schädlich: Spiritualität wird im Keim erstickt, die Institution stirbt den geistigen Tod. Weil die Kirche heute an einem Übermaß an Institutionalisierung leidet, bricht außerhalb von ihr an allen Ecken und Enden das Charisma auf. Diese Wiederkehr der Spiritualität erscheint vielen in den geordneten Kirchenwelten fremd und bedrohlich. Wenn es gelingt, diese Entwicklungen als Wachstumschance bewusst zu gestalten, liegt in der Spannung eine mächtige Lebenskraft.

448 Vgl. Gerd Theißen/Anette Merz: *Der historische Jesus*, Göttingen 1996, darin §8: Jesus als Charismatiker, 175–220.

Der Konflikt zwischen Charisma und Institution, Religion und Spiritualität kann und soll nicht aufgelöst, aber er kann gestaltet werden. Dazu braucht es Räume, in denen die institutionell abgesicherten Glaubenserfahrungen mit den »Neuentdeckungen« der charismatischen Spiritualitäten ins Gespräch gebracht werden und so voneinander lernen können. Die »wilden« Spiritualitäten können sich so kultivieren, die Institution lässt sich vom Charisma befruchten und wird wieder lebendig.

Feste feiern lernen

Christliche Spiritualität findet ihren Höhepunkt und ihren Ursprung in der Liturgie. Der Lobpreis Gottes ist Wurzel, Ausdruck und Ziel des Glaubens. Freude, Lebenslust, Dankbarkeit sind die Grundstimmung christlicher Spiritualität und Liturgie. Freude kann man aber nicht machen, Dankbarkeit nicht verordnen, Lebenslust nicht wollen. Sie sind Geschenke des Geistes Gottes, charismatische Gaben und hängen aufs Engste mit Spiritualität zusammen. Wer Liturgie feiern will, kann die nötigen Grundhaltungen nicht mit Gewalt erzeugen. Modernste liturgische Inszenierungen können Menschen zwar in Hochstimmungen versetzen, die Grenze zur emotionalen Manipulation wird dabei aber leicht überschritten. Die Respiritualisierung der Christinnen ist also eine entscheidende Aufgabe, damit man Liturgien feiern kann, in denen man nachhaltige Gotteserfahrungen macht.

Durch bewusste Gestaltung und »Inszenierung« der Liturgie ist es aber möglich, dem Geist Gottes Räume zu eröffnen, in denen er leichter wahrnehmbar werden kann. Inszenierung bedeutet nicht Effekthascherei, sondern wie im guten Theater eine bewusste Gestaltung und Strukturierung von Raum, Zeit, Mimik, Gestik und Handlungsabläufen. Wer seine »Rolle« gut »spielen« will, tut dies umso besser, je mehr er mit ihr ident wird. Liturgie feiern können, hat auch viel mit »Spielen können« zu tun: Das bedeutet nicht Infantilisierung der Gottesdienste, wohl aber die Bereitschaft, sich auf das Geschehen so einzulassen, dass lautere Unmittelbarkeit, direkter Kontakt und ernsthaftes Bei-der-Sache-sein möglich wird und die Zeit selbst »aufgehoben« wird – so wie Kinder eben spielen. Inszenieren bedeutet also, glaubwürdige symbolische Handlungsabläufe einzuüben, die den Beteiligten Identifikation und Teilhabe ermöglichen.

Daher ist auf die Symbolkraft der liturgischen Symbole, der Sakramente und des Wortes größte Sorgfalt zu legen. Ästhetische Fragen der Gottesdienstgestaltung sind keine Oberflächenfragen, sondern hängen zuinnerst mit dem Wesen Gottes zusammen. Es gilt: »Weniger ist mehr«. Symbole, Gesten, Worte, auch die Musik müssen substantiell sein und durchlässig werden können auf Gott hin. Geschwätzigkeit sowie Pädagogisierung der Symbole und Vorgänge zerstören jede Liturgie. Das Grundwissen, das es braucht, um Symbole und Sprache zu verstehen, muss im Vorfeld, nicht während der Liturgie vermittelt werden. Besonderes Augenmerk ist auch auf die Raumgestaltung zu legen. Unsere alten Kirchen mit den engen, oft unbequemen Holzbänken, wo man gerade mal den Nachbarn anschauen kann und jedes Knarren stört, machen es nicht einfach, spirituelle Erfahrungen auch im Gottesdienst zu ermöglichen. Freude hängt auch eng mit Bewegung und Berührung zusammen. Wo finden sich in unseren Kirchen Plätze für solche Liturgien? Die Respiritualisierung der Kirche wird entscheidend auch damit stehen und fallen, wie es uns gelingt, unsere Liturgien zu spirituellen Glaubenserfahrungsräumen zu gestalten, in denen man nicht belehrt wird, sondern in das Geheimnis Gottes eintauchen kann. Wer heute Liturgien vorsteht, sie gestaltet und anleitet, braucht eine fundierte Ausbildung für die Kunst des Feierns, die »ars celebrandi«.

Spirituelle Lehrerinnen ausbilden und Schulen gründen

Die Respiritualisierung der Kirchen will organisiert sein. Das klingt widersprüchlich, kann man doch Spiritualität und Charisma nicht institutionalisieren, ohne sie zu domestizieren. Doch die Grenzen sind nicht so scharf, wie man meint. Auch das Buch Deuteronomium wusste bereits um dieses Problem und hat – wegweisend für heute – eine Verfassung entwickelt, die ein institutionalisiertes Prophetenamt kennt (Dtn 16,18–18,22) [449]. Dieses war vor dem Zugriff jedes anderen Amtes geschützt, um sich frei entfalten zu können, durfte aber die Thora nicht lehren und tradieren. Dafür war das Priesteramt zuständig, das die Tradition sicherte, während die Propheten die Aufgabe hatten, die Tradition für die Zeit zu aktualisieren. Zwischen beiden Einrichtungen muss der Kontakt gut gepflegt werden.

Diese Struktur kann man nicht direkt auf heute übertragen, aber die Kirchenleitung wird auch heute ein vitales Interesse daran haben, ihre spirituellen und prophetischen Kräfte – auch wenn sie mitunter über das Ziel schießen – in den kirchlichen Dienst zu nehmen. Wer eine spirituelle Kirche will, wird Sorge tragen, dass spirituelle Lehrerinnen und Begleiter, Laien wie Priester, ausgebildet werden, dass es Institute und Schulen gibt, an denen Multiplikatorinnen christliche Spiritualität einüben und lernen. Eine Kirche, die über ausgebildete charismatische und spirituelle Persönlichkeiten verfügt, reagiert auf eine gesellschaftliche Anfrage. Meisterinnen und Lehrer sind wieder gefragt.

Religiöse Traditionen waren sich immer bewusst, dass ein spiritueller Weg persönliche Begleitung braucht. Daher kennen alle Religionen das Institut des spirituellen Lehrers. In der ostkirchlichen Tradition spielt es eine wichtige Rolle, im römisch-katholischen Bereich ist es wiederzubeleben.[450] In die Ausbildung von Theologinnen, Priestern und Laien, gehört eine Grundlagenausbildung, wie dem spirituellen Bedürfnis der Gegenwart zu begegnen ist. Eine fundierte und umfassende spirituelle Ausbildung der Theologen bleibt momentan noch Privatangelegenheit, insbesondere an den Universitäten.[451] Für die Zukunft wird es solche spirituellen Begleiterinnen in großer Zahl brauchen, auch in den Gemeinden und diözesanen Zentren, weil viele so genannte Laien auch im Alltag ein spirituelles Leben leben werden wollen und dazu Unterstützung suchen.

449 Vgl. Georg Braulik: *Heißt »Amt« notwendig »Leitung«?* Beobachtungen am Deuteronomium im Blick auf den Ordo, in: Zeitschrift für katholische Theologie 124 (2002), 416–439; Braulik bezieht sich u. a. auf Norbert Lohfink: *Das Alte Testament und die Krise des kirchlichen Amtes*, in: Stimmen der Zeit 95 (1970) 269–276, hier besonders 273. Ferner ders.: *Gewaltenteilung*. Die Ämtergesetze des Deuteronomiums als gewaltenteiliger Verfassungsentwurf und das katholische Kirchenrecht, in: Unsere großen Wörter. Das Alte Testament zu Themen dieser Jahre, Freiburg 1977, 57–75.

450 Das geschieht momentan intensiv bei vielen Orden; sonst bleibt dieser Prozess noch eher dem Zufall überlassen – überhaupt auf Gemeindeebene.

451 Um dieses Problem zu lösen, gibt es an der Universität Wien seit Wintersemester 2004 einen Lehrstuhl für Spirituelle Theologie, noch eine Einzelerscheinung im deutschsprachigen Raum.

Frauen fördern

Es ist ein Faktum, dass inner- und vor allem außerkirchlich die Respiritualisierung vor allem von Frauen getragen wird. Sie sind die wesentliche Basis der neureligiösen Szene. Das hat viele Gründe: Frauen sind seit der Moderne für die privaten und emotionalen Lebenswelten funktionalisiert worden, waren und sind also auch heute noch für die Religion zuständig.[452] Insofern Spiritualität auch eng mit Leiblichkeit zusammenhängt, Frauen zu ihrem Körper und zum Materiellen (wahrscheinlich sozialisationsbedingt) eine andere, meistens nähere Beziehung haben als Männer, sind sie die ersten Ansprechpartnerinnen für die Respiritualisierung. Weil Frauen nach wie vor, auch in den europäischen Gesellschaften, nicht umfassend gleichberechtigt und in eine Opfergeschichte verstrickt sind, sind sie empfindlicher auf die Bedrohungen des Lebens durch die Schattenseiten der Moderne. Spiritualität, insofern sie Ausdruck von Protest und Widerstand ist, ist auch deshalb öfters ein weibliches Phänomen. Schließlich fördert eine kirchliche Spiritualität, die durch eine männliche Kirchenleitung repräsentiert und dominiert wird und daher einseitig, weil eingeschlechtlich, bleibt, nicht nur den Exodus der Neuen Spiritualitäten aus der Kirche, sondern auch das Entstehen veränderter Spiritualitäten in den eigenen Reihen: Es sind vor allem die Mütter- und Frauenrunden, die in den Kirchen und Bildungshäusern die spirituelle Frage stellen, indem sie sich neben christlichen auch mit esoterischen und fernöstlichen Praktiken befassen. Sie tun dies nicht aus Ungläubigkeit, sondern weil sie hier jene lebenspraktische Unterstützung erfahren, die ihnen der christliche Glaube in einer einseitigen Ausgerichtetheit auf Kognitives vielfach versagt.

Die Frage, ob und inwiefern sich weibliche und männliche Spiritualitäten unterscheiden, kann hier nicht weiter ausgeführt werden. Das wäre ein eigenes Forschungsprojekt. Wer die Kirchen spirituell fördern will, wird aber auf diese Differenz Rücksicht nehmen und insbesondere den Beitrag, den Frauen hier leisten können und wollen, wahrnehmen und bewusst einbeziehen. Er ist momentan noch weitgehend unsichtbar.

Plurale Glaubenszugänge eröffnen

Die spirituelle Entwicklung der Gläubigen zu fördern, verlangt nach »maßgeschneiderten« und flexiblen Zugängen. So individuell die Glaubenszugänge, so individuell sind auch die Möglichkeiten, einen spirituellen Weg einzuüben. Während sich die einen von der theologischen Ratio her den sinnlichen Wahrnehmungen nähern, steigen die anderen über unvermitteltes Üben ein, das sie dann theologisch-denkerisch einholen. Wichtig bleibt in jedem Fall die lebensgeschichtliche Vertiefung des Glaubens. Dies kann heute geschehen in einem Ineinander von spirituell durchformten Liturgien und einer Einübung einer lebbaren Alltagsfrömmigkeit, die man auch im konkreten »säkularen« Leben umsetzen kann. Narrative Verbindungen von Glaubenserfahrungen mit der je eigenen Biographie werden hilfreich sein, Orientierungshilfen zur Lebensgestaltung und eine elementarisierte Theologie sind gefragt.

452 Vgl. Christa Schnabl: *Religiöse Konjunktur in einer erkalteten Moderne?* Überlegungen zum Verhältnis von Religion-Geschlecht-Ökonomie in der späten Moderne, in: Ursula Marianne Ernst (Hg.): Ökonomie, M(m)acht, Angst. Zum Verhältnis von Ökonomie und Religion (Frauen, Forschung und Wirtschaft, Bd. 7), Frankfurt/Main 1997, 187–207.

Alltagsspiritualität entwickeln

Spiritualität ermöglicht Grenzerfahrungen, Erfahrungen des tiefen Sinns der Wirklichkeit. Zunächst werden das Inselerfahrungen sein. Doch nichts ist schädlicher, als nach spirituellen »Himmelfahrten« wieder in den unveränderten Alltagstrott zurückzukehren.

Es gehört zur christlichen Spiritualität, nach Wegen der Transformation spiritueller Erfahrung in den Alltag zu suchen: Wie können die Erfahrungen der Liturgie, der Meditation, des Gebets tagtäglich, im »normalen Alltagsleben« wirkmächtig werden? Wie kann das Umfeld, die Lebenswelt so umgeformt werden, dass spirituelle Erfahrungen auch im Alltag möglich sind? Was ist zu tun, dass diese unsägliche Spaltung zwischen dem geistigen und dem praktischen Leben ein Stück weit aufgehoben wird und das ganze Leben durchformt werden kann vom Geist Gottes? Christinnen werden solche Modelle entwickeln.

Stille Orte und Lebensraum-Gemeinschaften in den Stadtwüsten

Moderne Menschen, insbesondere in den unruhigen Großstädten, sehnen sich vor allem nach verlässlichen, solidarischen Freundschaften; nach Lebensberatung in Krisensituationen und nach Orten der Stille. Sie wünschen sich Zeit-Räume zum Innehalten und Friedenfinden und Menschen, mit denen sie reden können.

Kirche kann dazu inmitten der Lebensräume moderner Menschen neue Gemeinden initiieren. Diakonale und sakramentale Lebensraumpastoral statt flächendeckender Territorialpastoral sind gefragt. Dazu muss man vielfach über den Tellerrand der traditionellen und selbstgenügsamen Ortsgemeinde schauen und kreativ sein, was Orte, Zeiten und Formen angeht: Jugendkirchen, Kooperationen mit politischen, kulturellen, sozialen Einrichtungen mitten im City-Getriebe, Stadtkirchen und Kirchen-Kaffehäuser, die zu Gespräch und Gebet mitten im Alltag einladen, sind zukunftsweisend.[453] Christinnen müssen ihre abgedichteten Gemeinderäume verlassen und mitten in den Städten zu den Menschen gehen, damit diese sie in ihrem konkreten Arbeits-, Freizeit- und Beziehungsleben antreffen können.

Kloster auf Zeit

Die Kirche verfügt über eine umfassende Infrastruktur, z. B. über viel ungenutzten Raum. Leere Kirchen, stille Klöster, friedliche Kapellen: Alle diese Orte können mit etwas Mut und Phantasie zu spirituellen Oasen werden, in denen sinnhungrige Menschen Frieden, Ruhe und Sinn finden. Auch Möglichkeiten, zeitweise aus dem Alltagsgetriebe aussteigen zu können und über das eigene Leben nachzudenken, sind gefragt. »Kloster auf Zeit« ist sicherlich eine zukunftsträchtige Idee.[454] Nötig ist

453 Ideen dazu in Michael Ebertz: Aufbruch in der Kirche, 130; Thomas Krüger: *Zum Eintritt – bitte nur klopfen*, in: Frankfurter Rundschau 104 (2004) vom 5. Mai 2004; vgl. http://www.netzwerk-citykirchenprojekte.de; http://www.stadtkirchen.otg; http://www.kirchenladen-frankfurt.de.

454 Das »Projekt Tau« im Franziskanerkloster in Kaltern ist dafür ein gelungenes Beispiel: http://www.projekt-tau.it/ oder: http://www.noe.co.at/kloesterreich/.

dafür kompetentes Personal, das solche Auszeiten begleiten kann. Exerzitien, Lebensberatungseinrichtungen, spirituelle Schulen können der Kirche wieder zu einem guten Ruf verhelfen.

Spiritualität für einfache Leute

Neben den tendenziell elitären Formen von Spiritualität sind auch Spiritualitäten zu entwickeln für einfache Menschen, die nicht so gebildet und reich sind und nicht so viel Zeit haben, Exerzitien zu besuchen. Alltagsrituale, zeitlich überschaubare Veranstaltungen, Gesprächskreise, Bibelrunden können über die Pfarrgemeinden, über Gasthäuser, Lebenshilfezentren, Volkshochschulen, Zeitungen, über Radio und Fernsehen kommuniziert werden.

Kirche lernt sich als Lernende begreifen und vernetzt sich

Es gibt heute viele Verantwortliche, die sich fragen, wie Menschen auf einer spirituellen Suche mit neuer Qualität Unterstützung gegeben werden kann. Diese Frage stellen sich heute keineswegs mehr die alten christlichen Kirchen allein. Die Bereitschaft, spirituell Suchende zu stützen, ist in alten wie neuen religiösen Bewegungen und Gruppen anzutreffen. Es ist daher wichtig, dass sich die Kirchen nicht nur untereinander, sondern mit all jenen vernetzen, die suchen und Suchbewegungen unterstützen.

Respiritualisierung der Kirche bedeutet daher auch: Bei den jeweils anderen christlichen Schwesterkirchen in die Schule gehen. Die einzelnen christlichen Konfessionen haben verschiedenste Schwerpunkte. Ikonenspiritualität, Herzensgebet oder die himmelsnahe Liturgie der orthodoxen Kirchen sind ausgezeichnete Lernorte. Die protestantische Spiritualität des Wortes, der hohe Respekt vor der Freiheit des Individuums prägen die evangelische Spiritualität und haben Vorbildcharakter. Die katholische Spiritualität wiederum ermöglicht Erfahrungen, in denen die menschliche Gemeinschaft in ihrem sakramentalen Charakter wahrnehmbar und das spirituelle Geheimnis der Kirche deutlich wird. Sodann die vielfältigen monastischen Traditionen: die Wüstentraditionen, die Armenspiritualität der Franziskaner, die liturgische Spiritualität der Benediktiner, die Spiritualität der Weltbewährung, wie wir sie bei den Jesuiten finden können. Die Kirche birgt einen überwältigenden Reichtum, in dem für jeden etwas zu finden ist. Die christlichen Kirchen sind nach innen hin stark ausdifferenziert. Jede Gruppe, jede Richtung repräsentiert einen spirituellen Schwerpunkt, von dem man lernen kann. Der Kontakt und die Vernetzung zwischen der Vielfalt christlicher Spiritualitäten ermöglichten nicht nur Bereicherung, sondern auch wechselseitige Kritik und Entwicklung. Es braucht Personen-Wegweiser und Vernetzungsplattformen, damit suchende Menschen an den für sie passenden Orten ankommen können.

Auch von den Spiritualitäten anderer religiöser Traditionen kann man lernen. Die Spiritualität der Gerechtigkeit des Judentums ist ebenso bereichernd wie seine Schöpfungs- und Heiligungsspiritualität; die islamische Spiritualität des Hörens und des Gehorsams; schließlich die Spiritualitäten des Ostens, die reizüberfluteten

Ich-Maschinen moderner Gesellschaften helfen können, das eigene Ich nicht als den Nabel der Welt zu betrachten, es loszulassen und sich in Selbstdisziplin zu schulen. Jede Spiritualität eröffnet Erfahrungsräume, die Menschen heil werden und wachsen lassen kann.

Abschließend wären auch noch all jene Spiritualitäten zu erwähnen, die sich in der Kunst, der Literatur, im Film und in der Musik finden lassen. Auch in scheinbar säkularen, kirchenfernen oder -kritischen Lebensformen, kann man dem Geist Gottes begegnen. Dies gilt auch für jenen Bereich, den man heute »Esoterik« nennt. Auch hier kann man auf uraltes Weisheitswissen stoßen und lernen. Esoterik ist schließlich nicht nur ein marktgängiges Produkt, sondern eine jahrhundertealte spirituell verwurzelte Denkform und Lebenspraxis, die auch im Christentum immer wieder Heimat gefunden und den Glauben bereichert hat.[455] Es gilt: Wo immer echte Weisheit wirkt, zeigt sich Gottes Geist.

> Alles Verborgene und alles Offenbare habe ich erkannt; denn es lehrte mich die Weisheit, die Meisterin aller Dinge. In ihr ist ein Geist, gedankenvoll, heilig, einzigartig, mannigfaltig, zart, beweglich, durchdringend, unbefleckt, klar, unverletzlich, das Gute liebend, scharf, nicht zu hemmen, wohltätig, menschenfreundlich, fest, sicher, ohne Sorge, alles vermögend, alles überwachend und alle Geister durchdringend, die denkenden, reinen und zartesten. Denn die Weisheit ist beweglicher als alle Bewegung; in ihrer Reinheit durchdringt und erfüllt sie alles. Sie ist ein Hauch der Kraft Gottes und reiner Ausfluss der Herrlichkeit des Allherrschers; darum fällt kein Schatten auf sie. Sie ist der Widerschein des ewigen Lichts, der ungetrübte Spiegel von Gottes Kraft, das Bild seiner Vollkommenheit. Sie ist nur eine und vermag doch alles; ohne sich zu ändern, erneuert sie alles. Von Geschlecht zu Geschlecht tritt sie in heilige Seelen ein und schafft Freunde Gottes und Propheten; denn Gott liebt nur den, der mit der Weisheit zusammenwohnt. Sie ist schöner als die Sonne und übertrifft jedes Sternbild. Sie ist strahlender als das Licht; denn diesem folgt die Nacht, doch über die Weisheit siegt keine Schlechtigkeit. Machtvoll entfaltet sie ihre Kraft von einem Ende zum andern und durchwaltet voll Güte das All.
>
> *Weisheit 7, 21ff.*

Volkskirche und Leutereligion[456]

Was ist »Volkskirche«, was ist »Leutereligion«?

Leutereligion – das ist ein Aspekt des menschlichen Versuches, ein gutes und befriedigendes Leben zu finden.[457] Sie entsteht auf dem Boden der ambivalenten Lebenserfahrungen menschlichen Lebens: Geburt, Tod, Liebe, Sterben und Sexualität wecken Angst und Hoffnung zugleich, machen die maßlose »Sehnsucht nach mehr« erfahrbar und konfrontieren zugleich mit der Endlichkeit unseres Lebens und der

455 Vgl. Antoine Faivre: *Esoterik*, Braunschweig 1996; Hans Gerald Hödl: Alternative Formen des Religiösen; Anonymus d'outre-tombe: *Die großen Arcana des Tarot*. Meditationen. Mit einem Vorwort von Robert Spaemann und einer Einführung von Hans Urs von Balthasar, Basel ^{3}1983.

456 Viele der hier entwickelten Überlegungen verdanken sich folgenden Personen, die am Symposium »Zukunft der Religion – Rolle der Kirchen« teilgenommen haben: Markus Beranek, Thomas Böhm, Hermann Denz, Alfred Dubach, Anni Findl-Ludescher, Manfred Körber, Ursula Hamachers-Zuba, Walter Krieger, Johannes Panhofer, Franz Weber.

457 Ausführlich zum Folgenden vgl. Zulehner, Fundamentalpastoral, 115–124; Paul M. Zulehner: *»Leutereligion«*. Eine neue Gestalt des Christentums auf dem Weg durch die 80er Jahre?, Wien 1982.

Unerfüllbarkeit unserer Wünsche. An diesen zwiespältigen Lebensübergängen entstehen religiöse Fragen und Bedürfnisse. Die Leutereligion ist eine Antwort auf diese Erfahrung der Ambivalenzen unseres Lebens. Sie soll die Hoffnung, Sehnsucht und das Leben stärken und Angst, Verzweiflung und Tod zurückdrängen. Dazu übernimmt sie Funktionen des Schutzes und der Abwehr: Peter L. Berger spricht vom »heiligen Schild« und vom »heiligen Baldachin«[458]. Die Religion soll schützen, was den Menschen heilig ist, und sie soll abwehren, was das Glück bedroht. Über religiöse Rituale versuchen die Menschen, dieser Funktionen der Religion habhaft zu werden. Rituale sollen die unheile, zwiespältige Welt des Menschen mit der heilen Welt Gottes in Verbindung bringen, damit das Göttliche auf die irdische Welt abfärbt und die diesseitige Welt in die jenseitige Welt Gottes eingeordnet wird, also in Ordnung kommt. Die Riten der Religion leisten demzufolge mehreres: Sie bringen die Ambivalenzen des Lebens mithilfe jahrtausendealter nicht-kognitiver Symbole und Handlungen zum Ausdruck und helfen, die Ängste ganzheitlich zu bewältigen, indem sie sie bewusst und bearbeitbar machen, d. h. sie verbinden die unbewusste mit der bewussten Sphäre. Sie liegen aber auch an der Schnittstelle zwischen Individuellem und Kollektivem und ermöglichen dem Menschen, sich in die bergende Gemeinschaft und den Strom der Geschichte einzuordnen. Schließlich helfen sie wie Fahrzeuge, den Menschen in die Sphäre Gottes einzutauchen und das menschliche Leben mit dem göttlichen zu verbinden. So stellen sie die Ambivalenz menschlichen Lebens dar und machen die sinnlich nicht zugängliche Welt Gottes sinnenhaft erfahrbar.

Diese Leutereligion war und ist in Europa seit Jahrhunderten an die christlichen Kirchen gebunden. Volkskirche, also jene Sozialform des Christentums, in der dieses kulturelle Selbstverständlichkeit für die Mehrheit ist, war lange Zeit ident mit der Leutereligion, mit deren Hilfe die Mehrheit der Menschen ihr Leben bewältigte. In einer Zeit religiöser Pluralisierung und des Bedeutungsverlusts der alten christlichen Kirchen auch in traditionell christlichen Ländern sind die beiden Begriffe aber nicht mehr deckungsgleich. Die christlichen Kirchen verlieren ihr geschichtlich gewachsenes und gesellschaftlich zugestandenes Religionsmonopol. So sind für eine Mehrheit der Bevölkerung (60% in Österreich) die traditionellen Sakramente immer noch lebenswichtig, daneben aber entstehen heute neue Formen der Leutereligion. Leutereligion meint heute in einem breiteren Sinn alle real praktizierten und gedachten Transzendenzbezüge und Symboliken, die den Menschen dabei unterstützen, die Vieldeutigkeiten des Lebens mithilfe religiösen Transzendenzbezuges zu meistern. Leutereligion ist die real wahrnehmbare Religion der Menschen, insofern Religiosität immer ein kulturelles »Gewand« hat. Religiosität gibt es niemals in »Reinform«, sie ist immer schon kulturell durchformt und durchformend, also »inkulturiert«. Zu denken ist dabei an Wallfahrten, Heiligenverehrung, Engelskulte, Marienerscheinungen, den Hausaltar und Segnungsrituale; aber in modernen Zeiten gehören auch das Lesen von Jahreshoroskopen, Farböltherapien, die Wohnungsplanung mittels Feng Shui inklusive der Liebesdelphine im Schlafzimmer, Sonnwendfeiern oder Halloween und jene esoterischen Weltdeutungen dazu, die die Welt erfüllt von »göttlicher Energie« sehen.

458 Peter L. Berger: *The Sacred Canopy.* Elements of a Social Theory of Religion, New York 1969; Ders.: *Zur Dialektik von Religion und Gesellschaft*, Elemente einer soziologischen Theorie, Frankfurt 1973.

Insofern die Leutereligion in Europa immer noch kirchlich durchformt ist, kann man auch heute noch von »Volkskirche« sprechen. Insbesondere in Österreich ist die katholische Kirche nach wie vor *die* prägende Kraft der Leutereligion. Zugleich finden sich in den modernen Formen der »Volkskirche« bereits Elemente aus der neureligiösen Szene, die nicht kirchlich abgesichert sind, wie z. B. Bräuche aus anderen Religionen, die in den christlichen Alltag übernommen werden. Oder es finden sich umgekehrt christliche Elemente in der nicht-kirchlichen Leutereligion, wie z. B. über jemandes Bett das Yin und Yang-Symbol hängt, auf dem Nachtkästchen ein Buch von Meister Eckhart liegt und mittags nach Rezepten der Hildegard von Bingen gekocht wird. Die Grenzen zwischen »Leutereligion« und »Volkskirche« sind also fließend, insbesondere in traditionell christlichen, insbes. katholischen Ländern.

Ob es sich bei den Begriffen »Leutereligion« und »Volkskirche« um einen »Wunschtraum von Theologen« (Hermann Denz) handelt, während sich die gelebten Religiositäten der Menschen schon längst radikal von der Kirche getrennt haben und »nur mehr« äußerlich an kirchliche Inhalte erinnern, oder ob beide Formen die »lebendige Seele der Kirche« (Franz Weber) sind, ist offen und weder soziologisch noch theologisch ausreichend erforscht. Hier wird man von Fall zu Fall unterscheiden können: Auch bloße »Äußerlichkeit« muss nicht nur inhaltlich leere Hülle sein und kann implizit tief spirituell sein; eine »lebendige, gläubige Seele« wiederum kann sich kirchlich fühlen und trotzdem unwissentlich, aus Mangel an christlicher Bildung, kirchliche Inhalte in ihr Gegenteil verkehren. Jemand beschäftigt sich intensiv mit dem Buddhismus und entdeckt dabei seine eigenen christlichen Wurzeln wieder und übt sich mittels Meditieren in einen Weg des Glaubens, der Hoffnung und der Liebe ein. Ein anderer entdeckt das Pilgern für sich und verbindet damit aber keinerlei religiöse Ambitionen, sondern will sich zunächst »nur« selbst wieder finden. Ein Dritter betet regelmäßig den Rosenkranz und vertritt dabei eine hochmoderne synkretistische Weltanschauung, die mit dem christlichen Glauben nur mehr peripher zu tun hat. Das Spektrum möglicher Kombinationen ist hier sehr weit.

Aus theologischer Sicht sind Leutereligion und Volkskirche jedenfalls hochrelevant, weil es sich – zunächst unabhängig von dogmatisch korrekten Inhalten – um den konkreten, inkarnierten Glauben der Menschen handelt, in dem sich doch, mag die Form oft auch kirchenfremd sein, Gottes Spuren und echter Glaube finden lassen können. Leutereligion macht deutlich, dass Glaube kein abstraktes Hirngespinst ist; auch nicht bloße theoretische Weltdeutung, die sich unsichtbar im Kopf ereignet, sondern sich in konkreten Handlungen wie Kulten, Ritualen und Symbolen ausdrückt. Insbesondere die volksreligiösen Formen machen sichtbar, wie lustvoll und intensiv konkreter Glaubensvollzug sein kann.

Die vielfältigen Formen von Leutereligion und Volkskirche theologisch zu würdigen, ist heute von großer Bedeutung. Bisher waren es vor allem die Kulturanthropologinnen, die sich diesem Phänomen widmeten, während akademische Theologinnen dazu neig(t)en, die Leutereligion als »bloßes kulturelles Phänomen«, das noch der theologischen Vervollkommnung und Reinigung bedarf, zumindest zu ignorieren oder sogar als »oberflächlich« abzuwerten. Die Berührungsangst der intellektuellen Akademiker gegenüber diesen Phänomenen war und ist groß. Dabei finden sich – oft unbemerkt und verschämt versteckt – auch im konkreten Leben von Theologen leutereligiöse Spuren.

Schon Karl Rahner hat darauf aufmerksam gemacht, dass man die Volksfrömmigkeit würdigen muss, denn sie hat theologisch Relevantes zu erzählen. Bei einer solchen Analyse hat man dabei darauf zu achten, dass eine theologische Würdigung den historischen Entwicklungen Rechnung zollt; eine einseitige »Heiligsprechung« der Leutereligion ist ebenso wenig zutreffend wie eine theologische Geringschätzung. Wie bei der Spiritualität gilt es hier, die Geister zu unterscheiden und davor empirisch (soziologisch, ethnologisch, psychologisch, religionsgeschichtlich und -geographisch) die »Tatsachen« zu erheben – denn Leutereligion ist eine Form von Spiritualität.

Leutereligion verleiht dem Faktum Bedeutung, dass Menschen sinnliche, leibhaftige und kulturelle Lebewesen sind, deren Glaube sich ganzheitlich, also auch sichtbar ausdrückt. Für die religiöse Sozialisation nahezu jedes Menschen ist die Entwicklung konkreter religiöser, symbolischer und ritueller Ausdrucksformen Grundbedingung. Ohne Ausdruck stirbt der Glaube bzw. kann er sich gar nicht entwickeln. Leutereligion ist Zeichen der emotionalen, persönlichen Bindung an das Göttliche, ermöglicht Geborgenheit und nachhaltige Verbindlichkeit. Was manche gern als »bloßes Brauchtum« abwerten, erzählt darüber, wie der Mensch verfasst ist: Wer sich selbst, anderen und dem Leben treu sein und bleiben will, braucht »feste Bräuche«, das wusste schon der Fuchs im »Kleinen Prinzen« von Antoine de Saint-Exupéry. Bräuche können natürlich zu toten Formen erstarren und sinnleer werden, das aber sagt noch nichts gegen solches Brauchtum an sich. Wer Gott treu sein will, wird sich ohne feste Bräuche schwer tun, wie das in jeder Freundschaft und Liebe zu beobachten ist. Wo sich Liebe niemals materiell konkretisiert, wird sie unglaubwürdig und stirbt. Solange wir leben, begegnet uns der Geist der Liebe in konkreter Materie.

Man kann also volksreligiöse Traditionen nicht bloß abtun als äußere Sozialisationsformen, die nur das angeblich »Eigentliche«, Innere des Glaubens zum Ausdruck bringen, die man aber auch genauso gut weglassen könne, sobald dieses »Eigentliche« gefunden wäre. Meistens vertrocknet dann auch das religiöse Leben. Leutereligion verdeutlicht, dass und wie sehr Religion und Spiritualität gemeinschaftliche und kulturelle Wirklichkeiten sind, die substantiell zu einem authentischen religiösen Leben gehören und nicht nur zufälliges Beiwerk sind, das der »wirklich« religiöse Mensch nicht braucht. Ein solches – letzlich überhebliches – Verständnis von Religiosität reduziert diese auf eine innerliche und private Angelegenheit und verfehlt so das leibhaftige Wesen des Menschen, insofern dieser Geist *und* Leib ist. Die Reduktion von Leutereligion auf »äußeres, sozialisationsbedingtes Beiwerk« ist spiritualisierend, gnostisch und dualistisch: Der Leib wird zugunsten des Geistes abgewertet; ihm wird die Möglichkeit zur Gotteserkenntnis abgesprochen.

Die hartnäckige Existenz und die Wiederkehr volksreligiöser Formen sind ein unwiderlegbarer Beweis für den Irrtum einer solchen Anthropologie. Religiosität ist ein soziales, öffentliches, leibliches Phänomen, das Menschen miteinander vergemeinschaftet. Der Mensch ist ein leibliches Wesen, dessen Religiosität neben der Freiheit auch sinnenhafte Ordnungen des religiösen Lebens, d. h. heilige Orte und Zeiten braucht. Die Leutereligion bestätigt diesen Befund. Sie hat sich interessanterweise auch noch niemals durch Kirchen, Religionen, Theologie, Wissenschaft oder Politik gänzlich einordnen und kontrollieren lassen. Immer wieder »entwischt« sie Kategorisierungsversuchen, widersetzt sich theologischer »Reinigung« und kehrt heute, nach Jahrzehnten der Entmythologisierung und Entzauberung wieder – nahezu protesthaft. Und es ist bezeichnend, in welchen Schichten bzw. Milieus sie wieder auftaucht: sowohl bei den einfachen Menschen, deren Religiosität sich fernab vom intellektuellen Diskurs entwickelt und bei den so genannten Intellektuellen, bei denen leutereligiöse Formen vor allem im Kontext der Selbstverwirklichung wiederkehren, wobei die religiösen Wurzeln und spirituellen Konnotationen nicht geleugnet werden können (und oft auch gar nicht werden).

Freilich sind die Formen der Wiederkehr ambivalent, aber eindeutig ist: Die Leiblichkeit des Menschen auch in religiösen Belangen sucht sich immer wieder Ventile des Ausdrucks. Leutereligion ist so gesehen immer auch Protestphänomen, das neue Freiheitsräume schafft – für Frauen, denen man vor allem im öffentlichen Raum der katholischen Kirche eine leitende Aufgabe bei der Religionsausübung nicht zur Gänze gestattet, für einfache und religiös wenig gebildete Leute, deren Erfahrungen und Meinungen in der Kirche selten zu Wort kommen; für Kirchenskeptikerinnen, denen die traditionellen kirchlichen Lebensweisen nur mehr wenig sagen, die keine zufriedenstellenden Antworten bekommen oder gar abgewiesen werden. In all diesen Gruppen boomen neue leutereligiöse Formen und entziehen sich dem theologischen und kirchlichen Urteil.

Leutereligion thematisiert die ästhetische Dimension von Religion, die ebenso relevant ist wie deren moralische Dimension. Gott will zuerst als »schön« wahrgenommen und gepriesen werden, dazu braucht es sinnlich wahrnehmbare Gestalten, Formen, Symbole, die auf Ihn hin transparent werden können. Die Leutereligion ist also mit ihrer reichen Symbolik gerade nicht oberflächlich, sondern zeigt, dass es im Menschen Tiefenschichten gibt, die allein kognitiv nicht angesprochen werden können, sondern symbolischer Repräsentation bedürfen. In den Symbolen und Ritualen verdichten sich bildhaft die Fülle und Widersprüchlichkeit der Wirklichkeit, sodass die Größe Gottes »erträglich«, wahrnehm- und annehmbar wird. Der Hunger nach Riten, Symbolen und Symbolfiguren ist heute nach Jahrzehnten intellektuell redlicher Sinnenaskese in religiösen Belangen riesengroß. Theologisch gesprochen braucht es neben dem Wort Gottes immer auch ein Bild von ihm: Jesus Christus ist das Ursymbol.

Ohne Leutereligion wird Religion steril

Für die Intellektuellen ist Leutereligion bisher ein Greuel oder ein attraktives »Exoticum« gewesen, das ob seiner befremdenden Andersartigkeit interessiert. Doch gerade in solchen Kreisen treibt die Esoterik heute nicht selten skurrile Blüten. Es handelt sich dabei aber wohl weniger um religiöse Anliegen, als vielmehr um die Sehnsucht nach dem Anderen der Rationalität. Die in Medien oft anzutreffende euphorische Begeisterung für leutereligiöse Praxis ist demzufolge nicht automatisch ein Ausdruck für echtes spirituelles Interesse, sondern in ihrer Idealisierung des »Anderen« oft nur die subtile Form der Verachtung. Auch Theologen sind vor diesen Versuchungen gegenüber der Leutereligion nicht gefeit. Eine differenzierte Annäherung an diese Phänomene ist gefragt, kritisch und wertschätzend.

Die Leutereligion ist für das Leben und Überleben, die Tradition einer Religion unverzichtbar. Ohne Leutereligion wird eine Religion steril, kalt und stirbt. Religion entwickelt und vollzieht sich nicht in den Bahnen, wie Theologinnen das glauben oder gern hätten. Eine Minderheit nähert sich dem Glauben über das intellektuelle Verstehen-Wollen. Die Mehrheit vollzieht ihre Religiosität sinnlich, pragmatisch, an alltagsrelevanten Fragestellungen interessiert. Auch das mag einseitig, weil oft allzu angepasst sein, es ist jedoch eine Realität, der sich die Kirchen zu stellen haben. Die Menschen wollen weniger wissen, was wahr ist, sondern ob es beim Leben hilft.

Möglicherweise gründet die Krise der Kirche auch in einer übertriebenen entmythologisierenden Aufklärung, die das Kind mit dem Bade ausgeschüttet hat. Eine Religion, die sich weiterentwickeln will, kann dies immer nur konkret im Wechselspiel zwischen Leutereligion und offizieller Lehre und Theologie vollziehen. Das dialektische Verhältnis zwischen den beiden Dimensionen ist selten friktionsfrei, aber in dieser Spannung liegt die Chance auf geistlichen Fortschritt. Eine Theologie, die sich nicht im konkreten Glaubensleben der Leute verankert und/oder dieses ignoriert, wird keine Breitenwirkung haben und folgenlos bleiben. Eine Leutereligion, die sich nicht der theologischen und kirchlichen Kritik stellt, wird willkürlich, gefährlich und bleibt blind. So wie die Theologie fragen muss, wie die Anliegen der Leutereligion verantwortet aufgenommen werden können, muss sich die Leutereligion fragen und fragen lassen, ob und wie ihre Praktiken und Symbole der menschlichen Freiheit, Liebesfähigkeit und der Entwicklung von Glaube, Hoffnung und Liebe dienen. Leutereligion ist dann in der Lage, Menschen eine Art von Lebenssynthese zu ermöglichen: den Glauben in das konkrete Leben zu integrieren und ihm dort einen fixen Stellenwert einzuräumen. Reflektierte Leutereligion kann dann auch Auswirkungen auf das alltägliche Leben haben, auf soziales und politisches Engagement. Solches Engagement braucht nicht immer religiöse Wurzeln, aber wenn es aus religiöser Geborgenheit erwächst, die die Leutereligion ermöglicht, kann es nachhaltig werden.

Leutereligion ist ambivalent[459]

Im Bezug zum christlichen Glauben ist Leutereligion ambivalent. Empirische Studien zeigen seit Jahrzehnten, dass die Menschen aus dem christlichen Glaubenskosmos jene Anteile auswählen, die zu ihren Wünschen passen, irritierende und kritische Elemente aber gerne ignorieren oder ausdrücklich ablehnen. Die Leute sind »religiös *in* der Kirche«, aber nicht »*im Sinn der* Kirche« (Paul M. Zulehner). Konsequenzen für das konkrete Leben, insbesondere wenn diese über die liberale Bürgerlichkeit hinausreichen oder gegen die kulturellen Selbstverständlichkeiten sind, bleiben »unerhört«.[460] Die Leutereligion ist eine private, innere Angelegenheit, wird vom öffentlichen Leben in Wirtschaft, Politik und Kultur getrennt und ist ein Freizeit- und Familienthema.

Problematisch ist auch die Einbettung der Grundambivalenzen des menschlichen Lebens in die Religion. Die einseitige Funktionalisierung von Religion für solche Zwecke hat ihre Schattenseiten und erlöst letztlich auch nicht. So verkümmert der Trost des christlichen Glaubens zu religiöser Vertröstung, die Bedürfnisorientierung individualisiert und fördert die Versorgungsmentalität der Menschen, die in der Kirche eigentlich nichts verloren hat – und damit indirekt den Klerikalismus, der heute von der kirchlichen Expertokratie durch hauptamtliche Theologen ergänzt bzw. abgelöst wird. Die Kirche wird so zur Versorgungsanstalt religiös Bedürftiger degradiert.

459 Zulehner, Fundamentalpastoral, 124–128.
460 Ebd., 124.

Theologisch am bedeutsamsten in der Kritik der Leutereligion ist aber die Frage, welcher Gott hier verehrt wird: Ist es der Gott, dem wir dienen sollen, oder ist es der Gott der eigenen menschlichen Bedürfnisse, der in den Himmel projiziert wird, um unsere Erwartungen an ihn zu befriedigen? Insofern Leutereligion eine Konstruktion der Menschen ist, ist die Gefahr groß, dass die Menschen letztlich doch wieder nur bei sich selbst landen und Gott gar nicht erhört wird. Dann ist die Leutereligion nicht mehr als eine sich spirituell gebende Selbsterlösungskonstruktion. Dieser Schattenseiten der Leutereligion muss man sich immer bewusst sein. Auch Christen sind vor dieser Gefahr nicht restlos geschützt.

Leutereligion vollzieht sich heute in der »freireligiösen Szene« vor allem an der Grenze zwischen urelementarer Naturfrömmigkeit und fiktionaler Inszenierung. Naturreligiöse Symbole werden revitalisiert und ein neuer Seminar-Markt entsteht, auf dem die Teilnahme an solcher Leutereligion gekauft werden kann: Ritualberaterinnen verkaufen Rituale zu den Lebenswenden, keltische Baumkreise ermöglichen magische Charakterdeutung mit Feinschmeckerlokal gleich nebenan. Traditionale Formen werden wieder belebt: Pilgerreisen am Jakobsweg, Sonnwendfeiern, schamanistische Übergangsrituale, Tarotseminare helfen dem modernen Menschen, die Schwierigkeiten des Lebens religiös-symbolisch zu meistern. Neue Formen werden erfunden: Hochzeitsrituale mit germanischen, fernöstlichen und christlichen Elementen, Liebesrituale, Steinlegerituale usw. Das Phänomen Leutereligion war und ist dabei höchst ambivalent. Aberglaube, magische Allmachtsphantasien und authentischer Glaube finden sich oft Hand in Hand nebeneinander. Die Grenzen lassen sich nicht ohne weiteres zwischen Kirche und Welt ziehen. Gläubige Christen legen Tarotkarten vor dem Gebet, Hellseherinnen und Runendeuterinnen beten, ehe sie die Karten legen.

Leutereligion ist Protest- *und* Anpassungsphänomen. Vielfach allzu kompatibel mit dem modernen Ökonomismus, generiert moderne Leutereligion einen riesigen neuen Markt an »Kultprodukten« und »spirituellem Tourismus« und verstärkt damit genau jene Strukturen, gegen die sie zugleich protestiert. Im Revival der Marienfrömmigkeiten finden sich kreative, emanzipatorische, feministische Ansätze genauso wie systemerhaltende, angepasste, erstarrte und sinnentleerte Volksfrömmigkeiten, die alte Frauenbilder ebenso stabilisieren wie problematische Kirchenstrukturen. Marienfrömmigkeit kann rückwärtsgewandte Nostalgie sein, kann aber auch prophetischen Charakter haben. Marienverehrung kann sogar herrschafts- und hierarchiekritisch sein: Die Madonna ist immerhin immer nur den einfachen Leuten erschienen.

Leutereligion kann den modernen Werterelativismus, dem alle Moral als vom Menschen konstruiert scheint, ebenso verstärken. Sie kann den gesellschaftlichen Zusammenhalt durch individualisierende Frömmigkeitsformen zerstören, Flüchtigkeit und Unverbindlichkeit ebenso fördern. Sie kann aber auch neue, solidarische Gemeinschaften entstehen lassen, Menschen eine Wiederentdeckung christlicher und kirchlicher Traditionen ermöglichen und sogar gesellschaftspolitisch relevant werden. So speist sich die moderne Ökologiebewegung massiv aus spirituellen Motiven und hat so manchem Christen bewusst gemacht, was Heiliger Geist und Schöpfung konkret bedeuten. Vielfach entstehen solche leutereligiösen Formen dort, wo Menschen nach einem Ausdruck suchen, ihre Sorge und ihren Widerstand gegen eine Moderne auszudrücken, die die Welt bedroht. So sind volksreligiöse Initiativen nicht selten mit sozialen Bewegungen verbunden. Leutereligion kann Surrogatcharakter haben, kann aber auch zu gesellschaftspolitisch relevanten Vernetzungen führen, die politisch aktiv werden. Zivilgesellschaftliche Entwicklungen können aus dieser Sicht durchaus als neue Formen von »Leutereligion« wahrgenommen werden, die verdeutlichen, dass »Transzendenzbezug« eben nicht nur eine Sache im Kopf, sondern von der Praxis her zu denken ist. In jedem Fall verändert Leutereligion auch gesellschaftspolitisch mehr, als viele Theologen zu glauben bereit sind. Die Volksfrömmigkeit in Lateinamerika ist ein Modell, um diese politische Dimension der Leutereligion zu erkennen.

Auch die implizite Veränderungskraft der Leutereligion auf Kirche und Theologie hin darf nicht unterschätzt werden. Manche Themen, Symbole und Riten werden von der Volksfrömmigkeit einfach nicht mehr aufgegriffen und ignoriert, damit geraten sie langsam in Vergessenheit. Dieser indirekte praktische Widerstand ist eine subtile Form von Autoritätskritik. Daneben bringt Leutereligion auch Themen ins Spiel, die von der offiziellen Kirche ausgeblendet oder vernachlässigt werden. Dazu gehören heute zum einen Frauenthemen, Themen, die den menschlichen Körper und seine Gesundheit betreffen, aber auch apokalyptische Hoffnungen und Ängste sowie das Böse oder Leid und Schuld.

Leutereligion innerhalb und außerhalb der Kirchen

Die Grenzen sind fließend, doch speist sich Leutereligion immer auch aus »heidnischen«, also nicht-christlichen, naturreligiösen, andersreligiösen Quellen. Das beginnt im Alten Testament mit der Übernahme orientalischer Fremdkulte und antikhellenistischer Weisheitsformen und setzt sich im Christentum fort, wie man z. B. bereits in der neutestamentlichen Briefliteratur eindrücklich entdecken kann. Die Kirche hat dabei immer schon das (ambivalente) Kunststück beherrscht, die volksreligiösen Traditionen im christlichen Kontext neu zu lesen und sozusagen zu »taufen«. Man kann das als Machtmissbrauch, religiösen Imperialismus und kolonialisierende Vereinnahmung lesen, was es auch vielfach war. Aus theologischer Sicht muss man freilich ergänzen, dass diese Praxis auch die Einsicht zum Ausdruck bringt, dass sich volksreligiöse Formen, heidnische Religiositäten nicht radikal unabhängig von Gott entwickelt haben können, und Gottes Spuren auch im Heidentum und seiner Praxis zu finden sind. Kritisierbar ist zweifellos, dass man, um der Integration willen, vielfach heidnischen »Spuk« eingekauft hat, doch selbst das kann ein Ausdruck von pastoralem Verständnis und Liebe zu den Menschen sein. Manchmal waren auch einfach die Leute zu hartnäckig und haben sich gegen jede Form der theologischen Reflexion, die ihnen von der Kirchenleitung her zugemutet war, konsequent gewehrt, bis die Kirche resigniert nachgegeben hat. Das Verhältnis des Christentums zum »Heidentum«, also anderen religiösen Traditionen, bleibt jedenfalls ambivalent, und eine scharfe Trennlinie gab und gibt es bis heute nicht, insbesondere in der katholischen Tradition.

Die Vieldeutigkeit der Leutereligion kann man z. B. im modernen Weihnachtsbrauchtum deutlich sehen. Neben »neuheidnischen« Dimensionen und einer gigantischen Kommerzialisierung ranken sich rund um dieses Fest bei den meisten Menschen nach wie vor tiefe menschliche und nicht selten überhöhte Sehnsüchte nach Liebe, Sinn und Freude. Müssen diese nicht als religiös wahrgenommen werden? Und thematisiert nicht gerade das Weihnachtsgeheimnis die unbegrenzte, hingebungsvolle Liebe, nach der sich so viele in diesen dunklen Wintertagen sehnen?

Ein anderes Beispiel: Welche Fragen und Erwartungen sind es, die so genannte »Atheisten« in Scharen in die Kirche kommen lassen, wenn Bischof Joachim Wanke in Erfurt Valentinsfeste für Verliebte feiert? Warum kommen kirchenferne Menschen zu Tausenden in der »Nacht der Kirche« in die offenen Kirchen? Ist die Freude an Musik, Düften, Lichtern »nur« eine oberflächliche Angelegenheit? Auch andersherum sind die Grenzen verschwommen: Da gibt es katholische Bildungshäuser, in denen so lange meditiert wird, bis der Sektenbeauftragte kommt; Familienrunden, die sich mit dem Enneagramm befassen; Christen, die auf dem Hausaltar eine Buddhastatue stehen haben und regelmäßig Yoga besuchen. Kann man diese Phänomene wirklich nur als problematischen Synkretismus abwerten, oder beobachten wir hier nicht vielmehr eine Wiederbelebung und Transformation der ganzen Ambivalenz jener Leutereligion, die lange Zeit kulturell verdrängt und verpönt war und nun machtvoll wiederkehrt?

Die Kirchen stehen heute vor einem Problem, das sie selbst mitgeschaffen haben: Nach der Phase der Kolonialisierung des Heidentums hat man durch intellektuell redliche Normenverschärfung die Geister zu scheiden versucht und so die Entkirchlichung – unabsichtlich und längste Zeit unbemerkt – selbst initiiert. Viele fromme Menschen sind ausgewandert, weil in einer entmystifizierten, rationalistisch verengten Kirche und Theologie kein Platz mehr war für ihre leiblichen Bedürfnisse nach begreifbarer Religion. So manches Ritual wurde als »zu niedrig« erachtet, jetzt kehren sie in der Esoterikszene oder in radikalen kirchlichen Gruppierungen wieder (z. B. der Engelskult). Man hat das kirchlicherseits wahrgenommen und offenbar auch so gewollt.

Heute aber jammert man über die Entkoppelung von Kirche und Religiosität und findet zudem christliche Elemente außerhalb der Kirchen wieder, was historisch gesehen aber nicht wundern kann. Wer dann versucht, die ausgewanderten Formen zu beheimaten, gerät leicht in den Verdacht der Vereinnahmung. Eine Zwickmühle, aus der die Kirchen nur langsam wieder herauskommen werden.

Die Kirchen werden im Umgang mit der Leutereligion eine Balance zu finden haben. Vereinnahmung und Umarmungen sind zu unterlassen. Das Angebot auf Beheimatung und kritische Selbstreflexion im Rahmen der kirchlichen Traditionen kann aber ohne weiteres gemacht werden. Im Zeitalter der Religionsfreiheit, des selbstbewussten Individualismus und eines angeschlagenen kirchlichen Images kann man den Menschen schon zutrauen, dass sie sich nicht allzu leicht kolonialisieren lassen werden. Die Menschen lassen sich heute nicht mehr ohne weiteres vorschreiben, was sie zu glauben und zu tun haben. Religiöse Identitäten konstituieren sich heute nur mehr beschränkt über kirchliche Vorgaben. Entscheidung und Wahl einer religiösen Lebensform haben für die Mehrheit das traditionelle Schema Bekehrung und Berufung abgelöst. Die Kirchen haben bei weitem nicht mehr so viel Macht, dass sie die Vielfalt der Leutereligion so ohne weiteres domestizieren und integrieren könnten.

Wieweit sich die moderne Leutereligion kirchlich institutionalisieren lässt, kann heute nicht vorhergesagt werden. Die Entwicklungen der letzten Jahrzehnte lassen es eher unwahrscheinlich erscheinen, dass eine Mehrheit der Menschen eine kirchliche Lebensform wählen wird. Zweierlei ist dem aber entgegenzuhalten:

Die globalen Entwicklungen, die auch mit einer beängstigenden Freisetzung und Entwürdigung menschlichen Lebens einhergehen, lassen die Wiederkehr auch religiöser Institutionen nicht unwahrscheinlich erscheinen. Die Fundamentalisierung der Religion ist dafür ein ernst zu nehmender Hinweis, dem die Kirchen in Europa nicht erliegen dürfen. Daneben könnte es den Kirchen aber auch gelingen, Formen gradueller Institutionalisierung zu entwickeln, verschiedener Formen kirchlicher Zugehörigkeit, bei denen Menschen den Abstand zur Kirche selbst bestimmen können. Schon Karl Rahner hat darauf aufmerksam gemacht, dass es in Bezug auf Kirchenzugehörigkeit nicht nur zwei Möglichkeiten gibt, dass also ein nicht 100%iges Ja zur Kirche nicht automatisch »Nein« bedeutet. Es gibt Abstufungen von Kirchlichkeit. Diese sind so zu gestalten, dass man mit seiner Lebensreligion, so man will, auch in den hinteren Reihen der Kirche Platz finden kann, ohne sich genieren zu müssen oder pädagogisch nach vorne gezwungen zu werden.

Leutereligion kann heute nicht ohne weiteres zur Kirche gehörig vereinnahmt werden, man muss den Menschen die Freiheit lassen und sie ziehen lassen. Man kann ihnen aber auch die Möglichkeit geben, in der Kirche Heimat und Lebensraum zu finden. Dabei ist es wichtig, dass Leutereligion vom rein formalen Lebensrahmen zum Impuls werden kann, das Leben kreativ, geistvoll und human zu gestalten. Symbol und Protest machen noch keine Lebensgestalt aus. Die Kirche kann Raum geben, in dem sie die Leutereligion transformiert, lebensdurchformend und gestalthaft werden kann. Die Leutereligion ist ein eigenständiges Phänomen und gehört nicht automatisch zur Kirche, sie ist weder die einzig mögliche Konkretion des Glaubens noch dessen Verfall. Sie steht aber in einem engen, unauflöslichen, weil theologischem Verhältnis zu ihm, denn auch in der Leutereligion kann Gott wohnen. Kirche speist sich von der Leutereligion, vollzieht sich als Volksfrömmigkeit. Insofern sich Leutereligion auch aus der Kultur speist, verbindet die Leutereligion die Kirche mit der Kultur. Sie wird sich niemals restlos einbinden lassen, ist Freiheits- und Widerstandsort. Sie ist aber zugleich auch Brücke, Lern- und Begegnungsort zwischen der Kirche und den religiös Suchenden. Auch in der Leutereligion kann das Mysterium erfahren werden, jenes Geheimnis Gottes, das sich weder soziologisch noch theologisch vollkommen und zur Gänze einfangen lässt.

Auch Zivilgesellschaft und Sozialchristentum sind Formen von Leutereligion und Volkskirche

> Es gibt diese sehr sozialproduktiv, sozialengagiert Handelnden. Mein Eindruck ist aber, dass diese Leute durch die Kirche keine Wertschätzung erhalten. Sie werden nur als Sozialchristen gesehen und ihr spiritueller Reichtum wird gar nicht mehr gewichtet. In der Geschichte war das einmal anders: Die Geschichte der Katholischen Arbeiterjugend, dort spielen solche Dinge eine große Rolle. Sie waren sehr individuell, der herausgerufene einzelne Arbeiter, der für Gott steht – und gleichzeitig sehr kollektiv. Heute erfahren viele Sozialchristen keine kirchliche Wertschätzung.
>
> *Manfred Körber* auf dem Symposium »Zukunft der Religion – Rolle der Kirchen«

Was man in Folge einer einseitigen Spiritualisierung des Religionsbegriffes gern übersieht, ist eine gesellschaftspolitisch hochrelevante Form von Leutereligion:

Menschen, die ihre spirituelle Welt- und Menschenverbundenheit durch soziales, ökologisches, politisches Engagement ausdrücken. Ehrenamtliche Ökologie-Gruppen, Betreuer von Obdachlosen, Mitarbeiterinnen der Hospizbewegung, Wohngemeinschaften, die alternative Formen von Ökonomie (Tauschbörsen, Alternativenergien) ausprobieren: auch hier findet religiöses Selbstverständnis innerhalb und außerhalb der Kirche einen lebensgestaltenden, alltagsprägenden Ausdruck. Solches Engagement wird zwar für ethisch wertvoll erachtet, erfährt aber als Leutereligion kaum Wertschätzung. Dies ist eine problematische Folge eines privatisierten, spiritualisierten und entpolitisierten Religionsbegriffes im Kontext einer in unvermittelt nebeneinander stehende Lebensbereiche getrennten Welt.

Pastorale Grenzgänger

Für den Kontakt mit der leutereligiösen Szene braucht es kompetentes Personal mit hohem Respekt vor den religiösen Suchbewegungen und spirituellen Wünschen der Menschen. Das bedeutet die Fähigkeit zu haben, zwischen den religiösen Bedürfnissen der Person und dem, *wie* sie diese zu erreichen trachtet, unterscheiden zu können. Latente Verachtung wird von den Leuten sofort gespürt. Pluralitätskompetenz, die Fähigkeit, die Sprache der Menschen zu sprechen und zu verstehen, den Theologenjargon elementarisieren können, das Talent, das konkrete Leben der Menschen zur Sprache bringen zu können: Diese Fähigkeiten zeichnen solche pastoralen »Grenzgänger« aus.

Es braucht auch geeignete Kommunikationsstrukturen: freie Orte der Begegnung in den Lebensräumen der Menschen. Wichtig ist es auch, dass die Kirche mit entsprechenden Büchern auf dem Markt der Leutereligion mitwirkt, die heute vor allem in der Stadt eine Buch-Religion geworden ist. Theologen müssen auch Bücher schreiben (lernen) für Nicht-Theologen, ohne dafür (von den Kollegen) verachtet und verspottet zu werden. Die Kirchen könnten in den Medien mitmischen, auch wenn sie sich dazu heute aktiv einmischen und oft auch aufdrängen müssen: Engagierte Leute-Priester, Fernsehpfarrer, populärwissenschaftliche theologische Publikationen, die ja nicht flach und wissenschaftlich falsch sein müssen, sind durchaus gefragt.

Was ist wahr und heilig an der Leutereligion?

Neben dem direkten Kontakt braucht es auch die theologische Reflexion: Was ist an den leutereligiösen Formen wahr und heilig? Worin besteht ihr prophetischer Dienst? Wo muss man ihr im Namen der christlichen Offenbarungsreligion kritisch begegnen? Wo muss man einer allgemeinreligiösen Haltung den offenbarungsgebundenen Glauben entgegenstellen? Die Grenzen sind dabei nicht immer eindeutig zu ziehen, auch in der Kirche gibt es viel allgemeine Religiosität, so wie es außerhalb eine Praxis gibt, die das Christusereignis implizit bestätigt, wenn ein Mensch das Leben Christi verlängert und entfaltet, ohne sich als Christ zu verstehen.

Eine solche theologische Reflexion hat in der Auseinandersetzung mit der lateinamerikanischen Volksfrömmigkeit stattgefunden und ihren Eingang auch in lehramtliche Dokumente gefunden. Für den europäischen und den deutschsprachigen

Raum ist das noch ausständig. Das Lehramt begegnet dem veränderten religiösen Diskurs in Europa tendenziell noch stark im Rahmen eines ab- und ausgrenzenden Normierungsdiskurses[461], d. h. es überwiegt die Betonung der Differenz, der Abgrenzung, die Hervorhebung der Defizite und Fehler, und nicht selten werden neureligiöse Kulturformen in einen schroffen Gegensatz zur kirchlichen Lebensform gestellt. Hier darf man sich mehr Ausgewogenheit wünschen: Gemeinsamkeiten, Ressourcen und Stärken dürfen herausgearbeitet werden, ohne sofort Angst vor vorauseilendem Concordismus und Glaubensverfälschung haben zu müssen. Im Gegenteil: Je schärfer man die Distanz der Leutereligion zum »reinen Glauben« betont, umso mehr verstärkt man indirekt die nivellierende Vermischung, die gegenwärtig auch innerhalb der Kirche bereits stattfindet, weil sich die Menschen verständnislos abwenden und nicht mehr zuhören. Um in der Leutereligion wahrzunehmen, was wahr und heilig in ihr ist braucht es spirituell und theologisch kompetente Menschen, die im Glauben so tief verwurzelt sind, dass sie keine Berührungsängste haben und unterscheiden können, was in der Leutereligion vom Geist Gottes, vom menschlichen Geist und vom dämonischen Geist ist.

Kritik an der binnenkirchlichen Leutereligion

Auch die Leutereligion im Inneren der Kirche verdient verstärkt Aufmerksamkeit. Die volkskirchlichen Formen der Gegenwart eröffnen neue Perspektiven und stellen Ressourcen der Kirche dar: Segnungsfeiern, Nachtgebete, Gebetskreise, aber auch Flohmärkte, Fastensuppenessen, Benefizkonzerte, Adventkranzbinden, die Nikolausaktion oder das Sternsingen sind liebgewordene Traditionen in vielen Pfarreien. Selten werden sie mit Spiritualität assoziiert. Aber auch diese traditionellen heute vielfach erstarrten Frömmigkeitsformen kann man »verflüssigen«, wenn man sie mit frischem Geist erfüllt: Wallfahrten, Heiligen- und Marienandachten, sogar das Rosenkranzgebet können mit entsprechendem Setting und kompetentem Personal durchaus moderne Zeitgenossinnen ansprechen.

Zur Auseinandersetzung mit binnenkirchlichen Frömmigkeitsformen gehört auch Kritik: Eine einseitige spirituelle Vereinnahmung von Leutereligion ist im Gewand eines katholischen Fundamentalismus genauso problematisch wie in esoterischem Kontext. Die Stärke der katholischen Kirche, vielen Frömmigkeitsformen Heimat und Daseinsberechtigung zu gewähren und eine synkretistische Praxis nicht per se auszugrenzen, enthebt nicht der vernünftigen Auseinandersetzung. Es genügt nicht, heidnische Frömmigkeitspraxis mit christlichem Vokabular zu bemänteln; auch katholische Frömmigkeitsformen sind auf ihre immanente Ambivalenz hin zu befragen. Toleranz der Leutereligion gegenüber und Pluriformität der spirituellen Praxen bedeuten nicht,, dass alles, was sich »katholisch« nennen will, bereits katholisch ist. Pluralismusunfähige Gruppen haben sich der Kritik zu stellen und sind aufgefordert, sich weiterzuentwickeln. Amtsträger, die aus bestimmten volkskirchlichen Traditionen kommen und diese schätzen, sind angehalten, hier auch selbstkritisch zu sein: Sie dürfen einzelne Traditionen, die ihnen liebgeworden sind, nicht bevorzugen, sondern

461 Dazu: Pontifical Council for Culture and Pontifical Council for Interreligious Dialogue: *Jesus Christ – the bearer of the water of life.* A Christian reflection on the »New Age«, Vatican City 2003, hält es für eine Illusion, dass New Age und Esoterik den religiösen Sinn wiederbeleben können.

ihre Aufgabe besteht darin, die Pluralität zu managen, Konflikte und Versöhnung der pluriformen Frömmigkeitsweisen anzuzetteln und so auszugleichen.

Think global, act local

Leutereligion ist pluriform und lässt sich nicht normieren. Das ist kein Übel, sondern ihre Stärke und zollt der Vielfalt der Menschen und Kulturen Rechnung. Entscheidend ist das Wechselspiel zwischen offizieller kirchlicher Lehre, Theologie und Volksfrömmigkeit: Lassen sich lokale Traditionen von der universalen Perspektive der kirchlichen Lehrtradition verunsichern? Lässt sich umgekehrt die offizielle Lehre von den konkreten Formen gelebter Frömmigkeit in Frage stellen? Beides braucht es, will der Glaube lebendig bleiben. Lehre und Theologie haben, da sie unter dem Anspruch globaler Verbindlichkeit und Universalität stehen, die Tendenz, abstrakt, allgemein und daher auch tendenziell steril zu sein. Umgekehrt können lokale Traditionen zwar voller Leben, aber darin sehr einseitig und vernunftabstinent sein. Statt einander zu kritisieren, wäre es fruchtbringend, in ein Wechselspiel gegenseitigen Lernens und Lehrens zu treten: die lokale Tradition ebenso wertzuschätzen wie die globale Sicht nicht aus den Augen zu verlieren. Die Frage nach dem christlichen Profil ist unverzichtbar, die Spurensicherung, ob der Glaube dem Evangelium treu bleibt, ist von allen immer wieder zu stellen; allzu rasch verliert man die Orientierung. Weil Menschen leibliche, kulturelle, soziale Geschöpfe sind, ist die Bandbreite gelebter Leutereligion unendlich groß und erzählt auch von der Weite Gottes. Entscheidend bleibt dabei: Wird hier der Gott des Alten und des Neuen Testaments verehrt, der Gott der Freiheit und der Liebe?

Riten-Kultur entwickeln

Rituale sind wesentliche Elemente der Leutereligion. Sakramente sind von ihrer Gestalt her Rituale, in denen sich Kirche vollzieht: Wo die Sakramente gefeiert werden, ist die Kirche. Das ist die uralte Erfahrung der christlichen Kirchen.[462]

462 Der folgende Abschnitt bezieht wesentliche Impulse aus zwei Quellen:
1. Aus den Vorträgen im Rahmen der Ringvorlesung »Die Sakramente der Kirche – Rituale im Leben der Menschen«, die im Sommersemester 1999 an der Katholisch-Theologischen Fakultät der Universität Wien stattfand. Die Vorträge liegen unter dem Titel »Zeichen des Lebens« publiziert vor: Paul M. Zulehner/Hansjörg Auf der Maur/Josef Weismayer (Hg.): Zeichen des Lebens. Sakramente im Leben der Kirche – Rituale im Leben der Menschen, Ostfildern 2000.
2. Aus Anregungen, die im Rahmen des Symposiums »Ritenkultur« formuliert wurden, das am 27. März 2002 an der Katholisch-Theologischen Fakultät der Universität Wien stattfand. Teilnehmerinnen waren:
Altpfarrer Dr. Helmut Blasche, Pfarre Schwechat
Pfr. Johann Bräuer, Pfarre St. Josef, Wels
Dr. Harald Buchinger, Assistent am Institut für Liturgiewissenschaft der Katholisch-Theologischen Fakultät der Universität Wien
Prof. Dr. Dieter Emeis, emer. Professor für Pastoraltheologie und Katechetik in Münster
Domkapitular Dr. Reinhard Hauke, Erfurt
Univ. Prof. Dr. Winfried Haunerland, Inhaber des Lehrstuhls für Liturgiewissenschaft an der Katholisch-Theologischen Fakultät München und Direktor des Herzoglichen Georgianums
Univ. Prof. Dr. Susanne Heine, Vorstand am Institut für Praktische Theologie und Religionspsychologie der Evangelisch-Theologischen Fakultät der Universität Wien
Pfarrerin Mag. Christine Hubka, evangelische Pauluskirche Wien (Evangelische Pfarrgemeinde A. B. Wien-Landstraße)

Empirische Beobachtungen

Kirchliche Sakramente stehen nach wie vor hoch im Kurs. Kinder getaufter Eltern werden in den meisten Fällen auch getauft. Die kirchliche Trauung ist immer noch für viele das eigentliche Hochzeitsfest. Die Mehrheit der Menschen wünscht ein kirchliches Begräbnis – für sich selbst, aber auch für ihre Angehörigen. Erstkommunion und Firmung sind wichtige Familienfeste.

Unsere Studie bestätigt diese Beobachtungen: Mehr als 90% der Religiösen finden religiöse Rituale »sehr wichtig« bei den Lebensübergängen, bei Geburt, Heirat und Tod. Aber auch die Religions-Distanzierten sind an Ritualen interessiert: 72% der Gleichgültigen, 67% der Eher-Nicht-Religiösen und 44% der Nicht-Religiösen finden es wichtig, dass die christlichen Kirchen taufen, trauen oder beerdigen. Der Wunsch nach religiösen Ritualen reicht weiter als die subjektive Religiosität und ist auch nicht unbedingt an einen Glauben gebunden. 75% der österreichischen Bevölkerung äußern einen sehr starken Wunsch nach kirchlichen Ritualen. Dazu gehören immerhin 50% der Eher-Nicht-Religiösen und 29% der Nicht-Religiösen. 79% wünschen sich eine kirchliche Trauung (und das nicht nur wegen des feierlichen Rahmens), 88% würden ihr Kind taufen lassen und 76% wollen kirchlich beerdigt werden. Dieser Wunsch ist also auch dann stark, wenn die kirchliche Bindung schwach ist. Dabei bedingen die religiösen und die sozialen Motive einander, sie widersprechen sich aber nicht.

Wie diese rituellen Wünsche der Menschen theologisch zu bewerten sind, ist umstritten. Mit Magie, Brauchtum, Aberglaube erklären die Skeptikerinnen das Phänomen, eine berechtigte Kritik. Wer allerdings die Leutereligion wertschätzt, kann darin ein allgemein-religiöses Sehnen erkennen, das gnadentheologisch etwas mit Gott zu tun hat. Auch die starken Ritenwünsche erzählen etwas über das Leben der Menschen. Offenbar sind die kirchlichen Rituale immer noch relevant für die Menschen: Sie repräsentieren eine »Aura der Heiligkeit«[463], auf die die Menschen trotz aller Kirchenskepsis nicht gern verzichten möchten. Wie sollen die Kirchen mit diesen Wünschen umgehen? Was bedeuten Rituale für Menschen, welchen Sinn können sie stiften? Und was haben Rituale mit den kirchlichen Sakramenten zu tun, was unterscheidet sie aber auch?

Was sind Rituale?

Riten sind standardisierte, sozial gebilligte und glaubensmäßig sanktionierte, regelhaft wiederholbare, kultisch-religiöse Handlungsabläufe, die mehr oder weniger

Dr. Birgit Jeggle-Merz, Institut für Systematische Theologie II – Arbeitsbereich Dogmatik und Liturgiewissenschaft, Universität Freiburg
Pfarrer GR. Mag. Friedrich Lenhart, Pfarre Ternberg
Dr. Veronika Prüller-Jagenteufel, Chefredakteurin der Zeitschrift »Diakonia – internationale Zeitschrift für die Praxis der Kirche«, freiberuflich in Erwachsenenbildung und Beratung tätig
Prälat Dr. Rudolf Schwarzenberger, Rektor der Burgkapelle
PD DDr. Oliva Wiebel-Fanderl, Uni Jena, Philosophische Fakultät
Univ. Prof. DDr. Paul M. Zulehner, Dekan der Katholisch-Theologischen Fakultät der Universität Wien

463 So Olivia Wiebel-Fanderl im Rahmen des Symposiums »Ritenkultur«.

genau festgelegt sind.[464] Da sie wie jede menschliche Praxis geschichtlichem Wandel unterliegen, können sie ihren Sinn verlieren, verändern, mechanisch und äußerlich, aber auch immer wieder mit Sinn belebt werden. Ritualen kommt im Kontext religiösen Handelns, also im Kult, besondere Bedeutung zu. Rituale sind institutionalisierte Handlungsabläufe, die Menschen dabei unterstützen, mit der Sphäre des Heiligen Kontakt aufzunehmen, Vehikel in den Lebensraum Gottes. Antwortet der Mensch im Kult (z. B. im Gebet, in Opferhandlungen) ehrfürchtig, demütig und voller Hingabe auf seine Erfahrungen des Heiligen und drückt so seine Beziehung zur transzendenten Sphäre aus, so geschieht dies im Ritual in besonderer Weise: Durch genaue Regelung, durch Wiederholung und Strukturiertheit der kultischen Handlung wird es möglich, sich mit anderen in einen größeren Bedeutungszusammenhang einzuordnen, zum »Ursprung« zurückzukehren und die Macht und Wirkkraft des Heiligen deutlicher wahrzunehmen, sogar zu verstärken. Dies geschieht in symbolischer Weise: Rituale sind Aneinanderreihungen von Symbolzusammenhängen, sind Symbolträger und Symbolhandlungen. Die Symbole repräsentieren und verweisen dabei auf die »andere« Wirklichkeit. Rituale bannen und enthüllen, verbergen und offenbaren also das Göttliche gleichermaßen. Sie geben dem Umgang mit dem Göttlichen geordnete Bahnen, um die damit verbundene Angst zu gestalten und die Präsenz des Heiligen wahrnehmbar zu machen. Rituale ermöglichen Ordnung und Sicherheit im Umgang mit der transzendenten Sphäre, aber auch die Möglichkeit, mit ihr in Beziehung zu treten. Als präsentative Symbole (Alfred Lorenzer, Paul Ricoeur, Ernst Cassirer) wirken sie dabei vor allem durch die ihnen eigene, heilende Mächtigkeit, weil sie in der Tiefe der Seele wirken können. Der Symbolcharakter der Rituale ermöglicht es (im Unterschied zum argumentativen Wort), Ambivalenzen des Lebens, in der Liebe, in der Macht, aber auch in der Wahrnehmung des Heiligen, auszubalancieren. Rituale sind so der adäquate Ausdruck des Universal-Religiösen im Menschen. Natur, Kultur und Geist des Menschen führen zu verschiedensten Ausdrucksformen des Verhältnisses des Menschen zur Sphäre des Heiligen. Sie sind die älteste Form von Religion und binden Menschen ein in die heilende, heilige Welt des Göttlichen und bringen die sinnlich wahrnehmbare Wirklichkeit mit der Wirklichkeit Gottes zusammen.

Neben Abwehrritualen, Ausgrenzungsritualen und Reinigungsritualen kommt in den Religionen vor allem den Lebensübergangsriten große Bedeutung zu. Die so genannten »Rites des passage«[465] unterstützen Menschen in krisenhaften Lebensumbrüchen wie Geburt, Heirat oder Tod. Sie helfen bei Veränderungen: beim Wechsel von Orten und Zeiten, bei Sozialstatusveränderungen, beim Übergang in einen neuen Lebensabschnitt. Sie helfen, sich selbst neu und besser zu verstehen und geben Halt, ermöglichen eine Neupositionierung des eigenen Lebens im kosmischen Zusammenhang, indem sie einen Zugang zum Göttlichen freilegen.

Rituale haben aber auch soziale Relevanz. In der Sprache der menschlichen Bedürfnisse: Sie geben eine praktische Antwort auf die Suche nach Sinn und Antwort in Situationen, wo die Sprache nicht mehr ausreicht oder gar nicht genügen kann, indem sie dafür Handlungsabläufe bereitstellen und dem Menschen helfen, seine

464 Dazu ausführlich: Wernhart, Karl R., Rites des passages ethnologisch; nach Arnold van Gennep: Les Rites de Passage (1969).
465 Vgl. Karl R. Wernhart, Rites de passages ethnologisch, 38ff.

Ohnmacht, Rat- und Sprachlosigkeit – aus Hoffnung und Freude, Angst oder Trauer – auszudrücken und zu bannen. Sie ermöglichen fühlbare Solidarität zwischen Menschen, indem sie mit ihren vorgegebenen Handlungsabläufen alle teilhaben lassen und in spannungsvoll-ambivalenten Situationen Orientierung stiften. Sie sprechen dem Einzelnen dadurch Mut zu und geben ihm Normen, wie man schwierige und außerordentliche Situationen bewältigen kann.[466]

Rituale[467] gestalten auch den alltäglichen Lebens- und Erfahrungsraum der Menschen, strukturieren Raum und Zeit, binden den Einzelnen in Gemeinschaften ein und erzählen so etwas über Wertvorstellungen, Geschichts- und Weltbilder. Sie eröffnen Möglichkeiten konkreten Menschseins und hängen eng mit menschlicher Würde zusammen. Sie stiften symbolische Kommunikationsräume und erlauben uns, unsere Identität, Ideen, Emotionen und Wirklichkeitsvorstellungen auszudrücken.

Weil sie Ambivalenz darstellen und bändigen, sind die Rituale aber auch selbst ambivalent. Insofern sie Handlungsabläufe durch Wiederholungen wiedererkennbar machen und bestätigen, vereinfachen sie das Leben und haben von daher eine konservative, bewahrende Tendenz (z. B. Kalenderrituale). Daher können sie ebenso ausgrenzen. Sie stiften Zugehörigkeit, ziehen aber auch Grenzen und stellen Hierarchien auf. Sie stiften Zusammenhalt ebenso wie sie soziale Kontrolle begünstigen (z. B. Sonntagskirchgang). Rituale können Hoffnung formulieren (z. B. Waffenstillstand in der Heiligen Nacht) und innovativ wirken: Schenkrituale oder Dankbarkeitsrituale können humanisierende und solidarisierende Kräfte wecken, bestätigen und bekräftigen den Fortbestand von Beziehungen und verhelfen dazu, deren immaterielle Dimension wahrzunehmen. Sie können aber ebenso sichtbar machen, dass Beziehungen erstarrt sind und nicht funktionieren und dann die Differenz zum Alltag schmerzlich verdeutlichen.

Rituale helfen, Ohnmachtssituationen zu bewältigen (Sterberituale), können aber auch vertrösten und dazu verhelfen, sich über den Schmerz hinwegzutäuschen. Sie zeigen Handlungsoptionen für Situationen, in denen man nichts tun kann, können aber auch deshalb zu Ersatzhandlungen werden. Rituale können kraft ihrer Selbstmächtigkeit heilen, können daher auch verzweckt werden. Symbole des Heiles können zu Diabolen werden, sie einen dann nicht mehr die Widersprüche des Lebens und heilen Zerrissenheit, sondern zerstreuen und zerstören (z. B. hat der »Heil Hitler«-Gruß das Wort Heil bis heute beschädigt).

Rituale speichern Wissen, tradieren und bewahren es, stellen es dar, machen es kommunizierbar. Auch das ist ambivalent: Das Wissen kann in den Ritualen ebenso erstarren, wie es durch rituelle Traditionen plötzlich wieder freigesetzt werden kann. Dieses Wissen kann der Machterhaltung der Tradenten ebenso dienen, wie es umgekehrt aus eigener Kraft wirken kann, sodass Riten durchaus auch machtkritisch wirken können. »Rituale sind gefährliche Unentbehrlichkeiten des Lebens, die immer wieder der Reflexion bedürfen«[468], ohne die Menschen aber nicht menschlich leben können.

466 Vgl. Paul M. Zulehner: Pastoraltheologie, Band 3: *Übergänge*. Pastoral zu den Lebenswenden, Düsseldorf 1990, 39.
467 Zum Folgenden vgl. die Thesen von Olivia Wiebel-Fanderl für das Symposium »Ritenkultur«, nach einem unveröff. Manuskript.
468 Olivia Wiebel-Fanderl, *Thesen zum Symposium »Ritenkultur«*, unveröff. MS 2002.

Sakramente sind kirchlich vollzogene Rituale. Dennoch besteht zwischen beiden eine unaufhebbare Spannung. Ähnlichkeiten kann man bezüglich des Handlungsablaufes beobachten, auch erbringen die Sakramente der Kirche Funktionen für den Einzelnen und die Gesellschaft sowie für die Identität der Kirche. Sakramente sind die Grundvollzüge der Kirche; wo die Sakramente gefeiert werden, vollzieht sich Kirche.

Dennoch gibt es gravierende Unterschiede. So sind die Sakramente immer eng gebunden an einen personalen christlichen Glauben in kirchlicher Gestalt. Auch gehört das deutende theologische Wort untrennbar zum Handlungsablauf, es nimmt ihm die Mehrdeutigkeit und gibt ihm eine entängstigende, weil eindeutige Interpretation. Am eindringlichsten kann man das z. B. bei der Eucharistiefeier wahrnehmen, wo das eucharistische Opfer – einer der religionsgeschichtlich beladensten Begriffe – im gemeinsamen friedlichen Feiern zum Lobpreis Gottes und seines Sohnes Jesus Christus eindeutig ausgedrückt wird. Der Opferbegriff wird hier durch die Deuteworte seiner Zwiespältigkeit beraubt und das gemeinsame Beten, Essen und Trinken nehmen ihm seine Gewaltdimension, indem man sich des gewaltsamen Todes Christi erinnert und daran, dass wir durch seinen Tod ein für alle mal befreit sind – auch davor, Menschenopfer bringen zu müssen.

So sehr also Sakramente Rituale sind: Rituale sind nicht automatisch Sakramente. Die Urkirche war sich dieser Differenz bewusst, sodass sie zwar von Anfang an ihre Sakramente gefeiert hat (nicht zuletzt durch Neudeutung alter jüdischer Traditionen), diese aber klar von religiösem Kult abgegrenzt hat – so eindeutig, dass man dem jungen Christentum sogar den Status einer Religion abgesprochen hat, weil es keinen Kult hatte.

Ritual und Sakrament stehen aber auch nicht in einem unüberwindbaren Gegensatz. Insbesondere die großen Ritentheorien machen deutlich, dass die Identifizierung des Rituals mit magischen Techniken zu kurz greift. Rituale können quer durch die religiösen Traditionen die Menschen mit Gott verbinden – und dies geschieht auch bei der Feier der Sakramente.[469] Als sinnenhaft-inszenierte Erfahrungsräume, symbolisch-kommunikative Handlungen kann sich das Handeln Gottes existentiell ereignen und wird für den Menschen »fassbar«. Gott wird dabei in Christus erfahrbar, im darauf antwortenden Lobpreis Gottes verdichtet und vollzieht sich das pilgernde Gottesvolk, das sich seit Jahrtausenden begleitet weiß, und nimmt erwartungsvoll schon die endzeitliche Wiederkunft des Herrn vorweg. Deshalb tun Sakramente den Menschen gut, weil sie Gottes heilsames Handeln in sich bergen. Doch damit dies geschehen kann – damit das Zeichen wirkt, was es bezeichnet – muss der Mensch sich Gott öffnen, ihn eintreten und handeln lassen, eben glauben.

Die Spannung zwischen religiösem Bedürfnis und christlichem Glauben

Die Sakramente der Kirche verdanken sich nicht religiösen oder allgemeinmenschlichen Bedürfnissen, zumal Bedürfnisse selbst höchst ambivalent sein können. Im Namen religiöser Bedürfnisse nach Heil kann ein Terror entstehen, der ohne Rück-

469 Zum Folgenden: Josef Weismayer: *Sakrament Kirche – Sakramente der Kirche*, in: Zulehner/Auf der Maur/Weismayer (Hg.), Zeichen des Lebens, 151–165.

sicht auf Verluste hier und jetzt die heile Welt schaffen will.[470] Religiöse Bedürfnisse brauchen wie alle menschlichen Bedürfnisse also bewusste Gestaltung und Zivilisation.

Kirchliche Sakramente wurzeln nicht in Bedürfnissen, sondern im Wesen der Kirche. Sakramente werden gefeiert, um zu erinnern, dass Gott zuerst den Menschen angesprochen hat. Deshalb betonen Christinnen, dass ihre Sakramente dem Geist nach im Auftrag Jesu wurzeln. Sie dürfen die Sakramente feiern, weil sie sich von Gott bevollmächtigt wissen. Die Daseinsberechtigung der Kirche besteht im Auftrag, das Christusereignis zu verkünden und die Sakramente zu feiern, die das vergegenwärtigen. Weil Gott ein konkretes Volk berufen hat, darf dieses ihn loben und preisen und für alle Menschen beten. Die Initiative christlicher Sakramente geht also nicht vom Menschen, sondern von Gott selbst aus. Er ist der, der zuerst handelt; die Menschen antworten in Gemeinschaft mit ihm.

Daher dienen die Sakramente nicht nur dem individuellen Heil, sondern drücken auch die Zusammengehörigkeit des Gottesvolkes aus. Nicht aus Sympathie haben sich Christen zusammengefunden, sondern weil sie sich gemeinsam von Gott gerufen wissen, feiern sie miteinander. Die kirchlichen Sakramente sind daher mehr als eine bloße Befriedigung religiöser Bedürfnisse und daher nicht für diese zu verzwecken. Sie sind an die kirchliche Trägerschaft gebunden, werden von den getauften Mitgliedern der Kirche gefeiert. Es gibt also keine bloßen »Empfänger« von Sakramenten. Wer feiert, ist immer auch Subjekt und Träger eines Sakramentes. Die Sakramente sind von daher an den christlichen Glauben gebunden.

Dennoch kann man religiöse Bedürfnisse nicht ohne weiteres vom christlichen Glauben trennen. Man kann religiöse Bedürfnisse nicht einmal von allgemeinen Bedürfnissen trennen. Woher kommt denn die Sehnsucht nach Liebe, Frieden, Gesundheit? Sind das »profane« oder »religiöse« Sehnsüchte? Insofern wir immer zu wenig Liebe und Heil »haben«, stellt sich die Frage, woher wir darum wissen, wie umfassende Liebe und Heil aussehen können. Aus der Vergangenheit kommt solche Sehnsucht nicht, denn dort erfahren wir Liebe und Heil immer nur bruchstückhaft. Aber in diesen Fragmenten leuchtet offenbar eine Fülle auf, die uns auf Zukunft hin hoffen lässt. Menschliche Bedürfnisse sind nicht nur profane Angelegenheiten, sie führen mitten in den Bereich religiöser Fragen.

Der Mensch ist also in seinen Bedürfnissen nicht von Natur aus Atheist, als müsste man seine Sehnsüchte erst taufen und mit Gott konfrontieren. Denn dann müsste man ihm einen anscheinend »artfremden« Glauben erst aufdrängen. Das wäre nicht nur philosophischer Unsinn, das ist theologisch nicht möglich. Gott ist schon bei den Menschen, denen wir ihn »bringen«, sie könnten uns sonst niemals verstehen. Religiöse und daher menschliche Bedürfnisse sind der Boden, Bedingung der Möglichkeit, dass das Geheimnis Gottes überhaupt wahrgenommen werden kann. Sakramente haben insofern eine »maieutische« Dimension[471]: Sie bringen das Lebensgeheimnis, das von Gott her gegeben ist, ans Licht. Das Christusgeheimnis wird darin so zum Ausdruck gebracht, dass es mit dem Lebensgeheimnis von Menschen in Berührung gebracht wird. An dieser Schnittstelle vollziehen sich Sakramente: Wo

470 Darauf hat Susanne Heine auf dem Symposium »Ritenkultur« aufmerksam gemacht.
471 Zum Folgenden: Franz-Peter Tebartz-van-Elst: *Die Wiederbelebung des Erwachsenenkatechumenats.* Konzepte, Erfahrungen, Perspektiven, in: Zulehner/Auf der Maur/Weismayer (Hg.), Zeichen des Lebens, 262–289.

die Biographie des Einzelnen mit dem sakramentale Wesen der Kirche im Glauben des Einzelnen und der Gemeinschaft verbunden wird, wird wahrnehmbar, was Kirche ist, und was Gott mit seiner Kirche will. Sie sind also nicht bloße Dekorationselemente, sondern »lichten« den dynamischen Prozess zwischen Gott und Mensch, indem sie ihn verdeutlichen, interpretieren und feiern. Insofern gehört das religiöse Bedürfnis genauso zu diesem Prozess wie eine bloß allgemeine Religiosität, die sich als Vertrauen oder Hingabe äußert. Diese vielleicht sprachlose Religiosität, die sich in der Sehnsucht nach Ritualen verstecken kann, ist dabei nicht bloß zufällig oder ein notwendiges Übel; sie gehört wesentlich zur Fähigkeit, einen Bekenntnisglauben auszubilden.

Der Bekenntnisglaube, also die Fähigkeit eines Christen, erklären und begründen zu können, woraus und wie man als Christ lebt, gehört unverzichtbar zum Glauben. Ohne diese Bekenntnisfähigkeit gibt es keine missionarische Option. Doch gehört die Fähigkeit religiösen Fragens und Sehnens ebenso konstitutiv dazu, weil sich der Glaube sonst nicht entwickeln kann und zur Ideologie verkümmert. Gläubig zu sein bedeutet sowohl, etwas für wahr zu halten als auch das »Wissen«, besser: das Vertrauen in die Verheißung Gottes, dass der konkrete Glaubensvollzug, den wir üben, nur bruchstückhaft sein kann, weil die letzte Vollendung noch aussteht. Aus diesem »Wissen« werden auch bei gläubigen Christinnen immer wieder religiöse Bedürfnisse entstehen. Bei Nicht-Christinnen wiederum ist die religiöse Sehnsucht eine Vorahnung des größeren Geheimnisses Gottes, sie kann aber auch ein echter Gottesglaube sein, wenn es z. B. aus biographischen oder kulturellen Gründen intellektuell oder moralisch nicht redlich oder möglich erscheint, das christliche Glaubensbekenntnis explizit zu bejahen.

Es ist daher unmöglich, moralisch und auch theologisch, verschiedene Abstufungen christlichen Glaubens empirisch festmachen zu wollen und Menschen in entsprechende Kategorien einzuordnen. Auch der Glaube eines Menschen ist ein Geheimnis, dessen Wahrheit sich am Ende der Tage zeigen wird. Die berechtigten und alle Christinnen verpflichtenden Fragen, wie sie ihren Traditionen und Quellen, wie sie Gott und dem Evangelium Christi treu bleiben können, dürfen nicht dazu verleiten, die Ritualwünsche einfacher Menschen in radikaler Trennung von einer elitären christlichen Hochreligion zu denken. Mischungen sind die Regel. Die Ritualwünsche der Leutereligion können vielmehr lehren, was den Menschen fehlt, und was sie beschäftigt.

Diskrepanz und Zusammenhang von Bedürfnis, Sehnsucht und Glaube kann man am Phänomen der Taufe gut erkennen. Aus theologischer Sicht ist die Taufe das erste und grundlegende Sakrament, durch das der Mensch Christ wird. Durch Umkehr bzw. Heimkehr zum Glauben an das Reich Gottes wird dem Täufling neues Leben geschenkt, ist er von der Sünde erlöst Die in unseren Breiten praktizierte Kindertaufe – theologisch legitim, weil sie die Gnade Gottes wahrnehmbar macht, die der menschlichen Entscheidung für Gott immer schon vorausgeht – wird aber in unserer Kultur in der Regel zum Familienfest, in dem die Geburt eines Kindes gefeiert wird. Diese Familiarisierung der Taufe wird oft beklagt und scheint im Gegensatz zum »eigentlichen« Taufgeheimnis zu stehen.

Aber kann die Grenze hier wirklich so eindeutig gezogen werden? Niemand ist heute gezwungen, sein Kind taufen zu lassen; die meisten tun es trotzdem. Warum? Die Geburt eines Kindes löst in jeder Familie eine Krise aus: Zur Freude über den neuen Menschen gesellen sich Fragen, Ängste, Sorgen um die Zukunft des Kindes. Die Welt sieht plötzlich anders aus, wenn man für ein Kind verantwortlich wird. Viele Eltern beginnen plötzlich wieder, religiöse Fragen zu stellen, erinnern sich an ihren alten Glauben. Im Wunsch nach Taufe bündeln sich so oft vielfältige Wünsche, Erwartungen, Fragen. In jedem Fall wünschen Eltern, dass es ihrem Kind gut geht. Zu wissen, dass das Schicksal des Kindes auch in Gottes Hand liegt und deshalb seine Liebe und Unterstützung zu erbitten, kann authentischer Glaube sein. Der Wunsch für das eigene Kind, es möge ein Leben voll Liebe und Frieden führen und frei von Schuld, Unterdrückung, Armut und Gewalt aufwachsen können, ist nicht so weit davon entfernt, was die Taufe zusagt, wenn sie den Täufling von der Sünde losspricht. Die Taufe macht wahrnehmbar, was schon längst das Geheimnis jedes neugeborenen Kindes ist.

Menschen, die heute kirchliche Begleitung suchen, tun dies durchaus bewusst. Sie nehmen den Raum der Kirche wahr; sie wissen, dass dort das Evangelium verkündet wird, und dass es ein klares Glaubensbekenntnis gibt. Sie akzeptieren, dass sie weder an der Liturgie noch am Pfarrer als Amtsperson etwas verändern können. Kirchliche Verantwortungsträgerinnen dürfen das nicht herunterspielen und den Menschen unentwegt Nichtleistungen unterstellen. Es kann sein, dass sie zwischen Ritual und Sakrament nicht unterscheiden, weil sie die Theologie dazu nicht kennen oder verstehen. Es kann sein, dass sie theologisch fragwürdige Argumente vorbringen; dann ist es die Aufgabe, Menschen hier weiterzubilden. Aber zählt im Letzten nicht die Gottes- und Nächstenliebe, in der jemand ein Sakrament feiert? Menschen wissen und wünschen, dass ihnen und den Ihren Gutes widerfährt. Was ist es, was die Menschen tun, wenn sie sakramentale Begleitung wünschen? Karl Rahner würde sagen: Es ist nicht nichts. Aufgabe der Kirchen ist es, das, was sich hier zeigt, ans Licht zu bringen und zu begleiten.

Die Spannung zwischen Funktion (Magie) und Substanz (Glaube)

Rituale übernehmen Funktionen für den Einzelnen und die Gesellschaft und ermöglichen eine bewusste Gestaltung, Hand-Habung (»Manipulation«) menschlichen Lebens. Weil sie kultische Handlungsformen mit religiöser Zielsetzung sind, ermöglichen sie offenbar auch einen bewussten, gestaltbaren Umgang mit dem Göttlichen. Die Grenze zur Magie, zur Manipulation des Göttlichen um eigener Interessen willen, ist hier schnell überschritten.

Einen solchen Umgang kann man aber durchaus auch mit Sakramenten ausüben. Man denke nur an die Ängste, die manche Menschen heute noch haben, wenn sie das sakramentale Ritual nicht korrekt ausgeführt haben (mit vollem Magen zur Kommunion gehen, mit der linken statt mit der rechten Hand das eucharistische Brot empfangen usw.). Die Angst vor dem Göttlichen paart sich hier mit einer (meistens unbewussten) Selbstüberschätzung, durch sakramentales Handeln Gott herbeizwingen zu können, oder einer neurotischen Zwanghaftigkeit. Vergessen darf man auch nicht, dass sich in der Geschichte der christliche Glaube durchaus »vertragen« hat mit inhumanen Weltanschauungen und Praktiken. Millionen haben Hitler zugejubelt und sich nationalsozialistisch betätigt; darunter waren auch viele, die sich Christinnen nannten, weil sie meinten, es reiche, die vorgeschriebenen Rituale richtig zu vollziehen.[472]

472 Darauf hat beim Symposium »Ritenkultur« Pfarrer Helmut Blasche eindringlich aufmerksam gemacht.

Dennoch bedeutet die Möglichkeit und Fähigkeit, durch Rituale den Gotteskontakt gestalten zu können, keinesfalls schon magische Verderbnis. Gerade die christliche Auffassung sakramentaler Praxis verweist immer wieder darauf, dass Sakramente den Glauben nicht nur darstellen, sondern auch »herstellen«. Dieser Glaube hängt aufs Engste mit dem christlichen Gottesbild zusammen. Weil der Mensch frei ist, kann er den Gotteskontakt auch gestalten; er ist Gott nicht unmittelbar wie ein Objekt ausgeliefert. Als Geschöpf Gottes ist er zudem zur Mitschöpferschaft berufen und befähigt. Er kann mit seinem Handeln Gottes Handeln blockieren, aber auch bestätigen, befördern, vollziehen: Man spricht von der Synergie göttlichen und menschlichen Schöpfungshandelns. Schließlich wurde in der Menschwerdung Christi sichtbar, wie Gott ist: Er entäußert sich selbst und liefert sich den Menschen aus: d. h. er lässt sich auch an-greifen, be-greifen, weil er uns liebt. Gott lässt sich nicht magisch manipulieren, aber er eröffnet durch Rituale die Möglichkeit sinnlicher, gestaltbarer Beziehung, in denen wir Menschen mitreden und mittun können. Glauben bedeutet auch, diesen Handlungsspielraum, den Sakramente eröffnen, wahrzunehmen. Zwischen passiver Ohnmacht und selbst überhebender Eigenmächtigkeit ereignet sich Gottes Macht in konkreter Beziehung leibhaftig in den Sakramenten.

Die Spannung zwischen objektiven Heilstatsachen und der Inszenierung von Subjektivität

Rituale – und daher auch Sakramente – werden von modernen Zeitgenossinnen gern zur Inszenierung ihrer individuellen oder Gruppenidentität genutzt und inszeniert. Dies ruft massiven Widerstand bei jenen hervor, die diese Instrumentalisierung der Sakramente zu Recht kritisieren und auf den widerständigen, objektiven Heilscharakter der Glaubensinhalte der Sakramente verweisen. Beide Sichtweisen thematisieren wesentliche Aspekte des Sakramentenverständnisses, beide sind aber auch einseitig.

Ein Sakrament, in dem ich wie in einem perfekten Theater nur mehr zuschaue, das ich konsumiere und in dem mein Leben gar nicht mehr vorkommt, ist Ausdruck eines falsch verstandenen Heilsobjektivismus und irregeleiteter Treue zur Tradition. Genauso widersinnig ist eine sakramentale Selbstbeweihräucherung, in der die kirchlichen Rituale nur mehr dazu dienen, den persönlichen Alltag, die individuelle Lebensführung, die zeitgenössische Kultur und Weltsicht ideologisch zu überhöhen und religiös zu verbrämen. Die Widerständigkeit und Andersartigkeit Gottes wäre in einer Sakramentenpraxis, in der das Evangelium von Tod und Auferstehung Christi nicht mehr vorkommt, ebenso ausgelöscht wie der Ausblick auf das endzeitliche Kommen Gottes.

Susanne Heine hat diese Spannung treffsicher analysiert:[473] Beide Weltsichten gründen in einer Weltwahrnehmung, die die Wirklichkeit in Subjekte und Objekte aufgespaltet hat, die sich in einem wechselseitigen Verhältnis von Unterwerfung und Herrschaft begegnen. In einem solchen kulturellen Kontext erscheint Gott dann entweder als Subjekt, das in den Sakramenten den menschlichen Objekten begegnet und sie unterwirft (das Konzept des heilsgeschichtlichen Objektivismus), oder aber

473 Vgl. Susanne Heine: *Emanzipation und Ritual*: Liturgie im Streit zwischen Feier der Heilstatsachen und Inszenierung des Subjekts, in: Zulehner/Auf der Maur/Weismayer (Hg.), Zeichen des Lebens, 241–261.

das menschliche Subjekt macht den sakramental begegnenden Gott zu seinem Objekt, indem er ihn seinen Interessen und Bedürfnissen entsprechend zurechtmodelt. Sakramente sind aber weder »objektive Heilszusagen« noch »subjektive Bedürfnisbefriedigungstechniken«.

Sakramente ermöglichen die Überwindung der Trennung von Subjekt und Objekt. Die untrennbare Zusammengehörigkeit Gottes und des Menschen wird in ihnen wahrnehmbar. Die Traditionen ermöglichen durch ihre Widerständigkeit gegen eine allzu rasche Vereinnahmung durch subjektive Bedürfnisse neue Entdeckungen für die Menschen, die so lernen, Gottes Offenbarung mit dem eigenen Leben zu konfrontieren. Die Lebensgeschichte der Einzelnen wiederum zeigt die lebendige und aktuelle Kraft sakramentaler Vollzüge. An der sakramentalen Schnittstelle werden Traditionen lebendig und eröffnen Gegenwartsoptionen und Zukunftsperspektiven. Durch symbolische Analogie bleibt in den Sakramenten die Asymmetrie zwischen Gott und Mensch gewahrt, sodass niemand dabei vereinnahmt werden kann und doch echter, personaler Kontakt möglich wird. Die Inhalte der Heilsgeschichte können also nicht gegen das Leben des Einzelnen ausgespielt werden, sondern im Sakrament begegnen sie einander: werden sie in ihrer Zusammengehörigkeit dargestellt, an den Ursprung rückgebunden und in die Zukunft »weitergetrieben«. Menschen werden in einen neuen Lebensraum gestellt: in die Geschichte Gottes mit den Menschen und in den damit verbundenen Verheißungshorizont.

Die Spannung zwischen Text und Ritual

Eine Spannung, die für alle Weltreligionen charakteristisch ist[474], ist schließlich die Spannung zwischen Text und Ritual. Die Sakramente und ihre Theologie sind im Rahmen der kirchlichen Tradition gewachsen, dem steht eine tiefe Theologie des Wortes in der Bibel gegenüber. Zwischen beiden herrscht eine nicht unbeträchtliche Spannung, wie auch die Konflikte zwischen den Konfessionen zeigen. Diese Spannung entsteht dort, wo auch die kirchlichen Sakramente an allgemeinreligiösen Strukturen teilhaben und von daher ambivalent sind, die Heiligen Schriften aber den Anspruch erheben, Sinn und Bedeutung der Riten definieren und interpretieren zu können. Der Glaubensinhalt hat Vorrang gegenüber der Vielfalt der Sinngehalte eines Rituals. Dies ist auch insofern konfliktiv, als eine historisch einzuordnende Sinndeutung eines Rituals universalen Anspruch erhebt; umso mehr, als aus anthropologischer Sicht Riten allgemeingültiger sind als Offenbarungsinhalte. Dennoch beginnen die Weltreligionen – und auch das Christentum – dort, wo sie den Anspruch erheben, traditionelle Rituale neu zu definieren. Gerade in der Entstehungsphase des Christentums kann man neben einer erstaunlichen Ritenarmut (Fischsymbol, Herrenmahl) auch massive Ritenkritik an rituellen Traditionen beobachten (Sabbatkritik von Jesus). Dennoch schafft auch das Christentum Rituale nicht ab. Jesus selbst verleiht den jüdischen Traditionen neuen, tieferen Sinn. Die Urkirche wiederum hätte nicht überleben können, wenn es ihr nicht gelungen wäre, vorhandene Traditionen zu transformieren, zu integrieren und neue zu entwickeln. Jesus selbst hat mit seiner Aufforderung: »Tut dies zu meinem Gedächtnis«, die gemeinsame Versammlung und Mahlgemeinschaft als Neudeutung des Paschamysteriums,

474 Das Folgende erörtert Johann Figl: *Rituale und Symbole in den großen Weltreligionen*, in: Zulehner/Auf der Maur/Weismayer (Hg.), Zeichen des Lebens, 56–66.

das an Tod und Auferstehung erinnert, die Eucharistie, als grundlegendes Sakrament kirchlichen Vollzuges gestiftet.

Die Spannung zwischen Heiliger Schrift und Sakramentenpraxis ist daher nicht einseitig aufzulösen, beides gehört zusammen. Die wenigsten Christen können allein aus dem Wort leben, Glaube drängt nach leiblichem Ausdruck. Umgekehrt können sich auch die christlichen Sakramente in Diabole verkehren, wenn sie sich nicht ständig neu der Läuterung durch das Wort des Evangeliums unterziehen. Vorrang hat dabei in der Kirche das Wort Gottes, wie es uns in der Heiligen Schrift begegnet. Wo das Wort des Evangeliums verkündet wird, geschieht Kirche.

Die Sakramente bringen dies zum Ausdruck und dienen der Strukturierung. In den sakramentalen Vollzügen kann die Welt sodann als Reich anbrechender Gottesherrschaft erfahren und geglaubt werden. Wort und Sakrament sind also »miteinander und aufeinander angewiesene Phasen des einen Heilsvorganges«[475], die einander durchdringen. Deshalb sind Sakramente keine »Gnadenschätze«, die Priester wie tabuisierte Gegenstände verwalten müssen und dann Einzelnen, Auserwählten zu deren Wohlergehen rituell korrekt spenden, sondern in und durch ihren Vollzug vollzieht sich Kirche selbst, wird Kirche wahrnehmbar als sie selbst. Die priesterliche Gemeinschaft des Gottesvolkes feiert in der Gegenwart Christi, dass die Menschen durch Christus von Sünde und Tod ein für alle Mal erlöst sind. Das kirchliche Amt vergegenwärtigt darin, dass sich die feiernde Versammlung nicht sich selbst verdankt. Sakramentale Feiern erhellen symbolisch, was Kirche ist, wem sie sich verdankt und wozu sie dient. Wo gläubige Menschen das Wort Gottes hören und verkünden und die Sakramente feiern, lebt und wächst Kirche.

Was tun?

Die Spannungen zwischen den Ritenwünschen und dem, was die kirchlichen Sakramente sind, bleiben unauflösbar. Auf der einen Seite erhärten auch die empirischen Daten den Verdacht, dass viele Menschen, die bei Lebenswenden kirchliche Begleitung wünschen, eher den nützlichen Segen des Rituals als das christliche Sakrament suchen und schon gar nicht aus sind auf ein kirchlich durchformtes Leben. Die Motive sind vielfach fragwürdig, der Glaube scheint mitunter mehr als dünn. Es sieht aus, als ob ein unspezifisches Sehnen nach religiöser Aura Menschen geneigt machen würde, den theologischen »Überbau« notgedrungen zu akzeptieren, um eine schöne Feier zu haben. Auch hat die Studie »Kehrt die Religion wieder?« gezeigt, dass es in unserem Land zwar viele Konfessionsgebundene gibt, aber wahrscheinlich nur wenige Christen.

Auf der anderen Seite muss man davon ausgehen, dass es tiefen Glauben auch dort gibt, wo man ihn nicht unmittelbar wahrnehmen kann; dass der sakramentale Vollzug selbst ein relevanter Knotenpunkt im Gesamt eines Lebens werden kann, dessen Bedeutung sich erst Jahre später erschließt. Es scheint, als würde die grenzenlose Gnade Gottes die Differenz zwischen theologischem Sakramentenverständnis und volksreligiöser Sinngebung einfach überspringen.

475 Leo Scheffczyk: Art. *Wort*. Wort Gottes, in: Sacramentum Mundi IV, Freiburg im Breisgau 1969, 1402–1413, 1410.

Auch die konkreten Praxiserfahrungen sind nicht friktionsfrei.[476] So können Menschen tief verletzt werden, wenn von Taufaufschub oder Ehehindernis gesprochen wird, weil sie spüren, dass man ihrem Glauben nicht traut. Für die Kirche sind sie dann vielleicht unwiederbringlich verloren. Auch die Suche nach einer differenzierteren Sakramentenpastoral setzt bei vielen Menschen Widerstand und Ängste frei: Manche haben Sorge, nicht zu genügen. Die Mehrheit aber verlässt sich darauf, durch jahrzehntelangen Mitgliedsbeitrag ein Recht auf den Sakramentenempfang erworben zu haben – in einem ökonomisierten gesellschaftlichen Kontext ist das nicht weiter erstaunlich. Die Tauschlogik aber kann sich auch dort äußern, wo man meint, mit zehn Stunden Firmvorbereitung habe man das Anrecht auf das Sakrament erworben. Diese legalistische, leistungsorientierte und vergegenständlichende Sicht auf sakramentale Vollzüge findet sich unter Christen wie unter Nicht-Christen, Firmbegleitern und Firmlingen gleichermaßen.

Was soll man nun tun? Alles »niedertaufen«, wie es Ferdinand Klostermann sagte, wenn er die so genannten »Laxisten« charakterisierte: also jedem Wunsch nach Sakrament unverzüglich nachkommen? Meist ist dies ein Ausdruck innerer Resignation. Oder umgekehrt wie die »Rigoristen« strenge Kontrollmechanismen einziehen, den Kirchgang messen, Formalia und Gesetze pedantisch handhaben? Hier zeigt sich ein Ungeist, der weder Gott noch den Menschen etwas zutraut. Zwischen den Extremen des »Rigorismus« und des »Ausverkaufs«[477] ist eine Balance zu finden.

Als Grundhaltung empfiehlt sich jedenfalls tiefe und authentische Sympathie und Empathie mit der Leutereligion der Menschen und das ehrliche Bemühen, Menschen und ihre Lebensgeschichten, ihre religiösen Fragen und Wünsche besser verstehen zu wollen. Statt das pastorale Umfeld rund um die Sakramente zu pädagogisieren, wie es heute vielfach üblich geworden ist, und damit subtile didaktische Gewalt auszuüben, braucht es für die Zukunft mystagogisch orientierte Konzepte in der Pastoral: Gruppen und Gemeinschaften, in denen sich Gläubige und Suchende miteinander auf den Weg machen, Gottes Offenbarung nicht nur in Schrift und Tradition zu entdecken, sondern das Geheimnis Gottes im konkreten eigenen Leben zu entdecken. Das ist selbst dort möglich, wo jemand bloß aus opportunistischen oder traditionellen Gründen die Kirche aufgesucht hat. Davon war bereits der Heilige Augustinus überzeugt, dem die Probleme, die wir heute haben, nicht fremd waren in einer Zeit, als es chic wurde, sich taufen zu lassen:

»Will einer nur deshalb Christ werden, weil er gewisse Vorteile von jemand erhofft, dessen Wohlgefallen er auf andere Weise nicht erwerben zu können glaubt, so … will er nicht Christ, vielmehr bloß Scheinchrist werden ... Aber selbst in solchen Fällen greift oft die Barmherzigkeit Gottes vermittels des Katecheten ein, so dass der Betreffende infolge des Unterrichts dann nun im Ernst werden will, was er eigentlich nur zum Schein hatte auf sich nehmen wollen.«[478]

Die große Stärke der Kirche auf dem Weg zu Gott kann die mystagogische Einweisung in den Gemeinschaftscharakter christlichen Glaubens sein, der auch für die Sakramente charakteristisch ist. Denn das wahre Problem der modernen Sakramen-

476 Darauf hat Winfried Haunerland am Symposium »Ritenkultur« aufmerksam gemacht.
477 Dieter Emeis: *Zwischen Ausverkauf und Rigorismus.* Zur Krise der Sakramentenpastoral, Freiburg im Breisgau 1992.
478 Aurelius Augustinus: De Catechizandis Rudibus, zitiert nach: Dassmann, Kirchengeschichte II/2, 141.

tenpastoral ist ihre Verdoppelung der gesellschaftlichen Individualisierung. Es ist dieser jahrhundertelange Prozess der Vereinzelung, der die Konsum- und Dienstleistungsmentalität auch in Bezug auf den Sakramentenempfang geschürt hat – auf Seiten der »Empfänger« wie auch auf der der »Spender«. Gerade die traditionelle Kasualienseelsorge verstärkt und verdoppelt diese Mentalität. Menschen auf der Suche nach sakramentaler Begleitung stoßen nicht selten auf Verwalter einer Religion. Nötig aber sind vitale Gemeinschaften, in denen die Einzelnen miteinander glauben lernen können, und der Sakramentenempfang Ausdruck der tiefen Glaubenserfahrung ist, dass man im Glauben niemals allein ist, sondern dass Gott und die Menschen, die Heiligen durch alle Zeiten hindurch, immer mit einem sind. In dieser spirituellen Gemeinschaftserfahrung wären die Spannungen rund um die Rituale ebenso gut aufgehoben wie die Spannungen zwischen so genannten »Empfängern« und »Spendern«: Sie alle erfahren im gemeinsamen Feiern die tiefe Verbundenheit der Liebe.

Die Haltung einer »Gärtnerpastoral« einnehmen

Sorgsam mit den Menschen umgehen, die einem in der Sakramentenpastoral begegnen, entspricht der mühsamen, aber erfüllenden Vorgehensweise eines Gärtners (Paul M. Zulehner). Den Boden beackern und gießen, das Umfeld bewusst gestalten, beobachten, ins rechte Licht stellen – eine verantwortungsbewusste Sakramentenpastoral wird den Menschen weder kontrollierend noch desinteressiert begegnen, sondern ihr Wachstum fördern, sie herausfordern, sich aber auch in Frage stellen lassen. Entscheidend ist das Vertrauen in das Wachstum und in die Dynamik einer Beziehung, zu der auch der andere Wesentliches beisteuert. Was brauchen die Menschen? Das ist die eine entscheidende Frage. Die andere: Wie kann ich in meinem Tun dem Evangelium Christi treu bleiben? Beide Fragen sind kein Gegensatz, sie gehören zusammen. Respekt vor den Bedürfnissen von Menschen bedeutet weder, uneingeschränkt den Willen des anderen erfüllen zu müssen, noch p/maternalistisch zu bestimmen, was der andere braucht. Bedürfnisse sind reflektierbar, solche Reflexionen vollziehen sich in Beziehung und Gespräch. Eine Gärtnerinnenpastoral ist immer auch eine »Pastoral des Gewinnens«: Sie ist darum bemüht, den anderen für das Evangelium zu gewinnen. Dazu achtet sie die Glaubensbiographie des Einzelnen, respektiert den Weg, den der Einzelne schon mit Gott gegangen ist und fördert seine Eigenständigkeit. Der Gärtner motiviert und lädt ein. Um gut wachsen zu können, braucht es auch stützende Gemeinden, die Anteil und Zugehörigkeit ermöglichen. Gärtnerinnenpastoral braucht fruchtbare Glaubensbiotope.

Eine theologisch verantwortete Ritenkultur entwickeln

Das bedeutet gerade nicht, sich zu überlegen, wie man die Sakramente am besten vor den Menschen schützen kann, sondern wie man sie zu Glaubenserfahrungsräumen des Heiligen machen kann: zu Räumen spiritueller Erfahrung eben. Menschen können dann die Nähe Gottes wahrnehmen und vielleicht wieder Zugang zur

Kirche finden. Porträts von Wiedereingetretenen[479] zeigen, dass das möglich ist: Die wenigsten kommen durch Spontanbekehrungen zur Kirche. Bei den meisten Konvertierten sind Lebensereignisse wie die Geburt eines Kindes, der Tod eines Angehörigen, die eigene Heirat der Anlass, der eigenen diffusen religiösen Sehnsucht nachzugehen und in der Kirche Antworten zu suchen. Hier heißt es mutig und offensiv auf die Menschen zugehen und sie einladen, mit und in der Kirche das Geheimnis Gottes aufzuspüren.

Die kirchliche Ritenvielfalt entwickeln und pflegen

Gegen eine Verengung der Aufmerksamkeit auf die Sakramente können die Kirchen viele alte Bräuche wiederbeleben und pflegen, die in Vergessenheit geraten sind, aber heute wieder aktuelle Themen ansprechen. Abgeschafftes ist oft für lange Zeit weg, aber Verschlissenes ist durchaus zu aktivieren: zu denken ist an die vielen Feste des Jahreskreises, an Segensfeiern, an die Heiligenverehrung. Hier kann die Liturgiegeschichte konsultiert werden. Dabei geht es nicht darum, sie einfach bloß nachzuahmen, sondern mit neuem Sinn zu beleben und für unsere Zeit spirituell fruchtbar zu machen.

Die vielfältigen Rituale lassen sich unterscheiden:[480]

Zu fördern und zu erfinden sind all jene *Riten, die ohne ein bestimmtes Glaubensbekenntnis* vollzogen werden können, die aber mit den Hoffnungen und Ängsten, Freuden und Nöten, mit Krankheit, Gesundheit, Schuld, Leid, aber auch Liebe und Beziehung zu tun haben. Einfache Rituale wie miteinander Kerzen anzünden, miteinander singen und Wanderungen machen, Bild- oder Musikmeditationen im Kirchenraum strukturieren den Alltag und helfen, Emotionen auszudrücken. Sie nähren den diffusen spirituellen Hunger.

Kirchliche Symbolhandlungen können forciert werden, in denen Lebenssituationen aufgenommen und mit einer symbolischen Bitte um Segen verbunden werden: Wohnungssegnung beim Einzug in eine Wohnung, Urlaubssegnungsfeiern, Geburtssegen in Spitälern, kirchliche Sonnwendfeiern. Aber auch alte Bräuche wie das Allerheiligenfest, Heiligenfeiern (z. B. das alljährliche Verteilen der Clemensweckerl in Wien), Prozessionen zu Fronleichnam wollen bewusst gepflegt und ggf. erneuert sein.

Die *sieben Symbolhandlungen*, die als Sakramente gelten, sind schließlich für die Identität der Kirche als Glaubensgemeinschaft grundlegend. Sie dürfen aber nicht nur der Elite vorbehalten sein. Menschen hier die Kirche als Raum des Heils erfahrbar zu machen, bedarf liebevoller Vorbereitung und sorgsamer Inszenierung der Feier.

Eine sorgfältig gestaltete Ritenkultur hat diakonischen und verkündigenden Charakter. Die klassische pastoraltheologische Unterscheidung kirchlicher Funktionen in Verkündigung, Liturgie und Diakonie hilft, Dimensionen kirchlichen Handelns gedanklich zu unterscheiden. In Wirklichkeit hängen die Dimensionen aber zuinnerst zusammen und sind nicht zu trennen: Mit den Menschen Sakramente zu feiern, ist also nicht nur ein liturgischer Akt, sondern immer auch Verkündigung und

479 Z. B.: Doris Michel-Schmidt: *Mein Weg zurück in die Kirche*. Wiedereingetretene berichten, Würzburg 2003.
480 Die folgende Einteilung folgt Reinhard Hauke: *Thesenpapier* zum Symposium »Ritenkultur«, unveröff. MS 2002.

Diakonie. In den kirchlichen Ritualen wird Gott gefeiert. Zugleich verkünden sie das Evangelium. Und wer Menschen segnet, hilft ihnen im konkreten Leben, indem er ihnen Gottes und die gemeinschaftliche Solidarität zusagt.

Eine Kultur der Gastfreundschaft entwickeln

Offene Türen und offene Herzen sind eine unverzichtbare Voraussetzung für eine Kirche, die wieder relevant werden will. Menschen werden eingeladen. Wer die Kirchen besuchen will, ist gern gesehen, ohne sich sofort verpflichten oder Vorleistungen erbringen zu müssen. Solche Offenheit setzt eine klare Identität voraus: Die Einladenden müssen wissen, wofür sie stehen, dann sind sie gute Gastgeberinnen. Es gilt: Je authentischer eine Gemeinde ist, umso offener wird sie sein. Je selbstunsicherer sie in ihrer christlichen Identität ist, umso mehr wird sie ausgrenzen und blockieren.

Die Gäste, die kommen, werden respektvoll behandelt, man drängt ihnen nichts auf und versucht auch nicht, sie zu überzeugen. Wo sie aber nachfragen, haben sie das Recht auf die unverkürzte Botschaft des Glaubens. Man denke z. B. an die Gemeinschaft in Taizé, die dreimal täglich ihre Gebetszeiten in der Kirche mit circa 3000–4000 Gäste feiert, die nicht alle wirklich gläubige Christenmenschen sind und sich auch nicht unentwegt als solche beweisen müssen, weil es ohnedies offensichtlich ist.

Das gilt auch für Gottesdienste, die offen sein wollen für »Fremde« und Gäste. Gottesdienste können inhaltlich durchaus anstößig und müssen nicht »gefällig« sein. Die Gläubigen müssen ihren Glauben nicht schamvoll verstecken, auch in gastfreundlichen Gottesdiensten kann man von Tod und Auferstehung Christi sprechen und sich zum dreifaltigen Gott bekennen. Wichtig ist, dass die Menschen dem Evangelium und der Person Jesu Christi begegnen können, nicht bloß den Vorlieben einer konkreten Gemeinde oder des Pfarrers. Auch wenn Gäste und Besucherinnen vom Evangelium irritiert sind, kann das zur Auseinandersetzung einladen. Man kann darauf vertrauen, dass sich manches vielleicht erst im Lauf der Zeit entfaltet.

Den Sehnsüchten Sprache geben

Pastorale Erfahrungen zeigen immer wieder, dass in Glaubenssachen Menschen massive Sprachdefizite haben. Diese Sprachlosigkeit kann man in nahezu allen Lebensbereichen sehen, die Menschen hautnah betreffen. Wo es um tiefe, persönliche Erfahrungen geht, verschlägt es Menschen oft die Rede, und sie haben kein Repertoire, diese Erfahrungen zu benennen oder zu begreifen. Dennoch spüren Menschen, was im Gebet, beim Liturgiefeiern, was in sakramentalen Vollzügen vor sich gehen kann. Statt Menschen zu prüfen, ob sie ihre Glaubenserfahrungen mit dem korrekten Vokabular ausdrücken, ist es die Aufgabe der Kirche, Menschen zur Sprache zu verhelfen. Das umfasst zwei Bewegungen: zum einen, Menschen zu befähigen, die eigene, persönliche Sprache zu finden und nicht bloß Gelerntes zu reproduzieren; zum anderen das Vokabular der Tradition als Hilfe und Modell anzubieten und bei der Transformation in eine persönliche, lebendige Glaubenssprache zu begleiten.

Kirche und Evangelium sind für alle da

Die Kirche ist mit ihren sakramentalen Vollzügen und dem Evangelium von der Erlösung der ganzen Schöpfung in Christus, für alle da: für die, die einen theologisch durchreflektierten Glauben bekennen; für die, die einen schlichten Glauben pflegen; für die, die einen losen Kontakt haben wollen. Daher kann sie auch denen etwas geben, die nicht die dauernde Gemeinschaft mit ihr suchen. Die Kirche soll das Licht des Evangeliums auch für die leuchten lassen, die nicht als Träger des Lichtes zu gewinnen sind. Sie muss keine Botschaften bewahren, den »bloß« Naturreligiösen z. B. die Heilsbotschaft verschweigen. Zugleich werden die Gläubigen, die sich für ein kirchliches Leben entschieden haben, immer wieder ihr Bekenntnis weiterentwickeln und erneuern, indem sie sich erinnern, wen sie verkündigen.

In der Pastoral kann das zu Spannungen führen, die man aber kreativ lösen kann: Zeitlich begrenzte Gemeinschaften wie Erstkommuniongruppe oder Firmvorbereitungen haben ihren Eigenwert und können sich als temporäre Glaubensgemeinschaften konkretisieren. Dabei kann auf die Qualität der Beziehungen in den Gemeinschaften ebenso geachtet werden wie auf die Qualität der Botschaften. Immer wieder gibt es z. B. unter den Erstkommunioneltern einzelne Personen, die selbst einen neuen Zugang zu dem in der Kirche gefeierten Glauben suchen. Aufmerksamkeit und Achtsamkeit zahlen sich aus. Auch kurze Zeiträume können heilige Zeiten werden. Das Sprichwort »Die kommen nur alle heiligen Zeiten« kann man so auch positiv lesen.

Sich zu engagieren, ist immer sinnvoll, auch wenn man selbst den »Erfolg« nicht mehr sieht. So kann eine Pastoral entstehen, die die fragmentierten Kirchenorientierungen sinnvoll »bewirtschaftet«, indem sie sich für jeden Einzelnen einsetzt, aber auch anerkennt, dass Menschen unterschiedlichen Abstand brauchen. Die Menschen werden dabei nicht in verschiedene Stufen von Kirchlichkeiten eingeteilt (und damit abgewertet), sondern die Pastoral beheimatet sich in unterschiedlich kirchennahen Räumen und sorgt dort für durchlässige Grenzen, einladende Durchgänge, eröffnet Freiräume und Nahräume, begleitet bei Engpässen und unterstützt bei Fehlgängen.

Die Kerngemeinde pflegen

In der Pastoraltheologie und auch von Seiten der Kirchenleitung ist es heute manchmal modern, die traditionellen Gemeinden massiv zu kritisieren. Auch die vorliegende Studie hat schon mehrfach zahlreiche Defizite der klassischen Pfarrgemeinde benannt: die Tendenz zur Verwaltung des Ewiggleichen, die Neigung zur Vereinsmeierei, die kleinbürgerliche Milieuverengung mit ihrer selbstzufriedenen Sattheit sowie das interne Harmoniebedürfnis, das spirituelle Entwicklung blockiert sowie die Neigung zum sicherheitsbedürftigen Verharren im Binnenraum und die mangelnde Aufbruchs- und Innovationsbereitschaft.

Dennoch: Die Zukunft der Kirche wird davon abhängen, ob es den Gemeinden gelingt, sich zu erneuern und wieder als Orte lebendiger, offener und kraftvoller Spiritualität öffentlich wahrnehmbar zu werden. Ohne lokale Gemeinden gibt es kein

Christentum. Die Gemeinde als Kirche am Ort (vgl. LG 26) ist der zentrale Personal-Raum, an dem Gott sein Vorhaben mit den Menschen realisieren und in diesen glaubenden Gemeinschaften wahrnehmbar werden lassen will, wie er den Menschen gemeint hat. Gemeinden können Lebensräume sein für jene, die nach einem anderen, sinnvollen und erfüllten Leben suchen. Sie können Auferweckungsräume sein für jene, die am Leben leiden oder verzweifeln. Sie können Asylstätten und Oasen sein für jene, die nach Frieden und Freiheit in einer ungerechten Welt suchen. Glaubensbiotope, in denen man miteinander und füreinander einsteht und glaubt. Sie können spirituelle Zentren sein, wo Menschen vor das letzte Geheimnis ihres Lebens geführt werden. Ihre Hauptaufgabe aber ist es, Räume der Liebe zu sein (1 Joh 3–4).

Gemeinden, die dieses Profil entwickeln wollen, werden aufbrechen und sich selbstständig erneuern.[481] Die Krise der Gemeinden besteht ja nicht im Priestermangel, sondern im Mangel an lebendigen, selbstständigen Gemeinden. Gemeindeentwicklung ist also der Schlüssel zur Lösung der Kirchenkrise. Es ist die Aufgabe jeder Generation, die eigenen Kirchenberufungen zu entdecken und zu entwickeln, damit die Kirche am Leben bleibt.

Kirche vollzieht sich als Gemeinschaft der Gläubigen, ist immer »koinonal«, gemeinsam, miteinander, füreinander. Glaube ist kein Tête-à-tête von Einzelnen mit Gott, sondern ereignet sich nur in der Liebe auch zu den anderen Menschen. Gemeinde ist also ein qualitativer Begriff, keine soziologische Größe. Sie meint eine Gruppe von Menschen, die miteinander leben und glauben. Sie ist überschaubar, man kennt und weiß um einander persönlich, liebt, schätzt und erträgt einander. Erst die liebende Gemeinschaft realisiert den Leib Christi in der Welt für die anderen. Wie eine Stadt auf dem Berg leuchtet ihre Liebe für die Menschen und macht die Gemeinde attraktiv und glaubwürdig. Es ist unverzichtbar, dass unsere Gemeinden sich in diese Richtung weiterentwickeln. Solange sie religiös verbrämte Freizeitvereine sind, die ohnedies lieber unter sich sind, werden die Kirchen leer bleiben.

Von lebendigen Gemeinden der Liebe geht die kirchliche Erneuerung und Mission aus. Hier wird Volk Gottes für Außenstehende konkret erfahrbar. An der Liebe erkennt man die christliche Identität. Ohne solche Gemeinden gibt es für die Kirche nur wenig vitale Zukunft. Die Offenheit der Kirche für religiös suchende Menschen kann nicht an hauptberufliche Funktionäre (Seelsorgerinnen und Seelsorger) delegiert werden. Sie muss Habitus der ganzen Gemeinde werden und Geist und Gestalt ihrer gottesdienstlichen Feiern auszeichnen. Die Sorge um diese Weiterentwicklung der ganzen Gemeinde ist Basis jeglicher Ritenkultur nach außen.

Nur eine entwickelte Gemeinde ist in der Lage, stellvertretend für jene, die nicht glauben können oder wollen, zu beten und zu feiern. Theologisch gesehen reicht ja ein Mensch, der den Glauben bezeugt, um ein Sakrament zu jenem Raum werden zu lassen, in dem Menschen Gott begegnen können. Dieses alte und immer noch legitime Stellvertretungskonzept setzt Respekt und Transparenz dem anderen gegenüber voraus, für den man betet oder feiert, d. h. man fragt in der Regel auch danach, ob eine solche Stellvertretung dem anderen Recht ist. Damit das Sakrament aber als kirchlicher Vorgang erfahrbar bleibt, braucht es eine spirituell entwickelte Gemeinde, die den Glauben bezeugen kann.

481 Vgl. Paul M. Zulehner: *Aufbrechen oder untergehen.* So geht Kirchenentwicklung, Ostfildern 2003.

Den eigenen Sakramenten trauen lernen

Christen trauen ihren eigenen Traditionen nicht. Obwohl liturgische Symbole über Jahrhunderte »gewirkt« haben, werden sie in der heutigen Praxis durch eine Flut moderner Symbole ersetzt. Das ist gut gemeint, denn die Kirche will verständlich und am Puls der Zeit sein. Aber warum muss man über artfremde Symboliken mühsame Brücken zur eigenen Symbolik schlagen? Auch Kindern und Jugendlichen kann man durchaus schon zutrauen, die alten christlichen Symbole des Brotbrechens, Fußwaschens, des Kreuzzeichens oder der demutsvollen Kniebeuge zu verstehen. Statt sich symbolische Krücken aus anderen Traditionen auszuborgen (die damit nicht diffamiert werden sollen!), wäre es sinnvoll, die eigenen Rituale und Symbole wieder aus sich selbst heraus sprechen zu lassen und hören zu lernen.

Dazu gehört auch wieder: symbolisch wahrnehmen und denken zu lernen. Das Problem des mangelnden Verständnisses der kirchlichen Symbole wurzelt ja zentral auch in einer generellen Schwäche, Symbole wahrnehmen, verstehen und lesen zu können. Unsere Zeit, die unter Symbolen bloß konstruierte Zeichen versteht, deren Bedeutung man autonom festlegt und so Zeichen und Sache voneinander trennt, wird wieder lernen, in den Symbolen selbst wahre Wirklichkeit wahrzunehmen. Dies ist eine Kunst, die geübt werden kann. Aus dem Judentum kann man hier viel lernen:[482] so z. B. die Freude und die Kunst beim Interpretieren von Symbolen, die schrittweise Einführung jüdischer Kinder in die Bedeutung des Festkalenders und der heiligen Texte. Durch das Mitfeiern, das Mittun und Nachfragen lernt man die eigenen Traditionen schrittweise kennen und verstehen. In der christlichen Sakramentenpastoral aber verlangt man, dass jemand schon das Gesamt der Liturgie verstanden haben muss, um legitim mitfeiern zu dürfen. Das ist gnadenlos streng und entspricht auch nicht dem Wesen Gottes, der sich gerade jenen mitteilen will, die ihn noch nicht verstanden haben.

Erwachsenenkatechumenat entwickeln

Im Zusammenhang mit der Sakramentenpastoral legt sich die Entwicklung und Wiederbelebung des Erwachsenenkatechumenats nahe, wie es auch die alte Kirche kannte.[483] Lernen ist ein religiöses Ritual, auch das kann man von der jüdischen Tradition lernen, wo es vor der Säkularisierung des Judentums lange Zeit gar keinen eigenständigen Religionsunterricht gegeben hat. Der Beginn des Lernens war im traditionellen Judentum ein eigenes religiöses Ritual, ein Übergangsritus, bei dem man fünfjährige Kinder bereits mit der Bibel in Berührung brachte.[484]

Erwachsenenkatechumenate können wie ein religiöses Ritual gestaltet werden. Hier kann man urkirchliche Traditionen beleben und aus der Zeit der Patristik viel lernen. Auch die Kirche hat dazu Modelle entwickelt, die man aufgreifen und realisieren kann. In solchen Katechumenaten wird der Glaube missionarisch (d. h. in Beziehung) weitergegeben, sodass die Teilnehmerinnen darin mit ihrem ganzen Leben

482 Vgl. Günter Stemberger: *Rituale im jüdischen Familienleben*, in: Zulehner/Auf der Maur/Weismayer (Hg.), Zeichen des Lebens, 23–37.
483 Vgl. Tebartz van Elst, Die Wiederbelebung des Erwachsenenkatechumenats.
484 Vgl. Stemberger, Rituale im jüdischen Familienleben, 28.

»pastorale Klangkörper«[485] für das Evangelium Jesu Christi werden können. Erwachsenenkatechumenat braucht es nach außen und nach innen: Wer neu zur Kirche kommen und getauft werden will, wird hier Schritt für Schritt mit symbolisch gestalteten Übergangsriten in den Glauben der Kirche eingeführt. Die, die immer schon dabei waren, als Kinder schon getauft wurden, aber noch keine innere Glaubensidentität gefunden haben, können hier eine »zweite Bekehrung« (Franz-Peter Tebartz van Elst) erfahren. Van Elst bietet einige praktische Hinweise: Aufnahmefeiern, die Überreichung von Bibel und Kreuz, oder einer Sendung durch die Gemeinde, können die Neugetauften auch rituell ihren Kircheneintritt erleben lassen.

Auch die Christinnen, die ihren Glauben neu entdecken wollen, brauchen Rituale: Am Beginn ihres Erneuerungsweges können sie sich von der Gemeinde segnen lassen. In gemeinsamen Gesprächsrunden und Feiern erzählen sie der Gemeinde von ihren Glaubenserfahrungen. Den Abschluss ihres Weges feiern sie mit ihren Wegbegleitern ebenso wie mit der Gemeinde, schreiben vielleicht ein Buch oder malen eine Ikone für die Kirche, bekommen Segen und Bibeln zum Abschluss. Die Leiter solcher katechumenaler Wege brauchen feines Fingerspitzengefühl, dass solche Erneuerungswege nicht eine Zweiklassengesellschaft in einer Gemeinde erzeugen, und die, die den neuen Weg besuchen, nicht als die »besseren« Christen gelten. Was die Einzelnen lernen, dient allen. Katechumenale Gruppen können Katalysatoren für die Gemeindeentwicklung werden, wenn die Gemeindeleitung hier behutsame Integrationsprozesse anleitet und keine der Gruppen bevorzugt. Sie können aber auch Personalgemeinden werden, die von Pfarrgemeinden unabhängig sind. Auch hier ist Sorge zu tragen, wie die Wege der Einzelnen und Gruppen der Ortskirche und der Gesamtkirche zugute kommen können.

Spiritualität und Institution

> »Der berechtigte Hinweis auf Christus enthebt uns nicht der Notwendigkeit, die menschlichen Strukturen der Kirche, jene Strukturen, um deretwillen die Kirche als hierarchisch definiert wird, ständig zu reformieren, sondern verstärkt diese Notwendigkeit vielmehr.«
>
> *DDr. Franz Kardinal König*[486]

Kirche: Geheimnis und Sozialgestalt

Auch in der Kirche glauben viele Christinnen nicht (mehr), dass die Kirche mehr ist als eine bloße Institution, in der sich religiös Bedürftige versammeln, oder dass sie in der Heilsgeschichte von Gott her eine besondere Rolle zugeschrieben bekommen hat. Diesem ekklesialen Atheismus gilt die Kirche als historisch zufällig gewachsene

485 *Katechein* heißt wörtlich: entgegentönen.
486 Franz Kardinal König: *Der Weg der Kirche.* Ein Gespräch mit Gianni Licheri Düsseldorf 1986, 199.

Einrichtung, die es genauso gut auch nicht geben könnte und die, nur zufällig mit dem Christentum verbunden, eine rein menschliche Erfindung ist. Exegeten, Bibeltheologen und Dogmatiker haben allerdings bereits ausführlich gezeigt, dass die Kirche mehr ist als eine menschliche Einrichtung, dass sie ein Werk des Heiligen Geistes ist, und dass Gott die Kirche braucht, um seine Heilsgeschichte mit den Menschen realisieren zu können. Das Zweite Vatikanische Konzil mit seiner dogmatischen Erklärung über die Kirche, *Lumen Gentium*, bringt diesen jahrhundertealten Glauben wieder kirchenweit in Erinnerung.

Kirche hat mit den Augen des Glaubens gesehen eine Doppelnatur: Sie ist Sakrament und Institution, heilig und weltlich zugleich. Sie birgt das Geheimnis Gottes und ist zugleich gesellschaftliche Wirklichkeit, bedingt und geprägt durch historische und kulturelle Faktoren. Sie ist Leib Christi, stellt diesen aber immer in bestimmten soziologischen Formen dar. Auch die Kirche realisiert analog dem Christusereignis das Geheimnis der Inkarnation Gottes. Gott begegnet uns nicht in abstrakten Vorstellungen, sondern in einer konkreten gesellschaftlichen Gestalt. Geheimnis und Sozialgestalt gehören zusammen. Beide Dimensionen der Kirche sind nicht ident, sie sind aber auch nicht getrennt. Die sichtbare von der unsichtbaren Kirche zu trennen, ist nicht legitim, weil das die Leiblichkeit des Menschen nicht ernst nimmt und einen spirituellen Dualismus befördert. Die Sakramentalität der Kirche lässt sich von ihrer Institutionalisiertheit unterscheiden, aber nicht trennen. Man könnte analog zum Christusgeheimnis sagen: die heilige Sakramentalität und gesellschaftliche Realität der Kirche sind in ihr »unvermischt und ungetrennt« in einer Art symbolischer Beziehung. Beide streben aufeinander zu, sind aufeinander angewiesen. Die »äußere Kirche« ist sozusagen das »Medium« der »inneren« Kirche. Gehalt und Gestalt sind nicht ident, aber eines. Betont man eine der beiden Seiten, dann reduziert man die Kirche entweder naturalistisch auf eine säkulare Institution und befördert einen einseitigen Soziologismus der Kirche. Betont man nur ihren Geheimnischarakter, führt das umgekehrt zu einer spiritualisierenden Sakralisierung der Kirche. Beides ist wenig hilfreich. Die Konflikte der Gegenwart ranken sich vor allem um diese beiden Pole, die sich in ihrer Einseitigkeit einig sind. Die Kirche wieder mit den Augen des Glaubens sehen lernen, ist eine große spirituelle Herausforderung. Dabei geht es nicht um ideologische Resakralisierung weltlicher Einrichtungen, um diese gegen Veränderungen mittels Spiritualität abzusichern. Es geht darum, in den weltlichen Einrichtungen, Ämtern, Prozessen und Strukturen Gottes Geist wahrzunehmen, so dass man vertrauensvoll deren Weiterentwicklung wagen kann.

Die Spiritualität der Kirche wiedergewinnen

Die Fähigkeit, die Sakramentalität der Kirche wahrnehmen zu können, ist ein wesentlicher Bestandteil spiritueller Kompetenz. Organisationen und Institutionen beheimaten oder »managen« Spiritualität nicht nur, sondern sind selbst spirituelle Phänomene. Wie man Jesus meditieren kann, kann man auch die Kirche meditieren. Das setzt freilich ein anderes Denken und Sehen voraus: Man wird dazu lernen, Gemeinschaften nicht nur als Summe von Individuen zu sehen, sondern als eigenständige Wirklichkeiten, die miteinander und untereinander vernetzt ein eigenes Leben, einen eigenen Geist haben. Wer die Kirche als Sakrament meditiert (d. h. über sie lernt, liest, für sie betet und sie betrachtet), wird es auch wagen, sie zu verändern, weil er mit dem inneren Auge »sieht«, dass sie schon heilig ist, weil Gott mit ihr ist. Das bedeutet nicht, dass alles, was in der Kirche geschieht, gut und unkritisierbar ist. Es bedeutet aber, dass auch dort, wo die Kirche versagt, Gott ihr beisteht, vergibt, und mit ihr Wege finden wird, wie auch aus dem Halbfertigen, das sie tut, Gutes entstehen kann. Es gibt also keinen Grund zur Furcht. Spirituelle und strukturelle Entwicklung der Kirche gehen Hand in Hand und bedingen einander.

Die Krise der Institution

Viele Menschen sind heute der Ansicht, man könne auch ohne Kirche ein guter Christ sein. Die Krise der so genannten »Amtskirche« hat nicht nur binnenkirchliche Ursachen durch einen die Kirche(n) selbst polarisierenden Streit um die hierarchische Gestalt. Der Begriff »Amtskirche« selbst ist ein theologisches Unwort, weil Kirche die Gemeinschaft aller Getauften ist, »Amtskirche« daher ein rein kultursoziologischer Begriff, der Kirche radikal enttheologisiert und entspiritualisiert.

Die Krise wurzelt auch in unserer modernen Kultur. Mit der Moderne hat in Europa ein widersprüchlicher Prozess begonnen, der das einzelne Subjekt einerseits radikal individualisiert und daher von gesellschaftlichen Organisationsformen und Institutionen entfremdet, andererseits in einem Ausmaß von gesellschaftlichen Einrichtungen abhängig macht wie nie zuvor. Auch hier wird die fatale neuzeitliche Spaltung in Subjekt und Objekt sichtbar.

So finden wir uns in einer mehrdeutigen Situation. Was als Befreiung der Menschen aus unterdrückenden Machtverhältnissen begonnen hat, hat Institutionen zwischenzeitlich in Service- und Dienstleistungsanstalten zur Befriedigung privater Bedürfnisse verwandelt: Gesellschaftliche Institutionen sind in den Augen der meisten Zeitgenossen bestenfalls Einrichtungen, die dem privaten Wohlergehen zu dienen haben. Ihre freiheitssichernde Dimension wird übersehen, man unterstellt ihnen tendenziell eher das Gegenteil. Der private Lebensraum wird die Sphäre, von dem man das Lebensglück erhofft, das dialektische Wechselspiel zwischen Individuum und Institutionen wird ignoriert. Zugleich werden Menschen zunehmend mehr von unsichtbaren Strukturen beherrscht. Nicht selten scheint es, als diente das Leben des Einzelnen zur Aufrechterhaltung politischer und vor allem ökonomischer Institutionen. Diese gefährliche Widersprüchlichkeit beginnen die Menschen allmählich zu erkennen und wünschen sich eine kluge Erneuerung der Institutionen ebenso wie die Befreiung aus institutionellen Zwängen.[487]

Auch die Kirche ist von dieser Skepsis und Ambivalenz gegenüber Institutionen massiv betroffen. Als »Amtskirche« wird sie von den Menschen (inner- wie außerhalb der Kirchen) als öffentliche, durch Hauptamtliche repräsentierte und bürokratisch organisierte Organisation wahrgenommen, die der Erfüllung allgemeiner und privater religiöser Bedürfnisse zu dienen hat. Haupt- und ehrenamtliche Christinnen haben dabei nicht selten mitgespielt und sich vernützlichen lassen: Einseitig verstandene Fürsorge, p/maternalistische Machterhaltungswünsche haben dazu verführt, sich selbst in einen Dienstleistungsbetrieb zu verwandeln, in dem Partizi-

487 Vgl. Zulehner, Wiederkehr der Institutionen.

pation gar nicht so sehr gewünscht ist. Heute fällt das der Kirche auf den Kopf: Mitarbeiter werden rar, ihr Institutionencharakter steht zur Disposition. Religiös sein könne man auch ohne Kirche – und außerdem gibt es ja auch andere Anbieter. Die Kirche zum Sündenbock zu machen, der die Menschen angeblich unfrei machen will, ist auch im Interesse derer, die ihre eigenen Machtinteressen gern im Dunkel lassen und von sich selbst ablenken wollen.

Zeitgleich wird die Kirche auch von jenen angegriffen, die sich von einer global mächtigen Institution, die sich für Freiheit, Würde und Gerechtigkeit einsetzt, nicht ins Handwerk totalisierender Institutionalisierung des gesamten menschlichen Lebens pfuschen lassen wollen. Eine auch politisch wirkmächtige religiöse Großmacht stört andere politische und ökonomische Großmächte und behindert deren globale Machtentfaltung. Die Kirche zum Sündenbock zu machen, der die Menschen angeblich unfrei macht, ist auch im Interesse derer, die ihre eigenen Machtinteressen gern verschleiern und von sich selbst ablenken wollen.

Die Institution Kirche wird aber nicht nur gesellschaftlich angegriffen, sondern auch innerkirchlich. Manche »Progressive« prophezeien der Kirche den Untergang, wenn sie ihre hierarchische Struktur beibehält, viele »Konservative« wiederum sehen schon im Nachdenken über eine Veränderung der Institutionalisierungsformen einen Angriff auf die Heiligkeit der Kirche. Beide eint eine Geringschätzung des weltlichen Charakters der Kirche, der immer auch Institutionalisierung und damit verbunden Institutionenreform bedeutet.

Die Institutionalisierung ist theologisch begründet

Die Liebe, für die die Kirche einsteht, braucht materielle Ordnungen und Organisationsformen, damit sie sich entfalten kann. Doch es sind nicht nur funktionale und praktische Gründe, die eine kluge Institutionalisierung erforderlich machen. Auch aus anthropologischer Sicht gehören Institutionen zum Wesen des Menschen. Seine Personalität bedingt Institutionen. Weil der Mensch Gemeinschaft »ist«, gibt es Institution.

Die theologische Berechtigung der Institutionalisierung der Kirche schließlich hat ihren Ursprung in der Verpflichtung, das Wort Gottes unverfälscht weiterzugeben und die Sakramente zu feiern. Dieser Sendungs-Auftrag, der von Gottes Offenbarung her erfolgt, bedarf der Institution. Kirche als Institution ist also kein Selbstzweck, sondern dient der Verkündigung dieses Wortes, der Verherrlichung Gottes in Fest und Feier und dem Dienst am Menschen. Wer die Inkarnation ernst nimmt, versteht, dass sich christlicher Glaube auch in konkreten Sozialformen und als Institution ausdrücken wird, d. h. auch als gesellschaftliche Institution konkret wird. Gott beruft nicht nur Einzelne, sondern ein Volk. Gott wird Mensch bedeutet auch: Er wird Institution. Die Institution ist Trägerin des Geistes und erinnert daran, dass Christen ihren Glauben sich nicht selbst, sondern der Offenbarung Gottes verdanken. Die oft sperrige Konfrontation mit der kirchlichen Institution hindert Menschen daran, sich einen individuell passenden Gott herzustellen. Indem die Institution Gottes Offenbarung in Geschichte repräsentiert, sichert sie die Kontinuität der Botschaft. Sie fordert dazu auf, den eigenen Glauben als fragmentarisch zu erkennen und weiterzuentwickeln.

Erst im Wandel wird die Kirche sie selbst. Wenn sie bereit ist, sich zu verändern, reift sie sich selbst entgegen, wird sie morgen ein Stück mehr, was sie heute schon ist. Der Wandel ihrer Gestalt ist ein heiliges Zeichen. Dieser Wandel betrifft nicht nur ihre Spiritualität, sondern auch ihre Strukturen. Weil diese aber nicht nur funktional sind, sondern Strukturen Theologien darstellen, also verdichteter Glaube sind, sind sie so schwer zu verändern. Wenn Strukturreformer und Strukturbewahrer über ihre Theologien und Spiritualitäten ins Gespräch kommen, die sie zur Institutionenreform oder -bewahrung bewegen, kann der Streit um Institutionenreform einen spirituellen Sinn bekommen. Man kann dann wahrnehmen, dass es beim Konflikt um Reformen nicht primär um Machtfragen, sondern um theologische und spirituelle Fragen geht. (Dieses Argument darf man natürlich nicht benützen, um Machtfragen zu verschleiern.)

Hierarchie und Gemeinschaft[488]

Die Dogmatische Konstitution über die Kirche, *Lumen Gentium*, greift auf die biblische und patristische Tradition zurück und ordnet die Innenarchitektur der Kirche neu. Das »pastorale Grundschisma« einer »Kirche *für* das Volk« in Kleriker und Laien wird darin überwunden hin zu einer »Kirche *des* Volkes Gottes«. Der heilige *laós*, das priesterliche Gottesvolk, wird der Schlüssel zum erneuerten Kirchenverständnis. Die Ausdifferenzierung von Amt und Laien wird diesem gemeinsamen Priestertum aller nachgereiht, wie der Aufbau von *Lumen Gentium* verdeutlicht. Der Begriff der Hierarchie erhält eine andere Konnotation: »Aus einem Herrschaftsbegriff wird ein Ursprungsbegriff.«[489] Kirche ist heiligen Ursprungs – und um das sichtbar und wirksam in Erinnerung zu halten, gibt es das Amt.

Diese biblisch und patristisch vertiefte Ekklesiologie bringt eine Neubestimmung der Würde der Laien und ihrer Berufung in der Kirche. Gleichheit an Würde und Berufung auf Grund der Wiedergeburt in Jesus Christus werden unter den Grundrechten geschützt (LG 32; can 208 CIC). Daher gibt es in der Kirche keine »Unberufenen« mehr: Alle, die Gott seinem Volk »hinzufügt« (Apg 2,47), tragen zum Leben und Wirken der Kirche bei. Es gibt auch keine »Unbegabten« mehr: »Jedem ist die Offenbarung des Geistes geschenkt, damit sie allen nützt« (1 Kor 7,12). Der Kirche sind vielfältige Charismen geschenkt, darunter die unableitbare einzigartige Gabe des kirchlichen Amtes.

Dass allen Gottes Geist zu Gunsten des kirchlichen Gemeinwohls gegeben ist, hat aus einer Kleruskirche eine Beteiligungskirche gemacht. Jedes getaufte Mitglied der Kirche, das Gottes Geist in sich trägt, kann – als Gabe Gottes für seine Kirche – etwas zu deren Leben und Wirken beitragen. Die Erfahrung des Geistes Gottes führt zur Erfahrung der fundamentalen Gleichheit aller Gläubigen. Die Spiritualität jedes Einzelnen ist unverzichtbar für die Spiritualität der ganzen Kirche. Diese Glaubensüberzeugung hat erhebliche Rückwirkungen auf die Amtsausübung in der Kirche. Sie verpflichtet zur Synodalität. *Lumen Gentium* entwickelt ein Kirchenmodell des Volkes Gottes, das auf dem Prinzip der Teilhabe basiert.

488 Die Darstellung folgt Paul M. Zulehner: *Abschied von der Beteiligungskirche?*, in: Stimmen der Zeit 128, Jg. 221, Heft 7, Freiburg (2003), 435–448.
489 Ebd., 435.

Unvermittelt daneben steht freilich nach wie vor das hierarchische Modell, das ebenfalls seine spirituellen Wurzeln hat (siehe nächster Abschnitt). Die Spannungen zwischen diesen nebeneinander stehenden Konzepten einer partizipatorischen Communio-Theologie und einem hierarchischen Amtsverständnis können mit entsprechenden strukturellen Regelungen durchaus fruchtbar sein, weil beide Organisationsformen einander kontrollieren und korrigieren, d. h. bereichern können. De facto prallen sie aber zurzeit scharf aufeinander, nicht zuletzt deshalb, weil viele Fragen, wie dieses Zusammenspiel organisiert sein könnte, vorläufig ungelöst sind oder noch viel zu vorsichtig und ängstlich angegangen werden. Die Wiedererschließung der spirituellen Kraft könnte für viele der anstehenden Probleme die Kraft und das Vertrauen ermöglichen, die anstehenden Reformen zu wagen. Spiritualität ermöglicht die Überwindung des pastoralen Schismas, weil es Laien und Klerikern ermöglicht, einander als Brüder und Schwestern in Christus wahrzunehmen.

Hierarchie: ein Heiligungsprozess?

Hilfreich für moderne Zeitgenossen kann es sein, die Hierarchie von ihrem spirituellen Ursprung her zu verstehen. Der Theologe Dionysius Areopagita formulierte um 500 nach Christus eine antike kosmologische Weltsicht:[490] Der gesamte Kosmos wird wahrgenommen als Manifestation der Herrlichkeit Gottes, er ist eine Theophanie. Die Schönheit des Kosmos ruft uns zurück zu Gott. Indem wir antworten, werden wir transformiert, denn vom Kosmos gehen »Wellen« der Schönheit aus, die überallhin reichen und uns erreichen wollen. Die aufgespaltene Vielheit des Seins wird zurückgeholt in die Einheit mit Gott. Die heilige Ordnung des Kosmos, was Hierarchie ja wörtlich übersetzt bedeutet, ist in diesem Denken das Mittel Gottes, die Menschen zu sich zu rufen.

Dieses antike, neuplatonische Denken mag uns fremd sein und bedarf heute sicherlich einer kontextualisierenden Reinterpretation, damit man seine Sinnspitze für moderne Menschen versteh- und fruchtbar machen kann. Jedenfalls hilft der Blick auf den antiken Hierarchiebegriff, zu verstehen, warum Hierarchie für die Kirche ein alter, heiliger Begriff ist, und die hierarchische Organisation nicht nur funktional, sondern auch ein altes Modell dafür ist, wie Sinn und Ziel des Kosmos repräsentiert werden können. In der antiken Weltsicht gibt es eine Hierarchie – eine heilige Ordnung des Seins – und die soll wiederhergestellt werden. Um sich dessen gewahr zu sein und sie zu verwirklichen, organisiert sich die Gesellschaft hierarchisch – und die alte Kirche ahmt dies nach. Diese Organisationsform stellt in der Antike ein Hoffnungszeichen dar. Sie symbolisiert einen spirituellen Prozess der Wirklichkeit, die wahre Ordnung des Kosmos, die alle und alles zurückholt zu Gott. Dieses Hierarchieverständnis kommt also aus einer tiefreligiösen, kosmologischen Weltsicht, die die Moderne und die westlichen Kirchen verloren haben. (In den Ostkirchen ist diese Weltsicht noch bewusster gegenwärtig.) Wenn die Kirche ihre Ämter hierarchisch organisiert, drückt sie damit auch aus, wozu das Amt dient: Der Rückführung der Menschen zu Gott.

490 Vgl. Dionysius Areopagita: *Über die himmlische Hierarchie.* Über die kirchliche Hierarchie, übers. von Günter Heil, Stuttgart 1986.

Nun hat sich unser Weltbild heute massiv geändert, auch die Schattenseiten des dualistischen Neuplatonismus sind bekannt, ebenso seine zahlreichen Unvereinbarkeiten mit der biblischen Tradition. Hierarchie als Repräsentation des Gotteswillens ist heute eine mehr als ambivalente Angelegenheit, auch theologisch. Die oft autoritären, antidemokratischen Konsequenzen konkreter hierarchischer Machtausübung haben diese Organisationsform sehr in Verruf gebracht. Demokratische Machtausübung hat die politischen Hierarchien (zumindest formal) abgelöst. Hierarchien gelten im öffentlichen Bewusstsein vielfach als ungeeignet, Gesellschaften zu organisieren, überhaupt, wenn es sich um religiöse Gemeinschaften handelt. Dabei sind unsere modernen Gesellschaften und auch die repräsentativen Demokratien heute alles andere als hierarchiefrei, wenn auch durch Wahlen, Gewaltentrennung und Kontrollmechanismen diszipliniert und entschärft. Die sozialen Hierarchien sind heute bloß versteckter und werden anders legitimiert: z. B. durch Leistung, Erfolg und vor allem faktisches Durchsetzungsvermögen. In der Wirtschaft entdeckt man sogar den Wert hierarchischer Organisationsformen wieder, weil diese sehr effizient sind.

Die Kirche weiß um die Schattenseiten der Hierarchie und hat von alters her daher zwei Grundprinzipien nebeneinander formuliert: dem hierarchischen Prinzip war immer auch das synodale Prinzip zur Seite gestellt. Beides korrigiert einander: Das hierarchisch organisierte Amt stellt Gottes entgegenkommende Nähe und die Verbundenheit innerhalb des Gottesvolkes dar, es stellt auf symbolischer Ebene die Einheit dar. Das Prinzip der Synodalität, d. h. das gemeinsame, organisierte Ringen aller Gläubigen um einmütige Lösungen, sichert deren Einbezogenheit, so dass Berufung und Charisma jedes Einzelnen in der Kirche wirkmächtig werden können. Ohne Synodalität agiert die Kirche autoritär-zentralistisch. Ohne Hierarchie würde sie allerdings bald in viele Einzelkirchen zerfallen, die für Gruppeninteressen (z. B. nationalistische) vereinnahmt werden können.

Aus katholischer Sicht drückt das hierarchische Amt aus, dass es sich nicht den natürlichen, funktionalen Bedürfnissen nach Vergemeinschaftung verdankt, sondern dass es von Gott her einen personalen Auftrag gibt, sein Evangelium zu den Menschen zu bringen. Daher sind Amtsträger auch nur beschränkt zu wählen, Ämter auch nicht vom Volk her zu delegieren. Nicht das Volk gibt der Kirche den Auftrag, was sie zu tun hat, sondern Gottes Offenbarung. Auch dies spiegelt sich im Amt wieder. Zugleich gab es aber in der alten Kirche immer auch das Bewusstsein dafür, dass jemand, der ein kirchliches Amt anstrebt, nicht nur gegenüber der Tradition, sondern auch jenen gegenüber legitimiert zu sein hat, die er leitet. Wahlen per Akklamation oder Abstimmung sind dem kirchlichen Amtsverständnis also keinesfalls diametral entgegengesetzt. Entscheidend für die Amtsgestaltung der Zukunft wäre also eine beiderseitige Kontrolle: Ordentlicher Amtsträger darf in der Kirche nur der sein, der von der kirchlichen Hierarchie ebenso bestätigt ist wie von der Gemeinschaft jener Gläubigen, denen er vorsteht. Diese doppelte Absicherung gewährleistet, dass dem Geist Gottes Raum geschaffen wird auch bei der Auswahl von kirchlichem Leitungspersonal und ist ein wichtiges Beispiel dafür, wie man das Prinzip der Hierarchie mit dem der Synodalität verbinden kann. Solche Meinungsfindungs- und Abstimmungsprozesse werden nur dann ohne Konflikte und dem Willen Gottes entsprechend geschehen können, wenn alle Beteiligten bereit sind, sich dem Geist Gottes zu öffnen und eigene Interessen hinten anzustellen. Nur dann kann die hierarchische Organisation der katholischen Kirche der Mehrung der Spiritualität der Kirche dienen. Entscheidend ist, dass die je konkrete Organisationsform der Kirche dem Geist Gottes Raum eröffnet und ein spirituelles Hoffnungszeichen Gottes entgegenkommender Liebe ist.

Hierarchie und Netzwerk

Christus ist der Ursprung und Leiter der Kirche, seinen Leib darzustellen und sein Handeln fortzusetzen, ist auch die entscheidende Frage, wenn es um Strukturverbesserungen geht. Wie kann die Kirche wahrnehmbar machen und bewirken, wofür sie einsteht und was sie ist? Das Evangelium ist daher das wesentliche Maß und die entscheidende Leitungsinstanz kirchlicher Organisation. Weil das Neue Testament selbst schon apostolische Interpretation des Christusereignisses und darin höchst vielfältig (und oft auch widersprüchlich) ist, gehört die Pluralität der Kirchlichkeiten, damit aber auch die Vielfalt der kirchlichen Traditionen wesensmäßig zum Kirche-Sein. Evangelium und Tradition sind die relevanten Orientierungspunkte und Entscheidungshilfen. Einheit der Kirche meint also weder spirituelle noch strukturelle Uniformität, sondern die Aufgabe der Kirche besteht eben darin, zu zeigen, wie kirchliche Vielfalt gelebt und damit immer verbundener Konflikt in Liebe versöhnt werden können. Auf diese versöhnte Verschiedenheit hin sind alle Strukturen zu gestalten: Ermöglichen sie Einigung, Frieden, Liebe – oder stiften sie Streit, verstärken sie Polarisierungen?

Weil die Kirche nicht nur eine praktische Form funktionaler Vergemeinschaftung ist, sondern mit der Berufung eines Volkes zusammenhängt, das Gottes Eigentum ist und sein Reich auf Erden mitgestalten soll, ist die Kirche vom Volk Gottes her als ihrem Subjekt zu denken. Das kirchliche Amt steht im Dienst dieses Volkes, hat seiner Berufung zu dienen und seine Kompetenz zu fördern, dem Auftrag Gottes nachzukommen: die Heilsgeschichte Gottes mitzugestalten. Aufgabe des Amtes ist es, wie eine Art »Server« den vielen Basisgruppen, Bewegungen, und Netzwerken zu dienen und sie zu ermächtigen, ihren Dienst am Reich Gottes zu tun. Wichtige Aufgaben des Amtes bestehen dabei auch darin, Pluralität der kirchlichen Wege zu fördern und zu managen; Frieden zu stiften, wo gestritten wird; Konflikt zu entfachen, wo man sich allzu schnell einig ist; Brücken zu bauen zwischen den »Lagern«.

Das Amt ermöglicht auch Partizipation an der Gesamtkirche, so dass die Glaubenserfahrungen einzelner Traditionen auch den anderen dienen können und der Glaube der Gesamtkirche von allen gemeinsam weiterentwickelt wird. Solches Handeln dient dazu, dass die Kirche in der Spur des Evangeliums bleibt. Das Amt ist und wirkt dabei wie eine Ikone, die auf die Präsenz Gottes hin durchsichtig macht. Die Krise des kirchlichen Amtes in Europa, insbesondere des Priesteramtes, hat also dramatische Folgen: Die Sakramentalität der Kirche, damit ihr Wesen und ihr Auftrag, werden verdunkelt, die Universalität der Kirche weicht ihrer Provinzia lisierung, die Pluralisierung wird nicht gestaltet, sondern erlitten und fördert Polarisierung und Zersplitterung.

Das hierarchische Amt kann den pastoralen Netzwerken heute Festigkeit und Halt geben, damit diese ihre christlichen Konturen bewahren können. Wie Knotenpunkte lassen sie das Netz des Christlichen überhaupt erst erkennbar werden. Hierarchie braucht umgekehrt heute bewegliche und kommunikative Strukturen. Warum sollte man nicht die alte Idee der Hierarchie mit der neuen Organisationsform des »Netzwerkes« verbinden können? Hierarchie ist keinesfalls ident mit Zentralismus oder Bürokratismus; beides sind Organisationsformen der Moderne, aber nicht der kirchlichen Tradition. Der Kirche mit ihrem Prinzip der Synodalität ist eine solche komplexe Organisationsform nie fremd gewesen. Entscheidend ist, dass die Strukturen transparent und beweglich sind, Kommunikation, Teilhabe und Teilnahme sowie Gemeinschaft ermöglichen. Solche zu fördern, auch dazu dient das hierarchisch organisierte Amt. Hierarchisch organisiert sind dabei nicht die Personen, sondern die Ämter. Wenn diese Differenz zwischen Amt und Person allen bewusst bleibt, bedeutet Hierarchie keinesfalls Ungleichheit der Christen untereinander, sondern sind alle Brüder und Schwestern in Christus, vom getauften Säugling bis hin zum Papst.

Um den Weg von synodaler Teilhabe und geschwisterlicher Gemeinschaft allerdings zu gehen, muss man immer wieder aufrichtig und ausdrücklich die Machtfrage zum Thema machen. Amt braucht Macht, um gestalten und wirken zu können. Macht mutiert ohne Reflexion leicht zur Herrschaft oder Gewalt. Macht kann aber durch sorgsame Macht-Aufteilung gestaltet und kontrolliert werden, wie das Kirche in der Vielfalt ihrer Entscheidungsebenen und -vorgänge kann, wenn sie sich an den Prinzipien der Personalität, Synodalität und Kollegialität orientiert.

Die spirituelle Seite von Macht wird nur ganz selten bedacht. Wer Macht hat, verdankt sie nicht sich selbst, denn Macht ist immer ein Beziehungsphänomen. Wo Macht missbraucht wird, stimmen also Beziehungen nicht, ist etwas mit der Gottes- und Nächstenliebe nicht in Ordnung. Umgekehrt verleiht Gott selbst den Menschen Macht, damit er mit ihnen gemeinsam seine Heilsgeschichte konkretisieren kann. Wer die eigene Macht immer wieder demütig in dieser Macht verankert, kann sich vor ihren Versuchungen schützen. Alle Macht im Letzten Gott zu »lassen«, macht frei, mit der eigenen Macht behutsam umzugehen und sie in den Dienst der Menschen zu stellen. Insofern ist der lebendige Glaube an den biblischen Gott ein kritisches Korrektiv aller weltlichen, menschlichen und daher auch kirchlichen Macht.

Gezielte Planung und gelassene Geduld

Es ist unmöglich, die vielen Aufgaben, denen sich die Kirche gegenübersieht, auf einmal anzugehen oder gar zu lösen. Für vieles sind Lösungen auch noch gar nicht in Sicht. Zudem ist eine der großen Herausforderungen aller kirchlichen Reformen, am Evangelium Jesus Christi ebenso Maß zu nehmen wie dafür Sorge zu tragen, dass die vielen verschiedenen Christinnen einen Platz finden können. Nur eine Seite von Interessen zu bedienen, ist der Kirchenleitung untersagt. In einer polarisierten Kirche ist es doppelt schwer, Lösungen zu finden, die möglichst vielen entgegenkommen; daher unterliegt man leicht entweder der Versuchung, jene »Partei« die einem nähersteht, zu bevorzugen, oder aber gar nichts zu entscheiden. Hier sind alle Gläubigen aufgefordert, Parteienbildungen zu unterlassen, Polarisierungen zu mildern und Geduld miteinander zu haben. Die Kirchenleitung wiederum darf sich von der zu gestaltenden Pluralität der Meinungen weder in eine Ecke drängen noch so lähmen lassen, dass dann gar nichts mehr geschieht an nötiger Erneuerung und nur mehr der Bestand und Tradition gesichert werden.

Um hier nicht zu verzweifeln oder sich zu überfordern, braucht es eine kluge Mischung zwischen Geduld, Gelassenheit, Zuversicht und Hoffung einerseits, gezielter Planung und Umsetzung andererseits, die dem mutigen Geist der Erneuerung entspringt. Diese Haltungen sind »geistliche Früchte« und entspringen einer tief verwurzelten Spiritualität, die hilft, die damit verbundenen inneren und äußeren Spannungen zu ertragen.

Um den Vorgang der Erneuerung nicht dem Zufall oder persönlicher Willkür zu überlassen, ist es wichtig, dass sich die kirchlichen Verantwortungsträger mit den Gläubigen gemeinsam Zeit nehmen, um die Zukunft bewusst zu planen. Pastorale Prioritäten sind zu setzen[491], was jetzt, was morgen, was gar nicht getan werden kann. Wofür soll Zeit eingesetzt werden, was wird (vorläufig oder auf immer) gelassen? Wie sind Kräfte zu bündeln? Ziele sind festzulegen, Ressourcen (Charismen) sind zu sichten: Wer kann von wem lernen? Wofür sind die Haupt-, wofür die Ehrenamtlichen zuständig? Was haben die Ehrenamtlichen von ihrem Engagement? Aber auch die Erwartungen und Lebenssituationen der Adressaten, die man erreichen will, sind zu klären. Schließlich sind im Sinne des Vernetzungsparadigmas Kooperationen und Synergien mit anderen auszuloten.

Alle diese Vorgänge sind in ihrer spirituellen Dimension zu deuten und zu verstehen. Sie sind nicht nur rein pragmatische Prozesse – obwohl man sie dazu verkümmern lassen kann. In ihnen wird Gottes Wille sichtbar – aber nur dann, wenn sich alle Beteiligten auch die Zeit nehmen, zu verstehen, was Gott in dieser spezifischen Situation sagt oder will. Eigene Methoden solcher spirituellen Vergewisserung werden zu entwickeln sein.[492]

Zum Sinn eines »Glaubens der Kirche«: Heimat und Orientierungsraum

Die Fragmentierung der Kirchlichkeiten in der Zusammenschau mit ihrem Glauben verdeutlicht, dass die Befragten unserer Religionsstudie zwischen Religion und Institution deutlich unterscheiden. Sie verstehen sich als in verschiedenem Maß in die Institution eingebunden. Nicht immer drückt sich das Zugehörigkeitsgefühl oder ein tiefer Glaube in offizieller Kirchenmitgliedschaft aus; deshalb scheinen in unserer Befragung auch mehr Katholiken und Protestanten auf als in der offiziellen Statistik. Auch wenn es aus theologischer Sicht nötig und logisch wäre, sich als Glaubender als Teil der Kirche zu verstehen: Die meisten Menschen sehen in der Kirche nur mehr eine Institution, die mehr oder weniger hilfreich ist. In den Umfragedaten werden konkreter Glaube und konkret gelebte Kirche sichtbar. Diese faktisch realisierten Kirchlichkeiten sind personengestützt. Die institutionengestützten Vorstellungen eines amtlich geschützten, erwünschten Glaubens stehen für viele unvermittelt daneben: Wozu gibt es einen lehramtlichen Glauben, wenn Glaube doch persönliche Sache ist?

Während die individuelle Kirchlichkeit lebendige Basis und konkret vollzogenen Glauben realisiert, erinnern die lehramtlichen Traditionen daran, dass Kirche eine universale Dimension hat, und dass der Einzelne auf den Schultern des kirchlichen Erfahrungsschatzes der Vorfahren ruht. Theologisch ist davon auszugehen, dass so-

491 Vgl. Ebertz, Aufbruch in der Kirche, 138.
492 Ein Beispiel, wie das aussehen kann: Polak, Pfarrgemeinderatsklausur und kirchliche Gremienarbeit – spirituelle Vorgänge?

wohl in den persongestützen Kirchlichkeiten als auch in den institutionengestützten Kirchlichkeiten Gottes Geist am Werk ist. Das »Ganze« des kirchlichen Glaubens ist in der Gemeinschaft aller Gläubigen – durch alle Zeiten hindurch – aufgehoben, beheimatet und bewahrt. Weil es auch eine Zukunft des Glaubens gibt, in die hinein sich der Glaube von gestern und heute hineinentwickelt, braucht der Glaube des Einzelnen wie der Gesamtkirche immer wieder prophetische Kritik und Läuterung, Aktualisierung und Weiterdeutung. Der lehramtliche Glaube ist also mit dem Ganzen des Glaubens nicht ident, erinnert und verweist aber auf dieses Ganze des Glaubens, auf das die Gläubigen hinreifen. Die faktisch realisierten Kirchlichkeiten, gleichgültig ob welt- oder ortskirchlich, individuell oder institutionell, haben Anteil am »Ganzen« des Glaubens, können es aber niemals vollkommen »haben«. In allen Kirchlichkeiten wirken immer auch die menschlichen Eigeninteressen sowie der menschliche Ungeist. Das »Ganze« des Glaubens ist also immer neu zu suchen und zu sagen. Wo geglaubt, gehofft, geliebt wird, ist es im Vollzug anwesend und bleibt zugleich geheimnisvoll entzogen. Weil uns das Wort Gottes in seiner Ganzheit immer nur mittelbar begegnet, können wir es auch nur fragmentarisch vollziehen und sind doch auf das Ganze angewiesen.

Während der Protestantismus dieses »Ganze« für den Einzelnen vor allem in der Schrift, im Glauben und in der Gnade realisiert findet, betont die katholische Kirche auch die Tradition kirchlicher Lehre als Ort, in dem das, was wir vom Ganzen bisher »wissen«, aufbewahrt ist. Beide »Strategien« erinnern daran, dass das Ganze nicht ein für alle Mal zu haben ist, weder für den Einzelnen noch für die Gemeinschaft. Der Einzelne steht als unvollkommener, erlösungsbedürftiger Sünder vor seinem Gott, die Gemeinschaft ist stets darauf verwiesen, die Bedeutung der kirchlichen Lehrtraditionen immer neu zu verstehen. Individuum und Gemeinschaft sind also in ihrer Suche nach »Ganzheit« verwiesen auf andere(s) ihrer selbst, genügen sich nicht selbst. Die damit verbundenen Konflikte sind daher kein Ausdruck des Unglaubens, sondern Zeichen lebendigen Katholizismus und Protestantismus.

Auf dem Weg zur »Ganzheit« des Glaubens kann die kirchliche Gemeinschaft aus den vielen gelebten Kirchlichkeiten lernen. In diesem Lernprozess begegnen einander Kultur und Evangelium. Die vielen Kirchlichkeiten ermöglichen die Transformation des überlieferten Evangeliums in die Zeit sowie die Kulturation der Gesellschaft aus der Kraft des Evangeliums. Insbesondere die amtlichen Anwälte der erwünschten (evangeliumsartigen) Kirchen können sich nicht nur auf die Tradition berufen, sondern brauchen diesen Dialog mit den gelebten Kirchlichkeiten, weil sie nur so etwas darüber erfahren können, wie Gott im alltäglichen Leben der Menschen unserer Kultur wirkt. In diesem Sinn kann sich in den konkret gelebten, persongestützten Kirchlichkeiten eine prophetische Dimension zeigen.

Die prophetische Dimension des Wirkens der amtlichen Anwälte besteht umgekehrt darin, die Gläubigen daran zu erinnern, dass die individuellen Kirchlichkeiten immer nur fragmentarisch sind. Sie machen deutlich, dass Glaube niemandem »gehört« und keine Privatangelegenheit ist. Die amtliche Pflicht und Aufgabe der Amtsträger ist es, den Blick aller Gläubigen immer wieder auf die Mitte und das Zentrum des Glaubens zu lenken und die Sehnsucht und Sorge um das Ganze der Kirche und des Glaubens zu wahren und zu wecken. Fundamentale Aufgabe des Amtes ist es, in dialogischer und kritischer Weise daran zu erinnern, dass die konkreten Kirchlichkeiten und Gläubigkeiten stets der wechselseitigen Ergänzung und Korrektur bedürfen. Verantwortungsvolle und schwierige Aufgabe der Amtsträger ist es, die Evangeliums-Spurtreue des Einzelnen sowie gläubiger Gemeinschaften zu fördern. Dies geschieht nicht durch normierende Kontrolle, Denkverbote und Disziplinierung, sondern durch wohlwollend-kritische, dialogische Auseinandersetzung und produktiven Konflikt. Scharfe Kritikerinnen sind für die Kirche eine der großen spirituellen Herausforderungen, weil sie die Kirche zu konkretisieren zwingen, was Liebe bedeutet, vor allem wenn die Kritik tatsächlich irrt und in diametralem Gegensatz zu Schrift und Tradition steht. Kann es gelingen, auch solchen Kritikern einen Ort in der Kirche zu geben, an dem ihr Charisma für die Kirche fruchtbar wird? Kann es gelingen, jemanden, der irrt, wieder für sich zu gewinnen und sich dafür Zeit zu nehmen, Anleihe zu nehmen bei der Geduld Gottes mit den Menschen? Und ist es möglich, jede Kritik so ernst zu nehmen, dass die ganze Kirche aus ihr lernen kann, ohne das Profil zu verlieren?

Kirche wächst aus dem gelebten Glauben ihrer Mitglieder. Zugleich ist es aber unverzichtbar, dass sich die konkreten Glaubensgestalten einer prophetischen Kritik durch die Tradition, durch Schrift und Lehramt stellen. Dies ist der innerste Kern kirchlichen Gehorsams: sich fragen zu lassen, woher der persönliche Glaube stammt – aus Gott oder aus meinen eigenen Interessen. Der institutionalisierte »Glaube der Kirche« dient dabei als Heimat und Orientierungsrahmen. Der Glaube der Kirche kann Heimat für den Glauben des Einzelnen sein und ihn darin entlasten, das Ganze des Glaubens »haben« zu müssen. Die Existenz eines solchen institutionalisierten Glaubens eröffnet theologisch die Möglichkeit fragmentarischer Glaubensgestalten, die im Glauben der Kirche aufgehoben sein können.

Für die Verkirchlichung des Glaubens werben

Es braucht heute gute Gründe, warum man seinen persönlichen Glauben im Raum der Kirche verankern soll. Es ist weder kulturelle Selbstverständlichkeit noch moralisch-soziale Verpflichtung, den eigenen Glauben zu verkirchlichen. Die Kirche wird also zu den Menschen gehen und ihnen zeigen, dass sie bei einer solchen Auseinandersetzung mit der Tradition nur »gewinnen« können: Der Horizont weitet sich, man taucht ein in Ströme weisheitlichen Wissens, bekommt Einblick in das religiöse und theologische Wissen und Denken, in Kunst und Musik von Jahrhunderten. Man kann sich in der Geschichte verorten und den Kosmos in seiner Vielfalt und Ordnung wahrnehmen lernen. Man erkennt, dass man mit seinen Fragen und Sehnsüchten niemals allein war, dass Generationen davor Gott gesucht und gefunden, gefühlt und gedacht haben. Eigene, namenlose Erfahrungen bekommen plötzlich mithilfe der Tradition Namen, Worte und Orte. Über die Verkirchlichung des Glaubens wird dem Einzelnen ein Weg aus der religiösen Isolation und Selbstbezogenheit eröffnet, der zugleich befreit und vergemeinschaftet.

Dazu braucht es Räume, Zeiten und Gruppen, die solche »Verkirchlichung« in Freiheit und Gemeinschaft ermöglichen. Anzusetzen ist bei den fragmentarischen Glaubensgestalten. Ziel ist aber keine Durchsetzung von Definitionsmacht, sondern dass der Einzelne seine Glaubenserfahrungen so konkretisieren kann, dass er daran reift und seinen Beitrag für die Gemeinschaft der Gläubigen bringen kann. Ein solcher Prozess könnte auch ein Beitrag sein, den Glauben aus den privaten Ghettos zu holen. Menschen können in der gemeinsamen Auseinandersetzung mit der Tradition lernen, welche Fülle und welchen Reichtum es bedeutet, seinen Glauben mit anderen zu entwickeln.

Die individuellen Kirchlichkeiten sind umgekehrt in der auch ihnen anvertrauten Sorge um das Ganze aufgefordert und verantwortlich, sich mit dem Glauben auseinander zusetzen und ihn gläubig-prüfend zu pflegen und fortzuentwickeln. Auch die fragmentarische Glaubensgestalt wurzelt nicht ausschließlich in der Absolutheit einer persönlichen Gottesbegegnung, sondern verdankt sich geschichtlichen, kulturellen, religiösen, kirchlichen Traditionen, die es zu reflektieren gilt.

Der institutionalisierte Glaube ist den fragmentarischen Kirchlichkeiten verpflichtet und bezieht seine Existenzberechtigung nicht nur von der Offenbarung her, sondern auch von den konkreten Kirchlichkeiten. Die fragmentarischen Glaubensgestalten sind umgekehrt Basis und Boden des Glaubens der Kirche und müssen sich daher einbringen. Beide Kirchlichkeiten sind voneinander abhängig und gemeinsam bezogen auf die Offenbarung des einen Gottes in der Vielfältigkeit seiner Offenbarungsweisen.

Die internen Spannungen und Widersprüche gestalten

Spannungen gibt es nicht nur zwischen dem individuellen Glauben und dem Glauben der Kirche, sondern auch zwischen kirchlichen Sektoren und der Gesamtkirche. Nur die wenigsten Gläubigen vollziehen und entwickeln ihren Glauben wirklich als Individuen. Die meisten entwickeln ihre »individuelle« Glaubenspraxis nach wie vor in Gruppen, Gemeinschaften und Milieus. Einer radikalen Individualität kirchlichen Glaubens sind daher kultursoziologisch (und wohl auch anthropologisch) Grenzen gesetzt. So lassen sich auch innerhalb des konfessionellen Milieus verschiedene Sektoren mit verschiedenen Verhältnissen zur Institution ausmachen. Karl Gabriel[493] beschreibt diese für die katholische Kirche folgendermaßen:

Der fundamentalistische Sektor, maximal 10% der aktiven Kirchenmitglieder, ihre Mentalität ist vorkonziliar, restaurativ und modernitätskritisch.

Der explizite und interaktive Sektor, das sind jene, die ihren Glauben institutionennahe leben und regelmäßig den Gottesdient besuchen, je nach Altersstufe zwischen 15% (bei den 20–30-Jährigen) und 40% (bei den 40–50-Jährigen). Dieser Sektor trägt das kirchliche Leben, wird aus Überalterung, aber stetig kleiner.

Der Sektor diffuser Katholizität, das sind die »die latent Christlichen«: Gläubige, deren Religiosität sich vor allem auf Familie (und Kinder) konzentriert und sich derart vor allem anlässlich von Lebenswenden und bei Jahresfesten äußert, zahlenmäßig die größte, aber auch die unbekannteste Gruppe (Gabriel nennt keine konkrete Zahl).

Der Bereich der Personen, die *durch Arbeitsverträge an die Kirche gebunden*, also formal organisiert sind; dieser Sektor bildet das Rückgrat des gemeindlichen Sektors, verstärkt aber das Bild eines kirchlichen Dienstleistungsbetriebes.

Der Bewegungssektor, in dem es spirituell-charismatische und basisgemeindlich-politische Gruppen gibt, die vor allem den Raum für eine biographienahe Religiosität ermöglichen. Zahlenmäßig ist dieser Sektor verschwindend gering.

493 Vgl. Karl Gabriel: *Christentum zwischen Tradition und Postmoderne*, Freiburg im Breisgau ^{7}2000, 177–192.

Spannungen zum Lehramt der Kirche sind dabei genauso absehbar wie zwischen den Spiritualitäten und Kirchlichkeiten dieser Sektoren. So streiten Sektor zwei und Sektor drei, ob es notwendig ist, sich in einer traditionellen Gemeinde zu engagieren, um »wirklich« Christ sein zu dürfen, Sektor eins, zwei und Sektor fünf wiederum sind sich oft bezüglich dessen, was Spiritualität ist, nicht einig und verstehen völlig verschiedene Lebensweisen darunter. Innerhalb des Bewegungssektors gibt es nicht unerhebliche Spannungen, was die Zielsetzung von Kirche bedeutet. Schwierig wird es auch, wenn in einer Pfarrgemeinde die Gemeindechristen mit den Katholikalen aufeinander stoßen oder eine Bewegung aus Teilen einer Pfarrgemeinde erwächst.

Diese gruppenbedingten widersprüchlichen Erwartungen werden in unserer Studie auch auf der Ebene der Einzelnen sichtbar[494]: Die Erwartungen an die christlichen Kirchen sind dermaßen widersprüchlich, dass es unmöglich ist, allen Mitgliedern gerecht zu werden. 78% wünschen verstärkten Einsatz für den Frieden in der Welt, 63% gegen die Armut, 47% für die Zukunft der Menschheit. Bekämpfung der Ausländerfeindlichkeit wird nur mehr mit 28% begrüßt, ebenso die Erhaltung der Umwelt mit 26%. Einsatz der Kirche gegen die Benachteiligung der Frauen wünschen sich 19%, nur mehr für 9% ist der Einsatz der Kirchen für Veränderung der Arbeitswelt wichtig. Je konkreter die Erwartungen werden, umso mehr divergieren sie. Sorgen macht man sich in der österreichischen Bevölkerung v. a. um den Kontakt zu Priestern, den Rückgang der Gottesdienstbesuche und die sakramentale Versorgung von Kranken. In vielen kleinen Ortschaften ist die Kirche die letzte Identifikationsstelle als Gemeinschaft.

Zu den kirchlichen Kernaufgaben zählen die Menschen vor allem die Rituale zu den Lebenswenden, Weihen und Segnungen sind Randaufgaben, auch Predigten und Beichtgespräche sind am Rand angesiedelt. Interessant ist dabei, dass auch die Ausgetretenen und die Nicht-Kirchlichen Erwartungen an die Kirchen haben, vor allem gesellschaftspolitischer Art. Diese vielen divergenten Erwartungen gilt es, klug zu bewirtschaften.

Vielfalt managen: beieinander in die Schule gehen – voneinander lernen

Trotz der Vielfalt und Widersprüchlichkeit der Erwartungen und Sektoren gilt: Erst die vielen Kirchlichkeiten, Sektoren, Gruppen, Gemeinschaften mit ihren divergierenden Spiritualitäten, Glaubensüberzeugungen, Erwartungen und Engagements , ergeben die eine konkrete Kirche. Es geht nicht darum, jede einzelne Gruppe optimal zu »bedienen«, sondern die Vielfalt zu managen und die widersprüchlichen Bereiche bewusst in Kontakt zueinander zu bringen. Jede einzelne Kirchlichkeit hat ihre unverzichtbaren Stärken, kann aber immer nur ein Fragment, einen Ausschnitt von Kirche realisieren. Jeder Kirchlichkeitstyp braucht den anderen. Jeder steht für eine andere Spiritualität, die es freizulegen und in die ganze Kirche einzubringen gilt. Die verschiedenen Kirchlichkeitstypen können und müssen daher voneinander lernen und beieinander in die Schule gehen. Konkret heißt das:

494 Vgl. Zulehner/Hager/ Polak, Kehrt die Religion wieder?, 101ff.

1.) Die spezifischen »Leistungen« aller Gruppen füreinander und für das Gesamt der Kirche wahrnehmbar und diskutierbar machen; ohne vorschnell zu harmonisieren oder Konflikte unter den Tisch zu kehren, kann doch an einer Wertschätzung für alle, die sich als Gläubige verstehen, gearbeitet werden.
2.) In den einzelnen Gruppen die Sehnsucht und Verantwortung für das »Ganze« zu wecken, sowie gemeinsam lernen, die persönliche Fragmentarität nicht im Sinne eines Defizits, sondern einer menschlichen Grundgegebenheit anzuerkennen. Dies gilt auch für Wahrnehmung von Differenz, die für die Mehrheit religiöser Menschen immer noch bedrohlich ist. Dabei ist gerade die Differenzerfahrung spirituell höchst produktiv, weil sie lehrt, auf Gottes Liebe zu vertrauen und darauf zu verzichten, selbst die Einheit herstellen zu wollen.
3.) Die Amtsträger dienen in diesen Vorgaben als Moderatoren, spannen Räume der Begegnung auf, helfen Konflikte zu bewältigen. Einheit wird nicht bürokratisch-administrativ oder normativ hergestellt, sondern in Prozessen dargestellt und angestrebt, die auf Übereinstimmung zielen, dass man sich in aller Verschiedenheit als Weggemeinschaft mit einer gemeinsamen Mitte begreifen lernt. Die Kirchenleitung zielt in ihrem Management von Pluralität also nicht auf Harmonie, sondern Liebe; nicht auf Gleichschaltung, sondern produktiven Konflikt.
4.) Der gemeinsamen Liturgie wird hier eine besondere Bedeutung zukommen: Sie wird der Ort sein, in dem im Lobpreis Gottes die Gegensätze zwischen den Gruppen »aufgehoben« sind und den heiligen Zeiten entlang Einheit jetzt schon erfahrbar werden kann. Neben den gruppenspezifischen Liturgien braucht es also auch Feste und Feiern, in denen die kirchlichen »Gegnerinnen« miteinander beten, singen, das Wort Gottes hören und Mahl halten können und so erleben, dass sie im Grunde zusammengehören in ihrer Liebe zu Gott.

Spiritualität und Solidarität als die Zukunftsthemen der Kirche

Eines der Hauptspannungsfelder innerhalb der Kirche wird die Frage sein, wie Spiritualität und Solidarität kirchlich konkret zusammenhängen. Unsere Studie zeigt, dass es zwei kirchliche Haupttypen gibt: Der eine Typ von Gläubigkeit ist eher gottzentriert (vertikal und auf »Ewigkeit« hin orientiert), der andere mehr menschenzentriert (horizontal und irdisch ausgerichtet). Dabei entwickeln sich verschiedenartige Spiritualitäten und Solidaritäten. Diese bunten Variationen zeigen sich sowohl in der Gestalt des Glaubens der einzelnen Menschen, aber auch im Erwartungsprofil an die kirchliche Gemeinschaft.

Wiederum: Einzelpersonen, Teilgruppen – ob Laien oder Amtsträger – können aus anthropologischen Gegebenheiten heraus gar nicht anders, als eigene, spezifische Kombinationen von Spiritualität und Solidarität zu konkretisieren. Zudem kann aus der angestrebten Menschennähe Gottesannäherung erwachsen, umgekehrt aus dem tiefen Eintauchen in Gott ein Auftauchen neben den Menschen. Die Wege der Glaubensentwicklung sind also auch keine normierbaren Wege, weil letztlich von Gott geleitet und unverfügbares Ereignis. Das Ja zur Fragmentarität des individuellen bzw. sektorenspezifischen Glaubens enthebt aber nicht der Suche, Sorge und Pflege von Einheit und Ganzheit. Was das konkret bedeutet, ist immer wieder neu und gemeinsam auszuhandeln.

Den für die Formung des Lebens- und Arbeitsraums der Kirche Verantwortlichen erwachsen daraus mehrere Aufgaben:

Es ist notwendig, in den nächsten Jahren *starke spirituelle Zentren* zu bilden, Oasen der Mystik, der Meditation und der Kontemplation, des Gebets, der Gottes- und Gebetsschulen. Dies wird geschehen unter Einbeziehung des spirituellen Reichtums der großen und der neueren spirituellen Traditionen. Es braucht – wie schon mehrfach erwähnt – auch dafür Vorbilder, Mystagoginnen, Orte und Vorgänge.

Zugleich wird in den nächsten Jahren das *diakonale Engagement* der einzelnen Personen in und um die Kirchen, der Netzwerke, der Gemeinden und Bewegungen zu fördern sein. Auf dem Programm wird eine Veralltäglichung der Diakonie stehen, welche die nach wie vor erforderliche professionelle Diakonie und Caritas ergänzt. Die Zukunft der Gemeinden hängt neben ihrer spirituellen Belebung als Ausdruck authentischer Gottesliebe auch davon ab, ob es ihnen gelingt, Orte glaubwürdiger Nächstenliebe zu sein. Ideen wie freiwillige Selbstbesteuerung, Billig-Basare, wo Arbeitslose oder Arme günstig einkaufen können, Besuchsdienste für kranke, einsame oder alte Menschen, sind zukunftsträchtig.

Besondere Aufmerksamkeit wird dem *UND* zu widmen sein: Spiritualität *und* Diakonie sind zusammenzubringen. Das heißt, dass die Frommen eher die Diakonie lernen sollten, die Diakonalen die Frömmigkeit. Dadurch wird das je Eigene wachsen können. Eine diakonale Spiritualität und eine spirituelle Diakonie liegen dem Zentrum des Evangeliums näher als die je einseitigen Positionen, die zwar auch nicht evangeliumsfremd, aber eben eindimensional sind. Sie entsprechen dem unentflechtbaren Ineinander von Gottes- und Nächstenliebe. Das lässt hoffen, dass dann sowohl die Spiritualität diakonaler und die Diakonie spiritueller sein kann.

Die dabei entstehenden Konflikte, die aus der Begegnung mit dem je anderen erwachsen werden, sollten produktiv und mutig als Herausforderung zum Wachstum (von Individuum, Gemeinschaft und Institution) wahrgenommen, kultiviert und bewältigt werden. Wichtig ist für diese Herausforderung der Zukunft ein tragfähiges und vertrauensvolles Miteinander der vielen verschiedenen Gruppen und Bewegungen: dem anderen etwas zutrauen, einander zuhören, sich auseinandersetzen, die Bedeutung und Aufgabe des anderen achten, die Charismen des anderen wahrnehmen, pflegen und integrieren bzw. als Impuls zur eigenen Entwicklung sehen.

Gesellschaftlich einmischen

Dies ist der Katastrophenfall von Spiritualität: Jemand besucht um teures Geld spirituelle Wochenendseminare, Kurse, Tagungen – und dennoch bleibt im Alltag und in der Welt alles beim Alten. Man entflieht dem Alltagsstress in die spirituelle Droge und kehrt danach wieder in denselben lebenszersetzenden Stress zurück. Wer wirklich spirituell wird, wird beginnen, die Umstände, in denen er lebt, zu ändern. Das Evangelium sagt: Kehre um, ändere dein Leben, das wird dich heilen. Das ist ein harter Weg, aber er führt zur Freiheit.

Eine spirituelle Kirche wird daher immer auch eine gesellschaftspolitisch aktive Kirche sein und sich einmischen. Wie das konkret aussehen kann, wurde im Kapitel Religionspolitik bereits ausführlich angedacht.

Kirchen können in einer zerrissenen, gestressten, unruhigen und oft lieblosen Gesellschaft Wunden heilen, Zerstrittene versöhnen, die Trennungen zwischen den vielen Lebenssphären überwinden, indem sie Brücken schlagen. Der Glaube ermöglicht ein ganzheitliches Leben, verbindet eine zerrissene Gesellschaft. Kirchen können Menschen unterstützen, die gesellschaftlichen Umbrüche der Gegenwart human zu bewältigen: individuell und politisch, durch Widerstand und Alternativ-Möglichkeiten. Diese Praxis *ist* der elementare Ausweis – oder eben *das* Ursymbol christlicher Glaubwürdigkeit – in ihr wird Gottes Gegenwart enthüllt oder entstellt. Spiritualität und Solidarität sind nicht nur Angelegenheiten für Profis, sondern für alle Christinnen. In den alltäglichen Lebenszusammenhängen können Christen Strukturen mit Liebe erfüllen. Ihre Hauptaufgabe wird sein, sich auf die Seite der Opfer zu stellen. Nicht als Lückenbüßer, wo Politik und Wirtschaft versagen, werden sich Christen einsetzen. Wo menschliches Leben gefährdet wird, werden sie sich engagieren: Widerstand leisten und Alternativen anbieten – auf der Ebene der Großinstitution kann sie eine unverzichtbare Einrichtung gesellschaftlicher Freiheit sein, auf der Ebene der Gemeinden Gemeinschaften alternativen Lebensstils entwickeln. Der praktische Weg, den die Kirche selbst geht, indem sie die Gottes- und Nächstenliebe tut, ist der beste Weg, um das »gute Gewissen« der Gesellschaft zu werden. So wie das persönliche Gewissen jener Ort der Identität ist, der dem Einzelnen ermöglicht, das einem zugedachte, eigene und gute Leben zu leben, kann die Kirche jener Ort der Gesellschaft werden, in dem für viele sichtbar werden kann, was Menschsein mit Gott bedeuten und wie es das Leben lebenswert machen kann. Die kirchlichen Grundaufgaben werden dann Antworten auf die zentralen Fragen moderner Gesellschaften: Diakonie ist die Antwort auf die Krise der Solidarität und die großen sozialen Probleme der Gegenwart; Martyria zeigt jenen, die nach Halt und Orientierung im Denken und Leben suchen, einen Weg sinnerfüllten Lebens; Koinonia ist die Alternative zum selbstbezogenen Individualismus, und in der Liturgie können Menschen jene Gottesnähe finden, die sie ersehnen, und die ihnen auch von Gott her zugedacht ist.

Heute für morgen Weichen stellen

Die Zeit der Kirchenhäme wird zu Ende gehen. Kirchen werden in den nächsten Jahren im Sog der Wiederkehr der Religion Gehör und neue Chancen finden. In Europa wird es viele, vor allem junge Menschen geben, die fernab von der Kirche aufgewachsen sind, und deren Interesse man wird wecken können abseits der gegenwärtig festgefahrenen binnenkirchlichen Streitereien. Diese veränderte Präsenz und Situation zu nützen, kann natürlich nicht bedeuten, die gegenwärtige Krise auszusitzen – egal ob »links« oder »rechts« – und tatenlos zu warten und zu hoffen, dass von selbst wieder Ruhe einkehrt.

Es ist nämlich nicht anzunehmen, dass die Mehrheit der Menschen ihren Glauben in Zukunft kirchlich vollziehen wird. Viele werden vielgestaltige, multireligiöse Wege einschlagen, experimentieren, suchen und dabei durchaus auch für die Kirchen offen sein. Der traditionelle kirchliche Gewohnheitsglaube wird einem Entscheidungsglauben weichen. Die meisten Menschen werden ihren Abstand zur Kirche selbst wählen, aber auch durchaus dankbar sein, wenn man aktiv und initiativ auf sie zugeht, sie mit offenen Türen und Händen gastfreundlich aufnimmt. Wenn man den Menschen mit Respekt vor ihrer Freiheit, ihrer Selbstständigkeit und ihrem Glauben begegnet, kann die Kirche eine unverzichtbare religiöse Institution bleiben, die vielfältige Vernetzungen inmitten der modernen Gesellschaft hat, stiftet und fördern kann.

Als Kaiser Konstantin das Christentum zur Staatsreligion machte, waren nicht einmal 10% der Bevölkerung Christinnen, die Mehrheit von ihnen lebte in den religiös und gesellschaftlich pluralen Städten. Doch diese Minderheit war religiöses Salz und sozialer Sauerteig der Gesellschaft und zeugte wie die Stadt auf dem Berg mit ihren damals wegweisenden »Sozialprojekten« und einem authentischen und befreienden Glauben für die Größe und Liebe Gottes. Heute geht es nicht darum, wieder Staatsreligion zu werden, das wird mit dieser Erinnerung nicht ersehnt, auch nicht heimlich. Aber als Minderheit eine alternative Form menschennahen und gottvollen Lebens zu entwickeln, die bei der Mehrheit moderner Menschen Aufmerksamkeit erregt und nachahmenswert scheint, ist ein großes Ziel, das wir uns wünschen dürfen und auch müssen, wenn das Reich Gottes in der konkreten Welt von heute Raum und Zeit finden soll. Kirche kann wieder bedeutsam werden. Dafür kann sie heute die Weichen stellen.

Literaturverzeichnis

Affemann, Rudolf: *Krank an der Gesellschaft*. Symptome, Diagnose, Therapie, Stuttgart 1973

Aichern, Maximilian: *»Gottesstaat« oder »Staat ohne Gott« – eine falsche Alternative*, in: Lederhilger (Hg.), Gottesstaat oder Staat ohne Gott?, 151–155

Anonymus d´outre-tombe: *Die großen Arcana des Tarot*. Meditationen. Mit einem Vorwort von Robert Spaemann und einer Einführung von Hans Urs von Balthasar, Basel ³1983

Awadalla, Elfriede: *Sekten, Kulte, Esoterik und der rechte Rand*, Wien 1997

Angón, Oscar Celador: *Religionsfreiheit in Europa*, in: KSÖ (Hg.), Religionen: öffentlich präsent?, 11–14

Anzenbacher, Arno: *Christliche Sozialethik*. Einführung und Prinzipien, Wien und Paderborn 1998

Arendt, Hannah: *Elemente und Ursprünge totaler Herrschaft*. Antisemitismus, Imperialismus, totale Herrschaft, München ⁹2003 (1951)

ARGE der Evangelischen Jugend in der BRD/Holzapfel, Ingo u. a. (Hg.): *Jugend und Religion*. »Wer glaubt denn heute noch an die sieben Gebote?« aej-Studientexte 2/92, Reutlingen 1992

Assmann, Jan: *Ma´at*. Gerechtigkeit und Unsterblichkeit im Alten Ägypten, München 1990

Babiuch, Jolanta: *Freiheit und Solidarität im nachkommunistischen Europa*. Einige soziologische Überlegungen, unveröff. MS, 3; Referat im Rahmen eines Symposiums der CCEE, des Rates der Europäischen Bischofskonferenzen vom 7.–12. September 1993 in Tschechien

Baghajati, Carla Amina: *Muslime in Österreich*. Welche gesellschaftspolitische Rolle spielen sie?, in: KSÖ (Hg.), Religionen: öffentlich präsent?, 24–27

Baier, Karl: *Überblick zur Begriffsgeschichte von Spiritualität*, unveröff. MS, Wien 2002

Ders.: *Zur Phänomenologie des stillen Sitzens*, unveröff. MS, Wien 2002

Ders./Mühlberger, Sigrid/Wucherer-Huldenfeld, Karl-Augustinus (Hg.): *Atheismus heute?* Ein Weltphänomen im Wandel, Leipzig 2001

Baecker, Dirk (Hg.): *Kapitalismus als Religion*, Berlin 2003

von Balthasar, Hans Urs: *Das Evangelium als Norm und Kritik aller Spiritualität in der Kirche*, in: Ders.: Spiritus Creator. Skizzen zur Theologie III, Einsiedeln 1967, 247–263

Ders: *Vorerwägungen zur Unterscheidung der Geister*, in: Ders.: Pneuma und Institution. Skizzen zur Theologie IV, Einsiedeln 1974, 325–339

Bärsch, Claus-Ekkehard: *Die politische Religion des Nationalsozialismus.* Die religiöse Dimension der NS-Ideologie in den Schriften von Dietrich Eckart, Joseph Goebbels, Alfred Rosenberg und Adolf Hitler, München 1998
Barker, Eileen: *Neue Religiöse Bewegungen.* Religiöser Pluralismus in der westlichen Welt, in: Bergmann, Jörg u. a. (Hg.): Religion und Kultur (Sonderheft 33/1993 der Kölner Zeitschrift für Soziologie und Sozialpsychologie), Opladen 1993, 231–248
Barth, Ulrich: Art. *Säkularisierung,* in: Theologische Realenzyklopädie, hg. von Gerhard Müller, Band 29, Berlin – New York 1998, 603–634 (darin umfassende Literaturangaben)
Bechinger, Walter/Gerber, Uwe/Höhmann, Peter (Hg.): *Stadtkultur leben* (Darmstädter Theologische Beiträge zu Gegenwartsfragen 1), Frankfurt am Main 1997
Beck, Ulrich: *Risikogesellschaft.* Auf dem Weg in eine andere Moderne, Frankfurt am Main 1987
Bell, Daniel: *The Return of The Sacred?* The Argument on the Future of Religion, in: Ders.: The winding passage, Essays and Sociological Journeys 1960–1980, New York 1980 (1977), 324–354
Benke, Christoph: *Was ist (christliche) Spiritualität?,* in: Zulehner (Hg.), Spiritualität – mehr als ein Megatrend, 29–43
Beranek, Markus: *Gemeinde als Heil-Land.* Erfahrungen heilsamer Gemeindepraxis im Rahmen der Studie »Gemeinde als Heil-Land« und theologisch-spiritueller Perspektiven, Wien 2002
Ders./Gall, Sieghard/König, Marcus/Zulehner, Paul M.: *Gottvoll und erlebnisstark.* Für eine neue Kultur und Qualität unserer Gottesdienste, Ostfildern 2004
Berger, Peter L: *Religion und europäische Integration,* in: Institut für die Wissenschaften vom Menschen Wien (Hg.), Transit 27 (2004), 107–117
Ders.: *Sehnsucht nach Sinn.* Glauben in einer Zeit der Leichtgläubigkeit, Gütersloh 1998
Ders. (Hg.): *The Desecularization of the World.* Resurgent Religion and World Politics, Grand Rapids, Michigan 1999
Ders.: *The Sacred Canopy.* Elements of a Social Theory of Religion, New York 1969
Ders.: *Zur Dialektik von Religion und Gesellschaft.* Elemente einer soziologischen Theorie, Frankfurt am Main 1973
Binder, Hans-Otto: Art. *Säkularisation,* in: Theologische Realenzyklopädie, Band 29, hg. von Gerhard Müller, Berlin und New York 1998, 597–602
Blum, Dominik: *Nicht Öl, nicht Sand – aber Salz.* Was wird im europäischen Integrationsprozess von Christentum und Kirchen erwartet? Interview mit Prof. Ludger Kühnhardt, Direktor am Zentrum für Europäische Integrationsforschung, in: irritatio 1/2002: Von der Provokation des Miteinanders
Blumenberg, Hans: *Die Legitimität der Neuzeit,* Frankfurt am Main ^{2}1988 (1966)
Bochinger, Christoph: *»New Age« und moderne Religion.* Religionswissenschaftliche Analysen, Gütersloh ^{2} 1995
Bodendorfer, Gerhard: *Das Judentum* und sein Beitrag zur Weltkultur, in: Prenner/Heimerl, Macht Religion Kultur, 39–111
Bolz, Norbert: *Kult-Marketing.* Die neuen Götter des Marktes, Düsseldorf 1995
Bommarius, Christian: *Kirche ohne Schatten.* Macht und Frömmigkeit in der Bundesrepublik, in: Kursbuch 149 (2002), 17–25

Borck, Sebastian u. a. (Hg.): *Hamburg als Chance der Kirche*. Arbeitsbuch zur Zukunft der Kirche in der Großstadt (Kirche in der Stadt 8), Hamburg ²2000
Böckenförde, Ernst-Wolfgang: *Die Bedingungen der europäischen Solidarität*, in: Institut für die Wissenschaften vom Menschen Wien (Hg.), Transit 26 (2003/04), 16–28
Ders.: *Kirche und christlicher Glaube in den Herausforderungen der Zeit*. Beiträge zur politisch-theologischen Verfassungsgeschichte 1957–2002, Münster 2004
Ders.: *Kirchlicher Auftrag und politisches Handeln*. Analysen und Orientierungen, Freiburg im Breisgau 1989
Ders: *Religionsfreiheit*. Die Kirche in der modernen Welt, Schriften zu Staat – Gesellschaft – Kirche 3, Freiburg im Breisgau 1990
Ders.: *Schriften zu Staat – Gesellschaft – Kirche*, 3 Bände, Freiburg im Breisgau 1988–1990
Braulik, Georg: *Heißt »Amt« notwendig »Leitung«?* Beobachtungen am Deuteronomium im Blick auf den Ordo, in: Zeitschrift für katholische Theologie 124 (2002), 416–439
Ders.: *Theologie des Alten Testaments*. Kirche im Alten Testament, unveröff. Vorlesungsmanuskript, Wien 2001
Ders./Ruthofer, Andreas: Fundamentalexegese *Altes Testament 2 – Pentateuch 2 und die Geschichtsbücher*, unveröff. Vorlesungsmanuskript, Wien 2000
Brown, Peter: *Die Entstehung des christlichen Europa*, München 1999
Brox, Norbert: *Kirchengeschichte des Altertums*, Düsseldorf ⁶1998
Bruckner, Pascal: *Verdammt zum Glück*. Der Fluch der Moderne, Berlin 2001
Buber, Martin: *Das dialogische Prinzip*, Heidelberg ⁶1992
Ders: *Gottesfinsternis*, Gütersloh ²1999
Ders.: *Ich und Du*, Stuttgart 1995
Bucher, Rainer: *Biographie und Gewalt*. Die gefährlichen Orte der Religion, in: Die Furche 52–53 vom 23. Dezember 2004, 26–27
Bundesministerium für Soziale Sicherheit, Generationen und Konsumentenschutz: *4. Bericht zur Lage der Jugend in Österreich*, Wien 2003
Bundespressedienst des Bundeskanzleramtes: *Religionen in Österreich*, Wien 2004
Buob, Hans: *Die Gabe der Unterscheidung der Geister*, Linz 1989
Cap, Ferdinand: *Ein Ende der Religionen?* Religiöse und naturwissenschaftliche Weltbilder, Innsbruck, Wien 2003
Casanova, José: *Der Ort der Religion im säkularen Europa*, in: Institut für die Wissenschaften vom Menschen Wien (Hg.), Transit 27 (2004), 86–107
Ders.: *Public Religions in the Modern World*, Chicago 1994
Dassmann, Ernst: *Kirchengeschichte II/2*. Theologie und innerkirchliches Leben bis zum Ausgang der Spätantike, Stuttgart 1999
Davie, Grace: *Europe: The Exceptional Case*. Parameters of Faith in the Modern World, London 2002
Dies.: *Religion in Modern Europe*. A Memory mutates, Oxford 2000
Denz, Hermann (Hg.): *Die europäische Seele*. Leben und Glauben in Europa, Wien 2002
Ders.: *Krise der Demokratie – Wiederkehr der Führer?* In: Ders (Hg.), Die europäische Seele, 95–118
Ders.: *Staat und Zivilgesellschaft*: Widersprüche, Verwerfungen, Bruchlinien, in: Denz/Friesl/Polak/Zuba/Zulehner, Die Konfliktgesellschaft, 169–243

Ders./Friesl, Christian/Polak, Regina/Zuba, Reinhard/Zulehner, Paul M.: Die *Konfliktgesellschaft*. Wertewandel in Österreich 1990–2000, Wien 2001

Ders./Zulehner, Paul M.: *Das Hemd ist uns näher als der Fremde*, in: Austria Perspektiv, Zeitschrift der österreichischen Wirtschaftkammer 2002

Derrida, Jacques: *Glaube und Wissen*, in: Ders./Vattimo, Gianni, *Die Religion*, 9–107

Ders./Vattimo, Gianni: *Die Religion*. Frankfurt am Main 2001

Deutschmann, Christoph: *Die Verheißung des absoluten Reichtums*. Zur religiösen Natur des Kapitalismus, Frankfurt am Main 1999

Dionysius Areopagita: *Über die himmlische Hierarchie*. Über die kirchliche Hierarchie, übers. von Günter Heil, Stuttgart 1986

Dubach, Alfred (Hg.): *Jede/r ein Sonderfall*. Religion in der Schweiz, Ergebnisse einer Repräsentativbefragung, Zürich 1993

van Dülmen, Richard/Rauschenbach, Sina (Hg.): *Die Entstehung der modernen Wissensgesellschaft*, Wien 2004

Ebertz, Michael: *Aufbruch in der Kirche*. Anstöße für ein zukunftsfähiges Christentum, Freiburg im Breisgau 2003

Ders.: *Kirche im Gegenwind*. Zum Umbruch der religiösen Landschaft, Freiburg im Breisgau 1997

Eder, Klaus: *Europäische Säkularisierung – ein Sonderweg in die postsäkulare Gesellschaft?*, in: Berliner Journal für Soziologie 3 (2002), 331–343

Emeis, Dieter: *Zwischen Ausverkauf und Rigorismus*. Zur Krise der Sakramentenpastoral, Freiburg im Breisgau 1992

Englert, Rudolf: *Religiöse Erwachsenenbildung*. Situation – Probleme – Handlungsorientierung, Stuttgart 1992

Erikson, Erik H.: *Identität und Lebenszyklus*. Drei Aufsätze, Frankfurt am Main 2002

Faivre, Antoine: *Esoterik*, Braunschweig 1996

Figl, Johann: *Atheismus als theologisches Problem*. Modelle der Auseinandersetzung in der Theologie der Gegenwart, Mainz 1977

Ders.: *Fragen und Chancen der Säkularisierung im Hinblick auf die Gottesfrage*, in: Bettschneider, Heribert (Hg.): Zugang zur Wirklichkeit Gottes: Die Gottesfrage in der modernen Welt, Nettetal 1999, 45–56

Ders. (Hg.): *Handbuch Religionswissenschaft*. Religionen und ihre zentralen Themen, Innsbruck 2003

Ders.: *Kultur und Religion*. Ein dynamisches Verhältnis, in: Prenner/Heimerl, Macht Religion Kultur, 19–26

Ders.: *Religionswissenschaft – Historische Aspekte, heutiges Fachverständnis und Religionsbegriff*, in: Ders. (Hg.), Handbuch Religionswissenschaft, 18–80

Ders.: *Rituale und Symbole in den großen Weltreligionen*, in: Zulehner/Auf der Maur/Weismayer (Hg.), Zeichen des Lebens, 56–66

Ders.: Art. *Säkularisierung*, in: Neues Handbuch theologischer Grundbegriffe, hg. von Peter Eicher, Band 4, München 1985, 84–94

Fraling, Bernhard: *Sexualethik*. Ein Versuch aus christlicher Sicht, Paderborn 1995

Franz, Albert: *Die Zweideutigkeit der Angst*, in: Loretan/Luzatto (Hg.), Gesellschaftliche Ängste als theologische Herausforderung, 79–93

Freund, René: *Zum philosophischen Zusammenhang esoterischer und faschistischer Weltanschauungen*, Univ. Diss., Wien 1993

Frick, Eckard: *Enttabuisierung des Glaubens*. Steht die Psychoanalyse vor einem »religious turn«?, in: Herder Korrespondenz 57 (12/2003), 619–623

Friedrich, Otto: *Arglos und klug*. Österreich ist anders – auch was den Umgang mit Muslimen im Land betrifft, in: Die Furche 50 vom 9. Dezember 2004, 1

Ders: *Quälende Erkenntnis*. Die europäische Gesellschaft hat mit der Religion ein massives Problem, in: Die Furche 47 vom 18. November 2004, 1

Friesl, Christian (Hg.): *Experiment Jung-Sein*. Die Wertewelt österreichischer Jugendlicher, Wien 2001

Friesl, Christian/Polak, Regina: *Konflikte im Wertesystem*, in: Denz/Friesl/Polak/Zuba/Zulehner, Die Konfliktgesellschaft, 11–41

Ders./Zuba, Reinhard: *Die Österreicher/innen und die Religion*, in: Denz/Friesl/Polak/Zuba/Zulehner: *Die Konfliktgesellschaft*; Wertewandel in Österreich 1990–2000, Wien 2001, 99–167

Fromm, Erich: *Die Furcht vor der Freiheit*, Stuttgart 1983 (1945)

Fuß, Michael A. (Hg.): *Rethinking New Religious Movements*. (Ein interdisziplinäres Forschungsprojekt der F. I. U. C.), Rom 1998

Fürst, Walter/Honecker, Martin (Hg.): *Christenheit – Europa 2000*. Die Zukunft Europas als Aufgabe und Herausforderung für Theologie und Kirchen, Baden-Baden 2001

Gabriel, Ingeborg Gerda/Schnabl, Christa/Zulehner, Paul M. (Hg.): *Einmischungen*. Zur politischen Relevanz der Theologie, Ostfildern 2001

Dies.: *Humanität und Heiligkeit*. Spiritualität und Ethik als »Zeichen der Zeit« und Anfrage an die christlichen Kirchen, in: Zulehner (Hg.), Spiritualität – mehr als ein Megatrend, 95–106

Gabriel, Karl: *Christentum zwischen Tradition und Postmoderne*, Freiburg im Breisgau [7]2000

Ders. (Hg.): Jahrbuch für Christliche Sozialwissenschaften. Band 44/2003: *Religionen im öffentlichen Raum: Perspektiven in Europa*, Münster 2003

Ders.: *Säkularisierung und öffentliche Religion*. Religionssoziologische Anmerkungen mit Blick auf den europäischen Kontext, in: Ders. (Hg.), Religionen im öffentlichen Raum: Perspektiven in Europa, Münster 2003, 13–36 (umfassende Literaturangaben)

Gerich, Joachim/Hemedinger, Fritz: *Soziale Sicherheit zwischen Selbstverantwortung, Zivilgesellschaft und Staat*, in: Denz (Hg.), Die europäische Seele, 163–178

Gerl-Falkovitz, Hanna-Barbara: *Der Beitrag des Christentums zur Weltkultur*, in: Prenner/Heimerl, Macht Religion Kultur, 113–136

Glatz-Schmallegger, Markus: *Kirchliche Präsenz in der Zivilgesellschaft*, empirisch untersucht und sozialethisch reflektiert anhand des Feldes der politischen Armutsbekämpfung in Österreich, Univ. Diss., Wien 2004

le Goff, Jacques: *Das alte Europa und die Welt der Moderne*, München 1996

Graf, Friedrich Wilhelm: *Die Wiederkehr der Götter*. Religion in der modernen Kultur, München 2004

Gräb, Wilhelm: *Sinn fürs Unendliche. Religion in der Mediengesellschaft*, Gütersloh 2002

Greshake, Gisbert: *Die Spiritualität der Wüste*. Und plötzlich in diesem mühsamen Nirgends, Innsbruck 2002

Ders.: *Gottes Willen tun*. Gehorsam und geistliche Unterscheidung, Freiburg 1984

Ders./Geerling, Wilhelm (Hg.): *Quellen geistlichen Lebens*, Band 1: Die Zeit der Väter, Mainz 1995
Ders./Josef Weismayer (Hg.): *Quellen geistlichen Lebens*, Band 2: Das Mittelalter, Mainz 1996
Dies. (Hg.): *Quellen geistlichen Lebens*, Band 3: Die Neuzeit, Mainz 1989
Dies. (Hg.): *Quellen geistlichen Lebens*, Band 4: Die Gegenwart, Mainz 1993
Gronemeyer, Marianne: *Das Leben als letzte Gelegenheit*. Sicherheitsbedürfnisse und Zeitknappheit, Darmstadt 1996
Dies.: *Die Macht der Bedürfnisse*. Überfluss und Knappheit, Darmstadt 2002
Große Kracht, Hermann-Josef: *Selbstbewusste öffentliche Koexistenz*. Überlegungen zum Verhältnis von Religionen und Politik im Kontext moderner Gesellschaften, in: Gabriel (Hg.), Religionen im öffentlichen Raum, 225–272
Großegger, Beate: *»Beziehungswerte«* – Freunde, Partnerschaft und Familie in den Werte-Sets Jugendlicher, in: Friesl (Hg.), Experiment Jung-Sein, 47–72
Grün, Anselm: *Geistliche Begleitung bei den Wüstenvätern*, Münsterschwarzach 2002
Gugenberger, Eduard (Hg.): *Missbrauchte Sehnsüchte?* Esoterische Wege zum Heil, Kritik und Alternativen, Wien 1992
Ders./Schweidlenka, Roman: *Mutter Erde, Magie und Politik*. Zwischen Faschismus und neuer Gesellschaft, Wien 1987
Habermas, Jürgen: *Der europäische Nationalstaat unter dem Druck der Globalisierung*, auf: http://www.uni-konstanz.de/FuF/Verwiss/Schneider/BW-Kolloquium/habermas.pdf
Ders.: *Die postnationale Konstellation*. Politische Essays, Frankfurt am Main 1998
Ders.: *Glauben und Wissen*, Friedenspreis des deutschen Buchhandels 2001, Frankfurt am Main 2002
Hamachers-Zuba, Ursula/Polak, Regina/Zulehner, Paul M.: *Respiritualisierung als heilsgeschichtliches Muss*, in: Nauer, Doris u. a. (Hg.): Praktische Theologie. Bestandsaufnahmen und Zukunftsperspektiven, FS für Otmar Fuchs, Stuttgart 2005
Hank, Rainer: *Arbeit – die Religion des 20. Jahrhunderts*. Auf dem Weg in die Gesellschaft der Selbstständigen, Frankfurt am Main 1995
Hauke, Reinhard: *Thesenpapier* zum Symposium »Ritenkultur«, unveröff. MS 2002
Heil, Stefan/Ziebertz, Hans-Georg: *Zwischen Normativität und Affirmation*. Auf dem Weg zu einer Verhältnisbestimmung von Pluralität und Religion, in: irritatio 1/2002: Von der Provokation des Miteinanders, 2–6
Heine, Susanne: *Emanzipation und Ritual*: Liturgie im Streit zwischen Feier der Heilstatsachen und Inszenierung des Subjekts, in: Zulehner/Auf der Maur/Weismayer (Hg.), Zeichen des Lebens, 241–261
Helg, Felix: *Psychotherapie und Spiritualität*. Östliche und westliche Wege zum Selbst, Düsseldorf 2000
Hempelmann, Reinhard (Hg.): *Esoterik und Mystik* – eine Antwort auf den Hunger nach spiritueller Erfahrung, EZW-Texte 165 (2002)
Ders.: *Vagabundierende Religiosität und Kirchen*, in: Ders. (Hg.), Esoterik und Mystik, 2–13
Ders. u. a. (Hg.): *Panorama der neuen Religiosität*. Sinnsuche und Heilsversprechen zu Beginn des 21. Jahrhunderts, Gütersloh 2001

Hennersperger, Anna/Stinglhammer, Hermann: *Theologie treiben angesichts der Fragen der Zeit.* Die Arbeit Karl Rahners in Wien (1939–1944) als Anstiftung und Schule des Denkens, unveröff. MS, Wien 2004
Herrmann, Jörg: *Sinnmaschine Kino. Sinndeutung und Religion im populären Film*, Gütersloh 2001
Hervieu-Léger, Danièle: *Religion As a Chain of Memory*, Cambridge 2000
Dies: *Religion und sozialer Zusammenhalt in Europa*, in: Institut für die Wissenschaften vom Menschen Wien (Hg.), Transit 26 (2003/04), 101–119
Hilberath, Bernd Jochen: *Pneumatologie*, Düsseldorf 1994
Hoffman, Shirl (Hg.): *Sport and Religion*, Champaign 1992
Holl, Adolf: *Der letzte Christ*, Stuttgart 2000
Honer, Anne/Kurt, Ronald/Reichertz, Jo (Hg.): *Diesseitsreligion.* Zur Deutung der Bedeutung moderner Kultur, Konstanz 1999
Horkheimer, Max: *Notizen* 1950–1969 und Dämmerung. Notizen in Deutschland, hg. von Brede, Werner, Frankfurt am Main 1974
Horx, Matthias: *Trendbuch* 2. Megatrends für die späten neunziger Jahre, Düsseldorf ²1996
Hödl, Hans Gerald: *Alternative Formen des Religiösen*, in: Figl (Hg.), Handbuch Religionswissenschaft, 485–524
Höhn, Hans-Joachim: *Auf dem Weg in eine postsäkulare Kultur?* Herausforderungen einer kritischen Phänomenologie der Religion, in: Zulehner (Hg.), Spiritualität – mehr als ein Megatrend, 16–28
Ders. (Hg.): *Krise der Immanenz.* Religion an den Grenzen der Moderne, Frankfurt am Main 1996
Ders.: *Zerstreuungen.* Religion zwischen Sinnsuche und Erlebnismarkt, Düsseldorf 1998
Huber, Wolfgang: *Kirche in der Zeitenwende*: gesellschaftlicher Wandel und Erneuerung der Kirche, Gütersloh 1999
Hummel, Reinhart, *Der Geist und die Geister*, GuL 63 (1990), 176–181
Huntington, Samuel: *Der Kampf der Kulturen.* Die Neugestaltung der Weltpolitik im 21. Jahrhundert, Rheda-Wiedenbrück 1996
Jahrsetz, Ingo: *Holotropes Atmen, Psychotherapie und Spiritualität*, Stuttgart 1999
Institut für die Wissenschaften vom Menschen Wien (Hg.): Transit 8 (1994): *Das Europa der Religionen*
Dass. (Hg.): Transit 26 (2003/04): *Europäische Verbindlichkeiten/Osterweiterung als Herausforderung/Religionen und europäische Solidarität*
Dass. (Hg.): Transit 27 (2004): *Europäische Verbindlichkeiten II*
Institut für Spiritualität (Hg.): *Grundkurs Spiritualität*, Stuttgart 2000
Isenberg, Wolfgang (Hg.): *Konsum als Religion.* Über die Wiederverzauberung der Welt, Mönchengladbach 2000
Jacob, Willibald/Moneta, Jakob/Segbert, Franz (Hg.): *Die Religion des Kapitalismus.* Die gesellschaftlichen Auswirkungen des totalen Marktes, FS Franz J. Hinkelammert, Luzern 1996
Jakobi, Paul/Rösch, Heinz-Egon (Hg.): *Sport und Religion*, Mainz 1986
Jörns, Klaus-Peter: *Die neuen Gesichter Gottes.* Was die Menschen heute wirklich glauben, München 1997

Ders./Carsten Großeholz (Hg.): *Was die Menschen wirklich glauben*. Die soziale Gestalt des Glaubens. Analysen einer Umfrage, Gütersloh 1998

Jugendwerk der deutschen Shell (Hg.): *Jugend ´97*. Zukunftsperspektiven; gesellschaftliches Engagement; politische Orientierung, Opladen 1997

Kallscheuer, Otto: *Gottes Wort und Volkes Stimme*. Glaube Macht Politik, Frankfurt am Main 1994

Katholische Sozialakademie Österreichs (KSÖ) (Hg.): *Religionen: öffentlich präsent?*, dossier 03/2004

Kaufmann, Franz Xaver: *Kirche begreifen*, Freiburg 1979

Ders.: *Religion und Modernität*. Sozialwissenschaftliche Perspektiven, Tübingen 1989

Ders.: *Wie überlebt das Christentum?* Freiburg im Breisgau 2000

Kehl, Medard: *Eschatologie*, Würzburg 1986

Ders.: *Kirche als Institution*, in: Kern, Walter/Pottmeyer, Hermann/Seckler, Max (Hg.): Handbuch der Fundamentaltheologie. Band 3, Traktat Kirche, Tübingen [2]2000, 129–145

Ders.: *Wohin geht die Kirche?* Eine Zeitdiagnose, Freiburg im Breisgau 1996

Kierkegaard, Sören: *Die Krankheit zum Tode*. Der Hohepriester – der Zöllner – die Sünderin, hg. von Emanuel Hirsch und Hayo Gerdes, Gütersloh [4]1992

Ders.: *Entweder/Oder*, 3 Bde., hg. von Emanuel Hirsch und Hayo Gerdes, Gütersloh [3]1993

Klein, Stephanie: *Theologie und empirische Biographieforschung*. Methodische Zugänge zur Lebens- und Glaubensgeschichte und ihre Bedeutung für eine erfahrungsbezogene Theologie, Stuttgart u. a. 1994

Klinger, Cornelia: *Flucht Trost Revolte*. Die Moderne und ihre ästhetischen Gegenwelten, München 1995

Koch, Kurt: *Christsein im neuen Europa*. Provokation und Perspektiven, Freiburg 1992

König, Kardinal Franz: *Der Weg der Kirche*. Ein Gespräch mit Gianni Licheri, Düsseldorf 1986

König, Marcus: *Wir haben die Herrlichkeit Gottes gesehen* ...Woran Gläubige in Wien heute die Qualität einer Sonntagsmesse festmachen. Ermunterungen für ein Liturgie-Qualitätsmanagement, Univ. Diss., Wien 2004

Körtner, Ulrich H. J.: *Kirche, Demokratie und Zivilgesellschaft*. Zur politischen Ethik im modernen Pluralismus, in: Ders. (Hg.), Kirche – Demokratie – Öffentlichkeit, 79–103

Ders. (Hg.): *Kirche – Demokratie – Öffentlichkeit*. Ort und Auftrag der Kirchen in der demokratischen Gesellschaft, Innsbruck 2002

Krüger, Thomas: *Zum Eintritt – bitte nur klopfen*, in: Frankfurter Rundschau 104 (2004) vom 5. Mai 2004

Küenzlen, Gottfried: *Die Wiederkehr der Religion*. Lage und Schicksal in der säkularen Moderne, München 2003

Ders.: *Religiöser Fundamentalismus – Aufstand gegen die Moderne?*, in: Höhn (Hg.), Krise der Immanenz, 50–71

Lederhilger, Severin (Hg.): Gott oder Mammon. *Christliche Ethik und die Religion des Geldes*, Frankfurt am Main 2001

Ders. (Hg.): *Gottesstaat oder Staat ohne Gott?* Politische Theologie in Judentum, Christentum und Islam, Frankfurt am Main und Wien 2002

Lehmann, Hartmut: *Säkularisierung, Dechristianisierung, Rechristianisierung* im neuzeitlichen Europa, Göttingen 1997

Leuenberger, Moritz: *Die Wiederkehr des Religiösen in die Politik*, Referat am 5. Internationalen Kongress der Europäischen Gesellschaft für Katholische Theologie: http://www.eurotheo.net/leuenber.pdf

Lévinas, Emmanuel: *Die Spur des Anderen.* Untersuchungen zur Phänomenologie und Sozialphilosophie, Freiburg im Breisgau 1983

Ley, Michael: *Apokalypse und Moderne.* Aufsätze zu politischen Religionen, Wien 1997

Ders. (Hg.): *Der Nationalsozialismus als politische Religion*, Bodenheim bei Mainz 1997

Ders.: *Genozid und Heilserwartung.* Zum nationalsozialistischen Mord am Judentum, Wien 1993

Lienkamp, Christoph: *New Religious Movements.* A theological evaluation, in: Fuß, Michael A. (Hg.): *Rethinking New Religious Movements*, 693–716.

Ders.: *Wiederkehr der Religion als Zeichen eines epochalen Umbruchs* – Leistungen und Grenzen religionssoziologischer Deutungen in philosophischer und systematisch-theologischer Hinsicht, in: Gabriel (Hg.), Religionen im öffentlichen Raum, 273–301

Lohfink, Georg: *Braucht Gott die Kirche?*, Freiburg im Breisgau 1998

Lohfink, Norbert: *Das deuteronomische Gesetz in der Endgestalt – Entwurf einer Gesellschaft ohne marginale Gruppen*, in: Studien zum Deuteronomium und zur deuteronomistischen Literatur III (SBAB 20; Stuttgart: Kath. Bibelwerk, 1995), 205–218

Ders.: *Im Schatten Deiner Flügel.* Große Bibeltexte neu erschlossen, Freiburg im Breisgau ²2000

Loretan, Adrian/Luzatto, Franco (Hg.): *Gesellschaftliche Ängste* als theologische Herausforderung. Kontext Europa, Münster 2004

Löwenstein, Martin SJ: *Beten in einem Raum?!* Ein Test auf die interreligiöse Praxis, in: irritatio 1/2002: Von der Provokation des Miteinanders, 17–19

Luhmann, Niklas: *Die Religion der Gesellschaft*, Frankfurt am Main 2000

Ders.: *Funktion der Religion*, Frankfurt am Main 1977

Lutz-Bachmann, Matthias (Hg.): *Juden, Christen und Muslime.* Religionsdialoge im Mittelalter, Darmstadt 2004

Lübbe, Hermann: *Säkularisierung.* Geschichte eines ideenpolitischen Begriffes, München und Freiburg 1965

Machacek, David M.: *Pluralismus als Herausforderung.* Das Beispiel USA, in: KSÖ (Hg.): Religionen: öffentlich präsent?, 7–10

Maier, Hans: *Welt ohne Christentum – was wäre anders?*, Freiburg im Breisgau 1999

Martin, Ariane: *Sehnsucht – der Anfang von allem.* Dimensionen zeitgenössischer Spiritualität, Ostfildern 2005

Martin, David: *A General Theory of Secularization*, Aldershot 1993

Ders.: *Religionsmuster in Europa*, in: Institut für die Wissenschaften vom Menschen Wien (Hg.), Transit 26 (2003/04), 120–143

Ders.: *Säkularisierung in Europa – Glaubensvielfalt in Amerika. Zwei Ausnahmen und keine Regel?*, in: Institut für die Wissenschaften vom Menschen Wien (Hg.), Transit 8 (1994), 42–52

Mayer-Schwingenschlögl, Maria: *Wieviel Religion braucht Österreichs Politik?* Analyse und neue Modelle der politischen Arbeit der katholischen Kirche Österreichs, Wien, unveröff. Univ. Diss., 2004

Merz, Annette: *Mammon als schärfster Konkurrent Gottes – Jesu Vision vom Reich Gottes und das Geld,* in: Lederhilger (Hg.), Gott oder Mammon, 34–90
Metz, Johann Baptist (Hg.): *Compassion* – Weltprogramm des Christentums. Soziale Verantwortung lernen, Freiburg im Breisgau 2000
Ders.: *Glaube in Geschichte und Gesellschaft,* Studien zu einer praktischen Fundamentaltheologie, Mainz 5 1984 (1977)
Ders.: *Monotheismus und Demokratie,* Fachartikel nachzulesen auf: http://religion.orf.at/projekt02/religionen/fachartikel/re_fa_fr.htm
Ders.: *Zur Theologie der Welt,* Mainz und München 1969
Ders.: *Versuch zur »geistigen Situation der Zeit«,* in: ders.: Diagnosen zur Zeit. Mit Beiträgen von J. B. Metz, Günther Bernd Ginzel, Peter Glotz, Jürgen Habermas, Dorothee Sölle, Düsseldorf 1994, 76–92
Michel-Schmidt, Doris: *Mein Weg zurück in die Kirche.* Wiedereingetretene berichten, Würzburg 2003
Art. *Mission* in: Lexikon für Theologie und Kirche, hg. von Walter Kasper u. a., Band 7, Freiburg im Breisgau 3 1998, 288–295
Art. *Mission,* in: Theologische Realenzyklopädie, hg. von Gerhard Müller, Band 23, New York 1994, 18–80
Mitterauer, Michael: *Warum Europa?* Mittelalterliche Grundlagen eines Sonderweges, München 2004
Neizert, Lutz (Hg.): *Braune Flecken in der Esoterik.* Der Antisemitismus der Alternativen, Frankfurt am Main 2001
Nelson, Robert H.: *Reaching for Heaven on earth: The Theological Meaning of Economics,* Lanham 1991
Neubauer, Otto: *Grundhaltungen für Begegnungen mit Fernstehenden,* unveröff. Thesenblatt, Wien 2005
Nietzsche, Friedrich: Sämtliche Werke. Kritische Studienausgabe hg. von Colli, Giorgio/Montinari, Mazzino, Band 3, München Berlin New York 2 1988
Niewiadomski, Józef: *Literatur und Religion* – im Kontext einer Weltzivilisation. In: Tschuggnall, Peter (Hg.): Religion – Literatur – Künste. Aspekte eines Vergleichs, Anif/Salzburg 1998, 13–27
Oelmüller, Willi (Hg.): *Wiederkehr von Religion?* Perspektiven, Argumente, Fragen (Colloquium Religion und Philosophie Bd.1), Paderborn 1984
Orieschnig, Dominik: *Europa der Religionen?,* in: KSÖ (Hg.), Religionen: öffentlich präsent?, 15–18
Orth, Stefan: *Quellen der Angst.* Der fünfte Kongress der Europäischen Gesellschaft für Katholische Theologie, in: Herder Korrespondenz 58, 10 (2004), 508–512
Ökumenischer Rat der Kirchen in Österreich: *Sozialwort des ökumenischen Rates der Kirchen in Österreich,* Wien 2003
Papst Paul VI.: Apostolisches Schreiben «*Evangelii nuntiandi*" an den Episkopat, den Klerus und alle Gläubigen der Katholischen Kirche über die Evangelisierung in der Welt von heute, 8. Dezember 1975
Polak, Regina: *Bedeutungswandel der Religion.* Qualitative Begleitstudie zum Projekt »Religion im Leben der Österreicher/innen 1970–2000«, unveröff. MS, Wien 2000
Dies.: *Lebensweltliche Versöhnungen?* Zum Verhältnis von Religiosität und Wissenschaft, in: Dies.: Megatrend Religion? Neue Religiositäten in Europa, Ostfildern 2002, 266–297

Dies. (Hg.): *Megatrend Religion?* Neue Religiositäten in Europa? Ostfildern 2002
Dies.: *Pfarrgemeinderatsklausur und Gremienarbeit – spirituelle Vorgänge?* Eine Vision, in: Baier, Karl/Sinkovitz, Josef (Hg.): Spiritualität und moderne Lebenswelt, erscheint 2005
Dies./Paul M. Zulehner: *Theologisch verantwortete Respiritualisierung*: Zur spirituellen Erneuerung der christlichen Kirchen, in: Zulehner, Spiritualität – mehr als ein Megatrend, 204–227
Dies./Paul M. Zulehner: *Toleranz: Schlüssel zu einer guten Zukunft für Kirche und Gesellschaft*, in: Schwöbel, Christoph/v. Tippelskirch, Dorothee (Hg.): Die religiösen Wurzeln der Toleranz, Freiburg 2002, 98–130
Pollack, Detlef: *Säkularisierung – ein moderner Mythos?* Studien zum religiösen Wandel in Deutschland, Tübingen 2003
Pontificial Council for Culture and Pontificial Council for Interreligious Dialogue: *Jesus Christ – the bearer of the water of life*. A Christian reflection on the »New Age«, Vatican City 2003
Potz, Richard: *Der säkulare Rechtsstaat und die Kirchen in Ost und West*, in: Lederhilger (Hg.), Gottesstaat oder Staat ohne Gott?, 39–57
Ders./Kohlhofer, Reinhard (Hg.): *Die »Anerkennung« von Religionsgemeinschaften*, Wien 2002
Ders./Schinkele, Brigitte: *Religionsrecht im Überblick*, Wien 2004
Prainsack, Barbara: *Politik und Religion*, in: Dachs, Herbert u. a. (Hg.): Handbuch des politischen Systems Österreichs, Wien [4]2005.
Prammer, Katharina: *Psychotherapie und Religion*. Interviews mit Theolog/innen, die als Psychotherapeut/innen arbeiten, unveröff. Diplomarbeit, Wien 2005
Prenner, Karl/Heimerl, Theresia: *Macht Religion Kultur*. Können die Weltreligionen einen Beitrag zur Bildung einer Weltkultur leisten? Theologie im kulturellen Dialog, Band 12, Wien-Innsbruck 2004
Rahner, Karl: *Die Gegenwart der Kirche*. Theologische Analyse der Gegenwart als Situation des Selbstvollzugs der Kirche, in: Handbuch der Pastoraltheologie. Praktische Theologie der Kirche in ihrer Gegenwart, Freiburg im Breisgau 1966, Band 2/1, 178–276
Ders.: *Glaubensvollzug und Glaubenshilfe heute*, in: Ders. (Hg.), Handbuch der Pastoraltheologie, Bd. 3, Freiburg 1968, 518–528
Ders.: Grundkurs des Glaubens. Einführung in den Begriff des Christentums, Freiburg im Breisgau [8]1984 (1976)
Ders.: *Kirche und Welt*, in: Sacramentum Mundi. Theologisches Lexikon für die Praxis, Freiburg 1967–1969, Band 2, 1333–1357
Ders.: Schriften zur Theologie. *Zur Theologie des geistlichen Lebens*, Band 7, Zürich 1971
Ders.: *Strukturwandel* der Kirche als Aufgabe und Chance, Freiburg im Breisgau 1972
Ders.: *Über die Einheit von Gottes- und Nächstenliebe*, in: Ders.: Schriften zur Theologie. Band 6, Einsiedeln 1965, 277–298
Referat für Weltanschauungsfragen (Hg.): *Religiöse Bekenntnisgemeinschaften in Österreich*. Neun Beschreibungen, Wien 2000. (Nr. 83 (2000) Teil der Werkmappe »Sekten, religiöse Sondergemeinschaften, Weltanschauungen«)
Rémond, Renè: *Religion und Gesellschaft* in Europa. Von 1789 bis zur Gegenwart, München 2000

Richter, Horst-Eberhard: *Der Gotteskomplex*. Die Geburt und die Krise des Glaubens an die Allmacht des Menschen, Reinbeck b. H. 1979

Riesebrodt, Martin: *Die Rückkehr der Religionen*. Fundamentalismus und der Kampf der Kulturen, München 2000

Rosenau, Hartmut: *Zum Verhältnis von Esoterik und Mystik*, in: Hempelmann (Hg.), Esoterik und Mystik, 14–26

Rotzetter, Anton: *Spirituelle Lebenskultur für das dritte Jahrtausend*, Freiburg im Breisgau 2000

Röhrich, Wilfried: *Die Macht der Religionen*. Glaubenskonflikte in der Weltpolitik, München 2004

Ruhbach, Gerhard: *Geistlich leben*. Wege zu einer Spiritualität im Alltag, Gießen 1996

Safranski, Rüdiger: *Gott ist doch nicht tot*, in: Cicero – Magazin für politische Kultur 5 (2004), 46–49

Scheffczyk, Leo: Art. *Wort*. Wort Gottes, in Sacramentum Mundi IV, Freiburg im Breisgau 1969, 1402–1413

Schilson, Arno: *Medienreligion*. Zur religiösen Signatur der Gegenwart, Tübingen 1997

Schmolly, Walter: *Pastoral verantworten: Praktische Theologie*, in: Batlogg, Andreas R./Rulands, Paul/Schmolly, Walter/Siebenrock, Roman A./Wassilowsky, Günther/Zahlauer, Arno: Der Denkweg Karl Rahners. Quellen – Entwicklungen – Perspektiven, Mainz 2003, 242–261

Schnabl, Christa: *Religiöse Konjunktur in einer erkalteten Moderne?* Überlegungen zum Verhältnis von Religion-Geschlecht-Ökonomie in der späten Moderne, in: Ernst, Ursula Marianne (Hg.): Ökonomie, M(m)acht, Angst. Zum Verhältnis von Ökonomie und Religion (Frauen, Forschung und Wirtschaft, Bd. 7), Frankfurt am Main 1997, 187–207

Schneider, Michael: *Das neue Leben*. Geistliche Erfahrungen und Wegweisung, Freiburg 1987

Ders.: *Leben aus der Fülle des Heiligen Geistes*. Standortbestimmung Spiritualität heute, St. Ottilien 1997

Ders.: *Unterscheidung der Geister*, in: Jahrbuch 1996 für die Erzdiözese Wien, Wien 1995, 3

Schneiders, Sandra M.: *The Study of Christian Spirituality*. Contours and dynamics of a Discipline, in: Studies in Spirituality 8 (1998), 38–57

Schockenhoff, Eberhard: *Das umstrittene Gewissen*. Eine theologische Grundlegung, Mainz 1990

Ders.: *Ethik des Lebens*. Ein theologischer Grundriss, Mainz 1993

Ders.: *Zur Lüge verdammt?* Politik, Medien, Medizin, Justiz, Wissenschaft und die Ethik der Wahrheit, Freiburg im Breisgau 2000

Seiwert, Lothar: *Life-Leadership. Sinnvolles Selbstmanagement für ein Leben in Balance*, Frankfurt am Main 2001

Sekretär der Deutschen Bischofskonferenz, Dr. Josef Homeyer: *Unsere Hoffnung*. Ein Beschluss der Gemeinsamen Synode der Bistümer in der Bundesrepublik Deutschland, 18.–23. November 1975

Sennett, Richard: *Der flexible Mensch*. Die Kultur des neuen Kapitalismus, Berlin [8]1998 von Soosten, Joachim: *Öffentlichkeit und Evidenz* – Evangelische Kirchen im öffentlichen Wettbewerb. Ein Bericht zur Lage in Deutschland, in: Gabriel (Hg.), Religionen im öffentlichen Raum, 37–52

Stemberger, Günter: *Rituale im jüdischen Familienleben*, in: Zulehner/Auf der Maur/Weismayer (Hg.), Zeichen des Lebens, 23–37

Sudbrack, Josef: *Gottes Geist ist konkret*. Spiritualität im christlichen Kontext, Würzburg 1999

Ders.: *Spiritualität*, in: Sacramentum Mundi IV (1969), 674–691

Sünner, Rüdiger: *Entfesselung und Missbrauch der Mythen in Nationalsozialismus und rechter Esoterik*, Freiburg im Breisgau 2001

Szücs, Jenö: *Die drei historischen Regionen Europas*, Frankfurt am Main 1994

Taylor, Charles: *Die Formen des Religiösen in der Gegenwart*, Frankfurt am Main 2002

Ders.: *Religion, Identität und europäische Integration*, in: Institut für die Wissenschaften vom Menschen Wien (Hg.), Transit 26 (2003/04), 166–187

Tebartz-van-Elst, Franz-Peter: *Die Wiederbelebung des Erwachsenenkatechumenats*. Konzepte, Erfahrungen, Perspektiven, in: Zulehner/Auf der Maur/Weismayer (Hg.), Zeichen des Lebens, 262–289

The Corruption of Christianity. Ivan Illich on Gospel, Church and Society, Canadian Broadcasting Corporation (CBC) Ideas Transcripts, Toronto 2000 (http://www.cbc.ca/ideas/transcripts/c.html)

Theißen, Gerd/Merz, Anette: *Der historische Jesus*, Göttingen 1996

Thomas, Günter: *Medien – Ritual – Religion*. Zur religiösen Funktion des Fernsehens, Frankfurt am Main 1998

Ders. (Hg.): *Religiöse Funktionen des Fernsehens*. Medien-, kultur- und religionswissenschaftliche Perspektiven, Wiesbaden 2000

Tiefensee, Eberhard: *Jenseits des Dialogs?* Von der Anstrengung, mit dem homo areligiosus im Gespräch zu bleiben, in: irritatio 1/2002: Von der Provokation des Miteinanders, 12–16

de Tocqueville, Alexis: *Über die Demokratie in Amerika*, München 1976

Todd, Emmanuel: *Die neoliberale Illusion*. Über die Stagnation der entwickelten Gesellschaften, Zürich 1999

Treichler, Robert: *Das Grüß-Gott-Komplott*, in: profil 52a (2004), 36–41

Troy, Christian/Scholz, Kathrin/Höllinger, Franz/Zuba, Reinhard: *Die Vielfalt religiöser Einstellungen Jugendlicher*, in: Friesl (Hg.), Experiment Jung-Sein. Die Wertewelt österreichischer Jugendlicher, Wien 2001, 177–221

Vattimo, Gianni: *Jenseits des Christentums*. Gibt es eine Welt ohne Gott?, München 2004

Walzer, Michael: *Politik der Differenz*, in: Institut für die Wissenschaften vom Menschen Wien (Hg.), Transit 8 (1994), 5–20

Watzinger, Michaela: *Säulen der Ordnung* – Werte, Normen und Institutionen, in: Denz (Hg.), Die europäische Seele, 65–93

Weber, Max: *Wissenschaft als Beruf*, Vortrag von 1919, zitiert nach: http://www.textlog.de/weber_wissen_beruf.html

Weismayer, Josef: *Leben in Fülle*. Zur Geschichte und Theologie christlicher Spiritualität, Innsbruck Wien 1983

Ders.: *Sakrament Kirche – Sakramente der Kirche*, in: Zulehner/Auf der Maur/Weismayer (Hg.), Zeichen des Lebens, 151–165

Ders.: *Theologie der Spiritualität*, Skriptum der Theologischen Kurse, Wien o. J.
Ders.: *Zur Geschichte und Theologie der Unterscheidung der Geister*, in: Khoury, Adel Theodor: Zur Unterscheidung der Geister, Altenberge 1994, 30–72
Weninger, Michael: *Die christlichen Kirchen und das gemeinsame Haus Europa.* Vortrag im Rahmen des Dies facultatis der Katholisch-Theologischen Fakultätt der Universität Wien am 15. Oktober 2002, unveröff. MS
Ders.: *Der Dialog zwischen der Europäischen Kommission und den Religionen und Kirchen*, in: Lederhilger (Hg.), Gottesstaat oder Staat ohne Gott?, 131–150
Wernhart, Karl R.: *Rites des passages ethnologisch*, in: Zulehner/Auf der Maur/Weismayer (Hg.), Zeichen des Lebens, 38–55
Weß, Paul: *Berechtigte Ängste in Europa und der Glaube*, in: Loretan/Luzatto (Hg.), Gesellschaftliche Ängste als theologische Herausforderung, 136–155
Ders.: *Gemeindekirche – Ort des Glaubens.* Die Praxis als Fundament und als Konsequenz der Theologie, Wien und Graz 1989
Ders.: *Verbindung von »säkular« und »religiös«.* Wie Atheisten und Gläubige einander verstehen können, in: Die Furche 5 (2002), 8
Wiebel-Fanderl, Olivia: *Thesen zum Symposium »Ritenkultur«*, unveröff. MS 2002
Widl, Maria: *Esoterik*, in: Lexikon der Religionspädagogik, hg. v. Mette, Norbert/Rickers, Folkert, Neukirchen 2001, Bd.1, 475–477
Dies.: *Esoterische Nischen in Katholischen Bildungshäusern und Akademien*, in: Lebendige Seelsorge 49 (5/98), 277–279
Dies.: *Kleine Pastoraltheologie.* Realistische Seelsorge, Graz 1997
Dies.: *Pastorale Weltentheorie* – transversal entwickelt im Diskurs mit der Sozialpastoral, Stuttgart 2000
Dies.: *Sehnsuchtsreligion.* Neue religiöse Kulturformen als Herausforderungen für die Praxis der Kirchen, Frankfurt am Main 1994
Wucherer-Huldenfeld, Karl-Augustinus: Ursprüngliche Erfahrung und personales Sein. Ausgewählte philosophische Studien. Band II: *Atheismusforschung*, Ontologie und philosophische Theologie, Religionsphilosophie, Wien 1997
Ders./Figl, Johann/Mühlberger, Sigrid (Hg.): *Weltphänomen Atheismus*, Wien 1979
Jacob, Willibald/Moneta, Jakob/Segbert, Franz (Hg.): *Die Religion des Kapitalismus.* Die gesellschaftlichen Auswirkungen des totalen Marktes, FS Franz J. Hinkelammert, Luzern 1996
Ziebertz, Hans-Georg: *Religion, Christentum und Moderne.* Veränderte Religionspräsenz als Herausforderung, Stuttgart/Berlin/Köln 1999
Ziegler, Jean: *Die neuen Herrscher der Welt und ihre globalen Widersacher*, München [2]2003
Zinser, Harmut: *Der Markt der Religionen*, München 1997
Paul M. Zulehner: *Abschied von der Beteiligungskirche?*, in: Stimmen der Zeit 128, Jg. 221, Heft 7, Freiburg (2003), 435–448
Ders.: *Aufbrechen oder untergehen.* So geht Kirchenentwicklung, Ostfildern 2003
Ders.: *Denn Du kommst unserem Tun mit Deiner Gnade zuvor.* Zur Theologie der Seelsorge heute, im Gespräch mit Karl Rahner, unter Mitarbeit von Andreas Heller, Ostfildern 2002
Ders.: *Kirche – Anwalt des Menschen.* Wer keinen Mut zum Träumen hat, hat keine Kraft zum Kämpfen, Wien 1980

Ders.: »*Leutereligion*«. Eine neue Gestalt des Christentums auf dem Weg durch die 80er Jahre?, Wien 1982

Ders.: *Megatrend Religion*, in: Stimmen der Zeit 2 (2003), 87–96

Ders.: Pastoraltheologie. Band 1: *Fundamentalpastoral*. Kirche zwischen Auftrag und Erwartung, Düsseldorf ²1991

Ders.: Pastoraltheologie. Band 2: *Gemeindepastoral*. Orte christlicher Praxis, Düsseldorf ³1995

Ders.: Pastoraltheologie, Band 3: *Übergänge*. Pastoral zu den Lebenswenden, Düsseldorf 1990

Ders.: Pastoraltheologie. Band 4: *Pastorale Futurologie*. Kirche auf dem Weg ins gesellschaftliche Morgen, Düsseldorf 1990

Ders. (Hg.): *Spiritualität – mehr als ein Megatrend*, Ostfildern 2004

Ders. (Hg.): *Wege zu einer solidarischen Politik*, Innsbruck 1999

Ders.: *Wiederkehr der Institutionen*, in: Stimmen der Zeit, 123. Jg. 1/1998, Freiburg, 17–25

Ders.: *Wiederkehr der Religion?*, in: Denz (Hg.), Die europäische Seele, 23–41

Ders./Auf der Maur, Hansjörg/Weismayer, Josef (Hg.): *Zeichen des Lebens*. Sakramente im Leben der Kirche – Rituale im Leben der Menschen, Ostfildern 2000

Ders./Brandner, Josef: »Meine Seele dürstet nach Dir.« Psalm 63,2. GottesPastoral, Ostfildern 2002

Ders./Denz, Hermann: *Wie Europa lebt und glaubt*, Europäische Wertestudie, Düsseldorf 1993

Ders./Denz, Hermann/Pelinka, Anton/Talos, Emmerich: *Solidarität – Option für die Modernisierungsverlierer*, Innsbruck 1996

Ders./Hager, Isa/Polak, Regina: *Kehrt die Religion wieder?* Religion im Leben der Menschen 1970–2000, Ostfildern 2001